간호직공무원
지역사회간호

서울시 · 지방직 시험 대비

89급

다락원

　우리나라는 급속한 경제성장에 의한 국민소득의 증가와 건강보험제도의 도입으로 의료 서비스에 대한 수요가 나날이 증가하면서 의료자원의 집중을 초래하고 있습니다. 또한 의료소비자의 대형병원 선호 현상과 맞물려 종합병원 규모가 예전과 비교할 수 없을 정도로 대형화되고 있으며 의료인적자원의 중심부에 있는 간호사 및 지역사회에 배치되어 있는 간호인력들에게 의료소비자들의 기대와 욕구가 향상되고 있습니다. 이에 현재 우리나라는 매년 간호인력 공무원을 채용하여 보건복지의 선진화를 추구하고 있습니다.

　이번에 출간하게 된 〈원큐패스 8·9급 간호직공무원 지역사회간호〉가 간호인력 공무원 시험을 준비하는 수험생들에게 완벽한 교재가 되기를 바라며 구성은 다음과 같습니다.

〈원큐패스 8·9급 간호직공무원 지역사회간호〉

PART Ⅰ　지역사회의 보건간호
지역사회 보건간호, 지역사회 간호행정, 지역사회 간호과정에 대한 내용 정리

PART Ⅱ　인구집단의 보건과 간호
보건교육, 역학과 보건통계, 생애주기별 인구집단의 간호, 건강문제별 인구집단의 간호에 대한 내용 정리

PART Ⅲ　지역사회의 간호와 보건
가족간호, 학교보건, 산업간호, 환경보건에 대한 내용 정리

부록
알아두면 유용한 키워드 10
모의고사 5회분

　끝으로 모든 수험생들이 〈원큐패스 8·9급 간호직공무원 지역사회간호〉를 통해 꼭 합격하기를 기원드립니다. 감사합니다.

※ 질병관리본부가 질병관리청으로 승격하였음 알려드립니다.

응시자격

① 대한민국 국적 소지자(서울시는 거주지 제한없으나 지방직은 지역마다 상이 하므로 반드시 지역 공고문 참조)

② 서울시는 간호사 면허증 소지자, 지방직은 간호사 면허증 또는 조산사 면허증 소지자(일부 지역은 제외이므로 지역 공고문 참조)

③ 원서접수 시에 자격증, 면허증, 학위를 취득하지 못하였어도 당해 면접시험 최종일까지 자격증, 면허증, 학위 취득이 확실시 되는 경우 응시 가능

④ 「지방공무원법」 제31조의 결격사유에 해당되거나, 「지방공무원법」 제66조에 해당되는 자 또는 「지방공무원 임용령」 제65조 및 「부패방지 및 국민권익위 원회의 설치와 운영에 관한 법률」 제82조 등 관계법령 등에 의하여 응시자격 이 정지된 자는 응시할 수 없음

응시연령   제한 없음

시험공고   매년 2월경 각 지방자치단체 홈페이지

선발전형   필기시험(매 과목당 100점 만점, 4지택 1형 20문항, 1문항 당 1분 기준) → 면접 시험(필기시험 합격자에 한해 면접시험에 응시할 수 있음) → 최종합격

[필기시험 과목]

서울시	생물, 간호관리, 지역사회간호 (총 3과목)
지방직	국어, 영어, 한국사, 간호관리, 지역사회간호 (총 5과목)

[면접시험]

필기기험에 합격한자만 응시할 수 있으며 인성검사(서울시)와 면접시험을 실시 한다.

[최종합격]

최종 발표일에 해당 응시처의 인터넷 홈페이지를 통하여 확인이 가능하다.

원서접수	서울시	서울시 인터넷원서접수센터 홈페이지
	서울시 이외	지방자치단체 인터넷원서접수센터 홈페이지

공통 적용 가산비율

[대상자 구분]

대상자	가산비율
취업지원 대상자	• 필기시험의 각 과목 40% 이상 득점한 자에 한하여 각 과목별 만점의 일정 비율 10% 또는 5%을 가산함
의사상자 대상자	• 필기시험의 각 과목 40% 이상 득점한 자에 한하여 각 과목별 만점의 일정 비율 5% 또는 3%을 가산하며, 다른 법률에 의한 취업지원대상이 될 경우 본인에게 유리한 것 하나만 가산함
자격증 소지자	• 각 과목에서 40% 이상 득점한 자에 한하여 그 시험과목 만점의 일정 비율에 해당하는 점수를 다음 표에 의하여 필기시험의 각 과목별 득점에 가산함 • 자격증 가산점은 공통적용 자격증 1개, 직렬별 자격증 1개만 인정됨(최대 2개) 단, 1개의 자격증이 공통적용 자격증과 직렬별 자격증에 공통적으로 가산 대상이 되는 경우 본인에게 유리한 분야 하나만을 가산함(본인이 신청한 분야로 인정)

[가산비율(공통적용 자격증 가산비율)]

직 급	자격증 등급별 가산비율		
	1%		0.5%
8·9급	• 정보관리기술사 • 정보처리기사 • 정보보안기사 • 정보처리산업기사 • 정보보안산업기사	• 컴퓨터시스템응용기술사 • 전자계산기조직응용기사 • 사무자동화산업기사 • 전자계산기제어산업기사 • 컴퓨터활용능력 1급	• 정보기기운용기능사 • 정보처리기능사 • 워드프로세서(구 워드프로세서 1급) • 컴퓨터활용능력 2급

업무	① 각 지역의 국·공립병원이나 시립·도립병원 또는 각 지방 보건소, 의료원 및 재활원에서 근무한다. ② 간호사 본연의 업무 위주로 하며 지역민의 의료간호사업에 관한 전문적이고 기술적인 업무를 담당한다.

방대한 지역사회간호 이론 체계적 요약 정리

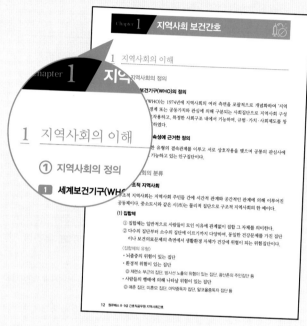

지역사회간호에 필요한 이론을 각
파트별로 체계적으로 분류하여 수록
하였다.

더 알아보자를 통해 다양한 이론 요약 정리

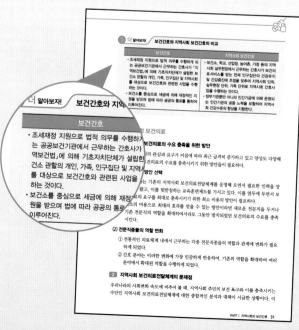

다양한 내용을 '더 알아보자'를 통해
비교·분석하여 수록하였다.

알아두면 유용한 키워드 10

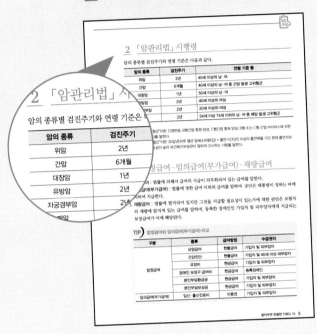

지역사회간호에서 알아두면 유용한 10가지 내용을 요약 정리하여 수록하였다.

시험직전 실력점검을 위한 모의고사 수록

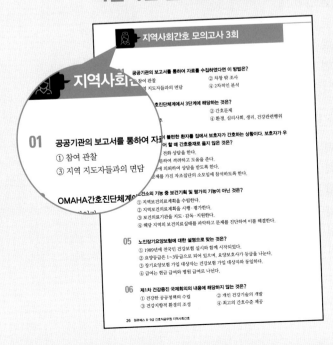

미흡한 부분을 파악하면서 최종 정리학습을 할 수 있도록 모의고사 5회분을 수록하였다.

차례

PART Ⅰ 지역사회 보건간호

PART II 인구집단의 보건과 간호

PART I

지역사회 보건간호

1 지역사회의 이해

① 지역사회의 정의

1 세계보건기구(WHO)의 정의

세계보건기구(WHO)는 1974년에 지역사회의 여러 측면을 포괄적으로 개념화하여 '지역 사회는 지리적 경계 또는 공동가치와 관심에 의해 구분되는 사회집단으로 지역사회 구성 원들은 서로 상호작용하고, 특정한 사회구조 내에서 기능하며, 규범·가치·사회제도를 창 출한다.'라고 정의하였다.

2 지역사회의 속성에 근거한 정의

지역사회는 일정한 유형의 결속관계를 이루고 서로 상호작용을 맺으며 공통의 관심사에 관하여 공동으로 기능하고 있는 인구집단이다.

② 지역사회의 분류

1 구조적 지역사회

구조적 지역사회는 지역사회 주민들 간에 시간적 관계와 공간적인 관계에 의해 이루어진 공동체이다. 중소도시와 같은 시(市)는 물리적 집단으로 구조적 지역사회의 한 예이다.

(1) 집합체

① 집합체는 일반적으로 사람들이 모인 이유에 관계없이 집합 그 자체를 의미한다.
② 다수의 집단부터 소수의 집단에 이르기까지 다양하며, 동일한 건강문제를 가진 집단 이나 보건의료문제의 측면에서 생활환경 자체가 건강에 위협이 되는 위험집단이다.

〈집합체의 유형〉
• 뇌졸중의 위험이 있는 집단
• 환경적 위험이 있는 집단
  예 제련소 부근의 집단, 방사선 노출의 위험이 있는 집단, 광산촌의 주민집단 등
• 사람들의 행태에 의해 나타날 위험이 있는 집단
  예 매춘 집단, 미혼모 집단, 마약중독자 집단, 알코올중독자 집단 등

(2) 대면 공동체

① 대면 공동체는 지역사회의 기본적인 집단으로, 구성원 간에 상호교류가 빈번하여 정보가 쉽게 전달되고 모든 사람들이 서로의 상황에 대하여 알고 있는 집단을 의미한다.
② 가족, 이웃, 교민회 등의 친밀성과 공동의식을 함께 가지고 있는 집단이다.
③ 도시보다는 농어촌 지역에서 흔히 볼 수 있는 집단이다.

(3) 생태학적 문제의 공동체

생태학적 문제의 공동체는 지리적 특성, 기후, 환경변화 등의 생태학적 문제에 의한 영향이 동일하게 작용하는 집단을 의미한다.

〈생태학적 문제의 공동체 유형〉
• 산림 파괴 및 산성비의 문제가 있는 공동체
• 대기오염, 수질오염, 토양오염 등의 문제가 있는 공동체

(4) 지정학적 공동체

① 지정학적 공동체는 우리에게 가장 친숙한 지역사회 공동체로, 정치적 관할의 구역단위이면서 시·군·읍·면·리 등의 합법적인 지리적 경계에 의해 구분되는 집단을 의미한다.
② 법적·정치적 힘의 통제를 받으며 지역사회 주민의 대변자 활동을 수행한다.
③ 지정학적 공동체에서는 지역적 갈등, 타협, 부적절한 계획이 발생할 수 있다.

(5) 조직

① 조직은 일정한 환경 하에서 특정 목표를 추구하는 일정한 구조를 가진 사회단위로, 목표 지향적이고 합리성과 보편성을 가지고 있는 집단을 의미한다.
② 특정 목표를 달성하기 위하여 환경과 끊임없이 상호작용을 하는 체제이다.
③ 구성원이 수행하는 활동을 경계하기 위한 힘을 가지고 있다.

〈조직의 유형〉
• 보건소, 병원, 교회, 노동조합
• 그 외의 관료적인 공동체

(6) 문제해결 공동체

① 문제해결 공동체는 문제점이 확인되고 해결될 수 있는 범위 내의 경계면을 의미한다. 또한 특정한 지역사회의 경계를 이루고 있지는 않다.
② 문제 해결을 위한 최대한의 지역을 확보하고자 할 때 지정학적 지역을 초월하며, 경우에 따라서는 생태학적 문제의 지역사회와 일치할 수도 있다.
예 오염지역과 오염문제의 해결을 위한 정부기관 등 A시와 B시 사이에 터널 공사로 인한 소음

으로 공사 주변 주민들이 문제를 겪고 있을 때 소음문제 해결을 위해 모인 것

2 기능적 지역사회

기능적 지역사회는 어떤 것을 성취하는 데 도움이 될 수 있는 지역적 공감을 기반으로 한 집합체이다. 단순한 지리적 경계보다는 목표 성취라는 과업의 결과로 나타난 공동체이므로 지역사회 주민의 관심이나 목표에 따라 유동적이다.

(1) 동일한 요구를 가진 공동체

① 동일한 요구를 가진 공동체는 주민들의 일반적인 공통의 문제 및 요구에 기초를 두고 나타나는 공동체를 의미한다.

② 문제가 있는 영역과 이에 영향을 미치는 요인들이 있는 영역은 동일한 요구를 가지고 있는 지역사회이다.

③ 동일한 요구를 가진 공동체는 생태학적 문제의 공동체나 특수흥미 공동체와 그 형태가 동일하고, 지역사회 간호사업의 접근대상에 해당한다.

〈동일한 요구를 가진 공동체의 유형〉

- 유산상담 집단
- 모자보건 집단
- 결핵 및 전염병 관리 대상의 집단
- 치매환자가 있는 가족의 집단
- 자폐아 및 불구아동이 있는 부모의 집단
- 산업폐수 오염지역과 동일한 영향을 받는 인근지역

(2) 자원 공동체

① 자원 공동체는 지리적인 경계가 아닌 문제 해결을 위한 자원의 활용범위 내에서 모인 공동체를 의미한다.

② 자원은 경제력, 인력, 소비자, 다른 지역사회에 대한 영향력, 물자 등을 의미하며, 이러한 자원들은 문제 해결과 요구 충족 등에 제공된다.

> 예 강의 오염문제를 해결하기 위하여 요구되는 재원, 인력, 물자 등의 자원을 지리적 경계에서 제공하는 것이 아니고 동원이 가능한 범위로 확대하여 조달할 경우

3 감정적 지역사회

감정적 지역사회는 지역사회에 대한 감각이나 감성이 중심이 되어 모인 공동체이다.

(1) 소속 공동체

소속 공동체는 출생지 등의 지연, 졸업 배경 등의 학연, 종친회 등의 인맥을 중심으로

동지애와 같은 정서적인 감정으로 결속된 지역사회를 의미하며 자신이 속한 장소가 어디인가 하는 관점과는 다르다.

(2) 특수흥미 공동체

특수흥미 공동체는 특수한 분야에 서로 같은 취미, 흥미, 관심, 기호로 모인 공동체를 의미한다. 이 공동체는 특별한 논제나 화제가 생겼을 때 특히 부각되는 특성이 있다.

　예 대한간호협회, 장루술(ostomy) 지지집단, 낚시 동호회, 등반 클럽, 일요 요가회 등

③ 지역사회의 기능

지역사회가 공통적으로 수행하는 기능은 자녀양육, 물자의 생산·분배·소비, 여가 등을 포함하는 인간의 활동을 의미한다.

1 경제적 기능

경제적 기능은 일상생활을 편안하게 영위할 수 있는 생산을 통하여 분배한다. 일상의 소비생활로 인간이 살아가는 데 가장 기초적인 제1차 기능이므로, 경제적 기능은 지역사회의 가장 기본적인 기능이다. 또한 지역사회라는 공간 속에서 생산을 위하여 가정에서는 몸과 마음의 긴장을 풀고 체력과 심신을 단련하며 직장에서는 각종 생산활동에 참여하여 수익을 얻는 기능이다. 즉, 경제적 기능은 가정생활과 사회생활을 함께 하는 기능으로 경제적 기능에는 지역사회 자원으로 특산품을 개발한다든가 기업을 유지한다든가 하는 자립을 위한 활동들도 포함된다.

2 사회화 기능

사회화란 인간이 동물적 인간에서 출발하여 사회적 인간으로 성장하기까지 이루어지는 일련의 모든 학습과정을 의미한다. 사회화 기능은 지역사회가 공유하는 일반적 지식, 사회적 가치, 행동양상들을 새로 창출하여 유지하고 전달하는 기능을 의미하며 사회화 과정을 통하여 사회 구성원들은 다른 지역사회 구성원들과 구별되는 생활양식을 터득하게 된다.

3 사회통제의 기능

지역사회는 그 구성원들에게 사회의 규범인 법과 규칙 등에 순응하도록 하는 정치적 기능을 하며 구성원들은 서로 간에 생각, 감정, 사상을 교환한다. 사회통제의 기능은 정부기관에서 강제력을 가지고 집행할 수 있는 통제력 이외에 지역사회 스스로 규칙이나 사회규범을 형성하고 구성원들의 행동을 통제한다.

4 **사회통합 또는 참여의 기능**

사회통합 또는 참여의 기능은 사회를 구성하는 구성원들과 관련된 기능이다. 지역사회가 유지되기 위해서는 사회 구성원 사이에 결속력과 사명감이 필요하다. 또한 서로 믿음과 신뢰를 바탕으로 존중해야 한다.

예 사회 구성원들의 공통적인 문제 해결을 위하여 공동으로 노력하는 활동

5 **상부상조의 기능**

상부상조의 기능은 지역사회 내의 질병, 사망, 실업 등의 경조사 및 도움이 필요한 상황에 대하여 서로 지지해 주고 조력해 주는 기능을 의미한다. 또한, 상부상조의 기능은 가족, 종교, 정치, 경제 등의 주요 사회제도를 통하여 앞에서 언급된 기능을 수행할 수 없을 때 도움을 주고 받는 기능이다.

④ 지역사회의 특성

지역사회는 지정학적 경계와 공동가치 및 관심에 의해 특정 짓는 사회집단으로서, 특정한 사회구조 내에서 가능하다. 서로 비슷한 혈연, 이웃, 친구들에 의한 전통적 사회안전망을 가지고 있으므로 비슷한 규범, 가치관, 사회조직을 만들어낸다. 또한 지역사회간호는 지역사회를 대상으로 하기 때문에 간호문제의 파악이나 문제 해결을 위한 간호전략의 수립이 다른 간호영역과 구별된다. 따라서 지역사회의 이해는 대상자의 특성과 건강문제를 파악하는 데 우선된다.

1 **보편적 특성(지역사회의 속성)**

지역사회는 인간의 기능적 집단으로 볼 수 있기 때문에 공동체적 특징을 가지고 있다. 그러므로 지역사회의 가장 보편적 특성은 공동체적 사회집단을 기반으로 하는 공동생활권이다.

(1) 지리적 영역의 공유

① 지역사회가 성립되기 위해서는 지역사회 주민 간의 정신적인 연계와 상호작용이 이루어질 수 있는 지리적 영역이 필요하다.

② 지리적 영역은 공간적 단위로 설명할 수 있는데, 상호교류가 가능하도록 근접성을 가지고 있어야 한다.

③ 지역사회 주민은 같은 지역의 범위 내에서 주민의 생활이 하나의 생활공동체에 속한 상태일 때 연대감이 생기고 상호작용이 활발히 이루어진다.

④ 지역적 공간성을 공유하기 때문에 인간관계를 형성할 때 지연을 중시한다.

(2) 사회적 상호작용

① 지역사회는 일정한 지리적 영역으로만 형성되는 것이 아니라 지리적 영역 내에 거주

하는 주민들 간의 상호교류가 있어야만 가능하다.

② 지역사회는 그 지역사회 주민들의 공동 관심사 및 공동 유대감이 형성되어야만 비로소 그 교류단위를 지역사회라고 할 수 있다. 같은 생활권 내에 살고 있으면서도 상호교류가 없다면 공동 관심사 및 공동 유대감이 이루어질 수 없기 때문에 지역사회라고 할 수 없다.

③ 지역사회 주민은 상호교류를 통하여 안정된 자아를 형성할 수 있는 사회화 과정을 경험한다. 만약 사회화 과정을 위한 상호교류가 이루어지지 않는다면 공동 이해관계 및 공동 욕구가 이루어질 수 없기 때문에 지역사회에 대한 공동체 운명이 약화되어 전체적인 사회문제가 등장한다.

④ 일정한 지리적 영역 내에 있는 주민들이 공동체적 운명체 또는 지역사회로서의 기능을 수행하기 위해서는 지역사회 주민들 간의 사회적 상호작용이 필요하다.

(3) 공동 유대감

① 공동 유대감은 혈연이나 지연 등으로부터 나오는 원초적인 공동의식보다는 지역사회 주민들이 사회생활을 통하여 획득한 공동의식을 의미한다.

② 지역사회는 일정한 지리적 영역 내에 살고 있는 지역사회 주민들 간의 상호작용을 통한 공동 유대감이 형성될 때 비로소 이루어진다.

TIP) 지리적 영역의 광역화

- 최근에는 대중매체와 교통망이 발달되어 상호교류가 가능한 지리적 영역이 광역화되고 있다.
- 지역사회로서의 공간적 영역은 일방적인 의사소통이 아니라 서로 의사소통이 가능한 영역으로 이루어지므로 무제한적인 광역화로 진행되지는 않는다.

2 건강문제와 관련된 특성

문화적 특성	건강행위와 습관에 영향을 미친다. 예 지역형태, 종교, 생활양식, 사회계층 등
정치적 특성	지역사회 내의 다양한 건강자원의 분포와 운영방법에 영향을 미치며 새로운 제도 및 정책의 수립은 지역사회 주민의 정치적 능력과도 관련된다. 예 정책, 지도, 관리운영 등
환경적 특성	건강문제의 원인과 밀접한 관계가 있다. 예 대기오염, 수질오염, 토양오염, 산업장의 작업조건 등
경제적 특성	건강문제 해결에 필요한 능력이나 방법을 결정하는 데 고려된다. 예 소비행태, 구매능력, 자원의 동원 등
인적 특성	건강행위의 추구는 지역사회 보건의료사업의 발전에 영향을 미친다. 예 지역사회 주민들의 연령, 교육, 인종, 유전적 소인, 욕구 등

⑤ 지역사회 간호

1 지역사회 간호의 구성요소

지역사회 간호의 대상	개인, 가족, 학교, 산업장, 지역사회
지역사회 간호의 활동	직접간호 제공, 보건교육 및 관리
지역사회 간호의 목표	지역사회의 적정기능 수준 향상

TIP) 지역사회 간호사

지역사회 간호사는 간호대상인 지역사회의 건강문제를 지역사회 스스로가 해결할 수 있도록 자기 건강관리의 향상을 가져오도록 돕는 활동을 한다.

2 보건간호와 지역사회 간호

보건간호는 보건소 등 공공보건기관을 중심으로 제공되는 간호사업을 의미하는 개념이며 수동·하향적이면서 질병관리사업에 역점을 두고 있지만, 지역사회 간호는 지역사회를 기반으로 하는 모든 간호실무 영역을 의미하는 개념이며 능동적·수동적·수평적이면서 일차 보건사업 및 건강증진에 역점을 두고 있다.

○ 보건간호와 지역사회 간호의 비교

구분	보건간호	지역사회 간호
철학	• 지역사회의 건강취약 인구집단의 건강 관리에 중점	• 지역사회 내의 개인, 가족, 조직의 건강 관리에 중점
명칭변경	• 공중보건사업 → 보건간호 → 지역사회 보건간호 → 지역사회 간호	
사업목적	• 질병예방과 건강보호	• 건강유지 증진, 삶의 질 향상
운영주체	• 정부	• 정부, 지역사회 주민, 기관
재정(재원조달)	• 국비, 지방비(수혜자)	• 국비, 지방비, 지역사회기금
사업대상	• 선택된 집단, 고위험집단	• 개인, 가족, 기관, 지역사회 전체
사업전달	• 정부기관 중심 • 하향식 • 수직적, 수동적 전달	• 지역사회 중심 • 상향식 • 수평적, 능동적 전달
사업운영방법	• 정부정책 지원사업 • 지역진단에 의한 보건사업	• 대상자 요구에 근거한 지역보건사업
실무	• 건강수준, 의료요구 사정	• 포괄적, 일반적
지역사회개발	• 격리상태	• 지역사회개발의 일환
간호체계	• 보건사업체계	• 건강관리사업체계

2 지역사회 보건간호의 이해

① 건강 개념

건강은 단순히 질병이 없는 상태를 의미하는 것이 아니라 총체적 완전성을 향해 가는 과정이다. 이는 신체적·정신적·사회적·영적인 인간 유기체가 가족 및 지역사회 공동체 속에서 조화를 이루어 안녕상태를 유지하며 살아가는 것을 의미한다.

1 건강 개념의 변천

(1) 원시적인 건강 개념

질병을 신의 저주나 천벌 또는 천형으로 생각하던 원시적 건강 개념은 히포크라테스(B.C 460년~377년경) 시대에 와서 인체의 구성요소가 조화를 이루는 상태를 의미하는 것으로 발전하였다. 이후 생의학적인 개념이 대두되기까지 건강 개념은 환경과의 조화로, 바람·온도·물·땅·음식·개인의 생활양식 간의 평형으로 인식되어 인체가 이러한 외적 환경과 내적 균형을 이룰 때 건강이라고 하였다.

(2) 생의학적 모형

① 16세기경부터 데카르트의 신체-정신 이원론에 근거하여 살아 있는 생물체를 하나의 기계로 보고 모든 것을 수학적 법칙에 맞게 이해하려고 하였는데, 이러한 경향을 생의학적 패러다임 또는 생화학적 패러다임이라고 부른다. 생의학적 패러다임은 현대의학의 기초가 되었다.

② 데카르트는 정신과 신체는 분리되어 있으며 정신은 신의 뜻으로 과학의 대상이 될 수 없으나, 신체는 마치 기계와 같은 것으로 인간의 지식으로 설명될 수 있다고 보았으며 질병은 신체의 부속기관 일부가 고장난 것이며 그 부분을 고치면 건강이 회복된다. 즉, 신체 일부분의 기능장애가 곧 질병이며, 그로 인해 기계가 망가지므로 치료하는 것을 기계를 수선하는 것이라고 한다.

(3) 생태학적 모형

① 생태학적 모형은 숙주, 병원체, 환경 3가지 요소로 구성되어 있고, 건강과 질병은 숙주, 병인, 환경의 상호작용에 의하여 결정된다.

② 숙주, 병원체, 환경이 평형을 이룰 때 건강이 유지되고, 숙주가 우세하거나 환경이 숙주에게 유리하게 작동되면 더욱 건강이 증진된다.

③ 병원체가 우세하거나 환경이 병원체에 유리하게 적용되면 평형이 파괴되어 질병이 발생하는데, 이것이 가장 중요한 요인인 환경적 요소이다.

(4) 사회 · 생태학적 모형

① 사회 · 생태학적 모형은 사회학자나 심리학자의 입장을 대변한 모형이다.

② 특히 사회 · 생태학적 모형은 개인의 사회적 · 심리학적 · 행태적 요인을 중시한 모형이다.

③ 사회 · 생태학적 모형은 숙주요인, 외부환경요인, 개인행태요인이라는 3가지 요인이 질병 발생에 영향을 준다고 주장하고 있다.

(5) 총체적 모형(전인적 모형)

① 총체적 모형에 의하면 건강이란 사회 및 내부 생태체계가 역동적인 균형상태를 이루고 있는 것을 의미한다.

② 질병은 개인의 적응력이 감퇴하거나 조화가 깨질 때 발생한다.

③ 총체적 모형은 건강과 질병을 단순히 이분론적으로 파악하지 않고 건강 및 질병의 정도에 따라 연속선상에 있는 것으로 파악하고 있다. 그러므로 질병은 다양한 복합 요인에 의해 발생된다고 본다.

④ 치료의 목적은 단순히 질병을 제거하는 것만이 아니라 개인이 더 나은 건강을 성취하기 위한 건강증진, 자가 치료의 능력을 보강 · 확대시키는 넓은 개념을 포함한다.

⑤ 총체적 모형에 있어서 의사는 조언자의 역할을 중시한다. 즉, 건강의 주체는 개인 자신이며, 의사는 그 개인이 질병을 극복하고 건강한 삶을 누릴 수 있도록 교육하며 도와주는 역할을 하는 것이다.

⑥ 총체적 모형의 4가지 구성요소에는 환경, 생활습관, 인체생리, 보건의료체계 등이 있다.

2 건강 개념의 유형

(1) 신체 개념

① 건강은 신체적인 질병이 없는 상태를 말한다.

② 건강 상실의 대부분이 급성 감염병에 의하여 발생하던 시대적 상황과 신체－정신 이원론이라는 과학적 철학 사조의 영향을 받은 건강개념이다. → 생의학적 패러다임

③ 그 당시는 감염병의 단일원으로 병원균이 발견되었고, 대부분의 질병은 신체의 부속 조직 또는 세포 수준의 형태학적 · 생화학적 변화로 설명할 수 있었다.

(2) 심신 개념

① 인체를 정신과 육체로 각각 구분할 수 없다는 건강개념이다.

② 질병 양상이 과거와 달리 고혈압, 당뇨병 등과 같은 다요인성 질병이 많이 생겨났고, 환자 자신이 불편한 상황이 명백하지만, 당시의 형태학적 · 생의학적 지식으로는 이

상이 발견되지 않는 경우가 많았다.

(3) 생활 개념

① 건강이란 단순히 질병이 없거나 허약하지 않다는 것에 그치지 않고 완전한 신체적·정신적 및 사회적 안녕 상태라는 1948년 세계보건기구(WHO) 헌장의 건강 정의가 바로 생활 개념(사회적 건강 개념)이다. → 사회·의학적 패러다임

② 인간은 사회적 역할을 다하면서 생활하는 만큼 생활 개념을 통하여 파악한다.

(4) 생활수단 개념

① 생활수단 개념은 세계보건기구(WHO)의 정의에서 'well-being' 대신 'well-balanced life'로 표현되는 동적 상태를 건강으로 보는 견해이며 상대적인 건강 개념, 동적인 건강 개념, 연속적인 건강 개념, 평형적(균형적)인 건강 개념이다.
→ 사회·생태학적 패러다임

② 인간은 생태학적으로 변화하는 생활환경의 작용에 대하여 적응하거나 저항하여 생리적 항상성을 유지하려고 하므로 어느 특정 위치에서의 건강상태가 다른 위치에서는 불건강이 될 수 있다.

TIP) **오타와 헌장(1986)에서의 건강 개념**

● 건강은 생활의 목표가 아니라 일상생활을 영위하는 활력소(생활수단)로 이해되어야 한다. 즉, 건강은 일상생활을 위한 신체적 및 정신적 능력은 물론 개인적 및 사회적 활력소의 긍정적인 면을 가리키는 개념이라고 할 수 있다.
● 건강은 사람들이 매일 생활하고 있는 장소, 즉 배우는 장소, 일하는 장소, 노는 장소, 사랑하는 장소에서 만들어진다. 그리고 자기 자신과 다른 사람들을 돌봄으로써 생활환경을 통제하며 결정을 내릴 수 있는 의지이고 그 장소에서 살고 있는 모든 사람들이 건강을 이룰 수 있는 상황을 창출하며, 사회를 책임짐으로써 형성되는 것이다.

---

3 간호 문헌에서의 건강 개념

간호학자들의 건강관은 대체로 인간을 총체적인 존재로 간주하여 왔다. 그러나 이 동안의 실제 간호실무나 연구는 거의 생의학적 패러다임 수준에 머무르고 있다. 1950년대부터 간호이론화 작업이 시작되어 건강은 인간, 환경, 간호와 함께 간호이론의 4가지 주요 개념 중의 하나가 되었으며, 간호학자들의 건강 개념은 다양하게 표현되고 있다.

(1) 개인에 초점을 둔 건강 개념

1) 안정성으로서의 건강 개념

개인에 대하여 안정성에 근거를 둔 건강의 정의는 1차적으로 항상성과 적응이라는 개념에서 시작된다.

두보와 파슨의 정의

두보 (Dubo,1965)	• 건강은 안정성의 견지에서 개인이 환경에 적응하는 능력을 갖춘 상태이다. • 고도의 건강상태는 신체적·정신적으로 고통이나 불편감이 없는 상태로, 개인이 환경 내에서 효과적으로 기능할 수 있을 때를 말한다.
파슨 (Parson,1958)	• 건강을 생리학적 규범보다는 사회적 규범으로 정의하였다. • 건강은 사회화 과정을 통하여 얻은 가치 있는 역할과 과업을 효과적으로 수행하는 것이다. • 건강상태는 현재와 미래의 역할 및 과업 수행이 적절한지 규범적 표준에 맞추어 봄으로써 그수준을 결정할 수 있다.

2) 실현성으로서의 건강 개념

건강을 인간 잠재력의 실현성에 근거를 두어 좀 더 폭넓게 정의할 때, 일부 학자들은 '건강'이라는 용어 대신에 '안녕'이라는 용어를 사용하도록 제안하였다. '건강'과 '안녕'은 현재의 과학 저서에서 혼용하거나 서로 바꾸어 사용되고 있다.

던의 정의

던 (Dunn,1959)	• 실현성을 강조한 건강의 정의를 제시하였고, '높은 수준의 안녕(high-level wellness)'이라는 용어를 새로 만들었다. 이는 개인이 실현할 수 있는 건강잠재능력을 극대화한 상태를 의미한다. • 던에 의하여 발전된 정의에서는 건강의 한 차원으로서 균형을 인정하면서도 목적적 행위를 통하여 건강잠재능력을 실현하는 것에 중점을 두고 있다. • 건강한 개인은 역동적이고 끊임없이 변화하는 환경 속에서 높은 수준의 안녕을 추구한다. • 건강은 환경과 개인이 평화를 이룬 상병이 없는 수동적 상태만을 말하는 것이 아니라, 전 생애에 걸쳐 나타나는 연속적인 개념이다.

3) 안정성과 실현성으로서의 건강 개념

많은 간호학자들이 안정성과 실현성이라는 관점을 통합한 건강의 정의를 제시하였다.

킹과 펜더의 정의

킹 (King,1983)	• 건강의 정의에서 안정성과 실현성 모두를 강조하였다. • 건강은 개인의 생활주기 안에서의 동적인 상태로, 일상생활을 위한 최대한의 잠재력을 달성하기 위하여 적절한 자원을 활용하여 내외적 환경에 존재하는 스트레스원에 적응하는 것이다. • 건강은 생의 주기 안에서 기능하는 상태이며, 질병은 생의 주기를 방해하는 것으로 본다.

펜더 (Pender,1987)	• 간호학자를 포함한 여러 학자들의 건강 정의를 안정성에 초점을 둔 것, 실현성에 초점을 둔 것, 안정성과 실현성 모두에 초점을 둔 것 3가지로 분류하였다. • 분류체계의 기본 가정은 건강 전문가와 대상자의 건강 견해의 통합으로 간호실무에 활용할 수 있고, 인간의 모든 건강 양상은 객관적인 관찰과 함께 대상자 스스로의 의견도 반영한다는 점이다. • 간호학은 환경과의 상호작용 속에서 개인과 집단의 통합된 기능 수행을 통하여 인간 잠재력을 성취하는 학문이므로 건강 개념의 통일이 필요하다. • 건강관의 통합 근거로, 진단의 근거가 될 수 있는 임상지표가 많아지고, 어떤 지표가 건강–불건강을 초래할지 알게 되고, 건강문제와 그 문제에 대한 반응의 처리방안이 확대되어 제시될 수 있으며, 개별화된 처방도 가능해질 수 있다.

(2) 가족에 초점을 둔 건강 개념

가족 이론가들은 가족의 건강을 가족 각 개인들의 건강상태들의 합 이상이라고 하였다. 간호학에서 제시된 건강에 대한 개념들 중 소수만이 가족의 건강에 대한 관심을 나타내었으며, 가족체계보다는 개인체계가 기본적인 분석의 단위가 되어 왔다.

○ 로버츠와 피탐의 정의

로버츠와 피탐 (Roberts & Feetham, 1982)	• 가족의 건강을 정의할 경우는 가족과 지역사회와의 관계, 가족과 부부 또는 형제 하위체계 간의 관계, 상호 관련성에 초점을 둔 가족과 각 개인 간의 관계를 고려한다. • 대부분의 가족 연구가들이 개별적인 가족 구성원, 특히 질병이 있는 가족 구성원에 초점을 둠으로써, 정상적이고 기능을 잘하는 가족에 대한 관심은 제외되어 있는 실정이다.

(3) 지역사회에 초점을 둔 건강 개념

지역사회 간호학에서는 인간을 대상으로 건강을 정의하기보다는 지역사회나 인구집단을 대상으로 건강을 정의하고 있다.

1) 지역사회 건강의 정의

지역사회 간호학자인 아처와 프래쉬만은 건강을 간호 대상자에 의한 적정기능 수준으로 보았고, 크레멘과 맥과이어는 건강을 신체적·정신적·사회적 기능의 최고수준으로 보았다.

미시적 분야	임상간호를 특정한 질병기간의 환자를 대상으로 하여 시공간적으로 제한한다.
거시적 분야	지역사회 간호는 퇴원 후에도 건강문제가 있는 모든 대상자를 비롯하여 최적의 건강상태에 있는 개인·가족·지역사회를 대상으로 그들의 간호 요구를 충족시키기 위하여 포괄적이고 지속적인 보건의료서비스를 제공함으로써 보건의료인과 기관 간의 협력적인 관계가 필요하다.

2) 지역사회 건강의 중요성

① 지역사회 건강의 정의는 극히 질병 중심적인 것에서부터 지역사회의 잠재능력을 실현하는 데 초점을 둔 정의에 이르기까지 그 범위가 다양하다.

② 건강을 질병이 없는 것 이상으로 강조함에 따라 질병 중심적인 지역사회 건강지표에 의존해 오던 지역사회 사정방법을 고려한다.

③ 효과적인 건강증진을 위한 간호 중재를 위하여 지역사회의 능력과 실현 잠재성에 대한 사정자료에 근거하여 기록한다.

TIP 지역사회 간호학에서의 건강 개념의 공통점

● 건강을 임상적인 관점보다는 기능적인 관점으로 본다.
● 건강은 절대적이며 정지된 상태를 의미하는 개념이 아니라, 상대적이며 역동적인 상태를 의미한다.

② 공중보건

1 공중보건의 정의

(1) 일반적 정의

가장 널리 알려진 공중보건의 정의는 1920년 윈슬로우가 '환경위생 관리, 전염병 관리, 개인위생에 관한 보건교육, 질병의 조기진단과 예방적 치료를 위한 의료 및 간호서비스의 조직, 그리고 모든 사람이 건강유지에 적합한 생활수준을 보장할 수 있는 사회제도의 개발을 위한 조직적인 지역사회의 노력으로 질병의 예방, 수명의 연장, 신체적·정신적 건강과 효율을 증진하는 과학과 기술이다.'라고 정의하였다.

(2) 세계보건기구(WHO)의 정의

1952년 세계보건기구(WHO)는 보건행정전문가위원회에서 윈슬로우의 공중보건 정의를 그대로 사용하기로 합의하였다.

2 공중보건의 활동내용

미국공중보건협회(APHA, 2012)에 의하면, 공중보건활동은 과거의 공중위생과 전염병 관리기능으로부터 시작하였는데, 20세기가 되어 인간과 환경 사이의 모든 생태학적 상호작용의 기능으로 확대되어 생물학, 생활습관, 건강 양상, 환경, 그리고 보건의료서비스의 체계 및 보건의료사업까지 포함하게 되었다. 따라서, 공공기관을 통한 공중보건의 활동내용은 기능과 필수 서비스 2가지로 분류할 수 있다.

(1) 공중보건의 기능

1) 공중보건 기능의 개념
공중보건의 기능은 공중보건의 중심 목표인 인구의 건강 향상을 성취하기 위하여 수행되어야 할 행동의 묶음이다. 이 묶음은 기능을 범주화한 것으로, 각 국의 공중보건에 관한 실적과 투자요소의 평가 등에 도움을 준다.

2) 공중보건 필수기능의 선정
범미보건기구(PAHO, Pan American Health Organization)는 미국의 질병통제예방센터(CDCP), 세계보건기구(WHO) 등과 합동으로 연구를 수행하여 공중보건의 필수기능을 11가지로 선정하였다.

〈공중보건의 11가지 필수기능〉
① 건강상태의 모니터링 및 분석
② 공중보건의 위험요소와 위해인자에 대한 감독 및 연구
③ 건강증진
④ 사회적 참여와 역량 강화
⑤ 공중보건 관련분야 간의 협력 및 국가 차원에서의 보건정책의 기획·계획·관리능력의 개발
⑥ 공중보건 규칙의 제정 및 준수
⑦ 보건의료서비스의 균등한 분배와 개선을 위한 평가
⑧ 보건의료 인력의 개발 및 교육
⑨ 개인과 인구집단의 보건의료서비스의 질 관리
⑩ 혁신적인 보건의료문제의 해결방안에 대한 연구와 개발 및 중재
⑪ 응급상황 및 재난상황에서 피해를 최소화하기 위한 대책의 개발

(2) 공중보건의 필수 서비스

1) 인구집단에 대한 사정
① 인구집단의 특성, 건강수준, 환경상태, 건강 위협요인 등에 대한 체계적인 정보 수집과 모니터링
② 지역사회의 상태 및 건강 위협요인 등에 관한 진단 및 조사

2) 정책 개발
① 지역사회의 상태가 건강에 미치는 영향에 대한 정보 제공, 교육, 인적자원의 역량 강화
② 환경을 포함한 지역사회 보건문제의 규명, 문제해결을 위한 인력 및 예산의 배치
③ 개인과 지역사회의 규명된 건강문제를 해결하기 위한 정확하고 신뢰할 만한 자료를 바탕으로 한 정책 및 계획의 수립

3) 질 보장
① 지역사회 보건과 안전보장에 대한 법과 규칙이 잘 수행되고 있는지를 감시하는 활동의 수행
② 지역사회 지도자와 보건서비스가 필요한 사람들을 서로 연계시켜 주고, 이들의 협력관계가 유기적으로 지속되고 있는지를 감시하는 활동의 수행
③ 보건 관련업무가 표준에 합당한지에 대한 질 관리
④ 수립된 건강정책이 인구집단의 건강 요구에 맞게 잘 수행되고 있는지 효율성, 접근성, 개인과 인구집단을 기반으로 한 지속적인 질 평가
⑤ 지역사회 보건문제의 해결을 위한 새로운 통찰력과 혁신적인 해결방안을 모색하기 위한 연구의 수행

③ 지역사회 보건

1 지역사회 보건의 시작

조직적이고 체계적인 지역사회 보건의 개념은 1969년 미국 장로교에서 파견한 사블리 원장을 중심으로 존슨 선교사, 그리고 서울대학교 보건대학원의 보건전문간호사(CPHN, Certified Public Health Nurse) 과정을 수료한 보건간호사를 포함한 4명의 간호사가 함께 거제도에서 지역사회보건원을 개설하여 지역사회 보건사업을 시작하면서 소개되었다.

2 지역사회 보건의 정의

지역사회 보건은 보건문제의 인식과 이론적 지식을 인구집단에게 효율적으로 옮기는 실천과학이다. 즉, 양질의 보건의료서비스를 보건의료기관과 지역사회 주민의 협력에 의하여 일정한 인구집단에 효율적으로 제공하는 실천적 보건의료활동이다.

3 지역사회 보건의 실천원리

(1) 지역사회의 중심성
① 주민의 의료 필요 또는 의료 욕구와 주민의 건강수준에 맞는 의료서비스의 제고를 위한 계획과 실행을 의미한다.
② 자유방임적인 의료체제 하에서의 제공자(의사 또는 의료시설) 중심의 원리와는 근본적으로 다른 개념이다.

(2) 주민의 자주성
① 우리의 문제는 우리가 해결한다는 자치 이념의 근본이다.
② 지역사회의 모든 주민의 자발적 참여의식이 기반이 되어 이루어지는 자주적인 활동

을 원칙으로 한다.

(3) 효율성

① 모든 주민의 의료 필요에 따르는 적정의료의 제공에 있어서 항상 지역사회의 자원은 한정되어 있으므로 자원의 낭비를 피하고 자원을 최대한 활용한다.

② 한정된 자원의 활용방안 도출을 위해서는 전문가의 판단에 의한 의료 필요와 주민의 의료 욕구를 고려한 합리적인 우선순위의 설정과 이에 따른 자원의 배분과 조정을 한다.

(4) 종합성

① 모든 주민의 복지 향상을 위해서는 건강수준의 향상이 필수요건이다. 따라서 보건사업은 하나의 독립된 개념이 아닌 지역사회 개발사업의 일환으로 추진한다.

② 보건사업은 개발사업과 병행하여 다른 개발사업을 포함한 종합적인 지역사회 개발사업의 일부로서 추진한다.

4 지역사회 보건의 필요성

(1) 다양한 보건의료의 요구

최근 변천하는 지역사회의 다양한 보건의료 요구를 충족시키기 위하여 지역사회와 대상자를 둘러싸고 있는 지리적·사회경제적 환경을 총체적으로 파악하고 우선순위를 결정한다.

(2) 포괄적 보건의료의 제공

지역사회의 사용 가능한 자원을 효율적으로 활용하여 포괄적 보건의료를 제공할 수 있는 새로운 형태의 접근법이 필요하게 되었다. 이에 따라 공중보건사업의 확대된 사업인 지역사회 보건사업의 필요성이 대두되었다.

(3) 팀 접근법의 활용

전통의학적인 접근법만으로는 주민의 건강을 포괄적으로 관리할 수 없음을 파악하고, 지역사회 주민의 참여, 포괄적 보건의료의 개념 및 지역사회 보건사업을 위한 팀 접근법의 활용 등을 도입한 지역사회 보건사업을 전개하게 되었다.

④ 보건간호

보건간호는 병원에서의 '임상간호'와 구분되는 간호로, 환자 개인이 아닌 가족단위의 접근방법을 중심으로 이루어져 왔다.

1 우리나라의 보건간호

(1) 우리나라 보건간호의 정의

우리나라에서의 보건간호는 조세재정 지원으로 법적 의무를 수행하게 되는 공공보건기관에서 근무하는 간호사가 「지역보건법」에 의하여 기초자치단체가 설립한 보건소 관할의 개인, 가족, 지역사회를 대상으로 보건간호사업을 수행하는 것이다.

(2) 우리나라 보건간호의 발전과정

① 우리나라에서 부분적이고 지역적인 수준에서 지속되던 보건사업은 1956년 「보건소법」이 제정되고 1958년 「보건소법 시행령」이 공포되면서 보건소를 중심으로 전국적 차원의 보건사업이 이루어지게 되었다.

② 초창기의 보건간호사업은 보건소와 보건지소를 통한 가족계획사업, 모자보건사업, 결핵사업과 같은 특수보건사업의 형식으로 이루어져 왔는데, 이 특수보건사업을 통합하여 1985년부터 통합보건사업의 형식으로 변경하여 실시하게 되었다.

③ 1970년대 중반에 이르러 1차 보건개념이 도입되면서 1978년 알마아타 선언과 더불어 1981년에 「농어촌 등 보건의료를 위한 특별조치법」이 제정되었고, 이에 따라 농어촌 벽·오지의 1차 보건의료사업을 위한 보건진료원이 배치되기 시작하였다.

④ 1995년 「보건소법」이 「지역보건법」으로 개정되면서 법적 지원과 정책적 지원을 확보하게 되어 공공보건사업의 양적·질적인 변화와 발전을 이루게 되었다.

2 미국의 보건간호

(1) 미국 보건간호의 시작

미국에서의 보건간호는 1893년 왈드가 뉴욕에서 보건복지기관인 핸리 스트릿 쌔틀먼트를 설립하여, 처음으로 '보건간호사(public health nurse)'라는 용어를 사용하면서 시작되었다.

(2) 미국 보건간호의 발전과정

① 1980년 미국간호협회(ANA)와 미국공중보건협회(APHA)는 이전의 경험과 이론을 바탕으로 지역사회 보건간호의 역할과 개념적 기틀을 공동으로 개발하여 제시하였다.

② 1996년 미국공중보건협회의 보건간호 분과는 보건간호를 간호학, 사회학, 보건학의 지식을 사용하여 인간의 건강을 보호하고 증진하는 업무라고 정의하였다. 더 나아가, 보건간호의 정의와 역할을 '건강증진의 요구 또는 질병에 대한 위험요인이 있는 집단을 확인하기 위하여 인구집단을 사정하고, 지역사회 중재를 위한 계획, 수행, 결과 평가의 체계적인 과정'이라고 정의를 갱신하여 발표하였다.

③ 1999년 미국공중보건협회(APHA)의 보건간호 분과는 미국간호협회(ANA)를 통하여

'지역사회를 중심으로 한 간호'와 1990년대 보건의료의 개혁시기에 대두된 '지역사회를 기반으로 한 간호'를 구분하여 재구성한 보건간호의 범위와 표준을 제시하였다.

④ 2003년에는 보건간호전문직 필수역량에 대하여 최종적으로 확정하였다.

⑤ 2007년 미국간호협회(ANA)에서는 보건간호를 인구의 건강증진과 건강보존을 위하여 실시하는 공중보건사업과 간호사업의 통합이라고 하였던 미국공중보건협회(APHA)의 정의를 재인용하면서, 지역사회에서의 보건간호 실무는 모든 사람이 건강할 수 있는 환경을 조성하기 위하여 건강증진, 불구 및 질병예방을 목표로 인구 중심으로 실시해야 함을 강조하였다. 그리하여 종전과는 전체적 측면에서 재구성된 새로운 보건간호 실무의 범위 및 표준을 제시하였다.

⑤ 지역사회 보건간호

지역사회 보건간호는 시대와 지역, 그리고 지역사회 보건간호사의 역할이나 기능의 변화에 따라 발전하는 양상을 띠고 있으며, 건강 소비자인 주민이나 국민의 간호 요구에 부응하여 그 내용과 범위가 점진적으로 확대·발전되어 가고 있다.

1 지역사회 보건간호의 정의

지역사회 보건간호는 개인, 가족, 인구집단, 지역사회를 대상으로 하여 이들이 가지고 있는 건강잠재능력을 개발하여 대상자의 건강기능 수준의 증진과 향상에 관련된 요인을 강화하는 간호실천의 과학적 과정이다.

2 지역사회 보건간호의 대상

① 지역사회 보건간호의 대상은 지역사회이다. 지역사회를 사업의 장소 또는 지역사회의 사업단위 또는 사업의 대상이나 표적으로 보는 입장도 있으나, 이 3가지 입장을 포괄하기도 한다.

② 이러한 개념 틀에서는 지역사회를 일반체계이론에 입각하여 볼 때 하나의 체계로 보며, 그 하위체계는 집단, 가족, 개인으로 구성된다고 본다. 즉 지역사회를 사업의 대상이자 변화시켜야 할 표적이라고 보는 관점이다.

3 지역사회 보건간호의 목표

지역사회 보건간호의 목표는 적정기능 수준의 향상이다. 지역사회 보건간호사는 지역사회의 건강문제를 지역사회가 자체적으로 해결할 수 있도록 자기건강 관리능력이 향상되도록 돕는 활동을 한다.

4 지역사회 보건간호의 활동

지역사회 보건간호의 활동에는 숙련된 전문간호의 제공, 보건교육의 상담, 보건관리의 복합적 활동이 있다. 보건관리의 복합적 활동은 지역사회 보건간호사의 고유활동을 의미하며, 이 활동을 통하여 지역사회 적정기능 수준의 향상을 가져온다.

🄐 지역사회 보건간호사가 어떤 지역사회의 영유아 예방접종사업을 수행하는 일련의 절차에는 그 지역사회의 대상자와 그들의 요구 파악, 백신 및 물품의 확보, 실시시기 및 방법, 필요한 인력의 확보, 지역사회와의 협의, 사업의 실시 및 평가 등이 포함된다.

5 지역사회 보건간호의 기본요소

지역사회의 적정기능 수준의 향상을 위한 면담, 지역사회 보건간호활동과 간호대상자와의 관계는 간호과정을 통하여 이루어진다. 적정기능 수준의 향상이라는 목표를 달성하기 위한 지역사회 보건간호활동은 지역간호의 대상에 따라 다양한 수준에 의하여 이루어진다.

6 지역사회 보건간호의 특성

① 지역사회 보건간호는 인구집단의 건강보존과 건강증진을 위하여 적용된 간호 실무와 공중보건 실무의 합성이다.

〈실무의 특성〉
• 실무는 일반적이고 포괄적이다.
• 실무는 특정한 연령군이나 진단명에 제한되는 것이 아니다.
• 실무는 한시적이 아니고 지속적이다.

② 우선적인 대상은 전체로서의 인구집단이 된다. 개인, 집단, 가족을 지향하는 간호는 전체 인구집단의 건강에 기여한다.

③ 건강증진, 건강유지, 보건교육, 관리, 조정, 그리고 간호의 지속성은 지역사회에 있는 개인, 가족, 집단의 보건의료 관리를 위한 총체적인 접근에 이용된다.

TIP) 지역사회 보건간호

1. 우리나라의 지역사회 보건간호의 정의
● 1984년 김화중의 저서에서는 '지역사회 보건간호는 지역사회를 대상으로 간호제공 및 보건교육을 통해서 지역사회의 적정기능수준의 향상에 기여하는 것을 궁극적인 목표로 하는 과학적인 실천이다.'라고 정의하였다.

2. 외국의 지역사회 보건간호
● 나이팅게일은 적정 수준의 건강에 이르기 위해서는 지역사회 단위의 간호사업이 필요하다고 주장하였다.
● 왈드는 지역사회 보건간호의 필수적인 요소는 지역사회의 참여와 개발이라고 주장하였다.

더 알아보자! **보건간호와 지역사회 보건간호의 비교**

보건간호	지역사회 보건간호
• 조세재정 지원으로 법적 의무를 수행하게 되는 공공보건기관에서 근무하는 간호사가 「지역보건법」에 의해 기초자치단체가 설립한 보건소 관할의 개인, 가족, 인구집단 및 지역사회를 대상으로 보건간호와 관련된 사업을 수행하는 것이다. • 보건소를 중심으로 세금에 의해 재정적인 지원을 받으며 법에 따라 공공의 통로를 통하여 이루어진다.	• 보건소, 학교, 산업장, 농어촌, 가정 등의 지역사회 실무현장에서 근무하는 간호사가 보건의료서비스를 받는 전체 인구집단의 건강유지 및 건강증진에 초점을 맞추며 지역사회 단위, 실무현장 단위, 가족 단위로 지역사회 간호사업을 수행하는 것이다. • 정부기관뿐만 아니라 민간기금에 의해 운영되는 민간기관의 공동 노력을 포함하여 지역사회 건강수준의 향상을 지향한다.

⑥ 지역사회 보건의료

1 지역사회 보건의료의 수요 충족을 위한 방안

건강에 대한 국민의 관심과 요구가 커짐에 따라 최근 급격히 증가하고 있고 양상도 다양해지는 지역사회 보건의료의 수요를 충족시키기 위한 방안들이 필요하다.

(1) 최소 비용의 방안 선택

① 우리나라는 기존의 지역사회 보건의료전달체계를 운영해 오면서 필요한 인력을 양성하여 왔고, 이를 뒷받침하는 교육훈련제도를 가지고 있다. 이를 염두에 두면서 보건의료의 요구를 최대로 충족시키기 위한 최소 비용의 방안이 필요하다.

② 최소의 비용으로 최대의 효과를 얻을 수 있는 방안이라면 새로운 전문직을 두거나 기존 전문직의 역할을 확대하여서라도 그동안 방치되었던 보건의료의 수요를 충족시킨다.

(2) 전문직종들의 역할 변화

① 전통적인 의료체계 내에서 근무하는 각종 전문직종들의 역할과 관계에 변화가 필요하게 되었다.

② 간호 분야는 이러한 변화에 가장 민감하게 반응하여, 기존의 역할을 확대하여 여러 분야에서 확대된 역할을 수행하게 되었다.

2 지역사회 보건의료전달체계의 문제점

우리나라의 사회변화 속도에 비추어 볼 때, 지역사회 주민의 보건 욕구와 이를 충족시키는 수단인 지역사회 보건의료전달체계에 대한 종합적인 분석과 대책이 시급한 상황이다. 이와 관련하여 지역사회의 보건의료 전문가의 양성과 개발에 대한 검토가 요구되고 있다. 이 문제는 보건의료 전문직의 문제인 동시에 우리나라 국민 전체의 문제이기도 하다.

○ 보건의료 전문직의 문제

소극적 측면의 문제	국민의 건강을 유지하고 증진하여 우리 사회가 발전할 수 있는 양질의 인적자원을 확보한다.
적극적 측면의 문제	건강에 대한 인간의 기본권을 실현하는 복지사회와 관련되므로, 전문직종의 이해관계를 앞세워서는 안 된다.

⑦ 지역사회 간호사

1차 건강관리에 있어 간호사가 주역을 맡게 됨에 따라 지역사회 간호사의 기능과 역할도 다양해지고 있다.

1 지역사회 간호사의 기능

세계보건기구(WHO)의 간호실무위원회에서는 개인, 가족, 집단이 처해 있는 환경의 도전 속에서 신체적·정신적·사회적 기능을 스스로 결정하고 이를 수행할 수 있도록 돕는 것이 지역사회 간호사의 기능이라고 정의하였다.
① 개인, 가족, 지역사회를 간호사업의 단위로 하여 건강증진, 질병 및 사고 예방, 그리고 직접간호의 제공을 위하여 각종 임상간호기술을 활용한다.
② 보건사업의 기획, 직접간호의 제공, 재활업무를 담당한다.
③ 건강, 질병, 불구 및 사망에 영향을 미치는 신체적·정신적·사회적·영적인 모든 삶의 영역에서 개인, 가족, 인구집단과 지역사회의 적극적인 참여를 유도한다.
④ 건강한 환경을 지속적으로 유지하는 일을 할 수 있도록 도움을 준다.

2 지역사회 간호사의 역할

캐나다 공중보건협회(CPHA, 1990)에서는 지역사회 간호사의 역할은 자문가, 교육자, 지역사회 개발자, 촉진자, 대변자, 사회마케팅 경영자, 정책 입안자라고 하였다.

(1) 1차 보건의료 제공자

① 1차 보건의료는 지역사회 내에서 각 개인이나 가족이 보편적으로 접근할 수 있도록 만들어진 필수 보건의료서비스를 말한다.
② 지역사회 간호사는 보건진료 전담공무원, 학교의 보건교사, 산업장의 산업 간호사로서 1차 보건의료 제공자의 역할을 수행한다.

(2) 직접간호 제공자

① 직접간호 제공자의 역할은 가장 오래된 지역사회 간호사의 역할이다.

② 지역사회 간호사는 대상자의 건강상태를 사정하고 간호진단을 유출하며 간호사업을 계획하여 적절한 간호를 제공하는 직접간호 제공자의 역할을 수행한다.

③ 직접간호 제공자로서의 역할을 수행하기 위해서는 환자를 돌보는 데 가장 중요한 기본 간호기술을 비롯하여 여러 가지 특수 간호기술, 신체 사정과 신체 간호기술, 면담술과 의사소통기술, 보건교육기술, 상담기술, 지역사회 단위의 건강문제 사정 및 수행기술 등이 필요하다.

(3) 교육자

① 지역사회 간호사는 건강과 관련된 습관, 건강증진을 위한 행위 등과 관련된 사항이 바람직하게 변하도록 정보를 제공하는 교육자의 역할을 수행한다.

② 지역사회의 간호 대상자는 지역사회 전체이므로 대부분이 건강한 사람이며, 이들은 건강정보를 잘 받아들이고 실천에 옮길 수 있는 특성을 가지고 있다.

③ 지역사회의 간호 대상자들에게는 질병예방과 건강증진을 위한 교육이 특히 중요하므로 교육자는 지역사회 간호부분에서 점차 강조되고 있는 역할이다.

> 예 태아 발육이나 분만과정을 돕는 운동을 교육하기 위한 산전부모교실, 심장발작 후의 퇴원환자를 위한 스트레스 완화방법 및 점진적 운동 프로그램의 교육, 산업장 근로자를 위한 복지 프로그램의 운영

④ 지역사회의 간호 대상자가 자신을 돌볼 수 있는 능력과 문제 발생 시에 대상자 자신이 적절한 건강정보와 보건자원을 이용할 수 있는 능력을 갖출 수 있도록 교육하여, 간호 대상자의 교육 요구를 충족시킨다.

(4) 상담자

① 지역사회 간호사는 건강 상담을 통하여 간호 대상자에게 새로운 계기를 마련해 주고 새로운 인식을 갖게 하는 중요하고 의미 있는 상담자의 역할을 수행한다.

② 상담자는 전문적인 상담기술과 지식을 기반으로 간호 대상자와는 물론, 지역사회 주민에게 영향을 미칠 수 있는 모든 사람과 상담을 할 수 있다.

③ 상담 분야에는 가족 유전, 아동발달, 심리 상담, 결혼 상담 등의 다양한 분야가 있다.

(5) 대변자 · 옹호자

① 지역사회의 개인이나 특정 집단의 이익을 위하여 행동하거나 그들의 입장에서 의견을 제시하는 대변자의 역할을 수행한다.

② 모든 국민은 동등하고 기본적인 보건의료를 받을 권리가 있음에도 불구하고, 빈곤계층, 소외계층, 취약계층의 경우 그들의 권리를 찾기 어려운 경우가 발생한다. 이때 옹호자로서의 지역사회 간호사는 지역사회의 취약계층이 인간적 권리를 찾도록 그들의 입장에서 의견을 제시하고 대상자의 유익을 위하여 행동한다.

③ 지역사회 간호사는 간호대상자에게 어떠한 보건의료가 유용한지, 보건의료를 받기 위해서는 어떠한 자격이 필요한지, 또한 보건의료를 받기까지의 과정에 대하여 그들 스스로 정보를 얻는 능력을 갖출 때까지 그들의 입장에서 지원한다.

④ 지역사회 간호사가 대변자로서의 역할을 수행하기 위해서는 확고한 소신과 위험을 감수할 의지, 의사소통기술과 대상자가 갖고 있는 힘과 자원을 이끌어낼 수 있는 능력이 필요하고, 각종 법규 및 규칙에 대한 깊고 넓은 지식도 필요하다.

⑤ 간호 대상자가 마땅히 가져야 할 보건의료 수혜의 권리를 스스로 찾고 가질 수 있도록 유용한 보건의료를 충분히 설명하고 안내한다.

(6) 관리자(사례 관리자)

① 지역사회 간호사는 지역사회에 거주하고 있는 고위험군을 발굴하여 대상자의 문제를 사정, 계획, 수행, 평가하고 지역사회 내의 다양한 보건의료서비스로 연계시켜 주는 역할을 담당한다.

② 지역사회 간호사가 가족의 간호를 감독하며 업무량을 관리하고 건강관리실 또는 보건실을 운영하거나 지역사회 보건계획을 수립하는 것이 관리자의 역할이다.

③ 지역사회 간호사가 관리자의 역할을 수행하기 위해서 계획 기능, 조직화 기능, 조정 기능을 이용한다.

◉ 관리자의 역할 수행에 필요한 기능

계획 기능	간호 대상자의 요구와 관심을 파악하여 요구에 부응하는 목적을 설정하고, 그에 타당한 활동방법과 활동과정을 선정하여 지역사회 보건계획을 수립하는 기능이다.
조직화 기능	설정된 목표를 달성하기 위하여 활동을 구조화하며 인력을 배치하는 기능이다. 예 산업장의 건강관리실에서 건강증진사업 수행에 필요한 기기·시설·체조교실 및 운동교실, 영양 지도를 위한 인력의 확보, 인력관리의 책임 고안 및 성문화 등
조정 기능	설정된 목표를 달성하기 위한 사업을 추진해 가는 동안에 배치된 인력과 인력별 활동이 조화를 이룰 수 있도록 조절하는 기능이다.

(7) 의뢰자·알선자

① 지역사회 간호사는 문제 해결에 유용한 기관이나 자원에 관한 지식을 가지고 주민들의 다양한 요구를 해결하도록 여러 분야와 접촉하여 필요할 때 의뢰하는 의뢰자(알선자)의 역할을 수행한다.

② 지역사회의 자원은 가깝고 이용하기 편리한 자원부터 선정하며, 지역사회 간호사는 지역사회 주민이 활용할 수 있는 모든 자원에 대한 목록을 준비하여 필요할 때 신속하게 의뢰한다.

> **예** 학교에서 학생 및 교직원들의 건강검진이나 건강검사를 관련기관으로 의뢰, 산업장에서 근로자들의 산업재해나 직업병 보상을 관련기관으로 의뢰 등

(8) 연구자

① 지역사회 간호사는 간호 실무의 발전을 위하여 실무에서 간호문제를 도출하고 연구하며, 연구 결과를 간호 실무에 적용하는 연구자의 역할을 수행한다.

② 연구자의 역할은 지역의 여러 상황에서 질문을 제기하고 가설을 설정하여 검증하는 과정을 거쳐 결론을 유출하거나 대안을 찾아낸다.

③ 지역사회 간호사가 연구자의 역할을 수행하기 위해서는 주의 깊은 관찰력과 지속적인 탐구심을 갖추어야 하며, 연구 수행을 위한 자료의 수집기술과 분석기술이 필요하다.

(9) 변화 촉진자

① 지역사회 간호사는 간호 대상자의 의사결정과정에 영향력을 행사하여 대상자의 행동이 바람직한 방향으로 변화되도록 유도하는 변화 촉진자의 역할을 수행한다.

〈변화 촉진자의 역할〉
- 개인, 가족, 지역사회가 건강문제에 대처하는 능력을 증진시킨다.
- 건강을 위하여 적합한 의사결정을 내리도록 동기를 촉진시킨다.
- 보건의료를 위한 변화를 효과적으로 가져오도록 돕는다.

② 농어촌의 지역사회 간호사는 지역사회보건사업의 대표자로서 의료적인 감독, 산전 관리, 높은 예방접종률 유지 등은 포괄적인 보건사업을 이끌어 나간다.

③ 최근에는 개인, 가족, 지역사회가 건강을 위하여 적합한 의사결정을 내리도록 도와주는 변화 촉진자의 역할을 수행한다.

④ 흡연 대상자에게 금연 의지를 갖도록 동기를 유발시키고, 금연행위를 지속하도록 도와 주는 역할이 변화 촉진자의 좋은 예이다.

(10) 협력자

보건사업에 있어서 타 분야 간의 협력은 필수적이고 중요하므로 지역사회 간호사가 지

역사회 보건사업을 성공적으로 전개하려면 대상자의 문제해결을 위하여 관련된 타 보건의료인력(건강요원)과 상호유기적이며 동반자적 관계를 구축하고 협력적이고 원활한 의사소통을 통하여 합리적인 공동의사결정에 참여하여 보건사업을 함께 추진한다.

(11) 정보 수집자·보존자

① 지역사회 간호사는 조사해야 할 정보가 무엇인지, 수집하고 보존해야 할 정보가 무엇인지를 인지하고 관련정보를 수집하여 보존함으로써 더 나은 간호사업을 수행하는 정보 수집자(보존자)의 역할을 수행한다.

② 정보 수집자의 자료는 상황에 따라 혁신적인 간호사업의 수행을 위하여 보수적인 행정가의 저항을 설득하고자 할 때 활용할 수 있다.

(12) 조정자

① 조정자는 최대한 효과적인 방법으로 대상자의 요구를 충족하는 최선의 서비스를 조정자가 통합해야 한다. 만약 서비스나 제공인력에 중복이나 누락이 있다면 이를 보완하고 재구성해야 한다.

② 조정자는 서비스를 제공하는 타 부서요원들과 의사소통 및 정보교환을 통하여 대상자의 특별한 상태나 요구를 서로 알게 한다.

③ 조정자로서의 지역사회 간호사는 본인, 대상자, 서비스 제공 인력들이 참여하는 사례 집담회(사례연구모임)을 준비하여 정보를 교환하고 서비스를 조정하기도 한다.

3 지역사회 보건간호의 역사

① 우리나라의 지역사회 보건간호의 발달사

1 방문간호시대(1945년 이전)

(1) 대한제국시대

① 1903년 보구여관에서 간호부 양성소가 설립되었다.

② 1906년 세브란스 간호학교가 설립되고 1901년 첫 간호사가 배출되면서 보건간호사업이 정식으로 시작되었다.

(2) 일제 강점기

1) 학교의 보건간호

① 1910년 일제 강점기 이후의 학교 간호사업은 1913년에 서양인 선교간호사에 의해 보구여관초등학교에서 처음 실시되었다.

② 이화고등보통학교에서는 1915년에 전담간호사 박해라가 기숙사에 거주하면서 학교 간호업무를 수행하였다.

③ 1920년대에 들어와서 간호사를 전담 인력으로 하는 학교 보건이 활성화되었다.

④ 1927년에 마산, 부산, 인천, 평양 등의 일부 학교에서 간호사를 실무 인력으로 배치하여 건강검진, 위생교육, 체육운동, 심신허약자 간호 등의 학교 보건사업을 실시하였다.

⑤ 학교 보건의 효율적인 운영을 위하여 12학급 이상의 학교에서는 학교 위생실무자로서 학교 간호사를 두어 체육을 적극적으로 장려하고 학교의 위생관리를 중요하게 생각하였다.

⑥ 학교 간호사의 배치는 점차 일반화되었다. 인천과 경성에서는 1932년경부터 초등학교에 간호사를 배치하였고, 함흥에서는 1937년에 김옥순을 3개의 공립학교에 공통 전임간호사로 배치하였다.

2) 선교계 기반의 보건간호사업

① 선교계에 기반을 둔 보건간호사업은 엘리자베스 로버츠에 의해 본격적으로 이루어졌다. 1917년에 미국 북감리교회로부터 조선에서 구역간호와 사회사업을 하도록 임명받아, 세브란스병원에 모자보건시설을 갖추고 아기 돌보는 방법과 목욕시키는 법을 중심으로 보건교육을 실시하였으며 임산부를 위한 가정방문도 실시하였다.

② 1920년대에는 전국 각지의 선교회에서 본격적인 보건간호사업이 시작되었다. 특히, 1924년에 서울 태화여자관의 로젠버거, 공주의 보딩, 인천의 코스트럽이 일제히 보건간호사업을 시작하였다.

③ 태화여자관의 보건간호사업이 사회적으로 알려지고 자리를 잡게 되면서 1929년에는 3개 신교회기관인 서울 세브란스병원, 동대문 부인병원, 태화여자관이 공동으로 경성연합 아동건강회를 조직하였다.

〈경성연합 아동건강회의 수행사업〉

• 건아 클리닉	• 산전방문
• 가정방문	• 어머니모임
• 목욕소	• 학교에서의 건강진단
• 학교에서의 건강 강연	• 간호사의 보건집담회
• 두유 보급을 포함한 우유보급소	• 1년에 한 번, 유아주간 갖기

④ 보건간호사업의 확장에도 불구하고 1930년대 중반 이후부터는 일본과 미국의 관계가 악화됨에 따라, 본국에서 서양인 선교사들을 귀국시키면서 우리나라의 보건간호사업에 많은 공헌을 한 선교계 기반의 보건간호사업들이 극도로 위축되었고 결국은 중단되었다.

🔬 더 알아보자! / **로젠버거의 태화여자관 보건간호사업**

- 동대문 부인병원의 간호원장이었던 엘마 로젠버거(로선복)는 우리나라 사람들의 비위생적인 생활양식을 보고 병원을 떠나 조선인 간호사 한신광과 함께 태화여자관에 보건사업부를 설치하여 모자보건사업을 중심으로 보건간호사업을 진행하였다.
- 로젠버거는 자신이 외국인이어서 조선인들로부터 충분한 신뢰를 받지 못한다는 것에 보건간호사업에 대한 한계를 느끼고, 함께 일할 능력 있는 조선인 간호사를 구하고 있었던 차에, 세브란스 산파간호부양성소를 졸업하고 태화여자관에서 근무하다가 캐나다의 토론토대학에서 공중위생학을 공부하고 돌아온 간호사 이금전을 합류시키면서 다른 조선인 간호사와 의사들의 협조를 받아 간호사업은 점차 확장되었다.

3) 조선총독부의 간호교육정책

① 1930년대 이후의 조선총독부의 간호교육정책은 전쟁 확대에 따른 간호인력이 수요 증가에 대비할 수 있도록 간호교육기관을 대폭 증설·인가하였다.
② 1944년 12월에 조선간호부 규칙을 개정하여 자격기준을 간호사양성소의 고등여학교 졸업자로 완화시킴으로써 우리나라의 간호수준은 한층 격하되었다.

2 보건간호시대(1945~1980년)

(1) 정부 주도의 보건간호사업

1) 미군정시대의 보건조직

① 1946년의 미군정시대에 보건후생국이 설립되었는데, 곧 보건후생부로 개편되었다.
② 보건후생부의 6개국 중의 하나로 간호사업국이 개설되었다. 간호사업국의 하부 조직으로 간호교육과, 간호행정과, 산파과, 보건간호과, 등록과, 서무과를 두었다.
③ 이 시기는 지역사회 보건간호사업이 제도적으로 가장 확대된 시기였다.

2) 임시정부 수립 이후의 보건조직

① 1948년의 대한민국 임시정부 수립 이후에는 보건후생부가 사회부 보건국으로 축소됨에 따라 보건행정은 미군정시대보다 위축되었다.
② 간호사업국도 간호사업과로 축소되었다. 1949년의 「정부조직법」 개정 등으로 많은

변화를 거치면서 간호사업과는 1970년에 보건사회부 간호담당관실로 축소되었다가 1975년에 의정 2과의 하부조직인 간호계로 더욱 축소되었다.

③ 1981년에는 간호사업계도 폐지됨에 따라 보건간호사업뿐만 아니라 전반적인 간호사업의 정책 결정에 일관성이 결여되게 되었다.

3) 정부의 보건간호사업

① 1956년에 제정된 「보건소법」에 의해 부분적이고 지역적인 수준이었던 보건간호사업은 1962년에 「보건소법」이 전면개정됨에 따라 보건소를 중심으로 한 전국적 차원의 보건간호사업이 이루어졌다.

② 정부의 보건간호사업은 보건소와 보건지소를 중심으로 지역사회의 건강 요구보다는 정부의 사업내용과 목표량을 달성하는 하향식 보건계획에 의한 보건간호 실무를 수행하였다.

③ 이 시기의 보건간호사업은 세분화된 간호사업 위주로 운영되어, 당시 가장 문제가 되었던 결핵관리, 모자보건, 가족계획사업 등이 주요 사업내용이었다.

4) 세분화된 보건간호사업의 수행

세분화된 보건간호사업을 수행하기 위해서는 보건간호의 지식과 기술이 요구되었다.

① 김옥실, 이금전 등은 「보건간호학」이라는 교재를 저술하였는데, 이금전은 보건간호사 자격증을 최초로 취득하였다.

② 1973년에는 「의료법 시행규칙」에 분야별 간호사의 하나로 보건간호사제도가 마련되었고 그 자격기준도 강화되었다.

3 지역사회의 간호시대(1980년 이후)

(1) 1980년 12월 31일

① 「농어촌 등 보건의료를 위한 특별조치법」을 제정·시행하여 읍·면 단위의 무의촌에 보건진료소를 설치할 수 있는 법적 근거를 마련하였다. → 1차 보건의료서비스의 제공

② 1981년 보건진료소 설치 및 보건진료원 배치하여 지역사회의 일차보건의료 요구에 부응하는 포괄적 지역사회간호사업을 수행하였다.

(2) 1981년 「산업안전보건법」 제정

① 1981년 「산업안전보건법」이 제정되고 이듬해 시행령이 통과되면서 건강관리 보건담당자로 간호사를 상시근로자 300명 이상인 사업장에 배치하도록 명시하였다.

② 이로써 본격적인 산업간호사업이 시작되었으나 직무 내용은 거의 대부분 보건관리자인 의사에게 의존적인 활동이었다.

(3) 1985년부터 1990년까지

① 정부는 군단위 보건소를 대상으로 보건간호인력 한 명이 세분화 된 보건사업을 통합하여 제공하는 통합보건사업을 시도하였다.

② 1987년 「의료법」 개정으로 간호원, 조산원, 간호보조원이 각각 간호사, 조산사, 간호조무사로 명칭이 변경되었고, 1988년 3월 29일부터 시행되었다.

③ 1989년 전국민을 위한 의료보험 시행하고 제19차 국제간호협의회 총회를 서울에서 개최함, 지역사회간호학회지를 발간하였다.

④ 1990년 12월 「산업안전보건법」 개정으로 산업장의 간호사가 보건관리자로 인정되었다. → 보건관리자로 개칭하고 독자적 산업간호의 수행 가능

(4) 1991년부터 2000년까지

① 1991년 「학교보건법」의 개정으로 양호교사의 직무내용이 학교에서의 1차 보건의료 제공자로서의 역할과 독자적인 역할을 강조하였고, 보건교육·보건지도·환경위생관리를 강화하였다.

② 1991년 「의료법」의 개정으로 가정간호사제도를 합법화하였고, 1994년 병원 중심 가정간호시범사업이 시작되었으며 1996년 확대 실시되었다.

③ 1995년 1월 5일 제정하여 9월 1일 시행된 「국민건강증진법」은 바람직한 건강행태의 고취를 위한 토대가 마련되었고, 질병예방 및 건강증진 분야에서 간호사의 역할 확대의 전환점으로 그 역사적 의의가 매우 크다.

④ 1995년 12월 30일 「정신보건법」이 제정되었다.

⑤ 1995년 12월 29일 「보건소법」이 「지역보건법」으로 개칭되었다.

(5) 2000년 이후부터 현재까지

① 2000년 1월 29일 「공공보건의료에 관한 법률」의 제정으로 국민보건 향상을 위한 공공보건의료개념이 법제화 및 제도화되었다.

② 2001년 전국 보건소 정규인력을 통하여 방문보건사업이 전면 실시되었다.

③ 2002년 양호교사가 보건교사로 개칭되었다.

④ 2003년 「의료법」의 개정에 따라 10개 분야 전문간호사 영역이 신설되었다. 한국간호평가원이 창립되었으며 「국민건강증진법」에 보건교육사제도가 신설되었다.

⑤ 2005년 건강증진사업이 전국의 보건소로 확대되었다.

⑥ 2007년 4월부터 모든 시·군·구에 방문건강관리사업이 실시되어 방문간호사가 활발하게 활동하고 있다.

⑦ 2007년 4월 27일 「노인장기요양보험법」을 제정하고, 2008년 7월 1일 노인장기요양보험제도를 전면 실시하였다.

⑧ 2015년 「지역보건법」 전부를 개정하였다.

② 외국의 지역사회 보건간호의 발달사

1 방문간호시대(1900년 이전)

(1) 초대 기독교시대

1) 시대적 배경
교회가 조직되면서 다양한 성격의 여집사단이 생겨 간호사업과 사회사업을 발전시켰다. 로마가 기독교를 국교로 선포하자, 기독교적 사상이 사회적 질서를 바로잡기 시작하였으며, 이 시기(4~5세기경)에 상류층 귀족들이 간호사업에 헌신하면서 복음이 실천되었다.

2) 여집사들의 간호활동

페베	• AD 60년경에 종교적인 활동을 위하여 로마로 가던 중에 여러 가정을 방문하여 병자를 돌보고 위로하였다. • 최초의 방문간호사가 되어, 사회봉사로서의 방문간호를 실시하였다.
파비올라	• 자신의 궁을 병원으로 개조하여 거지와 행려병자들, 의탁할 곳이 없는 자들을 몸소 간호하였다. • 많은 제자를 양성하는 간호 교육활동도 전개하였다.
파울라	• 베들레헴에 수도원과 병원을 설립하고 간호사업에 헌신하였다.

(2) 중세시대

1) 중세 전반기
① AD 500~1,000년 사이는 총체적인 암흑시대로, 상업발달과 도시인구가 증가함에 따라서 위생의 문제가 발생하였다.
② 중세에는 수녀들이 헌신적인 간호로 병자들을 돌보았지만, 감염병이 자주 유행하였다. 하지만 이 감염병 유행도 신의 섭리로 여겼다.

2) 중세 후반기
① 1349년 페스트의 유행은 유럽 전체를 휩쓸며 전체 인구의 1/4에 해당하는 2,500만 명의 사망자를 발생시켰다. 이때 환자를 격리하고 집 밖으로 나오지 못하게 하면서 구획별 관리를 하여 유행을 차단하고자 하였다.
　　⑩ 환자 색출, 격리소 설치, 환자의복과 침상의 소각, 항구의 폐쇄, 검역기간의 규정 등
② 나병이 13세기의 극성기를 지나 점차 사라진 대신에 15세기 말에는 매독이 유럽 전체에 유행하였다.

〈매독 유행의 결과〉
- 도시인구의 증가로 빈민가는 질병과 범죄, 폭력과 죽음의 온상이 되었다.
- 군집생활의 환경과 질병의 만연은 환자 간호를 위한 새롭고 다른 형태의 단체 설립이 필요하다는 현실을 인식시켰다.

③ 11세기 말~13세기 말에 걸쳐 진행된 십자군 원정으로 오랜 세월 동안 여행병자 및 부상자의 영양불량으로 인한 질병과 감염병이 크게 유행하였다.

TIP 기사 간호단

- 수준 높은 소수의 수녀 간호단이 헌신적인 간호활동을 하였지만 병자가 너무 많아, 십자군 자신들이 찾은 문제해결 방법이 기사 간호단이다.
- 기사 간호단은 길가에 숙박소, 휴식소, 응급구호소 등을 설치하여 간호활동을 하였다.

(3) 산업혁명시대(1500~1850년)

산업혁명시대는 산업혁명 이후의 여성의 사회 참여와 남녀평등의 사회적 인식을 높게 만들어 간호업무를 직업적 간호로 만드는 전환기라고 할 수 있다.

1) 시대적 배경

① 르네상스의 인간성 회복은 여성의 지위 향상에 직접적인 영향을 미치지 못하였고, 프랑스혁명과 1789년의 인권선언조차도 남녀의 평등을 논하지 않아 여성문제에 대하여 남성혁명가들도 보수적이었다.

② 종교개혁으로 인한 사회 변화로 인하여 가톨릭교회의 세력이 약화되어 교회가 경영하던 병원의료와 구호사업이 중단되었고, 간호사업기관이 폐쇄되면서 수준 높은 간호를 수행하였던 수녀 간호단이 해체되었다.

〈간호의 암흑기〉
- 수녀단체의 활동에 대한 부정적인 인식으로 여자들의 사회활동을 제한하였다.
- 평신도의 간호활동을 까다롭게 제한하는 등의 이유로 훈련받은 간호인력이 부족하였으며, 병원은 공포의 장소가 되었다.
- 불결하고 비위생적인 환경으로 인하여 환자 사망률이 높았다.

③ 약 200년 동안의 간호 암흑기 이후에 뜻 있는 사회개혁가들의 헌신적인 노력과 근대 과학의 발달로 사회개혁의 성격을 가진 간호사업단체들이 조직되어 나라마다 특색 있는 사업을 전개하였다.

2) 간호활동

이 시기의 방문간호의 공통점은 비전문에 의한 종교적 형태의 사업이라는 점이다.

프랑스	• 1610년에 성 프란시스 드 살레스는 가정 내 상병자를 위한 간호사업체를 조직하여 가난하고 병든 자를 방문하여 상처를 소독하고 침상정돈 및 의복을 제공하였다. • 1617년에 성 빈센트 드 폴신부에 의하여 프랑스 Chaillon 근교에 가정방문간호를 위한 자선수녀단(Sisters of Chatity)을 조직하여 간호활동과 사회개혁활동을 전개하였다.
영국	• 엘리자베스 프라이 여사는 여죄수를 위로하고 물질적인 도움을 주는 등의 사회활동을 실천하였다. • 또한, 에밀리 시버킹과 함께 콜레라가 유행하는 지역의 병원사업을 지원하였다.
독일	• 신교 여집사 간호단의 지도자 중의 한 명인 프레드릭 문스터는 남편인 프리드너 목사와 함께 빈민들을 위한 병원을 설립하고, 여집사들을 대상으로 간호교육을 실시하였다. • 이 교육기관은 이후 영국의 나이팅게일이 간호에 전념하기로 결심한 후에 교육을 받은 곳이기도 하다.

TIP 영국의 「빈민법」과 「빈민구제법」의 제정

- 「빈민법」(1601년)이 제정되어, 가족에게는 노령자와 장애인들의 돌봄을 위한 재정적 책임을 갖게 하였고, 가족이 없는 사람들을 위한 수용소에는 공공기금을 마련하였다. 그러나 결과적으로 큰 효과는 거두지 못하였다.
- 「빈민구제법」(1834년)은 모든 사람들에게 주택 개선, 환경위생 개선, 영양 개선 등과 같은 생활 향상의 혜택을 인류애에 입각하여 균등하게 제공해야 한다는 내용이다.
- 이러한 법의 제정을 계기로, 병자들에게 가정과 병원 양쪽에서 간호를 제공하기 위한 노력이 시작되었다.

(4) 근대시대(1850~1900년)

이 시기의 구역간호는 간호교육을 받은 전문가에 의하여 시행된 비종교적 형태의 사업이었다.

1) 영국의 방문간호사업

① 플로렌스 나이팅게일(1820~1910)

- 플로렌스 나이팅게일은 근대 임상간호의 선구자로서, 지역사회 구역간호의 발달에 도움을 주었다.
- 1851년 플로렌스 나이팅게일은 프리드너가 세운 여집사를 위한 학교인 카이저 스베르트에서 간호교육을 받았는데, 이 병원은 집을 개조하여 만든 작은 병원으로 여집사들의 교육과 훈련을 목적으로 설립되었다.
- 이 병원의 간호 프로그램은 감염병 병동, 회복기 환자 병동, 남자 및 여자 병실, 어린이 병실을 통하여 경험을 쌓도록 구성되어 있었다.
- 3년의 교육과정으로 운영되었고, 교육과목에는 방문간호 교육, 임상환자 간호이론, 침상 교육, 종교 교육, 윤리 교육 등이 있다.

② 윌리엄 라스본
  • 1859년 라스본은 영국에서 처음으로 비종교적인 바탕으로 최초의 방문간호단을 조직하였다.
  • 라스본은 자신의 부인이 죽은 후에 헌신적으로 부인의 간호를 해 온 메리 로빈슨을 고용하여, 만성질환자들이 병원보다는 가정에서 좋은 간호를 받을 수 있도록 가난하고 병든 자들을 돌보게 하였다.
  • 라스본은 리버풀을 8개의 구역으로 나누어 구역간호사업을 전개하였다. 구역간호사업은 박애주의자들에게 재정적인 후원을 받았고, 훈련된 간호사들을 구역간호를 위하여 채용하여 담당구역 주민들의 건강 요구에 대한 책임을 지도록 하였다.
  • 라스본은 구역간호사업을 바탕으로 「한 사업가에 의해 시행된 박애와 공중자선사업을 위한 노력의 사회적 조직」이라는 책을 저술하였다.
  • 라스본은 런던에 가정간호사업을 시행하기 위하여 메트로폴리탄 간호협회(Metropolitan Nursing Association)를 창설하였다.

TIP) 플로렌스 나이팅게일이 방문간호사업에 미친 영향

1	나이팅게일은 농촌지역의 위생관리, 방문간호사업, 방문간호사 양성을 주장하였으며, 나이팅게일 간호학교를 졸업한 간호사들에 의해 방문간호사업이 진행되었다.
2	영국의 지역간호사업의 뿌리는 병들고 가난한 지역사회 주민의 간호를 위한 것이라는 나이팅게일 간호학교의 설립 목적에서 찾을 수 있다.
3	1864년에 아그네스 존스와 12명의 나이팅게일 간호사들이 리버풀에서 보건소와 유사한 기능을 한, 「구빈법」의 실시와 관련 있는 빈민수용시설에서 간호학교를 설립하였다. 자격자로 하여금 환자 간호를 하도록 하여 병들고 가난한 지역사회 주민을 위한 지역사회 간호의 기반을 닦았다.
4	런던에서는 나이팅게일 간호학교 출신인 플로랜스 리스가 간호학교와 사회사업의 성격을 띤 병원을 설립하여 지역간호사업을 운영하였다.
5	1889년에 설립된 빅토리아여왕의 희년기념관을 중심으로 지역사회 간호사업체가 합류하여 전국적인 조직체가 되었다. 전국적 조직망을 통하여 가난한 가정을 위한 방문간호사업이 농촌지역으로까지 확대되었다.
6	1863년에 앙리 듀낭에 의하여 스위스에 국제적십자사가 조직되었다. 국제적십자사는 지역사회 전체에 간호 제공의 기회를 확산시켜 사회적 당위성이 높게 평가되었다.

2) 미국의 방문간호사업

① 1877년에 뉴욕선교회의 여성부에서 졸업간호사인 프란시스 루트를 채용하여, 비위 생적인 주거환경과 불충분한 영양, 비위생적인 분만 등으로 고생하는 가난한 우범지 역사회 주민을 위한 질병예방사업과 가난한 사람들을 위한 방문간호사업을 전개하 였다.

② 1886년에 보스턴과 필라델피아에 구역간호사협회가 결성되어 가정간호를 제공하 였다.

③ 1878년에 뉴욕의 Ethical Culture Society에서 4명의 간호사를 고용하여 지역사회 간호사의 역할 중의 하나인 현장 방문간호활동을 수행하기 시작하였다.

④ 본격적인 방문간호활동은 간호사이면서 사회사업가였던 릴리안 왈드와 메리 브류스 터에 의하여 시행되었다. 이 활동은 구역간호와 방문간호의 개념을 더 넓힌 통합된 보건간호를 실시하였다.

⑤ 1893년에 방문간호사업체인 Henry Street Settlement Project in New York를 설 립하고, 뉴욕의 가난한 사람들을 위한 방문간호사업을 시작하였다. 현재의 뉴욕방문 간호사회의 모체가 된 이 사업체는 지역사회의 간호사업 발전에 큰 영향을 주었다.

〈방문간호사업체의 주요활동〉

• 가난한 환자들을 대상으로 질병을 간호하면서 주변의 생활위생문제와 경제적 문제, 그리고 직장문제까지 도와주면서 방문간호를 제공하였다.

• 간호 요구가 있는 간호 대상자의 거주지역에 사업소를 설치하여 간호의 접근성을 높 였다.

• 방문간호활동의 비용은 자선 비용으로 충당하거나 지불능력이 있는 가족에게는 받기 도 하면서 간호비용 지불체계를 확립하였다.

• 당시에 가장 심각한 공중보건문제였던 감염성 질환으로 인한 사망률을 감소시켰다.

• 체계적이며 비종교적인 전문 방문간호사에 의한 사업을 전개하였다.

더 알아보자! / **근대 공중보건의 발전이 간호에 미친 영향**

근대 공중보건은 르네상스와 산업혁명을 계기로 발전했다고 할 수 있다.

1. 감염병의 유행

근대사회는 프랑스혁명과 영국의 산업혁명(1760~1830)으로 봉건사회가 붕괴되고 근대적인 경제사회로 진전하는 시기로서, 도시의 급속한 발전, 노동자의 비위생적인 집단생활, 교통의 발달 등으로 감염병의 유행을 불러일으켰다.

2. 근대 공중보건의 발전 계기

근대 과학기술의 태동으로 감염성 질환의 원인과 본체를 규명하게 되었으며, 이로 인하여 근대 공중보건은 급속도로 발전하는 계기가 되었다.

3. 「공중보건법」의 제정

에드윈 체드윅이 1837~1838년에 런던을 중심으로 유행한 열병을 조사하여 보고한 자료(Fever Report) 및 '대영제국의 노동자 계층의 위생상태에 관한 보고'에서 위생개혁의 중요성, 지역 공중보건활동의 중요성, 보건행정기구의 필요성을 제시하였다. 이를 계기로 1948년에 세계 최초의「공중보건법」이 제정되었고, 이 법을 근거로 공중보건국과 지방보건국이 설치되었다.

4. 예방 및 관리 차원의 간호활동 활성화

현미경의 발달과 세균에 대한 연구를 비롯한 과학적인 근거를 통하여 공중보건이 발전되면서 감염병 예방을 위한 위생관리의 중요성을 확인할 수 있었다. 그러나 구체적인 조직이나 이를 실천할 만한 지식 및 인력 등을 갖추지 못하여 실질적인 관리는 이루어지지 못하였다. 이후에 감염성질환에 대한 관리 방법, 환경위생의 중요성 등을 근거로 예방 및 관리 차원의 간호활동이 활성화되는 중요한 이유가 될 수 있었다.

2 보건간호시대(1900~1960년)

(1) 미국의 보건간호사업

① 1920년에 모든 주와 대부분의 대도시에 보건소가 설치되었고, 간호사가 주요 인력으로 활동하게 되었다.

② 1935년에는「사회보장법」이 통과됨에 따라 지역사회 보건사업의 범위가 확대되었고, 주 정부와 지방 보건인력의 훈련이 강화되었다. 이에 따라 보건간호사의 교육과 채용에 대한 재정 지원도 이루어졌다.

③ 제2차 세계대전의 발발로 사회적으로 간호사에 대한 수요가 증가하였고, 지역사회 간호사의 실무 범위도 농촌과 공공의료기관으로까지 확장되었다. 농촌지역의 간호사업은 1925년경부터 미개척지역과 농촌지역의 주민들에게 제공되었다.

④ 제2차 세계대전 이후의 사회와 기술의 발전은 지역사회에도 영향을 끼치게 되었다. 주로 걷거나 말을 타거나 자전거, 오토바이로 다니던 방문간호사업에서 자동차를 이용한 방문간호사업으로 변경되었다.

46   원큐패스 8·9급 간호직공무원 지역사회간호

⑤ 보건소는 참전군인들이 사회로 돌아오면서 예전에는 다루지 않았던 정서적 문제, 사고, 알코올 중독 등의 건강문제에 직면하게 되었다.

⑥ 성병, 암, 결핵, 정신질환 등의 특정한 건강문제를 가진 대상자를 위한 재정 지원이 증가되었다.

⑦ 1955년에는 보건소도 급증하여 미국 전역의 군 단위 72%가 전일제 보건사업을 제공하였다. 이때 보건간호사는 보건소 인력의 최대 비율을 차지하였으며 민간단체인 방문간호사회가 결성되어 활동을 전개하였다.

⑧ 전문화된 간호사업의 대상이 되지 않는 대다수의 사람들에게 일상적인 건강문제를 해결하기 위한 가족 단위의 일반화된 간호사업을 제공하는 활동도 이루어졌다. 일반화된 간호사업은 가족 구성원들의 다양한 요구에 부응하며 지속적인 건강관리를 제공한다.

⑨ 보건간호사는 가족과 지역사회를 대상으로 건강한 생활에 대한 보건교육과 질병간호에 있어서 독자적인 역할을 수행하였다.

⑩ 보건간호사업은 간호 요구가 있는 인구집단을 대상으로 하여 정부 주도로 운영되었다.

(2) 20세기 이후의 보건간호사업

1) 공중보건간호사업의 변화

① 20세기 이후의 구역간호사업은 가난하고 병든 사람들뿐만 아니라 일반 대중을 포함하는 사업의 형태로 변화하였다.

② 당시 공중보건의 가장 심각한 문제는 감염성 질환의 예방 및 관리와 환경의 위생관리였지만, 두 차례에 걸친 세계대전이 개인의 건강보호 및 건강증진을 위한 사회적 관심을 불러일으켜서 공중보건간호사업의 변화와 발전에 큰 영향을 주었다.

2) 공중보건간호사업기관의 증가

① 지역사회 주민 전체의 건강유지 및 건강증진에 대한 요구가 증가하자, 민간 차원의 자발적인 공중보건간호사업기관이 점차 증가하였다.

② 영유아 보건, 결핵관리, 성병관리 등의 특수한 공중보건간호사업이 전개되어 특정 보건문제를 위한 특수화(전문화)된 간호사업을 수행하게 되었다.

3) 구역간호사의 활동

미국의 학교와 산업체에서는 일상적인 건강문제의 해결이나 감염병 관리를 위하여 구역간호사들이 활동하기 시작하였다.

① 학교의 보건간호사업은 1902년에 처음으로 뉴욕시 교육위원회가 간호사를 채용하면서 시작되었다.

② 산업체의 보건간호사업은 1895년에 Vermont Marble Company의 종업원들이 살고 있는 마을의 건강 요구를 조사하기 위한 목적으로 간호사를 채용하면서 시작되었

다. 또한 1897년에 뉴욕시의 John Wanamaker's Department Store의 노동조합에서도 근로자의 가정을 방문하기 위한 목적으로 간호사를 채용하였다.

4) 구역간호사의 역할 확대

구역간호사는 응급처치, 질병과 작업장에서 상해의 예방과 치료 등의 업무를 포함하여 그 역할이 확대되었다.

① 1910년에 「미연방정부법」에 의해 각 주 단위에서 지역사회 주민들의 건강과 관련된 제반사업에 대한 책임을 지도록 하여 구역간호사의 역할이 확대되었다. 이때 구역간호사의 명칭도 '보건간호사'로 불리기 시작하였다.

② 그동안의 구역간호활동을 토대로 하여 보건교육, 질병예방사업, 건강증진활동 등이 개발되었다. 특히 건강에 대한 개념이 확대되었고, 결핵관리, 학교 보건, 산업보건, 정신보건 등의 특수한 영역의 지식과 기술이 향상되었다.

3 지역사회의 보건간호시대(1960년~현재)

(1) 1차 보건의료와 보건간호

1) 보건의료 개혁

1960년대 미국에서의 보건의료 개혁은 보건사업은 물론 보건간호사업에도 영향을 미쳤다.

① 1964년에 「경제제기획법」이 통과되어 지역사회 건강센터에 재정 지원이 이루어졌다. 그 결과로 모자보건, 정신보건, 정신박약 등의 보건사업과 보건사업을 위한 훈련에 재원이 증가되었다.

② 노인을 위한 보건의료 혜택인 「메디케어(medicare, 1965)」와 저소득층을 위한 보건의료 혜택인 「메디케이드(medicaid)」가 제정되었다. 그러나 예방보건사업에 대한 비용 지불은 제외되었고, 의사의 지시에 의한 가정 간호사업의 비용 지불이 허용되었다. 그 결과, 가정간호기관의 급속한 증가를 가져왔으며, 많은 주 정부와 지방 정부의 보건소도 비용을 받을 수 있는 가정간호사업으로 빠르게 전환되었다.

> 예 1960년에 가정간호를 제공하는 보건소는 250개에 불과했으나 1968년에는 1,328개로 증가하였다.

2) 전문간호사제도

1960년대에 보건간호사업에 영향을 미친 주요 요인 중의 하나는 전문간호사제도이다.

① 전문간호사제도는 1965년에 콜로라도 대학에서 시작되어 1차 보건의료에 간호사의 적극적인 참여가 가능하게 되었다.

② 점차 보건간호사들이 다양한 분야로 투입되었으며, 일부 보건간호사들은 농촌지역, 도시 중심부, 의료 취약계층지역에서 1차 보건의료의 제공자로서 근무하였다.

③ 1970년대에는 포괄적인 보건의료제도로 전환되었는데, 이 시기의 지역사회 간호는 지역사회의 건강을 향상시키는 영향력 있는 영역으로 인식되었다.

(2) 건강증진과 보건간호

1) 건강증진의 우선

① 1980년대에는 보건의료의 비용효과 측면이 강조되면서 병원과 의료시술의 비용이 삭감되어, 건강증진과 질병예방에 대한 우선순위가 높아졌다.

② 건강유지조직(HMO, Health Maintenance Organization)의 이용과 통원치료가 권장되고, 가정간호와 전문간호사의 이용이 증가되었다.

③ 건강수준에 대한 자기 스스로의 책임이 강조되었고 보건교육이 더욱 보편화되었으며 의료 소비자들은 음주운전 규제와 공공지역에서의 금연을 합법화하도록 주장하였다.

2) 간호진단체계의 확립

① 1980년에 국립조건연구소에 간호연구센터가 설치되면서 비용 효과적이며 간호 중재의 성과를 볼 수 있는 효과적인 간호전달체계의 확립을 위한 노력이 시작되었다.

② 1991년에 보건간호에 관한 조직기구의 재정립을 위하여 의견을 수립하여 Nursing's Agenda for Health Care Reform이라는 결의서를 만들었다.

③ 1996년에 미국공중보건협회의 보건간호 분야에서 보건간호사의 정의와 역할이 새로 정의되었다.

④ 1999년에 미국간호협회는 지역사회 중심의 간호와 지역사회 기반의 간호의 차이점을 구분하였으며 , 공중보건간호의 표준화를 시도하였다.

3) 건강증진사업의 시행

① 2000년에 국가 건강증진사업으로 시행된 'Healthy People 2010'의 결과로 기대 수명의 증가와 관상동맥질환과 뇌졸중에 의한 사망률 감소를 가져왔으나, 건강 형평성과 공중보건의 문제가 여전히 지속되고 있다고 평가하였다.

② 2010년 12월에 공표된 'Healthy People 2020'은 42개 분야 600개의 구체적인 목표와 연결되어 국민의 건강을 증진하기 위하여 국가, 주 정부, 지역사회에서 다양한 분야의 협력을 촉진하고 동기화하는 활동과 국가의 건강상태에 대한 12개의 건강지표를 설정하였다.

4) 지역사회의 주요 간호업무

① 2001년 9월 11일 뉴욕시 테러사건 이후 국제적 건강위협으로부터의 테러 예방 및 관리자로서의 역할이 지역사회 주요 간호업무로 대두되었다.

② 2003~2005년에 걸쳐 지진, 쓰나미, 태풍 등의 다발성 자연재해 예방 및 관리자로서의 역할이 지역사회의 주요 간호업무가 되었다.

4 지역사회 보건간호의 이론

① 베르탈란피의 체계이론

1 체계이론의 개념

체계이론은 전체 과학의 일체성을 조면한 개념적 모형이다. 폰 베르탈란피(1968)는 모든 체계에 적용할 수 있는 모형, 원칙, 법칙이 존재한다는 가정을 기초로 하여 체계이론을 제안하였다.

2 체계의 구성요소

(1) 개방체계

개방체계는 체계 내에서 경계를 통하여 환경과 상호 교환되는 요소들의 집합체를 말한다.

〈개방체계의 특성〉
- 개방체계는 환류기전과 체계 자체의 정보처리 요소를 통하여 적응하기 위한 필요한 정보를 입수한다.
- 개방체계는 균형을 유지하며 체계가 향상성을 유지하도록 돕는다.
- 인간은 개방체계의 하나의 예로 볼 수 있다.

(2) 폐쇄체계

폐쇄체계는 환경과의 관계가 상호 닫혀있는 요소의 집합체를 말한다.

3 체계의 구조 및 기능

1) 경계
경계는 체계를 환경으로부터 구별하는 부분을 의미하며 경계의 투과성 정도를 통하여 체계가 얼마나 개방적인지를 결정한다.

2) 환경
환경은 경계 외부의 세계를 의미한다. 체계에 영향을 미치며 체계의 행동을 통하여 변화되는 대상의 집합체이다.

3) 계층
계층의 체계 배열은 계층적 질서를 가지고 있다. 체계는 하위체계 요소들의 계속적인 교환과 활동을 통하여 유지된다.

4) 속성

속성은 체계의 부분이나 요소들을 의미한다.

4 체계이론을 적용한 지역사회체계

(1) 지역사회체계의 개념

지역사회도 하나의 체계이며 건강에 대한 목표와 지역사회라는 경계를 가지고 있다.

(2) 지역사회체계의 요소

지역사회체계의 요소에는 구성물과 자원 2가지가 있다.

구성물	지역사회 주민
자원	건강과 관련된 인적 자원, 물적 자원, 사회환경적 자원

(3) 지역사회체계의 과정

지역사회체계는 항상 투입, 변환, 산출의 과정을 통하여 목표를 향하여 움직이며 이것을 '체계과정'이라고도 한다.

◯ 체계과정의 3단계

투입	구성물과 자원이 체계 속으로 들어가는 과정이다. 📌 새로운 보건소의 설립, 신규 보건진료 전담공무원의 임명
변환	체계 속에 들어온 구성물과 자원이 상호작용을 하는 일련의 현상이다. 📌 지역주민의 참여 정도
산출	구성물과 자원이 상호작용을 하여 만들어낸 결과이다. 📌 지역주민의 삶의 질, 적정기능 수준의 향상, 건강의 유지 및 증진

(4) 지역사회체계의 특성

① 체계이론은 유기체적 관점에서 전체는 부분으로 나뉘고, 한 체계 안에서 각 부분들은 서로 독립된 기능을 하면서도 상호의존적으로 함께 작용하며 전체를 구성한다는 사실에 기초한다.

② 체계이론은 매우 추상적이며 현실을 관찰하고 구성요소들 간의 관계를 파악하여 조직화시킬 수 있는 방법을 제시한다.

③ 체계이론은 인간 개인 단위의 생물학적 체계뿐만 아니라 개인을 부분적으로 하는 상위집단인 가족, 지역사회, 간호와 건강관리를 하나의 체계로 이해할 수 있게 해 주므로 매우 폭넓게 적용될 수 있다. 그러므로 지역사회 간호학 및 다른 학문 분야에서도 적용 범위가 매우 넓고 다양하다.

TIP) 지역사회체계이론의 정리

- 지역사회 간호, 지역사회 주민, 지역사회 자원을 지역사회에 투입하여 간호과정을 거쳐 지역사회 간호의 목표 달성이라는 산출을 가져오게 된다.
- 지역사회 간호와 관련된 정치적 환경, 제도적 환경, 행정적 환경, 기술적 환경, 물리적 환경, 경제적 환경, 사회적 환경 등이 제약요인으로 등장한다.
- 하부체계로는 지역사회 간호단위인 가족체계가 있다.

② 뉴만의 건강관리체계이론

1 건강관리체계이론의 개념

베티 뉴만은 다른 간호이론과는 달리 간호활동을 예방활동의 개념으로 설명하였다. 건강관리체계이론에서는 간호의 대상인 인간을 총체적 존재로 접근하여 생리적·심리적·사회문화적·발달적·영적 체계변수로 구성된 체계로 보았다. 뉴만의 건강관리체계이론은 인간을 전체성, 상호작용, 변화의 특성을 지닌 시스템으로 간주하며 계속적으로 영향을 주는 스트레스 요인을 감소시키거나 대상자의 구성 여건을 강화함으로써 주어진 상황에서 최적의 기능을 수행할 수 있는 방법을 제시하고 있다.

2 건강관리체계이론의 구성요소

건강관리체계이론은 기본구조와 이를 둘러싼 3가지 방어선인 저항선, 정상 방어선, 유연 방어선으로 구성된다.

(1) 기본 구조

① 기본 구조는 인간이 생존하기 위한 필수적인 구조로서 모든 개체가 공통적으로 가지고 있는 요소이다.

② 기본 구조는 정상체온의 범위, 유전인자의 구조, 신체기관의 구조, 자아구조 등의 생물체가 살아 있는 체계로서 반드시 필요로 하는 조건이다.

③ 기본 구조가 기능 장애를 일으키면 생명에 위협이 와서 사망하고, 이 기본 구조는 에너지 자원을 가지고 있어서 외적 환경과 에너지 교환을 할 수 있다.

④ 기본구조는 간호대상자의 생존요인, 유전적 특징, 강점과 약점이 모두 포함된 생존에 필요한 에너지 자원이다.

⑤ 재난이 발생하여 사람들이 폭동을 일으켰다면, 이는 기본구조가 붕괴된 것이다.

⑥ 건강관리와 간호의 기본 목적은 스트레스원이 기본 구조까지는 침범하지 않도록 유연 방어선과 정상 방어선을 강화하는 것이다.

(2) 저항선 – 3차 방어선

① 저항선은 기본구조에 가장 가까운 곳에 위치한 방어선이다.

② 저항선은 기본구조를 보호하는 3개의 선 중 가장 내면적인 힘으로, 저항선이 외부에서 침입하는 스트레스 원 때문에 무너지면 기본구조가 손상되어 생명이나 존재에 위협을 받게 되고, 이를 잘 중재하면 다시 재구성을 할 수 있다.

③ 저항선의 예로 신체 면역체계를 들 수 있다. 이때 체계는 유지되어 온 안정을 회복하고 스트레스원에 의한 불안정을 최소한으로 적게 하기 위한 내적 저항력을 나타낸다. 또한 지역주민들의 유대관계와 결속력도 포함된다.

④ 외부로부터 침입하는 스트레스원의 강도와 정상 방어선의 정상범위 정도에 따라 저항선의 기능은 다르게 나타난다.

(3) 정상 방어선 – 2차 방어선

① 정상 방어선은 저항선 바깥에 존재하는 방어선으로, 간호대상자의 안녕상태 또는 스트레스원에 대하여 정상범위로 반응하는 상태를 말한다.

② 정상 방어선은 유연 방어선을 침입한 스트레스원에 의하여 영향을 받는다.

③ 정상 방어선은 인간의 안녕상태를 유지하기 위한 필수요소로, 개인의 일상적인 대처유형, 삶의 유형, 발달단계와 같은 행위적 요인과 변수들의 복합물이라 할 수 있다.

④ 정상 방어선에는 지역주민들의 건강상태, 문제해결능력, 교통 및 통신 상태, 물리적 환경요소 등이 포함된다.

(4) 유연 방어선 – 1차 방어선

① 모든 체계는 외적 변화에 대하여 최대한으로 방어할 잠재적 능력을 가지고 있다. 유연 방어선은 환경과 상호작용하여 시시각각으로 변하는 역동적 구조를 말한다.

② 유연 방어선은 외부 자극 및 변화에 대하여 축소하거나 확장하는 등의 대처를 통하여 스트레스원이 유연 방어선을 거쳐 정상 방어선까지 침범하지 못하도록 완충 역할을 한다.

③ 사람의 기본 구성요소인 생리적·정신적·사회적·발달적 변수들이 상호 보완적으로 연관되어 유연 방어선의 기능을 다양하게 만든다.

④ 유연 방어선이 스트레스원에 대한 완충 역할을 제대로 못하게 되면 스트레스원은 정상 방어선으로 침투하여 뚫고 들어간다.

⑤ 지역사회의 보건의료체계, 의료기관의 분포상태, 의료서비스의 질 등이 포함된다.

(5) 스트레스원

① 뉴만은 셀리의 정의를 활용하여 스트레스원을 불균형상황위기, 성숙위기 등의 잠재적 요인을 가진 긴장을 일으키는 자극원으로 보았다.

② 스트레스원은 체계의 균형이나 평형을 유지하는 데 방해가 되는 힘으로써, 정상 방어선을 넘어서 체계의 불안정을 유발한다.

③ 스트레스원은 장기적으로 체계에 영향을 준다. 이 영향은 지속될 수도 있고, 단기간이지만 보다 심하게 정상 방어기전을 방해할 수도 있다.

④ 스트레스원은 모든 살아 있는 체계에 존재할 수 있기 때문에 체계에 해를 주기도 하고 더 좋은 결과를 가져오기도 한다.

◯ 스트레스원의 3가지 요인

인간 내 요인, 내적요인	개체 내에서 일어나는 것으로 대상체계에 영향을 주는 자극이다. 예 조건반사, 통증 불안, 상실 등
대인 관계 요인, 개체 간 요인	1명 또는 여러 명의 개인 사이에 일어나는 자극이다. 예 역할 기대, 역할갈등 등
인간 외 요인, 외적요인	체계 외부에서 일어나는 자극이다. 예 경제적 상황, 관습의 변화, 재난, 실직 등

(6) 반응도

반응도는 대상자가 스트레스원에 적응하기 위하여 필요한 에너지양을 말한다.

(7) 예방 중재

① 예방 중재는 대상자가 체계 안정성을 유지하고 획득하며 지속할 수 있도록 돕는 활동이다.

② 중재활동은 반응과 복구가 방어선과 저항선을 관통하여 발생하는 시점 전후에도 투입할 수 있다.

③ 뉴만은 스트레스원의 존재가 의심되거나 확인되는 초기부터 중재가 이루어져야 한다고 주장하였다.

④ 중재는 반응, 자원, 목적, 기대결과 등이 실제로 어느 정도 가능한지에 따라 그 단계를 결정한다.

◯ 예방 중재의 3가지 유형

1차 예방	• 스트레스원을 중재하여 없애거나 약화시키는 활동을 한다. • 개인이 직면한 스트레스원 자체를 약화시키거나 중재할 수 없는 종류일 경우에는 유연 방어선을 강화함으로써 스트레스원이 정상 방어선을 침범하지 못하게 보호한다. 예 유연 방어선의 강화

2차 예방	• 스트레스원이 정상 방어선을 침입하여 저항선에 도달함으로써 증상이 나타났을 때 시행하는 중재방법이다. • 우선적으로 증상을 완화시키거나 저항선을 강화시켜 스트레스원이 저항선을 뚫고 기본구조를 상하지 않게 한다. 📌 문제의 조기발견, 건강사정 및 진단
3차 예방	• 스트레스원에 의하여 대상체계의 균형이 깨어진 상태에서 다시 체계의 균형상태를 재구성함으로써 바람직한 안녕상태로 되돌리기 위한 중재를 의미한다. 📌 재적응, 방어체계의 재구성

(8) 지역사회 간호의 적용

① 뉴만의 건강관리체계이론은 간호대상자인 인간을 체계로 보는 개념적 틀을 제공하며, 환경과 상호작용하는 개방체계로서 서로 영향을 주고 받고 계속 변화하며, 안녕상태를 유지하려는 대상자를 3가지 간호 중재를 통하여 도울 수 있는 간호활동을 설명할 수 있는 실무이론이다.

② 뉴만의 건강관리체계이론은 간호대상자를 개인 뿐만 아니라 가족, 집단, 지역사회까지 넓힐 수 있어 지역사회간호 및 다양한 실무현장에 쉽게 적용할 수 있다.

③ 뉴만의 건강관리체계이론은 가족치료, 보건, 재활, 간호관리자 관리과정, 간호교육 등 다양한 영역과 분야에 적용할 수 있다.

④ 건강관리체계이론에서의 '간호'란 스트레스원에 대한 대상체계 반응에 영향을 주는 변수들에 대한 중재로서 개방체계인 대상자의 '안정'에 목적을 두는 활동이다.

③ 오렘의 자가간호이론

1 자가간호이론의 개념

① 오렘은 대상자인 인간을 생물학적·사회적·상징적으로 기능하는 하나의 통합된 개체로서 자가간호라는 행동형태를 통하여 계속적인 자기 유지와 자기 조절을 수행하는 자가간호 요구를 가진 자, 즉 간호행위자로 보고 있다.

② 인간은 자가간호를 위한 요구와 자가간호를 수행할 수 있는 역량을 동시에 가지고 있다고 오렘은 주장하였다. 여기서 자가간호란 인간이 자신의 삶, 건강, 안녕을 유지하고 증진시키기 위해 독립적으로 솔선하여 수행하는 행동으로, 인간 내부에는 자가간호에 대한 요구와 자가간호를 수행할 수 있는 자가간호역량이 동시에 있다.

③ 인간이 가지고 있는 자가간호 요구가 자가간호 역량보다 높을 경우에 자가간호 결핍현상이 일어난다. 따라서 간호는 자가간호 결핍이 있는 사람에게 제공된다.

2 자가간호이론의 구성요소

(1) 자가간호 요구

자가간호 요구는 자신의 건강과 안녕을 회복·유지·증진시키기 위하여 각 개인이 스스로 시도하고 실행해야 하는 행동을 말한다.

1) 일반적 자가간호 요구, 보편적 자가간호

모든 인간이 공통적으로 가지고 있는 기본적인 욕구를 충족시키는 행동으로서 인간의 구조와 기능을 공통적으로 가지고 있는 내적·외적 조건과 관련된 요구를 말한다.

⑩ 공기, 물, 음식섭취, 배설, 활동과 휴식, 고립과 사회적 상호작용, 생명과 연령에 대한 위험으로부터의 예방, 정상적인 삶 등

2) 발달적 자가간호 요구

인간의 발달과정과 생의 주기의 다양한 단계과정, 성장발달과 관련된 상황에서 필요로 하는 자의 요구를 의미한다.

⑩ 임신, 미숙아 출생, 가족 사망 등

3) 건강이탈 시의 자가간호 요구

질병 및 상해 시에 요구되는 것으로, 자아상의 정립, 일상생활과정의 변화, 건강이탈로 인한 진단 및 치료의 대처, 새로운 생활의 적응과 관련되어 나타나는 자가간호 요구를 의미한다.

⑩ 결장루술(colostomy)을 한 환자의 경우, 결장루술(colostomy) 부위의 피부간호 자아상의 변화, 가스형성 감소를 위한 식단 조절, 질병의 치료, 대처 행동 등

(2) 자가간호 역량

자가간호 역량은 자가간호를 수행하는 개인의 힘으로, 대상자가 자신의 이익과 안녕을 위하여 스스로 실행하고 개발하는 능력이다.

(3) 자가간호 결핍

자가간호 결핍은 대상자 개인의 자가간호 역량이 자신의 치료적인 자가간호 요구를 충족시킬 수 없을 때 발생하는 자가간호 역량의 부족 현상이다.

(4) 간호 역량

간호 역량은 자가간호 결핍이 있는 대상자에게 이익과 안녕을 주고 자가간호 요구를 충족시키기 위하여 치료적 간호체계를 설계하여 제공하고 조절하는 간호능력이다.

(5) 간호체계

간호체계는 치료적인 자가간호 요구를 충족시키기 위하여 필요한 간호행위들이다.

1) 전체적 보상체계

환자가 정신적·신체적으로 완전히 무기력한 상태이거나 주변 환경을 약간의 인식만 하는 상태로, 자가간호활동의 수행을 거의 할 수 없다.

> **예** 간호사가 환자의 산소공급, 영양공급, 배설, 신체청결, 신체운동, 감각자극 등의 모든 욕구를 충족시켜 주어야 하는 경우

2) 부분적 보상체계

환자가 일반적인 자가간호 요구는 충족시킬 수 있으나, 건강이탈 시의 자가간호 요구를 충족시키기 위하여 간호사의 도움을 필요로 하는 경우이다.

> **예** 최근 수술환자의 구강위생이나 배변, 기동 등을 돕는 경우가 해당된다. 결장암 수술 후 결장루술(colostomy)를 한 환자에게 가정방문을 통하여 결장루술(colostomy) 부위의 피부간호와 가스형성 감소를 위한 식이교육을 실시하는 것이 좋은 예이다.

3) 지지적(교육적) 보상체계

환자가 자가간호 요구를 충족시키는 자원을 가지고 자가간호를 수행할 수 있으나, 지식이나 기술을 획득하는 데 간호사의 도움을 필요로 하는 경우이다.

> **예** 환자는 자가간호를 배워서 다른 사람의 도움을 받지 않고 직접 자가간호를 수행할 수 있는 상황으로 신진대사기능에 이상이 있는 환자에게 생리, 투약, 운동의 필요성, 식사요법 등에 대한 교육을 실시하는 것 등이 있다.

3 자가간호이론의 특성

① 자가간호이론에서 건강은 각 개인, 각 개인의 부분, 그리고 기능적인 형태의 총체나 통합의 상태를 의미한다.
② 자가간호이론에서의 간호는 질병이나 손상으로부터 회복 또는 대처방법, 건강, 삶을 위한 치료적인 목적으로 자가간호를 준비시키는 것을 말한다. 또한 간호는 인간을 지지하고 서비스하는 것이며 대상자의 자가간호를 향상시키는 것이 간호의 목적이라고 하였다.
③ 자가간호이론에서의 지역사회는 동일한 구역이나 동일한 법률 하에 있는 지역에서 함께 생활하는 사람의 집단을 의미한다. 지역사회에서의 간호사의 역할은 자가간호의 유지에 초점을 두어야 한다.

④ 로이의 적응이론

1 적응이론의 개념

로이의 적응이론은 다양한 기존의 이론을 개념화한 것이다. 로이의 적응이론은 적응수준이론, 체계이론 및 스트레스 적응이론 등을 바탕으로 체계화된 이론이다. 적응이론은 간호

의 대상인 인간은 주위환경으로부터 끊임없이 자극을 받고 있으며 이러한 자극에 대하여 내부의 과정인 대처기전을 활용하여 적응양상을 나타내고 그 결과로서 반응을 나타내는 체계로 보았으며 반응은 다시 회환되어 자극의 형태로 투입원이 된다.

2 적응이론의 구성요소

(1) 자극

자극은 환경에 대처하기 위한 개인의 능력에 영향을 주는 것이다.

1) 초점 자극

인간의 행동유발에 가장 큰 영향을 미치고 있는 즉각적이며 직접적으로 직면하고 있는 사건이나 상황 변화이다. 즉, 자극 중에서 인간의 행동유발에 가장 큰 영향을 미치는 즉각적이고 직접적으로 직면하고 있는 사건이나 상황변화를 말한다.

(예) '김○○씨는 당뇨병을 진단받았다.'는 초점 자극이다.

2) 연관 자극, 관련 자극

관련 자극은 초점 자극이 주어졌을 때 그 밖의 다른 환경 요소에 영향을 주는 것으로 현재 상태에 영향을 주며 대개 측정될 수 있는 내·외적 세계에 존재하는 자극을 가리킨다.

(예) '김○○씨는 혈당 측정에 대한 근심으로 불면증을 호소한다.'는 관련자극이다.

3) 잔여 자극

잔여 자극은 현재의 상황에 영향을 미치는 측정하기 어려운 개인의 신념, 태도, 가치, 성품 등을 말한다. 즉, 잔여 자극은 초점 자극에 대한 현재 반응에 영향을 줄 과거의 경험이나 신념가치의 결과를 가리킨다.

(예) '김○○씨는 당뇨식이의 유익성에 대한 신념이 부족하다.'는 잔여 자극이다.

(2) 대처 기전

1) 조절 기전, 조정기전

자극이 투입될 때 중추신경계를 중심으로 하는 화학적 반응이나 내분비계 반응 등을 통하여 자율적으로 반응하는 하부체계의 대처 기전이다. 대개 무의식적이고 자동적인 반응을 나타내며 생리적 적응양상과 연관된다.

2) 인지 기전

자극이 투입될 때 인지적 정보처리과정, 학습, 판단, 정서 등의 복잡한 과정을 통하여 반응하는 하부체계의 대처 기전이다. 인지 기전은 자아개념, 역할기능, 상호의존 적응양상과 연관된다.

(3) 적응 양상

적응 양상은 조절 기전과 인지 기전의 활동을 나타내는 것이다.

1) 생리적 기능 양상
① 환경의 자극에 대하여 인간이 신체적으로 반응하는 적응 양상으로 신체의 기본 욕구에 대하여 반응하는 것이다.
② 생리적 기능 양상에 포함되는 욕구에는 수분과 전해질, 운동과 휴식, 배설, 영양, 산소공급과 순환, 체온, 감각 및 내분비계 조절 등이 있다.

2) 자아개념 양상
① 정신적 통합성을 유지하기 위하여 일어나는 적응 양상이다.
② 자아개념은 신념과 느낌의 합성물로서, 지각(특히 타인들의 반응)으로부터 형성되고 자신의 행동을 관리한다.

ⓞ **자아개념의 유형**

신체적 자아	• 자신의 신체에 대한 주관적인 생각이다. • 감각과 신체상으로 구성되어 있다.
개인적 자아	• 자신의 성격, 기대, 가치에 대한 평가이다. • 자아일관성, 자아이상 기대, 도덕적·윤리적 자아로 구성되어 있다.

3) 역할기능 양상
① 부여된 사회적 지위에 따른 의무를 수행하는 적응 양상으로 인간의 역할 수행방법은 주어진 환경 내의 다른 사람과의 상호작용에 의존한다.
② 로이는 인간의 역할을 나무에 비교하여 1차 역할(나무 몸통), 2차 역할(1차 역할에서 나온 가지), 3차 역할(2차 역할에서 나온 가지)로 구분하였다. 이 각 역할들의 역동적인 관계 내에서 상호 호혜적인 역할이 일어나야 한다고 설명하였다.

4) 상호의존 양상
① 의미 있는 타인이나 지지체계와의 관계, 사랑, 존경, 가치를 주고받는 적응 양상이다.
② 상호의존 양상에서는 양육, 애정, 사랑에 대한 욕구 충족으로 심리적 통합성을 유지한다.

(4) 반응

반응에는 적응 반응과 비효율적 반응 2가지가 있다.

1) 적응 반응
인간의 통합성을 증진시킬 수 있는 긍정적 반응이다.
ⓔ 생존, 성장, 생식, 성숙 등

2) 비효율적 반응
적응 반응(생존, 성장, 생식, 성숙 등)에 도움을 못 주거나 방해가 되는 부정적 반응이다.

3 적응이론과 지역사회간호

인간이 궁극적으로 도달하여야 할 목표, 즉 간호의 목표는 인간이 통합된 총체적 상태인 적응의 상태를 유지하는 것이다. 따라서 간호활동은 자극 자체를 감소시키거나 내적 과정인 적응 양상에 영향을 주어 인간의 적응반응을 나타낼 수 있도록 돕는 것이다. 또한 가족이나 지역사회 단위의 접근보다는 개인 단위의 접근에 적용하기 쉽다.

5 지역사회 보건간호와 문화적 다양성

① 문화적 다양성의 이해

1 문화적 다양성의 개요

간호사는 문화가 다른 사람들이 어떻게 삶을 살아가는지, 어떻게 건강과 질병을 정의하고, 치료를 받는지, 간호사의 문화적 배경이 간호를 제공하는 방식에 어떻게 영향을 미치는지를 알아야 한다. 또한 지역사회 간호사는 문화적 다양성이 가족, 집단, 이웃, 지역사회에 있음을 이해해야 한다.

2 우리나라의 다문화사회

(1) 다문화사회에 대한 인식

① 우리나라는 역사적으로 오랜 기간 동안 단일민족으로 살아왔지만, 최근에는 우리나라에 거주하는 장기 거주 외국인의 비율이 전체 인구의 2%가 넘는다.
② 한국이 다문화사회로 접어들고 있는 상황에서 한국인들은 외국인에 대한 부정적인 인식을 가지고 있는 것으로 여겨진다.
③ 우리나라 사회는 다문화에 대한 다양한 이해와 접근을 통하여 다양성에 대한 인식 개선이 이루어져야 할 것으로 보인다.

(2) 다문화사회로의 이행

① 다문화사회로의 이행기간이 짧다. 외국인의 유입으로 인한 다문화사회에 대한 인식이 시작된 것은 1990년대부터였으나, 실제로 다문화사회를 구성하는 체류 외국인의 입국이 많아진 것은 10여 년 안팎이다.
② 다문화사회에 대한 공감대 형성이 느리다.

③ 다문화사회에 대한 정책 및 활동이 정부 위주로 진행되고 있다.

3 다문화가정의 이해

(1) 다문화가정의 현실

① 다문화가정의 자녀들은 부모 중 한 명이 외국 출신이고, 다른 아이와 다른 외모를 가지고 있으며, 의사소통이 원활하지 않다. 또한 언어발달과 학업성취가 낮고, 학업의 중도탈락률이 높다.

② 다문화가정의 자녀들은 친구들에게 집단 따돌림 등을 경험하고 소극적인 대인관계를 형성하며 부정적인 정서를 경험하는 경우가 많다.

③ 다문화가정의 자녀들은 차별로 인하여 학교생활에 적응하지 못하고 가출, 무단결석, 흡연, 폭력, 물품 파손 등의 비행을 저지르는 다문화가정의 학생들이 일반가정의 학생들보다 매우 많은 것으로 나타났다.

(2) 편견과 차별의 방지

① 다른 문화집단에 대한 편견과 차별은 피해자들에게 정서적 무력감, 우울, 자살, 집단적 따돌림과 폭행 등으로 이어지는 등 정신적, 신체적 건강에 심각한 결과를 초래할 수 있어 시급한 대책이 요구된다.

② 우리 사회의 다문화에 대응하는 사회 전반의 문화적 다양성에 대한 적극적인 대처가 요구되고, 편견과 차별적 태도의 변화가 필요하다.

③ 다른 문화집단에 대한 불합리한 차별을 방지하고 인권을 옹호하는 제도를 확립하여, 체류 외국인들에 대한 맞춤형 직업훈련, 양질의 일자리 확보, 자조모임의 활성화, 지역사회 참여의 확대 등을 시급히 시행한다.

4 문화의 차이와 건강의 관계

(1) 문화의 차이

① 문화의 다양성에서 언급했듯이, 문화는 다양하게 존재하며 문화들 사이에는 차이가 존재한다.

② 문화의 차이는 자신들이 당연하게 생각하는 행동들에 대하여 서로 전혀 다른 해석을 하는 것을 의미한다.

③ 각 나라의 문화 차이는 옷이나 음식의 차이뿐만 아니라 특정한 상황에서 서로 다르게 행동하는 행위의 규범, 즉 관념체계의 차이도 포함된다.

예 신체 접촉에 대한 생각은 문화마다 다르다.

TIP) 문화의 일반적 특성

- 문화는 언어습득과 사회화 과정을 통하여 출생에서부터 배운다.
- 문화는 같은 문화적 집단의 구성원들에 의하여 공유된다.
- 문화는 환경, 기술, 자연자원의 유용성 등과 관련된 특정한 상황에 영향을 받는다.
- 문화는 역동적이다.

(2) 문화의 차이와 건강

① 건강과 관련해서도 문화의 차이가 존재한다. 많은 연구 결과를 보면 건강의 의미는 집단에 따라 매우 다양하다는 것을 알 수 있다.

② 질병의 증상, 진단, 치료과정에서도 다양한 문화적 다양성이 존재한다. 특히 신체적 증상은 여러 가지 방식으로 지각되고 표현된다.

⟮예⟯ 지중해 후손들은 북유럽이나 아시아인들보다 신체적 증상을 더 호소하는 편이다.

② 지역사회의 다문화 간호

1 다문화 간호에서의 문화적 다양성

다문화 간호에서 지역사회 간호사의 지식과 태도는 중요하다. 지식은 문화적으로 역량 있는 간호를 제공하는 능력을 강화시키므로 지역사회의 건강을 향상시킬 수 있기 때문에 중요하다. 또한 지역사회 간호사는 문화적으로 역량있는 지역사회 간호를 제공하기 위해서 다양한 개인, 가족, 집단, 지역사회의 삶의 방식, 가치체계, 건강행위, 질병행위를 이해하고, 다양한 가치, 행동, 생활양식을 가진 사람들에 대하여 존중하는 태도를 가지는 것도 중요하다.

2 다문화 간호에서의 건강간호단계

건강간호 1단계	• 자신의 문화적인 가치관, 신념, 태도와 실천을 이해한다. • 때때로 많은 자기성찰이 요구되며 특정한 인종, 종교, 성적 집단, 사회경제적 집단에 대한 편견과 선입견에 직면할 수도 있다. • 성공적인 문화 사정을 위하여 가장 중요한 점은 지역사회 간호사가 자신의 문화에 대하여 잘 알고 있어야 한다.
건강간호 2단계	• 간호 대상자의 문화적 집단이 건강을 정의하는 개념을 기억하면서 대상자가 가진 건강의 의미를 확인한다. • 문화의 표현방식이 다양하므로 하나의 문화만을 고집하기보다는 다양한 문화를 이해하는 것이 중요하다.

3 **문화적 간호사정**

① 문화적 간호사정에는 발생한 문제, 필요한 중재, 참여적 교육을 모두 포함한다.

② 지역사회 간호사는 간호 대상자와 처음 접촉할 때, 대상자의 특징을 파악하기 위해서 일반적인 문화적 간호사정을 수행한다.

③ 심도 깊은 문화적 간호사정은 자료수집단계와 조직단계에 걸쳐 수행한다.

● 문화적 간호사정의 수행단계

1단계 (자료수집 단계)	• 지역사회 간호사가 자기 자신에 대한 사정을 한다. • 간호 대상자가 지각하는 건강간호시스템, 질병, 치료 이전과 치료 이후의 인지 등에 관한 정보를 수집하기 위한 질문을 한다. • 지역사회 간호사는 간호진단을 한 이후에 간호를 효과적으로 수행하기 위한 문화적 요인을 확인한다.
2단계 (조직 단계)	• 간호 대상자와 가족이 생각하는 최상의 치료와 관련된 자료를 수집한다. • 간호 대상자의 문화적 요구와 목표에 차이가 있는지에 대한 자료를 정기적으로 수집한다.

③ 다문화 간호의 이론

다문화 간호의 기초가 되는 이론들 중에서 레닌저의 '문화, 간호, 다양성 그리고 보편성에 대한 간호이론'과 가이거와 다비드하이저의 '횡문화사정 모형'이 많이 사용되고 있다.

1 **문화, 간호, 다양성 그리고 보편성에 대한 간호이론**

(1) 개요

① 간호사이면서 인류학자였던 레닌저는 횡문화 간호를 설립한 횡문화 간호의 어머니라고 불린다.

② 레닌저의 횡문화 간호이론인 선라이즈 모형은 유사한 문화 또는 다른 문화를 가진 개인 및 집단의 문화적 가치관, 신념, 실천에 대한 중요한 간호연구와 실무이다.

③ 이 이론의 목표는 사람들의 건강, 안녕, 질병, 사망에 직면하도록 돕기 위하여 문화적으로 의미 있는 방법을 이용하여 특수하면서도 보편적인 간호실무를 제공하는 것이다.

(2) 특성

① 7가지 요인(기술, 종교와 철학, 친족 및 사회, 문화적 가치관과 삶의 방식, 정책 및 법, 경제, 교육)이 개인, 가족, 집단의 건강과 질병에 영향을 미친다.

② 문화적으로 적합한 간호를 제공하기 위하여 구조화된 접근법을 사용하여 다양한 건

강체계에서 개인, 가족, 집단, 지역사회, 기관을 사정하고 간호하는 데 적용한다.

③ 직접간호를 담당하는 간호사에게 무엇보다 중요한 일은 다양하고 고유한 문화적 배경을 파악하는 일이다. 간호사는 대상자의 문화와 그들의 요구, 삶의 방식에 영향을 미치는 다양한 요인들에 대하여 깊이 알고 있어야 한다.

2 횡문화사정 모형

(1) 개요

문화적으로 다양한 대상자에게 간호를 제공해야 하는 학생의 요구가 증가하고, 개발된 문화적 사정도구가 거의 없어서 사정도구의 개발이 필요함에 따라, 1988년에 가이거와 다비드하이저가 횡문화사정 모형에 대한 연구를 시작하였다.

(2) 특성

횡문화사정 모형에서 정의하는 횡문화 간호는 대상자 중심, 연구 중심의 문화적으로 역량 있는 실무를 말한다.

〈횡문화적 사정 모형의 메타 패러다임〉

- 횡문화 간호와 문화적으로 다양한 간호
- 문화 역량 간호
- 문화적으로 독특한 개인
- 문화적으로 민감한 환경
- 문화적인 질병과 건강행위에 근거한 건강 및 건강상태

④ 다문화 간호의 전략

1 문화학적 사정

지역사회 간호사는 문화학적 사정을 통하여 개인과 가족의 가치관에서 습득된 간호 대상자의 문화적인 면에 대한 지식을 얻는다.

〈문화학적 사정의 방법〉
- 5가지 감각을 이용하여 관찰한 것을 기록한다.
- 일반적인 민간요법을 포함한 이야기들을 집중해서 경청한다.
- 패턴과 서술한 것을 확인한다.
- 주제와 패턴을 종합한다.
- 문화적으로 적합한 간호계획을 간호 대상자와 함께 수립한다.

2 문화적 자가사정

지역사회 간호사에게는 문화적 자가사정이 필요하다. 건강과 관련된 태도, 가치, 신념, 실천에 대한 확인을 통하여 대상자, 가족, 집단, 지역사회의 관점에서의 건강간호의 문화적 측면을 잘 이해할 수 있다.

3 지역문화에 대한 지식

지역사회 간호사는 지역사회 내에 존재하는 집단들의 문화적 다양성에 대하여 배운다. 또한 모든 건강신념과 실천은 아니지만, 몇 개의 문화적 집단을 선택하여 공부한다.

〈지역문화에 대한 지식을 얻는 방법〉
- 간호학, 인류학, 사회학, 다양한 문화적 집단에 대한 관련 문헌을 읽는다.
- 지역사회기관이나 교육기관에서 개최하는 프로그램들을 청취한다.
- 다문화 간호와 관련된 수업이나 의학, 인류학에 관련된 수업을 듣는다.
- 건강신념과 실천의 문화적 영향에 대한 정보 습득을 위하여 관심집단의 주요인물(성직자, 간호사, 의사 등)을 면담한다.

4 문화적으로 다양한 집단에 대한 정책적 이슈의 인식

문화적으로 다양한 집단과 지역사회에 대한 정책적인 이슈에 대한 인식은 지역사회 간호사가 특정한 인구의 건강간호를 향상시키기 위한 입법 제정과 재정 지원에 영향을 미치는 것을 도울 수 있다.
① 지역사회 간호사는 문화적으로 다양한 집단과 관련된 지역사회 건강문제에 대한 간호사들의 지도자적 역할을 인식할 때 정책적인 결정에 참여할 수 있다.
② 지역사회 간호사는 문화적으로 다양한 개인, 집단, 지역사회와 관련된 입법 제정에 영향을 미치기 위하여 정책적으로 활발해야 한다.
③ 지역사회 간호사는 문화적으로 다양한 집단의 건강에 영향을 미치는 지역사회위원회나 자문위원회에서 일할 수 있어야 한다.

5 문화적 역량이 있는 간호의 제공

문화적 역량은 다양한 문화적 상황에서 효과적으로 간호를 제공하기 위하여 상호 간의 의사소통, 관계기술, 행위적 유연성을 사용할 수 있게 하는 문화적으로 일관된 행동, 실무 태도, 정책들의 복합적인 개념이다.
① 문화적 역량은 지역사회 간호사에게 자기 자신의 문화적 배경에서 자기 자신과 다른 사람들에 대한 감각을 개발하고 형성할 수 있도록 해 준다.
② 문화적 역량을 갖추려고 노력하는 지역사회 간호사들은 사람들의 다른 문화나 가치관

의 다양성을 존중하고, 다른 문화를 가진 대상자들을 효과적으로 간호할 수 있다.

6 문화에 기반한 건강습관의 인식

지역사회 간호사는 대상자, 집단, 지역사회의 문화에 기반한 건강습관의 유형과 의미를 이해하려는 시도를 해야 한다. 건강습관이 이해되면 지역사회 간호사는 특별한 상황에서의 적합성에 대하여 결정할 수 있다.

① 일반적으로 지역사회 간호사는 문화적인 습관이 대상자에게 유용한지, 중립적인지, 해로운지를 결정한다.

② 도움이 되거나 중립적인 습관은 격려하고, 해로운 습관은 단념하게 한다.

6 국제보건의 이해

① 국제보건의 정의

1 일반적 정의

국제보건은 개별 국가 차원의 보건문제와 공중보건에 대한 관점을 전 세계적 맥락에서 공유하고 이해될 수 있도록 전 세계 인구집단의 총체적 건강을 돌보는 것을 의미한다.

2 관점에 따른 정의

좁은 의미의 국제보건은 국제보건과 세계보건을 구별하여 정의하고 있다. 그러나 대부분의 경우에 이 2가지 용어를 따로 구별하지 않고 상호교환적으로 사용하고 있다. 따라서 넓은 의미의 국제보건은 세계보건의 개념을 포함하여 사용하고 있다.

② 국제보건기구

1 세계보건기구

(1) 세계보건기구(WHO)의 개요

① 세계보건기구(WHO)는 1948년에 범세계적인 보건수준의 향상을 위한 국제적 협력을 촉진시키기 위하여 UN산하에 설립된 국제연합의 17개 전문기구 중의 하나로 정부 간 기구이다.

② 우리나라는 1949년에 회원국으로 가입하여 활동하고 있다.

③ 세계보건기구(WHO)의 전체 본부는 스위스 제네바에 있다. 우리나라가 속해 있는 서태평양지역본부는 필리핀 마닐라에 있다.

(2) 세계보건기구(WHO)의 구성 및 역할

① 세계보건기구(WHO)의 최고 의사결정기관은 전체 회원국이 참가하는 세계보건총회이다. 전 세계를 아프리카 지역, 미주 지역, 동남아시아 지역, 유럽 지역, 동지중해지역, 서태평양지역의 6개 지역으로 구분하여 각 지역총회가 구성되어 있다.

② 중요 결정사항을 이행하기 위한 사무국에는 회원국의 선거로 선출된 전체 본부의 사무총장과 6개의 지역사무본부의 지역사무처장들이 있다.

③ 세계보건기구(WHO)는 약 20억 달러의 연간 예산을 집행하고 있으며, 회원국이 의무적으로 납부하는 분담금이 25%를 차지하고, 나머지는 자발적인 기여금으로 조성된다.

(3) 세계보건기구(WHO)의 목적 및 기능

① 세계보건기구(WHO)는 국제연합체계 내에서 보건문제를 지도하고 조정하는 기능을 수행한다.

② 세계보건기구(WHO)의 설립 목적은 모든 사람이 가능한 한 최고수준의 건강을 영위하게 하는 것이다.

③ 세계보건기구(WHO)는 인류가 당면한 보건문제를 해결하고, 국가 간의 상호협력을 추구하며, 국제화에 대처하는 기관이다.

● 세계보건기구(WHO)의 대표 의제

목표	전략	조직적 접근
• 건강과 개발 증진 • 건강보장의 강화	• 건강전달체계의 강화 • 연구와 정보 및 근거의 제공	• 파트너십의 확대 • 효과적이고 효율적인 수행

2 국제간호협의회

(1) 국제간호협의회(ICN)의 개요

① 국제간호협의회(ICN)는 1899년에 설립된 국제적으로 가장 오랜 역사를 가진 동시에 보건의료분야에서도 가장 오래된 전문단체이다.

② 각 회원협회가 자국 간호의 질적 수준을 높이고 사회적 지위의 향상을 도모하기 위한 조언 및 원조 등을 하고 있다.

③ 국제간호협의회(ICN)의 본부는 스위스 제네바에 있다. 현재까지 130개국 이상의 국

가가 정식 회원국으로 가입되어 있으며, 전 세계에 2,000만 명이 넘는 간호사들이 회원으로 활동하고 있다.

④ 우리나라는 1949년에 회원국으로 정식 가입되었으며, 1989년 서울에서 개최되었던 제19차 총회에서 김모임이 4년 임기로 국제간호협의회(ICN)회장에 당선되었다.

(2) 국제간호협의회(ICN)의 구성 및 기준

① 국제간호협의회(ICN)의 국제대회는 1904년에 독일에서 제1회 국제대회가 개최된 이후 4년마다 개최되고 있다.

② 회원국의 회원들에게는 국제대회에 참석할 권한이 주어지며, 회원인 각국 간호사의 전문적인 의견 교류와 협력이 활발하게 이루어지고 있다.

③ 한 주권국에서 한 회원국만을 인정하며, 그 나라의 간호교육의 기준, 간호업무의 수준, 직업윤리를 회원국의 자격심사 기준으로 정하고 있다.

(3) 국제간호협의회(ICN)의 목적 및 기능

① 국제간호협의회(ICN)은 정치, 사상, 종교를 초월한 순수한 전문단체로, 전 세계 인구에 대한 전반적인 건강관리, 특정한 간호 돌봄을 목적으로 운영되고 있다.

② 국제간호협의회(ICN)의 주요 기능은 한 국가단위로는 할 수 없는 일들을 조직적 노력으로 함께 수행하며 국제보건문제를 연구하고 협조한다.

③ 국제간호협의회(ICN)은 간호사업의 국제적 통계 및 정보의 최대량을 보유하고 있으며, 국제적인 정치, 경제, 의료단체 및 보건단체들과 동등한 위치에서 다양한 교류를 한다.

④ 전 세계의 간호사와 함께 간호를 발전시키고 보건정책에 영향을 주기 위한 목적으로 국제간호협의회(ICN)의 5가지 핵심 가치를 리더십, 포괄성, 유연성, 파트너십, 전문직 성취에 두고 있다.

국제간호협의회(ICN)의 주요 활동내용

전문직 간호실무 분야	• 국제간호실무분류체계의 확립 • HIV/AIDS의 간호 및 연구 • 결핵, 말라리아 등의 전염성 질환의 간호 및 연구 • 여성의 건강증진에 대한 연구 • 가족건강에 대한 지침의 개발
간호규정 분야	• 간호인증제도의 도입 • 간호윤리강령의 제정 • 보수교육의 실시 및 규정
간호사의 사회·경제·복지 분야	• 간호인력의 개발 • 간호보건정책의 수립 • 근무환경의 개선 • 안전에 관한 기준의 개발

3 시그마 국제학회

(1) 시그마 국제학회(STTI)의 개요

시그마 국제학회(STTI, Sigma Theta Tau International)는 1992년 미국 인디애나대학에서 간호사들의 학습, 지식, 전문직 개발을 지원하기 위하여 설립된 단체이다. 간호연구의 과학적 기반을 공고히 하여 인류의 건강을 증진시키기 위한 목적으로 설립되었다.

(2) 시그마 국제학회(STTI)의 구성

① 90개국에 431개의 지부를 두고 있으며, 전 세계 515개의 대학교가 시그마 국제학회와 함께 활발한 연구 활동을 펼치고 있다.

② 약 360,000명의 정회원들이 학문적 교류와 연구 활동을 조직적으로 펼치고 있으며, 전 세계에 회원을 둔 2번째로 규모가 큰 간호전문직 단체이다.

시그마 국제학회(STTI)의 주요 활동내용

간호실무 분야	• 간호전문직의 탁월한 학문적 성취의 공헌 • 간호사의 지도자적 자질의 개발 • 높은 수준의 간호전문직 표준강화활동 격려 • 간호전문직의 목적과 이상 실현을 위한 사명감의 고취 • 간호학문의 가치와 간호실무의 우수성 전파 • 과학적 근거를 중심으로 한 간호연구의 지원
교육 분야	• 온라인 보수교육프로그램의 개발 및 실시 • 전문직 개발프로그램의 개발 및 실시 • 전 세계인의 건강수준 향상을 위한 관련 연구논문의 출판과 지식의 전파

4 유엔 아동기금

(1) 유엔 아동기금(UNICEF)의 개요

① 1946년의 제2차 세계대전으로 인하여 기아와 질병에 지친 유럽 아동을 구제하고 질병을 퇴치하기 위한 긴급 원조계획이다.

② 유엔 아동기금(UNICEF)은 발족 당시에 '유엔 국제아동 긴급구호기금'이라는 명칭으로 사용되었다.

③ 1953년의 국제연합총 회에서 그 임무를 항구적인 것으로 확장하였고, 현재까지 유엔의 상설기관이 되어 현재의 명칭으로 변경되었다.

(2) 유엔 아동기금(UNICEF)의 구성

본부는 뉴욕과 제네바로 구분되어 있다. 뉴욕에서는 중추적 역할을 담당하고 있고, 제네바에서는 커뮤니케이션 역할을 담당한다.

5 세계식량계획

(1) 세계식량계획(WFP)의 개요

세계식량계획(WFP, World Food Programme)은 1961년 UN 총회와 유엔 식량농업기구(FAO, Food and Agriculture Organization)의 결의에 따라 설립되었으며 1963년부터 본격적인 활동을 시작하였다.

(2) 세계식량계획(WFP)의 구성

식량원조정책 및 계획위원회(CFA), 유엔 경제사회이사회(UNECOSOC), 유엔 식량농업기구에서 선출된 인원이 모여 매년 2회 정기회의를 개최한다.

(3) 세계식량계획(WFP)의 목적 및 역할

① 세계식량계획(WFP)의 목적은 식량 원조와 긴급구호활동을 통하여 저개발국 및 개발도상국의 경제개발을 촉진시키고 사회발전을 돕는 것이다.

② 세계식량계획(WFP)는 일용품·현금·용역의 기부를 포함하여, 수혜국들이 균형식을 유지하고 개간사업과 관개사업을 확장하여 식량조달의 어려움을 극복하도록 돕는 데 중점을 둔다.

6 유엔 인구기금

(1) 유엔 인구기금(UNFPA)의 개요

① 1966년에 개최된 제21차 UN총 회의 결의에 따라 1967년에 유엔 인구활동신탁기금이 설립되었다.

② 1987년에는 국제연합 인구활동기금으로 명칭이 바뀌었다가, 다시 유엔 인구기금(UNFPA)으로 명칭이 변경되었다.

(2) 유엔 인구기금(UNFPA)의 구성

유엔 인구기금(UNFPA)의 본부는 미국 뉴욕에 있으며 회원국은 155개국이고, 우리나라는 1973년에 가입하였다.

〈유엔 인구기금(UNFPA)의 주요 활동내용〉

• 전 세계 인구문제의 해결에 필요한 자금 지원
• 언론 및 교육사업, 인구밀도, 기본자료 수집 등의 주요사업 외에 개발도상국의 인구정책과 관련된 특별사업의 전개

TIP 개발도상국의 인구정책과 가족계획을 위한 활동
- 각 대상국가에 적합한 방법으로, 조직적이고 지속적인 원조 제공
- 가족계획의 인권적 측면에 관한 인식 제고를 위한 전략의 수립
- 세계의 인구문제가 갖는 사회적·환경적 의미에 대한 인식 제고를 위한 전략의 개발
- 가족계획에 관한 정보활동, 통계 수집, 세계인구현황의 발간, 생식 보건, 양성 평등, 인구와 개발 등 약 700~900개의 프로젝트를 세계 각지에서 수행하고 있다.

7 유엔 에이즈계획

(1) 유엔 에이즈계획(UNAIDS)의 개요

① 1990년 중반 이후 에이즈의 확산이 심각해지면서 유엔 산하에 연합된 형식의 국제 보건기구가 절실히 필요하게 되었다.
② 1994년에 6가지의 유엔 산하기구가 참여하는 유엔 에이즈계획(UNAIDS)이 실시되 었으며 사무국은 현재 스위스 제네바에 있다.

(2) 유엔 에이즈계획(UNAIDS)의 구성 및 역할

① 129명의 전문가, 전 세계에서 참여한 22개 정부대표, 9개의 공동후원기관, 에이즈와 관련된 5개의 비정부기구(NGO)가 대표로 있는 프로그램조정위원회에 의해 운영되 고 있다. 매년 6천만 달러의 예산을 확보하고 있다.
② 직접적 자금지원기구 및 참여기관들의 대표로서가 아니라, 에이즈 관련사업의 촉진 및 조정 역할을 주로 하고 있다.

〈유엔 에이즈계획(UNAIDS)의 주요 활동내용〉
- 각 국가에 에이즈와 관련된 정보의 신속한 제공
- 에이즈의 확산 방지와 감염인 및 감염인을 통한 피해자 지원

더 알아보자! 국제보건환경을 위한 보건의료서비스

1	**[건강에 영향을 주는 사회적 환경의 개선]** • 여성의 교육수준 향상 　　　　• 빈곤의 감소 • 폭력주기의 차단 　　　　　　• 모성사망과 관련된 사회적 여건의 향상
2	**[아동 및 청소년 건강증진]** • 영아 사망률의 감소 　　　　• 모성 사망률의 감소 • 미숙아 출생률의 감소 　　　• 청소년의 건강증진 • 성인 건강과 질병 아동기의 선행요인 확인
3	• 가족계획의 개선
4	• 약물남용의 감소
5	• 감염성 질환의 확대 예방
6	**[신체적 질환 및 정신적 질환의 관리]** • 만성질환 및 우울증 발생의 감소 　　• 건강증진을 위한 기술의 사용 • 통증관리의 향상 　　　　　　　　• 욕창 발생의 감소
7	• 국제적 필요성과 요구에 따른 보건의료전달체계의 적용 및 개발
8	• 타당하고 경제적으로 용이한 건강측정방법의 연구 및 개발

Chapter 2 지역사회 간호행정

1 보건의료의 이해

① 보건의료

1 보건의료의 개념

보건의료는 좁은 의미로는 의료를 의미하고, 넓은 의미로는 보건의료 또는 포괄적 보건의료를 의미한다.

2 보건의료의 특성

① 보건의료는 지역사회 인구집단을 대상으로 하는 전인적 건강관리이며, 현대 의료개념의 전인적 모형으로서 의료의 전 영역(건강증진, 예방, 치료, 재활)의 개념과 인간이 출생할 때부터 사망할 때까지의 생애 개념을 포함한다.
② 신체적·정신적·사회적·영적 안녕을 건강회복, 건강유지, 건강증진에 목적을 둔 개인 또는 집단의 모든 건강활동을 말한다.
③ 보건의료의 전인적 실천은 현대 의료의 결함인 기술 위주와 전문화에 따른 비인간화 문제를 해결해 주는 미래 의료의 이상적 목표이기도 하다.
④ 보건의료는 국민보건의료의 목표이며, 국민 누구나 필요할 때 국가 또는 사회로부터 양질의 총체적이고 포괄적인 의료를 균등하게 제공받을 수 있어야 한다.

② 보건의료서비스

1 보건의료서비스의 개념

보건의료서비스는 건강보호와 건강증진을 1차적 과제로 삼고 질병에 대처하여 직접 사람에게 행하는 모든 조치를 의미하며 개인뿐만 아니라 집단이 대상일 수 있다. 또한 환자 진료만을 의미하는 것이 아니라 보건의료 부문의 많은 자원이 투입되는 건강을 위한 사회의 모든 조치를 포괄하는 것이다.

2 보건의료서비스의 분류기준

질병의 자연사를 고려한 분류	간호 대상자의 건강문제를 고려한 분류
• 1차 예방 – 건강증진과 질병예방 • 2차 예방 – 진료 • 3차 예방 – 재활	• 1차 진료 • 2차 진료 • 3차 진료

3 보건의료서비스의 조건

(1) 접근 용이성

필요하면 언제 어디서라도 보건의료서비스를 받을 수 있도록 재정적 측면, 지리적·사회문화적 측면에서 지역사회 주민이 필요한 보건의료서비스를 쉽게 이용할 수 있어야 한다.

(2) 질적 적정성

보건의료의 의학적 적정성과 사회적 적정성을 동시에 달성할 수 있어야 한다.

(3) 지속성

① 개인에게 제공되는 보건의료는 시간적·지리적 상관성을 가지고 적절히 연결되어야 한다.
② 지역사회 수준에서 제공되는 보건의료는 보건의료기관들 간에 유기적인 관계를 맺고 보건의료서비스를 협동적으로 수행되어야 한다.
③ 전인적 보건의료는 평생 또는 오랫동안 지속되어야 한다.

(4) 효율성

보건의료의 목적을 달성하는 데 투입되는 자원의 양을 최소화하거나 일정한 자원의 투입으로 최대의 목적을 달성할 수 있어야 한다.

4 보건의료서비스의 사회경제적 특성

(1) 예측 불가능한 질병

① 질병은 개인적으로 볼 때 모두가 경험하는 것이 아니므로 불균등한 것이고, 언제 발생할지 모르기 때문에 예측이 불가능하다.
② 질병은 긴급을 요하는 상황이 전개되므로 다른 무엇으로 대체할 수가 없다.

(2) 외부효과가 있는 질병

① 질병에는 외부효과가 있으며 각 개인의 자의적 행동이 타인에게 파급되는 좋은 효과나 나쁜 효과로서의 결과를 의미한다.

② 질병은 본인 이외의 타인에게도 영향을 미친다. 따라서 예방 및 건강증진을 중심으로 하는 지역사회 보건사업은 외부효과가 크다.

　예 특정 질병에 대하여 상당수 비율의 인구가 예방접종을 통하여 면역수준이 높아지면 다른 사람들도 감염 위험률이 상대적으로 낮아진다.

(3) 정보의 비대칭성

① 질병관리에 관한 보건의료 소비자의 지식수준은 많이 향상되었다고 하지만 여전히 일부에서는 거의 무지 상태이며 보건의료 소비자는 의료의 질과 가치를 평가할 수 있는 능력이 아직 미약하다.

② 대부분의 보건의료 소비자는 보건의료에 대하여 무지하므로 의료인은 사회에서 면허를 통하여 부여받은 권한과 책임을 성실하고 유능하게 수행한다.

　예 보건의료 소비자는 스스로 의사를 선택하지만, 선택한 의사가 제공하는 의료의 내용은 스스로 결정할 수가 없다.

(4) 소비적 요소와 투자적 요소의 혼재

① 질병관리에는 소비적 요소와 투자적 요소가 있다. 과거에는 질병관리서비스를 생필품과 같은 소비재로 여겼지만, 경제이론이 발전하면서 외부효과가 큰 투자재로 인식하게 되었다.

　예 필요로 하는 생산연령층에 제대로 공급하지 않으면 노동불능상태에 빠져 생산성이 떨어지게 된다.

② 적절한 보건의료서비스는 인간의 집단생활과 사회와의 상호교류를 통하여 국민의 자질, 더 나아가 국가의 건강수준을 향상시킬 수 있다.

(5) 노동집약적인 대인서비스

① 보건의료서비스는 노동집약적인 대인서비스이다. 재고가 있을 수 없는 공급 독점적이고 개별적인 주문생산이므로 대량생산이 불가능하고, 원가절하가 되지 않는다.

② 보건의료산업은 다른 산업에 비해 노동집약적이어서 인건비 상승에 따른 의료비는 상대적으로 다른 재화나 서비스에 비해 훨씬 높은 상승률을 나타내기 쉽다.

③ 생산 결과가 비가시적이므로 개발도상국에서는 공공투자로서는 우선순위가 낮은 편이다.

(6) 비영리적 동기

① 보건의료서비스는 비영리적 동기를 갖는다. 인간의 건강을 다루는 의료기관은 이익을 추구하는 곳이 아니기 때문이다.

② 의료인은 「의료법」에 따라 환자의 치료와 관련된 사항들에 대하여 간섭을 받지 않고 의료 기자재 등도 우선적으로 받을 권리가 있다.

(7) 서비스와 교육의 공동 생산물

① 보건의료는 서비스와 교육의 공동 생산물이다. 보건의료서비스는 양질의 교육을 통하여 생산된다. 교육수행과 연구의욕을 고취하여 최대의 역할수행이 가능한 분위기를 조성해야 보건의료의 질을 높일 수 있다.

② 보건의료서비스는 인간생활의 필수요소로, 의료비를 스스로 부담할 수 없는 사회계층에까지도 확대되어야 한다.

③ 보건의료자원

보건의료체계의 하부구조를 이루는 요소로서의 보건의료자원은 보건의료체계 내에서 보건의료를 제공하고 지원하는 기능을 수행하기 위해서 인력, 시설, 장비 및 물자, 지식 및 기술이 필요하다.

1 보건의료인력

보건의료인력은 주민의 필요와 요구에 대한 보건의료서비스를 공급하기 위하여 보건의료 분야에 종사하거나 훈련 중인 각 개인들을 의미한다.

◉ 법으로 규정된 보건의료 인력의 유형

「의료법」	• 의료인 – 의사, 치과의사, 한의사, 조산사, 간호사 • 간호조무사
「약사법」	• 약사, 한약사
「학교 보건법」	• 보건교사
「농어촌 등 보건의료를 위한 특별조치법」	• 보건진료 전담공무원(기존의 보건진료원)
「의료기사 등에 관한 법률」	• 의료기사 – 임상병리사, 방사선사, 물리치료사, 작업치료사, 치과기공사, 치과위생사 • 보건의료정보 관리사, 안경사
「응급의료에 관한 법률」	• 응급구조사

(1) 간호사 인력

1) 간호사

간호사는 상병자 또는 해산부의 요양상의 간호 또는 진료의 보조 및 대통령이 정하는 보건활동에 종사함을 임무로 하고 있다.

2) 전문간호사

전문간호사는 국민의료서비스의 높은 기대수준에 부합하고 해당분야에서 보다 비용—

효과적인 전문간호서비스를 제공하고 있다.

① 전문간호사는 보건, 마취, 정신, 가정, 감염관리, 산업, 응급, 노인, 중환자, 호스피스, 종양, 임상, 아동의 총 13개 분야로 구성되어 있다.

② 전문간호사의 교육과정은 보건복지부장관이 지정하는 전문간호사 교육기관이 실시하고, 교육기간은 2년 이상으로 지정되어 있다.

③ 전문간호사 교육과정의 신청 자격은 교육을 받기 10년 이전에 해당 분야의 기관에서 3년 이상 간호사로서의 실무경력이 있는 사람이어야 한다.

3) 조산사

조산사가 되려면 간호사 면허를 가지고 보건복지부장관이 인정하는 의료기관에서 1년 동안 조산사 수습과정을 수료하거나, 또는 보건복지부장관이 인정하는 외국 조산사 면허를 가진 사람으로서 조산사 국가시험에 합격한 이후에 보건복지부장관의 면허를 받아야 한다.

(2) 의사 인력

1) 의사

우리나라의 인구 대비 의사 수는 2명으로, OECD 평균 3.1명에 비해 상대적으로 부족한 실정이다. 그러나 매년 3,000명 이상의 의사가 배출되어 의사 증가율이 인구 증가율을 훨씬 앞지르고 있으므로 2030년에는 인구 대비 의사 수가 선진국 수준에 근접할 전망이다.

2) 치과의사

우리나라의 인구 대비 치과의사 수는 0.43명으로, OECD 평균 0.64명에는 못 미치는 실정이다. 그러나 향후 10년 이내에 선진국 수준에 이르게 되어 치과의사의 공급수준은 비교적 적정한 것으로 분석하고 있다. 다만, 현재 치과의사의 지역적인 불균형 문제 등 중·장기적인 인력추계 및 수급계획이 필요한 상황이다.

3) 한의사

우리나라의 한의사 인력은 의사 인력과의 관계 등으로 적정 인력수준을 정하기가 어려울 뿐만 아니라, 건강보험 적용범위도 제한되어 있어서 인력의 수급추계를 위한 기초자료가 극히 미흡하여 의료 이용량의 변화를 예측하기가 매우 어려운 실정이다.

(3) 약사 인력

약사는 20개 약학대학에 설치된 약학과와 제약학과에서 양성하고 있으며, 최근 의약분업의 시행으로 임상약학의 중요성이 제기되면서 약학대학의 교육기간이 6년인 전문대학원 과정으로 전환되었으며 현재 우리나라의 약사 수는 매년 증가하고 있다.

2 보건의료시설

보건의료체계 내에서는 여러 가지 형태의 보건의료시설이 필요하다. 보건의료시설은 보건의료서비스의 분류(서비스 형태, 서비스 목적, 서비스 제공의 조직체계 등)에 따라 민간기관이나 공공기관으로 설립되어 운영된다. 또한 1차 진료기관, 2차 진료기관, 3차 진료기관(종합전문요양기관)으로 분류되어 운영된다.

〈보건의료시설의 유형〉

- •「의료법」에 명시된 의료기관 – 종합병원, 병원, 치과병원, 한방병원, 요양병원, 의원, 치과의원, 한의원, 조산원
- •「지역보건법」에 명시된 보건소 및 보건지소
- •「농어촌 등 보건의료를 위한 특별조치법」에 명시된 보건진료소
- •「약사법」에 명시된 약국

(1)「의료법」에 명시된 의료기관

1) 종합병원

① 종합병원은 100병상 이상을 갖추어야 한다.

② 보건복지부장관은 해당 요건을 갖춘 종합병원 중에서 중증질환에 대하여 난이도가 높은 의료행위를 전문적으로 하는 종합병원을 상급종합병원으로 지정할 수 있다.

○ 병상 수에 따른 종합병원의 조건

100병상 이상 300병상 이하인 종합병원의 경우	• 내과, 외과, 소아청소년과, 산부인과 중에서 3개의 진료과목을 갖추어야 한다. • 영상의학과, 마취통증의학과, 진단검사의학과, 병리과를 포함한 7개 이상의 진료과목을 갖추어야 한다. • 각 진료과목마다 전속 전문의를 두어야 한다.
300병상을 초과하는 종합병원의 경우	• 내과, 외과, 소아청소년과, 산부인과, 영상의학과, 마취통증의학과, 진단검사의학과, 병리과, 정신건강의학과, 치과를 포함한 9개 이상의 진료과목을 갖추어야 한다. • 각 진료과목마다 전속하는 전문의를 두어야 한다.

2) 병원 · 치과병원 · 한방병원

① 의사 · 치과의사 · 한의사가 각각 해당 의료를 행하는 곳이다.

② 입원환자 30인 이상을 수용할 수 있는 시설을 갖추고, 주로 입원환자에게 의료를 행할 목적으로 개설하는 의료기관을 말한다. 단, 치과병원의 경우는 입원시설에 제한받지 않는다.

③ 보건복지부장관은 해당 조건을 갖춘 병원급 의료기관 중에서 특정 진료과목이나 특정 질환에 대하여 난이도가 높은 의료행위를 하는 병원을 전문병원으로 지정할 수

있다.

3) 요양병원

① 의사·한의사가 각각 해당 의료를 행하는 곳이다.

② 요양환자 30인 이상을 수용할 수 있는 시설을 갖추고, 주로 장기요양이 필요한 입원
환자에게 의료를 행할 목적으로 개설하는 의료기관을 말한다.

4) 의원·치과의원·한의원

① 의사·치과의사·한의사가 각각 해당 의료를 행하는 곳이다.

② 진료에 지장이 없는 시설을 갖추고, 주로 외래환자에게 의료를 행할 목적으로 개설
하는 의료기관을 말한다.

5) 조산원

① 조산사가 조산, 임부·해산부·산욕부 및 신생아에 대한 보건과 양호지도를 행하는
곳이다.

② 조산에 지장이 없는 시설을 갖춘 의료기관을 말한다.

(2) 공공 보건의료기관

1) 「지역보건법」에 명시된 보건소 및 보건지소

① 보건소

「지역보건법 시행령」에 따라, 보건소(보건의료원 포함)는 시·군·구(자치구가 아닌
구를 포함)별로 1개소씩 설치한다.

② 보건지소

「지역보건법 시행령」에 따라, 보건지소는 읍·면(보건소가 설치된 읍·면은 제외)마
다 1개소씩 설치한다.

2) 「농어촌 등 보건의료를 위한 특별조치법」에 명시된 보건진료소

① 「농어촌 등 보건의료를 위한 특별조치법 시행규칙」에 따라, 보건진료소는 리(里) 단
위의 오지 및 벽지에 설치한다.

② 보건진료소는 의료취약지역의 주민에게 보건의료를 제공할 목적으로 주민의 의료
이용이 편리한 장소에 설치한다.

TIP 〉 보건의료시설의 문제점

● 우리나라의 대부분의 의료시설은 민간부문이 차지하고 있다. 이와 같이 의료서비스의 공급이 민
간부문에 많이 의존함에 따라 의료자원이 도시에 편중되어 있다.

　ⓔ 의료기관의 85.8%, 병상 수의 86.1%

● 현재 도시지역은 의료자원이 충분하여 남아도는 반면에, 농촌지역은 여전히 병상이 부족한 지역
이 적지 않은 상황이다.

3 보건의료장비

(1) 다양한 질병의 진단 및 치료

　① 활용의학의 발전과 더불어 점점 더 복잡한 기술이 개발됨으로써 보건의료의 장비들은 다양한 질병의 정교한 진단 및 치료에 이용되고 있다.

　② 방사선의학 장비, 심전도 장비, 생화학적 분석기구 등 일일이 열거할 수 없을 만큼의 다양한 의료자원 덕분에 많은 중증질환들을 초기단계에서 진단하여 발견할 수 있게 되었다.

(2) 값비싼 보건의료장비의 가치

　① 보건의료장비들 중의 상당수는 매우 비싸다. 최근 보건의료 관리자들은 비싼 의료장비의 상대적 가치에 대하여 비판적인 태도를 보이고 있다.

　② 정교한 장비는 비싼 비용에 비해 효율성이 낮을 수도 있기 때문에 일부 보건의료 지도자들은 더욱 적절한 기술의 사용을 주장하고 있다.

4 보건의료지식 및 보건의료기술

(1) 보건의료지식

국가 보건의료체계에서 가장 중요한 의료자원은 건강증진, 질병예방, 질병치료, 재활 등의 다양한 방법에 관한 의료지식이다. 상당량의 의료지식은 경험을 통하여 축적되어 왔지만 새로운 정보들도 지속적으로 증가하고 있다.

〈보건의료체계의 연구〉

• 생의학·사회의학적 지식, 기타 관련지식이 일정한 조건 하에서 지역사회 보건의료에 영향을 미치는 수단에 대한 체계적 연구이고 활동 중심의 연구이다.

• 보건의료체계의 연구 목적은 과학적 방법을 이용하여 정보 및 통찰력을 제공함으로써 보건의료문제 및 보건의료문제의 통제에 대하여 더 쉽게 이해할 수 있도록 하기 위해서이다.

(2) 보건의료기술

보건의료기술의 기반을 강화시켜 나타난 신기술의 경쟁력 확보는 21세기 보건의료산업을 육성시켜 국민 삶의 질 향상과 경제발전에 기여할 수 있다.

◐ 정부의 보건의료기술 진흥사업

차세대 성장동력사업	바이오 신약, 바이오 이종장기, 바이오칩 분야를 집중 육성한다.
바이오 산업화기술 개발사업	보건산업기술을 집중 개발한다.
미래보건기술 개발사업	생명기술, 나노기술 등을 활용하여 사업을 추진한다.

④ 보건의료조직

1 보건의료조직의 정의

국가 보건의료조직은 국민의 건강을 유지·증진하기 위한 공동목표를 수행하기 위하여 보건의료자원을 효율적으로 할당·배분하는 일련의 행정체계를 말한다.

2 보건의료조직의 특징

1) 사업목적의 다양성
보건의료조직은 교육, 연구, 진료 등 다양한 사업목적을 가지고 있다. 따라서 명확한 목표설정이 어렵고 경영성과를 평가하는 기준이 애매모호한 경우가 있다.

2) 전환과정의 복잡성
보건의료생산을 위한 전환 과정의 복잡성을 거친다.

3) 다양한 전문직종의 집합체
다양한 전문직종으로 구성되어 갈등의 소지가 항상 존재한다.

4) 이원화된 지휘관리체계
지휘관리체계가 이원화되어 있어 통제와 조정이 어렵다.

5) 자본집약적이고 노동집약적인 구조
자본이 많이 들어가는 자본집약적이며 사람의 일손이 많이 필요한 노동집약적 구조이다.

6) 낮은 투자 회수율
고가의 의료시설과 의료장비가 많아 투자금을 회수하는 데 시간이 많이 필요하다.

3 보건의료조직의 구성

우리나라의 보건의료조직은 공공 보건의료조직의 체계를 근간으로 하며, 상부 조직인 중앙 보건행정조직과 하부 조직인 지방 보건행정조직으로 구성된다.

(1) 중앙 보건행정조직 – 보건복지부

1) 보건복지부의 직무
보건복지부는 중앙행정기관의 하나로서, 보건위생과 식품 및 방역, 의정과 약정 등의 국민 보건에 관한 사무와 보건산업, 기초생활보장, 자활지원, 사회보장 및 사회서비스 정책 인구·출산·보육·아동·노인 및 장애인에 관한 사무를 관장한다.

2) 보건복지부의 조직

4실	기획조정실, 보건의료정책실, 사회복지정책실, 인구정책실
6국	건강보험정책국, 건강정책국, 보건산업정책국, 장애인정책국, 연금정책국, 사회보장 위원회사무국

3) 보건복지부 관련의 중앙행정기관
① 고용노동부는 산업재해, 산업안전 및 산업보건업무를 관장한다.
② 환경부는 환경위생(수질, 대기, 토양오염)과 관련된 환경보존업무를 관장한다.
③ 교육부는 학교보건업무를 관장한다.

4) 중앙 보건행정조직(보건복지부)의 특징
① 보건복지부는 지방보건행정조직에 대한 인사권·예산집행권이 없는 기술지원만을 담당하고 있다. 따라서 시·도 보건행정조직과 시·군·구 보건소, 도서·벽지 보건진료소는 일반행정의 한 부분으로 행정안전부의 직접적인 통제를 받고, 보건복지부로부터 기술지원을 받는 이원적 행정구조를 가지고 있다.
② 중앙 보건행정조직은 다원화되어 보건의료정책 수행과정에서 보건복지부의 기능과 역할은 여러 가지로 크게 제약을 받고 있으므로 보건의료사업의 효과나 효율에서 많은 어려운 점이 있는 실정이다.
③ 보건복지부는 국립병원을 직접 관할하고 있으나 국립병원 중에서 경찰병원은 행정안전부, 국립병원은 교육부, 보훈병원은 국가보훈처가 각각 관장하고 있으며, 시·도립 지방의료원은 각 시·도가 관장함으로써 행정안전부가 통제하고 있다.

(2) 보건복지부 소속기관

1) 지방 보건행정조직
지방 보건행정조직은 중앙 보건행정조직인 보건복지부의 정책 방향에 맞추어 지역 실정에 맞고 지역사회 주민이 요구하는 보건의료사업을 시행한다.

〈「지역보건법」의 규정사항〉
• 각 시·도와 시·군·구에서는 의회의 의결을 거쳐 지역의 보건시책을 수립하고 추진하도록 규정하고 있다.
• 국가(보건복지부)와 시·도는 시·도와 시·군·구에 보건시책의 수립 및 시행에 필요한 기술적 지원 및 재정적 지원을 제공하도록 규정하고 있다.

2) 시·도 보건행정조직
서울특별시, 6개 광역시, 8개 도, 제주도 특별자치도, 세종특별자치시로서, 중앙행정조직인 보건복지부와 보건의료사업 수행 단위기관인 시·군·구의 보건소를 연결하는 중앙 보건행정조직이다.

예 서울시 시민건강국

3) 시·군·구 보건행정조직

시·군·구 보건행정조직에는 보건소, 보건지소, 보건진료소가 있다. 보건소와 보건지소는 「지역보건법」의 규정에 따라, 보건진료소는 「농어촌 등 보건의료를 위한 특별조치법」의 규정에 따라 설치하여 운영되고 있다.

① 보건소
- 1956년에 「보건소법」을 제정하여 시·군·구 단위에 보건소의 설치를 시작한 이후, 지방자치제가 본격적으로 실시되면서 1995년에 「보건소법」을 「지역보건법」으로 전면 개정하였다. 보건소는 기초 자치단체에 소속되어 있다.
- 「지역보건법 시행령」에 따라 보건소는 전국 시·군·구(자치구가 아닌 구를 포함)별로 1개소씩 설치한다.
- 다만 해당 지방자치단체의 장(시장, 군수, 구청장)이 지역사회 주민의 보건의료를 위하여 특히 필요하다고 인정하는 경우는 보건복지부 장관의 승인을 얻어 필요한 지역에 보건소를 추가로 설치하고 운영할 수 있다. 이때 행정안전부 장관은 보건복지부 장관과 미리 협의해야 한다.

② 보건지소
- 「지역보건법 시행령」에 따라 보건지소는 읍·면(보건소가 설치된 읍·면은 제외)마다 1개소씩 설치한다.
- 다만 해당 지방자치단체의 장(시장, 군수, 구청장)이 지역사회 주민의 보건의료를 위하여 특히 필요하다고 인정하는 경우는 필요한 지역에 보건지소를 추가로 설치하고 운영할 수 있다. 또한 여러 개의 보건지소를 통합하여 1개의 통합보건지소를 설치하고 운영할 수 있다.
- 보건지소는 1981년부터 「농어촌 등 보건의료를 위한 특별조치법」의 규정에 따라 공중보건의사를 보건지소장으로 배치한다.

③ 보건진료소
- 「농어촌 등 보건의료를 위한 특별조치법 시행규칙」에 따라 보건진료소는 의료취약지역을 인구 500인 이상(도서지역은 300인 이상) 5,000인 미만을 기준으로 구분하여 리(里) 단위의 오지 및 벽지에 설치한다.
- 의사의 배치가 곤란할 것으로 예상되는 의료취약지역(농어촌, 오지, 벽지 등)의 보건의료서비스에 대한 접근성을 높이고 포괄적인 1차 보건의료서비스를 제공함으로써 지역사회 주민의 건강수준을 향상시키기 위해 설치되었다.
- 보건진료소에는 보건진료 전담공무원을 배치하고, 보건진료소의 설치 운영권자는 시장·군수·구청장이다.

⑤ 1차 보건의료

1 1차 보건의료의 개요

(1) 1차 보건의료의 추진배경

① 세계보건기구(WHO)는 1977년에 'Health For All by the year 2000'이라는 인류건 강 실현목표를 설정하고, 1978년 구소련의 알마아타 회의에서 그 목표를 실현하는 접근방법으로 1차 보건의료를 제시하였다.

② 알마아타 회의에서는 국가 간 또는 국가 내에서의 보건의료 불균형 상태에 우려를 표명하고, 건강은 인간의 기본권으로서 건강의 향상은 오늘날 전 세계가 당면한 사회개발 목표임을 재확인하였다.

③ 2000년 이후 세계보건기구는 1차 보건의료의 목적을 '모든 사람에게 보다 나은 건강 을(Better Health For All)'로 제시하고 있다.

(2) 1차 보건의료의 개념

1차 보건의료는 보건의료에 대한 1차적 또는 가장 기초적인 부분으로 전 세계적인 보건 의료전략의 핵심이라 할 수 있으며, 개인, 가족 및 지역사회를 위하여 건강증진, 예방, 치료 및 재활 등의 서비스가 통합된 기능이다.

(3) 1차 보건의료의 의의

① 기본적인 건강문제를 1차적으로 해결하기 위한 접근법으로 1차 보건의료의 출현은 지역사회보건을 발전시키는 데 크게 기여하였다.

② 오늘날의 1차 보건의료는 국가 보건의료체계의 하나인 동시에 필수 건강관리이다. 개인, 가족, 지역사회가 국가보건의료체계로 입문하는 첫 단계이다.

③ 특히 1차 보건의료사업 수행은 간호사가 중심인력으로 기용되어 지역사회간호 영역 에서 확대된 간호 역할을 수행할 수 있게 되었다.

2 1차 보건의료의 접근방법

(1) 1차 보건의료 접근방법의 필수요소

세계보건기구(WHO)는 1차 보건의료 접근방법의 필수요소 4가지를 '4A'라고 하였다.

1) 접근성

① 지역사회 주민이 원할 때는 언제나 의료서비스의 제공이 가능해야 한다.

② 지역사회 주민이 보건의료를 이용할 때 지역적·지리적·경제적·사회적 이유 등으 로 차별을 받아서는 안 된다.

③ 국가의 보건의료활동은 소외된 지역 없이 벽지 및 오지까지 전달될 수 있어야 하며 이러한 소외지역이 1차 보건의료활동의 핵심이다.

2) 수용 가능성
① 지역사회가 쉽게 받아들일 수 있는 방법으로 사업이 제공되어야 한다.
② 지역사회 주민들이 공유할 수 있도록 과학적인 방법으로 접근한 실용적인 서비스가 제공되어야 한다.

3) 주민의 참여
① 지역사회의 적극적인 참여를 통하여 이루어져야 한다. 1차 보건의료는 국가의 보건의료체계에서의 핵심으로서 지역사회 개발정책의 일환으로 진행되고 있으므로, 지역 내의 보건의료 발전을 위한 지역사회 주민의 참여는 필수적이다.
② 지역사회 주민의 참여를 위해서는 지방 분권화된 보건의료체계 내에서 1차 보건의료를 도입하는 것이 바람직하다.

4) 지불부담능력
① 지역사회 구성원의 지불능력에 맞는 보건의료수가로 제공되어야 하고, 저렴하지만 질 좋은 의료서비스를 제공하여 비용-효과적이어야 한다.
② 국가 및 지역사회가 재정적 부담을 지는 방법으로 지역사회 내에서 이루어지도록 하는 것이 바람직하다.

(2) 1차 보건의료 접근방법의 유형

1) 질병의 예방
1차 보건의료는 질병의 예방에 중점을 두며 범위에는 질병예방, 건강유지, 건강증진, 재활이라는 포괄적인 보건의료서비스까지 포함되고 핵심과제에는 지역사회 주민의 질병예방, 건강유지, 건강증진을 위한 보건의료서비스가 있다.

2) 보건의료서비스의 기술 및 인력
1차 보건의료는 적절한 보건의료서비스의 기술과 인력을 적극적으로 활용한다.

3) 용이한 접근성
1차 보건의료는 접근성이 좋아야 하며 지역적, 경제적, 사회적, 차별 등으로 1차 보건의료를 이용하는 데 걸림돌이나 차별이 있어서는 안 된다. 특히 1차 보건의료는 누구나 쉽게 이용할 수 있는 프로그램을 제공한다.

4) 지역사회의 정서 반영
1차 보건의료는 지역사회의 정서에 맞는 사업으로 구성한다.
⑩ 지역사회 주민들이 편안하게 수용할 수 있는 건강 프로그램의 제공

5) 지역사회의 능동적·적극적 참여
1차 보건의료는 지역사회의 능동적, 적극적 참여가 이루어지도록 하고, 보건의료 전문가들은 지역사회와 동반자 관계를 유지한다. 또한 지역사회 주민들의 적극적인 참여를

유도하여 사업계획을 수립하고 수행, 평가하는 과정이 필요하다.

6) 관련분야의 상호협력

1차 보건의료는 관련 분야의 상호 협력이 필요하며 보건의료뿐만 아니라 농협, 축산, 공업, 식품, 교육, 주거, 행정, 통신 등의 다양한 분야와 관련을 맺고 있다. 각 분야에 대한 총체적인 접근전략과 분야별 협조가 필수적이다.

7) 적정한 보건의료수가사업

1차 보건의료는 지역사회가 용인할 수 있는 적정 보건의료수가의 사업을 시행하며 지역 사회의 주민이 경제적 부담을 느끼지 않는 적정한 수준이어야 한다. 적정한 보건의료수가가 결정되어야 사업이 성공할 수 있다.

8) 지역사회 주민의 자조자립정신

1차 보건의료는 지역사회 주민의 자조자립정신을 기반으로 하고 지역사회 주민 스스로 문제해결 능력을 향상시킬 수 있도록 보건의료 전문가들이 도와주는 역할을 한다. 보건의료 전문가들이 지역사회의 모든 문제를 대신 해결해 주는 것은 바람직하지 않다.

TIP) 1차 보건의료의 서비스 항목

1차 보건의료의 서비스 내용은 알마아타 선언에서 8가지 항목을 제시했으나, 그 이후 1가지 항목이 추가되어 총 9가지의 서비스 항목으로 구성된다.

1	만연한 보건의료 문제에 대한 교육과 그 문제의 예방과 관리
2	식량공급과 영양증진
3	안전한 식수 제공과 기본환경위생관리
4	가족계획을 포함한 모자보건사업
5	주요 감염병에 대한 면역수준 증강(예방접종)
6	그 지역 지방병(풍토병) 예방과 관리
7	흔한 질병과 상해에 대한 적절한 치료(통상질환에 대한 기초적 진료)
8	필수 의약품(기본의약품)의 공급
9	정신보건의 증진 혹은 심신장애자의 사회 의학적 재활

3 우리나라의 1차 보건의료

(1) 우리나라의 1차 보건의료 발전과정

① 조직적이고 체계적인 지역사회 보건사업은 1969년 기독교의료선교단인 시블리 박사에 의하여 경남 거제군에 지역사회개발보건원이 설립되면서 비로소 시작되었다. 지역사회주민과 간호사를 포함한 기타 보건요원의 참여로 이루어졌으며 이는 우리

나라 지역보건사업의 출발점이었다.

② 1975년에 「한국보건개발원법」을 제정, 무의촌을 일소하고 저소득층에 대한 의료시혜를 개선 확충한다는 방침 아래 면 자치기구로 도시 영세민이나 농·어촌 저소득층이 저렴한 비용으로 의료혜택을 받을 수 있는 한국 실정에 맞는 새로운 의료체계의 개발을 시작하였다.

③ 정부에서는 1976년에 한국보건개발연구원을 설립하여 시범사업을 실시하였다.

④ 1976년부터 1980년까지 5년간 시범사업을 한 후 제도적으로 보건진료 전담공무원과 공중보건의를 농어촌에 배치할 수 있는 기반을 마련하였다.

⑤ 1980년 12월 31일에 「농어촌 등 보건의료를 위한 특별조치법」을 공포한 후, 보건진료 전담공무원을 지역사회 주민에 대한 1차적인 보건의료서비스 최초 접근인력으로 하는 1차 보건의료를 도입하였다.

⑥ 1982년부터 면 이하 단위인 벽지 및 오지에 보건진료 전담공무원을 배치하고, 공중보건의를 새로운 인력으로 창출하였다.

(2) 알마아타 선언이 우리나라 1차 보건의료에 미친 영향

알마아타 선언은 우리나라의 「농어촌 등 보건의료를 위한 특별조치법」의 제정, 보건진료소의 설치, 보건진료원(보건진료전담공무원) 및 공중보건의사의 배치에 영향을 주었다. 따라서 알마아타 선언은 우리나라에서 1차 보건의료사업에 대한 법적 근거를 마련하고 보건진료전담공무원을 양성하는 계기가 되었다.

2 보건의료체계

① 보건의료체계의 개요

1 보건의료체계의 개념

① 보건의료체계는 사회구성원의 건강을 보호하고 유지하여 사회적 기능과 자원을 배분하는 사회제도이다. 참고로 체계란 특정 목표를 추구하는 상호 관련된 인자들의 집합체를 의미한다.

② 보건의료체계는 보건의료의 제공에 경제적 지원 및 관리가 각각 영향을 미치는 구조이다. 즉 인력, 시설, 장비 및 물자, 지식 및 기술 등의 자원 개발과 사회조직의 적절한 배치를 통하여 질병의 예방, 진료, 재활 등의 보건의료를 제공하도록 보건정책 및 관리와

경제적 지원이 이루어진다.

2 보건의료체계의 구체적 목적

① 의료자원의 효율적 활용과 지역 및 의료기관의 균형적 발전을 도모
② 종합병원에 대한 환자집중 현장 방지
③ 국민보건의료비 증가 억제
④ 건강보험재정의 안정화

3 보건의료체계의 구성요소

(1) 보건의료자원의 개발

보건의료체계 안에서 보건의료를 제공하고 지원기능을 수행하기 위하여 인적·물적 보건의료자원의 개발이 필요하다.

보건의료 인력	의사, 간호사, 약사, 의료기사, 행정요원 및 기타 관련 요원
보건의료 시설	병원, 의원, 약국, 보건소 등
보건의료 장비 및 물자	진단, 치료 등 보건의료활동에 쓰이는 장비 및 물자
보건의료 지식 및 기술	건강증진, 질병예방, 치료, 재활에 관한 지식 및 기술

(2) 자원의 조직적 배치

① 수많은 보건의료 자원을 보건의료서비스로 전환시키고 효과적이고 효율적으로 기능하게 하려면 다음과 같은 보건의료조직이 필요하다. 이를 '자원의 조직화' 또는 '자원의 조직적 배치'라고 한다.
② 자원의 조직적 배치는 보건의료자원들이 서로 효과적인 관계를 맺고 개인이나 지역사회가 의료제공 기전을 통하여 이들 자원과 접촉할 수 있도록 하는 것이다.
③ 국가 보건의료체계에서 자원의 조직적 배치와 사회조직 간의 상호관계는 다양한 방법으로 개발될 수 있다. 어떤 것은 다양한 수준의 정부활동을 통하여 개발되고, 다른 어떤 것은 민간 부문에서 이루어진다.
④ 공공조직과 민간조직을 어떻게 관리하고 효율적으로 조직하는가를 취급한다.

〈조직적 배치의 5가지 범주〉

- 국가 보건당국   • 건강보험기관
- 기타 정부기관   • 비정부기관
- 독립 민간부문

(3) 보건의료서비스의 제공

보건의료서비스의 제공은 서비스의 목적, 예방적 차원, 질병의 진료단계의 3가지 분류 방법으로 나눌 수 있다.

① 서비스의 목적에 따른 분류

- 건강증진
- 질병 예방활동
- 질병 진료활동
- 재활활동
- (심한 불구 및 치료 불가능한 환자에 대한) 사회·의학적 의료서비스

② 예방적 차원에 따른 분류

1차 예방사업	건강증진, 질병 예방활동
2차 예방사업	질병 진료활동
3차 예방사업	재활활동, 사회·의학적 의료서비스

③ 질병의 진료단계에 따른 분류

1차 의료	• 환자의 일상적인 요구에 대응하는 진료로, 그리 복잡하지 않고 고도의 진단장비나 인력도 필요 없음 • 초기 진단 • 일상적인 질환의 지속적인 제공
2차 의료	• 일상적인 입원 • 진단용 실험 및 복잡한 치료법이 적용되는 외래
3차 의료	• 병원의 입원 • 입원 시에 제공되는 복잡한 시술

(4) 경제적 지원

① 경제적 지원은 국가 보건의료체계 하에서 사업수행을 위한 실제적인 재원조달방법이다.

② 보건자원과 보건의료전달제도는 경제적 지원이 필수요건이다.

〈재원조달방법의 분류〉

- 공공재원 : 보건복지부, 건강보험기관, 기타 기관을 포함한 정부의 모든 부서
- 고용주 : 공업 및 농업 분야의 기업 등
- 조직화된 민간기관 : 자선단체, 임의보험 등
- 지역사회의 기여 : 금전적 기부, 자원봉사
- 외국의 원조 : 정부 및 자선단체의 원조 (자선단체는 종교기관인 경우가 있음)
- 개인 가계 : 조직화된 프로그램에 대한 납부, 순수한 개인적 구매에 대한 지불
- 기타가능 재원들 : 복권, 기부금 등

(5) 보건의료관리

보건의료체계의 조직 운영을 원활하게 하기 위해서는 보건의료관리가 매우 중요하다.

〈보건의료관리의 3가지 구성요소〉

- 의사결정(기획, 실행 및 실현, 감시 및 평가, 정보 지원 등)
- 지도력
- 규제

② 보건의료체계의 유형

프라이는 소비자의 의료기관 선택과 의료서비스 제공체계를 기준으로 하여 보건의료체계를 자유방임형, 사회보장형, 사회주의형으로 분류하였다.

1 프라이의 분류

(1) 자유방임형

〈자유방임형의 특징〉

① 자유기업형이라고도 하는데, 의료서비스의 제공이나 이용에 정부의 통제나 간섭을 최소화하면서 민간주도로 이루어지며, 자유경쟁을 통해 서비스의 질적 보장이 이루어지고, 선택의 자유가 있지만 비용이 많이 들고 형평성을 보장할 수 없다.

② 자신의 지불능력이나 관습, 지리적 조건 등을 소비자 스스로 판단하여 거의 무제한적으로 의료기관을 이용할 수 있는 체계이므로 무제도의 제도라고 할 수 있다.

③ 개개인의 능력과 자유를 최대한으로 보장하는 제도로 시장경제의 원리에 따라 보건의료서비스를 제공하는 제도이다.

④ 국민이 의료인이나 의료기관을 선택할 자유를 최대한 부여받고 의료의 책임도 개개인이 지며 의료인 또한 의료의 내용이나 수준, 결정에 재량권이 부여되어 있다.

⑤ 미국을 중심으로 독일, 프랑스, 일본, 한국 등이 자유방임형에 속한다.

⑥ 실제로 자유방임형 국가들은 의료의 수준이나 자원이 지역과 계층 간에 불균형을 이루고 있어 큰 문제가 되고 있다. 이를 해결하기 위해 정부의 관여·간섭·통제가 차츰 불가피해지고 있다.

○ 자유방임형의 장점 및 단점

장점	• 국민이 의료인과 의료기관에 대한 자유 선택권 보장 • 공급자측의 경쟁에 따른 보건의료서비스 수준의 질적 향상 • 의료기술의 발달 • 자유경쟁의 원칙에 따른 의료기관의 효율적 운영이 가능 • 의료의 내용이나 수준 결정에 의료인(공급자)의 재량권 보장
단점	• 의료수준과 자원분포의 불균형에 따른 의료이용의 불형평성 • 의료자원의 비효율적인 활용과 중복에 따른 자원 낭비 • 개인가 국가의 의료비 부담 증가 • 정부의 간섭과 통제의 한계

(2) 사회보장형

〈사회보장형의 특징〉

① 사회보장형은 자유방임형과 사회주의형의 중간형태이지만 국민건강에 대한 직접적인 관리주체는 국가라는 점에서 사회주의형에 가깝다.

② 의료의 생산이 국가에 의해 계획적으로 이루어지며, 계획되어 생산된 보건의료서비스는 국가보건조직에 의해 조직되고 재원조달은 세금이나 의료보험료에 의해 이루어지며, 국가보건서비스(국민보건서비스, NHS)라고도 한다.

③ 사회보장형 국가인 영국은 1차 진료(초진)는 일반의가, 병원진료는 전문의가 담당하며, 보수지불방식을 인두제를 채택하고 있다.

④ 정부가 국민 전체에게 보건의료서비스를 무상으로 제공한다.

⑤ 영국, 스칸디나비아반도 등 북유럽 국가, 호주, 뉴질랜드 등이 해당된다.

○ 사회보장형의 장점 및 단점

장점	• 예방서비스의 비중이 크며, 의료전달이 조직적·체계적이어서 자원의 활용도가 높음 • 보건의료서비스 이용의 차별 배제, 건강형평성이 보장됨 • 보건의료서비스 이용에 대한 경제적 방벽의 제거 • 의료산업의 독점자본주의화 방지 • 의료체제에 대한 관리와 통제의 용이
단점	• 의료조직이 정부조직의 일부분이므로 이에 따른 경직성(관료체계의 병폐 심각) • 국민의 의료서비스 이용의 자유선택권 박탈 • 의료수준의 침체 및 의료의 질 저하 등

(3) 사회주의형

〈사회주의형의 특징〉

① 사회주의형은 공산주의 국가의 보건의료체계로 국가의 기본목표가 의료자원과 의료

서비스의 균등한 분포와 균등한 기회제공에 있으므로 개개인의 의료서비스 선택권은 존재하지 않는다.

② 시장경제의 원리에 따른 접근 방법을 부정함으로써 의료의 상품화를 배격하는 유형이다. 사회주의 국가가 채택하는 형태로 의료를 매우 중시하여 국가 전체 프로그램의 하나로 보건의료를 다룬다.

③ 구 소련, 중국 등이고 공산주의 국가에서 채택하고 있다.

○ 사회보장형의 장점 및 단점

장점	• 사회주의형은 예방서비스의 비중이 크며, 의료전달이 조직적 · 체계적이어서 자원의 활용도가 높다. • 보건의료서비스 이용의 차별을 배제하며 건강형평성이 보장된다. • 의료체제에 대한 관리와 통제가 용이하다. • 보건의료서비스 이용에 대한 경제적 방벽을 제거한다.
단점	• 국민의 보건의료서비스 이용의 자유선택권이 박탈된다. • 의료수준의 침체 및 의료의 질 저하 등이 나타난다. • 의료조직이 정부조직의 일부분이므로 이에 따른 경직성이 나타난다.

📋➕ 더 알아보자! / **보건의료체계 유형별 비교**

구분	자유방임형(미국)	사회보장형(영국)	사회주의형(구 소련)
의료의 원칙	• 의료의 자유선택과 책임 강조 • 기획,조정의 어려움 • 행위별수가제 채택 • 의료의 개인책임주의 • 지리,사회적 여건,경제성 등에 따라 의료서비스 수준의 차등 • 전문화 추구	• 국민보건서비스형 • 무료의료서비스 • 인두제(주민수 비례) 채택 • 초진은 일반의, 병원진료는 전문의 • 예방의학 강조 • 환자의 가정, 병원, 외래 치료	• 의료는 사회경제정책의 일부 • 무료의료서비스 • 예방의학 강조
의료의 기본 구조	• 가족 단위의 개념이 없음 • 환자 스스로 의료인, 의료기관 자유롭게 선택 • 전문의 진료 • 다양한 의료기관	• 가정의사제도(가족단위) • 일반의에게 등록되어 진료를 받음 • 의사를 선택하여 등록할 수 있는 권리 부여	• 초진의사 방문진료 • 병원은 주로 입원환자 취급 • 농촌에서는 중급의료 인력 활용 • 의사의 선택 제한

2 로머의 분류(매트릭스 형, 1991)

1991년 밀턴 로머는 시장개입의 정도에 따라 4가지로 분류하고, 다시 경제적 수준에 따라 4가지로 분류하여 총 16개의 매트릭스 유형을 개발하였다. 특히 시장개입의 정도가 낮은 것부터 높은 순으로 자유기업형, 복지지향성, 포괄적 보장형(포괄주의형), 사회주의 계획형(사회주의형) 등 4가지가 많이 사용된다.

(1) 자유기업형

① 민간의료 시장이 매우 강력하고 크며 정부 개입은 미미하다. 보건의료비지출의 절반 이상을 환자 본인이 부담하며, 보건의료는 개인의 책임이 된다.
② 정부의 보건의료 프로그램이 취약하여 보장성이 낮다.
③ 해당국가 : 미국, 태국, 필리핀, 남아프리카공화국

(2) 복지지향형

① 정부나 제3지불자들이 다양한 방법으로 민간의료시장에 개입한다.
② 주로 공공주도의 의료보험제도를 실시하고 있다.
③ 해당국가 : 독일, 프랑스, 일본, 한국, 캐나다. 브라질, 인도 등

(3) 포괄적 보장형(포괄주의형)

① 복지지향형보다 시장개입의 정도가 더 심하다.
② 보건의료의 재원을 중앙정부와 지방정부의 조세를 통해 조달하고 있다.
③ 전국민이 완전한 보건의료서비스를 무상으로 받게 된다. 재원이 조달되는 한 현존하는 모든 보건의료재원은 전국민에게 공평하게 배분되도록 하자는 정치적 의지가 강하다.
④ 해당국가 : 영국, 뉴질랜드, 이스라엘, 쿠웨이트 등

(4) 사회주의 계획형(사회주의형)

① 정부에 의한 시장개입이 가장 심하다.
② 민간의료시장을 완전히 제거하고 보건의료를 중앙계획을 통한 통제체제로 운영하고 국유화되어 있다.
③ 해당국가 : 구 소련, 체코, 쿠바, 북한, 중국 등

정치적 요소

정치적 요소 (보건의료체계, 시장개입 정도) \\ 경제적 수준 (국민 1인당 GNP)	자유기업형	복지지향형	포괄적 보장형	사회주의 계획형
부유하고 산업화된 부국(선진국)	미국	독일, 캐나다, 일본, 한국	영국, 뉴질랜드, 노르웨이	구 소련, 구동구권
개발도상국	태국, 필리핀, 남아프리카 공화국	브라질, 이집트, 말레이시아	이스라엘, 니카라과	쿠바, 북한
빈곤한 나라	가나, 방글라데시, 네팔	인도, 미얀마	스리랑카, 탄자니아	중국, 베트남
자원이 풍부한 나라		리비아, 가봉	쿠웨이트, 사우디아라비아	

3 테리스의 분류

(1) 공공부조형(공적부조형)

① 저소득 인구계층에 대해서만 정부가 일반 재정에서 의료서비스의 이용을 보장한다.
② 해당국가 : 아시아, 아프리카, 남미의 저개발국가 등

(2) 건강보험형

① 가입자는 보험료를 부담하고 보험급여를 제공받으며 강제가입이 특징이다.
② 해당국가 : 독일, 프랑스, 일본, 한국 등

(3) 국민보건서비스형

① 재원 조달은 조세로 충당하고 국민은 의료이용 시 무료 서비스를 원칙으로 함
② 정부는 모든 병원을 국유화하여 지역화하며 의원급 외래진료를 체계화한다.
③ 해당국가 : 영국, 스웨덴, 뉴질랜드, 사회주의 국가 등

③ 우리나라의 보건의료체계

1 우리나라 보건의료체계의 개요

우리나라 보건의료체계는 프라이의 분류에서는 자유방임형으로 보고 있으며 로머의 분류에서는 사회보험형 전 국민건강보험제도와 민간 위주의 의료공급체계가 상호작용하는 복지지향형으로 보고 있다.

2 우리나라 보건의료체계의 특징

(1) 국민의료비의 지속적인 증가

국민의료비는 우리 경제 수준에 비하여 아직 걱정할 만한 수준은 아니지만, 지속적으로 증가추세에 있다.

〈국민의료비의 증가 원인〉

- 고령화로 인한 노인인구의 증가
- 소득 수준의 향상
- 건강에 대한 욕구 증대
- 국민건강보험의 보장성 강화에 따른 의료이용 증대
- 의료공급자에 의한 과잉 진료 및 수요창출행위
- 비효율적인 소비형태
- 3차 진료기관 등 대형병원으로의 집중
- 의료기관 간의 기능 및 역할의 미분화 등

(2) 공공보건의료의 취약과 민간 위주의 의료공급체계

우리나라 의료기관의 90% 이상을 민간부문이 소유하고 있고, 공공부문의 비중은 매우 취약하다. 병상 수 기준으로는 민간의료 (90%), 공공의료 (10%)이고, 의료기관 수 기준은 민간의료 (85%), 공공의료 (15%)이다.

〈민간 위주 공급체계의 문제점〉

- 의료비 지불 수단이 취약한 저소득층에게 불리하다.
- 민간의료기관 간 과도한 경쟁으로 합리적인 기능분담이 이루어지지 못한다.
- 필요 이상의 보건의료서비스 제공으로 자원의 낭비와 국민의료비 상승이라는 부작용을 초래한다.
- 대면 진료에서 민간과 공공부문 상호 간 경쟁관계로 협조 또는 보완체계가 이루어지지 못한다.

(3) 공공부분 간 상호관계

공공부분 간 상호관계는 공공보건의료시설, 기관 등 자원의 양적·질적 미흡 등으로 독자적인 전달체계가 운영되지 못하고 있다.

3 우리나라 보건의료체계의 문제점

1) 제약 없이 환자가 의료제공자를 선택
동네의원과 같은 일차의료가 미비하고 의료체계의 단계화가 제대로 정립되어 있지 않아 환자들이 병의 경중에 관계없이 삼차진료기관인 종합병원을 찾는 경우가 많다. 이로 인해 대학병원이나 종합병원에는 환자들이 넘쳐나 병상수가 부족하고 정작 삼차진료기관을 이용해야 하는 중증환자들이 제때에 진료비를 받지 못하는 부작용이 생겨나고 있다. 반면 중소병원이나 동네의원은 환자들이 없어 경영난에 허덕이는 불균형 현상이 심화되고 있다.

2) 포괄적인 의료서비스의 부재
① 민간의료기관이 대부분을 차지하고, 행위별수가제를 실시함으로써 건강증진, 예방, 치료, 재활 등을 아우르는 포괄적 의료서비스가 제공되지 않고 병원중심의 치료 위주의 서비스가 제공되는 경우가 많다.
② 예방 측면보다 치료 측면에 치중하고 있다. 그러나 아직까지 모든 질병의 치료를 중효하게 생각하므로 예방을 소홀히 하고 있다.

3) 의료기관 및 의료인력의 지역 간 불균형 분포
병원과 의료인력의 도시집중 현상이 개선되지 않고 의료기관의 80% 이상이 도시에 집중되어 있다.

4) 공공의료분야의 다원화(이원화)
① 보건의료분야의 관장부서가 다원화되어 보건복지부, 교육부, 행정안전부, 국방부, 고용노동부, 경찰청 등의 보건의료의 기획과 집행, 책임과 권한이 분산되어 있다.
② 이원적 행정구조 – 공무원의 인사권과 지방자치단체의 예산집행권은 행정안전부에서 관장하고, 보건복지부는 보건정책결정기관으로서 기술지원만을 담당하고 있다. 시·도의 보건행정조직과 시·군·구 보건소, 읍·면 보건지소, 도서·벽지 보건진료소는 일반행정의 한 부분으로 행정안전부의 직접적 통제를 받고, 보건복지부는 기술지원만 맡고 있다.
③ 보건행정관리체계가 이원적이다. 즉, 보건행정에 대한 통제가 보건복지부와 행정안전부에서 동시에 이루어지고 있다.

TIP 보건의료공급자의 문제점

- 현대의학과 전통적인 한의학 체계가 서로 독립적으로 공존하고 있다.
- 의약 간의 기능이 중복되어 있다. 의약분업으로 기능이 어느 정도 분화되어 있으나 약국의 역할이 아직도 큰 편이다.
- 전문의와 일반의의 역할 및 기능이 분명하지 않다.
- 병원과 의원의 기능이 미분화되어 의원에 입원병상이 있고, 병원에 대규모의 외래 파트가 있다.
- 의료제공자 간의 기능 미분화와 무질서한 경쟁은 보건의료이용 선택 시 혼란을 가중시키고 보건의료서비스의 중복과 낭비를 초래한다.

3 보건의료정책

① 정책 · 정책과정 · 정책 결정의 개념

1 정책

보건의료정책의 개념에 기초가 되는 정책의 정의에는 다음과 같이 4가지가 있다.

〈정책의 4가지 정의〉
- 정책은 일정한 계획이다.
- 정책은 어떤 문제나 관심사를 해결하기 위한 목적된 행위과정이다.
- 정책은 목적 달성을 위한 계획이다.
- 정책은 변화에 영향을 줄 수 있는 특정한 행동원칙이다.

2 정책과정

정책과정은 다음과 같이 5단계로 구성된다.

○ 정책과정의 5단계 구성

1단계 문제 정의와 정책의제 선정	정책 당국이 심각성을 인정하고, 해결해야 하는 정책문제를 선정하는 단계
2단계 정책 형성	문제 해결에 이바지할 수 있고, 실현 가능한 대안들을 발전시키는 단계
3단계 정책 채택	최종안을 선택하고 지지를 모아서 권위 있는 기관이 의결하거나 합법성을 부여하는 단계

4단계 정책 집행	정부의 행정기구가 결정된 정책을 실행에 옮기는 단계
5단계 정책 평가	정책이 효과적이었는지를 판단하고, 성공이나 실패의 원인을 찾는 단계

3 정책 결정

① 정책과정을 정책의제 선정, 정책 형성, 정책 채택, 정책 집행, 정책 평가로 나눌 때 두 번째 단계인 정책 형성의 단계가 바로 정책 결정이다.
② 좁은 의미에서의 정책 결정은 어떤 문제가 정책문제로 제기될 경우 이를 해결할 정책 목표를 설정하고, 달성할 수 있는 여러 가지 대안들을 고안·검토하며, 정책 대안을 채택하는 일체의 활동을 의미한다. 즉 정책은 정책 결정의 산물이라고 할 수 있다.

② 보건의료정책의 개요

1 보건의료정책의 개념

(1) 보건의료정책

진단, 치료, 간호, 진료를 관리하는 것을 의미하며, 이미 건강에 문제가 있는 사람들을 대상으로 하는 정책이다.

(2) 예방정책

① 백신 프로그램, 검진 프로그램 등의 특정 질병의 예방을 위한 활동
② 보건정보, 교육 등의 건강증진활동
③ 식수 및 음식에 대한 규제를 통한 건강보호활동

(3) 직제간 보건정책

직제간 보건정책은 사회정책이나 복지정책 등의 건강에 더 큰 영향을 미치는 정책이며 보건과 직접 관련된 정책(교통안전정책, 건축 규제, 고용정책, 농업정책 등)은 아니다.

2 보건의료정책의 특성

(1) 전문가 역할의 높은 비중

① 보건의료정책의 형성과 집행은 다른 분야의 정책과는 달리 전문가의 역할이 두드러지고 이들의 이해관계가 주로 반영된다는 점이다.

② 보건의료 분야에서는 일반인들이 계획 수립에 참여하기에는 의료문제 자체가 너무 기술적이고 일반인들은 비전문적이다.

③ 전문가들은 소비자를 대표한다고 하면서, 소비자보다는 의료공급자의 이익을 강조하며 소비자와 공급자 사이에 이해의 갈등은 없다고 주장하여 문제를 호도하는 경향이 있다.

(2) 가치 규정의 어려움

① 보건의료정책의 기본이 되는 가치의 규정이 어렵다는 점이다. 어떤 계획에서 대안의 선택은 가치체계에 기초를 두고 있고, 계획에서 지향해야 할 가치의 선택이야말로 가장 중요한 정치적 결정이다.

② 보건의료 분야에서는 이러한 가치에 대한 합의가 없을뿐더러, 어떤 과정을 거쳐 추구해야 할 가치를 합의하느냐에 대한 합의도 없는 상황이다.

③ 어떤 정책문제에 대한 대안 모색이 사회적으로 명확한 동의를 얻기 어렵고, 동시에 가치체계의 차이에 따른 개인과 집단 간의 갈등이 일어날 소지가 많다는 것이다.

(3) 타 분야 모형 반영의 어려움

① 의료의 제공이 복잡하고 개인 소비자가 의료의 질을 판단할 수 없기 때문에 경제나 사회 분야의 다른 모형이 잘 적용되지 않는다는 점이다.

② 생사와 관련된 의료문제의 의사결정에 대한 심리적 스트레스와 사회의 특별한 기대가 있기 때문에 사회적으로 의료인이나 의료를 남다른 것으로 보게 된다는 점이 보건의료정책의 중요한 특성이다.

(4) 우호적인 정책 환경

① 환경적 측면에서는 대부분의 보건의료정책이 비교적 우호적인 정책 환경 속에 있다는 점이다.

② 대부분의 사람들은 보건의료나 의학의 효용을 믿기 때문에 본인의 조세부담이 늘지 않는 한도 내에서는 보건 분야에 자원을 투입하는 것에 대하여 지지하는 것이 일반적이다.

3 보건의료정책 수립 시의 고려사항

보건의료정책은 한 국가의 근본적이고 필수적인 정책이므로, 국가는 국민보건의 향상을 위한 전략을 수립해야 한다.

① 인구의 성장, 구성 및 동태　　② 경제개발의 수준 및 단계
③ 지배적인 가치관　　④ 보건의료제도
⑤ 사회구조와 생활패턴　　⑥ 국민의 건강상태

TIP) 보건의료정책의 발전과정

1945년~1960년	광복 이후에 국가의 기본적인 보건체계를 잡았다.
1960년~1970년대	기본체계의 형성 이후에 사회의 주요 질병관리, 인구 및 가족계획정책의 개발 집중, 건강보험의 도입이 있었다.
1980년대	국민건강보험을 단계적으로 확대하고 완성하였다.
1990년대 이후	보건정책의 성숙기에 해당하였다.

4 보건의료정책의 환경 변화

(1) 저출산·고령화에 따른 인구구조의 변화

① 저출산 고령화에 따른 인구구조의 변화는 생산 가능 인구의 감소로 인한 경제의 잠재성장력 악화뿐 아니라 복지, 교육, 국방, 금융, 주거 등 사회 각 분야에 많은 변화를 가져올 것으로 예측된다.

② 노인의료비 등 사회보장 지출이 증가하면서 정부재정의 부담이 늘어날 것이며, 보건의료체계의 조직과 구조의 변화에 대한 요구가 예상된다.

(2) 건강에 대한 인식과 수요의 변화

① 현대사회의 환경 속에서 생활습관의 변화, 급성질환에서 만성질환으로의 질병구조 변화 등으로 인하여 치료 위주의 의료서비스에서 질환 예방 위주의 의료서비스에 대한 요구가 높아지고 있으며 보다 전문화되고 기술력이 높은 의료서비스에 대한 요구도 증가하고 있다.

② 21세기에 들어서면서 국민의 건강에 대한 관심과 건강요구수준이 지속적으로 증가하고 있다. 수입식품의 급격한 증가, 생산유통의 복잡화 등으로 인하여 식품의 위해 요인이 증가하고 있다.

③ 국경 없이 활동하는 신종 전염병의 출현 가능성이 높아지면서 식품안전 및 전염병 관리체계의 선진화에 대한 요구 등이 증가하고 있다.

(3) 의료서비스산업 및 IT기술의 발달

① 디지털기술을 기반으로 한 정보화 시대의 가속화와 함께 지식기반사회가 도래하였다. U-Health 등과 같은 정보통신기술을 이용한 의료서비스 제공체계에 대한 요구가 증가할 것으로 기대된다.

② 정보의 가속화와 지식기반사회 조성은 의사-환자 간의 정보 격차의 축소에 기여할 것이며 의료서비스의 질에 대한 관심과 기대가 커지고 병원경영의 투명화에 대한 요

구도 증대될 것으로 기대된다.

(4) 국민의료비의 상승

소득수준의 증가, 건강보험의 확대, 인구의 고령화 및 만성퇴행성 질환의 증가로 의료 요구가 증대되어 우리나라의 국민의료비는 수십 배 이상으로 대폭 증가되고 있으며 의료서비스 수준과 의료비 지출문제를 동시에 고려한 합리적인 국민의료비 관리방안에 대한 사회적 요구가 지속될 것으로 전망된다.

1) 국민의료비의 증가요인

구분	환경변화	국민의료비 증가요인
소비영역	노령화(고령화)	노인인구의 증가, 만성질환의 증가로 인한 노인진료비 급증
	핵가족화	가족 지지체계에서 사회적 지지체계로의 이전에 따른 사회부담 증가
	소비자주의 강화	보건의료서비스 요구수준과 범위 확대, 의료수요에 대한 다양한 요구
	사회보장의 양적·질적 확대	건강보험을 포함한 의료보장과 사회보장의 확대, 의료보장성 확대
	소득수준의 향상	의료서비스는 우량재(소득이 증가하면 수요가 증가하는 서비스)에 속함
	의료의 접근성 향상	의료이용을 하지 못하다가 의료의 접근성이 향상되면 의료비 증가
	의료공급자에 의한 수요 증가	소비자의 무지를 이용한 의료공급자의 유인수요가 많으면 의료수요 증가
공급영역	의과학기술 발달	새로운 진단·치료기술 개발, 첨단고가의료장비 도입 확대
	전문주의 강화	의사협회 등 전문가집단의 이익집단화로 인한 정치력 확대
	공급자 수 증가	보건의료서비스 제공자 수 급속한 증가
	의료시장 및 개방압력 증가	의료기관 영리화 심화, 고가약품, 장비, 서비스의 유인, 민간보험 영향력 강화
제도적 요인 (조정요인)	지불보상제도의 변화	행위별수가제와 같은 사후결정방식은 과잉진료를 유발하여 의료비 증가
	보건의료체계의 변화	자유방임형 보건의료체계는 치료중심의 민간의료가 발달하여 의료비 증가
	의료의 공공성	의료의 공공성과 공공보건의료의 기능이 취약할수록 의료비 증가

2) 국민의료비의 억제방안

	수요측	• 본인부담률 인상
단기적 방안	공급측	• 의료수가 상승의 억제 • 고가의료기술의 도입 및 사용 억제 • 행정절차의 효율적 관리운영 • 보험급여의 질적 적정성 평가 활용 • 의료인력 및 예산의 통제 • 의료장비 구입의 통제로 필요증명서 요구 • 진료시설의 표준화
장기적 방안		• 지불보상제도의개편 : 사전결정방식으로 개편 • 보건의료체계의 확립 : 의료의 사회화와 공공성의 확대, 공공의료의 비중 확대 • 의료대체서비스 및 인력개발 및 활용 : 대체의료기관 및 서비스 개발 및 활용과 다양한 보건의료전문가의 양성

5 보건의료정책의 전개방향

보건의료서비스의 접근성과 형평성 보장이라는 기존의 정책기조가 흔들리지 않는 상태에서 내실을 기하는 정책을 추구한다. 또한 국민의 보건의료서비스에 대한 욕구의 증대와 예방 및 건강증진 등의 최근의 보건의료 분야의 수요와 공급의 측면에서의 새로운 변화를 고려한다.

③ 의료보장

1 의료보장의 개념

의료보장은 질병으로 인한 수입 중단과 질병 치료를 위한 치료비 지출이 생활의 위협이 되기 때문에 이에 대처하기 위해 보장하는 제도를 말하며 개인의 능력으로 해결할 수 없는 건강문제를 사회적 연대책임으로 해결하여 사회구성원 누구나 건강한 삶을 향유할 수 있게 하기 위해서이다.

2 의료보장의 기능

(1) 1차적 기능

국민이 경제적 어려움을 느끼지 않는 범위 내에서 필수의료를 확보해 주는 기능이다.

(2) 2차적 기능

사회 연대성 제고 기능	계층 간에 최저 생활을 보호하는 유무상통의 원리를 동원하여 사회적 연대를 통한 사회통합을 도모하는 기능
소득재분배 기능	부담과 관계 없는 균등한 급여를 통해 질병 발생 시 가계에 지워지는 경제적 부담을 경감하는 소득재분배 기능

비용의 형평성 기능	필요한 비용을 개인별 부담능력과 형편에 따라 공평하게 부담하는 기능
급여의 적정성 기능	피보험자 모두에게 필요한 기본적 의료를 적정한 수준까지 보장함으로써 그들의 의료문제를 해결하고 누구에게나 균등한 적정 수준의 급여를 제공하는 기능
위험분산의 기능	많은 인원을 집단화하여 위험분산 기능의 수행

3 의료보장의 유형

(1) 국가(국민)보건서비스방식(NHS)

1) 개념

1948년 영국에서 시작된 국가보건서비스는 국민의의료문제는 국가가 책임져야 한다는 관점에서 정부의 반조세로 재원을 마련하여 모든 국민에게 필요한 보건의료서비스를 국가가 무료로 제공하는 의료보장제도를 말한다. 조세방식 또는 베버리지 방식이라고도 한다.

2) 특징

① 소득 수준에 관계없이 모든 국민에게 포괄적이고 균등한 보건의료서비스를 제공한다.
② 정부가 관리주체이므로 의료공급이 공공화되어 의료비 증가 통제가 강하다.
③ 조세제도를 통한 재원조달로 비교적 소득재분배 효과가 강하다.
④ 의료의 사회화 초래로 상대적으로 의료의 질이 낮다.
⑤ 정부의 과다한 복지비용 부담이 된다.
⑥ 의료수요자 측의 비용의식이 부족하다.
⑦ 장기간 진료대기가 문제이다.

3) 국가(국민)보건서비스 방식을 실시하는 국가

영연방국가 대부분, 스웨덴, 이탈리아 등이 있다.

(2) 사회보험방식(NHI)

1) 개념

의료비에 대한 국민의 자기 책임의식을 견지하되 이를 사회화하여 정부기관이 아닌 보험자가 보험료로 재원을 마련하여 의료를 보장하는 제도이다. 비스마르크 방식이라고도 하며 정부는 국고 지원과 감독을 한다.

2) 특징

① 상대적으로 양질의 의료를 제공한다.
② 국민의 비용의식이 강하게 작용한다.
③ 보험료 부과의 형평성 부족, 의료비 증가에 대한 억제기능이 취약하다.

④ 조합이 의료보험운영에 관한 의사결정에 참여하므로 제도 운영의 민주성을 기할 수 있다.

⑤ 재정은 보험료에 의하여 충당하거나 국가, 고용주가 일부 부담한다. 보험료를 부담하기 어려운 계층에 대해서는 국가의 일반재정을 충당한다.

3) 사회보험방식을 실시하는 국가

독일, 프랑스, 네덜란드, 일본 등이 있다.

더 알아보자! **국가(국민)보건서비스방식과 사회보험방식의 비교**

구분	국가보건서비스방식(NHS)	사회보험방식(NHI)
기본이념	국민의료비에 대한 국가책임 견지 (국민의 정부의존 심화)	의료비에 대한 국민의 1차적 자기 책임의식 견지(국민의 정부의존 최소화)
적용대상	전국민을 일괄 적용	국민을 임금소득자, 공무원, 자영업자 등으로 구분관리(극빈자는 별도 구분함)
재원조달	정부 일반조세	보험료와 일부 국고지원
보수신청방법	병원급은 의사 봉급제	행위별 수가제 또는 총액 계약제
관리기구	정부기관(사회보장청)	보험자(조합 또는 금고)
채택국가	영국, 스웨덴, 이탈리아, 캐나다	독일, 프랑스, 네덜란드, 일본 등
국민의료비	의료비 통제효과가 강함	의료비 억제기능 취약함
보험료	조세에 의한 재원조달로	보험자내 보험료 부과의 구체적 형평성 확보가능
형평성	소득재분배 효과가 강하지만 조세체계가 선진화되어 있지 않을 경우 소득의 역진 초래함	보험자가 다수일 경우 보험자간 재정불균형 발생우려
의료 서비스	• 의료의 질 저하 초래 • 입원대기환자 급증, 대기기간 장기화, 개원의의 입원의뢰 남발 • 사보험 가입경향 증가로 국민의 이중부담초래	• 상대적으로 양질의 의료제공 • 첨단의료기술 발전에 긍정적 영향을 줌
연대의식	• 가입자간 연대의식 희박	• 가입자간 연대의식 강함
관리운영	• 정부기관 직접관리 • 직접관리운영비 부분적 축소(보험료 징수비용이 조세관리 비용으로 전가)	• 보험자중심 자율 운영 • 직접 관리운영비 소요(보험료 징수 등)

(3) 민간보험방식(CSM)

① 민간의료보험은 보험회사 등 사적기관(보험회사, 공제조합 등)에서 의료비 비용을 보장하는 보험으로 넓은 의미에서 의료비 보장과 장기 간병보험과 소득 보상보험을 광범위하게 포함하여 민영건강보험이라는 용어로 주로 사용되고 있다.

② 민간보험방식의 커다란 단점은 이윤을 공제한 고부담–저급여로 보장수준이 낮고 보험상품에 따라 차등화된 의료보장으로 보건의료서비스 이용에 대한 국민의 차별화를 가져올 수 있으며, 질병에 이환되더라도 아무런 혜택을 받지 못하는 무보험자가 발생하게 된다는 점이다.

TIP 미국과 독일의 민간보험방식

- 미국의 경우 공적 건강보험이 노인 등의 특정 집단에게만 한정되어 있어 대부분의 의료보장은 민간의료보험에 의존하고 있다.
- 미국의 민간의료보험은 생명보험회사나 손해보험회사 등 영리보험회사와 지역주민의 의료보장을 목적으로 하는 Blue Cross, Blue shield 등 비영리 단체, 그리고 HMO(Health Maintenance Organization), PPO (Preferred Provider Organization) 등이 있다.
- 독일은 총 인구의 7%가 민간보험에 가입하고 있는데 대부분이 고소득자이며 프랑스는 국민의 거의 100%가 공적 건강보험에 가입하고 있으나 공적제도의 급여율이 낮기 때문에 환자 본인부담분을 대상으로 하는 민간의료보험이 성행하고 있다.

④ 국민건강보험제도

1 국민건강보험제도의 의의

건강보험이란 질병이나 부상 등으로 인하여 일시에 고액의 진료비가 소요되어 가계가 파탄되는 경우를 방지하기 위하여 보험원리에 의거, 국민들이 평소에 보험료를 내어 기금화하였다가 보험사고가 발생할 경우 보험급여를 해 줌으로써 국민 상호 간 위험분담을 통하여 국민의 보건의료서비스를 보장해주는 제도이다.

2 건강보험제도의 특성

1) 강제성(대상의 보편주의 원칙)

건강보험은 정부가 법에 의하여 국민 복지를 증진시키고자 실시하는 제도이기 때문에 법률이 정하는 일정한 요건에 해당하는 사람은 누구나 의무적으로 가입하여야 한다는 강제성이 있다.

2) 급여의 형평성(획일성)

건강보험급여는 그 대상자의 성, 연령, 직업, 거주지 등 개인적 여건에 관계없이 수요에 따라 급여가 제공되는 것을 원칙으로 하고 있다.

PART I 지역사회 보건간호 **105**

3) 예산의 균형성(단기적 성격의 보험)

건강보험은 단기보험이기 때문에 1회계 년도를 기준으로 수입과 지출을 예정하여 보험료를 계산하며 지급조건과 지급액도 보험료 납입기간과는 상관이 없고 지급기간이 단기이다.

4) 수익자 부담원칙

건강보험의 경우 그 비용은 수익자(대상자)가 부담하고 이익도 수익자에게 환원되는 수입자 부담 원칙에 입각한다.

5) 부담의 재산·소득비례원칙

재원조달은 수익자의 재산, 소득에 따른 정률제를 택하고 있다.

6) 급여우선의 원칙

건강보험급여는 인간의 생명과 고통에 직결되므로 그 발생과정이나 요인이 어떠하든 간에 급여시행을 우선적으로 하여야 한다. 즉, 중대한 자기귀책 사유가 있다 하여도 의료의 필연, 필수성에 따라 적시에 적정급여를 시행하고 사후에 그 책임을 분명히 하게 된다.

7) 적정급여의 원칙(급여 수준의 적절성)

의료는 인체의 생명과 직결되므로 가장 필요하고 적정한 급여가 제공되어야 한다.

8) 사후치료의 원칙

건강보험은 적극적 의미의 건강관리, 즉 질병예방이 아닌 사후치료적 영역에 속한다. 따라서 건강보험제도상의 급여영역은 의료의 범위로 한정되어 있다. 그러나 오늘날에는 건강보험에 있어서 질병예방 측면이 강조되고 있다.

9) 3자 지불의 원칙

현행 건강보험제도 하에서는 급여시행자(의사), 급여수령자(환자), 비용지급자(국민건강보험공단)가 다른데, 이러한 3자 관계의 성립에 따라 급여비용심사제도가 나타나게 된다.

10) 발생주의 원칙

건강보험대상자의 자격취득과 상실은 발생주의에 입각하고 있다는 점이다. 즉, 건강보험급여의 수급권은 고용계약이나 지역적 선정에 의해 형성되는 전속권이며, 그 확인행위 이전에도 유자격자로 간주된다.

TIP) 건강보험의 본질적 특징

1. 건강보험에서의 보험사고는 일반적으로 일시적 사고이다. 그러나 일시적 사고라고 할지라도 고의나 예측할 수 있는 사고 또는 교통사고 등과 같이 가해자를 알 수 있는 사고는 제외된다.
   - 일시적 사고 : 질병, 상해, 출산 등
   - 영속적 사고 : 불구, 폐질, 노령 등
   - 영구적 사고 : 사망
2. 건강보험은 경제적 부담의 경감을 목표로 한다.
3. 건강보험은 다수가 가입해야 한다.
4. 보험사고는 예측이 불가능해야 한다.
5. 건강보험의 보험료는 개인, 국가, 사용자가 일부 부담하는 것이 보통이다.

3 우리나라의 건강보험제도

(1) 특성

① 모든 국민을 「국민건강보험법」에 근거하여 강제로 가입시킴으로써 가입과 탈퇴의 자유선택권이 없다.

② 보험료는 경제적인 능력에 비례하여 부과하는 반면에, 보험급여는 모든 국민에게 동일하게 주어지도록 형평성을 유지하고 있다.

③ 보험료 부과방식은 근로소득자와 자영업자로 이원화되어 있다.

④ 모든 의료기관을 건강보험 요양기관으로 강제 지정하여 국민들의 의료에의 접근을 쉽게 하고 있다.

⑤ 진료보수의 경우 행위별수가제도를 적용하며 제3자 지불방식으로 운용하고 있다.

⑥ 단기보험(1회계년도 기준의 보험료 계산)이다.

⑦ 예방보다 치료중심의 급여제도이다.

⑧ 단일보험자체계(통합주의)이다. → 조합주의와는 상반된 개념

TIP) 우리나라 보건의료제도의 특징

- 의료공급방식 : 민간주도형
- 의료비부담방식 : 혼합형(가계, 사용자, 정부 등 제3자 지불방식)
- 관리통제방식 : 자유방임형
- 사회보장형태 : NHI(사회보험방식)
- 전통의료와 현대의료와 상호관계 : 병존형

(2) 가입자

1) 건강보험 적용대상

① 국내에 거주하는 국민은 이 법에 의한 건강보험의 가입자 또는 피부양자가 된다. 다만 의료급여수급권자와 유공자 등 의료보호대상자는 제외한다.

② 예외 적용 대상자 중 건강보험의 가입자 또는 피부양자가 될 수 있는 경우

③ 유공자 등 의료보호대상자 중 건강보험의 적용을 보험자에게 신청한 자

④ 건강보험을 적용받고 있던 자가 유공자 등 의료보호대상자로 되었으나 건강보험의 적용배제신청을 보험자에게 하지 않은 자

2) 가입자의 종류

가입자는 직장가입자와 지역가입자로 구분한다.

직장가입자	• 모든 사업장의 근로자 및 사용자와 공무원 및 교직원
직장가입자에서 제외되는 자	• 고용기간이 1개월 미만인 일용근로자 • 「병역법」에 따른 현역병(지원에 의하지 아니하고 임용된 하사를 포함한다), 전환복무된 사람 및 무관후보생 • 선거에 당선되어 취임하는 공무원으로서 매월 보수 또는 이에 준하는 급료를 받지 아니 하는자 • 그 밖에 사업장의 특성, 고용형태 및 사업의 종류 등을 고려하여 대통령령으로 정하는 사업장의 근로자 및 사용자(대통령령이 정하는 절차에 따라 직장가입자가 되거나 탈퇴할 수 있다)와 공무원 및 교직원 • 지역가입자 : 직장가입자와 그 피부양자를 제외한 가입자

 TIP 직장가입자에서 제외되는 자(「국민건강보험법 시행령」)

"대통령령으로 정하는 사업장의 근로자 및 사자와 공무원 및 교직원" 이란 다음의 어느 하나에 해당하는 자를 말한다.

1. 비상근 근로자 또는 1개월 동안 소정의 근로시간이 60시간 미만인 단시간 근로자
2. 비상근 교직원 또는 1개월 동안 소정 근로시간이 60시간 미만인 시간제공무원 및 교직원
3. 소재지가 일정하지 아니한 사업장의 근로자 및 사용자
4. 근로자가 없거나 제1호에 해당하는 근로자만을 고용하고 있는 사업장의 사업주

3) 피보험자의 자격취득시기

① 가입자는 국내에 거주하게 된 날에 직장가입자 또는 지역가입자의 자격을 얻는다.

② 예외 : 다음 각 호의 어느 하나에 해당하는 자는 그 해당되는 날에 그 자격을 얻는다.

- 의료급여수급권자이었던 자는 그 대상자에서 제외된 날
- 직장가입자의 피부양자이었던 자는 그 자격을 잃은 날
- 유공자 등 의료보호대상자이었던 자는 그 대상자에서 제외된 날
- 유공자 등 의료보호대상자 중 건강보험의 적용을 보험자에게 신청한 자는 그 신청 한 날
- 자격을 얻은 경우 그 직장가입자의 사용자 및 지역가입자의 세대주는 그 명세를 자격을 취득한 날부터 14일 이내에 보험자에게 신고하여야 한다.

4) 피보험자의 자격상실

① 가입자는 다음 어느 하나에 해당하게 된 날에 그 자격을 잃는다.
- 사망한 날의 다음 날
- 국적을 잃은 날의 다음 날
- 국내에 거주하지 아니하게 된 날의 다음날
- 직장가입자의 피부양자가 된 날
- 의료급여수급권자가 된 날
- 건강보험을 적용받고 있던 자가 유공자 등 의료보호대상자가 되어 건강보험의 적용배제신청을 한 날

② 자격을 잃은 경우 직장가입자의 사용자와 지역가입자의 세대주는 그 명세를 자격을 잃은 날부터 14일 이내에 보험자에게 신고하여야 한다.

5) 피부양자

① 다음의 어느 하나에 해당하는 자 중 직장가입자에게 주로 생계를 유지하는 자로서, 보수나 소득이 없는 자
- 직장가입자의 배우자
- 직장가입자의 직계존속(배우자의 직계존속 포함) 예를 들면 부모, 장인, 장모, 시부모 등이 포함됨
- 직장가입자의 직계비속(배우자의 직계비속 포함) 및 그 배우자로 예를 들면 자녀, 손자, 손녀, 며느리. 사위 등이 포함됨
- 직장가입자의 형제 · 자매

② 피부양자자격의 인정기준, 취득. 상실시기 등은 보건복지부령으로 정한다.

③ 피부양자 자격취득일(「국민건강보험법 시행규칙」 제2조 제2항)
- 신생아의 경우 : 출생한 날
- 직장가입자의 자격취득일 또는 가입자의 자격변동일로부터 90일 이내에 피부양자의 자격취득신고를 한 경우 : 직장가입자의 자격취득일 또는 해당 가입자의 자격 변동일

(3) 보험급여

① 가입자와 피부양자의 질병, 부상, 출산 등에 대하여 다음 각 호의 요양급여를 실시한다.
1. 진찰·검사
2. 약제·치료재료의 지급
3. 처치·수술 및 그 밖의 치료
4. 예방·재활
5. 입원
6. 간호
7. 이송

TIP 건강검진 「국민건강보험법 시행령」

① 법 제52조에 따른 건강검진(이하 "건강검진"이라 한다)은 2년마다 1회 이상 실시하되, 사무직에 종사하지 않는 직장가입자에 대해서는 1년에 1회 실시한다. 다만, 암검진은 「암관리법 시행령」에서 정한 바에 따르며, 영유아건강검진은 영유아의 나이 등을 고려하여 보건복지부장관이 정하여 고시하는 바에 따라 검진주기와 검진횟수를 다르게 할 수 있다.

② 건강검진은 「건강검진기본법」 제14조에 따라 지정된 건강검진기관(이하 "검진기관"이라 한다)에서 실시해야 한다.

③ 공단은 건강검진을 실시하려면 건강검진의 실시에 관한 사항을 다음 각 호의 구분에 따라 통보해야 한다.
1. 일반건강검진 및 암검진 : 직장가입자에게 실시하는 건강검진의 경우에는 해당 사용자에게, 직장가입자의 피부양자 및 지역가입자에게 실시하는 건강검진의 경우에는 검진을 받는 사람에게 통보
2. 영유아건강검진 : 직장가입자의 피부양자인 영유아에게 실시하는 건강검진의 경우에는 그 직장가입자에게, 지역가입자인 영유아에게 실시하는 건강검진의 경우에는 해당 세대주에게 통보

④ 건강검진을 실시한 검진기관은 공단에 건강검진의 결과를 통보해야 하며, 공단은 이를 건강검진을 받은 사람에게 통보해야 한다. 다만, 검진기관이 건강검진을 받은 사람에게 직접 통보한 경우에는 공단은 그 통보를 생략할 수 있다.

⑤ 건강검진의 검사항목, 방법, 그에 드는 비용, 건강검진 결과 등의 통보 절차, 그 밖에 건강검진을 실시하는 데 필요한 사항은 보건복지부장관이 정하여 고시한다.

(4) 보험료

1) 직장가입자의 보험료

① 월별 보험료

- 월별 보험료 = (보수월액 × 보험료율) + (소득월액 × 보험료율)
- 보수월액보험료 = 보수월액 × 보험료율
- 소득월액보험료 = 소득월액 × 보험료율

TIP 소득월액 산정의 소득

소득월액 산정에 포함되는 소득	이자소득, 배당소득, 사업소득, 근로소득, 연금소득
소득월액 산정에 제외되는 소득	비과세 소득, 근로소득공제

② 보수월액은 직장가입자가 지급받는 보수를 기준으로 하여 산정한다.

③ 소득월액은 보수월액의 산정에 포함된 보수를 제외한 직장가입자의 소득이 대통령령으로 정하는 금액(연간 3,400만원)을 초과하는 경우 산정한다.

$$
(연간 \; 보수 \; 외 \; 소득 - 대통령령으로 \; 정하는 \; 금액 \; 연간 \; 3,400원) \times \frac{1}{12}
$$

④ 직장가입자의 보험료율은 1,000분의 80의 범위에서 건강보험정책심의위원회의 의결을 거쳐 대통령령으로 정한다.

⑤ 국외에서 업무에 종사하고 있는 직장가입자에 대한 보험료율은 정해진 보험료율의 100분의 50으로 한다.

2) 지역가입자의 보험료

① 지역가입자 세대의 월별 보험료액

> 지역가입자 세대의 월별 보험료액 = 보험료 부과점수 × 보험료 부과점수당 금액

② 세대 단위로 산정

> 월별 보험료 = 보험료 부과점수 × 보험료 부과점수당 금액

③ 보험료 부과점수 : 지역가입자의 소득(종합소득, 농업소득)·재산(부동산, 자동차등) 등을 고려하여 정하되, 대통령령으로 정하는 기준에 따라 상한과 하한을 정할 수 있다.

3) 보험료 경감 대상자

「국민건강보험법」 다음 각 호의 어느 하나에 해당하는 가입자 중 보건복지부령으로 정하는 가입자에 대하여는 그 가입자 또는 그 가입자가 속한 세대의 보험료의 일부를 경감할 수 있다.

- 섬·벽지·등 대통령령이 정하는 지역에 거주하는 자
- 65세 이상인 자
- 「장애인복지법」에 따라 등록한 장애인
- 「국가유공자 등 예우 및 지원에 관한 법률」에 따른 국가유공자

- 휴직자
- 그 밖에 생활이 어렵거나 천재지변 등의 사유로 보험료를 경감할 필요가 있다고 보건복지부장관이 정하여 고시하는 자
- 보험료 경감의 방법·절차 등에 필요한 사항은 보건복지부장관이 정하여 고시한다.

4) 보험료의 면제

공단은 직장가입자가 다음의 어느 하나에 해당하면 그 가입자의 보험료를 면제한다. 지역가입자가 다음의 어느 하나에 해당하면 그 가입자가 속한 세대의 보험료를 산정할 때 그 가입자의 보험료 부과점수를 제외한다.

① 국외에서 업무에 종사하고 있는 경우(해외에서 계속하여 1개월 이상 체류 시. 다만, 국내에 거주하는 피부양자가 없는 경우에 한함)
② 「병역법」에 따른 현역병(지원에 의하지 아니하고 임용된 하사를 포함한다), 전환복무된 사람 및 무관후보생]에 해당하게 된 경우
③ 교도소, 그 밖에 이에 준하는 시설에 수용되어 있는 경우

5) 보험료의 부담

「국민건강보험법」 보험료의 부담은 다음과 같다.

직장가입자	• 직장가입자의 부담 : 보험료액의 100분의 50을 부담한다. • 사용자의 부담 : 교직원인 경우는 학교를 설립·운영하는 자가 100분의 30 국가가 100분의 20을 부담한다. 또한 공무원인 경우 국가 또는 지방자치단체가 100분의 50을 부담하고 근로자인 경우는 사용자가 100분의 50을 부담한다.
지역가입자	• 그 가입자가 속한 세대의 지역가입자 전원이 연대하여 부담한다. • 국가는 대통령령이 정하는 바에 의하여 예산의 범위 안에서 지역가입자가 부담할 보험료의 일부를 부담할 수 있다.

4 우리나라의 의료급여제도

(1) 개념

1) 의의

수입이 적어 자력으로 생활하기가 곤란하거나 특수한 상황에 처해 있는 자에게 의료를 무상 또는 일정한 금액만을 본인이 부담하게 하여 그들의 생활에 도움이 되도록 하는 제도이다.

2) 목적

생활이 어려운 자에게 의료급여를 실시함으로써 국민보건의 향상과 사회복지의 증진에 이바지함을 목적으로 한다.

3) 연혁

1961년	「생활보호법」 제정으로 생활보호와 의료보호를 함께 실시
1977년	「의료보호법」이 제정되어 생활보호와 의료보호가 분리
2001년	「의료급여법」의 제정으로 의료보호가 의료급여로 변경

(2) 수급권자의 구분

「의료급여법 시행령」에서 수급권자는 1종 수급권자와 2종 수급권자로 구분한다.

〈1종 수급권자〉

- 「국민기초생활보장법」에 의한 수급자 중 다음 각 목의 어느 하나에 해당하는 자
- 다음 각 항목의 어느 하나에 해당하는 자 또는 근로능력이 없거나 근로가 곤란하다고 인정하여 보건복지부장관이 정하는 자만으로 구성된 세대의 구성원
- 18세 미만인 자
- 65세 이상인 자
- 「장애인고용촉진 및 직업재활법」에 해당하는 중증장애인

〈2종 수급권자〉

- 법 제3조 제1항 제1호의 규정에 해당하는 자 중 제2항 제1호에 해당하지 아니하는 자
- 제2조 제2호에 해당하는 자로서 보건복지부장관이 2종 의료급여가 필요하다고 인정하는 자

(3) 의료급여의 내용

「의료급여법」에 따른 수급권자의 질병·부상·출산 등에 대한 의료급여의 내용은 다음과 같다.

- 진찰, 검사
- 처치, 수술과 그 밖의 치료
- 입원
- 이송과 그 밖의 의료목적의 달성을 위한 조치
- 약제와 치료재료의 지급
- 예방과 재활
- 간호

(4) 의료급여기관

① 「의료법」에 따라 개설된 의료기관
② 「지역보건법」에 따라 설치된 보건의료원, 보건소, 보건진료소
③ 「농어촌 등 보건의료를 위한 특별조치법」에 따라 설치된 보건진료소

④「약사법」에 따라 개설등록된 약국 및 희귀의약품센터

| 1차 의료급여기관 | 이송 → 2차 의료급여기관 | 이송 → 3차 의료급여기관 |

(5) 의료급여의 진료 절차

1차 의료급여기관	• 「의료법」에 따라 시장, 군수, 구청장에게 개설신고를 한 의료기관 • 「지역보건법」에 따라 설치된 보건소 · 보건의료원 및 보건지소 • 「농어촌 등 보건의료를 위한 특별조치법」에 따라 설치된 보건진료소 • 「약사법」에 따라 등록된 약국 및 동법 제91조에 따라 설립된 한국희귀 · 필수의약품센터
2차 의료급여기관	• 「의료법」에 따라 시 · 도지사가 개설허가를 한 의료기관
3차 의료급여기관	• 2차 의료급여기관 중에서 보건복지부장관이 지정하는 의료기관

🔖 더 알아보자! / 건강보험제도와 의료급여제도의 비교

구분	건강보험제도	의료급여제도
적용인구	95~96%	4-5%
구조	복지부, 공단(보험자), 심평원, 가입자, 요양기관	복지부, 보장기관, 심평원, 수급자, 의료급여 기관
자격증명	건강보험증	의료급여증(의료급여 증명서)
재원조달	보험료(일부 국고)	조세(국고+지방비)
급여비용 청구 심사 지급	요양기관 → 심평원 → 공단	
적정성 평가	심평원	
이의신청	공단(자격 등 공단의 처분), 심평원 (심사, 정적성 평가)	보장기관 (자격 등 보장기관 처분), 심평원(심사, 적정성 평가)
급여수준	진찰, 검사, 약제, 치료, 입원 등	건강보험에 급식비, 영안실 안치료 추가 포함
급여절차	2단계(의원, 병원 → 상급종합병원)	3단계(의원 → 병원 → 상급종합병원)
실사	보건복지부장관	

4 지역사회 보건사업의 기획

① 지역사회 보건사업 기획의 개요

1 지역사회 보건사업 기획의 개념

지역사회 보건사업 기획은 국민의 건강을 지키기 위한 합리적인 보건사업의 목표, 정책, 절차, 수단들을 선택하고 결정하는 제반 보건활동의 과정을 의미한다. 보건에 관한 실제적인 프로그램, 정책, 서비스가 성공적으로 수행되어 국민건강이라는 목적을 달성하기 위한 필수적 과정이라고 할 수 있다.

2 지역사회 보건사업 기획의 대상

지역사회 보건사업 기획의 대상에는 국민의 건강수준을 효과적으로 증진시키는 데 필요한 모든 사회적 활동영역이 포함된다.

1) 인적자원 기획
각종 보건의료인력의 양성 및 관리, 지역적 분포 및 활용 목표에 대한 정확한 기준, 추계 등을 기준으로 인적자원을 기획하는 것이다.

2) 물적자원 기획
물적자원 기획은 각종 보건의료시설과 보건의료장비 및 물품들을 생산하고 분배하여 관리하는 기획이다.

3) 보건행정 기획
보건행정 기획은 보건의료전달체계의 발전과 재원 조달, 분배 및 보건사업정보체계의 개발 등에 관한 기획이다.

4) 보건환경 기획
쾌적한 생활환경의 확보와 관련되는 보건사업에 관한 기획이다.
예 기본 환경관리, 공해관리, 상하수도 관리 등의 기획

5) 보건교육 기획
보건교육 기획은 예방보건사업과 건강한 생활을 영위하기 위한 국민 보건교육 및 홍보에 관한 기획이다.

6) 조사 및 연구 기획
조사 및 연구기획에는 국민보건의 실태를 분석하기 위한 제반활동과 관련된 기획, 보건과학, 의학기술 향상과 관련된 조사 및 연구 기획이 있다.

② 지역사회 보건사업 기획의 특성

1 목적성

지역사회 보건사업은 명확한 목적이 있어야 하고, 목적에 맞는 내용, 활동, 절차가 이루어져야 하며 목적에 맞게 구조화되고 체계화되어야 한다.

2 조직성

지역사회 보건사업의 목적 달성을 위하여 내용, 활동, 절차가 체계에 맞게 조직되어야 한다.

3 계획성

지역사회 보건사업의 구성, 내용, 활동, 절차가 체계적으로 조직되어 계획적인 요소를 가지고 있어야 하며 지역사회 보건사업의 내용과 절차가 조직화되었다고 해서 제대로 계획되었다고 볼 수는 없다. 또한 지역사회 보건사업의 내용을 선정하고 조직할 때도 사전에 철저히 준비하고 완벽하게 계획해야 하며 수행하는 방법과 절차도 미리 충분히 검토하고 준비해야 한다.

4 통제성

지역사회 보건사업의 구성과 운영절차에서 지역사회 보건사업의 목적에 부합하지 않는 사항은 배제시키고, 대신에 '구조성'과 '체계성'을 높여야 한다. 누구든지 쉽게 프로그램을 수행할 수 있도록 지역사회 보건사업의 수행 절차를 통제해야 한다.

5 공인성

지역사회 보건사업은 반드시 평가를 거쳐 프로그램의 효율성이 입증되고 공인되어야 한다.

〈성공적인 지역사회 보건사업이 되기 위한 조건〉
- 과학적인 연구활동이 지속적으로 이루어져야 한다.
- 연구활동의 결과를 근거로 하여, 필요한 의료서비스를 예측하고 새로운 지역사회 보건사업을 개발하며, 서비스의 효과성과 효율성을 높여야 한다.

6 접근성

지역사회 보건사업은 우선적으로 필요로 하는 대상자가 쉽고 편리하게 접근할 수 있어야 하며 내용은 실제적이어서 잠재적 대상자의 관심과 접근을 이끌어 낼 수 있어야 하고 가용시간은 잠재적 대상자가 편리하게 접근할 수 있도록 다양하게 편성되어 있어야 한다.

7 포괄성

지역사회 보건사업은 대상자의 다양한 요구를 충족시켜 주고 문제 해결을 해 줄 수 있도록 포괄적이어야 한다. 서비스 수용자의 다양한 문제를 다루기 위해서는 다방면으로 능력을 가진 사람들이 필요하므로 서로 협력하여 문제를 바람직하고 포괄적으로 해결하도록 접근해야 한다.

8 지속성

지역사회 보건사업은 프로그램의 모든 과정을 계속적으로 모니터링하여 대상자의 요구를 충족시킬 수 있도록 지속적으로 이루어져야 한다. 보건서비스의 지속성을 확보하기 위하여 대상자와의 관계, 서비스 계획 및 진행에 관한 의사소통, 서비스 중단자에 대한 조사 및 사후관리 등을 증진시키는 구체적인 활동이 이루어져야 한다.

③ 지역사회 보건사업 기획의 모형

1 MATCH모형

(1) MATCH모형의 정의

MATCH(Multi-level Approach To Community Health)모형은 지역사회 보건사업 전략을 생태학적인 여러 차원에 단계적으로 영향을 주도록 고안된 모형이다.

(2) MATCH모형의 특성

① MATCH모형은 1980년대 후반에 개발된 기획 모형으로 우리말로는 '지역사회보건 다단계 접근방법' 이라고 한다.
② MATCH모형은 개인의 행동과 환경에 영향을 주는 요인들을 개인에서부터 조직, 지역사회, 국가 등의 여러 수준으로 나누어 지역사회 보건사업을 기획한다. 질병이나 사고에 대한 위험요인과 예방방법이 알려져 있고, 우선순위가 정해져 있으며 실제 수행을 위한 지역사회 보건사업을 개발할 때 적합한 방법이다.
③ MATCH모형은 다양한 목적으로 개인이나 지역사회에 적용될 수 있다. 다른 기획모형들이 개인의 행위나 심리적 측면 및 내재적 요인들을 강조하는 데 비하여 MATCH모형은 사회적·조직적 접근과 정책, 프로그램의 중재, 지역사회나 조직의 환경적 지원과 그 영향을 강조하고, 보다 적극적으로 건강수준의 향상을 도모하는 방향과 체계적인 접근전략을 제시하고 있다.

(3) MATCH모형의 진행단계

1) 1단계 목적 설정
1단계에서는 유병률과 변화가능성을 고려하여 건강상태의 목적을 설정한다. 그 후에 우선순위 인구 집단을 선택하고, 행동요인 및 환경요인과 관련된 목적을 설정한다.

● 관련요인에 따른 목적 설정

행동요인과 관련된 목적 설정	건강상태에 영향을 미치는 위험요인 중에서 행동요인(흡연, 음주, 운동기피, 과식 등)을 파악하여 목적을 설정한다.
환경요인과 관련된 목적 설정	건강행동을 실천하기 위한 접근성, 이용 가능성, 장애요인 등에 근거하여 환경적인 위험요인을 파악하여 목적을 설정한다.

2) 2단계 중재계획
중재계획은 중재 목표, 중재 대상, 중재 접근방법, 중재활동을 모두 알맞게 조합하는 것으로 중재활동의 대상은 중재가 어느 수준까지 영향을 미칠 수 있는지를 결정하는 것이다.

● 중재 대상의 수준

개인 수준	대상 집단의 개인
개인 간 수준	가족구성원, 동료, 친구, 선생님, 기타 대상 집단과 가까운 사람
조직 수준	조직의 의사결정자, 규칙의 변화를 유도하는 조직의 정책
지역사회 수준	지역사회의 지도자
정부 수준	정부의 의사결정자, 규칙 제정자, 집행자

3) 3단계 지역사회 보건사업의 개발
지역사회 보건사업의 개발은 구체적인 절차에 따라 시행된다.

〈지역사회 보건사업의 절차〉
- 지역사회 보건사업의 단위 또는 구성요소를 결정한다.
- 지역사회 보건사업을 이루는 각 구성요소들은 대상의 하위집단(성별, 연령별), 주제(흡연, 운동 등), 세팅, 교육단위, 전달방법 등으로 구분하여 상세히 기술한다.
- 기존의 지역사회 보건사업을 선택하거나 새로 개발한다.
- 지역사회 보건사업의 각 단위별로 계획안을 수립한다.
- 지역사회 보건사업에 필요한 여러 자료를 수집하여 필요한 자원을 준비한다.

4) 4단계 실행 준비
효과적으로 지역사회 보건사업을 실행하기 위해서 철저한 준비가 필요하다.

〈효과적인 실행을 위해 준비해야 할 내용〉

- 변화를 위한 계획안을 작성하고 지원활동을 준비한다.
- 변화를 위한 요구, 준비정도, 환경적인 지지조건 등에 대한 사안을 개발한다.
- 중재가 효과적이라는 증거를 수집한다.
- 중재를 통한 변화를 지지해 줄 수 있는 사회 지도자, 기관, 단체를 파악하여 통보한다.
- 사회적인 의사결정권이 있는 사람들과 협조관계를 유지한다.
- 지역사회 보건사업의 수행자들을 모집하여 업무를 훈련시킨다.
- 수행 업무를 모니터링하면서 지지할 수 있는 시스템을 개발한다.

5) 5단계 평가
지역사회 보건사업의 과정, 영향, 결과에 대한 평가를 실시한다.

○ 평가의 유형

과정 평가	중재계획과 중재과정에 대한 유용성, 실제 수행에 대한 정도와 질, 프로그램 수행 이후에 즉시 나타난 교육적 효과 등
영향 평가	프로그램의 단기적인 결과로 지식, 태도, 기술을 포함한 중간 효과 (행위 변화와 환경적 변화 포함)
결과 평가	장기적인 프로그램의 평가

TIP) MATCH모형의 정리
- 개인의 행동과 환경에 영향을 주는 요인들을 개인에서부터 조직, 지역사회, 국가 등의 수준으로 나누어 기획한다.
- 질병이나 사고에 대한 위험요인과 예방방법이 알려져 있고 우선순위가 정해져 있으며 실제 수행을 위한 보건사업 개발 시 적합한 방법
- 과정 : 목적 설정 → 중재계획 → 지역사회 보건사업의 개발 → 실행준비 → 평가

2 PATCH모형

(1) PATCH모형의 정의

PATCH(Planned Approach To Community Health)모형은 미국 질병통제예방센터(CDCP)에서 개발한 지역사회 보건사업의 기획지침 모형이다.

(2) PATCH모형의 특성

PATCH모형은 지역단위에서 지역사회 보건사업을 위한 실무팀을 구성하고, 지역의 자료수집과 활용, 건강문제의 우선순위 설정, 중재계획, 효과 평가 등을 할 수 있도록 돕는다.

(3) PATCH모형의 진행단계

1) 1단계 지역사회의 조직화
① 지역사회 보건사업 추진위원회를 조직하고 지역회의를 개최하며 실무 작업팀을 구성한다.
② 구성된 조직은 지역사회의 건강 우선순위를 파악하기 위한 작업부터 수행한다.
③ 1단계에서는 충분한 지원을 받을 수 있도록 지역사회 전체를 대상으로 PATCH모형에 대한 홍보를 한다.

2) 2단계 자료의 수집 및 분석
① 2단계는 사망률과 이환율, 지역사회 주민의 의식, 건강행동 등 3가지 종류의 자료를 수집하기 위한 실무팀을 구성하여 첫 지역회의를 하면서 시작된다.
② 수집한 자료는 실무 작업팀에 의해 분석되고, 2단계 기간 중에 열리는 회의에서 발표되는데, 지역사회의 주요 보건문제가 무엇인지 결정하기 위한 기초자료가 된다.
③ 자료를 분석한 결과, 때로는 추가자료 수집의 필요성이 제시되기도 한다.
④ 수집된 건강행동자료는 행동이 건강에 미치는 영향에 대한 토의를 하는 3단계 기간 중의 회의에서 발표된다.

3) 3단계 우선순위의 선정
① 3단계에서는 건강행동에 관한 자료 및 기타 추가자료를 검토하고, 이 자료들은 지역사회 집단에 제공된다.
② 지역사회 집단은 질병이나 조기사망을 할 위험에 있는 사람들의 행동에 영향을 미치는 사회경제적·정치적·환경적 요인을 분석한다.
③ 분석 결과에 따라 건강 우선순위를 결정하고 대상집단을 선정한다.
④ 위험행동과 대상집단에 초점을 맞추어 적합한 자원, 정책, 프로그램을 확인하고 사정한다.
⑤ 행동적 중재를 위한 목표를 수립하여 건강증진전략을 계획한다.

4) 4단계 포괄적인 중재안의 개발
4단계에서는 3단계에서 선택된 중재의 목표 설정, 중재계획 및 평가계획의 개발, 주요 활동에 대한 일정표 준비, 자원봉사자의 모집 및 훈련, 중재의 홍보와 수행, 중재 결과의 지역사회 통보 등의 업무를 수행한다.

5) 5단계 평가
① 평가는 PATCH모형의 전 과정에서 지속되는 것이다.
② 각 단계에서 이루어지는 일련의 과정이 지역사회에 미치는 영향, 중재활동으로 인한 지역사회의 변화 확인 등의 평가가 이루어진다.

- 지역주민의 참여
- 지역사회 자료에 근거한 프로그램 개발
- 지역사회 주민의 포괄적 건강증진전략 개발
- 환류와 개선을 위한 평가
- 건강증진을 위한 지역사회 역량 강화

3 MAPP모형

(1) MAPP모형의 정의

MAPP(Mobilizing for Action through Planning & Partnership)란 전략기획과 공공-민간 협력을 통한 건강증진 전략을 말한다. MAPP모형은 APEXPH(아펙스프) 모형의 개정판으로 미국 지역보건공무원협의회인 NACCHO와 미국 질병통제예방센터(CDC)가 공동 개발한 지역사회의 건강증진을 위한 보건사업의 기획 모형이다.

(2) MAPP모형의 특성

① MAPP모형은 지역사회를 중심으로 구성된 지역보건체계가 총체적 체계사고를 통하여 해당 지역사회의 보건현황을 파악하고, 보건문제에 대응하는 역량 개발을 한다.

② MAPP모형은 실제 적용에 유용성이 있고 공중보건을 둘러싼 급격한 환경변화와 도전에 직면해 있는 지역사회를 고려하여 공중보건을 향상하기 위한 전략적 기획이다.

③ MAPP모형을 통한 지역사회보건기획은 지역보건체계의 리더십 개발과 지역사회 구성원의 참여를 강조하고, 사업운용을 위한 기획만이 아니라 지역보건체계와 지역사회의 필수 보건서비스를 고려한 여러 영역에 대한 종합적 평가에 근거한 전략적 기획을 지향한다.

④ 지역사회 요구진단에서 시작하는 다른 모형들에 비해 MAPP모형은 지역사회가 지금까지 경험한 것을 이해하고 MAPP의 필요성을 공감하면서 기획 과정에 참여할 조직 및 단체들을 먼저 파악하고 동참시키는 '조직화와 파트너십 개발'에서부터 출발한다.

⑤ MAPP모형에서의 지역사회의 진단은 단순히 요구도 조사에 국한되는 것이 아니라 지역사회의 관심사와 강점, 지역사회의 건강수준과 보건 현황, 지역보건의료체계, 지역사회와 지역보건의료체계에 영향을 미치는 영향 요인이라는 4가지 영역에 대해 포괄적이고 심층적으로 이루어진다. 이 4가지 영역의 지역사회 진단에 정해진 순서가 있는 것은 아니고, 지역사회 진단에 의한 종합적인 판단을 하기 위해서 4개 영역을 모두 진단해야 한다는 점이 MAPP진단의 특징이다.

⑥ 우리나라 제5기 지역보건의료계획 지침은 계획 수립을 위해 지역사회 협의체와 실

무침으로 구성된 기획팀을 구성하고 비전 및 목표를 설정할 것, 지역보건체계를 비롯한 4개 영역 MAPP진단을 모두 포괄하여 지역사회 현황을 분석할 것, 이를 바탕으로 중심과제를 도출할 것을 권고하고 있는데, 이는 기획 초반부터 중심과제 도출까지의 과정에서 MAPP 모형의 단계에 따라 지역사회 구성원의 참여와 협의를 강조한다는 특성을 가진다.

(3) MAPP모형의 진행단계

1) 1단계 지역사회의 조직화 및 파트너십의 개발
1단계에서는 현실적으로 실현 가능한 기획안을 개발하는 데 목적이 있으며 지역사회 보건사업의 기획과정을 조직화하고 기획에 참여할 파트너를 개발하는 데 초점을 둔다. 또한 기획과정에 참여할 조직 및 단계를 파악하고, 동참하는 지역사회 주도형 기획과정을 구성한다.

2) 2단계 비전의 제시
지역사회가 공유할 수 있는 비전을 수립하여 제시하며 비전에는 건강한 지역사회의 의미와 특성이 포함되어야 하는데, 5~10년 후의 변화될 모습까지 포함되어야 한다.

3) 3단계 사정
3단계에서는 지역사회의 현황을 지역사회의 건강수준, 지역사회의 핵심주제와 강점, 지역사회 보건체계, 지역사회 변화 역량의 4가지 영역에 대하여 포괄적이고 심층적인 사정이 이루어진다.

○ 지역사회의 현황에 대한 4가지 사정영역

지역사회의 건강수준	인구학적 특성, 사회경제적 특성, 보건자원 유용성, 건강위험요인, 환경지표, 정신건강, 모성건강, 사망, 질병, 부상, 감염성 질환 등을 통해서 지역사회의 건강과 삶의 질과 관련된 주요 쟁점을 확인한다.
지역사회의 핵심주제와 강점	지역사회 주민이 느끼는 핵심 주제에 대하여 이해하는 것이 매우 중요하다. 예 '지역사회에서 가장 중요한 것은 무엇인가요?', '우리는 지역사회의 건강을 증진시킬 수 있는 어떤 자산을 가지고 있나요?' 등과 같은 질문을 통해서 확인한다.
지역사회 보건체계	지역사회 주민의 건강에 기여하는 모든 보건조직과 보건활동에 대하여 포괄적으로 확인한다. 예 '우리 지역의 공중보건체계의 활동, 장점, 역량은 무엇입니까?', '우리 지역에 제공되고 있는 필수 서비스는 어떤 수준입니까?' 등과 같은 질문을 통해서 확인한다.
지역사회 변화 역량	지역사회의 건강문제와 보건체계에 영향을 미칠 수 있는 법적·기술적 문제들을 확인한다.

4) 4단계 전략적 이슈의 확인
진단결과에 따라 지역사회 보건 전략의 우선순위 이슈를 선정한다.

5) 5단계 목표와 전략의 설정

우선순위 이슈에 대한 구체적인 목표와 전략을 설정한다.

6) 6단계 순환적 평가

지역사회 보건사업을 계획하고 수행하고 평가한다.

④ 지역사회 보건사업 기획의 과정

■1■ 현황 분석

현황 분석은 지역사회의 인구학적 정보, 지역 특성, 정책과 정치적 환경 특성, 보건의료의 요구 및 보건의료자원 등을 조사하여 분석한다. 현황을 분석하는 방법에는 우편, 전화, 방문 등을 이용한 지역사회 조사, 주요인물의 면담, 델파이 방법을 이용한 자료 수집, 기타 관련 기록 분석 등이 있으며 대표적인 현황 분석방법으로는 SWOT분석을 활용한다.

(1) SWOT분석의 개념

SWOT는 강점(Strength), 약점(Weakness), 기회(Opportunities), 위협(Threats)의 영문 머리글자인 S, W, O, T를 조합하여 만든 것이다. SWOT분석은 어떤 사업에 관한 조직 내부의 '강점'과 '약점', 조직을 둘러싼 외부 환경의 '기회'요인과 '위협'요인을 확인하고 평가하는 현황 분석의 기본적인 분석방법이다.

(2) SWOT분석의 요인

1) 내부 요인

① 강점(S)

개념	• S는 Strength의 약자로, 조직의 장점이 되는 요소 및 활동이다.
고려사항	• 조직의 역사 및 체계 • 직원 간의 응집력 • 직원들의 업무에 대한 열의 • 인적자원 및 물적자원의 확보 • 서비스의 전달능력
특성	• 조직 내부의 강점 분석에 초점을 둔다. • 조직의 목적을 효과적으로 달성시키는 데 도움을 줄 수 있는 요인이다. • 조직의 모든 강점을 정리한다.

② 약점(W)

개념	• W는 Weakness의 약자로, 조직 내의 업무를 제한하거나 방해하는 요소 및 활동이다.
고려사항	• 직원들의 고령화 • 직원들의 업무에 대한 의욕 저하 • 지역사회 보건사업의 비전문성과 낙후성 • 인적자원 및 물적자원의 부족 • 승진 기회의 부족 • 부서 간의 조정기능 약화
특성	• 조직 내부의 취약점에 초점을 둔다. • 조직의 모든 단점을 정리한다.

2) 외부 요인

① 기회(O)

개념	• O는 Opportunity의 약자로, 외부와의 환경적 요인이 잘 규합되면 조직의 목적 달성에 상당한 혜택을 줄 수 있는 요소 및 활동이다.
고려사항	• 지역사회에서의 인지도 • 입지적 조건 • 자원봉사자의 확보 • 프로그램의 성공을 통한 홍보
특성	• 조직의 목적 달성과 운영에 도움이 되는 요인이다. • 조직에 기여할 수 있는 긍정적인 요인이다.

② 위협(T)

개념	• T는 Threat의 약자로, 발생 가능한 외부의 여건과 상황으로 인해 실제로 발생한다면 조직에 상당한 피해를 줄 수 있는 요소 및 활동이다.
고려사항	• 해당 상부기관과의 갈등 • 타 기관과의 경쟁력 약화 • 경제적·사회적 여파로 인한 전반적인 지지기반 약화
특성	• 발전을 방해하는 요인을 분석하는 요인이다. • 조직의 발전에 위협이 될 수 있는 요인이다.

(3) SWOT분석의 전략

어떤 조직이든 내부에는 강점만 있는 것이 아니라 약점도 있고, 조직의 외부 환경에도 기회요인이 있는가 하면 위협요인도 있다. SWOT를 조합하면 전략방향은 SO, WO, ST, WT의 4가지 방향으로 도출된다.

● SWOT분석의 전략방향

SO전략	• 강점과 기회를 결합한 공격적 전략이다. • 사업구조, 사업영역, 사업대상을 확대하는 내용을 전략으로 수립한다.
WO전략	• 약점과 기회를 결합한 상황전환 전략이다. • 구조조정, 혁신운동 등의 내용을 전략으로 수립한다.
ST전략	• 강점과 위협을 결합한 다각화 전략이다. • 신기술의 개발, 새로운 사업의 개발, 새로운 대상집단의 개발 등의 내용을 전략으로 수립한다.
WT전략	• 단점과 위협을 결합한 방어적 전략이다. • 사업의 축소, 사업의 폐지 등의 내용을 전략으로 수립한다.

2 우선순위의 설정

(1) 우선순위의 개념

우선순위는 지역사회 보건문제를 체계적이고 효과적으로 해결하기 위하여 긴급성 및 우선성을 가지는 것이 무엇인지를 결정하는 것이다. 합리적인 분배를 위해서는 인구집단에게 끼치는 영향성이 큰 문제에 우선순위를 두어야 한다. 따라서 우선순위를 설정할 때는 누구나 객관적으로 인정할 수 있는 타당성을 가진 합의된 기준에 따라 정한다.

(2) 우선순위 설정을 위한 평가방법

1) BPRS
① BPRS의 개념

BPRS(Basic Priority Rating System)는 한론과 피켓이 개발한 평가방법으로, 지역사회의 보건문제를 목록으로 만들어 문제별 평가항목을 기준공식에 따라 점수화하여 계산한다.

② BPRS의 우선순위 설정의 평가기준

건강문제의 크기 (A)	• 건강문제를 가진 인구비율을 반영하여 0~10점까지 점수를 부여하는 방식이다. • 유병률(만성질환)과 발생률(급성질환)의 크기를 점수화하여 계산한다. • 건강문제를 많이 가지고 있는 인구비율이 높을수록 건강문제가 크다고 평가한다.
건강문제의 심각도 (B)	• 건강문제의 심각도를 반영하여 0~10점까지 점수를 부여하는 방식이다. • 긴급성, 경중도, 경제적 손실, 타인에의 영향변수 항목을 이용하여 '매우 심각함'에서 '심각하지 않음'까지의 심각도를 점수화하여 계산한다. • 계산된 점수가 높을수록 건강문제가 심각하다고 평가한다.
사업의 추정효과 (C)	• 사업의 최대효과와 최소효과를 추정하여 점수를 부여하는 방식이다. • 지역사회 보건사업의 효과를 추정하여 점수를 부여하려면 주관성이 개입되기 때문에 객관성에서 문제가 제기될 수 있다.

③ BPRS의 문제점

BPRS는 평가항목별로 점수가 계량화되므로 우선순위를 설정할 때 객관적인 방법으로 보이지만, 건강문제의 심각도(B)와 사업의 추정효과(C)는 지역사회 보건사업의 기획 담당자의 주관적 판단에 의해 점수가 부여될 가능성을 배제할 수 없기 때문에 산출된 점수의 타당성 문제가 제기될 수 있다.

2) PEARL

① PEARL의 개념

PEARL(Propriety, Economics, Acceptability, Resource, Legality)은 빌리우스와 댄도이가 개발한 평가방법으로, BPRS로 점수화한 후에 프로그램의 수행 가능성 여부를 판단하는 기준으로 사용된다.

② PEARL의 우선순위 설정의 평가기준

적절성	문제 해결을 위한 프로그램의 적절성 정도를 보는 것이다.
경제성	문제 해결이 경제적으로 가능성이 있는지의 정도를 보는 것이다.
수용성	지역사회가 문제 해결 프로그램을 수용할지의 정도를 보는 것이다.
자원	프로그램 운영을 위한 자원의 조달 가능성을 보는 것이다.
적법성	프로그램의 운영이 법적으로 문제가 없는지를 보는 것이다.

③ PEARL의 특성

PEARL의 점수는 각 평가기준의 항목별로 0점 또는 1점을 부여한 후에 5가지 평가기준 항목을 모두 곱하여 나온 점수로 프로그램의 시행 여부를 결정한다. 단, 5가지 평가기준 중에서 1가지라도 불가 판정을 받으면 사업을 할 수 없다.

3) PATCH

① PATCH의 개념

PATCH(Planned Approach To Community Health)는 미국 질병통제예방센터(CDCP)에서 지역사회 보건요원의 보건사업 기획지침서로 개발한 방법으로, 건강문제의 중요성과 변화 가능성을 우선순위 설정의 평가기준으로 이용한다. 평가 완료 후에 미국 질병통제예방센터(CDCP)의 권장사항을 이용하여 우선순위를 설정한다.

② PATCH의 우선순위 설정의 평가기준

건강문제의 중요성	• 건강문제가 얼마나 흔한지를 평가한다. • 유병률이나 발생률의 절대적 크기뿐만 아니라 상대적 크기도 중요하게 평가한다. • 건강결정요인의 경우는 해당 건강결정요인이 일으키는 질병의 위중도에 건강결정요인의 질병별 귀속위험도를 곱하여 계산한다.

건강문제의 변화 가능성	• 건강문제가 얼마나 쉽게 변화될 수 있는지를 평가한다. • 건강문제를 해결해 본 경험이나 문헌 등의 과학적 근거에 따라 변화될 수 있는지를 평가한다.

③ PATCH의 특성

• PATCH는 지역사회에서 발생하는 다양한 건강문제에 적용할 수 있다. 건강문제가 지역사회에 얼마나 심각한 영향을 주는지와 건강문제를 변화시키면 건강수준에 어느 정도 효과가 나타나는지를 평가한다.

• PATCH는 우선순위의 설정기준이 간단하다는 장점이 있는 반면, 설정기준의 점수부여기준이 객관적으로 제시되어 있지 않아서 프로그램 기획자가 점수부여 기준을 설정해야 하는 단점이 있다.

4) 브라이언트

① 브라이언트의 개념

브라이언트는 PATCH에 주민의 관심도 항목이 추가된 방법이다.

② 브라이언트의 우선순위 설정의 평가기준

• 보건문제의 크기   • 보건문제의 심각도
• 보건사업의 기술적 해결 가능성   • 주민의 관심도

③ 브라이언트의 특성

자료 분석을 통해 추출된 각 건강문제별로 우선순위 설정의 평가기준 4가지에 대하여 해당점수를 부여한 후에, 총점이 높게 나온 건강문제 순으로 우선순위를 설정한다.

5) NIBP

① NIBP의 개념

NIBP(Needs/Impact-Based Planning)는 캐나다의 MTDHC(Metropolitan Toronto District Health Council)가 개발한 보건 프로그램의 기획방법이다.

② NIBP의 우선순위 설정의 평가기준

• 건강문제의 크기(needs)   • 해결방법의 효과(impact)

③ NIBP의 특성

NIBP의 우선순위 설정의 평가기준은 건강문제의 크기와 해결방법의 효과를 추정한 정도에 따라 지역사회 보건사업을 분류한다.

〈지역사회 보건사업의 분류항목〉

• 반드시 수행해야 할 문제	• 연구를 촉진해야 할 문제
• 수행해야 할 문제	• 프로그램 수행을 금지해야 할 문제

6) CLEAR

① CLEAR의 개념

CLEAR(Community capacity, Legality, Efficiency, Acceptability, Resource availability)는 NIBP를 이용하여 설정된 건강문제의 우선순위가 프로그램의 수행 가능성 측면에서도 효과를 발휘할지를 확인하는 평가기준으로 이용하는 방법이다.

② CLEAR의 우선순위 설정의 평가기준

지역사회의 역량	건강프로그램을 시행할 경우에 대상자가 사업에 대하여 관심을 가지고 기획, 수행, 평가 등의 모든 과정에 적극적으로 참여하여 탄력적으로 대응할 능력이 있는지를 확인한다.
합법성	건강프로그램 사업을 수행할 경우에 건강프로그램과 관련된 법적 기준과 지침을 확인하여 법적인 문제나 제한점이 없는지를 확인한다.
효율성	건강프로그램을 시행할 경우의 투입 비용을 비용으로 환산했을 때 비용 효과적인지를 확인한다.
수용성	대상자들이 건강프로그램을 시행할 경우에 거부감 없이 받아들이고 참여할 수 있는지를 확인한다.
자원의 활용성	지역사회 주민이나 건강프로그램의 관련요원들의 인적자원과 물적자원(건물, 시설, 도구, 물품, 비품 등)을 활용할 수 있는지를 확인한다.

3 목표의 설정

(1) 목표의 개념

목표는 조직이 사업 목적을 달성하기 위하여 행동을 통하여 이루려는 최후의 결과, 즉 변화에 대한 단기적 안목에서의 구체적인 기술을 의미한다. 목표는 평가의 중요한 지침으로 활용되며, 관리자의 의사결정과 조직의 효율성을 높여 준다.

◐ 목적, 비전, 미션의 개념 차이

목적	• 목적은 프로그램의 결과로 나타날 미래의 사건을 개괄적으로 진술한 것을 의미한다. • 목적은 조직의 철학, 정책 및 절차 등에 영향을 받는다.
비전	• 비전은 조직이 성취하고자 하는 궁극적 가치로 조직이 미래에 성취하고자 하는 희망을 간단히 기술한 것이다. • 추상적인 단순한 선언문이 아니라, 조직에 목적과 목표를 부여하여 사업방향을 결정한다. • 조직의 운영과 행동기준을 제공함과 동시에, 조직 구성원들에게 동기를 부여한다.
미션	• 미션은 사명이라고도 부르는데, 조직이 존재하는 이유를 의미한다. • 일반적으로 프로그램의 핵심 가치, 서비스, 기술, 철학, 자신감, 이미지 등을 통하여 설명할 수 있다.

(2) 목표의 설정방법

1) 투입-산출-결과 모형에 따른 목표 설정
투입-산출-결과 모형은 자원 및 정보를 특정한 서비스 또는 산출을 변환시키는 데 필요한 활동과 과업들을 체계화시켜 보여주는 모형을 말하며 '과정모형'이라고도 부른다.

2) 인과관계에 따른 목표 설정
지역사회 보건문제와 지역사회 보건사업의 결정요인 사이의 인과관계를 근거로 이용한다.

결과 목표	건강수준(사망률, 유병률, 장애 등)의 변화
영향 목표	건강의 결정요인과 기여요인의 변화
과정 목표	산출의 양적수준, 투입 및 산출의 적절성

3) 소요기간에 따른 목표 설정

단기 목표	• 2~3개월부터 2년 이내가 소요되는 목표 • 지식, 태도, 신념, 지지도의 변화
중기 목표	• 단기 목표와 장기 목표의 중간기간이 소요되는 목표 • 서비스 이용, 건강행동의 변화
장기 목표	• 5~10년이 소요되는 목표 • 사망, 상병, 건강상태 및 사회적 가치의 변화

(3) 목표의 설정기준

목표가 사업의 방향을 제시하고 평가과정에서 유용하려면 SMART 기준에 근거하여 명료하게 기술한다.

🔽 **SMART기준의 구성요소**

구체성	• 목표는 구체적으로 기술해야 한다. • 누구(사업대상자), 무엇(사업지표), 얼마나(목표치), 언제까지(목표 달성 시점)
측정 가능성	• 목표는 측정 가능해야 한다. • 목표 수준은 숫자로 설정한다. • 현재 건강문제가 실제로 측정 가능해야 한다.
실현 가능성	• 목표는 실현 가능하고 현실적인 목표이어야 한다.
관련성	• 사업 목적 및 문제 해결과 직접적인 관련성이 있어야 한다. • 해결하고자 하는 건강문제의 원인, 분석, 결과에 따른 목표를 설정한다.
목표 달성의 시기	• 목표 달성의 기한 및 시점을 밝혀야 한다.

4 전략 및 세부계획의 수립

지역사회 보건사업의 수행계획을 수립할 경우는 전략 및 세부적인 계획을 다음의 6가지 항목을 고려하여 수립한다.

〈세부계획 수립에 필요한 6가지 고려사항〉
- 누가(Who) 지역사회 보건사업을 수행하는가?
- 언제(When) 지역사회 보건사업을 수행하는가?
- 어디서(Where) 지역사회 보건사업을 수행하는가?
- 무엇을(What) 수행하는가?
- 왜 (Why) 지역사회 보건사업을 수행하는가?
- 어떻게(How) 지역사회 보건사업이 수행되는가?

5 수행

지역사회 보건사업은 계획에 의하여 정해진 우선순위의 전략과 계획을 통하여 수행하며 다음과 같은 수행활동의 전략단계에 따라 실천해 나간다.

(1) 1단계 지역사회 보건사업의 홍보

지역사회 보건사업의 계획이 수립되면 관련 중앙정부기관 및 관할 지방자치기관, 다른 협력기관의 주요인물을 대상으로 프로그램을 홍보하고 의견을 교환하는 일이 중요하다.

(2) 2단계 정책적 지지와 재원의 마련

① 지역사회 보건사업을 정책적으로 옹호해 줄 수 있는 적임자가 필요하며, 정책적 지원을 위하여 관련기관 및 관련 부서의 책임자들과 면담이나 모임을 갖도록 한다.
② 수행활동은 지역사회 보건사업의 수행을 위하여 충분한 정책적 지원과 재원을 확보하기 위하여 수개월에 걸쳐 지속되어야 한다.

(3) 3단계 지원조직의 개발

① 지역사회 보건사업의 수행은 관련 보건영역에 전문성을 가진 유능한 전문가 집단과 사업의 내용에 따른 대상자 집단을 필요로 한다.
② 전문가 집단의 경우는 프로그램 관리와 대상자들이 표출한 욕구에 부합하는 수준 높은 지역사회 보건사업을 제공할 책임이 있다.
③ 분야 간 협력활동을 포함한 보건사업 네트워크의 구성요소에 대상자와 가족들이 적극적으로 참여하도록 유도한다.

(4) 4단계 시범사업

① 지역사회의 보건 시범사업은 재정적인 범위, 계획, 프로그램의 수행 가능 여부를 시험해보는 것이 목적이다.

② 시범사업은 프로그램의 수행을 위한 방향을 제시하고 정보를 전달하는 데 유용하고, 프로그램을 어떻게 수행할 것인가도 배울 수 있다.

(5) 5단계 지역사회 보건사업 제공자의 능력 강화

① 지역사회 보건사업 제공자는 대상자에게 보건서비스를 전달하는 팀이나 기관이다.

② 제공자는 현재 자원을 보다 효율적으로 사용하여 대상자에게 보다 나은 서비스를 전달할 수 있도록 제공자들이 어떻게 일하고 있는지, 제공자들 간에 어떻게 서로 관련되어 있는지에 대하여 알아야 한다.

(6) 6단계 타 분야와의 협력 강화 계획

① 지역사회 보건사업을 수행할 경우에 대상자의 필요와 요구에 부응하기 위해서는 건강증진, 질병예방, 치료적 개입 등에 관한 우선순위를 설정해야 한다. 이것은 전문적인 서비스 제공자에 의하여 대상자에게 전달되어야 한다.

② 전문적인 서비스에 대한 접근성을 확보하기 위해서는 관련기관과의 지원조직이 필요하며, 보건분야 외의 타 분야에 의하여 전달되기도 하므로 적절한 분야 간의 협력이 필요하다.

6 평가

(1) 평가의 개념

지역사회 보건사업의 평가는 지역사회 보건사업을 수행한 후에 무엇이 얼마나 성취되었는지를 파악하고, 지역사회 보건사업의 설정된 목표를 얼마나 성공적으로 달성했는지를 결정하는 과정이다.

(2) 평가의 목적

① 평가를 통하여 지역사회 보건사업이 잘 진행되고 있는지 파악하기 위함이다.

② 평가를 통하여 보다 나은 지역사회 보건사업의 수행과 관리를 도모하기 위함이다.

③ 평가를 통하여 투입된 노력이 효과적이고 투입된 비용이 적절한지를 검토하기 위함이다.

(3) 평가의 지표

지역사회 보건사업의 평가는 이미 설정된 목표를 어느 정도 달성했는지에 대한 개량적 개념을 가지고 객관적으로 분석한다. 서치만은 목표 달성의 질과 양, 수준을 측정하기 위한 지표를 업무량, 성과, 충족도, 효율성, 과정의 5가지로 구분하였다.

1) 업무량

업무량은 효과에 관계없이 목표 달성을 위하여 수행된 업무의 질과 양을 측정하고 평가하는 것이다.

2) 성과

성과는 목표 달성을 위한 활동이 기대했던 만큼의 변화를 가져왔는지를 측정하는 것이다.

3) 충족도

충족도는 성과가 총 필요량을 얼마나 충족시켰는지를 평가하는 것이다.

4) 효율성

효율성은 같은 분량의 업무와 비용의 투자로 어떤 방법이 업무 수행에 가장 큰 효과를 가져 오는지를 평가하는 것으로, 투자효과와 관련된 개념이다.

5) 과정

과정은 여러 개의 대안 중에서 어느 업무수행방법이 주어진 조건 하에서 가장 적합한 것인지를 규명하는 것과 평가를 할 때 성공 또는 실패를 가져온 관련요인들을 규명하는 것으로 구성된다.

(4) 평가의 유형

1) 평가 주체에 따른 유형

① 내부 평가 : 내부 평가는 실제 지역사회 보건사업을 수행하고 있는 실무자에 의해 이루어지는 평가이다.

○ 내부 평가의 장점 및 단점

장점	지역사회 보건사업의 수행 실무자가 해당 지역사회 보건사업에 대하여 평가하기 때문에 기관의 특성이나 지역사회 보건사업의 독특한 성격을 반영할 수 있다.
단점	평가자 자신이 지역사회 보건사업의 관리와 관련되어 있기 때문에 객관적이고 공정한 평가활동을 하기 어려워서 결과에 대한 신뢰성 문제가 제기될 수 있다.

② 외부 평가 : 외부평가는 내부 평가로는 지역사회 보건사업에 대하여 객관적으로 평가할 수 없다는 가정 하에 주로 전문기관이나 전문가들로 구성된 패널에 의하여 실시된다.

○ 외부 평가의 장점 및 단점

장점	지역사회 보건사업에 대한 전문적인 지식을 가지고 객관적으로 평가할 수 있다.
단점	비용과 시간이 많이 소요되고, 지역사회 보건사업을 수행하는 기관이나 지역사회 보건사업의 고유한 특성을 반영하기 어렵다.

2) 평가자료에 따른 유형

① 질적 평가 : 질적 평가는 검사도구로 측정하여 수량화할 수 없는 경우에 활용한다.

○ 질적 평가의 장점 및 단점

장점	특성의 달성 정도나 수준을 보다 상세하게 기술하고 묘사할 수 있다.
단점	기준의 신뢰성 및 객관성을 보장받기 어렵고, 신뢰성 및 객관성을 보장받기 위해서는 고도의 전문성이 요청되거나 자료 수집에 비용, 시간, 노력이 많이 소요된다.

② 양적 평가 : 양적 평가는 수량화된 자료를 적절한 통계적 방법을 이용하여 기술하고 분석하는 평가이다.

〈양적 평가의 특성〉
- 양적 평가는 체계적이고 과학적이고 경험적인 평가이다.
- 양적 평가는 일정한 과정에 따라 진행되어야 한다.
- 양적 평가는 심층적인 탐구의 전통에 따라 평가대상을 다양한 형태로 수량화한다.

3) 평가시기에 따른 유형

① 진단 평가 : 진단 평가는 지역사회 보건사업을 수행하기 이전에 실시하는 사전평가이다.

〈진단 평가의 목적〉
- 프로그램이 시작되기 전에 대상자들의 프로그램에 대한 이해도, 흥미, 준비도, 지식 수준, 동기 여부 등을 사전에 측정하기 위하여 실시한다.
- 요구 분석 및 선행연구 검토 등을 통하여 어떤 유형의 지역사회 보건사업이 필요한지를 결정하기 위하여 실시된다.

② 형성 평가 : 형성 평가는 지역사회 보건사업을 수행하는 중간에 실시하는 평가이다.

〈형성 평가의 평가항목〉
- 지역사회 보건사업이 계획한 대로 진행되고 있는지?
- 무엇을 어느 정도 수행했는지?
- 수행 중에 어떤 문제점이 발생했는지?
- 문제점이 발생했다면 파급 정도가 얼마나 되고 해결방안은 무엇인지?

③ 총괄 평가 : 총괄 평가는 지역사회 보건사업을 수행한 이후에 실시하는 평가이다.

〈총괄 평가의 평가항목〉
- 투입된 노력의 대가로 무엇이 나타났는지?
- 설정된 목표를 달성했는지?
- 지역사회 보건사업이 대상자 및 사회에게 어떤 영향을 끼쳤는지?

4) 사업 진행과정에 따른 유형

① 구조 평가 : 구조 평가는 프로그램을 수행하기 이전에(사전조사 포함) 자료나 캠페인 전략의 강점 및 약점을 평가하기 위해 실시하는 평가이다.

◑ 구조 평가의 특성 및 평가항목

특성	• 모든 노력이 진행되기 전에 필요한 수정을 할 수 있도록 한다. • 의사소통활동이 시작되기 전에 프로그램을 성공시키기 위한 기회를 최대화한다.
평가항목	• 사업에 투입되는 자료 • 사업에 필요한 인력의 양적 적절성과 전문성 • 시설 및 장비의 적절성

② 과정 평가 : 과정 평가는 프로그램을 수행하는 중간에 실시하는 평가이다.

◑ 과정 평가의 특성 및 평가항목

특성	• 과정 평가를 통하여 프로그램의 계획과 진행 정도를 비교함으로써 목표 달성이 가능하도록 프로그램 내용을 조정한다. • 목표 달성을 저해하는 요인은 조기에 발견하여 시정하고, 목표 달성을 촉진하는 요인은 강화하기 위한 목적으로 실시한다.
평가항목	• 프로그램 진행 일정의 준수 • 프로그램 자원의 적절성과 효율성 • 프로그램 이용자의 특성과 형평성 • 프로그램의 전략 및 활동의 적합성 • 제공된 서비스의 질

③ 영향 평가 : 영향 평가는 프로그램의 단기적 결과에 대한 평가이다.

◑ 영향 평가의 특성 및 평가용 질문

특성	• 영향 평가는 프로그램의 즉각적인 결과를 측정하고 평가한다. • 즉각적으로 관찰 가능한 프로그램의 효과인 인식(사업의 수용도, 접근의 용이성, 프로그램에 대한 존재인식, 위험에 대한 인식), 지식, 태도, 기술, 행위의 변화를 측정하고 평가한다.
평가항목	• 프로그램의 영향으로 주민들의 지식, 태도, 행위에 변화가 있는가? • 이 프로그램으로 인해 다른 프로그램에 어떤 파급 효과가 있었는가?

④ 결과 평가 : 프로그램의 궁극적인 목표 및 결과에 대한 평가이다.

〈결과 평가의 특성〉

- 프로그램 투입집단의 생리학적 측정지표, 유병률, 사망률의 변동으로 측정하고 평가한다.
- 결과 평가는 영향평가보다 많은 자원이 필요하고 시간이 많이 소요된다.

(5) 평가의 분석

1) 비용-효과성 분석

비용-효과성 분석(CEA, Cost-Effective Analysis)은 분석대상 프로그램으로부터 동일한 방법으로 측정한 하나의 효과에 대하여 각각의 관련비용을 비교하여 어느 사업이 효과단위당 비용이 적게 드는지를 판단하는 분석방법이다.

〈비용-효과성 분석의 특성〉

- 어떤 프로그램 또는 중재가 비용 대비 효과가 더 좋은지에 대하여 평가할 수 있다.
- 비용-효과성 분석에서 효과로 측정하는 건강결과는 자연단위로 측정한다.
  예 평균 혈압의 감소 정도, 예방접종이 완료된 아동 수, 늘어난 수명 연수 등
- 비용-효과성 분석은 평가대상 프로그램에 대한 동일한 효과와 투입된 비용을 측정할 수 있어야 적용할 수가 있다. 따라서 평가대상 프로그램의 효과 측정도구가 다르거나 투입된 비용을 측정할 수 없거나, 중요한 건강결과가 2개 이상이면 비용-효과성 분석을 적용할 수 없다.

2) 비용-편익 분석

비용-편익 분석(CBA, Cost-Benefit Analysis)은 비용-효과성 분석과는 달리 비교하고자 하는 프로그램들이 산출하는 건강결과가 동일하거나 한 가지일 필요가 없는 분석방법이다.

〈비용-편익 분석의 특성〉

- 비용-편익 분석에서의 편익은 프로그램의 결과로 얻은 직접적인 편익뿐만 아니라 사회적 편익과 같은 간접적인 편익도 포함하여 측정한다.
- 비용-편익 분석에서 비용과 편익은 모두 화폐단위로 측정한다.
- 총 편익에서 총 비용을 차감하여 계산한 순 편익으로 어느 프로그램이 더 좋은지를 평가하여 분석한다.
- 비용-편익 분석을 통하여 비교대상 프로그램 중에서 어느 프로그램이 비용 대비 더 큰 사회적 편익을 주는지에 대한 결과를 얻을 수 있다.

3) 비용-효용 분석

비용-효용 분석(CUA, Cost-Utility Analysis)은 비용-편익 분석과 마찬가지로 결과

가 다른 프로그램들을 비교할 수 있는 분석방법이다.

〈비용-효용 분석의 특성〉

• 비용-효용 분석에서의 효용은 건강에 대한 개인의 선호도를 나타낸다.
• 일반적으로 질 보정 생존연수(QALY, Quality Adjusted Life Years)로 측정하여 분석 한다. 비용-효용 분석의 산출식은 QALY당 비용이다.
• 다양하고 이질적인 산출물들을 하나의 복합적이고 종합적인 산출물로 통합할 수 있 어서 이질적인 프로그램에 대하여 광범위한 비교를 할 수 있다.
• 비용-효용 분석의 비교대상 프로그램들이 건강과 관련된 삶의 질이 유일하거나 중요 한 산출물인 경우에 사용할 수 있다.
• 비용-효용 분석은 산출물이 다양하고 단위가 넓어서 공통 측정단위를 갖게 되는 경 우에 적용할 수 있다.

TIP 지역사회 보건사업 기획 과정이 가진 특성

1	지역사회 보건사업 기획의 과정에서 강조되는 것은 이 과정이 일회적이거나 단편적인 의사결정 이 아니라, 연속적이고 서로 영향을 주고받는 과정이라는 점이다.
2	각 기획과정은 단계별로 서로 연관되어 있으며, 지속적으로 상호작용을 하게 된다. 프로그램 평 가가 지역사회 보건사업 기획과정의 마지막 단계이지만 기획과정의 끝을 의미하지는 않는다.
3	지역사회의 보건의료체계에서 우선되는 목적 및 목표를 다루기 위한 수행계획이 개발되고 수행 되기 위한 여러 가지 노력이 이전 단계에서 이루어짐에 따라 그 결과가 기획의 단계에서 나타나 게 된다.
4	시간이 지남에 따라 지역사회 보건사업 기획의 과정을 유지하고, 지속적으로 프로그램을 제공 하는 데 어려움이 있을 수 있으므로 기획의 모든 단계가 도전적인 단계라고 볼 수 있다.

5 보건소의 운영

① 보건소

1 보건소의 설치기준

① 지역주민의 건강을 증진하고 질병을 예방·관리하기 위하여 시·군·구에 대통령으로 정 하는 기준에 따라 해당 지방자치단체의 조례로 보건소(보건의료원을 포함한다.)를 설치

한다.

② 동일한 시·군·구에 2개 이상의 보건소가 설치되어 있는 경우 해당 지방자치단체의 조례로 정하는 바에 따라 업무를 총괄하는 보건소를 지정하여 운영할 수 있다.

2 보건소의 역할

보건소의 보건간호사업은 지역사회 주민의 건강요구를 스스로 충족시킬 수 있는 능력을 개발하고, 건강요구를 간호하며 심각한 건강문제를 가진 대상자를 적절한 보건의료기관에 의뢰함으로써 국민의 건강권을 보장한다. 또한, 보건소는 국민의 건강권 보장이라는 목적을 달성하기 위하여 지역사회 주민의 포괄적인 건강관리를 위한 의료서비스를 제공한다.

○ 보건소의 포괄적인 건강관리의 분류

진료 서비스	예방서비스		보건행정관리
	인간 대상의 보건간호서비스	환경 대상의 환경보건관리서비스	

3 보건소의 기능 및 업무

보건소의 기능 및 업무는 아래와 같다.

① 건강 친화적인 지역사회 여건의 조성

② 지역보건의료정책의 기획, 조사·연구 및 평가

③ 보건의료인 및 「보건의료기본법」에 따른 보건의료기관 등에 대한 지도·관리·육성과 국민보건 향상을 위한 지도·관리

④ 보건의료 관련기관·단체, 학교, 직장 등과의 협력체계 구축

⑤ 지역주민의 건강증진 및 질병예방·관리를 위한 다음 각 목의 지역보건의료서비스의 제공
  • 국민건강증진·구강건강·영양관리사업 및 보건교육
  • 감염병의 예방 및 관리
  • 모성과 영유아의 건강유지·증진
  • 여성·노인·장애인 등 보건의료 취약계층의 건강유지·증진
  • 정신건강증진 및 생명존중에 관한 사항
  • 지역주민에 대한 진료, 건강검진 및 만성질환 등의 질병관리에 관한 사항
  • 가정 및 사회복지시설 등을 방문하여 행하는 보건의료사업

4 보건소의 인력

(1) 보건소장

① 의사의 면허를 가진 자와 이의 충원이 곤란한 경우 최근 5년 이상 근무한 경험이 있는 보건의무직군(보건, 의무, 약무, 간호, 식품위생, 의료기술직)의 공무원으로 임용한다.

② 시장, 군수, 구청장의 지휘·감독을 받아 보건소의 업무를 관장하고 소속공무원을 지휘·감독하며, 보건지소와 보건진료소의 직원 및 업무에 대하여 지도·감독한다.

(2) 보건소의 전문인력

① 「의료법」이 정하고 있는 인력(의사, 한의사, 치과의사, 간호사 등), 「의료기사 등에 관한 법률」이 정하는 인력 이외에 약사, 영양사, 간호조무사, 위생사, 통계 및 전산기사, 사회복지사

② 임용기준 : 해당분야 면허나 자격을 소지하고 2년 이상 실무에 종사한 자를 우선 임용한다.

② 보건지소와 보건진료소

1 보건지소

(1) 설치기준

① 지방자치단체가 보건소 업무수행을 위하여 필요하다고 인정할 때 설치한다.
② 대통령령이 정하는 기준에 따라 당해 지방자치단체의 조례로 설치한다.
③ 읍·면마다 1개소씩 설치한다.
④ 시장·군수·구청장이 지역주민의 보건의료를 위하여 필요하다고 인정시 필요한 지역에 설치·운영한다.

(2) 보건지소장

임용	• 보건지소에 1인의 보건지소장을 둔다. • 보건지소장은 지방의무직 또는 전문직 공무원으로 임명한다.
지휘·감독	• 보건소장의 지휘감독을 받는다. • 보건지소 업무관장 • 소속직원의 지휘·감독 • 보건진료소의 직원 및 업무에 대해 지도·감독

2 보건진료소

(1) 설치근거

1978년	소련의 알마아타 회의 → 1차 보건의료
1980년	「농어촌 등 보건의료를 위한 특별조치법」 → 벽오지에 보건진료소를 배치하고 읍·면지역 보건지소에 공중보건의를 배치

(2) 설치기준

① 의료취약지역 인구 500인 이상(단, 도서지역은 300인 이상) 5,000인 미만을 기준으로 구분한 하나 또는 수개의 리·동을 관할구역으로 하여, 주민의 의료이용이 편리한 장소에 설치하도록 하고 있다.

② 보건진료소 관할 인구의 2/3 이상이 교통시간 30분 이내에 보건진료소에 접근 가능하도록 설치한다.

③ 보건소 사업

보건소는 최일선의 공공 보건의료기관으로서, 나라의 정치적·경제적·사회적 여건 및 보건의료 인력의 양과 질에 따라 보건소 사업의 양상이 달라진다.

1 보건소 사업에 영향을 미치는 변화

(1) 환경적 변화

① 국제화·개방화는 외국의 의료기술, 의료조직 등의 국내 이전을 더욱 촉진시키고, 경제부문의 개방화와 맞물려 보건의료서비스 분야도 개방할 수밖에 없는 상황을 초래한다.

② 이러한 국제화 속에서 우리나라 의료제도의 국제 경제력 문제는 심각해질 우려가 있지만, 우리 민족의 정체성이 강화되고 아울러 한의학의 발전이 촉진될 가능성도 있다.

③ 도시인구의 과밀로 인한 공해문제, 환경문제, 정신보건문제가 커다란 사회문제이다. 신체손상, 약물중독, 자살, 타살의 증가도 선진국과 비슷한 양상을 나타내고 있다.

④ 지방자치제의 실시와 우루과이라운드 이후에 농어촌지역의 복지 증진의 필요성이 대두되고, 행정구역의 개편으로 인하여 공공 보건의료사업의 조직 변화가 있을 수 있다.

(2) 인구학적 변화

① 65세 이상의 노인인구 비율이 2000년 7.2%에서 2020년 15.7%로 급격히 증가하는 추세이다. 인구구조가 고령사회로 진입하고 있어서 노인의료의 수요 증대를 쉽게 예

측할 수 있다.

② 산업재해, 직업병, 각종 사고 등의 산업화로 인한 수요 증대가 예측되므로 병원 중심의 의료제도로는 감당할 수 없음을 쉽게 가늠할 수 있다.

(3) 질병구조의 변화

① 질병구조는 급성 감염성질환이 급격히 감소하고 오히려 병원 감염과 관련된 폐렴이나 패혈증 등이 점차 증가하고 있다.

② 최근에는 신생물, 순환기계 질환 중에서 급성 심근경색증과 뇌졸중이 현저히 증가하고 있다.

③ 현재의 보건의료제도는 급성 감염성질환의 관리를 위한 제도로, 만성 퇴행성질환이나 기능부전증을 관리하는 데 적절한 제도가 아니다. 만성 퇴행성질환들은 개인의 기호나 생활양식과 밀접히 연관되어 있다는 점을 특별히 주시해야 한다.

(4) 국민건강요구의 변화

① 가족구조의 소가족화 및 핵가족화로 인한 사회적 기능 측면에서 전통적인 가족기능에 변화가 오게 된다.

② 노인부양 기능과 자녀양육 기능의 감소, 여성의 사회활동 증가로 인하여 아동의 건강관리 요구가 증대된다.

(5) 기술의 변화

① 정보와 지식, 기계전자, 신소재 재료, 생명공학 등으로 인한 의료분야의 혁명적인 변화가 있기 때문에 기술 혁신이라는 차원을 넘어 의료조직, 의료전달체계, 의료공급 형태에 일대 변화를 일으킨다.

② 일대 변화의 상황 속에서 보건소는 농어촌 특별 보건의료사업을 통한 보건소의 기능 강화와 「지역보건법」과 「국민건강증진법」의 제정을 통하여 기술 변화의 시대에 부응하여 잘 대처해 나가고 있다.

③ 다만 보건소의 조직, 기능, 업무 등이 광범위하고 직접적인 건강문제를 일으키고 있는 환경에 역동적으로 대처해 나가지 못하는 문제점을 가지고 있다.

(6) 조직상의 변화

1) 행정단위별 보건소의 설치

① 보건소는 그 관할지역 내 사회·경제·지리적 요인과 의료자원의 분포 등을 고려하여 다양한 유형화(특별시형, 광역시형, 중·소도시형, 도·농 통합형, 농어촌형 등)가 이루어져야 하는데, 현재 행정구역 단위와 비슷한 유형으로 되어 있어서 효과적인 보건사업의 수행에 어려움이 있다.

② 외국의 경우는 해당 지역의 소득계층, 인구 규모, 인구 구성에 따라 건강상태나 질병

양상 등이 달라진다는 점을 고려하여, 진료기능을 보강하거나 노인 보건이나 정신보건을 강화하는 등의 업무 수행에 차이를 둔다.

2) 보건소 조직의 이원화

① 보건소 조직은 행정안전부의 직접적인 지도·감독을 받고 있으며, 보건인력이 수행해야 할 업무는 보건복지부의 지도·감독을 받고 있다.

② 결국 조직과 인력의 상위체계인 중앙 정부에서 지방 행정단위에 이르기까지 이원화가 되어 있어서 보건사업에 장애가 되고 있다.

3) 수직적인 업무수행체계

① 조직의 활성화를 위한 기획, 수행, 평가가 원활히 이루어져서 처음 계획된 의도대로 수행할 수 있어야 한다. 그러나 현재와 같은 상부하달식의 업무수행체계에서는 보건복지부에서 대부분의 기획과 정책 결정이 이루어진다.

② 실제 업무 수행을 할 경우에 지역사회 주민의 요구가 반영된 업무 수행이 어려운 실정이며, 지역사회 주민의 자발적인 참여도 저하되는 현상을 보이게 된다.

③ 「지역보건법」으로 개정하여 지역의 특성을 살린 지역사회 보건의료계획서에 따라 업무 추진을 활성화한다면 상부하달식의 업무 수행은 많이 사라질 것이다.

2 보건소 사업의 발전 방향

(1) 보건관련 법규의 제정 및 개편

① 정부는 변화하는 보건의료 수요에 대응하기 위하여 「지역보건법」, 「국민건강증진법」 등을 제정 또는 전면 개정하였다. 이러한 배경에는 보건의료를 둘러싼 패러다임이 변화하는 것을 전제로 한다.

② 패러다임의 변화를 주도하는 것은 결국 지역사회 주민이고, 중앙 정부 및 지방자치단체는 이를 정책화시켜 나가는 일을 하고 있다.

③ 지방자치단체는 주민이 무엇을 필요로 하는지를 발견하여 지역사회의 특성에 따라 다양한 충족되지 않은 수요에 대응할 수 있는 프로그램을 개발하는 것이 시급한 실정이다.

(2) 보건행정의 전산화 및 방문보건

① 보건사업의 수요를 생의 주기별로 보면 영유아 보건, 청소년 보건, 모성 보건, 중·장년 보건, 노인 보건 등으로 구분할 수 있다.

② 보건사업에 대응하는 서비스는 각 주기별로 질병예방을 위한 정기적인 건강상담과 보건교육, 예방접종, 건강검진, 건강증진 등으로 구성된다.

③ 보건사업을 관리하기 위하여 보건행정 관리를 전산화하는 업무와 방문보건 의료사업이 필수적이다.

④ 의료서비스가 제공될 수 있도록 의사, 간호사 등의 전문인력을 확보하여 교육 및 훈련을 강화한다. 필요하다면 지역사회의 민간 의료기관을 적극적으로 활용한다.

(3) 양질의 보건의료서비스 개발

① 보건소는 비영리 공공 보건의료기관이다. 영리를 추구하는 민간 의료기관의 형태를 통제하기 위해서는 지역사회 주민의 최일선에 있는 보건소에 의해 저렴하지만 양질의 보건의료서비스가 개발되어 지역사회 주민에게 공급되어야 한다.

② 보건소에서 제공하는 사업에 대한 보건의료 수가는 지역사회 주민의 지불능력에 맞추어 책정되어야 하고, 부족한 부분에 대해서는 정부의 지원이 필요하다.

③ 만성환자에 대한 방문간호사업이나 지역의 특성에 맞는 보건의료서비스 상품을 개발한다.

(4) 지역사회 보건의료에 대한 정보관리

① 지역사회 보건의료의 수요를 파악하고 공급대책을 수립하는 역할 중에서 향후 보건소의 중요한 기능 중의 하나가 지역사회 보건의료에 대한 정보관리이다.

② 자연재해나 대량 환자가 발생할 경우에 응급의료체계를 관리하고 운영한다.

③ 관할지역에 미확인된 전염병이나 질병이 발생했을 경우에 원인을 규명하고 대책을 수립한다.

④ 사망이나 출생 등의 기본적인 생정통계 등의 보건의료 정보체계를 확립하여 활성화한다.

(5) 보건소의 조직체계 개선

지방자치제 실시에 따라 보건의료에 미치는 영향을 고려하여 보건소의 조직과 기능체계를 개선해 나가야 한다. 이러한 점을 고려하여 보건소에 적합한 지역사회의 자치행정이 이루어져야 한다.

3 보건소 사업의 활성화

(1) 보건소 사업의 활성화 배경

① 최근의 재정 및 인력의 감축은 보건사업을 위축시킬 우려가 있고, 보건과 복지의 연계 미흡은 조직의 통합논리로 확산될 우려가 있다.

② 건강증진, 재활, 정신보건 등의 새로운 사업을 개발하여 보급하기 위한 지역사회 보건사업의 활성화 방안들이 중·장기적 계획 하에서 추진되어야 한다.

(2) 보건소 사업의 활성화 방안

1) 조직 및 인력의 개발

21세기에 맞는 보건소 사업의 조직 및 인력 개발을 위해서는 「지방공무원법」의 지방자치단체의 조직 및 정원에 대한 규정을 합리적으로 개선하여 보건사업의 기술 연구 및 지원체계의 확립 등을 실천한다.

2) 재원 마련을 위한 법령의 개정
조직 모형의 실현을 위한 건강증진기금, 일반회계, 농특세 재원의 확충을 통한 지방정부 보조금의 확대, 지방 잉여금의 보건사업 활용, 지방교부세의 보건사업비 확대 등의 재원을 마련하기 위하여 관련 법규 및 시행령 등의 개정이 보다 조직적으로 이루어져야 한다.

3) 보건소 업무체계의 개발
보건소의 표준화, 업무의 전산화, 내부관리의 체계화, 보건사업의 평가 등을 통하여 보다 능률적인 보건소 업무체계를 개발한다.

4) 신기술의 보급
신기술의 확산과 보급을 위한 인력 개발과 필요한 시설 및 장비의 확보가 이루어져야 한다.

4 보건소의 통합건강증진사업

(1) 통합건강증진사업의 추진배경

1) 주민들의 서비스 수행요구 증가
최근 고령화와 만성질환이 증가함에 따라 지역사회 주민들의 건강증진서비스 수행요구가 증가하였고 이에 보건소 건강증진사업이 증가하는 계기가 되었다.

2) 포괄보조사업의 도입 추진
보건소의 건강증진사업을 추진할 때 발생하는 문제점을 해결하기 위하여 포괄보조사업의 도입을 추진하게 되었다.

3) 보건사업별 예산 편성
지방자치단체가 지역여건에 맞는 보건사업별 예산을 편성함으로써 대상자 중심의 통합서비스를 제공하고 지역여건에 맞는 사업을 운영할 수 있는 환경을 마련하였다.

(2) 통합건강증진사업의 정의
① 통합건강증진사업은 각 시·군·구별로 부여된 지출한도 내에서 자율적으로 기획하고 설계하는 사업이다.
② 통합건강증진사업은 중앙 정부가 전국을 대상으로 획일적으로 실시하는 국가주도형 사업 방식에서 탈피하여 지방자치단체가 지역특성 및 주민 수요에 맞는 건강증진사업을 기획하고 수행하기 위한 사업이다.
③ 전년도 예산배분액, 인구수, 재정자립도 등을 고려한 국고보조 지출한도액을 바탕으

로 하여 지역여건에 맞는 사업을 추진할 수 있도록 사업기획 및 수행을 지방자치단체 주도방식으로 개선하는 사업이다.

(3) 통합건강증진사업의 목적

통합건강증진사업은 지방자치단체가 지역별 다양한 특성과 수요에 부합하는 차별적인 서비스를 주도적으로 발굴하고 집행함으로써, 지역사회 주민의 보건사업 체감도를 높이고 중앙 정부와 지방 정부가 함께 노력하여 국민건강증진종합계획(HP 2020)의 목표 달성을 목적으로 한다.

(4) 통합건강증진사업의 구성

통합건강증진사업은 총 13가지 사업분야로 구성된다. 지방자치단체는 13가지 사업분야의 범위 내에서 해당 지방자치단체에 필요한 사업을 선정하거나 통합하여 지역여건에 맞게 자율적으로 내용 및 방법을 재설계하여 사업계획을 수립한다.

〈통합건강증진사업의 13가지 사업분야〉

• 금연	• 절주	• 신체활동	• 영양	• 비만
• 구강보건	• 심혈관질환 예방관리	• 한의약	• 아토피 및 천식의 예방	
• 모자보건	• 지역사회 중심의 재활	• 치매	• 방문건강 관리	

(5) 통합건강증진사업의 기본방향

1) 사업의 효율성 제고
기존의 보건소 건강증진사업은 예산이 소규모의 세부 단위로 구분하여 편성되었기에 사업운영이 분절적이었는데, 보건소의 통합건강증진 국고보조사업 통합(17개 사업을 1개 사업으로 통합함) 및 국가 건강증진 목표(국민건강증진종합계획 2011~2020, HP 2020)에 부합하도록 간호 대상자 중심의 통합서비스를 제공함으로써 보건사업의 효율성이 제고된다.

2) 지방자치단체의 자율성 확대
지역의 건강문제 및 주민의 요구를 반영하지 못하고 모든 보건소에서 지침에 따라 획일적으로 운영되어 경직되어 있었는데, 지방자치단체가 지역여건에 맞게 세부내역을 자율적으로 설계하고 집행할 수 있도록 탄력적으로 운영함으로써 지방자치단체의 자율성이 확대된다.

3) 재정운용의 책임성 제고
획일적인 지침에 따른 수동적인 산출결과 평가에서 지방자치단체별 사업 목적과 목표 달성의 여부를 평가함으로써 지방자치단체의 재정운용에 대한 책임성(평가)를 제고한다.

④ 보건소 간호인력

1 보건 전문간호사

(1) 보건 전문간호사의 개념

보건 전문간호사는 보건복지부 장관이 인증하는 전문간호사 자격을 가진 자로서, 해당 분야에 대한 높은 수준의 지식과 기술을 가지고 의료기관 및 지역사회 내에서 간호 대상자(개인, 가족)에게 상급 수준의 전문가적 간호를 자율적으로 제공하는 사람이다.

(2) 보건 전문간호사의 자격

보건 전문간호사는 「지역보건법」에 명시된 보건기관, 「농어촌 등 보건의료를 위한 특별조치법」에 명시된 보건진료소, 시·도 및 보건복지부의 보건업무의 실무 경력이 3년 이상인 사람으로서, 전문간호사과정을 이수하고 자격시험에 합격해야 자격을 취득할 수 있다.

1) 자격 취득기준

각 분야의 전문간호사 자격을 취득하기 위해서는 최근 10년 이내에 해당 분야에서 3년 이상 근무한 경험이 있으면서 보건복지부 장관이 인증한 교육기관(대학원 수준)에서 전문간호사과정을 이수하거나 보건복지부 장관이 인정하는 외국의 해당 분야 전문간호사 자격이 있으면 전문간호사 자격시험에 응시할 수 있고, 합격 후에 자격증을 받을 수 있다.

2) 자격 취득분야

「의료법」에 명시된 전문간호사 분야는 총 13가지 분야로 이루어져 있다.

〈전문간호사의 13가지 분야〉

• 가정	• 감염관리	• 노인	• 마취	• 보건
• 산업	• 아동	• 응급	• 임상	• 정신
• 종양	• 중환자	• 호스피스		

(3) 전문간호사의 역할

1) 전문가적 간호실무 제공자

자신의 전문 분야에서 간호와 간호 관련 학문에 대한 폭넓은 지식과 기술을 바탕으로 간호 대상자에게 상급 간호실무를 제공한다.

2) 교육자

환자, 가족, 일반간호사, 간호학생, 타 보건의료인력을 대상으로 교육을 실시하고 보수교육 또는 실무교육 프로그램의 개발에 참여한다.

3) 연구자

기존의 연구 결과를 현장에 적용하고, 간호실무를 수행하면서 간호문제를 발견하여 연구문제로 제시하여 연구를 수행하거나 연구활동에 참여한다.

4) 지도자

간호 대상자에게 제공하는 간호의 질 및 상급 간호실무의 수준을 향상시키기 위하여 변화 촉진자, 역할모델, 옹호자의 자격으로 활동하고 임상적인 지도력을 발휘한다.

5) 자문가

간호 대상자를 위한 간호의 질을 향상하기 위하여 환자, 가족, 일반간호사, 타 보건의료인력을 대상으로 상급 지식, 기술, 판단력을 사용하여 자문한다.

6) 협동자

간호 대상자를 위하여 최대의 간호 효과를 내기 위하여 일반간호사 및 관련 보건의료인력과 함께 협동적인 관계를 형성하고 조정한다.

2 보건진료 전담공무원

(1) 보건진료 전담공무원의 자격 (「농어촌 등 보건의료를 위한 특별조치법」)

> ① 보건진료 전담공무원은 간호사·조산사 면허를 가진 사람으로서 보건복지부장관이 실시하는 24주 이상의 직무교육을 받은 사람이어야 한다.
> ② 제1항의 직무교육에 필요한 사항은 보건복지부령으로 정한다.

(2) 보건진료 전담공무원의 신분 및 임용

> ① 보건진료 전담공무원은 지방공무원으로 하며, 특별자치시장·특별자치도지사, 시장·군수 또는 구청장이 근무지역을 지정하여 임용한다.
> ② 특별자치시장·특별자치도지사·시장·군수 또는 구청장은 보건진료 전담공무원이 다음 각 호의 어느 하나에 해당하는 경우에는 그 보건진료 전담공무원을 징계 할 수 있다.
> - 정당한 이유없이 지정받은 근무지역 밖에서 의료행위를 한 경우
> - 제19조에 따른 범위를 넘어 의료행위를 한 경우
> - 제20조에 따른 관할구역 이탈금지 명령을 위반하여 허가 없이 연속하여 7일 이상 관할구역을 이탈한 경우
> - 제2항에 따른 징계의 절차·방법, 그 밖에 필요한 사항은 「지방공무원법」에 따른다.

(3) 보건진료 전담공무원의 업무

① 법 제19조에 따른 보건진료 전담공무원의 의료행위의 범위는 다음 각 호와 같다.

  1. 질병·부상 상태를 판별하기 위한 진찰·검사

  2. 환자의 이송

  3. 외상 등 흔히 볼 수 있는 환자의 치료 및 응급조치가 필요한 환자에 대한 응급 처치

  4. 질병·부상의 악화방지를 위한 처치

  5. 만성병 환자의 요양지도 및 관리

  6. 정상분만 시의 분만개조(分挽介助)

  7. 예방접종

  8. 제1호부터 제7호까지의 의료행위에 따르는 의약품의 투여

② 보건진료 전담공무원은 제1항 각 호의 의료행위 외에 다음 각 호의 업무를 수행한다.

  1. 환경위생 및 영양개선에 관한 업무

  2. 질병예방에 관한 업무

  3. 모자보건에 관한 업무

  4. 주민의 건강에 관한 업무를 담당하는 사람에 대한 교육 및 지도에 관한 업무

  5. 그 밖에 주민의 건강증진에 관한 업무

③ 보건진료 전담공무원은 제1항에 따른 의료행위를 할 때에는 보건복지부장관이 정하는 환자 진료지침에 따라야 한다.

TIP) 보건진료 전담공무원의 직무 기능

지역사회 조직 개발의 기능	• 사업 대상지역의 각종 조직 파악 • 지역사회 조직의 활용 • 보건진료소 운영협의회의 운영
사업계획 수립의 기능	• 사업 대상지역의 인구 구조 및 특성의 파악 • 지역사회 보건의료자원의 조사 및 활용 • 보건사업 평가계획의 수립 • 지역사회 보건통계자료의 수집 • 보건 대상자 파악 및 사업 우선순위의 결정
지역사회 보건관리의 기능	• 음료수 관리를 위한 수질검사용 가검물의 채취 • 농약의 관리교육 • 취약계층 아동들의 보건교육 실시 • 화장실의 위생관리교육 • 지역사회 주민의 영양관리 • 지역사회 주민의 집단보건교육 실시

모자보건 및 가족계획 기능	• 임신진단 • 분만세트 사용법의 지도 • 영유아의 관리 및 예방접종 • 피임약제의 배부 • 산과적 진찰 및 일반적 처치 • 이상분만의 감별 • 유아기의 영양지도 • 가족계획 실시자의 추구 관리	• 고위험 임산부의 관리 • 임산부의 건강상태 파악 • 가족계획 대상자의 계몽운동 • 가족계획 실시자의 부작용 관리 • 정상분만의 개조 • 신생아의 이상상태 감별 및 의뢰 • IUD 시술 • 영구불임시술을 위한 의뢰
통상질환 관리의 기능	• 질병예방교육의 실시 • 기초진료 범위 내의 환자투약 및 처치 • 기초진료 범위 외의 환자 의뢰 • 기초진료 범위 외의 응급환자 의뢰 • 기초진료 범위 내의 응급환자 치료 • 환자진단을 위한 병력 조사, 진찰, 임상검사 의뢰	
사업운영관리 및 기술지도의 기능	• 보건진료소 사업운영을 위한 계획서 작성 • 환자진료기록부 작성 • 보건진료소의 운영상황보고서 작성 • 일반관리업무(공문서, 회계기록, 활동기록) • 마을건강원의 조직 • 보건요원의 활용 • 마을건강원에 대한 교육 및 활동 지도	• 약품관리를 위한 약품대장 비치 • 장비, 물품, 비품의 관리대장 비치 • 조사기록부 작성 • 보건진료소 사업 평가의 실시 • 마을건강원의 활용 • 보건요원의 지도
보건정보체계 개발의 기능	• 보건정보의 수집	• 보건정보체계의 개발

더 알아보자! 보건소 활성화를 위한 간호인력의 필요성

1	최근 향후 보건사업이 고혈압, 당뇨병, 정신질환, 만성퇴행성 질환 등의 만성질환 관리에 초점을 두게 됨에 따라 의사, 간호사 등의 팀 접근에 필요한 전문인이 중요하다.
2	환자가 보건소에 오는 것보다 차량을 이용하여 직접 환자의 가정을 방문하는 사업 형태로 접근하는 것이 보다 효과적이다.
3	만성질환 관리사업은 민간 의료기관의 참여가 필요하며 보건지소 및 보건진료소와 읍·면·동사무소가 연계하여 방문보건사업의 형태로 접근해 나가는 것이 바람직하다.
4	보건복지부에서 제시된 전문인력 배치기준은 최소 기준으로 대부분의 보건소는 간호사 인력의 확보에 있어서 이 기준보다 더 미흡한 실정이므로 보건소에 보다 많은 간호인력이 필요하다.
5	간호인력을 확보하여 지역사회 주민의 보건의료 요구를 충족시키고, 지역사회의 적극적 참여를 유도하여 보건소가 지역사회의 건강증진 중심센터로서 역할을 수행할 수 있도록 해야 한다.

1 지역사회 간호사정

① 1단계 지역사회 자료의 수집

지역사회 간호과정의 첫 단계는 지역사회 자료를 수집하는 것으로 수집되는 정보의 양은 정보의 유용성 정도와 지역사회 간호사의 시간, 활용 가능한 자원, 사업에 임하는 자세와 자료수집 과정 내에 참여하는 지역사회의 경향 등에 따라 달라진다.

1 자료수집의 방법

지역사회의 건강문제 확인을 위한 자료수집을 시작하기 전에 어느 범위만큼 수집할 것인지를 결정한다.

(1) 기존 자료의 조사

공공기관의 인구조사 자료 및 생정통계 자료, 공식적으로 보고된 통계자료 및 의료기관의 건강기록 자료, 연구논문 자료 등을 수집한다.

(2) 직접 자료수집

설문지 조사	• 기존 자료나 지역시찰, 지도자 면담 등을 통해서 얻을 수 없는 자료를 대상자의 가정, 시설, 기관 등을 방문하여 대상자를 직접 면담함으로써 얻는 방법이다. • 구조화된 또는 비구조화된 질문지를 사용할 수 있다. • 다른 방법보다는 비경제적이고 비효율적이며 시간과 비용이 많이 소요된다. • 지역사회 주민들의 인구 사회학적·환경적 현황을 포함한 특정한 문제를 규명하기 위하여 필요한 방법이다. • 각 가정을 방문하거나 집단모임 등을 통하여 조사한다.
참여 관찰	• 지역사회 주민들에게 영향을 미치는 의식, 행사 등에 직접 참여하여 관찰하는 방법이다. • 지역사회의 가치, 규범, 신념, 권력구조, 문제해결과정 등에 대한 정보수집 방법이다.
정보원 면담	• 지역사회 보건의료사업에 영향을 줄 수 있는 주요 정보제공자를 통하여 지역사회의 건강문제, 문제해결과정의 자료를 수집하는 방법이다. • 면담을 할 때는 지역사회 주민의 경조사, 친목회 등의 조직, 반상회에 대한 지역사회 주민의 참여 및 관심 등에 관한 구조화된 질문지를 사용하는 것이 자료수집에 효과적이다.
차창 밖 조사	• 지역사회를 두루 다니며 신속하게 관찰하는 방법으로, 자동차 창문 밖으로 관찰하거나 걸어 다니며 관찰한다. 관찰대상 외에 분위기도 관찰할 수 있다.

TIP

1. 지역사회의 주요 정보제공자
   - 지역 지도자 및 지역 유지
   - 종교 지도자
   - 행정기관장 : 시장, 구청장, 군수, 읍·면·동장 등
   - 지역사회 단체장 : 노인회장, 부녀회장, 청년회장 등

2. 차창 밖 조사의 관찰내용

환경	주거상태 및 형태, 공사의 진행 여부, 안전 위협요소, 소음, 악취, 오염원 등
이동수단	교통수단, 도로상태 등
문화	인종, 식당, 언어, 건강서비스 등
시설	공공/사립 시설, 교육시설, 주민들이 이용하는 쇼핑시설, 공공장소 등
안전시설	소방서, 경찰서 등
의사소통매체	TV, 방송국 등

2 자료수집의 조직화 범주

자료 수집은 지역사회적 특성, 인구학적 특성, 자원 및 환경적 특성에 따라 조직화하며 자료수집의 내용은 지역사회의 물리적인 면과 사회적인 면을 알 수 있는 자료로 조직한다.

(1) 지역사회적 특성

지역사회적 특성에는 지역사회의 역사적 배경, 발달과정, 지리학적 특성, 경제력, 건강문제에 대한 지역사회 주민의 반응, 건강에 대한 가치관 등이 포함된다.

〈지리학적 특성의 구성요소〉
- 지역사회의 유형 : 도시, 농촌, 어촌 등
- 지역사회의 면적, 위치, 형태, 기후
- 지역사회의 역사 및 발전상황
- 지역사회의 정치적 구조 및 힘의 분포

(2) 인구학적 특성

인구학적 특성에는 인구통계에서 취급되는 변수들이 포함된다.

〈인구통계에서 취급되는 변수들〉
- 지역사회 주민 수, 주민의 전입 및 전출, 종족
- 성별·연령별 인구분포, 인구증가율, 출생률, 사망률,
- 언어, 소득수준, 교육수준, 직업, 종교
- 가족구성원, 부양비, 결혼상태, 분만상태, 가족계획 실시상태 등

(3) 자원 및 환경적 특성

자원 및 환경적 특성에는 이용 가능한 자원과 예산이 포함된다. 특히 인적자원에는 의료인, 약사, 의료기사, 보건관련 전문가, 특정분야 전문가, 지도자, 영향력 있는 인사 등이 있다.

3 지역사회 간호사정의 기본 원칙

① 지역사회와 협력하여 간호사정 계획을 수립한다.
② 지역사회 주민들 각 개인의 문제보다 지역사회 주민 전체에 초점을 둔다.
③ 보건의료 전문가의 판단보다는 지역사회 주민의 요구에 근거한 간호문제가 무엇인가에 대한 인식으로 접근한다.
④ 요구 사정에서 가장 중요한 점은 대상자의 참여이다. 보건의료 전문가의 단편적 입장에서 요구를 정의하는 것은 불충분하다는 점을 고려하여 반드시 지역사회 주민을 참여시켜야 한다.
⑤ 지역사회와 인구집단의 건강요구뿐만 아니라 지역사회가 가지고 있는 많은 강점을 파악한다.
⑥ 자료수집 시에는 그 지역의 주민뿐만 아니라 지역지도자, 보건의료인, 단체 및 집단의 구성원, 인근지역의 정보, 기존 자료 등의 다양한 자료를 수집한다.
⑦ 건강요구도가 높은 개인, 집단, 지역사회를 규명한다. 특히 취약계층(노인, 어린이, 임산부, 장애인, 만성질환자 등)에 대한 자료는 최신의 복합적인 자료를 수집하여 판단한다.
⑧ 이용 가능한 자원과 예산을 확인한다.
⑨ 수집된 자료들은 양적·질적 자료가 모두 필요하므로 질적 자료 등은 활동기록지에 자세히 기록한다.

② 2단계 수집한 자료의 분석

수집한 자료는 지역사회 사정도구를 통하여 조직화된 자료들을 분석하고 설명하여 지역사회 간호사업의 목적을 달성하기 위한 기초 자료로 활용한다.

○ 자료 분석의 단계

1단계 분류 단계	간호사정 단계에서 수집한 자료들을 연관성 있는 것끼리 분류한다.
2단계 요약 단계	분류한 자료를 지역사회의 전반적 특성을 파악하기 위하여 항목 간 관련성을 고려하여 표, 그림, 그래프 등으로 요약하여 작성한다.
3단계 확인 단계	지역사회의 전반적인 건강문제를 파악하기 위하여 과거 및 타 지역의 상황과 비교하여 부족한 자료를 확인한다. 이때 지리정보시스템(GIS)을 활용할 수 있다.
4단계 결론 단계	3단계까지의 분석을 통해서 구체적인 지역사회의 건강문제를 도출한다.

2 지역사회 간호진단

① 지역사회 간호진단의 개념

지역사회 간호사정 단계에서 도출된 건강문제 중에서 지역사회와 관련되는 각종 법령, 규정, 기준, 지침, 업무분담표 등을 바탕으로 하여 지역사회 간호문제를 확정하고 진단한다.

1 지역사회 간호수행을 위한 기초

지역사회 간호진단은 확정된 간호문제에 대한 개인, 가족, 지역사회와 관련된 원인을 파악하여 건강문제를 밝히는 단계로, 지역사회 건강상태에 대한 정확한 시각을 제공해 줌으로써 지역사회 간호수행을 위한 기초가 된다.

2 지역사회 간호과정의 중심축

지역사회 간호진단은 지역사회 간호과정 중에서 필수적이고 중심축에 해당하는 요소로, 정확한 지역사회 간호진단은 지역사회 간호사가 책임 있는 성과를 달성하기 위해서 어떠한 수행을 선택할 것인가를 결정하는 역할을 한다.

② 간호진단의 분류체계

간호진단의 분류체계에는 북미간호진단협회(NANDA)의 와 오마하(OMAHA) 문제분류체계, 가정간호 분류체계(HHCCS), 국제간호실무 분류체계(ICNP) 등이 있다.

1 북미간호진단협회의 간호진단 분류체계

(1) 개념

① 북미간호진단협회(NANDA, North American Nursing Diagnosis Association)에서 개발한 간호진단 분류체계는 1973년 St. Louis 대학병원 간호사들과 간호대학 교수들이 개최한 학술대회에서 시작이 되어 1990년대까지 여러 차례의 협의를 거쳐 개발되었다.

② 북미간호진단협회에서는 간호진단을 실제 건강문제, 잠재적 건강문제 또는 삶의 과정에 대한 개인, 가족, 지역사회의 반응을 임상적으로 판단하는 것으로 정의하였다.

(2) 구성 단계

북미간호진단협회 간호진단 분류체계는 5단계로 구성되어 있는데, 1단계가 가장 추상적이고 5단계로 갈수록 구체화된다. 2단계에서는 25개의 범주가 있으며, 현재 206개의 진단체계로 분류되어 있다.

(3) 진단기간 및 진단원인

북미간호진단협회 간호진단 분류체계의 진단기간 및 진단원인은 아래와 같다.

◯ 북미간호진단협회 간호진단 분류체계의 진단기간 및 진단원인

진단기간	진단원인
• 1단계 – 간헐적 기간 • 2단계 – 만성 기간 • 3단계 – 급성 기간 • 4단계 – 잠재적 기간	• 해부학적 원인 • 생리적 원인 • 심리학적 원인 • 환경적 원인

2 오마하의 문제분류체계

(1) 개념

1) 간호과정에 기초를 둔 대상자 중심의 틀

1975년부터 1993년까지 오마하(OMAHA) 방문간호사협회와 미국 보건성 공중보건국 간호과와의 4회에 걸친 연구계약기간 동안 지역사회 간호사들에 의해 개발된 분류체계이다. 지역사회 보건간호실무영역에서의 간호과정에 기초를 둔 대상자 중심의 틀이다.

2) 포괄적이고 상호배타적인 분류법

오마하의 문제분류체계는 대상자의 다양한 건강문제들을 규명하기 위하여 고안된 포괄적이고 상호배타적인 분류법이다.

(2) 특성

① 지역사회 보건의료팀인 물리치료사, 사회복지사, 영양사, 작업치료사, 언어치료사, 의사, 치과의사 등이 성공적으로 사용하고 있다.
② 안녕 등 지역사회의 건강과 관련된 진단이 포함되어 있기 때문에 다른 간호진단 분류체계보다 지역사회 간호사가 유용하게 활용할 수 있다.

(3) 수준단계

첫째 수준	• 환경적 영역, 심리·사회적 영역, 생리적 영역, 건강 관련행위 영역의 4가지 영역으로 구성되어 있다. • 실무자의 우선순위 영역과 대상자의 건강 관련문제들을 나타낸다.
둘째 수준	• 영역별 문제로 구성되어 있다. • 42개 용어들(개념)이 대상자의 문제, 간호요구, 강점들을 나타낸다.
셋째 수준	• 문제별 2개의 수정인자(문제 심각성 정도, 대상 규명)로 구성되어 있다. • '문제 심각성 정도'는 건강증진, 잠재적 결핍·장애, 실제적 결핍·장애로 구분되고, '대상 규명'은 개인, 가족, 지역사회로 구분된다. • 문제 1개에 2가지 수정인자를 사용하는 경우는 질병–건강 연속선을 넘나드는 적용이 가능하며, 구체성과 정확성에 대한 중요도를 더해 준다. • 개인과 가족의 수정인자는 집단과 지역사회에 적용할 수 있다.
넷째 수준	• 문제별 378개의 독특한 증상과 증후군으로 구성되어 있다. • 증상과 징후가 확인되면 실제 간호 대상자에게 문제가 있음을 암시한다.

3 가정간호 분류체계

(1) 개념

가정간호 분류체계(HHCCS, Home Health Care Classification System)는 가정간호가 필요한 Medicare 대상자의 간호 및 보건 의료서비스에 대한 요구도를 예측하고 결과를 측정하기 위하여 대상자를 사정하고 분류할 목적으로 1988년부터 1991년 사이에 조지타운대학 간호대학 버지니아 사바에 의해 개발된 분류체계이다.

(2) 구성 및 특성

① 가정간호 분류체계의 간호진단에 대한 정의는 북미간호진단협회(NANDA)의 간호진단 분류체계의 정의와 동일하다.
② 가정간호 분류체계는 총 4단계, 20가지의 간호요소, 145개의 가정간호진단으로 구성되어 있다.
③ 관련 대상자모집단은 서비스 제공환경을 통원치료시설 등의 가정간호에 국한시켰고, 전국 646개 가정간호 서비스기관을 조사하여 수집된 간호진단과 간호서비스자료를 분석하였다.

③ 간호진단의 우선순위

1 간호진단 우선순위의 필요성

지역사회 간호사는 수집한 많은 건강문제를 분석하여 많은 간호진단을 내린다. 그러나 간호진단을 동시에 해결하지는 못한다. 간호문제를 해결하기 위해서는 우선순위를 결정하여야 하며 우선순위가 높은 간호문제부터 먼저 해결한다.

2 간호진단 우선순위의 결정기준

지역사회 건강문제에 대한 주민들의 인식 정도와 건강문제를 해결하려는 지역사회 동기수준, 건강문제의 해결에 영향을 미치는 간호사의 능력, 건강문제의 해결에 필요한 전문가의 유용성, 건강문제가 해결되지 않을 때 후속적으로 발생할 결과의 심각성, 건강문제의 해결에 걸리는 시간에 따라 우선순위를 결정한다. 이밖에도 지역사회 인구집단의 범위, 대상자의 취약성, 문제의 심각성, 자원 동원의 가능성, 주민의 관심도, 간호사의 준비도, 국가정책과의 연관성에 따라 우선순위를 결정하며 현존하는 문제의 특성, 문제의 해결능력, 문제의 예방 가능성, 문제인식의 차등성에 따라 이를 점수화하여 우선순위를 결정하기도 한다.

3 지역사회 간호계획

① 지역사회 간호계획의 개념

지역사회 간호계획은 간호사정에서 규명된 문제, 즉 우선순위가 결정된 문제들을 해결하기 위한 목표를 설정하고, 이 목표를 달성하기 위하여 간호방법 및 수단을 선택한 후, 실제로 수행하기 위한 수행계획과 함께 수행한 내용을 어떻게 평가할 것인지에 대한 평가계획을 수립하는 단계를 의미한다.

② 간호계획의 구성요소

1 목표의 설정

(1) 목표의 중요성

　① 목표를 설정하는 것은 간호문제를 해결하는 실제적 단계이며, 목표 진술은 기대되는 결과로 나타낸다.

② 목표는 간호문제로 인식된 문제를 인적·물적 자원의 동원 가능성, 지식과 기술의 제약 등과 관련하여 설정한다.

③ 사업에 책임을 갖는 보건요원이 역할 수행을 통하여 바람직한 목표를 달성한다.

④ 목표는 사업 및 업무의 방향, 범위 등을 명확히 제시해야 하며 명확한 목표는 지역사회의 간호계획을 수립할 수 있고 사업의 평가기준도 제시할 수 있다.

(2) 목표의 유형

목표는 서로 위계를 이룬다. 궁극적 목표는 일반 목표에 대한 상위 목표이고, 구체적 목표는 하위 목표이다. 하위 목표는 상위 목표의 관점에서 볼 때 수단일 수도 있으므로 하위 목표는 상위 목표를 달성하는 데 필요한 것들을 구체적으로 제시한다.

1) 일반적 관점에 따른 목표의 유형

궁극적 목표	• 사업에 책임이 있는 사람들의 가치체계에 따라 기대되는 조건이다. ⑩ 정부의 정책 목표, 기관의 목표
일반 목표	• 사업에 투입한 노력의 의도된 결과이다. • 특정한 상태 또는 조건을 진술하는 것이다.
구체적 목표	• 일반 목표를 달성하기 위한 종속적이고 세부적인 목표이다.

2) 위계에 따른 목표의 유형

투입-산출 모형은 자원 및 정보를 특정한 제품 또는 산출로 변환시키는 데 필요한 활동과 과업들을 체계화시켜 주는 모형이다.

〈투입-산출 모형의 구성요소〉

① 투입(input) : 보건사업에 투입하는 인력, 시간, 돈, 장비, 시설 등의 자원

② 산출(output) : 보건사업의 결과로 나타나는 활동, 이벤트, 서비스, 생산물 등
목적을 성취하기 위한 활동들)

③ 결과(outcome) : 보건사업의 결과로 나타나는 건강수준, 건강결정요인의 변화

3) 인과관계에 따른 목표의 유형

과정 목표	결과 목표 및 영향 목표의 달성을 위한 실제 활동이다. ⑩ 활동(산출)의 양적 수준, 투입 및 산출의 적절성
영향 목표	건강수준의 변화에 필요한 결정요인 및 기여요인의 변화이다.
결과 목표	건강수준의 변화이다. ⑩ 사망률, 유병률 등

4) 기간에 따른 목표의 유형

장기 목표	결과 목표 및 영향 목표의 달성을 위한 실제 활동이다. 예 활동(산출)의 양적 수준, 투입 및 산출의 적절성
단기 목표	지속적이고 장기적인 변화를 위하여 필요한 단기적인 결과 변화에 대한 목표이다. 예 사업에 대한 지지도의 변화, 지식 및 태도의 변화 등

(3) 목표의 설정기준

1) 사업계획 및 평가에 유용한 목표의 설정기준
① 관련성 : 지역사회가 현재 해결해야 하는 문제가 지역사회 정책과 관련이 있어야 한다.
② 관찰 가능성 : 사업이나 일의 성취 결과를 명확히 알 수 있어야 한다.
③ 측정 가능성 : 성취된 결과를 수량화할 수 있어야 한다.
④ 실현 가능성 : 지역사회 자원의 동원이 가능하고, 그 해결을 할 수 있어야 한다.

2) 스마트방식을 이용한 목표의 설정기준

구체성	• 목표는 구체적으로 기술되어야 한다.
측정 가능성	• 목표는 측정이 가능하여야 한다.
적극성과 성취 가능성	• 목표는 성취 가능한 수준이어야 한다. • 특별한 노력 없이도 성취 가능한 소극적 목표는 안 된다.
연관성과 현실성	• 목적 및 문제 해결에 직접적인 관련성이 있어야 한다. • 해결하고자 하는 문제와 적어도 상관관계, 즉 인과관계가 존재하여야 한다. • 현실적으로 달성 가능한 목표를 설정한다.
기간	• 목표 달성을 위한 명확한 기간이 제시되어야 한다.

(4) 목표의 기술

1) 목표 기술방법
① 상위 목표와 하위 목표 사이에 관계있는 기술을 한다.
② 사업 후의 결과를 최종행위로 기술한다.
③ 대상자가 변화하는 것, 즉 행동용어로 기술한다.
④ 한 문장 안에 단일 성과만을 기술한다.
⑤ 목표는 수단 또는 결과로 표현할 수 있다.

수단으로 표현	모든 영아에게 기본예방접종을 실시한다.
결과로 표현	○○마을의 영아 사망률이 2013년 1월부터 12월까지 12.8%에서 8%로 감소된다.

2) 목표 기술 구성요소

목표를 기술할 때는 한 문장 안에 다음의 5가지 요소가 모두 포함되어야 한다.

무엇	변화 또는 달성해야 할 상태나 조건
범위	달성하고자 하는 상태나 조건의 양
누구	바람직하게 달성되어야 할 환경의 부분 또는 인간의 특정집단인 대상
어디서	사업에 포함되어야 하는 지역 장소
언제	의도된 바람직한 상태 또는 조건이 수행되어야 할 기간이나 시간

2 간호방법 및 간호수단의 선택

(1) 간호방법 및 간호수단의 개요

설정된 목표를 달성하기 위해서는 여러 가지 간호방법 및 간호수단이 필요하다. 목표 달성을 위해서는 가장 적절한 자원과 방법을 사용하는 전략을 택해야 하는데, 주로 지역사회 간호업무활동에 따라, 가장 효과적이고 효율적인 것을 선택한다.

활용 가능한 자원	인력, 조직, 자본, 시설 및 장비 등
지역사회 간호활동	간호제공, 보건교육 및 관리
동원되는 간호수단	가정방문, 건강관리실 운영, 상담, 자원 활용 및 의뢰, 매체활용, 지역사회 주민참여 등

(2) 간호방법 및 간호수단의 선택과정

1) 1단계 간호방법 및 간호수단의 선택

지역사회 간호방법 및 간호수단은 대상자들을 위하여 제공하는 행동 또는 활동이며 지역사회 대상자가 원하는 결과를 얻을 수 있도록 지역사회 간호사는 설정한 목표에 도달할 수 있는 가장 효율적인 간호방법 및 간호수단을 선택한다.

〈간호방법 및 간호수단의 선택 절차〉

① 목표 달성을 위한 여러 가지 간호방법 및 간호수단을 찾는다.
② 문제 해결을 위하여 필요한 자원과 이용 가능한 자원을 조정한다.
③ 가장 최선의 간호방법 및 간호수단을 선정한다.
④ 구체적인 간호활동을 기술한다.

2) 2단계 타당성 조사

일관성 있는 절차를 거쳐서 목표 달성을 위한 간호방법 및 간호수단을 찾아낸 후에는 사업의 실현성을 위한 타당성 조사를 시작한다.

◐ 타당성 조사의 기준

기술적 타당성	방법이 기술적으로 가능하고 효과가 있어야 한다.
경제적 타당성	경제적으로 시행 가능하고 효과가 분명해야 한다.
법적 타당성	법적 보장이 되어야 한다.
사회적 타당성	사업 대상자들이 얼마만큼 수용도를 가지고 있는지를 알아야 한다.

TIP) **오마하 문제분류체계를 이용한 간호방법 및 간호수단의 선택**

● 오마하 문제분류체계의 등급척도를 적용하여 바람직하게 기대되는 결과를 작성한다.
● 등급척도는 대상자가 무엇을 아는지(지식), 무엇을 행하는지(행동), 무슨 상태인지(상태)를 측정하는 것이다.

3 수행계획의 수립

(1) 수행계획의 개념

지역사회 간호에서 간호방법 및 간호수단을 실제로 수행하기 위한 수행계획을 수립한다. 수행계획은 간호업무활동을 언제, 누가, 어디서, 무엇을 가지고 할 것인가를 결정하는 것을 의미한다.

(2) 수행계획의 수립과정

1) 언제

각 업무가 언제 시작해서 언제 끝나는지 단계마다 기간 및 시간을 작성하는 것으로, 시간 수행계획을 작성할 때는 일별, 주별, 월별, 분기별, 연간 등으로 구분하여 기술한다.

월별 사업수행계획	• 하나의 도표로 작성하여 한꺼번에 연간계획을 볼 수 있도록 눈에 잘 띄는 곳에 비치하는 것이 좋다.
연간 사업수행계획	• 사업의 성격, 지역의 특성에 따라 사업의 수행기간을 고려한다. • 지역의 특수한 집단행사, 장날, 농번기 등을 참고로 하는 것이 좋다.

2) 누가

어떤 지식과 기술을 갖춘 요원이 사업에 참여하는가를 계획하는 것으로, 업무분담을 의미한다. 즉 어떤 지식과 기술을 가진 요원 몇 명이 업무를 담당할 것인가를 결정한다.

3) 어디서

사업을 제공하는 지역 또는 장소를 말하는 것이다. 즉 어느 지역에서, 어느 마을에서, 어느 장소에서 할 것인가를 명확히 기술한다.

4) 무엇

업무활동에 필요한 도구와 예산을 계획하는 것이다.

- 이용 가능한 도구목록과 더 청구할 도구목록을 작성한다.
- 가능한 예산을 어떻게 얼마만큼 사용해야 하는가 하는 예산명세서를 작성한다.

4 평가계획의 수립

(1) 평가계획의 개념

① 구체적인 수행계획을 수립한 후에는 수행한 내용을 어떻게 평가할 것인가에 대한 평가계획을 수립한다. 평가계획은 누가, 언제, 무엇을 가지고, 어떤 범위로 평가할 것인가 등을 결정하는 것을 의미한다.

② 사업을 계획할 때는 평가를 위한 구체적인 계획을 함께 마련한다. 평가를 어떻게 하느냐에 따라 사업의 방향이 결정된다.

③ 구체적인 평가계획은 평가시기와 주기 및 횟수를 정하고, 평가자와 평가지역의 범위를 시·군·면·자연부락 등 구체적으로 밝히고, 기타 예측되는 평가와 관련된 사항들을 결정한다. 평가계획에도 지역사회 주민들을 함께 참여시켜야 사업의 효율성을 높일 수 있다.

(2) 평가계획의 구성요소

1) 평가자

평가자는 평가를 지역사회 간호사 혼자서 할 것인지, 사업의 참여인원 모두가 할 것인지, 평가위원회를 구성해서 할 것인지를 결정한다.

2) 평가 시기

평가 시기는 사업이 완전히 끝났을 때와 사업이 진행되는 도중에 수시로 할 수 있다. 따라서 사업이 시작되기 전에 평가표를 작성한다.

3) 평가 도구

평가 도구는 무엇을 가지고 평가할 것인가를 의미하며, 사업을 시작하기 전에 마련해야 한다. 또한 평가 도구는 타당성과 신뢰성이 있어야 한다.

○ 평가 도구의 조건

타당성	• 평가하고 있는 기준이 정확한 것인지를 의미한다. • 평가하려는 내용을 어느 정도 정확하게 검사 결과가 반영해 주는지를 보는 것이다.
신뢰성	• 평가 도구를 이용하여 반복 측정할 때 얼마나 일치된 결과를 나타내느냐를 의미한다. • 평가하려는 목표와 내용을 얼마나 사실과 가깝게 정확하게 측정하는지 알아본다.

4) 평가 범위

사업을 평가할 때 평가 범위의 요소들 중에서 어느 것에 중점을 두고 평가할 것인가를 결정한다.

❍ 평가 범위의 요소

• 목표 달성의 정도	• 투입된 노력	• 사업의 진행과정	• 사업의 적합성	• 사업의 효율

4 지역사회 간호수행

① 지역사회 간호수행의 개념

지역사회 간호수행은 수립된 목적과 목표를 달성하기 위하여 실행하는 활동이며 계획은 수행을 위하여 설계된 것으로 수행을 위한 지침이 된다. 그러므로 사업의 수행은 계획대로 활동들을 하고 이러한 활동들의 누적으로 사업이 완수된다. 지역사회 간호사는 목표 달성을 위해서 직접간호, 보건교육, 보건관리 등의 간호수행을 한다.

② 간호수행의 유형

1 직접간호

지역사회 간호에서의 직접간호는 1차 의료수준의 간호활동이다. 건강사정, 통상적 증상 및 징후관리, 응급처치, 상병 악화방지를 위한 활동, 예방접종, 급·만성질병의 관리를 위하여 지역사회 간호사가 대상자에게 직접적으로 수행하는 활동을 말한다.

〈지역사회 간호사의 역할〉
• 보건소, 학교, 산업장, 가정에서 대상자를 사정하고 간호진단하여 간호계획을 수립하고, 이에 따라 대상자에게 적절한 간호를 제공한다.
• 지역사회 간호사의 역할 중에서 1차 의료제공자와 직접간호 제공자의 역할과 기능이 여기에 해당된다.

2 보건교육

보건교육은 지역사회 간호사가 수행하는 가장 효율적이고 장기적인 효과를 낼 수 있는 활동이다. 최근 우리나라는 생활양식의 변화 등 다양한 요인에 의해 만성질환 유병률이 높아지고 있기 때문에 이러한 질병의 예방 및 관리, 재활, 건강증진을 위한 바람직한 생활양식을 형성하기 위해서는 반드시 강조되어야 할 부분이 보건교육이다.

3 보건관리

(1) 보건관리의 개념 및 특성

① 보건관리는 지역사회 간호사가 간호사업계획에 따라 간호사업을 수행할 때 참여인력에 대한 업무의 조정활동, 감시활동, 감독활동을 수행하는 것이다.
② 보건관리는 사업에 참여한 인력을 조직하여 업무를 분담해 주고 업무수행과정에서 나타나는 쟁점들을 해결할 방안을 모색하는 것으로 이를 위해서는 업무지침, 업무조직표 등을 활용한다.
③ 지역사회 간호사는 자신이 해야 할 업무를 비롯하여 보건요원 및 지역사회 주민들의 업무활동을 조정하고, 사업의 진행을 감시하고, 활동을 감독해야 한다.

(2) 보건관리의 활동영역

1) 조정활동

① 지역사회 간호사는 보건요원들 간의 업무를 조정함으로써 업무가 중복되거나 누락되지 않도록 각 보건요원들 간의 관계를 명확하게 만든다.
② 시간표, 직무기술, 수행지침 등 의사소통을 위한 명령체계를 수립한다.

〈조정활동의 방식〉
- 계획한 목표를 재검토한다.
- 각 목표에 필요한 활동을 재검토한다.
- 시간표에서 일의 시작, 진행과정 및 끝을 확인한다.

2) 감시활동

① 감시활동은 사업의 목적 달성을 위하여 계획대로 진행되고 있는지를 확인하는 활동으로, 중요한 지역사회 간호행위 중의 하나이다.
② 감시활동에는 주어진 상황과 관련해서 지역사회 간호 대상자의 상태를 발견·측정하며, 비판적 분석을 통한 관리를 하는 간호활동을 포함한다.
③ 업무활동의 질적 수준을 유지하기 위하여 업무의 수행수준, 수행절차, 수행결과를 규명하고 수행결과에 대한 결여의 원인이 무엇인지를 찾는다.

〈감시활동의 방식〉
- 정보체제를 구축하고 목록을 만들어 기록한다.
- 계속적인 관찰과 점검을 한다.

• 보건요원, 지역사회 주민, 지도자와의 토의를 한다.

3) 감독활동

① 감독활동은 직원들에게 관심을 가지고 그들의 활동을 지지하고 용기를 북돋아 주고 학습기회도 마련하는 활동으로, 지역사회를 정기적으로 방문하여 실시한다.

② 감독활동의 계획은 감독할 사업의 목록을 작성한 후, 어떤 사업을 언제 얼마만큼의 간격으로(빈도) 무엇을 가지고(도구) 어떻게 할 것인가를 구체적으로 작성한다.

③ 감독활동의 도구로 업무지침서와 업무조직표 등을 활용할 수 있다.

〈감독활동의 방식〉

• 각종 기록부를 감사한다.
• 추후 간호활동과 보건교육활동을 수행한다.
• 지역사회 주민의 요구를 파악하고 토의를 한다.
• 자원(도구, 장비, 물품, 약품 등)의 활용상태, 공급방법, 비용에 대한 회계감사 등을 점검하고 관찰한다.

TIP 간호수행에 도움을 주는 요소

● 대중매체 : 신문, TV, 라디오, SNS 등
● 공공기관 : 동사무소, 구청 등의 행정기관, 의료기관, 보건의료기관, 학교, 산업체 등
● 지역사회의 주민집단 및 주민모임, 지역사회의 지도자 등

③ 간호수행에 영향을 미치는 요인

1 전문적인 지식 및 기술의 선정

정보는 계획단계에서 전문적인 부분을 수행하기 위하여 가장 적절한 인력을 선정하는 데 도움이 된다. 지역사회의 특성에 맞추어 수행되는 간호중재에 참여하는 간호사는 전문적인 지식과 기술을 갖추어야 한다.

2 책임의 규정

간호수행에는 여러 인력이 포함되므로 활동영역과 책임의 한계를 명확히 하고, 그에 따른 여러 책임을 규정한다. 전문적인 역할을 수행하는 데 책임이 있는 사람은 필요한 행위를 수행하는 데 권위도 갖는다. 또한 간호계획에 따른 간호수행에 대한 책임은 지역사회 간호사에게 있다. 따라서 대상자를 도와줄 수 있는 다른 기관으로 의뢰하거나 다른 사람에게 임무를 위임할 때도 그 책임은 수반된다.

3 **장애요인의 확인 및 수정**

간호수행에 영향을 미칠 수 있는 장애요인을 확인하고, 장애요인을 수정하거나 제거한다. 간호수행에 적합하다고 선택한 중재방안이라도 간호문제를 해결하는 과정에서 장애요인이 확인될 수 있으므로, 계획단계에서 예상치 못했거나 간호수행과정에서 발생된 장애들이 있다면 재조사를 한다.

4 **적절한 환경의 제공**

간호계획에 따라 간호수행을 하기 위해서는 수준이나 정도가 적절한 환경을 제공한다. 간호수행을 하는 데 적절한 환경은 대상자의 안위나 안전이 유지된 환경이며 간호수행을 위해 필요한 시간, 인원, 도구 등의 자원들을 제공한다.

5 **계획에 따른 활동의 수행**

간호수행은 간호계획에 따라 이행하며 간호계획에 따른 활동이 제대로 수행되어야만 활동을 수행하는 간호사가 책임감을 가지고 간호수행을 할 수 있다.

5 지역사회 간호평가

① 지역사회 간호평가의 개요

1 **평가 및 간호평가의 개념**

(1) 평가의 개념

평가는 일의 양 또는 가치를 측정하여 기준에 따라 성취한 것을 비교하는 것이다. 평가는 사업이 완전히 끝난 후에만 하는 것이 아니라 사업계획, 사업수행 등의 단계에서도 가능하므로, 사업이 시작되기 전에 미리 평가에 대한 계획표를 작성하는 것이 바람직하다.

(2) 간호평가의 개념

간호평가는 지역사회 간호사업의 성공 또는 실패를 이해하기 위한 중요한 요소로, 지역사회 간호과정의 마지막 단계인 동시에 피드백을 통하여 첫 단계인 간호사정과도 연결되어 있다.

2 간호평가의 목적

① 사업의 목적과 목표의 달성 여부에 대한 확인을 위하여 실시한다.
② 사업의 효과와 효율을 파악하기 위하여 실시한다.
③ 사업의 개선방안을 모색하기 위하여 실시한다.
④ 사업의 책임을 명확하게 하기 위하여 실시한다.
⑤ 새로운 지식을 획득하기 위하여 실시한다.

② 간호평가의 유형

1 사업과정에 따른 간호평가

(1) 구조 평가

① 구조 평가는 보건 프로그램을 실행하기 전에 사업철학이나 목적에 비추어 사업내용과 기준의 적절성을 확인하는 평가이다.
② 구조 평가는 사업에 투입되는 인력, 시간, 기술, 장비, 재정, 정보 등의 구조적인 요소들이 적절하게 계획되고 관리되고 있는지를 파악한다.

〈구조 평가의 항목〉
- 사업 목표가 명확하고 구체적이며 측정 가능한지?
- 일정, 예산, 인력 등이 각 단계별로 구체적으로 제시되었는지?
- 사업대상의 범위나 규모가 적절한지?
- 사업을 전개할 조직 구조, 담당 인력, 물적 자원에 대한 준비가 충분한지?

(2) 과정 평가

① 과정 평가는 보건 프로그램이 실행되는 중간에 실시하는 평가이다.
② 과정 평가는 사업에 투입된 인적, 물적 자원이 계획대로 실행되고 일정대로 진행되고 있는지를 파악한다.

〈과정 평가의 항목〉
- 사업이 목표를 향해 가고 있는지?
- 목표 달성에 장애가 되는 비효율적인 요소를 제거할 수 있는 개선방안이 있는지?

(3) 결과 평가

① 결과 평가는 보건 프로그램이 종료된 상태에서 실행하는 평가이다.
② 결과 평가는 계획한 목표가 얼마나 달성되었는가를 파악한다.
③ 결과 평가는 개인, 집단, 지역사회 등에 대한 직접적인 변화나 이득으로 평가할 수 있다.

〈결과 평가의 효과〉

단기적 효과	사업대상자의 지식, 태도, 신념, 가치관, 기술, 행동의 변화
장기적 효과	이환율, 유병률, 사망률 등의 감소

2 체계모형(투입-산출 모형)에 따른 간호평가

(1) 투입자원 평가 - 투입

① 투입자원 평가는 프로그램에 투입된 전체 노력의 정도를 평가하는 것이다.

② 투입자원은 투입된 인력의 동원횟수, 가정방문 횟수 등을 의미한다.

③ 인적 자원의 소비량과 물적 자원의 소비량을 산출하여 효율과 효과에 대한 평가를 한다.

(2) 사업진행 평가 - 과정/변환

① 사업진행 평가는 계획된 일정대로 사업이 수행되었는지 순서와 진행 정도를 파악하는 것이다.

② 평가하는 도중에 차질이 생기면 그 원인이 어디에 있는지 찾아서 분석한 결과로 원인을 제거하거나 변경할 수 있는지를 알아본다.

③ 평가를 통하여 수정하기가 어려운 상황이라면 수행이나 방법을 변경할 수 있는지 등의 계획 여부를 결정한다.

(3) 목표 달성도 평가 - 산출

① 목표 달성도 평가는 설정된 목표기간 내에 계획된 목표 수준의 도달 여부와 성취수준을 평가하는 것이다.

② 목표에 쉽게 도달했는지, 아주 어렵게 도달했는지, 도달하지 못했는지를 분석하고 원인을 구체적으로 자세히 규명한다.

③ 결과가 잘못 나왔을 경우는 목표량이 지나치게 많았거나 낮게 책정되었거나 잘못된 사정에 맞추어 목표를 설정하였을 가능성이 있다. 그런데 이러한 이유가 아니라면 투입된 노력이 부족하였을 가능성이 많다.

(4) 사업의 효율성 평가 - 산출/투입

① 사업의 효율성 평가는 투입량이 얼마나 경제적으로 사용되어 산출로 전환되었는가를 평가하는 것이다.

② 사업의 효율성은 사업을 수행하는 데 투입된 노력(인적 자원, 물적 자원 등)을 비용으로 환산하여 그 사업의 단위목표량에 대한 투입비용이 어느 정도인가를 산출한다.

③ 사업의 효율성은 산출된 단위목표량에 대한 비용을 다른 목표량에 대한 비용 또는

계획된 비용 등과 비교하여 많고 적음을 평가한다. 이는 최소비용으로 최대효과(목표 달성)를 내자는 의도를 충족시키는 것이다.

④ 사업의 효율성 평가는 사업의 수행방법이 모두 효과적일 때 투입된 비용이 적은 방법을 선택할 수 있는 근거를 제시해 주고, 산출된 목표량에 대한 비용을 서로 비교할 수 있도록 해 준다.

(5) 사업의 적합성 평가

① 사업의 적합성 평가는 사업의 목표나 사업 자체가 지역사회의 요구에 적합한지, 투입된 노력에 비해 결과는 합당한지 등에 관해 전반적인 평가를 하는 것이다.

② 사업의 적합성은 사업의 목표나 그 사업 자체가 지역사회의 요구와 적합했는지, 투입되는 노력이나 인적·물적 자원의 공급 정도가 충분했는지, 사업의 실적은 합당했는지 등에 대한 충족 정도를 평가한다.

> 예 고혈압질환 관리사업에 참여하는 주민이 100명일 경우 100명이 전체 고혈압질환 대상자의 몇 %인가를 산출한다.

③ 사업의 적합성 평가에 대한 결과로 인적·물적 자원의 충족 여부가 평가된다.

③ 간호평가의 절차

1 1단계 간호평가의 대상 및 측정기준의 결정

1단계에서는 무엇을 평가할 것인지 평가의 대상과 측정기준을 결정한다. 이때 목표 수준과 일치해야 한다.

> 예 평가의 유형 중에서 목표 달성도에 대한 평가를 하고자 할 경우 사업 목표를 당뇨병 유병률의 감소로 한다면 무엇을 평가할 것인가에 당뇨병 유병률과 관련된 항목으로 당뇨병 환자수의 증감을 평가해야 한다.

2 2단계 간호평가자료의 수집

2단계에서는 평가를 위한 자료를 수집한다. 이때 평가자료의 수집은 평가계획(평가자, 평가 시기, 평가 도구, 평가 범위)에 따라 사용 가능한 정보를 확인하고 정보수집도구를 선택하여 자료수집을 실시한다.

> 예 환자수의 증감을 평가하기 위하여 현재 당뇨병 유병실태에 대한 자료를 어디서 수집해야 하는지를 결정하고, 이를 근거로 하여 자료를 수집한다.

〈기존 자료를 이용한 간호평가〉

• 평가의 목적에 비추어 기존 자료의 활용이 적합한지 평가한다.

• 이를 보완하기 위한 지역사회 건강조사는 해당 지역사회 주민을 대상으로 한 자료수집

을 한다.

- 이 평가방법은 해당 지역사회의 진단, 지표의 개발 및 평가에 유용하게 이용된다.

3 3단계 설정된 목표와 현재 상태의 비교

3단계에서는 설정된 목표와 현재 상태를 비교한다. 비교를 위해서는 상태를 측정해야 하며 상태 측정에는 지표를 활용한다. 여기서 지표란 식품안정성 확보율, 중등도 신체활동 실천율 등을 의미한다.

예 목표 설정 당시에 당뇨병 유병률이 35%였는데, 현재 당뇨병 환자수와 인구수를 조사하여 계산한 결과 38%였다고 비교한다.

4 4단계 목표 달성도의 가치 판단

4단계에서는 실질적으로 도달한 목표 수준의 성취 정도를 파악하고, 그에 대한 요인을 분석한다. 또한 목표에 도달했는지, 도달하지 못했다면 어느 정도까지 도달했는지 등의 범위를 판단하고 그 원인을 분석한다.

5 5단계 새로운 계획의 수립

5단계에서는 향후 미래사업의 진행방향을 결정하는 새로운 계획을 수립하며 평가 결과에 따라 사업의 진행 여부와 개선사항을 반영하여 사업의 진행방향을 결정한다.

TIP) 간호평가의 자료 분석

- 간호평가의 자료 분석이란 평가기준과 어떤 차이가 있는지 비교하는 것을 의미한다.
- 지역 및 대상자의 인구사회학적인 특성과 건강수준, 건강결정요인 등의 건강수준을 파악하는 것과 간호사업의 현황 등을 파악하는 것도 자료 분석에 포함된다.

④ 간호평가의 결과 활용

1 프로그램 및 사업의 내용 개선

평가 결과는 반드시 사업 개선에 활용하고, 이를 통하여 평가의 목적을 달성한다. 프로그램을 지속적으로 개선하기 위해서는 개선의 필요성과 효과적인 전략을 확인한다. 또한 평가 결과를 프로그램의 개선방향에 반영하기 위해서는 여러 참가자 그룹 간의 성과 비교, 서로 다른 단위 및 시설 등의 성과 비교, 전년도 평가 결과와의 비교, 설정한 목표와 실제 성과와의 비교, 유사한 간호사업의 결과와의 비교 등을 다각도로 검토한다.

예 성병검진 프로그램의 평가 결과를 전년도와 비교하여 성병 검진의 부진요인에 대하여 성병검진 필요성의 인식을 위한 교육 강화 등의 개선점을 제시한다.

2 프로그램 제공인력의 교육 및 지원

평가 결과가 좋지 않게 나타난 경우에 서비스 전달자의 교육이나 기술적 지원이 부족한지의 여부를 판단하여 보완할 수 있다.

3 프로그램에 관한 정책의 결정

지속적인 평가를 통하여 프로그램을 지속할 것인지, 수정할 것인지, 중단할 것인지를 결정한다.

4 의사결정자 및 지역사회 주민의 관심 집중

평가 결과는 프로그램과 관련된 각종 위원회의 의사결정자 및 지역사회 주민의 관심을 집중시킨다.

더 알아보자! 간호과정과 간호이론 개발의 관계

간호사정 단계	간호 대상자의 증상과 징후를 확인할 수 있는 자료를 수집하여 문제를 규명하는 과정은 간호현상을 명명, 정의, 기술하는 간호이론을 개발하는 데 기여할 수 있다.
간호진단 단계	문제의 원인을 규명하여 진단을 내리는 과정은 건강문제의 원인요소를 밝히는 간호이론을 개발하는 데 기여할 수 있다.
간호수행 단계	설정된 우선 순위대로 수행한다.
간호평가 단계	계획된 간호활동의 타당성을 검정함으로써 평가하는 과정이 간호이론을 개발하는 데 기여할 수 있다.

6 지역사회 간호활동

① 건강관리실 활동

1 건강관리실의 설치

건강관리실은 대상자들에게 널리 알려지고 이용하기 편리한 곳에 설치해야 한다. 건강관리실의 배치는 각 건강관리실마다 대상자의 특성을 고려하여 배치하도록 한다.

○ 건강관리실의 종류 및 설치장소

이동 건강관리실	종교 및 정치와 관련 없는 장소나 건물에 설치한다.(지역주민의 이용률을 높일 수 있다.)
결핵관리실	감염 가능성을 고려하여 예방접종실과는 거리를 두고 설치한다.
산전관리실 재활치료실	계단을 오르내리는 불편함을 최대한 줄이기 위해 저층에 설치한다.

2 건강관리실의 물품관리

건강관리실에 비치할 기구 및 물품은 사용량과 예비수량을 고려하여 구입한다. 이동 건강관리실에서 사용할 기구는 감염 관리와 효율성을 고려하여 일회용으로 준비하는 것이 편리하다. 또한 기구 및 기계의 사용법과 소독방법, 소모품의 관리와 준비과정 등은 함께 일하는 보건요원들과 토의하여 방법을 익힌다.

○ 건강관리실의 물품관리 단계

1단계 물품 주문	과거 사용량을 참고하여 현재 사용량을 예측하여 작성한다.
2단계 물품 보관	중앙창고에 보관하며, 매일 수량을 확인하여 물품대장과 일치시킨다.
3단계 물품 출고	출고목록을 기록하여 유지하고 서명한 후에 출고한다.
4단계 물품 통제와 유지	물품의 사용법과 관리법을 주지하며, 점검계획표와 점검표를 작성한다.

3 건강관리실의 운영방법

건강관리실의 효율적인 운영을 위해서는 행정적인 절차를 간단하게 하고, 대상자가 건강관리실을 방문했을 때 정확한 수속 절차를 알 수 있도록 준비한다. 특히 보건소의 경우는 지역사회의 특징에 따라 특화된 건강관리실 및 일반진료실, 한방진료실, 예방접종실, 구강보건실, 방문간호실, 건강증진실, 운동처방센터, 물리치료실, 금연클리닉 등 다양한 건강관리실을 대상자의 요구에 맞추어 운영하고 있다.

4 건강관리실 활동의 장점 및 단점

장점	• 다른 활동에 비하여 간호사의 시간과 비용을 절약할 수 있다. • 비치된 다양한 비품, 기구, 물품 등을 이용할 수 있다. • 산만하지 않는 환경이라서 건강관리에 집중할 수 있다. • 특수한 상담 및 의뢰활동을 즉각적으로 실시할 수 있다. • 대상자가 직접 방문함으로써 자신의 건강문제를 해결할 수 있다.
단점	• 대상자가 처한 상황을 직접적으로 파악하기 곤란하다. • 건강관리실 방문이 불가능한 대상자들의 접근성이 줄어든다. • 대상자가 심리적으로 긴장하는 경우, 자신의 문제를 솔직히 드러내지 않는다. • 대상자의 실제 가정환경과 상황에 적합한 간호행위 시범을 보일 수 없다. • 대상자가 건강관리실 방문시간을 맞추기 어려울 수 있다. • 개별적인 방 설치가 어려운 경우, 상담이나 건강검진의 비밀 보장이 어렵다.

② 방문활동

1 방문활동의 개요

(1) 방문활동의 개념

방문활동은 보건 전문인력이 지역주민의 가정에 방문하여 건강문제를 가진 가구에 대하여 보건의료서비스를 직접 제공하거나 의뢰·연계하여 가족과 지역주민의 자가 건강관리능력을 개선하기 위한 활동을 의미하며 지역사회 간호사업에서 가장 오래된 간호수단이다.

(2) 방문활동의 목적

① 건강인식의 제고
② 자가 건강관리능력의 향상
③ 취약계층의 건강상태 유지 및 개선

2 방문활동의 제공조건과 우선제공자

(1) 방문활동의 제공조건

① 방문활동은 지역사회, 가족, 개인의 의뢰와 요청에 의해 이루어지거나 지역사회 간호사가 간호문제를 파악하고 간호를 제공하는 등의 간호사업을 위한 계획에 의해 이루어진다.
② 방문간호를 제공하기 전에 반드시 전화 방문으로 대상자가 간호서비스를 받는 것으로 수락해야 방문할 수 있다. 또한 방문활동의 원칙에 따라 방문할 수 있다.

(2) 방문활동의 우선제공자

• 의료보호 환자 및 취약계층

- 노인, 장애인, 정신질환자 등 타 분야와의 연계가 필요한 자
- 아동과 모성
- 민간 보건의료기관에서 담당하기 어려운 자
- 기타 「보건의료기본법」의 '보건의료 발전계획'의 수립 규정에 따라 보건복지부 장관이 정하는 보건의료

3 방문활동의 원칙

① 정확한 업무계획 하에 시행한다.
② 방문 시 반드시 자신의 신분을 밝히며 대상자의 비밀을 지킨다.
③ 개인이나 가족의 상황을 충분히 이해하고 접근한다.
④ 간호기술은 전문적이고 숙련되어야 하며 과학적 근거가 필요하다.
⑤ 지역사회 자원을 적절히 활용하고 다른 업무활동과 종횡적으로 연결성이 있어야 한다.
⑥ 연계방문의 경우, 보건소의 상황에 따라 결정하며 방문간호사 외 의사, 물리치료사, 사회복지사, 영양사, 운동사, 작업치료사 등이 방문하여 서비스를 제공한다.
⑦ 대상자의 방문활동 참여는 자발적이어야 하며, 대상자와 공동으로 간호계획을 세우며 평가한다.
⑧ 방문활동은 식사시간이나 휴식시간을 피하여 시간대를 정하는 것이 바람직하다.
⑨ 여러 대상자를 방문해야 하는 경우, 간호사가 전염병의 매개자가 되지 않도록 비전염성 질환부터 우선순위를 정하여 방문계획을 세운다.
⑩ 방문횟수는 간호인력 수, 가용시간, 예산 등과 대상자의 건강상태 및 조건, 대상자의 시간 등의 여러 가지 조건을 고려하여 결정한다.
⑪ 일반적인 방문활동의 우선순위는 개인보다는 집단, 비전염성 질환보다는 전염성 질환, 만성 질환보다는 급성 질환을 우선한다.
⑫ 방문 시 안전에 대한 주의사항을 지킨다.

4 방문활동의 진행과정

(1) 방문활동의 준비 – 방문가방

① 지역사회 간호사가 간호 대상자를 방문할 때는 언제 어디서든 즉각적이며 필수적인 간호를 제공하기 위하여 물품보관, 물품의 오염방지 및 청결유지를 위한 방문가방을 가지고 다녀야 한다.
② 방문가방은 방문 시에 가능한 안전한 장소에 놓으며, 방문가방의 내용물은 방문 목적에 따라 달라질 수 있으나, 기본적으로 필요한 약품과 처치기구 및 검사 기구를 준비한다.

● 방문가방의 내용물

검사용구	진공채혈관, 소변검사용 스틱, 시험관, 객담통, 소변컵, 주사침통, 당뇨스틱
간호용품	관장기, 관장용 윤활제, 주사기(주사용, 혈액검사 채취용), 일회용 주사침, 증류수, 반창고, 붕대, 거즈, 면봉, hot bag, 설압자, 전지, 연고, 소독솜
드레싱용품	드레싱용 멸균 소독용품, 드레싱 포, 소독캔, hemostat, kelly, forcep, 가위, 장갑(소독, 일회용)
측정용구	혈압기, 체온계(구강, 항문), 청진기, 혈당측정기, 줄자, 체중기
기타	일회용 소독포, 고무포, 소독용 비누, 필기도구, 가족건강기록부를 포함한 기록 서식 등

(2) 방문활동을 시작하기 전

① 효율적인 간호수행을 위해서는 사전준비를 철저히 해야 한다. 특히 병원, 보건소 등 관계기관의 협조를 얻어 대상자들의 명단, 주소, 전화번호, 병력 등을 사전에 정확하게 파악하고 방문하는 것이 좋다.

② 가정기록부 및 상담일지와 기관 및 직원들을 통하여 대상자와 가족에 관한 전반적인 정보를 확인하고, 대상자가 가지고 있는 문제가 무엇인지 예측하고 대비한다.

③ 대상자에게 전화를 걸거나 연락을 취해 가정방문이 가능한 날짜와 시간을 상호 협의하여 정한다.

④ 간호계획에 따라 필요한 각종 용품 등을 소독·보충하여 방문가방을 챙긴다.

⑤ 방문의 행선지와 목적, 출발시간과 돌아올 예정시간을 다른 요원들에게 보고하고 명확히 기재하여 놓는다.

(3) 방문활동을 하고 있는 중

① 개인, 가족, 지역사회와 우호적인 상호 신뢰관계를 형성한다. 방문자 자신을 소개하고 방문 목적을 충분히 설명하며 도움을 준다는 분위기 조성과 관심을 표명한다.

② 대상자 조사도구를 활용하여 질병에 대한 가족력, 질병 관련 증상 또는 합병증, 최근 의료이용 유무, 투약 이행 등의 자가 관리 상태, 질병에 대한 지식수준, 영양관리 등을 포함한 대상자의 요구를 조사한다.

③ 신체적 건강문제는 물론이고 환경적·경제적·사회적·교육적 측면의 간호문제를 포괄적으로 확인하여 건강문제 목록을 작성하며 중재 목표를 설정한다.

④ 동원 가능한 가족 자원 및 지역사회 자원을 최대한으로 활용하여 우선순위에 따른 적절한 방문건강관리 서비스 계획을 대상자와 함께 세운다.

⑤ 제공되는 간호내용을 대상자와 가족이 이해하기 쉽도록 충분히 설명하며 정확하고 효과적이며 능숙한 간호기술을 제공한다.

⑥ 간호수행 시 문제해결을 위하여 다른 가족 구성원의 도움이 필요할 경우 함께 참여

시킨다.

⑦ 제공한 간호에 대한 대상자의 만족도를 확인하고 다음 방문 날짜와 시간을 대상자와 협의하여 정한다.

(4) 방문활동을 종료한 후

① 의뢰가 필요한 경우 의뢰기관에 연락을 취하고, 약품 및 물품 정리 등 방문의 후속처리를 한다.

② 방문내용과 방문 대상자의 특징에 관한 내용 및 앞으로의 계획을 기록으로 남긴다.

③ 문제목록 평가 결과, 행동 체크리스트 평가 결과, 방문간호에 대한 대상자 만족도 등을 활용하여 수행결과를 평가하고 기록한다.

④ 전화를 통하여 지난 방문 중재에 대한 대상자의 자기관리 정도를 확인, 평가하고 다음 방문 일정을 재확인하여 전화방문 기록지에 기록한다.

⑤ 필요한 경우 가정방문 결과를 상급자나 다른 요원들에게 보고하거나 토의한다.

⑥ 방문활동의 진행과정, 적합성, 목표 달성 정도 등을 평가하며 필요에 따라 다음 계획에 반영한다.

5 방문활동의 장점 및 단점

장점	• 대상자가 건강관리실보다 긴장감을 덜 갖게 되며 편안하게 간호서비스를 받게 된다. • 대상자의 생활양상, 흥미, 태도, 가치관 등에 대한 정보와 가족의 능력, 시설, 가족관계, 기타 자원 등 전체적인 상황을 파악할 수 있고 각 가정의 실제 상황에 따른 적절한 교육과 상담을 제공할 수 있다. • 가족구성원에게서 받는 건강관리를 직접 관찰하고 평가할 수 있는 기회를 줌으로써 자신의 건강관리에 대한 동기를 부여할 수 있다. • 거동이 불편한 대상자에게도 선택의 기회를 준다. • 가족 전체를 중심으로 포괄적인 건강관리가 가능하며 가족단위의 보건교육도 가능하다. • 간호 대상자와 함께 공동으로 간호계획을 세울 수 있다. • 간호사와 우호적인 인간관계 형성이 용이하다.
단점	• 비용과 시간이 많이 소요된다. • 같은 문제를 가진 다른 사람과 경험담을 나누면서 이야기할 수 있는 기회가 적다. • 간호 제공 시 건강관리실의 물품이나 기구들을 충분히 활용하지 못한다. • 타인의 가정방문에 대하여 대상자가 부담감을 가질 수 있다.

6 안전한 방문활동을 위한 주의사항

① 우범지역 내의 가정 방문활동을 할 경우는 지역 내에서 신변을 보호해 줄 수 있는 자와 동행한다.

　　예 농촌인 경우 이장, 마을건강원, 청년회장 등

② 사람을 해칠 수 있는 동물(개, 고양이 등)이 있는 경우를 대비하여 출입문에서 먼저 확인

한 후에 들어가며 다음 방문을 위하여 기록부에 표기해 놓는다.

③ 가족 중의 만취자, 정신질환자 등으로 인하여 공포 및 위험이 생기면 대상자에게 꼭 필요한 간호만 제공하고 가급적 빨리 나온다.

④ 응급상황에 대비하여 출구를 미리 확인하여 두고 연락 가능한 개인 및 기관(경찰서, 병원, 보건소 등)의 전화번호를 기억해 두거나 주머니 또는 옷에 부착하여 이용할 수 있는 통신을 활용한다.

⑤ 가능한 한 간호 대상자의 가족이 함께 있도록 한다.

TIP) 보건소 중심의 방문보건사업

현재의 보건소 중심의 방문보건사업은 신생아부터 노인까지 생애 주기별 건강관리, 대상자 중심의 맞춤형 서비스를 통하여 취약계층의 건강문제를 포괄적으로 파악하여 방문건강관리 서비스 제공, 건강문제 스크리닝 및 보건소 내·외 자원의 연계를 실시한다.

③ 자원의 활용 및 의뢰

지역사회 간호사가 대상자의 건강문제를 확인한 후 심각한 건강문제를 가진 대상자를 다루거나 지역사회 간호사 자신이 해결하지 못하는 문제는 다른 자원을 활용하거나 다른 기관 또는 전문가에게 의뢰하는 것이 바람직하다.

1 자원의 유형

(1) 가족 및 지역사회의 자원

1) 인적 자원
가족의 건강관리 및 문제 해결에 도움이 될 수 있는 가족구성원을 찾아 교육하여 가족 간호인으로 활용한다.

2) 물적 자원
주민의 건강관리 및 문제 해결을 위하여 적절한 시설, 도구, 자료 등을 활용한다.

3) 사회적 자원
① 가족 및 지역사회의 건강에 대한 지식과 기술 수준, 지역사회 및 가족의 조직과 건강에 대한 가치관 등이 자원으로 활용된다.

② 가족 및 지역사회의 건강에 대한 지식과 기술을 관련지어 구체적으로 분석한다.

③ 어떠한 건강지식과 기술을 어떠한 방법을 통하여 배웠는지, 알고 있는 지식과 기술을 어떻게 활용하고 있는지 등을 파악하여, 지식과 기술을 변화시키는 데 적용한다.

4) 경제적 자원
① 지역사회 간호사업에 필요한 가족 및 지역사회의 경제적 자원은 건강문제의 종류,

지역사회 내 기존 시설의 이용 가능성 여부, 총수입 및 일반적인 재정적 책임 등에 따라 차이가 있다.

② 지역사회 간호사는 가족 및 지역사회의 건강관리 지불능력을 분석(급여, 건강보험 가입 여부, 의료급여 대상 등)하여 재정능력이 없는 경우는 사회사업단체 등의 다른 재원을 고려해야 하지만, 최대한 가족 및 지역사회 자체가 해결할 수 있도록 유도한다.

(2) 지역사회 간호사의 자원

지역사회 간호사는 가족 및 지역사회의 간호요구를 충족시키는 매우 중요한 자원이다.

1) 건강평가 기술

지역사회 간호사는 관찰, 건강사정, 정보수집 등을 통하여 분석하고 평가한 후, 가족 및 지역사회의 건강문제 및 간호요구를 파악한다.

2) 간호 기술

지역사회 간호사는 가족 및 지역사회의 간호요구를 숙련된 간호 기술로 충족시킨다.

예 분만 및 신생아 간호 기술, 응급처치 기술, 예방접종 기술 등

3) 보건교육 기술

지역사회 간호사는 개인, 가족 및 지역사회의 건강에 대한 형태를 변화시킬 수 있는 각종 보건교육의 수단을 동원하여 건강과 관련된 보건교육을 한다.

예 상담 기술, 면접 기술, 시범 및 지도 등

(3) 가족 및 지역사회 이외의 자원

① 지역사회 간호사가 간호사업의 대상으로 보는 가족 및 지역사회 이외의 자원을 말한다.

예 우리 마을을 대상으로 지역사회 간호사업을 수행하는 경우, 우리 마을 이외의 다른 마을이나 단체에 있는 각종 자원

② 여기에 속하는 자원은 그 종류가 복잡하고 차이가 많아서 다양한 측면의 분류가 가능하다. 즉, 공공기관, 종합병원 및 개인의원, 영리단체 및 비영리단체(자선단체) 등으로 분류할 수 있는데, 지역사회 간호사의 편리에 따라 분류하여 목록을 만든다.

2 자원의 활용

(1) 자원 활용의 개념

지역사회간호 사업을 효과적으로 운영하려면 지역사회 간호사는 여러 종류의 자원을 이용한다. 자원을 유효적절하게 이용하기 위해서는 여러 가지 보건자원에 대한 정보를 잘 정리해서 보관해 두었다가 필요할 경우에 즉시 사용할 수 있도록 대비한다.

(2) 자원 활용을 위한 준비과정

① 이용 가능한 보건자원을 파악한다.

② 각 보건자원의 사업목적 및 임무와 제한점 등을 파악한다.

③ 자원에 대한 참고 서류철을 만들어 보관한다.

④ 편리하고 간편한 의뢰방법을 정한다.

3 자원의 의뢰

(1) 자원의 의뢰 시 서류 기재사항

필수 기재사항	• 자원의 명칭, 주소, 연락처(전화번호) • 자원(개인이나 기관)이 제공하는 사업의 목적과 업무		
접촉방법	• 의뢰할 담당자와의 직접 대면 • 담당자와 접촉 가능한 시간, 양식(전화, 서식, 편지 등)		
자원을 이용할 수 있는 대상범위 및 조건	• 거주지역	• 연령	• 경제상태 등
의뢰방법	• 의뢰양식의 이용	• 의뢰절차의 사용	• 의뢰기관 이용 가능시간
의뢰하기 위한 개인 및 기관과의 보고방법	• 보고의 종류	• 보고 횟수	• 보고 양식 등

(2) 자원의 의뢰 시 주의사항

① 자원을 의뢰하기 전에 개인, 가족, 지역사회와 먼저 의논하여 그들에게 의뢰한다는 사실을 납득하도록 하며, 의뢰 여부에 대한 결정은 반드시 대상자 본인이 내리도록 한다.

② 자원을 의뢰하는 기관과 그 담당자를 접촉하여, 의뢰하기 전에 관련된 모든 사실을 알아둔다.

③ 가능하면 먼저 연락하거나 개인적으로 방문하여 적절한 자원 의뢰서를 작성하도록 한다. 필요한 정보를 기재한 후에 개인, 가족에게 전달하여 직접 의뢰기관으로 가도록 한다.

④ 개인이나 가족에게 자원 의뢰기관에 대하여 설명해 주고 필요한 정보를 제공한다.

⑤ 자원 의뢰기관의 위치 및 담당자와 약속한 시간과 장소를 정확하게 알려 준다.

⑥ 자원의 의뢰는 가능한 한 각 개인을 대상으로 한다.

⑦ 자원을 의뢰하기 직전에 대상자의 상태를 최종적으로 확인한다.

④ 의사소통매체

1 의사소통매체의 활용

지역사회 간호사는 대상자와 효과적인 의사소통을 하기 위하여 간접적인 의사소통매체를 활용한다. 지역사회 간호사가 흔히 사용하는 일반적인 의사소통매체에는 서신, 전화, 유인물, 벽보판 등이 있는데, 많은 대상자와 신속한 의사소통을 하기 위하여 방송, 컴퓨터, SNS

등이 이용되고 있다. 최근에는 인터넷과 휴대폰을 이용한 정보교환도 활성화되고 있다.

2 의사소통매체의 유형

(1) 서신

① 서신을 통한 의사소통방법은 약속 날짜를 어겨서 다음 약속 날짜를 알려 줄 때 사용할 수 있지만 많이 사용하는 매체는 아니다.

② 서신은 비용이 저렴한 장점이 있고, 독립성 있는 대상자에게는 문제 해결을 위한 행동을 해 내기 위한 책임감을 느끼도록 해 준다.

③ 서신은 직접 방문과 전화에 비해, 가정상황의 관찰과 파악이 불가능하고, 상호 대화를 통한 새로운 문제 발견의 기회가 없으며, 수신인에게 전달 여부를 확인하기 어렵다.

(2) 전화

① 전화는 짧은 시간에 저렴한 비용으로 이용할 수 있어 경제적이고 시간의 제한도 없다.

② 전화는 서신보다 덜 사무적이고 개인적인 느낌의 의사소통매체이기 때문에 가정방문을 할 때 대상자가 갖게 되는 방문객에 대한 부담감이 없다.

③ 전화는 가정방문이 필요한 대상자를 선별할 수 있는 방법이 될 수 있지만, 가정방문을 통하여 얻게 되는 가정상황에 대한 전체적인 파악은 불가능하다.

(3) 유인물

① 유인물은 지역사회 간호사가 지역주민에게 보건교육을 실시할 때 교육내용의 이해를 돕기 위하여 보조자료로 흔히 사용한다.

② 유인물은 보건교육의 내용을 보다 조직적이며 체계적으로 담을 수 있어서 다른 의사소통매체보다 지역주민에게 신뢰감을 준다.

③ 유인물은 지역주민이 직접 보관하면서 필요할 때 수시로 정보를 볼 수 있다.

④ 유인물의 단점은 글을 읽지 못하는 대상자에게는 적용이 불가능하다는 점과 유인물 제작에 비용과 기술이 필요하다는 점이다.

(4) 게시판

① 게시판은 대상자의 시각을 자극하여 많은 주민에게 전파가 가능하다.

② 게시판은 그림과 글씨를 통하여 대상자의 흥미를 유발시킨다.

③ 게시판은 지역주민의 시선을 끌 수 있는 특별한 제작기술과 장기적으로 게시할 수 있는 장소 및 시설이 필요하다.

(5) 방송

① 방송은 긴급하게 알려야 할 지역주민의 건강관리에 대한 교육내용이나 전달사항이 있을 때 활용하면 효과적이다.

예 일본뇌염의 발생으로 많은 대상자에게 주의사항을 가장 빠르게 전달해야 할 경우 활용하면 효과적이다.

② 방송에서 들은 내용은 권위자나 전문가의 의견으로 생각하므로 지역주민들이 관심을 갖고 인식하여 주의 집중을 할 수 있다.

③ 방송은 시간이 지나면서 기억이 상실되어 잊어버리게 되고, 방송네트워크의 활용이 쉽지 않으며 비용의 문제도 따른다.

(6) 인터넷

① 인터넷은 대량으로 정보를 저장하고 관리할 수 있으며, 정보에 대한 신속한 탐색과 다양한 작업으로 업무처리가 효율적이다.

② 인터넷은 컴퓨터 활용에 대한 기술이 없으면 사용할 수가 없고 사생활 보호 및 기밀 보호를 위협 받을 수도 있다.

(7) SNS메신저

① SNS메신저를 이용한 정보 공유는 많은 사람들에게 내용을 신속하게 전달한다.

② SNS메신저는 컴퓨터 활용에 대한 기술이 없어도 사용할 수 있고, 이용 가능한 공간이 자유롭다.

③ SNS메신저는 대상자들의 다양한 의견을 들을 수 있지만, 잘못된 정보의 파급효과가 크기 때문에 정보에 대한 판단력 부재 및 정보보호의 문제 등이 있다.

(8) 전시

① 전시는 실물이나 모형을 이용하여 간접경험을 하도록 하는 의사소통매체이다.

② 보건소의 경우, 고혈압, 당뇨병, 고지혈증 질환자 및 가족을 대상으로 만성질환자의 식습관 진단에 따른 개인별 맞춤식 영양상담을 연중 실시하거나 만성질환자를 위한 맞춤식 식단 체험행사를 하기도 한다.

③ 맞춤식 식단을 상시 교육하기 위하여 고혈압환자의 식단, 당뇨병환자의 식단, 노인의 이상적 권장식단 등을 전시한다.

⑤ 집단지도

1 집단지도의 개념

집단지도는 지역사회 간호사가 보건교육이 필요한 대상자를 단체로 모아서 접근하는 방법을 말한다. 보건교육방법에는 지역사회 간호사가 전문가가 되어 집단을 대상으로 강연하는 강연회와 지역사회 간호사가 촉진자가 되어 집단이 토의하는 집단 토론회, 심포지엄, 패널토의, 세미나, 워크숍, 분단토론, 시범, 역할극 등 스스로 문제를 해결하도록 도와주는 방법이 있다.

2 집단의 조직 및 활용

① 지역사회 간호사가 집단을 대상으로 보건교육을 하려면 집단을 조직하거나 또는 이미 조직된 집단을 활용한다.

② 주민자치회, 부녀회 등의 기성 집단을 보건교육 대상으로 활용하면 새로운 조직을 형성하는 시간, 비용 등을 절감할 수 있으나 보건교육 내용에 따라 활용이 불가능할 경우가 있다.

③ 지역사회 간호사는 기성집단의 집단 역학을 최대한 유익한 방향으로 이용하며, 보건교육의 수단으로 활용해야 한다.

④ 새로운 집단을 조직할 때는 보건교육의 목적에 따라 해당 대상자들로 구성하며 시간, 장소, 내용 등을 결정한다.

3 집단지도의 유형

(1) 건강교실

① 건강교실은 지역주민들의 건강을 개선시키고 유지하기 위하여 만든 모임이다.

② 만성질환자(당뇨, 고혈압, 심뇌혈관, 비만 등), 산모, 청소년 등을 대상으로 한 건강증진이 목적인 모임으로 다양한 프로그램을 실시한다.

(2) 자조모임

① 자조모임은 정신적인 상처와 치유를 가진 지역주민이 지지와 격려를 얻기 위하여 자발적으로 만든 모임이다.

② 자조모임은 문제행동을 통제할 수 있는 경험 중심의 기술을 사용하는 사람들의 모임이다.

　　例 도박, 만성질환, 이주민, 다문화 등

③ 자조모임의 구성원들은 동일한 상황에 처해 있는 사람들과의 교류를 통하여 자신의 현재 상태에 대한 인식과 상황에 대한 대처기술을 학습할 수 있다.

(3) 환자가족모임

환자가족모임은 만성적 퇴행성질환 및 특정 질환을 돌보는 가족들이 환자간호 및 가족의 정서적 지지를 하는 데 도움이 되는 다양한 정보를 얻기 위한 모임이다.

　　例 파킨슨병, 뇌졸중, 치매, 암환자 가족모임 등

4 집단지도 담당자의 자질

(1) 좋은 대인관계

① 보건교육 후 긍정적인 결과를 얻기 위해서는 좋은 대인관계가 중요하다.

② 보건교육을 시작하기 전에 지역주민 지도자 및 대표자를 찾아가서 자신을 소개하고

그들의 역할과 기능을 파악하여 상호협력을 하도록 한다.

(2) 분명한 의사소통

① 분명한 의사소통을 하기 위해서는 간단명료하게 표현하고, 다른 사람들의 말을 주의 깊게 잘 듣는 것이 무엇보다 중요하다.

② 다른 사람들이 자신의 의견을 자유롭게 표현하도록 격려해 주어야 하며, 의사소통에 방해가 되는 일이 무엇인지 파악하여 개선해 준다.

(3) 학습자의 참여 조장

① 보건교육은 문제를 직접 해결해 주는 것이 아니라 스스로 해결하도록 인도하는 데 책임이 있다.

② 대상자들이 자신의 문제에 관심을 가지고 적극적인 참여를 할 수 있도록 격려해야 한다.

⑥ 지역주민의 참여

1 지역주민 참여의 개념

지역주민의 참여는 지역사회 주민이 관심을 가지고 수행하는 프로그램 및 활동에 지역사회 구성원이 참여하는 과정을 의미한다.

2 지역주민 참여의 특성

① 지역사회 보건사업에서 지역주민이 적극적으로 참여하게 되면 사업수행의 성공 가능성이 높아진다.

② 보건사업과 관련된 공무원, 지역사회 간호사 등에게 해당 지역에서 필요한 수요를 직접 전달할 수 있다.

③ 지역사회의 공동운명체를 강화시키게 되면 다른 개발활동에 대한 참여 의욕이 높아진다.

④ 지역주민 참여를 통하여 정부의 정책이나 관련기관의 사업내용을 직접 전달할 수 있으므로 사업진행의 이해도가 높아진다.

⑤ 지역사회 보건사업과정 중에서 예기치 못한 변화가 발생했을 때 지역주민의 이해를 얻을 수 있다.

3 지역주민 참여의 유형

(1) 참여 인원에 따른 유형

개별적 참여	보건사업에 대한 개인적 관심에 따라 참여한다.
집단적 참여	지역의 자생적 조직이나 비자생적 조직을 통하여 참여한다.

(2) 참여 수준에 따른 유형

첫째 수준	제공되는 서비스와 시설의 이용
둘째 수준	외부기관에 의해 계획된 사업의 협조
셋째 수준	사업계획 및 사업운영의 참여

4 지역주민 참여의 활성화 방안

① 정보의 공개와 홍보
② 여론의 정확한 수집 및 처리
③ 위원회의 활성화
④ 자생적 주민조직의 활용과 조직
⑤ 타 지역과의 경쟁관계 유발
⑥ 사회지도층의 적극적인 참여
⑦ 보건요원의 양성 및 배치
⑧ 주민의식과 자질 고취
⑨ 지역사회 간호사의 개발(지식, 기술, 인격의 조화)

5 지역주민 참여의 문제점 및 장애요인

(1) 지역주민 참여의 문제점

① 사업의 전문성과 능률성 저하 가능성
② 시간과 비용의 소모
③ 지엽적 견해의 조장
④ 책임회피 또는 책임소재의 불분명
⑤ 지역주민의 참여회피 경향
⑥ 상용전략의 문제 등

(2) 지역주민 참여의 장애요인

① 지역사회의 다양성과 내적 분화가 대변될 수 있는 집단의 대표성
② 관료주의
③ 보건행정가 및 보건의료인들의 동기화와 태도 부족
④ 의료전문주의
⑤ 제도적 장치의 부족
⑥ 주민 참여의 역량 부족 등

PART II

인구집단의 보건과 간호

1 보건교육의 이해

① 보건교육의 개요

1 보건교육의 정의

(1) 학자의 정의

1) 그린

보건교육은 건강에 도움을 주는 행동을 자발적으로 할 수 있도록 계획한 모든 학습경험들의 조합이다.

2) 로스

보건교육은 직접 또는 간접적으로 인간의 건강에 영향을 미치는 행위나 문제점에 중점을 둔 교육적으로 계획된 변화의 과정이다.

(2) 보건기관의 정의

1) 세계보건기구(WHO)

보건교육은 건강에 관한 지식, 신념, 태도, 행동에 영향을 주는 개인, 집단, 지역에서의 모든 경험, 노력, 과정이다.

2) 미국의 학교보건교육 용어제정위원회

보건교육은 개인 또는 집단의 건강에 관여하는 지식, 태도, 행위에 변화가 오도록 영향을 주는 모든 경험의 총합이다.

2 보건교육의 목적

(1) 기본 목적

지역사회가 자기의 보건문제를 인식하고 스스로 행동하여 이것을 해결함으로써 자기의 건강을 증진시킬 수 있도록 하고 자주적인 태도를 갖도록 하는 것이다.

(2) 세계보건기구(WHO)에서 규정한 목적

① 세계보건기구(WHO) 헌장에 규정된 건강을 완전히 구현하기 위하여 개인 또는 집단의 구성원으로서 자기 스스로 해야 할 일을 수행할 수 있는 능력을 갖도록 돕는다.
② 건강은 지역사회의 귀중한 재산임을 인식하도록 돕는다.

③ 보건사업을 발전시켜 보건교육을 활용하도록 돕는다.

② 보건교육의 유형

1 지역사회의 보건교육

(1) 지역사회 보건교육의 목적

지역사회 주민들이 스스로 자신들의 건강문제를 인식하고 지역사회 주민 전체의 공동적인 사업이라는 책임을 다한다.

(2) 지역사회 보건교육의 특성

① 전체 지역사회 보건사업계획의 한 부분으로, 지역사회 진단을 통한 실증적인 자료를 근거로 지역사회와 함께 계획한다.
② 명확한 목표가 있어야 하고, 그 목표 달성을 위한 구체적인 계획을 수립한다.
③ 주민의 문화적 특성(미신, 행동규범, 습관, 전통, 종교적 배경 등)을 파악하여 고려한다.
④ 지역사회 보건교육계획을 수립할 경우는 가능한 한 주민들이 스스로 흥미를 가지고 적극 참여하도록 한다.
⑤ 인적·물적 자원을 조사하여 지역사회 지도자를 발견하고 그의 협력을 얻는다.
⑥ 지역사회 보건요원의 팀워크를 통하여 상호 전문성을 이해하고 존경하며 협력하는 태도가 필요하다.
⑦ 주민의 신뢰를 얻기 위하여 단기간에 이룰 수 있는 지역사회 보건교육부터 시작하며, 좁은 지역에서 시범적으로 착수하여 점차 지역을 확대하는 방법이 바람직하다.
⑧ 지역사회 보건교육전문가는 보건교육방법 및 보건교육매체의 사용법에 대한 지식과 기술을 습득한다.

(3) 지역사회 보건교육의 필요성

1) 바람직한 생활양식의 터득
지역사회가 공유하는 지식·사회적 가치·행동양상을 새로이 창출하고 유지하여 전달하는 지역사회 보건교육의 사회화 기능을 통하여 지역주민이 바람직한 생활양식을 터득하도록 한다.

2) 주민의 공동문제 해결
지역사회 보건교육을 통하여 지역사회의 결속력 및 사기를 높이고 주민의 공동문제를 해결하기 위한 노력이 이루어진다.

3) 지역사회 의식의 강화
지역사회 보건교육활동을 통하여 지역사회의 의식이 강화되고 보다 발전적인 지역사회가 개발될 수 있다.

4) 건강 형평성의 제고
지역사회 보건교육은 지역주민의 조직화가 추진되는 동시에 주민의 자발적 참여를 통하여 의료취약계층을 포괄하는 건강 형평성을 제고할 수 있다.

2 학교의 보건교육

(1) 학교 보건교육의 목적
아동 및 청소년에게 적극적인 학습을 통하여 건강을 보호하고 유지하며 학교 교육현장에 적합한 건강증진을 계획하고 수행한다.

(2) 학교 보건교육의 특성
① 건강의 신체적·정신적·환경적 분야의 상호 관련성을 내포하는 전체적인 모델을 이용한다.
② 부모와 자녀가 함께 건강지식 및 건강기술의 개발에 참여하도록 장려함으로써 가족을 포함시킨다.
③ 학생의 직접적인 건강에 기여하고 있는 물리적 환경(교실, 위생, 신선한 음료수, 운동장)의 중요성을 언급한다.
④ 학생에게 긍정적인 학습환경과 건전한 교우관계, 정서적 안녕을 지원하는 학교의 사회적 특성을 강조한다.
⑤ 학생에게 흔히 발생하는 특수한 건강문제(시력·청력 문제, 정신적·사회적 스트레스 등)를 고려한 지역적이고 부분적인 보건서비스를 학교와 연계한다.
⑥ 평생 지속될 건강과 관련된 기술 및 지식을 개발하기 위하여 정규 교과과정 내에 보건교육을 포함시킨다.
⑦ 건강잠재능력을 증진시키도록 보건교육에서 양성평등을 고려한 균등성을 강화한다.
⑧ 학생과 교직원의 정신적 건강 및 사회적 요구를 지원한다.

(3) 학교 보건교육의 필요성

1) 국민건강의 향상
학교 보건교육의 효과는 가정 및 지역사회로 확산될 수 있기 때문에 국민 모두에게 건강증진에 대한 인식을 제고하여 국민건강의 향상에 큰 영향을 미칠 수 있다.

2) 실천적 교육의 진행
학교 보건교육과 보건관리는 상호 유기적인 관계이다. 보건관리를 진행하면서도 한편으로는 실천적 교육이 필요한 보건교육을 진행함에 따라 학교 보건이 종합적 성과를 이루는 발전이 바람직하다.

TIP) 학교 보건교육을 위한 학교의 역할

● 학교는 학생, 가족, 지역사회 주민들에게 건강신념의 변화를 유도한다.
● 학교는 학생의 출석과 참여를 고무시킨다.
● 학교는 믿음이 가며 친근한 환경을 조성한다.
● 학교는 학교생활에서 불이익을 당하는 학생에게 적절한 지원과 협조를 제공한다.
● 학교는 모든 학생에게 가치 있고 인정받을 수 있는 포괄적인 환경을 제공한다.
● 학교는 부모의 교육적 요구가 학생의 안녕에 끼치는 영향을 파악한다.

3 산업장의 보건교육

(1) 산업장 보건교육의 목적

근로자의 건강을 유지·증진하기 위한 지식을 제공하고 일상작업과 일상생활 속에서 실천할 수 있도록 근로자에게 동기를 부여한다.

(2) 산업장 보건교육의 특성

① 안전사고 및 산업재해의 발생을 감소시킨다.
② 질병과 사고로 인한 결근율 및 이직률을 감소시킨다.
③ 업무능률과 생산성이 향상되어 경제적 이익이 증가된다.
④ 산업장에서 받는 스트레스와 비만 등의 건강증진 위험요인을 감소시킨다.
⑤ 건강한 직장 분위기의 조성에 기여한다.

(3) 산업장 보건교육의 필요성

1) 체계적인 건강관리
신규 취업 시부터 근로자의 건강관리가 체계적으로 시작한다.

2) 장기간의 환경 노출
입사부터 퇴사까지 오랜 기간 동일한 환경에 노출되면 건강에 영향을 미칠 수 있다.

3) 안전 및 경제적 효과
산업장의 안전은 보건교육과 상호 연관되어 있고, 산업장의 건강관리는 산업장의 생산성 및 경제적 효과와 밀접한 관계에 있다.

4 의료기관의 보건교육

(1) 의료기관 보건교육의 목적

환자별로 자신의 건강을 위협하는 행동에 대하여 학습하도록 준비시키며 행동을 변화시킬 수 있다는 긍정적인 태도를 가지려는 의지가 생기도록 동기를 부여한다.

(2) 의료기관 보건교육의 특성

① 의료기관은 환자가 불편을 호소하며 통증을 겪는 과정에서 이를 해결하기 위한 직접적인 보건교육서비스를 제공한다.

② 대부분의 질병 발생의 원인은 생활습관으로 인한 것이므로, 병리적인 원인이 치료되었다면 올바른 건강생활양식을 강조하는 보건교육을 실시한다.

③ 환자의 보건교육을 통하여 질병의 진행속도를 늦추고 장애를 최소화한다.

④ 보건교육서비스의 제공은 병상회전율을 높이고 질병의 재발을 예방하는 경제적 효과가 있다.

(3) 의료기관 보건교육의 필요성

1) 경제적·사회적 영향

의료기관에서의 보건교육은 환자의 신체적·정신적 상태뿐만이 아니라 경제적·사회적 상태에도 영향을 미칠 수 있다.

2) 질병의 최소화

의료기관의 보건교육은 질병에 효율적으로 대처하여 질병으로부터의 고통과 불편을 줄이고 합병증을 최소화할 수 있다.

3) 의료비 지출의 감소

입원환자 질병군별 보건교육을 통하여 입원일수를 줄이고 의료비 지출을 감소시킬 수 있다.

③ 보건교육전문가

1 보건교육전문가의 등장 배경

건강에 대한 국민의 관심이 높아지고 각종 암, 고혈압, 당뇨 등 만성퇴행성질환으로 인한 의료비가 증대하면서 만성질환의 예방 및 관리를 통한 삶의 질 향상과 경제적 부담의 감소가 국가 보건정책의 중요한 과제가 되었다. 이에 만성퇴행성질환을 예방하기 위해서는 흡연, 음주, 운동, 식생활 등의 건강생활 습관의 개선이 필요하다.

2 보건교육전문가의 역할

보건교육전문가는 개인·집단·지역사회를 대상으로 건강한 생활양식으로의 변화를 목적으로 한 보건교육 프로그램을 계획·실행·평가하는 역할을 담당한다.

(1) 우리나라 보건교육전문가의 주요 역할

• 개인·조직·지역사회의 요구도 진단

- 보건교육 및 건강증진사업의 기획·수행·평가
- 보건교육방법 및 보건교육자료의 개발
- 보건교육과 건강증진서비스의 연계 및 조정
- 보건교육 프로그램의 관리 및 행정
- 보건교육자원으로서의 활동
- 건강정보의 생성 및 확산
- 보건교육을 위한 지원 및 의사소통

(2) 미국 보건교육사의 주요 역할

- 보건교육을 위한 개인 및 지역사회의 요구도 조사
- 보건교육 프로그램의 기획
- 보건교육 프로그램의 수행
- 보건교육 프로그램의 평가와 연구
- 보건교육 프로그램의 관리 및 행정
- 보건교육 자원으로서의 활동
- 보건교육을 위한 지원 및 의사소통

3 보건교육전문가의 필요성

(1) 보건교육의 수행

보건교육은 세계보건기구(WHO)가 1978년부터 주창해 온 1차 보건의료의 필수서비스 중에서 가장 중요한 서비스로서, 단순한 보건지식의 전달이 아닌 건강과 관련된 행태를 변화시키는 일이므로 전문적인 보건교육 수행능력을 갖춘 전문인력의 역할을 강조한다.

(2) 체계적인 보건교육사업

건강증진사업을 성공적으로 추진하고 그 성과를 높이려면 주민들의 보건에 대한 의식 행태 수준을 높여 건강생활을 습관화하도록 하며, 이를 위해서는 보다 체계적이고 효율적인 보건교육사업을 계획·수행·평가할 수 있는 보건교육 전문인력을 배치하여 활용한다.

(3) 건강행위의 실천

개인의 건강행위 실천수준을 향상시키기 위해서는 구체적인 보건교육사업을 강화하고 전문적인 보건교육인력을 준비한다.

④ 보건교육의 이론

1 건강신념모형

(1) 건강신념모형의 개념

벡이 발전시킨 건강신념모형(HBM, Health Belief Model)은 레빈의 장이론을 기반으로 한 건강행동을 사회심리학적으로 허락하는 모형이다.

〈장이론의 개념〉
- 지각과 실재는 상대적 관계로 상황을 강조하는 현실성의 원리이다.
- 인간은 자기의 자아관심을 추구하려는 특성을 가지고 있다.

(2) 건강신념모형의 특성

① 건강신념모형은 인지가 의사결정에 가장 중요한 역할을 하는 것이다. 즉, 실제 사실보다는 행동을 일으키는 특정한 신념에 대한 예측이 더 중요하다는 것이다.

② 신념은 행동의 결과에 대한 기대를 불러일으킨다. 어떠한 사람들은 건강행위를 잘하는데 어떠한 사람들은 좋은 것을 알면서도 왜 건강행위에 참여하지 못하는지의 이유를 설명하기 위하여 사용하는 모형이다.

③ 건강신념모형은 질병과 관련된 행위를 설명하기 위한 모형이므로, 질병 예방이나 질병 조기발견을 위한 행위들을 허락하는 데 적합하다.

(3) 건강신념모형의 구성요소

1) 지각된 감수성/민감성

① 지각된 감수성은 건강상태를 감소시키는 위험성에 대한 개인의 주관적 인지로, 자신이 그 질병에 걸릴 가능성을 지각하는 신념이다.

② 질병에 걸릴 위험에 대한 주관적인 인식으로 진단된 병명을 받아들이고, 이 질병의 재발 가능성에 대한 판단 및 일반적인 질병에 대한 감수성을 포함한다.

> 📖 개인 자신이 병에 걸릴 것인가 걸리지 않을 것인가에 대한 믿음으로 어떠한 사람들은 질병에 걸리지 않았음에도 질병에 걸리지 않았을까 두려워하는 한편, 어떠한 사람들은 질병에 걸렸음에도 부정하는 상황이 일어날 수 있다.

③ 질병 위험을 주관적으로 다르게 판단하는 것은 사람들의 심리학적 특성 및 환경 등에 영향을 받은 것이고, 특정 질병에 대하여 인지하는 감수성의 정도에 따라 특정 행위를 할 가능성도 달라지기 때문이다.

2) 지각된 심각성

① 지각된 심각성은 질병에 감염되거나 질병을 치료하지 않고 방치하는 결과가 얼마나 심각한 정도인지를 지각하는 신념이다.

② 개인 자신이 특정 질병 자체의 심각성에 대하여 인지하는 정도와 그 심각성이 자신의 생활양식에 미치는 영향을 인지하는 정도이다.

3) 지각된 이익성/유익성

① 지각된 이익성은 자신이 건강행위를 실행함으로써 질병에 감염될 위험 및 위험 결과의 심각성 감소효과를 지각하는 신념이다.

② 감수성이나 심각성에 있어서 높은 수준의 신념을 가진 개인이라도 건강행동이 실행가능하고 효과가 있는 것으로 인지되어야만 건강행동을 받아들인다.

4) 지각된 장애성

① 지각된 장애성은 개인이 취하려는 행동에 방해가 될 수 있는 요인을 지각하는 신념이다.

② 건강 행위를 실천하는 데는 장애요인과 건강행동의 기대되는 효과에 대하여 비교 검토하는, 일종의 무의식적 비용분석이 이루어진다.

5) 행동의 계기

① 행동의 계기는 자신의 인식 속에 적절한 신념을 불러일으킴으로써 건강행위에 관한 의사결정을 할 때 도움을 주는 신념이다.

② 행동할 준비가 되어 있다고 하더라도 구체적인 사건(환경적 사건 등)이나 계기가 있어야 행동을 할 수 있다.

2 합리적 행동이론

(1) 합리적 행동이론의 개념

피시벤과 아젠이 개발한 합리적 행동이론(TRA, Theory of Reasoned Action)은 태도 이외에 행위에 영향을 미치는 사회적 요인을 고려하여 최근의 건강행위를 이해하고 중재를 개발하는 데 널리 사용되고 있다.

(2) 합리적 행동이론의 기본 전제

인간의 행동은 그 행동을 하고자 하는 개인의 의도에 따라 결정되기 때문에 행동에 대한 의도는 그 행동의 가장 직접적인 결정요인이 된다는 것이 기본 전제이다.

〈기본 전제의 내용〉
- '행동에 대한 의도'는 개인의 '행동에 대한 태도'와 '주관적인 규범'에 따라 결정된다.
- '행동에 대한 태도'는 개인이 그 행동을 했을 때 나타나는 결과에 대한 신념과 나타난 결과에 따라 결정된다.
- '주관적 규범'은 개인에게 영향을 미칠 수 있는 중요한 다른 사람들이 그 개인이 행동하여야 한다고 생각하는 그 바람에 대한 개인의 규범적인 신념과 그들의 바람을 따르

려는 개인의 동기에 따라 결정된다.

(3) 합리적 행동이론의 구성요소

1) 행동에 대한 태도
① 행동에 대한 태도는 행위결과에 대한 태도를 말하며 행위가 특정 결과를 가져올 것이라는 개인의 신념과 이러한 결과들에 대한 개인의 평가로 결정된다. 즉, 개인의 신념으로부터 태도가 예측 가능하다는 것이다.
② 행동에 대한 태도를 이해하기 위해서는 가장 먼저 두드러진 신념을 이해하고 그 행위와 관련된 신념들을 확인한다.
③ 개인의 행위에 대한 태도는 행위 결과에 대한 평가와 신념 강도의 곱으로 계산하여 나타낼 수 있다.

2) 주관적 규범
① 주관적 규범은 자신이 건강행동을 하려고 하는 생각에 대한 개인의 신념을 말한다.
② 개인의 주관적 규범에 깔려 있는 신념은 주변의 의미 있는 타인의 기대에 대한 자신의 지각에 따라 영향을 받고, 자신이 의미 있는 타인들의 의견을 얼마나 수용하는가에 따라 영향을 받는다.
③ 의미 있는 타인은 자신의 행동과 사고에 직접적인 영향을 미치는 사람을 말한다.
　　예 부모, 선생님, 보건의료인, 친구 등
④ 자발적 건강행동은 건강행동에 대한 자신의 태도와 의미 있는 타인이 자신의 건강행동에 대하여 어떻게 평가하는가 하는 자신의 지각에 따라 결정된다.

3) 행동에 대한 의도
① 행동에 대한 의도는 특정 행동에 대한 동기유발이나 준비를 말한다.
② 행동에 대한 의도를 통하여 인간이 행동을 시행할 동기가 얼마나 강한지를 알 수 있다.
③ 인간은 그 행동을 하고자 하는 개인의 의도에 따라 결정되기 때문에 '행동에 대한 의도'는 그 행동의 가장 직접적인 결정요인이 된다.
④ 행동에 대한 의도는 2가지 결정요인인 '행위에 대한 태도'와 '주관적 규범'으로 이루어지는 함수이다. 즉, 개인이 행동의 결과를 보다 긍정적으로 판단할수록, 그 행동을 주변사람들이 지지할 것으로 판단할수록 그 행동을 수행할 의도가 높게 형성되어 행동을 수행할 가능성이 높아진다는 의미이다.

3 계획된 행동이론

(1) 계획된 행동이론의 개념
아젠이 개발한 계획된 행동이론(TPB, Theory of Planned Behavior)은 합리적 행동이론에서 발전된 형태의 이론이다. 합리적 행동이론과 계획된 행동이론은 행동 그 자체보다 행동을 하게 된 의도에 초점을 맞추고 있다는 공통점이 있다. 단, 계획된 행동이론에는 의도에 영향을 미치는 요소로 '지각된 행동통제'를 포함시켰다.

(2) 계획된 행동이론의 구성요소

1) 행동에 대한 의도의 결정요인

'행동에 대한 의도'는 각기 다른 변수인 결정요인의 영향을 받는다. 행동에 대한 의도는 3가지 결정요인을 측정하기 위한 간접적인 방법이다.

◐ 행동에 대한 의도의 3가지 결정요인

행동에 대한 태도	건강행동에 대한 개인적인 평가이다.
주관적 규범	건강행동을 수행하거나 수행하지 말라는 사회적 압력에 대한 개인의 지각이다.
지각된 행동통제	건강행동을 수행하기가 쉽다거나 어렵다고 지각하는 수준으로, 각 개인들이 행위의 실행이 자신의 의지적 통제 하에 있다고 믿는 정도이다.

2) 행동에 대한 태도

① 행동에 대한 태도는 만약 그 행동을 수행하면 어떠한 결과가 일어날 것이라는 신념과 그 결과에 대한 평가에 따라 결정된다.
② 행동 의도라는 매개과정을 통하여, 목표행동을 수행하는 것에 대한 개인이 가지고 있는 긍정적 또는 부정적인 느낌이 실제 행동으로 발현된다.

3) 주관적 규범

주관적 규범은 주어진 행위를 하거나 하지 않도록 개인에게 부과되는 사회적 압력에 대한 지각을 말하며 의미 있는 타인의 특정 행동에 대한 견해가 개인의 태도와 행동에 영향을 준다. 특히 부모, 보건의료인, 친구, 동료, 선생님 등의 중요한 사람에게 영향을 받을 뿐만 아니라 , 책, 영화 속 등장인물, 연예인 등에게도 영향을 받는다.

4) 지각된 행동 통제

① 지각된 행동 통제는 행동을 수행하는 데 있어서 지각된 어려움이나 용이함을 지각하는 정도를 말한다.
② 건강행동에 대한 과거의 경험과 행동을 할 때 실제로 있을 수 있는 장애물 또는 방해요인을 고려한 개념이다.
③ 행동에 대하여 얼마나 수행하기 어려운지, 성공적으로 행동을 수행할 수 있는지에 대한 개인의 지각 정도에 따라 행동은 영향을 받는다.

4 사회인지이론

(1) 사회인지이론의 개념

반두라가 제시한 사회인지이론(SCT, Social Cognitive Theory)은 인간이 건강과 관련된 행동을 하게 되는 저변의 사회적·심리적 요소들의 역동적 관계와 행동변화를 촉진시키는 방법을 허락하는 이론이다.

(2) 사회인지이론의 특성

① 인간의 행동, 인지를 포함한 개인적 요소와 환경적 영향이 서로 역동적으로 상호작용하여 개인의 행위가 결정된다.
② 인간들의 인지와 이 인지가 행동에 미치는 영향을 강조한다.

(3) 사회인지이론의 구성요소

1) 자기효능감

자기효능감은 개인적 요소로서 특정한 상황에서 특정한 행동의 조직과 수행을 얼마나 잘할 수 있는가에 대한 주관적인 판단을 평가하는 요소이다.

① 자기효능감의 강화 요소

수행 경험	• 자기효능감을 발달시키는 효과적인 방법은 목표행동을 성공적으로 수행해 보는 경험을 갖는 것이다. • 직접 수행을 통한 성공의 경험은 자기효능감을 증가시키고, 반복적인 실패의 경험은 자기효능감을 감소시킨다.
대리 경험	• 자신의 직접 경험은 아니지만 자신과 비슷한 능력을 가진 타인의 목표행동 수행을 관찰함으로써 자기효능감을 발달시킬 수 있다. • 대리경험을 통하여 목표행동을 위한 기술을 배울 수 있고, 자신의 수행능력에 대한 자신감을 가질 수 있다.
언어적 설득	• 특정한 목표행동을 수행할 수 있는 능력에 대한 자신감은 타인(특히 그 타인이 다른 사람으로부터 존경받는 사람일 경우)으로부터의 격려 또는 비판의 말에 영향을 받는다.
생리적 상태	• 아픔, 피로, 질병 등은 과제를 수행할 수 있는 사람의 능력에 대한 자신감에 영향을 미친다. • 실제적인 생리적 상태뿐만 아니라 자신의 생리적 상태에 대한 인식도 자기효능감에 직접적인 영향을 미친다.

② 자기효능감의 영향 요소

효능 기대	• 결과를 얻는데 필요한 행동을 성공적으로 수행할 수 있느냐에 대한 신념을 의미하는 것으로, 행동의 정확한 예측요인으로서의 역할을 한다. • 행동의 수행수준을 달성할 수 있는 자신의 능력에 대한 신념으로, 인간의 행동으로 연결시키는 매개 역할을 한다. • 신념은 내적 표준과 자기 강화를 통하여 형성되며, 행동을 성공적으로 수행할 수 있도록 한다. • 높은 효능기대를 가진 사람은 행동을 수행하기 위한 긍정적 지침을 제공하는 성공 각본을 상상한다. 그러나 스스로 효능기대가 낮은 사람은 실패 각본을 상상하며 사태가 어떻게 악화될지를 생각한다.
결과 기대	• 특정 행동이 특정 결과를 가져올 것이라는 개인의 기대를 말한다. • 개인은 특별한 상황 하에서의 사건은 개인의 행위에 대한 반응으로 일어난다는 것을 배우게 되고, 그 후에 동일한 상황이 반복되었을 때 동일한 사건들이 다시 반복되는 것을 기대하게 된다. • 사람들은 행위가 이루어질 수 있는 상황의 많은 측면을 예견하여 상황을 다룰 시험전략을 개발한다. • 상황 하에서 그들의 행동의 결과로 이루어질 수 있는 것을 예상하여 실제로 상황과 부딪히기 전에 그들의 행동의 결과에 대한 기대와 상황에 대한 기대를 만들어낸다. • 예상 행위는 그들의 걱정을 감소시키고 상황을 통제할 수 있는 그들의 능력을 증가시킨다.

2) 자기조절행동

자기조절행동은 행동적 요소로서 인간이 타인을 관찰하거나 사회화되는 과정 속에서 세운 행동수행의 기준으로 자기 자신의 행동을 평가하는 요소이다.

① 자기조절행동의 설정기준

설정기준 이상인 경우	• 긍정적으로 평가되는 수행을 한다. • 자기존경, 자기만족 등의 자기강화의 형태로 나타난다.
설정기준 이하인 경우	• 부정적으로 평가되는 수행을 한다. • 자기비하, 자기모멸 등의 자기처벌의 형태로 나타난다. • 심각한 경우는 우울증, 만성적 무기력감, 무가치함 등의 병리현상을 초래한다.

② 자기조절행동의 과정

자기 관찰	• 강력한 학습경험이므로 사람들이 공식적·비공식적 학습경험을 통하여 인간행동의 다양한 측면에 대하여 알게 되는 단계이다. • 인간행동에 대하여 많이 알게 될수록 이전에는 중요하지 않게 생각했던 자신의 행동에 대한 많은 부분에 관심을 기울이게 된다. • 사람들은 자신의 행동을 객관적 시각으로 보는 능력에도 개인차가 있다. 특히 감정은 자신의 행동에 대한 개인의 시각을 왜곡시킬 수 있는 요인이다.

자기 평가	• 사람들이 자신의 행동을 관찰하면서 일의 완성에 효과적인 행동이었는지, 윤리적·사회적 의미로서 좋은 행동이었는지를 평가하는 단계이다. • 개인이 현재 상황에서 적용할 수 있다고 생각하는 일련의 타당성 있고 내면화된 기준에 따라 평가가 이루어진다. • 직접적인 교육, 특정 행동에 대한 사회의 평가 반응, 타인이 만든 자기평가적 기준 등을 통하여 평가의 기준이 형성된다.
자기 반응	• 특정한 일을 하는 자신을 관찰하고 판단한 후에 그에 따른 보상을 주거나 처벌을 하는 단계이다. • 보상이나 처벌은 은밀히 내재적으로 할 수도 있고, 직접 외부로 나타나는 행동으로 할 수도 있다.

3) 관찰학습

관찰학습은 환경적 요소로서 개인이 다른 사람의 행동과 그 사람이 받는 강화를 관찰하여 평가하는 요소이다. 개인은 강화뿐만 아니라 관찰을 통하여 타인들로부터의 대리경험을 할 수 있다.

① 관찰학습의 유형

대리 강화	• 특정 행위에 대하여 보상을 받는 타인들을 관찰하면서 마치 자신이 보상을 받는 것처럼 자신의 행동을 변화시키고 수정하는 유형이다.
대리 처벌	• 특정 행위에 대하여 처벌을 받는 타인들을 관찰하면서 마치 자신이 처벌을 받는 것처럼 자신의 행동을 변화시키고 수정하는 유형이다.
모방	• 관찰대상인 모델의 행동을 그대로 따라 함으로써 이루어지는 유형이다. • 모방은 타인의 행동을 그대로 따라 하는 것이지만, 관찰은 모방을 할 수도 있고 하지 않을 수도 있다. 따라서 관찰학습은 모방을 포함할 수도 있고 포함하지 않을 수도 있다.

② 관찰학습의 과정

주의집중 과정	• 사람들은 모델이 되는 행동의 중요한 특성에 주의를 집중하고, 다른 사람들이 행동을 하면 어떠한 결과가 나타나는지 관찰한다. • 관찰자의 선택적 주의집중은 과거의 강화를 통하여영향을 받는다. • 주의집중이 높은 경우는 모델의 성별이나 연령 등이 관찰자와 비슷할 때, 존경받을 때, 지위가 높을 때, 유능할 때, 매력적일 때 등이다.
파지 과정	• 파지는 일단 기억된 정보가 잊히지 않고, 지적으로 저장되어 있는 상태를 말한다. • 관찰자가 스스로 특정 행동을 해야 한다면 그 행동은 적절할 때 사용될 수 있도록 기억에 저장된다. • 파지는 개인에 따라 능력치가 다르지만, 자극이 특출한 것일 때, 말과 이미지가 관찰자와 관련 있는 것일 때, 기억을 방해하고 주의를 산만하게 하는 요인들이 거의 없을 때, 기억된 정보를 회상하고 이용할 직접적 기회가 있을 때 기억에 잘 저장된다.

운동재생 과정	• 파지된 기억을 실제 행동으로 재연하는 과정을 말한다. • 관찰된 행동에 대한 기억을 신체적 행동으로 전환시켜서 모방해 보는 과정이다. • 관찰자가 직접 관찰하여 파지한 행동을 즉시 실행해 보아야 모방이 가능하다.
동기화 과정	• 관찰을 통하여 학습한 행동은 강화를 받아야 동기화되어 실행에 옮겨진다. • 관찰자는 어떻게 반응하면 강화를 받을 수 있는가에 관심을 기울인다. 　📌 만일 모델의 행동을 모방함으로써 강화를 받을 수 있다고 예상되면 모델의 　행동을 기억하려고 노력할 것이다. 그러나 강화를 받을 수 없다고 예상되면 　모델의 행동을 그대로 수행하지 않을 것이다. • 행동의 동기화는 강화를 통하여 높아진다.

TIP) 관찰학습과 관련된 강화의 유형

직접 강화	• 관찰자가 모델의 행동을 성공적으로 재생하고, 모델의 행동에 대하여 직접적인 강 화를 받는 경우의 유형이다. • 실제 행동의 결과보다는 행동의 결과에 대한 개인의 해석, 즉 인지된 결과가 더 중 요하다.
대리 강화	• 관찰자가 특정 행동의 재생에 대하여 타인이 강화받는 것을 목격하는 경우의 유형 이다. • 개인이 직접 경험하지 않았지만 타인의 경험을 관찰한 후 강화를 받는 것이다.
자기 강화	• 관찰자가 스스로 자신에게 강화를 주거나 자신만의 강화 요인을 통제하는 경우의 유형이다. • 환경과는 독립적으로 개인의 통제 하에 있는 과정이다.

5 범이론적 모형

(1) 범이론적 모형의 개념

프로차스카와 디클레멘트가 개발하고 발전시킨 범이론적 모형(TTM)은 개인이 어떻게 건강행동을 시작하고 이를 유지하는가에 대한 행동변화의 원칙과 과정을 허락하는 통합적 모형이다. 제니스와 맨의 의사결정균형이론과 반두라의 자기효능감이론의 사회심리적 이론으로부터 발전된 이론이다.

(2) 범이론적 모형의 특성

① 심리적 이론의 역동성을 행위변화에 적용하여 건강행위의 변화과정을 설명한다.
② 진행적인 행동변화의 연속선상에서 단계의 개념을 기본요소로 하는 것이 이론적 기반이다.

(3) 범이론적 모형의 변화단계

범이론적 모형은 계획이전단계, 계획단계, 준비단계, 행동단계, 유지단계의 5단계 변화

단계로 구성된다.

1) 1단계 계획이전단계

① 계획이전단계의 개념

계획이전단계는 변화 계획이 없는 무관심기 단계이며 다음 6개월 안에 행위변화를 시도할 의도를 가지고 있지 않은 단계이다.

② 계획이전단계 대상자의 특성
- 다른 이론에서는 저항자, 동기가 없는 사람, 건강증진 프로그램 및 치료에 준비가 되지 않은 사람 등으로 한다.
- 자신의 행동에 문제를 갖지 않으며, 변화해야 할 필요성을 느끼지 않는다.
- 외부의 변화압력에 저항적인 성향을 가지고 있다.
- 계획이전단계 대상자에게는 변화의 이익을 강조하고, 압력이 적은 정보를 많이 제공하는 것이 효과적이다.

2) 2단계 계획단계

① 계획단계의 개념

계획단계는 문제를 인식하고 곧 행동변화를 하겠다는 생각을 하는 관심기 단계이며 다음 6개월 안에 행동변화를 하고자 하는 사람이 머무는 단계이다.

② 계획단계 대상자의 특성
- 행동변화로 인한 유익한 점과 장애요인을 모두 잘 파악하고 있기 때문에 행동변화에 대한 손실과 이득이 같다고 인식한다.
- 주위로부터 자극이나 동기부여가 없으면 계획단계가 지속되면서 올바르지 못한 행동을 계속하게 될 우려가 있다.

3) 3단계 준비단계

① 준비단계의 개념

준비단계는 구체적인 행동의 실행계획이 수립되어 있는 단계이며 아주 가까운 미래에 대하여 의도적으로 행동을 취하는 시기로 1개월 이내에 행동변화를 하겠다고 생각하는 단계이다.

② 준비단계의 특성
- 준비단계에서는 실행 가능한 목표를 설정하는 것이 중요하다.
- 금연교실 등의 실천교육행동 중심적인 프로그램, 자가학습용 인쇄물을 통한 교육방법이 효과적이다.

4) 4단계 행동단계

① 행동단계의 개념

행동단계는 건강한 생활습관을 갖기 위하여 노력하는 단계로 개인적인 시간과 노력을 상당히 투자해야 하는 기간이며 사람에 따라 1일~6개월 정도 지속되는 단계이다.

② 행동단계의 특성
- 행동단계 기간 동안에는 건강행동이 일정하게 지속되지 않는다.
- 행동단계 시기의 활동은 행동변화가 완성된 상태와 동등하게 보이는 경우가 있기도 하지만, 범이론적 모형에서는 행동변화가 완성되기 위한 하나의 과정에 불과하다.

5) 5단계 유지단계

① 유지단계의 개념

유지단계는 중독성 또는 습관성인 불건전한 행동이 없어진 단계로 새로운 생활습관이 6개월 이상 지속된 단계이며 생활습관의 지속적인 유지를 위하여 이웃의 지원이 절대적으로 필요한 시기이다.

② 유지단계 대상자의 특성
- 예전의 행동으로 돌아가지 않기 위하여 계속 노력하는 단계이지만, 예전의 습관으로 돌아갈 확률은 행동단계 대상자보다 낮다.
- 유지단계 대상자는 예전의 습관으로 돌아가고 싶은 유혹에 덜 빠지며, 변화된 행동을 계속 유지할 수 있다는 자신감을 갖고 있다.

2 보건교육의 계획

① 보건교육의 요구사정

1 보건교육 요구사정의 단계

보건교육의 요구사정은 4가지 단계로 분류한다.

● 보건교육 요구사정의 4단계

1단계	과거에 있었던 문제점을 확인한 이후에 기준 및 표준을 설정한다.
2단계	어떠한 자료를 어떠한 내용으로 어디에서 어떻게 수집할 것인지를 결정한다.
3단계	자료를 수집하고 분석한다.
4단계	문제의 본질과 내용을 기술한다.

2 보건교육 요구사정의 방법

(1) 면접

① 면접에는 구조화된 면접방법이나 비공식적인 면접방법을 사용한다.

② 대상자의 높은 참여도와 응답률을 얻을 수 있지만, 반면에 훈련된 면접기술이 필요하다.

③ 시간과 경비가 많이 들고, 대상자는 비밀노출의 우려 때문에 기대만큼의 효과를 얻기 힘들 수 있다.

(2) 관찰

① 관찰은 지역사회의 인구사회학적 현황과 더불어 환경보건 및 생활보건과 관련된 문제를 신속하고 정확히 파악한다.

② 관찰자가 직접 거리를 걸으면서 관찰하거나 자동차를 이용하여 관찰하는 차창 밖 조사법이 있다.

(3) 설문지 조사

① 설문지 조사는 구조화된 설문지 또는 개방식 질문을 위한 반구조화된 설문지를 사용한다.

② 면담방식으로 대상자의 요구를 조사하여 심층적으로 분석하는 경우도 있다.

③ 가장 흔히 사용되는 대부분의 설문지 조사는 비밀보장을 위한 무기명 설문응답형식이다.

(4) 기존자료 분석

① 기존자료 분석은 지역사회 내의 학교, 산업장, 의료기관, 보건기관 등을 방문하여 수집한자료로 분석한다.

② 일반적인 정보 및 특정한 교육대상자에 관한 정보를 수집할 수도 있다.

〈요구사정 자료로 활용 가능한 기존 자료〉

• 보건사업 실적에 관한 기록지	• 보건소 방문카드
• 방문간호일지	• 의료기관의 진료일시 및 간호기록
• 의사의 치료경과 및 결과기록지	• 퇴원교육 내용
• 학교의 출결사항 및 건강기록지	• 산업체의 사고 및 산재보고서 등

(5) 기타 요구사정방법

지역사회에 대한 정보를 얻기 위하여 해당 지역의 지도자, 종교 지도자, 사회사업가, 해당 분야의 전문가 등과 대표자회의 개최방법으로 파악할 수도 있다.

학습자에 대한 요구사정 및 우선순위의 설정

학습자의 요구를 사정한 후에 한정된 자원으로 충족시킬 수 있는 범위 내에서 우선순위를 설정한다.

1. 학습자의 요구사정

- 학습요구를 파악한 후에 학습자의 배울 수 있는 준비 정도를 사정한다.
- 학습에 가장 큰 영향을 미치는 것은 학습자의 준비성이다.
- 학습자는 학습하기에 적합한 조건이 준비되어 있어야 만족을 느끼고 교육의 성과를 낸다.
- 효과적인 학습을 위하여 학습자의 신체적·정서적·경험적·지식적 준비를 미리 사정한다.

2. 학습자의 우선순위 설정을 위한 고려사항

- 많은 사람에게 영향을 미치는 문제
- 건강상 심각한 영향을 미치는 문제
- 효과적인 교육방법을 실현할 수 있는 문제(문제해결에 필요한 지식 및 기술)
- 경제적 측면과 인력자원을 고려한 효율성이 높은 문제
- 교육대상의 관심 및 자발성 정도가 높은 문제

② 보건교육의 계획

1 보건교육 계획안

(1) 보건교육 계획안의 개념

보건교육 계획안은 보건교육을 할 경우에 어떠한 형태, 내용, 방법과 과정으로 교육할 것인가에 관한 내용이 모두 포함되어 있는 계획서이다.

(2) 보건교육 계획안의 작성방법

1) 제목

① 교육내용에 따라 제목, 주제, 단원명이라고도 한다.

② 너무 막연한 제목, 지나치게 특수한 제목은 피하며 학습자가 관심을 가질 수 있도록 하는 제목이 좋다.

③ 제목의 선정은 학습 대상자의 특성과 교육상황에 따라 선택한다.

● 제목 선정의 3가지 방법

제목식	교육의 주제를 나타내는 명사의 형태로 기술하는 방법이다. 📍 고혈압 관리법
방법식	능동적으로 '무엇 무엇을 하자'로 기술하는 방법이다. 📍 고혈압을 관리하자!
문제식	문제를 제기하는 질문의 형태로 기술하는 방법이다. 📍 고혈압을 어떻게 관리할 것인가?

2) 교육대상, 교육장소, 교육시간

① 교육대상 : 학습자의 특성을 기록한다.

　　📍 연령, 성, 직업, 보건지식 수준, 학습자 수 등

② 교육장소 : 학습자가 잘 모일 수 있는 장소를 기록한다.

　　📍 지역사회 주민이 대상이라면 그 지역사회 내의 마을회관, 지도자의 가정 등

③ 교육시간 : 50분, 100분 또는 1시간, 2시간 등의 교육에 필요한 시간을 기록한다. 특정한 보건교육 관련의 행사가 있는 경우는 교육 날짜와 시간을 함께 쓰기도 한다.

(3) 보건교육 계획안 작성 시 유의사항

① 교육자 본인이 계획안을 작성하여 자신의 계획에 맞는 교육을 한다.

② 실제로 실행할 수 있는 교육내용으로 작성한다.

③ 필요한 교육용 기자재는 철저히 준비한다.

2　보건교육계획의 유형

(1) 지역사회의 보건교육계획

1) 지역사회 보건교육의 대상자

지역사회 보건교육의 대상자는 지역사회 주민이다. 산모와 아동을 포함하여 성인과 노인이 해당되는데, 이들 대상자별 특성을 고려한 주제로 보건교육을 구성한다.

2) 지역사회 보건교육의 원칙

지역사회에서 실시하는 지역사회 보건교육의 효과를 높이기 위해서는 보건교육을 수행하기 위한 9가지 원칙을 잘 지켜야 한다.

〈지역사회 보건교육의 9가지 원칙〉

① 지역사회 주민들의 건강요구를 정확히 사정한다.

② 지역사회에 대한 정보를 수집한다.

③ 보건교육의 목적과 지역사회의 수준에 맞는 학습목표를 선정한다.

④ 보건교육 시간을 고려하여 보건교육자료를 준비한다.

⑤ 보건교육을 위한 적절한 매체를 선택한다.

⑥ 보건교육에 지역사회 주민들의 적극적인 참여를 유도한다.

⑦ 교육이 진행되는 동안 대상자들의 반응을 계속 관찰한다.

⑧ 한꺼번에 많은 내용을 가르치지 않도록 한다.

⑨ 용어 사용, 정보 제공 등 의사소통을 정확히 한다.

3) 지역사회 보건교육의 진단 유형

진단은 PRECEDE모형을 적용한 4가지 유형으로 분류된다.

① 사회-역학적 진단

사회적 요인	• 인구현황 • 복지	• 사회적 통합성 • 범죄율	• 지리 • 의료비용(산재, 일반 질병)	• 교통수단
역학적 요인	• 사망률 • 재해율 • 출산율 • 알코올 중독	• 이환율 • 상해 및 질병의 우선순위 • 기생충 감염률 • 모아건강	• 유병률 • 사망원인 분석 • 물리적·사회적 위험요인 • 인공유산	• 발생률 • 장애원인 분석

② 행위-환경적 진단

행위적 요인	• 건강행동
	• 자가관리행동
	• 건강 위험요소
	  (흡연, 음주, 운동 부족, 비만, 고혈압, 고콜레스테롤 섭취, 약물 남용, 스트레스, 안전
	  벨트 미착용, 문란한 성행위 등)
		• 사회적응도
		• 건강 관련 사회행동
			• 예방행동·건강행동 모방
			• 보건교육 프로그램 참가

환경적 요인	• 사고유발 환경	• 방사선 노출	• 환경오염

③ 교육적 진단

성향 요인	• 교육적 이득 • 인식도 • 과거 경험	• 지식 및 태도 • 동기화 • 건강에 대한 흥미	• 가치 • 교육 전파과정 • 자기효능	• 믿음 • 상해에 대한 감수성 • 건강행동에 대한 수용성
강화 요인	• 언론 홍보활동 • 지역사회의 압력 • 주민, 가족, 보건교육자의 태도, 행동, 영향력, 만족감		• 보건교육자의 능력 및 민감성 • 법적인 뒷받침	
촉진 요인	• 의료기관 이용가능성 및 이용접근성 • 보험 종류 • 교육장소와의 근접성 • 건강 관련 기술	• 수입 • 보건교육 기회	• 사회 경제수준 • 지역사회·정부의 건강 우선순위 • 교육수행 편리성	

④ 행정적 진단

행정 요인	• 시간계획표 작성 • 타 기관과의 협조체계 • 보건교육자와 지역주민 간의 관계	• 예산 확보 • 지역사회의 권력구조	• 인력 및 시설 확보 • 보건교육자의 학문적 배경

4) 지역사회 보건교육의 중요성

지역사회 보건교육은 지역사회 주민들에게 보건에 관한 올바른 지식을 제공함으로써 자기 자신의 건강을 관리할 수 있는 능력을 길러 줄 뿐만 아니라, 일상생활에서 건강관리에 적극적으로 참여하도록 하여 건강한 삶을 유지·증진시킬 수 있게 하므로 중요하다.

TIP 》 지역사회 보건교육계획안의 예시

1. 유방암 자가검진

① 교육 개요
- 제목 : 유방암 자가검진법
- 대상 : 30~35세 주부 50명
- 교육장소 : 보건소 회의실, 어머니교실, 읍면회의실, 문화회관
- 일시 : 연중

② 일반적인 교육 목적

유방암의 발생현황, 증상 및 고위험 요인을 정확히 이해하고, 유방암 예방을 위한 자가검진을 실시할 수 있다.

2. 당뇨병 관리

① 주제 : 당뇨병 관리 및 예방

② 대상 : 당뇨병 발병위험 성인(40~60대)

③ 장소 : 보건소 대회의실

④ 시간 : 2015년 9월 22일(화) 15시

⑤ 구체적인 학습목표
- 당뇨병의 정의를 설명할 수 있다.
- 당뇨병의 원인과 증상에 대하여 설명할 수 있다.
- 당뇨병의 합병증에 대하여 설명할 수 있다.
- 당뇨병 관리를 위한 식이와 운동요법을 설명할 수 있다.

(2) 학교의 보건교육계획

1) 학교 보건교육의 목표

학교 보건교육 대상자인 아동과 청소년을 대상으로 한 국민건강증진 종합계획에서는 목표를 9가지 분야로 나누어 구체적인 건강행동의 개선 목표를 제시하고 있다.

〈국민건강증진 종합계획에서 제시한 9가지 목표〉

① 금연	② 절주	③ 운동	④ 영양	⑤ 과체중과 비만
⑥ 에이즈·성병 및 혈액매개 전염병 관리		⑦ 정신보건		⑧ 구강보건
⑨ 학교 보건				

2) 학교 보건교육의 원칙

학교에서 실시하는 보건교육의 효과를 높이기 위해서는 보건교육을 수행하기 위한 12가지 원칙을 잘 지켜야 한다.

〈학교 보건교육의 12가지 원칙〉
① 학생들의 학습요구를 정확히 사정한다.
② 학생의 준비 정보를 파악한다.
③ 교육자, 교육자와 학습자의 관계, 물리적 학습환경을 포함한 교육환경을 파악한다.
④ 보건교육의 목적과 학생 수준에 맞는 학습목표를 선정한다.
⑤ 보건교육 학습목표에 따른 적절한 보건교육방법을 선정한다.
⑥ 보건교육 시간을 고려하여 보건교육자료를 준비한다.
⑦ 보건교육을 위한 적절한 매체를 선택한다.
⑧ 보건교육에 따른 평가방법을 계획한다.
⑨ 보건교육에 학생들의 적극적인 참여를 유도한다.
⑩ 교육이 진행되는 동안 학생들의 반응을 계속 관찰한다.
⑪ 한꺼번에 많은 내용을 가르치지 않도록 한다.
⑫ 용어 사용, 정보 제공 등 의사소통을 정확히 한다.

TIP 학교 보건교육계획안의 예시

1. 흡연 예방
   ① 교육 개요
      • 제목 : 흡연 예방
      • 대상 : 중학교 1학년 50명
      • 교육장소 : 교실
      • 일시 : 2015년 5월 12일(화) 오후 2시
   ② 일반적인 교육 목적
      담배의 유해성분이 우리 몸에 미치는 영향을 알고 흡연을 방지할 수 있다.
   ③ 구체적인 교육목표
      • 담배의 유해성분을 말할 수 있다.
      • 담배의 유해성분이 건강에 미치는 영향에 대하여 설명할 수 있다.
      • 흡연에 대한 거부태도를 갖는다.

2. 인터넷중독 예방
   ① 주제 : 인터넷 중독 예방
   ② 대상 : 초등학교 1~3학년
   ③ 장소 : 학교 소회의실
   ④ 시간 : 2015년 9월 22일(화) 15시
   ⑤ 구체적인 학습목표
      • 인터넷의 장단점을 설명할 수 있다.
      • 인터넷 중독이 인체에 미치는 영향을 설명할 수 있다.
      • 인터넷 사용수칙을 지킬 수 있도록 다짐할 수 있다.

3 보건교육의 수행

① 보건교육방법

1 상담

(1) 상담의 개념

상담은 상담자와 내담자(피상담자)가 대화를 통하여 피상담자 자신의 문제를 되돌아볼 수 있도록 하고, 내담자의 문제 원인을 이해하고 문제 해결에 개입하여 내담자 스스로 결정과 행동을 취할 수 있도록 지도하는 교육방법이다.

(2) 상담의 원리

1) 개별화의 원리

개별화의 원리는 상담자가 내담자의 성향을 알고 이해하여, 보다 나은 적응을 할 수 있도록 돕기 위하여 각 내담자에게 다른 원리나 방법을 적용하는 원리이며 상담은 내담자 개인의 개성 및 개인차를 인정하는 범위 내에서 진행한다.

〈개별화의 원리가 가진 특성〉
- 내담자에 대한 편견이나 선입관으로부터 탈피할 수 있다.
- 인간행동의 유형과 원리에 대하여 전문적으로 이해할 수 있다.
- 내담자의 말을 경청하고 세밀히 관찰한다.
- 내담자의 보고에 맞추어 상담을 진행한다.
- 인간의 감정 변화를 민감하게 포착할 수 있다.
- 내담자와 견해차가 있는 경우는 앞으로의 긍정적 변화를 위하여 적절한 선택을 한다.

2) 의도적 감정표현의 원리

의도적 감정표현의 원리는 상담자가 내담자 자신의 감정(특히 부정적 감정)을 자유로이 표명하려는 욕구를 인식하는 원리이다.

〈의도적 감정표현의 원리가 가진 특성〉
- 내담자를 압력이나 긴장으로부터 완화시킨다.
- 내담자의 문제는 내담자 개인을 이해할 수 있는 매개체이다.
- 내담자의 감정표현을 심리적·사회적으로 지지해 준다.
- 내담자의 부정적인 감정표현은 그 자체가 진정한 문제일 수도 있다.
- 내담자가 자유롭게 의도적인 표현을 할 수 있도록 온화한 분위기를 조성한다.
- 내담자의 감정표현을 비난하거나 좌절시키지 않고, 내담자의 이야기를 경청한다.

3) 통제된 정서 관여의 원리

통제된 정서 관여의 원리는 상담자가 내담자의 통제된 감정을 이해하고 적절히 반응함으로써 내담자가 스스로 감정을 표현하도록 유도하는 원리이다.

〈통제된 정서 관여의 원리가 가진 특성〉

- 내담자의 정서 변화에 조심스럽고 신중하게 반응한다.
- 적절한 대응책을 마련할 태세를 갖추고 적극적으로 관여한다.

4) 수용의 원리

수용의 원리는 상담자가 내담자의 장점과 단점, 바람직한 성격과 바람직하지 않은 성격, 긍정적 감정과 부정적 감정 등을 있는 그대로 받아들이는 원리이다.

〈수용의 원리가 가진 특성〉

- 내담자에게 따뜻하고 수용적인 태도를 취한다.
- 내담자를 하나의 인격체로서 존중한다.
- 말 또는 행동, 특히 비언어적 단서인 얼굴 표정을 통하여 내담자와 의사소통을 한다.
- 내담자의 의견에 동의하지 못할 경우, 동의하지 않는다는 사실을 분명히 전달한다. 단, 전달하는 표현 및 자세는 온화함을 유지한다.
- 내담자와 의견이 일치하지 않는 것과 내담자를 수용하지 않거나 거부하는 것을 구분한다.

5) 비심판적 태도의 원리

비심판적 태도의 원리는 상담자가 내담자의 문제(행동, 태도, 가치관 등)에 대하여 옳다 그르다 또는 좋다 나쁘다 등의 주관적인 판단을 내리지 않는 원리이다.

〈비심판적 태도의 원리가 가진 특성〉

- 내담자에 대한 선입견에 지배를 받지 않는다.
- 내담자의 보조에 맞춘 상담을 하지 않는다.
- 내담자의 말을 가로막거나 결론을 성급하게 내리지 않는다.
- 내담자의 문제를 분류화시키거나 유형의 틀에 집어넣으려는 태도를 취하지 않는다.
- 상담자에 대하여 부정적인 감정을 가진 내담자도 있다는 사실을 인지한다.
- 내담자의 행동·태도·가치관 등의 다양한 문제에 대하여 객관적인 평가를 한다.

TIP 〉 내담자의 성향

- 내담자는 자기의 잘못이나 문제에 대하여 결과를 나무라거나 책임을 추궁하거나 잘못을 질책하는 것을 두려워한다.
- 내담자는 죄책감, 열등감, 불만감, 고독감 등을 가지고 있어서 타인의 비판에 예민하게 반응한다.
- 내담자는 스스로를 방어하여 안전을 추구한다.

6) 자기 결정의 원리

자기 결정의 원리는 상담자가 내담자 스스로 나아갈 방향을 선택하고 결정하도록 내담자의 욕구 및 잠재적 힘을 자극하여 지도하는 원리이다.

〈자기 결정의 원리가 가진 특성〉

- 내담자 스스로가 자기수용을 할 수 있도록 도와준다.
- 내담자의 장점이나 능력 등의 잠재능력을 발견하여 활용함으로써 인격적 발달을 도모할 수 있는 자극을 준다.
- 내담자에게 법률, 제도, 사회시설 등의 광범위한 사회적 자원이 있음을 알려 줌으로써 자기선택 및 자기결정의 참고자료로 삼도록 도와준다.

7) 비밀 보장의 원리

비밀 보장의 원리는 상담자가 내담자의 문제에 대하여 비밀을 보장해 주는 원리이다. 다시 말해, 상담자가 내담자와의 상담과정에서 명심해야 할 중요한 대화 내용을 발설하지 않고 반드시 비밀을 지켜야 한다는 원리이다.

〈비밀 보장의 원리가 가진 특성〉

- 본질적으로 내담자는 상담자를 신뢰해야 하므로, 어떠한 경우라도 내담자의 명예를 훼손하거나 누를 끼치지 않는다.
- 상담자는 내담자의 비밀을 보장해 주어야 할 윤리적 의무가 있다.

(3) 상담의 과정

건강문제를 해결하기 위한 상담의 과정은 일반적으로 5가지 단계로 구성된다.

◎ 상담의 5단계 과정

1단계 관계형성 단계	• 보건교육자는 학습자 및 보호자가 건강문제를 표면화할 수 있도록 학습자와의 관계를 형성하기 위하여 학습자를 정확히 이해한다. • 학습자는 보건교육자를 믿고 건강문제를 표면화해야만 자신의 문제를 제대로 인식하고 정확히 파악할 수 있다.
2단계 경청 단계	• 보건교육자는 학습자와의 상담을 통하여 공감대를 형성하고, 학습자의 입장에서 상황을 이해하려는 노력을 한다. • 건강문제와 관련된 정보들을 탐색하면서 문제 상황을 파악한다.
3단계 직면 단계	• 학습자는 자신의 문제에 대하여 정확히 파악한다. • 보건교육자는 학습자가 자신의 문제를 인정하도록 돕는다.
4단계 문제해결 참여 단계	• 학습자가 자신의 건강문제에 대하여 긍정적인 태도를 가지고 문제해결을 위한 방향을 설정할 수 있도록 문제해결에 참여한다.
5단계 정리 단계	• 보건교육자는 상담을 통하여 학습자가 자신의 건강문제에 대하여 긍정적으로 느끼고 행동의 변화를 가져올 수 있도록 돕는다. • 보건교육자와 학습자 모두가 만족감을 느끼며 상담을 정리한다.

(4) 상담의 기법

1) 이완

① 이완은 상담자가 이완된 편안한 자세를 취하여 상담 분위기를 부드럽게 하는 것을 말한다.

② 내담자와의 첫 면담 때, 상담자는 이완된 분위기를 조성하며 상담자가 이완된 상태를 보이면 내담자도 이완되고 상담 분위기도 이완된다.

③ 이완된 분위기는 라포(rapport)를 형성하여 내담자가 상담자를 믿고 의지하게 되어 솔직하게 상담하는 분위기가 된다. 이러한 분위기의 조성이 상담자의 기술이다.

2) 경청

① 경청은 상대방의 언어적·비언어적 의사소통을 지각하고, 이 지각을 나타내 보이는 시도이다.

② 경청은 수동적 행동이기보다는 실제적으로 총체적인 메시지에 응답하는 매우 능동적인 과정이다. 상담자의 경청하는 태도를 통하여 내담자는 자신이 관심을 받고 있다고 인식한다.

○ 경청의 유형

시선 접촉	• 시선 접촉(눈맞춤)은 의사소통과정에서 매우 중요한 역할을 한다. • 상담자는 내담자의 눈을 응시하며 경청하고, 내담자의 눈과는 최적 거리를 유지한다.
자세	• 자세는 상담자의 관심을 나타내는 반응을 말한다. • 자세는 긴장이 이완된 태도가 가장 중요하다.
몸짓	• 상담자는 자신의 몸짓을 통하여 많은 의사를 전달한다. • 몸짓과 같은 언어가 아닌 행동을 비언어적 행동이라고 한다.
언어적 행동	• 말이나 이야기 등의 언어로 표현하는 행동을 말한다.

3) 이해

① 이해는 상담자가 의도적으로 노력해야 하는 것을 말하며 상담자의 이해는 내담자가 하는 말이 중요하다는 사실을 알려 주는 역할을 한다.

② 상담자는 내담자의 말을 이해했는지 이해하지 못했는지를 적절히 표현한다.

4) 인내

상담자가 내담자를 돕는 활동을 전개하는 주체자의 입장에서 가장 필요한 것은 인내이다. 상담자는 내담자가 어떠한 상황에 처해 있더라도, 대화가 잘 연결되지 않고 내담자의 태도가 냉소적이더라도, 상담이 마무리될 때까지 참을 줄 아는 인내와 아량이 필요하다.

5) 동기 부여

① 동기 부여는 상담자가 내담자에게 상담을 계속 진행하고 싶어하는 동기를 유발시키는 역할을 할 때 필요한 것을 말한다.

② 상담자가 인내심과 배려심을 가지고 행동하면서 내담자의 진술을 경청하면 내담자는 상담자가 자신을 이해하려고 하고, 자신의 성향대로 진술하는 것을 허용한다는 의미로 받아들인다.

(5) 상담자의 자질

1) 수용

수용은 인간의 가치와 존엄에 대한 인식을 말한다.

〈수용의 특성〉

- 상담자는 내담자의 존재 가치, 성장 가치, 발달 가치를 인정하고 최선을 다하여 새로운 학습을 통한 심리적·현실적 가치를 구현할 필요를 충족할 수 있는 조건을 제공한다.
- 내담자를 수용하기 위해서는 대상을 어떠한 것으로 결정하는가의 문제가 제기된다.

◎ 내담자를 수용하기 위한 대상의 유형

내담자의 존재 그 자체	내담자가 어떻게든 간에 지금보다 더 향상되고 발전되어야 할 가치와 필요가 있음을 존중한다.
인간의 여러 가지 특성	내담자가 가지고 있는 여러 가지 신체적 특징, 성격적 특징, 지적 특징, 도덕적 특징을 있는 그대로 수용한다.
인간의 구체적인 행동	구체적인 행동을 수용한다는 것은 행동의 잘못 여부와 상관없이 행동을 과장하거나 왜곡하지 않고 사실로 받아들인다.

2) 공감적 이해

공감적 이해는 내담자의 입장이 되어 내담자를 이해하는 것을 말한다.

〈공감적 이해의 특성〉

- 내담자가 가진 감정, 의견, 가치, 이상, 고민, 갈등 등을 내담자의 입장에서 이해한다.
- 내담자의 말에서 표현된 언어의 의미를 넘어, 말의 이면에 포함된 감정적인 의미까지 이해한다.
- 내담자의 비언어적인 표현 속에 담긴 의미와 감정을 이해한다. 내담자는 말로 표현하지 못하는 마음의 소리, 행동 및 자세, 음의 높낮이 및 특성 등을 통하여 자신을 표현하려는 경향이 있기 때문이다.
- 내담자가 스스로의 행동을 통하여 추구하려는 궁극적인 동기가 무엇인지를 이해한다.

3) 일치

일치는 진지성, 명료성, 순수성, 솔직성을 말한다.

〈일치의 특성〉

• 상담자가 내담자가 됨에 따라 내담자는 자신에 대한 자신의 인식을 정확하게 표현하게 되는 실제적인 경험을 가지고 있다.
• 상담자의 내면적인 경험, 경험에 대한 인식, 인식된 경험의 표현이 전부 일치해야 한다.

4) 신뢰

신뢰는 상담과정의 원활한 진행을 위하여 내담자가 상담자를 전적으로 믿고 의지하는 것을 말한다.

〈신뢰의 특성〉

• 내담자가 상담자를 믿지 못한다면 자신의 감정, 생각, 의견, 문제 및 갈등 등을 솔직하게 전달할 수 없으므로 효과적인 상담을 기대할 수 없다.
• 내담자에게 솔직하고 신뢰가 가는 감정이나 태도를 보여준다.
• 인내와 협동을 통하여 명랑하고 온순한 태도를 보여준다.
• 상담자는 자신의 감정을 솔직하고 개방적으로 털어놓는다. 이렇게 하면 내담자가 상담자를 신뢰하여 자신에 대하여 털어놓을 수 있고 적극적인 상담도 할 수 있다.

5) 라포

라포는 상담자와 내담자의 상호 간에 신뢰하고 존중하며 감정적인 친근감을 느끼는 인간관계를 말한다. 상담자와 내담자는 상호적인 책임관계가 있으므로, 라포는 상담이나 정신치료를 할 경우에 치료적인 관계 형성에 반드시 필요한 핵심요소이다.

〈라포를 형성하기 위한 요인〉

• 상담자가 내담자를 인간적으로 존중하는 태도
• 상담자가 내담자를 성의를 가지고 대하는 태도
• 상담자가 내담자를 친절하고 부드럽게 대하는 태도
• 상담자가 내담자의 현실과 감정을 수용하는 태도
• 상담자가 내담자의 문제를 도덕적으로 결부시키지 않는 태도
• 상담자가 내담자의 문제가 가진 가치를 판단하지 않는 태도
• 상담자가 내담자의 표현이나 행동을 꾸짖거나 비판하지 않는 태도
• 상담자가 내담자에게 은혜를 베푼다는 인상을 주지 않는 태도
• 상담자가 내담자에게 자유로운 표현이나 행동을 허용하는 태도
• 상담자가 내담자로부터 신뢰를 얻고 책임감을 인정받는 상황

(6) 상담의 장점 및 단점

장점	• 상담은 1명의 내담자만을 대상으로 교육하거나 문제해결을 하기 때문에 집단교육에 비해 많은 효과가 있다. • 상담은 내담자에 대한 이해를 하기 쉽다. • 클리닉, 보건실 등에서도 상담을 진행할 수 있어서 공간적인 제약이 적다. • 상담은 특별한 계획이 없더라도 간단히 진행할 수 있어서 병원을 포함한 보건사업 현장에서 적용할 수 있다.
단점	• 상담은 1명의 내담자만을 대상으로 하므로 경제성이 없다. • 다른 내담자를 통하여 비교하거나 학습할 수 있는 기회가 적다.

2 전화 상담

(1) 전화 상담의 과정

전화를 이용한 상담의 과정은 3단계를 거쳐 진행된다.

⊙ 전화 상담의 3단계 과정

1단계 도움 단계	• 상담자와 피상담자가 서로 신뢰하고 공감을 나누는 관계가 형성된다. • 공감은 느끼고, 반응하고, 수용하고, 이해하는 4단계로 이루어진다.
2단계 탐색 단계	• 질문하기보다는 경청해 줌으로써 피상담자가 원하는 사실을 이야기할 수 있는 충분한 기회를 준다. • 피상담자가 자신의 문제가 무엇인지 스스로 발견하고 확인하도록 돕는다. • 피상담자의 이야기 내용과 감정이 엇갈릴 경우는 피상담자에게 모순되는 점을 질문하여 문제를 감당할 수 있도록 세분화한다.
3단계 해결 단계	• 피상적인 행동을 계획하고 위로와 격려로 용기를 준다.

(2) 전화 상담자의 기본 수칙

전화 상담자는 8가지 기본적인 수칙에 따라 상담을 진행한다.

① 상담의 모든 내용에 최선을 다하여 성의와 친절을 베풀어야 한다.

② 피상담자와의 개별 접촉을 피하며 접촉이 필요한 경우는 실무진과 상의 후에 결정한다.

③ 알아듣기 쉬운 목소리와 다정한 말투로 상담을 진행한다.

④ 피상담자가 눈물을 흘리거나 침묵을 지키는 경우는 충분히 기다리고 있음을 보여 준다.

⑤ 피상담자의 이야기를 잘 듣고 그 내용을 잘 이해하고 대화한다. 지시나 토론은 피한다.

⑥ 피상담자의 개별 상담이 필요하거나 다른 기관에 의뢰해야 하는 경우는 전화 상담자가 직접 약속하거나 처리하지 않고 반드시 실무진과 상의한다.

⑦ 상담일지는 다음 상담을 위한 중요한 자료이므로 빠짐없이 상세히 기록한다.

⑧ 상담일지의 기록 내용은 비밀이 보장되어야 하므로 상담실 밖으로 가져가지 않는다.

〈전화 상담자가 갖추어야 할 자세〉

• 항상 피상담자를 수용하는 자세를 갖는다.
• 피상담자의 모든 이야기에 귀를 기울인다.
• 피상담자이 이야기에 놀라거나 비판하거나 충고하는 것을 피한다.
• 피상담자의 의견에 쉽게 동의하지 않는다.
• 항상 중립적이고 객관적인 입장을 표명한다.
• 일단 피상담자의 모든 이야기를 들은 후에 필요에 따라 해당 전문기관으로 연결한다.

(3) 전화 상담의 장점 및 단점

장점	• 시간과 비용에 있어 경제적이다. • 직접 방문을 하게 되는 부담감이 없다. • 일반 상담에 비해 시간이 짧게 소요되므로 빈번한 접촉과 일정한 시간에 구애받지 않는다. • 서신 접촉보다는 훨씬 개인적이고 덜 사무적이다. • 직접 방문을 원하는 가족의 선발에도 이용할 수 있다.
단점	• 가정의 상황에 대한 전체적인 파악이 불가능하다. • 전화 상담은 전화를 이용한 개별 상담이므로 전화가 있어야만 가능하다. • 전화를 통한 상담 내용의 진실성이 떨어질 우려가 있다.

3 강의

(1) 강의의 개념

강의는 교육자가 학습자에게 지식을 직접 가르치는 교육방법이다. 강의는 학습내용, 정보, 아이디어 등을 설명이나 해설의 형태로 전달하는 방식인데, 여러 가지 다양한 교육매체도 적극 활용한다.

(2) 강의의 목적

크룩생크 등은 강의의 주된 목적이 학습자들에게 분명한 사실, 아이디어, 개념, 지식 등에 관한 정보를 제공하는 데 있다고 하였다.

(3) 효과적인 강의를 위한 고려사항

① 학습자의 인지능력에 적합한 학습과제를 선택한다.
② 학습자들과 우호적인 관계를 형성한다. 학습자들에게 항상 관심을 갖고 시선을 마주 볼 수 있도록 한다.
③ 학습자들의 동거부여를 위하여 강의가 흥미롭게 전개될 수 있도록 노력한다.
④ 강의를 진행할 때 내용의 이해를 돕기 위하여 학습자의 수준에 맞는 교육매체를 사용한다.
⑤ 강의를 하는 동안에도 학습자들에게 질문을 하거나 과제를 주어 교육자와 학습자 간

에 상호작용을 하는 왕래식 강의의 형태로 진행한다.

⑥ 학습자에게 하는 질문은 다양한 목적으로 활용할 수 있는 학습방법이다. 질문을 통하여 학습자의 주의를 집중시킬 수 있고, 강의의 중요한 내용을 강조함으로써 강의의 효율을 높일 수 있다.

⑦ 강의는 학습내용, 정보, 아이디어 등을 설명이나 해설의 형태로 학습자에게 전달하는 방식이므로 명확하고 효율적인 설명이 중요하다.

(4) 강의의 장점 및 단점

장점	• 많은 학습자들을 동시에 교육할 수 있어서 경제적이다. • 짧은 시간 내에 많은 양의 지식 및 정보를 제공할 수 있다. • 교육자는 준비한 강의자료를 조절하여 교육할 수 있다. • 다른 교육방법에 비해 학습자들의 긴장감이 적다.
단점	• 학습자들의 개인 차이까지 고려할 수 없어서 학습자 모두를 만족시킬 수 없다. • 학습자의 참여가 없어서 태도 및 행동의 변화, 문제해결능력을 기를 수 없다. • 제공되는 강의내용의 정보량이 과다하여 학습자가 전부 기억하기 어렵고 기억에 오래 남지 않는다. • 학습자로부터의 피드백(회환)이 매우 부족한 방식이다.

4 심포지엄

(1) 심포지엄의 개념

심포지엄은 폭넓은 문제를 주제로 하여 2~5명의 전문가가 각자의 의견을 10~15분 정도의 시간 내에 발표하고, 사회자가 청중을 공개토론의 형식으로 참여시키는 교육방법이다.

(2) 심포지엄의 특성

① 주제를 통하여 정해진 문제의 여러 가지 측면을 하나하나 다룬다.

② 사회자는 모든 연사의 강연이 끝나면 내용을 짧게 요약하여 질문, 답변, 토론이 적절히 진행되도록 유도하는 역할을 한다.

(3) 심포지엄의 장점 및 단점

장점	• 특별한 주제에 대한 밀도 있는 접근이 가능하다. • 다채롭고 창조적이며 변화 있는 강연을 진행할 수 있다. • 청중들이 알고 싶어 하는 문제의 전체적인 파악은 물론이고 세부적인 부분까지 이해할 수 있다.
단점	• 청중이 강연 주제에 대한 정확한 윤곽을 알지 못하면 교육 효과가 적다. • 연사의 강연 내용이 중복될 우려가 있다. • 청중의 질문시간이 제한되어 있어서 한정된 사람들만 질문에 참여한다.

5 세미나

(1) 세미나의 개념

세미나는 토론 주제에 관한 전문가나 연구자인 토론 구성원이 먼저 발표를 한 후에 토론 참가자들이 발표에 대하여 토론을 하는 교육방법이다.

(2) 세미나의 특성

① 세미나를 실시하기 전에 토론 구성원에게 발표해야 할 주제를 미리 알려 준다.
② 토론 구성원들은 발표할 내용을 깊이 있게 준비하고, 전문화된 지식 및 정보를 가지고 토론 참가자들과의 토론을 진행한다.

(3) 세미나의 장점 및 단점

장점	• 세미나의 참여자인 토론 구성원이 주제에 대한 전문가이므로 전문적인 정보 교류가 가능하다.
단점	• 전문지식이 없는 사람들은 주제의 내용을 이해하기 어렵기 때문에 일반인을 대상으로 하는 보건교육방법이 되기는 어렵다.

6 집단 토론

(1) 집단 토론의 개념

집단 토론은 집단 내의 참가자들이 둘러앉아 특정 주제에 대한 개념을 비롯한 의문점이나 문제점에 대하여 목표를 설정하고, 자유로운 입장에서 서로 의견을 교환하며 결론을 내리는 대화식 교육방법이다.

(2) 집단 토론의 특성

① 보건교육의 다양한 분야에 사용된다.
② 참가자들이 의문을 제기하고 서로 생각을 나누기 위해서는 집단 당 5~10명이 적절하다.
③ 집단의 참가자 수가 많으면 많을수록 참가자가 토론에 참여할 기회는 적어진다.

(3) 집단 토론의 장점 및 단점

장점	• 참가자들이 학습목표의 도달에 능동적으로 참여할 수 있는 기회를 경험한다. • 자신들의 의견을 전달할 수 있는 의사전달능력이 길러진다. • 다른 사람들의 의견을 존중하고 반성적인 사고능력이 길러진다. • 다수의 의견에 소수가 양보하고, 더불어 협력하는 사회성이 길러진다. • 다른 사람의 말을 잘 들어주는 경청능력이 길러진다. • 집단을 민주적으로 운영할 수 있는 능력이 길러진다. • 참가자가 자신의 지식과 경험을 활용하게 되므로 학습의욕이 높아진다.

단점	• 일부 소수의 참가자에게만 적용할 수 있어서 비경제적이다. • 주제의 초점에서 벗어나는 경우가 많다. • 지배적인 참여자와 소극적인 참여자가 있을 수 있다. • 다수의 참가자가 토론에 참여하므로 시간이 많이 걸린다.

7 분단 토의

(1) 분단 토의의 개념

분단 토의는 학습자가 다수인 경우에도 소그룹의 장점을 적용할 수 있는 교육방법이며 와글와글 학습이라고도 한다.

(2) 분단 토의의 특성

① 참가자 수가 많으면 전체를 여러 개의 분단으로 나누어 토의를 진행한다.
② 각 분단의 참가자 수는 6~8명이 적절하다.
③ 분단으로 나누어 진행한 토의는 전체 회의에서 다시 종합하는 방식이다.

(3) 분단 토의의 장점 및 단점

장점	• 참가자 수가 많아도 전체 의견을 모두 교환할 수 있고 참가자들에게 참여의 기회가 주어진다. • 토의 문제를 다각적으로 분석하고 해결할 수 있다. • 다른 분단과 비교가 되므로 반성적 사고능력 및 사회성이 모두 길러진다.
단점	• 참가자들이 토의할 준비가 제대로 되어 있지 않으면 교육의 효과가 없다. • 소수의 의견이 분단 전체의 의견이 될 우려가 있다. • 소심한 성격의 참가자에게는 부담스러울 수 있는 방식이다.

8 패널 토의

(1) 패널 토의의 개념

패널 토의는 집단 구성원이 많아서 각 구성원이 토론에 참가하기 곤란한 경우에 토의할 문제에 대하여 사전에 충분한 지식을 가진 소수의 대표자들이 다수의 청중들 앞에서 그룹 토의를 하는 교육방법이며 배심 토의라고도 한다.

(2) 패널 토의의 특성

① 사회자 외에 4~7명으로 구성되며, 의견의 발표는 1인 당 5~7분 동안 할 수 있다.
② 토의에 참가한 전문가는 토의 주제에 대하여 각자 다른 의견을 발표하여 문제를 여러 관점에서 분석한다.
③ 사회자는 문제의 소개 및 대립 의견을 청중에게 설명하여 토의로 유도하는 역할을 하는데, 적절한 시점에 청중을 토의에 참가하도록 하여 질문 및 발언의 기회를 주기도 한다.

(3) 패널 토의의 장점 및 단점

장점	• 참가자는 비교적 높은 수준의 토의를 경험하게 되어, 다른 사람의 의견을 경청하고 비판하는 능력을 기를 수 있다. • 토의 주제를 다각도로 분석할 수 있고 앞으로 전개될 상황도 예측할 수 있다. • 연사나 참가자가 서로 마음을 터놓고 토의함으로써 문제의 해결점을 제시할 수 있다.
단점	• 정해진 시간에 여러 명의 전문가를 초빙하므로 경제적 부담이 된다. • 청중이 토의 주제에 관한 지식이 없는 경우는 이해하기가 어렵다. • 해당 주제에 관련된 전문가의 위촉이 쉽지 않다. • 토의하는 과정에서 이야기가 중복되거나 통상적인 발표로 전개될 우려가 있다.

9 브레인스토밍

(1) 브레인스토밍의 개념

브레인스토밍은 갑자기 떠오르는 생각을 종이에 기록하거나, 말로 표현한 후 글로 기록하거나, 기록된 문장을 정리하면서 생각을 논리화하는 교육방법이며 묘안착상법 또는 팝콘회의라고도 한다. 갑자기 떠오르는 기발한 생각을 잘 포착한다는 의미를 가지고 있다.

(2) 브레인스토밍의 특성

① 일반적으로 12~15명의 단체에서 활용하는 것이 바람직하다.
② 10~15분 정도의 짧은 시간 동안 진행되는 토의를 원칙으로 한다.

〈브레인스토밍이 활용되는 경우〉
• 계획을 세우고자 할 때
• 창조적인 아이디어가 필요할 때
• 집단 구성원들의 의견 및 생각을 이끌어내어 발전시키고자 할 때

(3) 브레인스토밍의 장점 및 단점

장점	• 진행방식이 재미있으며 어떠한 문제라도 취급할 수 있다.
단점	• 시간의 소모가 많다. • 고도의 기술이 필요하다.

10 시범

(1) 시범의 개념

시범은 이론과 아울러 시각적으로 볼 수 있는 모든 실물을 활용하거나 실제 상황장면을 연출하여 지도하는 교육방법으로 보건교육에 가장 많이 사용하고 있으며, 현실적으로 실천할 수 있는 효과적인 교육방법이다.

(2) 시범의 특성

① 시범의 효과를 높이기 위하여 시범장면을 비디오로 여러 번 반복하여 보여 주고 학습자 스스로 시범을 보이면 학습목표에 도달하게 된다.

② 시청각적으로는 효과가 좋은 교육방법이지만, 학습자들의 요구나 문제에 따라 신중하게 적용한다.

(3) 시범의 장점 및 단점

장점	• 흥미를 불러일으킨다. • 학습한 내용을 실무에 쉽게 적용할 수 있다. • 학습자들의 수준이 다양하더라도 쉽게 배울 수 있다.
단점	• 소수의 학습자에게만 가능한 방법이라서 비용효과의 측면에서는 비효율적이다. • 시범을 위한 준비에 많은 시간이 투자된다.

11 견학

(1) 견학의 개념

견학은 현장을 직접 방문하여 관찰하면서 학습하는 교육방법이며 현지답사라고도 한다.

(2) 견학의 특성

① 사건이나 장소를 직접 보거나 사람들을 방문하는 것을 통하여 산 경험을 하며 많은 것을 학습한다.

② 교실에서 간접적으로 재창조할 수 없는 경우에 활용하는 가장 효과적이다.

(3) 견학의 장점 및 단점

장점	• 직접 관찰할 수 있으므로 사물을 관찰하는 능력이 길러진다. • 다각도의 경험을 할 수 있어서 태도 변화가 쉽다. • 학습한 내용을 실제에 적용할 수 있다.
단점	• 시간과 경비가 많이 든다. • 세심한 계획과 평가가 필요하다.

12 역할극

(1) 역할극의 개념

역할극은 학습자들이 실제 상황 중의 인물로 직접 등장하여 연기를 하면서 실제 상황에 처한 사람들의 입장을 이해하고 상황 분석을 통하여 해결방법을 모색하는 교육방법이다.

(2) 역할극의 특성

① 역할극을 실시할 때는 지원자나 지정받은 학습자를 출연시키고, 다른 학습자들은 관중으로서 역할극의 연출을 도와주는 역할을 맡긴다.

② 각자 맡은 역할을 수행하여 역할극이 절정에 달했을 때 역할극을 끝내고 출연자와 관중이 함께 자유롭게 토론할 시간을 갖는다.

③ 가치나 태도에 대한 이해를 증진시키는 데 효과적인 교육방법이다.

(3) 역할극의 장점 및 단점

장점	• 실제로 활용할 수 있는 기술을 습득하기 쉽다. • 학습자 자신들이 직접 참여하므로 흥미가 생기고 동기유발도 잘 된다. • 학습자들의 사회성이 길러진다. • 교육 기교가 개발된다.
단점	• 역할극을 준비하는 시간이 많이 필요하다. • 학습자들 중에서 역할극의 등장인물로 선정하는 것이 어려울 수 있다. • 역할극을 수행하는 사람이나 보조 및 주변 환경이 사실과 거리감이 있는 경우에는 학습자들에게 교육 효과가 나타나지 않아서 시간의 낭비만 될 수 있다.

13 인형극

(1) 인형극의 개념

인형극은 역할극과 비슷한 형식이지만 사람이 아닌 인형들이 등장하여 진행하는 교육방법이다. 인형극은 역할극과 마찬가지로, 사람들이 실생활에서 어떻게 행동하는지를 보여 주고 옳고 그른 것이 무엇인지를 보여 준다.

(2) 인형극의 특성

① 모든 연령층에 따라 다양한 주제로 다루어진다.

② 인형의 움직임을 통하여 관중들이 인형과 일체화가 된다.

(3) 인형극의 장점 및 단점

장점	• 관중들이 인형을 보면서 즉각적으로 반응하게 되고 상상력을 키울 수 있다. • 민감한 주제를 다루어도 풍자적이고 과장된 표현을 통하여 교육 효과를 얻을 수 있다.
단점	• 관중의 인원수가 제한적이다.

14 시뮬레이션

(1) 시뮬레이션의 개념

시뮬레이션은 학습자의 건강문제나 해결방안을 학습자나 보호자가 자신들의 문제와 거의 흡사한 가상의 상황으로 연출하여 스스로 해결하도록 유도하는 교육방법이다.

(2) 시뮬레이션의 특성

① 건강문제와 관련된 실제 사례가 희소하고 해결방안이 심각한 경우에 활용한다.
② 현장실습 등의 교육방법으로도 학습자들에게 경험시킬 수 없는 경우에 활용한다.

(3) 시뮬레이션의 장점 및 단점

장점	• 학습자에게 흥미를 유발시키고 학습 동기유발을 촉진시킨다. • 역할 수행에 대한 만족감이 높다. • 간호 및 대처방안에 대한 자신감을 높여 준다.
단점	• 모의상황을 조성하는 데 시간, 노력, 비용이 많이 든다. • 학습자의 학습내용 이해 정도에 따라 단순한 이벤트성 교육이 될 우려가 많다. • 학습자의 진행 속도에 따라 시간의 소모가 많다.

15 건강 캠페인

(1) 건강 캠페인의 개념

건강 캠페인은 건강상식 및 건강기술을 증진시키거나 특별한 건강문제에 대한 태도나 가치 판단을 증진시키기 위하여 집중적인 반복과정을 통하여 많은 사람들이 교육내용을 알도록 하는 교육방법이다.

(2) 건강 캠페인의 특성

① 하나의 주제나 문제점에 집중하여 계획된다.
② 보편적으로 많이 활용되는 캠페인 기간은 수일에서부터 1개월까지이다.
③ 캠페인의 보조 자료로 포스터, 팸플릿, 라디오, TV 등을 사용한다.
④ 다양한 보건교육방법들을 적절히 사용함으로써 각 문제점의 성격에 따라 병원 및 지역사회 어디에서나 효과적으로 활용할 수 있다.

16 전람

(1) 전람의 개념

전람은 교육적인 목적으로 다양한 실물이나 시각적 자료들을 모아 놓은 것을 보여주는 교육방법이다.

(2) 전람의 유형

① 전시 : 수집한 자료들을 모아서 보여주는 것이다.
② 축소모형세트 : 3차원적인 모형세트를 만들어 보여주는 것이다.

(3) 전람의 장점 및 단점

장점	• 주의집중을 통하여 흥미를 쉽게 유발시킨다. • 전달하고자 하는 핵심을 함축해서 보여줄 수 있어서 학습자가 이해하기 쉽다. • 시간을 과다하게 투자하지 않아도 수시로 볼 수 있어서 필요한 정보의 축적을 통한 교육 효과를 높일 수 있다.
단점	• 전시물이 시선을 끌 수 없는 계획을 세우면 교육 효과가 떨어진다. • 오랫동안 전시하게 되면 학습자의 관심을 끄는 것이 어렵다.

17 문제 중심학습

(1) 문제 중심학습의 개념

문제 중심학습(PBL, Problem Based Learning)은 학습자들에게 제시된 실제적인 문제를 협동적으로 해결하기 위하여 학습자들이 공동으로 문제해결을 위한 방안을 논의한 후, 개별학습과 협동학습을 통하여 공동의 해결안을 마련하는 과정에서 학습이 이루어지는 학습자 중심의 학습환경이자 학습모형이다.

(2) 문제 중심학습의 특성

① 먼저 문제를 제시하고 학습자 자신이 경험적 지식과 기술을 출발점으로 하여 불충분한 부문은 보충하여 학습해 나간다.
② 문제해결을 해야 하는 경우에 활용할 수 있도록 개인적 경험을 객관화하는 단계를 경험한다.

(3) 문제 중심학습의 장점 및 단점

장점	• 학습자들의 학습동기 유발에 효과적이다. • 실제적 상황을 통하여 학습하므로 문제해결능력이 강화된다. • 학습자에게 필요한 지식, 태도, 사고, 판단, 의사소통기술을 동시에 습득할 수 있다. • 문제해결을 통하여 지식을 학습하게 된다. • 단순 암기에 비해 학습능률이 오르며 지식을 융통성 있게 활용할 수 있다. • 필요한 새로운 지식을 자율적으로 습득할 수 있는 능력이 길러진다.
단점	• 교과과정의 기획과 문제의 설계과정이 복잡하다. • 학습자는 습득해야 할 지식이나 수기를 빠뜨리거나 불필요한 것을 학습할 수 있다. • 교육자는 학습자 교육에 필요한 사전교육과 학습준비에 많은 시간이 필요하다. • 충분하고 다양한 형태의 학습매체를 준비해야 한다. • 소집단 토의를 위한 충분한 교실을 확보해야 한다. • 문제가 해결될 때마다 각 개인의 참여도 및 성취도에 대한 학습자 간의 평가, 교육자의 평가 등의 형성평가가 이루어지므로, 기말고사나 국가고시 등의 총괄평가에 대한 적절한 척도가 될 수 없다.

문제 중심학습의 반대 개념으로, 전개과정이 특정 이론이나 명제를 먼저 제시한 후에 구체적인 예제 및 연습으로 문제를 해결하도록 하는 교육방법이다.

18 프로젝트 학습

(1) 프로젝트 학습의 개념

프로젝트 학습은 개인 및 소집단의 학습자에게 교육목표를 제시하고 교육지침을 알려 줌으로써, 학습자 스스로가 학습내용을 수집하고 계획하여 자신들의 건강문제를 이해 하고 해결방안을 찾아내는 자기주도형 교육방법이다.

(2) 프로젝트 학습의 장점 및 단점

장점	• 학습자 스스로가 교육의 주체가 되므로 자율성과 책임감이 길러진다. • 학습자 자신이 찾고자 하는 문제에 대한 인식과 찾고자 하는 해결방안의 동기가 유발된다. • 학습자가 스스로 또는 팀원과 함께 의사를 결정하고 문제를 해결하는 탐구능력과 협동능력이 길러진다.
단점	• 프로젝트 학습이 익숙하지 않은 학습자에게는 시간과 노력의 낭비가 된다. • 학습자의 자신감을 감소시킬 우려가 있다. • 세부적인 교육계획이 없으면 단계마다 학습목표의 달성도 측정이 어렵다.

19 모델링

(1) 모델링의 개념

모델링은 학습자나 보호자가 보건교육을 받아 변화시켜야 하는 행동 및 목표를 성공적 으로 수행한 사람(모델)의 행동을 관찰하면서 학습하는 교육방법이다.

(2) 모델링의 특성

특정 목표를 성취하고자 할 때 어떻게 도달했는지와 무엇을 해야 하는지를 모델의 행 동, 태도, 기술을 본떠서 학습한다.

(3) 모델링의 장점 및 단점

장점	• 학습자 자신의 건강문제와 해결방안을 먼저 경험한 모델을 통하여 정확히 이해하고 배울 수 있다. • 이해 속도가 빠르고 동일한 유형의 건강문제에 대한 해결이 쉽다. • 모델을 통한 동일시가 이루어지게 되어 동기 조성이 쉽다. • 시행 착오를 줄일 수 있어서 교육의 진행 속도가 빠르다.

단점	• 동일한 유형의 건강문제를 가진 모델을 구하기가 어렵다. • 건강문제 및 해결단계가 모델과 동일한 과정으로 진행되지 않을 경우에는 문제해결을 위한 방안을 찾기가 어렵다. • 다양한 변화가 발생하는 경우에 문제의 해결이 어렵다.

20 컴퓨터프로그램 학습

(1) 컴퓨터프로그램 학습의 개념

컴퓨터프로그램 학습은 학습자 스스로가 학습을 진행할 수 있도록 사전에 전문가가 고안하여 개발한 컴퓨터프로그램 자료로 학습하는 교육방법이다.

(2) 컴퓨터프로그램 학습의 특성

① 컴퓨터를 활용한 학습과 미리 제작된 소책자 등을 활용한 학습이 진행된다.
② 1단계부터 시작하여 단계를 완성하면 다음 단계로 진행된다.
③ 사전 경험이 충분한 교육자가 계획하고 구성한다.
④ 교육 효과를 최대한 고려하여 제작한 매우 논리적인 교육방법이다.

(3) 컴퓨터프로그램 학습의 장점 및 단점

장점	• 학습자가 스스로의 학습 속도와 수준에 따라 선택할 수 있다. • 학습자가 컴퓨터에 익숙하여 두려움 없이 배울 수 있고, 상호작용을 함으로써 적극적인 참여를 유도할 수 있다. • 프로그램 진행의 각 단계마다 학습자의 학습능력이 평가되어 상위 단계로 진행하거나 동일 단계를 반복하는 피드백(회환)이 가능하다. • 학습자의 성취도에 대하여 진단 및 평가를 함으로써, 단계별로 학습자의 요구에 맞는 교육 진행을 할 수 있다.
단점	• 계획된 프로그램 이외의 다른 내용은 학습할 수 없다. • 학습을 위한 프로그램의 준비, 컴퓨터 파일의 다운로드 등을 미리 준비해야 한다. • 학습자가 컴퓨터나 프로그램을 다루는 기술이 있어야 가능한 교육방법이다.

21 온라인 학습

(1) 온라인 학습의 개념

온라인 학습은 컴퓨터를 활용한 환경 속에서 교육자-학습자, 학습자-학습자가 온라인에서 각종 자료를 통하여 서로 의사소통을 하면서 학습하는 교육방법이며 웹 기반 학습이라고도 한다.

(2) 온라인 학습의 장점 및 단점

장점	• 학습자가 원하는 시간과 장소에서 학습할 수 있다. • 교육자와 학습자가 서로 활발하게 상호 작용할 수 있다. • 온라인(웹)에 등재된 내용들을 자유롭게 다루기 때문에 다양한 측면으로 교육할 수 있다.
단점	• 멀티미디어 웹 기반 환경을 구축해야 온라인 학습이 가능하다. • 교육자의 교육내용이 온라인(웹 기반) 학습에 적절하게 구조화되고 구성된다. • 학습자가 온라인(웹 기반) 학습에 대한 기초 활용능력이 없으면 교육을 받을 수 없다.

> **더 알아보자!** / **보건교육방법의 선정 기준**
>
> | 교육내용 | • 교육내용이 요구하는 필요능력 : 지식, 태도, 기술
• 교육내용이 요구하는 결과유형 : 정답, 다양한 의견, 해결방안 등
• 교육내용의 수준 : 일반적 수준, 전문적 수준 |
> |---|---|
> | 교육대상 | • 교육대상의 학습태도
• 교육대상의 학습경험
• 교육대상의 크기
• 교육대상의 위치
• 지속적인 교육의 필요성
• 교육대상의 학습에 대한 기대치 |
> | 교육자원 | • 교육기술과 경험을 갖춘 인력의 지원
• 새로운 학습자원의 개발
• 교육장소의 확보
• 교육시간의 할당 |
> | 조직의 기대 | • 조직이 선호하는 교육방법
• 조직의 구체적인 교육목표
• 조직의 특정한 평가방법 및 측정방법 |

② 보건교육매체

1 교육매체의 개요

(1) 교육매체의 정의

교육매체는 학습자의 학습을 증진시키기 위하여 물리적으로 조작할 수 있는 실제 물건을 말한다.

(2) 교육매체의 활용 목적

① 학습자들의 감각적인 경험을 확대한다.

② 교수과정에서 다양성을 소개함으로써 흥미와 동기를 유발한다.

③ 추상적인 내용에 구체적인 의미를 더해 준다.

④ 복잡하고 어려운 내용을 이해하기 쉽게 전달한다.

2 교육매체의 유형

(1) 실물 및 실제 상황

1) 실물 및 실제 상황의 개념

실물 및 실제 상황은 학습내용에 해당되는 실물을 이용하거나 실제 상황에서 건강을 교육하는 경우에 활용하는 교육매체이다. 전혀 인공이 가해지지 않는 것에서부터 특별히 학습에 사용되는 실물까지 모두 포함된다.

2) 실물 및 실제 상황의 장점 및 단점

장점	• 모든 감각기관을 이용하므로 흥미롭고, 교육목표에 쉽게 도달할 수 있다. • 학습 후에 실생활에서 교육내용을 즉시 활용할 수 있다. • 교육자와 학습자 간의 의사소통이 단기간 내에 이루어질 수 있다.
단점	• 교육목표에 해당하는 실물 및 실제 상황을 구하기가 어렵다. • 실제 현장에 가서 보는 경우에는 경제적 부담이 발생한다. • 시간적·계절적 제한이 있어서 항상 가능하지 않다. • 실물은 손상되기 쉽고 보관하기가 어렵다.

(2) 모형 및 유사물

1) 모형 및 유사물의 개념

모형 및 유사물은 실물과 닮은 모형이나 실물과 비슷하게 움직이는 유사물을 만들어 활용하는 교육매체이다.

2) 모형 및 유사물의 장점 및 단점

장점	• 실물 및 실제 상황의 교육매체와 거의 비슷한 효과를 얻을 수 있다. • 모형은 교육 목적에 맞추어 제작할 수 있다. • 반복적인 검사 및 관찰이 가능하다. • 운반할 수 있고 재사용이 가능하다. • 쉽게 관심을 끌 수 있다.
단점	• 대부분이 수입품이어서 경제적 부담이 발생한다. • 학습자 수가 많은 경우에는 활용하기가 부적절하다. • 실물을 축소 및 단면화 하므로 세부적인 부분까지는 실제로 볼 수 없다. • 모형 및 유사물이 파손되는 경우가 많다. • 실제로 활용하기 위한 기술의 습득이 어려운 점도 있다.

(3) 칠판

1) 칠판의 개념

칠판은 전통적인 학교 교육에서 가장 오랫동안 흔히 활용해 온 시각 보조물의 형태를 한 교육매체이다.

2) 칠판의 장점 및 단점

장점	• 구입하기 쉬우며 가격이 저렴하고 관리 및 유지가 쉽다. • 누구나 부담 없이 활용할 수 있다. • 교육을 진행하며 자연스럽게 활용하게 되므로 주의를 분산시키지 않는다. • 재활용이 가능하므로 융통성이 있고 경제적이다. • 결과를 계속 보여 주거나 의견을 비교하거나 대조하는 경우에 효과적이다. • 주제나 학습자에 맞춘 다양한 방법으로 활용할 수 있다. • 다른 보조 교육매체에도 도움이 될 수 있다.
단점	• 많은 양의 학습자료를 한꺼번에 취급할 수 없다. • 칠판에 학습내용을 적는 시간이 많이 소모된다. • 세부적이고 복잡한 그림을 그리려면 기술이 필요하다. • 너무 많이 사용하면 학습자의 관심도가 감소된다. • 50명 이상의 다수에게는 주의 집중이 되지 않아서 부적절하다. • 교육자의 필체가 좋지 않은 경우에는 학습자들이 알아보기가 어렵다.

(4) 융판

1) 융판의 개념

융판은 융이나 펠트를 씌워서 만든 두꺼운 하드보드지나 베니어판에 그림, 글자, 숫자로 되어 있는 종이 뒷면에 적당한 크기의 융이나 사포를 덧대어 준비된 융판에 붙이거나 떼어내면서 활용하는 교육매체이다.

2) 융판의 장점 및 단점

장점	• 한 번 제작하면 재활용이 가능하므로 매우 경제적이다. • 특별한 조작기술이 없어도 자료를 활용하기가 쉽다. • 반복하여 보여 주는 방식이 편리하다. • 주의 집중이 잘되므로 흥미 있게 교육할 수 있다. • 운반이 편리하여 어디에서나 쉽게 활용할 수 있다. • 학습자의 반응에 따라 학습 속도를 조절할 수 있다. • 생략하거나 순서를 바꿀 수 있는 융통성이 있다. • 전기시설이 없는 곳에서도 사용할 수 있다.
단점	• 학습내용에 대한 자세한 설명이 불가능하다. • 학습자 수가 많은 경우에는 활용하기가 어렵다. • 자료를 직접 제작하는 경우에 기술이 요구된다.

(5) 게시판

1) 게시판의 개념

게시판은 일선 교육현장에서 많이 활용하는 교육매체이며 벽보판이라고도 한다. 원하는 아이디어나 메시지를 명확하고 간결하게 시각화하여 게시하는 판이다.

2) 게시판의 특성

① 게시판은 건강사업의 주요 내용, 건강진단의 일정, 교육일정, 클리닉 시간표 등을 포스터, 만화, 사진, 유인물 등으로 제작하여 게시한다.

② 게시판은 학습자들의 왕래가 빈번한 곳에 설치하는 것이 좋다.

③ 학습자의 눈길을 끌기 위해서는 눈에 띄는 색상 및 디자인을 사용한 게시판이 좋다.

④ 효과적으로 게시판을 활용하려면 1주일 정도 전시한 후에는 1~2일 정도 게시판을 비워 둔다.

3) 게시판의 장점 및 단점

장점	• 자료가 1가지밖에 없는 경우에 전체 학습자가 모두 볼 수 있어서 효과적이다. • 알리고자 하는 내용을 지속적으로 많은 학습자들에게 알릴 수 있다. • 게시판을 준비하는 데 시간이 많이 필요하지 않다. • 교육자가 필요 없으므로 경제적 부담이 없다. • 학습자를 모으지 않아도 되므로 활용하기가 쉽다.
단점	• 학습자에게 정보가 전달되었는지 확인할 수가 없다. • 학습자들의 관심을 끄는 것이 어려울 수 있다. • 장기간 게시한 채 방치되거나 배치가 좋지 않으면 학습자들이 보지 않는다. • 글자 및 그림을 이해하지 못하는 학습자에게는 효과가 없다. • 내용이 많거나 복잡한 경우에는 적합하지 않은 방법이다.

(6) 포스터

1) 포스터의 개념

포스터는 중요한 행사를 알리기 위하여 큰 종이(넓이 60cm×높이 90cm)에 정보나 방향을 제시하여 활용하는 교육매체이다.

2) 포스터의 특성

① 포스터는 사건 및 사물에 대한 새로운 아이디어를 소개하고, 이미 학습한 내용을 상기시켜 준다.

② 포스터는 학습자들이 보기 쉬운 눈높이와 채광이 좋은 장소를 선택하여 전시한다.

3) 포스터의 장점 및 단점

장점	• 보관이 쉽고 여러 장을 한 번에 제작하여 활용할 수 있다. • 장기간 게시할 수 있어서 경제적이다. • 이동이 쉽고 눈에 띄어서 학습자들의 관심을 끌 수 있다.
단점	• 함축된 내용으로 게시해야 하므로 전문적 지식 및 기술이 필요하다. • 새로운 정보로 교체하기가 쉽지 않아서 정보의 흐름에 뒤처질 수 있다. • 장기간 게시한 채 방치되거나 배치가 좋지 않으면 학습자들이 보지 않는다.

(7) 인쇄물

1) 인쇄물의 개념

인쇄물은 알리고자 하는 정보를 짤막하고 명확하게 요약하여 그림과 함께 인쇄하여 활용하는 교육매체이다.

2) 인쇄물의 유형

① 전단 : 한 장으로 구성되어 있다.

② 팸플릿 : 여러 장의 전단으로 구성되어 있다.

③ 소책자 : 얇은 책자의 형태로 구성되어 있다.

3) 인쇄물의 장점 및 단점

장점	• 학습자가 이해하기 쉬운 용어를 사용할 수 있다. • 복잡한 학습 개념을 쉽게 설명할 수 있다. • 많은 학습자들이 학습의 요점을 파악하기 쉽다. • 장소와 관계없이 언제나 활용할 수 있다. • 학습자의 이해 속도에 맞추어 학습할 수 있다. • 교육내용을 학습자에게 맞추어 구성할 수 있다. • 학습자가 교육내용을 언제든지 찾아볼 수 있다.
단점	• 인쇄물을 제작하는 시간이 오래 걸린다. • 교육내용이 추상적으로 전달된다. • 비개별적이고, 즉각적인 피드백을 받을 수 없다. • 분량이 많으면 학습자가 읽지 않을 우려가 있다. • 읽는 능력이 부족하거나 시각장애 및 인지장애가 있는 학습자에게는 활용하기 어렵다.

(8) 차트

1) 차트의 개념

차트는 교육내용의 요점을 비롯하여 도표, 그래프, 그림 등을 일정한 크기의 종이에 그리거나 인쇄하여 조직적으로 시각화한 형태의 간편한 교육매체이다.

2) 차트의 특성

① 차트는 학습 목적에 따라 그림, 만화. 글, 도표를 추가하여 작성한다.

② 차트의 내용은 한 장 내에서 설명이 끝나도록 작성한다.

③ 차트의 개념은 적절한 분량으로 제시하고, 정확한 최신 정보를 활용한다.

④ 차트의 용어 및 숫자는 많이 나열하지 않고 간단하고 명료하게 표현한다.

⑤ 차트의 위치는 학습자들이 볼 수 있는 거리, 높이, 채광을 고려하여 결정한다.

⑥ 차트는 미리 보여 주지 않고 필요한 경우에 맞추어 보여 주어 학습자를 집중시킨다.

3) 차트의 장점 및 단점

장점	• 특별한 기자재가 없어도 어디에서나 활용할 수 있고 이동이 쉽다. • 차트를 제작하는 특별한 기술이 필요하지 않다. • 제작비용이 저렴하여 필요할 때마다 제작하여 활용할 수 있다. • 다양한 기법을 적용하여 차트를 제작하면 주의 집중에 효과적이고 흥미 유발이 잘된다.
단점	• 학습해야 할 내용을 한꺼번에 많이 알릴 수 없다. • 평면적이고 정적인 교육매체이므로 장시간 활용하면 지루함을 느낀다. • 정밀하고 복잡한 그림을 그리는 것이 어려우며, 제작시간도 많이 소요된다. • 많은 수의 학습자들에게는 활용하기가 어렵다.

(9) 슬라이드 환등기

1) 슬라이드 환등기의 개념

슬라이드 환등기는 실물이나 모형 등으로는 보여 줄 수 없는 것을 환등기를 통하여 보여 주며 활용하는 교육매체이다.

2) 슬라이드 환등기의 장점 및 단점

장점	• 많은 학습자들이 시각적으로 보고 배울 수 있다. • 많은 학습자들에게 동시에 활용할 수 있다. • 조작이 간편하고 누구나 쉽게 활용할 수 있다. • 다른 교육매체보다 제작비용이 저렴하다. • 슬라이드의 순서를 자유롭게 재배치할 수 있다. • 반복 사용이 가능하여 시간적 제한이 없다. • 공간적 제약이 없고 보관이 쉽고 편하다. • 정지 상태에서 확대된 영상을 볼 수 있으므로 자세히 분석할 수 있다. • 망원렌즈를 이용하여 화면으로 옮기면 육안으로 볼 수 없는 부분까지 확인할 수 있다.
단점	• 전기와 암막이 필요하므로 시설의 제한이 있다. • 학습자와 학습내용에 따라 주의 집중도가 감소할 우려가 있다. • 정지된 상태만을 보여 주므로 연속적인 과정을 학습하기 어렵다. • 암막을 쳐서 어둡게 해야 하므로 주의 집중이 어렵고 졸음이 올 수 있다.

(10) 투시물 환등기

1) 투시물 환등기의 개념

투시물 환등기는 보통 OHP(Over Head Projector)라고 하며, 교재를 영사기로 확대하여 보여 주는 교육매체이다.

2) 투시물 환등기의 특성

투시물 환등기(OHP)를 활용하기 위해서는 투시 용지(TP, Trans-Parency)가 필요하며 투시 용지는 아스테이트지, 셀로판지 등의 투명한 용지를 의미하며 보통 TP라고 한다.

〈투시 용지(TP)의 제작방법〉
- 투시 용지(TP) 위에 오일펜을 사용하여 원하는 내용을 기재한다.
- 투시 용지(TP) 전용 복사기를 이용하여 제작한다.

3) 투시물 환등기의 장점 및 단점

장점	• 어떠한 형태의 집단에서도 학습이 가능하다. • 암막이 없어도 활용할 수 있어서 어디에서나 사용할 수 있다. • 기계 조작이 매우 간단하여 쉽게 활용할 수 있다. • 자료의 관리가 간편하여 활용성이 좋다. • 다양한 색상으로 다양한 모양을 간단하게 표현할 수 있다. • 짧은 거리에서도 확대된 화면을 보여 줄 수 있다. • 여러 가지 학습자료를 화면에 겹쳐서 함께 보여 줄 수 있다. • 학습자와 마주 보고 진행하므로 학습자의 반응을 관찰하며 교육할 수 있다. • 투시 용지(TP)에는 내용을 쓰고 지우는 것이 가능하여 융통성이 있다. • 자료를 저렴한 비용으로 제작할 수 있다.
단점	• 투시물 환등기 자체의 크기 때문에 움직이기가 어렵다. • 학습을 시작하기 전에 미리 치밀한 학습 준비가 필요하다. • 학습 목적에 맞는 자료를 준비하려면 시간과 기술이 필요하다. • 움직임이 없는 정지된 평면적인 화면만 제시하므로 지루함을 느낄 수 있다.

(11) 실물 환등기

1) 실물 환등기의 개념

실물 환등기는 불투명체의 실물인 인쇄물 자료, 모형, 기구의 부속품, 생물 및 무생물 등을 확대하여 스크린에 투사시켜서 활용하는 교육매체이다.

2) 실물 환등기의 장점 및 단점

장점	• 자료 준비에 소요되는 시간을 절약할 수 있다. • 실제 자료를 있는 그대로 확대할 수 있어서 정확한 상황을 쉽고 빠르게 제시할 수 있다.
단점	• 실내에 암막장치가 설치되어 있어야 한다. • 자료가 너무 큰 경우에는 투영할 수가 없다. • 실물 환등기의 크기 때문에 운반하기가 불편하다. • 내장된 전구로부터 발생되는 열 때문에 장시간 사용하면 자료가 훼손될 수 있다.

(12) 그림 및 사진

1) 그림 및 사진의 개념

그림 및 사진도 교육자료로 활용할 수 있는 교육매체이다.

2) 그림 및 사진의 장점 및 단점

장점	• 신문, 잡지, 책 등에서 자료를 찾아 제작할 수 있다. • 다양한 형태로 학습에서 활용할 수 있다. • 자료를 주변에서 쉽게 구할 수 있어서 비용이 적게 들고 사용이 편하다. • 휴대하기 간편하므로 집단이나 장소에 구애받지 않고 활용할 수 있다.
단점	• 정지된 평면적인 자료라서 입체성이 없으며 지루할 수 있다. • 자료의 크기가 작아서 대집단을 대상으로 활용하기가 어렵다. • 학습자의 주의가 분산될 우려가 있다.

(13) 비디오테이프

1) 비디오테이프의 개념

비디오테이프는 실물이나 모형을 보여 주기 어렵거나 많은 학습자들에게 진행과정을 보여 주어야 하는 경우에 비디오테이프로 제작하여 활용하는 교육매체이다.

2) 비디오테이프의 특성

학습자의 학습 목표에 맞추어 직접 비디오테이프를 제작하기도 하지만, 기존의 제작된 비디오테이프를 활용하는 경우도 많다.

〈기존 비디오테이프의 활용방법〉

• 학습자에게 보여 줄 장면을 사전에 미리 선택하여 시간의 낭비를 줄인다.
• 비디오테이프의 장면에 들어 있는 어휘 등을 학습자의 수준에 맞춘다.

3) 비디오테이프의 장점 및 단점

장점	• 움직이는 과정을 대화와 함께 보여 주므로 사실과 가깝게 접근할 수 있다. • 시공간을 초월할 수 있어서 다른 곳의 상황을 어디에서나 볼 수 있다. • 학습자의 주의를 지속적으로 집중시킬 수 있다. • 필요한 경우에는 화면을 정지시키거나 되돌려 볼 수 있다. • 교육 목적에 맞추어 재구성을 할 수가 있다.
단점	• 비용이 많이 들고 교육 목적에 맞추어 제작하는 것은 현실적으로 어렵다. • 활용하기 위한 시설 및 기구를 구비해야 한다. • 일단 제작된 비디오테이프의 필름은 내용 수정이 어려워 비효율적이다.

(14) 컴퓨터

1) 컴퓨터의 개념

컴퓨터는 고도의 컴퓨터 기술을 교육에 활용하는 교육매체이다. 대부분의 컴퓨터 프로그램은 학습자의 인지적 교육에 도움을 준다.

2) 컴퓨터의 특성

컴퓨터는 수업에 활용하는 경우가 많다. 컴퓨터를 활용하는 수업에는 컴퓨터 보조수업

(CAI)과 컴퓨터 관리수업(CMI) 2가지 유형이 있다.

3) 컴퓨터의 장점 및 단점

장점	• 교육시간을 절약할 수 있다. • 학습자의 흥미를 유발하고 교육내용의 현실성을 높여 준다. • 다양하고 새로운 경험을 제공해 줄 수 있다. • 교육 효과를 높일 수 있다.
단점	• 정의적인 교육이나 정신운동적인 교육에는 효과적일 수 없다. • 교육자와 학습자 간의 대인관계가 원활하지 않다. • 학습자의 창의성이 무시되기 쉽다. • 좋은 교육자료를 제작하려면 많은 노력과 비용이 필요하다. • 나이가 많은 성인들은 컴퓨터로 진행되는 수업에 거부감이 있을 수 있다.

TIP 컴퓨터 수업의 유형

컴퓨터 보조수업 (CAI)	• 컴퓨터를 책이나 교사매체용, 보완용으로 사용하는 수업 형태이다. • 다양한 학습 형태를 통하여 개별적인 지도가 가능하므로 학습자의 흥미를 유지시킨다. • 많은 학습자들을 반복학습 시킬 수 있어서 개별적인 교육지도에 전념할 수 있다.
컴퓨터 관리수업 (CMI)	• 컴퓨터를 활용하여 수업과 관련된 정보 및 자료를 분석, 기록, 평가하는 수업 형태이다. • 교육자의 수업 관리를 보다 편리하게 지원해 준다.

3 교육매체의 선정 기준

① 구입하기가 쉽고 가격이 적절해야 한다.
② 쉽게 사용할 수 있고, 보관이나 운반이 쉬워야 한다.
③ 유지비 및 수선비가 적게 들어야 한다.
④ 견고하고 위험성이 없어야 한다.
⑤ 모든 학습자들이 들을 수 있고 볼 수 있는 자료로 선정한다.
⑥ 동일한 조건인 경우에는 경제적이며 조작이 간단한 자료로 선정한다.

4 교육매체 활용 시 유의사항

① 교육 주제에 가장 적당한 교육매체를 활용한다.
② 학습자 수준에 적합한 교육매체를 선택한다. 이때, 학습자 중에 시각장애인, 청각장애인, 문맹자의 유무를 확인한 후 선택한다.
③ 교육매체를 활용하기 위하여 설치해야 하는 필요 장비가 있는지를 확인한다.

④ 교육매체를 활용하는 경우에 추가적인 문제가 없는지를 확인한다.

⑤ 덥고 습한 날에 냉방장치가 없는 공간에서는 슬라이드 등의 암막장치가 필요한 교육매체는 활용하지 않는 것이 좋다.

⑥ 선정한 교육매체는 실제 교육에 들어가기 전에 능숙하게 활용할 수 있도록 활용방법을 확인하여 교육 진행에 차질이 없도록 한다.

⑦ 정전, 교육매체의 활용 불가능 등의 예기치 못한 상황이 발생하면 신속히 대처한다.

4 보건교육의 평가

① 보건교육 평가의 개요

1 보건교육 평가의 개념

보건교육에 대한 평가는 평가할 대상과 기준을 설정한 후에 관련 자료들을 수집하여 분석한다. 평가의 결과를 확인하여 앞으로의 교육계획을 위한 참고자료로 삼을 수 있다.

2 보건교육 평가의 목적

① 교육목표에 도달하였는지를 파악한다.

② 교육 주제가 적절하였는지를 파악한다.

③ 교육 효과를 증진시킬 수 있는 요인을 파악한다.

④ 교육방법 및 교육매체가 적절하였는지를 파악한다.

⑤ 대상자별 학습욕구가 충족되었는지를 파악한다.

⑥ 학습효과를 향상시키는 영향요인 및 장애요인을 파악한다.

⑦ 다음 교육계획의 자료로 참고한다.

② 보건교육의 평가 유형

1 기준에 따른 평가 유형

(1) 절대평가

1) 절대평가의 개념

절대평가는 미리 도달해야 할 목표를 설정해 놓고 교육을 실시한 후에 목표에 도달된 정도를 알아보는 목표지향적 평가 유형이다. 보건교육에서는 목표지향적인 절대평가를 많이 활용하고 있다.

2) 절대평가의 특성

① 절대평가는 학습자가 '무엇을 할 수 있는가'를 알려고 하는 평가이기 때문에 학습자 간의 점수를 비교하지 않는다.

② 절대평가에서는 교수–학습과정 전체가 평가의 대상이다.

③ 절대평가에서의 평가자는 반드시 교육자가 된다.

④ 절대평가는 물리적 측정에 기본을 둔 절대 측정과 타당도를 중요시한다.

(2) 상대평가

1) 상대평가의 개념

상대평가는 학습자가 '무엇을 얼마나 아는가'가 아니라 다른 학습자와 비교하였을 때 '무엇을 얼마나 더 알고 있는가'를 알아보는 평가 유형이다.

2) 상대평가의 특성

① 상대평가는 학습자 개인의 상대적 위치와 우열의 파악이 가능하여 경쟁을 통한 학습 동기를 유발한다.

② 상대평가에서는 학습자가 평가의 대상이다.

③ 상대평가에서의 평가자는 교육자뿐만 아니라 제3자도 가능하다.

④ 상대평가는 평가도구의 신뢰도를 중요시한다.

2 과정에 따른 평가 유형

(1) 진단평가

1) 진단평가의 개념

진단평가는 교육을 실시하기 전에 학습자들의 지식, 태도, 행동을 변화시키는 데 가장 우선적인 것이 무엇인지와 무엇을 교육할 것인지를 알아보는 평가 유형이다.

2) 진단평가의 특성

① 진단평가는 적절한 방법으로 교육전략을 세워서 교육 효과를 극대화하기 위하여 실시한다.

② 진단평가를 통하여 학습자의 지식, 태도, 동기, 흥미, 준비도 등을 파악할 수 있다.

③ 진단평가를 통하여 어떠한 주제의 교육이 필요한 것인지를 확인할 수 있다.

(2) 형성평가

1) 형성평가의 개념

형성평가는 교육이 진행되는 동안 교육의 진행 정도를 파악하여 교육내용 및 교육방법을 향상시키거나 조정할 사항이 있는가를 알아보는 평가 유형이다.

2) 형성평가의 특성
① 형성평가는 교수-학습활동이 진행되는 동안 학습의 진행 정도를 파악하여 교육과
정의 효과를 증진시키기 위하여 실시된다.
② 형성평가를 통하여 학습자들의 교육 동기를 유발할 수 있고 교육방법을 변경할 수도
있다.
③ 형성평가를 통하여 학습자의 건강신념이나 문제해결능력을 향상시킬 수 있다.

(3) 총괄평가

1) 총괄평가의 개념
총괄평가는 교육이 끝났을 때 교육목표의 달성 여부를 알아보는 평가 유형이다.

2) 총괄평가의 특성
① 총괄평가는 실시한 교육의 장단점을 평가하여 다음 교육을 할 때 더 나은 교육방안
을 찾기 위하여 실시한다.
② 총괄평가는 평가과정에서 교육자에 의한 전체적인 평가 외에 학습자 자신에 의한 평
가, 교육자와 교육방법 등의 평가가 이루어진다.

③ 보건교육의 평가도구

1 보건교육 평가도구의 적용

보건교육의 평가도구는 교육내용의 영역에 따라 다르게 적용된다.

○ 교육내용의 영역과 평가도구

인지적 영역	• 지식의 정도를 평가하는 영역이다. • 평가도구 – 질문지, 구두 질문
정의적 영역	• 태도의 정도를 평가하는 영역이다. • 평가도구 – 질문지, 관찰, 태도의 척도
심리운동기술 영역	• 기술의 정도를 평가하는 영역이다. • 평가도구 – 직접 관찰, 실기 및 시범

2 보건교육 평가도구의 유형

(1) 관찰

1) 관찰의 개념
관찰은 행동 측정에 유용한 평가도구로, 모든 행동의 평가는 관찰을 통하여 이루어진다.

2) 관찰의 특성

① 관찰을 통하여 평가하려면 사전에 평가대상, 시기, 방법 등의 계획을 세운다.

② 관찰을 통하여 평가할 경우에는 조직적인 관찰이 필요하다.

〈관찰을 통한 평가의 조건〉

- 관찰자의 편견이나 선입견 없이 객관적인 관찰이 이루어져야 한다.
- 관찰한 즉시, 관찰한 내용을 사실 그대로 기록하여야 한다.

(2) 구두 질문

1) 구두 질문의 개념

구두 질문은 교육자가 학습자에게 구두 질문을 하고 학습자의 대답을 통하여 이해 정도를 즉시 확인하는 평가도구이다.

2) 구두 질문의 특성

① 구두 질문은 관찰과 함께 사용할 수 있는 평가도구이다.

② 구두 질문을 통하여 교육내용의 기초가 되는 원리나 배경지식을 이해했는지의 여부를 확인할 수 있다. 관찰만으로는 한계가 있다.

③ 구두 질문을 통한 평가에서의 질문은 분명하고 구체적이며 교육목표와 학습자에 따라 신중하게 준비한다.

(3) 질문지

1) 질문지의 개념

질문지는 글을 읽을 수 있고 질문을 이해할 수 있는 학습자에게 유용한 간접적인 평가도구이다.

2) 질문지의 특성

① 질문지는 지적 영역의 모든 수준에 해당하는 학습을 평가할 수 있다.

② 질문지의 문항은 평가하고자 하는 주요 내용을 빠짐없이 논리적으로 작성해야 한다.

③ 질문지의 유형에는 문항의 보기에서 답을 선택하는 '선택형 질문지'와 학습자가 질문에 답을 제시하는 '서답형 질문지'가 있다.

○ 질문지의 유형

선택형 질문지	서답형 질문지
• 진위형(true–false type) • 배합형(matching type) • 선다형(multiple choice type)	• 단답형(short answer type) • 완결형(completion type) • 논문형(essay type)

(4) 자가 보고서 및 자기 감시

1) 자가 보고서의 개념

자가 보고서는 척도법을 사용한 설문지 또는 개방형 질문지 등의 양식에 따라 학습자 스스로 보고하는 평가도구이다.

2) 자기 감시의 개념

자기 감시는 학습자가 건강행위를 한 후에 자신의 행위를 스스로 기록하는 평가도구 이다.

3) 자가 보고서와 자기 감시의 공통점

태도를 묻는 척도는 사회적 기대에 따라 대답이 달라질 수 있기 때문에 평가도구의 제 작과 평가 결과에 대한 해석이 중요하다.

3 보건교육 평가도구의 조건

(1) 타당도

① 타당도는 평가도구가 평가하려는 내용인 교육목표나 기준 등을 제대로 평가하고 있는지의 정도를 말한다.
② 타당도는 무엇을 얼마나 어떻게 측정하는가와 관련된 사항으로, 높거나 낮은 정도를 평가할 때 적절하다.

(2) 신뢰도

① 신뢰도는 평가도구가 평가하려는 내용을 얼마나 정확하게 믿을 수 있을 만큼 평가할 수 있는지의 정도를 말한다.
② 동일한 학습자에게 동일한 평가도구를 반복 적용하여 평가한 경우에 동일한 평가 결과를 얻을 수 있는지를 파악한다.

(3) 객관도

① 객관도는 평가 결과가 평가자의 주관에 따라 흔들리지 않고, 검사 횟수에 관계없이 평가 결과가 얼마나 일치하는지의 정도를 말한다. 즉 객관도는 평가자의 일관성을 의미하는 것이다.
② 동일한 학습자가 동일한 답안지를 시간 또는 상황을 달리 하여 평가하더라도 동일한 평가 결과가 나온다면 객관도가 높다는 의미이다.

(4) 실용도

① 실용도는 교육자나 학습자에게 평가도구를 얼마나 쉽게 적용할 수 있는지의 정도를 말한다. 실용도는 평가도구의 경제성·간편성·편의성을 나타내는 것이다.

② 실용도는 실제로 사용하는 것과 같은 개념이다.

③ 신뢰할 만하고 타당하며 객관도가 높은 평가도구라고 하더라도 시간, 경비, 인력이 많이 필요하다면 실제로 사용하기는 어렵다.

5 보건교육과 건강증진

① 건강증진의 개요

1 건강증진의 범주

(1) 좁은 의미의 건강증진

좁은 의미의 건강증진은 건강에 유익한 생활양식 및 환경변화를 통하여 건강의 잠재력을 키워서 적극적으로 건강을 향상시키는 것을 말하며 1차 예방수단만 포함한다.

(2) 넓은 의미의 건강증진

넓은 의미의 건강증진은 적극적인 건강 향상과 건강의 위험요인을 감소시키기 위한 보건교육, 건강보호적인 환경의 조성, 질병예방 서비스 등의 조합을 말하며 1차 예방수단 외에 질병예방서비스 등의 2차 예방수단까지 포함한다.

○ 넓은 의미의 건강증진에서의 대상 및 목적

대상	건강인 외에 병원성 초기 또는 불현성 감염기에 있는 사람도 포함한다.
목적	건강에 유익한 생활양식 및 환경변화 외에, 질병 위험요인의 조기 발견 및 관리를 위한 예방서비스의 개선도 포함한다.

2 건강증진의 기능

① 건강증진의 기본적인 기능은 건강한 수명을 연장시키는 것이다.

② 건강증진은 건강에 영향을 미치는 개인이 건강습관과 사회환경의 개선을 통하여 국민 모두가 최적 수준의 건강을 유지시킨다.

③ 건강증진은 비용 효과적이며 지속 가능한 방법으로 자기건강 관리능력을 향상시킨다.

④ 건강증진은 개인 및 지역사회가 가지고 있는 건강 잠재력을 최대한 이끌어낼 수 있도록 역량을 강화시킨다.

⑤ 건강증진은 만성퇴행성질환의 증가로 인한 국가의 경제적·사회적 부담을 경감시킨다.

3 건강증진의 원칙

(1) 건강증진의 원칙 규정

세계보건기구가 1986년에 건강증진에 관한 제1차 국제회의에서 채택하여 발표한 오타와 헌장은 세계 각 나라가 국민의 건강증진을 성취하기 위하여 준수해야 할 3대 원칙을 규정하였다.

(2) 건강증진의 3대 원칙

1) 옹호
건강에 대한 대중의 관심을 불러일으키고, 보건의료의 수요를 충족시킬 수 있는 건강한 보건정책을 수립하여야 한다는 강력한 촉구가 필요하다.

2) 역량
자신과 가족의 건강을 유지할 수 있도록 하는 것을 그들의 권리로 인정하고, 스스로의 건강관리에 적극 참여하며 자신들의 행동에 대한 책임이 필요하다.

3) 연합
모든 사람들이 건강을 위한 발전을 계속할 수 있도록 건강에 영향을 미치는 경제·언론·학교 등의 모든 관련 분야 전문가들의 연합이 필요하다.

② 건강증진의 개념

1 건강증진의 정의

(1) 일반적 정의

건강증진은 개인의 건강생활 실천능력의 제고뿐만 아니라 법규, 제도, 공공정책 등의 사회지원체계를 건강친화적으로 구축시키는 데 초점을 둔 국민건강의 새로운 패러다임이다.

(2) 세계보건기구(WHO)의 정의

건강증진은 사람들로 하여금 자신의 건강을 스스로 관리하고 개선시키는 과정이다. 세계보건기구(WHO)는 자가건강 관리(self-care) 능력 개발을 중시한다.

(3) 블레슬로우 정의

블레슬로우는 1983년에 건강증진은 질적·양적으로 충분한 삶의 가능성을 향상시키기 위한 모든 수단이라고 정의하였으며, 블레슬로우는 신체적 기능과 정신적 기능을 유지 및 증진시키고 건강에 해로운 요인에 대한 저항력을 기르기 위한 수단으로 예방적 수단, 환경적 수단, 행동적 수단을 제시하였다.

2 건강증진·건강보호·질병예방의 개념

건강증진과 유사한 개념으로 사용되는 건강보호와 질병예방이 있다.

(1) 건강증진

건강증진은 보건교육적 수단, 건강보호적 수단, 예방의학적 수단 등을 통하여 건강 잠재력을 기르고, 불건강의 위험요인을 감소함으로써 건강을 유지하고 증진하려는 건강 향상을 위한 적극적인 활동이다.

(2) 건강보호

사람들로 하여금 환경의 위해요인에 대한 접촉 기회와 건강에 해로운 행동을 줄이도록 할 뿐만 아니라 건강한 환경 속에서 살아갈 기회를 확대하고 적극적인 건강증진을 위한 생활양식을 갖도록 유도하는 활동이다.

(3) 질병예방

불건강의 위험요인을 조기에 발견하고 관리하여 질병의 발생 및 악화를 예방하기 위한 예방 의학적인 사업활동이다.
> 예 건강검진, 건강상담, 건강지도, 예방접종 등의 서비스활동

③ 건강증진의 활동요소

1 개인의 기술 개발

개인의 기술 개발은 각 개인들이 자신의 건강증진에 필요한 기술을 개발하게 하는 것을 말한다.
① 개인의 기술 개발은 건강을 위한 정보 및 교육의 제공과 일상생활에 필요한 여러 기술들을 강화함으로써 이루어진다.
② 사람들은 자신의 건강과 자신을 둘러싸고 있는 여러 형태의 환경을 보다 잘 관리할 수 있고, 건강에 이로운 선택을 실현할 수 있는 여지가 많아진다.
③ 가정에서, 학교에서, 일터에서, 지역사회에서 일생 동안 기술 개발에 대한 학습이 제공된다.
④ 생애의 각 단계에서 취할 바를 취하게 하며, 만성질환과 상해를 이겨낼 수 있도록 하는 것이 필수적이다.
⑤ 개인의 기술 개발과 관련된 행동이 교육기관, 각 전문기관, 상업기관 등의 모든 기관에

서 촉진된다.

2 지역사회활동의 강화

지역사회활동의 강화는 지역사회를 효과적으로 조직화하고 건강과 관련된 활동들을 더욱 활성화시키는 것을 말한다.

① 지역사회 주민들은 보다 나은 건강을 누리기 위하여 일상의 삶에서 건강의 우선순위를 높이고 건강문제를 해결하기 위한 개인적·집단적 의사결정에 적극 참여한다.
② 지역사회 활동을 강화하는 과정에서 가장 중요한 것은 지역사회가 역량을 가지도록 유도하는 것이다.
③ 지역사회의 인적·물적 자원을 끌어들이고, 지역사회 주민들의 참여와 건강문제에 대한 감독을 강화할 수 있는 유연한 체계를 개발한다.
④ 지역사회에 건강정보, 학습기회, 모든 사업활동에 필요한 재정적 지원이 끊임없이 제공되어야 지역사회 활동이 강화된다.

3 지원적 환경의 구축

지원적 환경의 구축은 건강증진을 통하여 삶에 대한 긍정적인 태도를 증진시키고 예방적 자원을 활용하여 건강에 좋은 환경조건을 개발하는 것을 말한다.

① 우리 사회는 복잡하고 사회 각 부문은 상호간에 서로 얽혀 있다. 건강도 다른 부문들의 목표와 단절되어 존재할 수는 없다.
② 사람과 환경 간의 밀접한 관계는 건강에 대한 사회생태학적 접근을 필수적으로 요구한다.
③ 생활양상의 변화는 건강에 의미 있는 영향을 끼치며, 활동과 휴식은 사람의 건강을 위한 원천이 된다.
④ 환경은 단순히 자연적·물리적 환경만이 아니라 사회적·경제적·정치적·문화적 환경까지도 포괄하는 생태학적 의미를 내포하고 있다.

4 건강과 관련된 공공정책의 수립

건강과 관련된 공공정책의 수립은 건강증진에 바람직한 환경을 구축하기 위한 이로운 건강정책이 될 경우에 비로소 현실화될 수 있다.

① 건강은 중앙의 보건의료 부문만으로 성취되는 것이 아니다. 모든 부문과 각 수준의 공공정책 입안자들 및 의사결정자들에게 자신들이 만드는 공공정책이 사람들의 건강에 어떠한 영향을 끼치는가를 이해시키고 그 결과에 대하여 책임을 지게 한다.
② 건강증진정책은 법률적 조치, 조세 변화, 조직의 변화 등의 다양한 접근방법을 포함한다.
③ 건강증진정책은 보건부문 외의 다른 부문에서 건강을 위한 공공정책을 채택하는 데 장애물이 무엇인가를 확인하고, 장애물을 제거하는 방안을 강구하여 실행에 옮긴다.

5 **보건의료제도의 방향 재설정**

보건의료제도의 방향 재설정은 건강과 다른 분야와의 대화 통로를 여는 것을 말한다.
① 지역사회 주민의 필요와 요구를 수용한 적절한 서비스를 개발하고 전문인력의 훈련에
　건강증진을 포함한다.
② 건강증진에 대한 책임은 개인 및 지역사회의 여러 집단들, 보건의료 전문인력들, 보건의
　료기관 및 정부 등이 분담한다.

④ 건강증진모형

1 **타나힐의 건강증진모형**

(1) 타나힐 건강증진모형의 개요

타나힐은 건강증진을 실천하는 데 도움을 줄 수 있는 건강증진모형을 개발하여 제시하
였다. 타나힐의 건강증진모형은 보건교육, 예방, 건강보호 3가지 개념이 하나의 원으로
각자의 영역을 갖고 있고, 이들 영역이 서로 중복되기도 하는 모형이다.

(2) 타나힐 건강증진모형의 구성 개념

1) 보건교육

보건교육을 통하여 건강증진은 학습자의 지식과 인지발달은 물론, 원기 회복, 자존감,
신뢰성, 생활기술과 같은 능력을 갖출 수 있도록 육성하는 것이다.

〈보건교육의 역할〉
• 건강에 대한 대처능력을 촉진시킨다.
• 건강과 사회적 돌봄에서의 예방적인 서비스를 제공한다.
• 질병−건강의 예방과 긍정적인 건강에 도움이 되는 지지적인 행동과 격려를 한다.

2) 예방

예방은 의학적 중재를 통하여 질병과 불건강을 감소시키는 것이다.

○ 예방의 분류

1차 예방	건강위험요인을 감소시켜 질병 및 특정 건강문제가 발생하지 않도록 한다.
2차 예방	질병 및 건강문제를 조기 발견하여 예방한다.
3차 예방	질병 및 건강문제로 인한 합병증을 예방하고 재발을 방지한다.

3) 건강보호

건강보호는 환경에서 발생하는 환경적 위험과 감염을 통제하려고 노력하는 것이다. 건

강보호를 통하여 인구집단이 긍정적인 건강 향상에 목적을 둔 행위를 하도록 자발적인 규칙 및 정책을 정하여 법률적·재정적 통제를 한다.

(3) 타나힐 건강증진모형의 영역

1) 예방 중심의 영역

예방 영역	• 건강증진을 위하여 각종 질병을 예방하려는 노력 ⓔ 예방접종, 자궁경부암 선별검사, 선천성장애 선별검사 등
예방적 보건교육 영역	• 불건강을 예방하기 위하여 생활양식의 변화를 유도하고 예방사업의 이용을 권장하려는 노력 ⓔ 금연상담, 정보제공
예방적 건강보호 영역	• 충치예방을 위하여 건강보호 차원에서 소개된 여러 법률, 정책, 규칙의 제정과 시행 ⓔ 수돗물 불소화사업
예방적 건강보호를 위한 보건교육 영역	• 예방적 건강보호를 위한 방법들이 성공을 거두기 위하여 대중들에게 도움이 되는 사회적 환경을 조성하려는 노력 ⓔ 안전벨트 착용 의무화 법안의 입법을 위한 로비활동

2) 적극적인 건강향상 중심의 영역

적극적 보건교육 영역	• 개인이 적극적으로 건강의 기초를 세우도록 행동을 변화시키는 보건교육 • 개인이나 전체 지역사회가 적극적 건강에 필요한 건강 관련 기술과 자신감의 증대 등을 개발할 수 있도록 도와주는 보건교육 ⓔ 청소년의 생활습관 기술의 향상
적극적 건강보호 영역	• 적극적 건강상태를 증진하기 위하여 사용이 편리한 여가시설을 마련하는 데 공공자금을 제공하기 위한 노력 ⓔ 사업장의 금연정책
적극적 건강보호를 위 한 보건교육 영역	• 대중이나 정책 결정자들에게 적극적 건강보호 수단의 중요성을 인식시키고 이들에 대한 지원을 보장받기 위한 노력 ⓔ 담배광고 금지를 위한 로비활동

2 펜더의 건강증진모형

(1) 펜더 건강증진모형의 개요

펜더의 건강증진모형은 건강증진행위를 통제하기 위해서는 인식의 조정과정이 중요함을 강조한 사회학습이론으로부터 유래하였다. 따라서 펜더의 건강증진모형은 건강신념모형과 구조적으로 유사하지만, 건강증진행위의 결정인자를 인지·지각요인, 조정요인, 건강증진행위 수행으로 구분한다.

(2) 펜더 건강증진모형의 개념

1) 초기의 건강증진모형

초기의 건강증진모형은 건강신념모형과 사회학습이론을 기초로 하여 개발되었다. 또한 인지·지각요인과 조정요인의 2가지 요인으로 나누어 직·간접적으로 건강증진행위에 영향을 미치는 것으로 설명하였다.

2) 수정된 건강증진모형

수정된 건강증진모형은 건강의 중요성, 지각된 건강통제위, 행동의 계기를 삭제하고 건강의 정의, 지각된 건강상태, 인구학적 특성, 생물학적 특성을 재배치하였다.

3) 펜더 건강증진모형의 개념 가정조건

① 인간은 각 개인의 독특한 건강 잠재력을 표현할 수 있는 생활조건을 창출하고자 한다.
② 인간은 자신의 능력을 사정하고 반성적으로 자기 지각을 할 수 있는 능력이 있다.
③ 인간은 긍정적 방향으로의 성장을 가치 있게 생각하며, 개인이 수용할 수 있는 변화와 안정 사이의 균형을 얻으려고 노력한다.
④ 개인은 자신의 행동을 능동적으로 조절한다.
⑤ 신체적·심리적·사회적 복합성을 지닌 개인은 환경과 상호작용을 하면서 점진적이고도 지속적으로 환경을 변화시킨다.
⑥ 건강 전문가는 인간 상호 간의 환경 중 일부에 해당하며, 인간의 일생에 영향을 미친다.
⑦ 자발적으로 인간-환경 간의 상호작용방식을 바꾸는 것은 행동 변화에 필수적이다.

(3) 펜더 건강증진모형의 구성요소

1) 개인의 특성 및 행위의 결과 경험

① 이전의 관련행위

　이전의 관련행위는 현재와 비슷하거나 같은 행위를 과거에 얼마나 자주 했는지를 의미하는 것으로, 건강 행위의 주요 예측요소이다.

〈이전의 관련행위가 가진 특성〉

• 이전의 행위는 현재의 건강증진행위에 직간접적으로 영향을 미쳐 주의를 기울이지 않고도 자동적으로 특정 행위를 하게 습관화하게 한다.
• 습관화의 장점은 행위가 발생할 때마다 일어난다는 것이며, 축적되고 반복될 때 강화된다.
• 모든 행위에는 정서가 동반된다. 행위하기 전, 하는 동안, 후의 모든 긍정적이거나 부정적인 정서는 기억으로 저장되었다가 나중에 그 행위를 하게 될 때 상기되어 지각된

자기효능감, 지각된 이익, 지각된 장애성, 행동과 관련된 감정을 통하여 건강증진행위에 간접적으로 영향을 준다.

② 개인적 요인

개인적 요인에는 3가지 변수가 있다.

○ 개인적 요인의 변수

생물학적 요인의 변수	나이, 성, 체중, 사춘기 상태, 폐경 상태, 운동 능력, 힘, 민첩성, 균형성
심리적 요인의 변수	자존감, 자기동기화, 개인의 능력, 지각된 건강상태, 건강의 정의
사회·문화적 요인의 변수	인종, 민족, 문화이입, 교육수준, 사회경제적 상태

2) 행위와 관련된 인지 및 감정

① 행위의 지각된 유익성

행위의 지각된 유익성은 특정행위에 대하여 개인이 기대하는 이익이나 긍정적인 결과를 말한다.

〈행위의 지각된 유익성이 가진 특성〉

- 행위의 지각된 유익성은 행위에 따른 긍정적 결과나 강화된 결과로부터 얻어진다.
- 내적 지각된 유익성은 피로감의 감소, 각성수준의 증가 등으로 나타나고, 외적 지각된 유익성은 경제적 보상이나 사회적 상호작용의 증가 등으로 나타난다.
- 처음에는 외적인 유익성이 동기적으로 높은 의미를 지니지만 건강행위를 지속시키도록 동기화시키는 데는 내적 유익성이 더 강력하게 일어난다.
- 행위의 지각된 유익성은 행위를 직접적으로 동기화시키기도 하지만, 유익성을 가져올 것이라고 기대되는 행위를 하기 위한 계획에 몰입하게 함으로써 행위를 간접적으로 동기화한다.

② 행위의 지각된 장애성

행위의 지각된 장애성은 행위를 하는 데 장애가 되는 것을 말한다.

예 이용하기 불가능함, 불편함, 값이 비쌈, 어려움, 시간소요가 많음, 만족감의 감소 등

〈행위의 지각된 장애성이 가진 특성〉

- 행위의 지각된 장애성은 행위를 피하게 동기를 유발시켜 활동준비를 미흡하게 하므로 장애가 클 때에는 활동이 거의 일어나지 않는다. 반면에 활동준비는 잘 되어 있고 장애 정도가 낮으면 행위를 실천할 확률이 커진다.
- 행위의 지각된 장애성은 건강증진행위에 직접적으로 영향을 미칠 뿐만 아니라 활동계획에 몰입하는 것을 감소시켜 행위에 간접적으로 영향을 미친다.

③ 지각된 자기효능감

지각된 자기효능감은 수행을 확실하게 성취할 수 있는 개인의 능력에 대한 판단을 말한다.

〈지각된 자기효능감이 가진 특성〉

- 지각된 자기효능감은 행위와 관련된 감정에 영향을 받을 수 있으며, 긍정적인 감정을 가질수록 자기효능감이 커진다.
- 행위의 지각된 장애성에 영향을 미치는데, 지각된 자기효능감이 클수록 행위의 지각된 장애성 정도는 감소한다.
- 지각된 자기효능감은 직접적으로 건강증진행위를 동기화하고 행위의 지각된 장애성에 영향을 줌으로써 행위의 시행이나 유지에 간접적으로도 영향을 미친다.
- 어떠한 행위에 대하여 자기효능감을 느낀다면 부적절하고 서툴다고 느끼는 것보다 목표 행위에 자주 참여하게 된다.

④ 행위와 관련된 감정

행위와 관련된 감정은 행위를 시작하기 전, 하는 동안, 후에 일어나는 주관적 느낌으로 행동 자체가 가지는 자극의 특성을 말한다.

〈행위와 관련된 감정이 가진 특성〉

- 특정 행위에 대한 감정적 반응은 행위 자체와 관련 감정, 행위를 하는 개인과 관련된 감정, 그리고 행위가 일어나는 환경과 관련된 감정 3가지로 이루어진다.
- 감정상태는 행위를 반복하거나 지속하는 데 영향을 미친다.
- 긍정적인 감정을 동반한 행위일수록 반복될 가능성이 크고, 부정적인 감정을 느끼게 하는 행위일수록 피할 가능성이 크다.

⑤ 인간 상호 간의 영향

인간 상호 간의 영향은 다른 사람의 태도, 신념, 행위를 인지하는 것을 말한다.

〈인간 상호 간의 영향이 가진 특성〉

- 1차적(직접적) 인간 상호 간의 영향에서의 원천은 가족(부모, 형제), 또래집단, 보건의료제공자 등이다.
- 2차적(간접적) 인간 상호 간의 영향에서의 원천은 규범(의미 있는 타인의 기대), 사회적 지지(도구적·정서적 격려), 모델링(특정 행위에 참여하는 타인을 관찰하여 대리학습함) 등이다. 사회적 압력이나 행동계획 수립의 격려를 통하여 행위에 직·간접적인 영향을 미친다.
- 인간 상호 간의 영향과 일치하는 방향으로 행동하도록 충분히 동기화가 된 경우에는 개인적으로 존경하거나 사회적으로 강화된 행위를 수행한다.
- 효과적인 인간 상호 간의 영향이 되기 위해서는 개인이 타인의 행동, 소망 등에 관심

을 가지고, 타인을 이해할 수 있으며, 관심과 이해를 인지적 형태로 흡수해야 한다.

⑥ 상황적 영향

상황적 영향은 상황에 대한 개인의 지각과 인지를 말한다.

〈상황적 영향이 가진 특성〉

- 상황적 영향은 행위를 촉진하거나 저해한다.
- 상황은 행위를 유발하는 역할을 하면서 환경적 부담으로 작용하여 행위에 직접적인 영향을 미친다.

3) 행위의 결과

① 행위계획의 수립

행위계획의 수립은 주어진 시간과 장소에서 특정한 사람과 함께 또는 혼자 구체적인 활동을 하는 인지적 과정을 말한다.

〈행위계획의 수립이 가진 특성〉

- 행위를 수행 또는 강화하기 위한 명확한 전략을 확인한다.

② 즉각적인 갈등적 요구 및 선호

즉각적인 갈등적 요구 및 선호는 계획된 건강행위를 하는 데 방해가 되는 다른 행위로서, 건강증진행위를 계획하기 이전에 이미 의식 속에 자리 잡고 있는 대안적 행위를 말한다.

〈즉각적인 갈등적 요구 및 선호가 가진 특성〉

- 개인이 갈등적인 다른 요구를 얼마나 잘 처리하는지는 각자의 자기조절능력에 달려 있다.
  - 예 맛이나 향을 선호하기 때문에 저지방 식이보다는 고지방 식이를 선택하게 된다.
- 갈등적 요구는 외부적 요구에 따라 예상하지 않은 일을 실행해야 하거나 좋지 못한 결과가 일어날 가능성이 높을 때 발생한다.
- 갈등적 선호는 긍정적인 건강행위계획으로부터 이탈하게 하는 선호도 순위에 기반한 강력한 충동이 일어난다.

③ 건강증진행위

건강증진행위는 개인 및 집단이 최적의 안녕상태를 이루고 자아실현 및 개인적 욕구 충족을 유지하고 증진하려는 행위를 말한다.

〈건강증진행위가 가진 특성〉

- 건강증진행위는 질병을 예방하는 것 이상을 의미한다.
- 건강증진행위는 균형과 안정성을 지키게 하고 최적의 기능상태로 만든다.
- 건강증진행위는 조화를 증진시키고 적응을 강화시키며 안녕을 극대화하고 의식을 확대시키는 것이다.

- 건강증진행위는 건강생활양식의 보충적 요소로서, 개인이 질병에 걸릴 가능성을 감소시키고 개인의 안녕, 자기실현, 만족을 증가시키는 방향으로 나아간다.
- 삶의 모든 측면에서 건강증진행위가 건강생활양식으로 통합되면 생애기간 동안 긍정적인 건강 경험을 가져다준다.

TIP) 건강생활양식의 개념
- 건강생활양식은 개인의 건강을 위협하는 활동에 대하여 개인이 조절할 수 있는 행위이다.
- 건강생활양식은 건강상태와 수명에 영향을 미치는 자발적 행위이다.
- 건강생활양식은 개인의 일상적인 삶의 유형의 규칙적인 부분이다.

3 PRECEDE-PROCEED모형

(1) PRECEDE-PROCEED모형의 계획요소

1) 사회적 진단
① 프로그램 계획은 가장 먼저 계획 대상자들, 즉 지역사회 주민의 현재 누리고 있는 삶의 질에 대한 쟁점이 무엇인가를 고려한다.
② 이들의 삶의 질에 대한 쟁점을 파악하기 위하여 가능한 한 기존 자료를 이용하는 것이 좋지만, 필요한 자료가 없는 경우에는 사회조사, 면담, 주민회의에 참석하여 여론을 청취하거나 직접 관찰하는 방법을 선택한다.
③ 다양한 이용 가능한 방법들 중에서 대상자의 수적 크기 및 이와 관련된 사항들의 상황, 동원될 수 있는 자원의 내용과 정도 등을 고려하여, 그에 적절한 방법을 선택하여 건강상의 증상을 파악한다.

2) 역학적 진단
① 사회적 진단을 시행해 본 결과, 주목받을 만한 사회적 문제에 기여하는 것으로 보이는 구체적인 보건의료문제들이 무엇인가를 파악한다.
② 파악된 문제들을 분류하여 우선순위를 정하고, 우선순위가 높은 문제들을 개선 또는 해결하는 데에 배당될 수 있는 현재의 자원을 파악한다.
③ 역학적 진단의 최종 산물은 건강상태를 개선할 것으로 예상되는 구체적 표현인 일련의 잘 다듬어진 건강 관련 목적들이다.

3) 행동적·환경적 진단
① 선정된 주요 보건의료문제와 관련되는 것으로 보이는 구체적인 건강행동 및 생활양식, 환경적 요인들이 무엇인가를 파악한다.
② 과거의 PRECEDE모형에서는 행동적 요인만을 고려하고 생활양식과 환경적 요인들은 고려하지 않았지만, 새로운 PROCEED모형에서는 생활양식과 환경적 요인들도

포함하여 건강문제 및 삶의 질에 영향을 미치는 것으로 제시되고 있다.

③ 행동적 · 환경적 진단의 최종 산물은 개인적 또는 조직적 행동의 바람직한 변화들을 표현하는 일련의 행동 목적들이다.

4) 교육적 · 조직적 진단

① 건강상 문제를 일으키는 개인 또는 조직행동의 행동적 결정요소가 무엇인가를 파악한다.

② 건강과 관련된 행동, 생활양식, 환경에 영향을 미치는 많은 요인들 중에서 경향성(소인성) 요인, 강화성 요인, 가용성 요인을 중요한 요인으로 제시하였다.

③ 교육적 · 조직적 진단의 최종 산물은 학습 목적들과 자원 목적들이다.
- 학습목적 : 대상자들이 알아야 하거나 이해해야 하는 것으로 표현한다.
- 자원목적 : 대상자들을 위하여 획득해야 하는 것으로 표현한다.
  📖 물자적 지원, 서비스

○ **교육적 · 조직적 진단의 요인 및 변수**

주요 요인	요인을 구성하는 변수
경향성(소인성) 요인	대상자의 지식, 태도, 신념, 가치관, 인식 등
강화성 요인	부모, 고용주, 보건요원, 동료 등의 태도 및 행동 (대상자의 행동과 환경변화에 영향을 미치는 다른 관련 변수)
가용성 요인	자원의 이용성, 자원에 대한 접근성, 서비스의 이용 및 제공에 관한 규칙들, 개인들의 기술(skill) 등 (사회적 역량이나 체계를 통하여 대상자의 행동 및 환경변화에 장애를 일으킬 수 있는 변수)

5) 행정적 · 정책적 진단

프로그램의 개발 및 시행과 관련되는 조직적 · 행정적 능력과 자원을 검토하고 평가하며 파악된 조직 및 행정상의 제한점과 장애사항(인력, 물자, 시설, 예산 등)에서 보다 개선할 수 있는 방안을 제안한다.

(2) PRECEDE-PROCEED모형의 계획단계

1단계	사회적 진단	
2단계	역학적 진단	
3단계	행동적 · 환경적 진단	5가지의 계획요소를 통하여 진단을 진행한다.
4단계	교육적 · 조직적 진단	
5단계	행정적 · 정책적 진단	

6단계	수행	프로그램을 개발하고 규제, 정책 조직 차원에서 시행방안을 마련한다.	
		규제적 요인	건강행위를 하는 데 모든 대학에서 모든 학생들에게 체육을 일정 학점 이수하도록 강제규정을 만드는 것
		정책적 요인	체육관을 24시간 개방하는 것
		조직적 요인	학생들이 체육관 이용을 더 잘 할 수 있도록 학사일정이나 교과시간 등을 조정하는 것
7단계	평가	과정 평가	대상집단의 건강행위 변화를 가져오도록 계획된 프로그램의 실제 수행된 활동들에 대한 평가 ⑩ 참석자 수, 대상자의 참여율, 과정의 수, 제반 교육과정의 적절성 및 난이성
8단계		영향 평가	프로그램에 이용된 활동과 방법이 대상자들에게 중단기적으로 나타난 바람직한 변화 ⑩ 대상자의 지식, 신념, 가치관, 기술, 행동 또는 실천 양상에 일어난 변화
9단계		결과 평가	프로그램을 통하여 대상자들에게 나타난 바람직한 변화가 시간이 경과함에 따라 나타난 효과 ⑩ 유병률, 사망률, 삶의 질

⑤ 건강증진사업

1 건강증진사업의 목적

(1) 최적의 건강상태 유지 및 증진

건강증진사업은 건강상태별로 필요한 건강증진 서비스를 제공하여 건강을 향상시키고 건강의 위험요인을 감소시켜서 최적의 건강상태를 유지·증진시키다.

(2) 건강생활의 실천

건강증진사업은 적극적인 건강관리방법으로서, 건강생활의 실천을 통하여 각 개인의 건강관리능력을 기르는 것이다.

(3) 건강관리방법의 영역 전환

건강증진사업은 의료의 영역으로 전문화되어 있는 건강관리방법을 일상적인 건강생활의 영역으로 바꾸는 것이다.

(4) 건강인과 환자의 역할 수행

건강인은 보건교육, 건강검진, 건강상담 등의 건강증진사업과 연계하고, 환자는 치료, 간호, 재활서비스 등과 연계된 건강생활의 실천을 위한 서비스를 제공한다.

2 건강증진사업의 분류

건강증진은 주로 질병이 발생하기 전에 질병 발생의 위험요인을 감소시킴으로써 육체적·정신적·사회적 상태를 최상의 상태로 유지하기 위한 것이지만, 질병이 진행되는 시점과 질병의 회복시기의 재활에도 적용할 수 있다.

(1) 질병의 발생 이전과 발생 초기의 건강증진사업

① 이 시기에서는 지역사회 구성원을 중심으로 건강증진사업을 진행할 수 있다.
② 스스로 건강하다고 믿는 건강에 대한 낙천주의자는 염세주의자보다 사망률이 낮은 것으로 알려져 있으므로 건강상담의 역할이 중요하다.
③ 질병의 발생 초기의 건강증진사업은 증상이 있는 환자의 경우는 병원 조기방문을 하도록 유도하고, 질병 위험이 있는 대상자의 경우는 조기검진을 받도록 유도한다.

(2) 질병의 치료시기와 회복시기의 건강증진사업

① 이 시기에서는 만성질환의 재발을 방지하기 위한 다양한 방법을 시도할 수 있다.
② 심혈관질환 환자의 재활을 위해서는 식이요법, 금연, 운동, 스트레스 관리 등 심장병에 영향을 주는 요인들을 변화시켜야 한다.
③ 재활단계에서 실시하고 있는 프로그램은 환자의 삶의 방식을 변화시켜서 효율적으로 재발을 통제하여 재입원 비율을 낮추고 의료비를 절감시킨다.

3 건강증진사업의 특성 및 중요성

(1) 건강증진사업의 특성

① 건강증진사업은 다양한 보건의료 영역의 직종이 참여하는 사업이다.
② 건강증진사업을 위한 지역사회의 적극적 참여에는 사회학적 접근방법이 필요하다.
③ 건강증진사업의 사업 결과는 단기간에 나타나지 않는다.
④ 건강증진사업에 투입된 비용효과의 분석이 어렵다.

(2) 건강증진사업의 중요성

과거와 달리 현재의 건강문제의 50% 이상은 생활습관에서 야기된다. 이러한 건강문제를 해결하기 위하여 치료만을 강조하면 보건의료사업의 목표인 최적 수준의 건강유지를 통한 건강수명 연장 및 삶의 질 향상을 달성할 수 없으므로 생활습관의 변화를 유도하는 건강증진사업은 중요하다.

4 **건강증진사업에서의 간호사의 역할**

(1) 지역사회 건강서비스를 위한 요구사정자

① 지역사회 건강증진사업과정의 첫 단계는 지역주민의 건강결정요인에 영향을 미치는 요소를 수집하여 사정하는 단계이다. 이 단계에서 간호사는 지역사회 건강서비스를 위한 요구사정자의 역할을 수행한다.

② 사정 단계에서 수집되는 정보의 양은 정보의 유용성 정도와 지역사회 간호사의 시간, 활용 가능한 자원, 사업에 임하는 자세와 자료수집 과정 내에 참여하는 지역사회의 경향 등에 따라 달라질 수 있다.

③ 지역사회 건강증진사업의 사정은 사업에 필요한 인적·물적 인프라와 관련된 자료를 수집하여 분석하고 문제를 확인하는 과정이다.

④ 지역사회를 구성하고 있는 지역사회 주민 전체의 건강증진을 확보하기 위해서는 주민 개인보다는 주민 집단의 관리가 효율적이다.

(2) 근거 중심 사업을 위한 사업계획자

① 지역사회 건강증진사업의 요구사정을 통하여 문제점들이 분석되면, 이를 토대로 하여 사업계획을 수립한다. 이때 간호사는 근거 중심 사업을 위한 사업계획자의 역할을 수행한다.

② 사업계획서에는 구체적이고 계량화된 도달 목표를 기술하고, 목표를 향하여 어떠한 방법으로 도달하려고 하는지와 최종 산물이 무엇인지도 함께 기술한다.

> 예 비만의 경우, 세부적으로 분류한 후에 사업을 실시한다. 즉 정상군, 과체중군, 치료군, 유지 관리군으로 분류한다는 의미이다.

(3) 건강증진을 위한 교육자

① 간호 대상자에 대한 교육 및 상담은 간호사들이 일상적으로 수행하는 중요한 역할이다. 특히 간호사는 건강증진을 위한 교육자의 역할을 수행한다.

② 현실적으로 간호사가 담당하는 업무는 다양하고 많다.

> 예 보건소의 경우, 보건간호사 1인이 담당하는 업무는 건강증진사업을 비롯하여 방문건강 관리, 예방접종, 전염병 관리, 정신건강증진, 희귀난치성질병 관리 등이다.

③ 운동, 영양, 금연, 절주 등의 교육은 외부 전문가들에게 의뢰하는 경우도 있다.

(4) 건강증진체계 유지를 위한 협조자

① 건강증진사업은 여러 직종과 부서가 참여하여 목표에 도달하는 사업이므로 행정, 보건, 기타 전문직과의 협조체계를 잘 유지하는 것이 중요하다. 이때 간호사는 건강증진체계 유지를 위한 협조자의 역할을 수행한다.

② 협조체계가 잘 유지되지 않으면 사업계획이 아무리 훌륭하더라도 삶의 질 향상을 위한 지역사회 주민을 위한 최적 수준의 건강이라는 목표에 도달하는 것은 불가능하다.

③ 보건간호사뿐만 아니라 전문직의 특성은 자기중심적이고 타 직종에 대한 배려가 많지 않은 성향이 있다. 그러므로 팀원과 협조체계를 유지하는 훈련이 필요하다.

(5) 건강증진을 위한 지역사회 자원개발자

① 일부 보건소에서는 건강증진 자원봉사자를 지역신문을 통하여 공개모집하고 있다. 주 1회 2개월의 교육기간을 거친 후에 건강증진 자원봉사자들을 통하여 지역주민의 교육 등을 진행하고 있다. 이러한 업무는 간호사가 건강증진을 위한 지역사회 자원개발자의 역할을 수행하고 있음을 나타낸다.

② 자원봉사자들은 보건소의 건강증진뿐만 아니라 건강도우미의 역할도 하고 있는데, 이들의 교육은 건강증진 담당 간호사가 주도적으로 실시하고 있다.

(6) 건강증진사업 활성화를 위한 촉진자

① 건강증진사업을 시작하였다고 해서 사업이 성공적으로 운영되지는 않는다. 건강증진사업의 주체자가 계속적으로 진행상태를 점검하고 이에 근거하여 부족 부분은 보완하고 긍정적인 요소는 강화해야만 계획한 목표에 도달할 수 있다. 이때 간호사는 건강증진사업 활성화를 위한 촉진자의 역할을 수행한다.

② 지역사회 간호사들은 개인, 가족, 지역사회가 건강문제에 대처하는 능력을 증진시키며 건강증진을 위하여 적합한 의사결정을 내리도록 동기를 촉진시키고 보건의료를 위한 변화를 효과적으로 가져오도록 도와주는 데 중추적인 역할을 한다.

(7) 건강증진사업을 위한 평가자

① 건강증진사업의 평가는 사업을 계획하여 실시하고, 실시한 결과를 분석하여 무엇이 잘못되었고 왜 잘못되었는지를 파악하는 과정이다. 이때 간호사는 건강증진사업을 위한 평가자의 역할을 수행한다.

> 📍 흡연율을 67.8%에서 60%로 감소시키는 목표를 세웠다면 60%에 도달되었는지, 도달되지 않았다면 무엇이 문제인지를 분석한다.

② 평가는 투입된 노력이 즉시 나타나는 성과와 최종결과 및 사업을 중단하여도 장기적으로 나타나는 영향평가 등이 있다. 특히 영향평가 분야에 관심을 두어 장기적인 건강증진사업의 효과를 얻을 수 있도록 노력한다.

(8) 건강증진실무 적용을 위한 연구자

① 무엇을 개선하면 더 효과적이고 효율적인 사업을 할 수 있을 것인가에 대한 기술 연구도 충분한 대안이 되며 새로운 정책 개발에 도움이 된다. 이때 간호사는 건강증진실무 적용을 위한 연구자의 역할을 수행한다.

② 지역사회 간호사는 건강증진 실무의 발전을 위하여 실무에서 간호문제를 도출하고 연구하며 연구 결과를 간호실무에 적용한다.

더 알아보자! 세계보건기구(WHO)의 국제 건강증진회의

구분	개최년도	개최도시	주요 내용
제1차	1986년	캐나다 오타와	• 오타와 헌장 • 건강증진 3대 전략 – 옹호 – 가능화(역량강화) – 조정(연합) • 5대 활동 요소 – 건강한 공공정책 수립 – 건강지향적 환경 조성 – 지역사회 활동강화 – 개인기술 개발 – 보건의료서비스의 방향 재설정
제2차	1988년	호주 애들레이드	• 건강한 공공정책 수립 집중 토의 • 공공정책 중 4가지 핵심 분야 – 여성건강의 개념 – 식품과 영양 – 흡연과 음주 – 지지적 환경의 조성
제3차	1991년	스웨덴 선즈볼	• 지지적 환경의 조성 집중 토의 • 환경을 변화시키는 전략 – 정책개발 – 법제도 – 조직방향의 재설 – 옹호 – 인식의 제고 – 능력의 부여 – 자원의 동원 – 지역사회 역량의 강화

제4차	1997년	인도네시아 자카르타	• 자카르타 선언 '건강은 가치 있는 투자'
			• 최초로 개발도상국에서 개최된 회의
			• 21세기 건강증진을 위한 5가지 우선순위
			  – 건강에 대한 사회적 책임 증진
			  – 건강개발을 위한 투자 확대
			  – 건강동반자 관계 구축 및 확대
			  – 지역사회의 능력 증대 및 개인역량의 강화
			  – 건강증진을 위한 인프라 구축

제5차	2000년	멕시코 멕시코시티	• 건강불균형 해소 집중토의

제6차	2005년	태국 방콕	• 방콕헌장
			• 건강증진을 위한 우선순위
			  – 건강의 중요성 및 형평성 주장
			  – 건강을 위한 투자
			  – 건강증진을 위한 역량 함양
			  – 규제 및 법규 제정
			  – 건강을 위한 파트너십 및 연대구축

제7차	2009년	캐냐 나이로비	• 나이로비 선언, 아프리카의 날
			• 5가지 테마별 주제
			  – 지역사회 역량 강화
			  – 건강지식 및 건강행동
			  – 보건체계(보건시스템의 강화)
			  – 파트너십 및 부문 간 활동(협동)
			  – 건강 증진을 위한 역량 강화

제8차	2013년	핀란드 헬싱키	• 모든 정책들에서 지금까지 이루어진 건강증진에 대한 목표와 성과를 뒤돌아보고 , 향후 건강시스템의 지속가능성, 지속가능한 개발 의제들에 대한 토의가 이루어짐
제9차	2016년	중국 상하이	• 오타와 회의 30돌을 맞아 개최된 국제회의 • 상하이 선언, 시장 포럼 • 상하이 건강도시 시장합의문: 건강도시 실현 10가지 우선순위 • 모든 사람에게 건강을, 모든 것은 건강을 위해 • 건강과 지속가능발전목표와의 연계를 강조함

Chapter 2 역학과 보건통계

1 역학의 이해

① 역학의 개요

1 역학의 개념

역학은 인구집단 내 발생하는 모든 생리적 상태 및 이상상태의 빈도와 분포를 기술하고, 이들의 빈도와 분포를 결정하는 요인들을 원인적 연관성 여부를 근거로 그 발생 원인을 규명함으로써 효율적 예방방법을 개발하는 학문이다. 또한 역학은 인구집단을 대상으로 질병 발생요인을 파악하고 요인 간의 상호관계를 규명하며 그 빈도와 분포, 경향 등의 양상을 명백히 하여 질병예방과 건강증진을 위한 실제적인 수단을 개발하는 학문이다.

2 역학의 유형

(1) 기술 역학 – 변수

기술 역학은 사건의 분포 양상을 기술할 경우에 인구학적 특성, 지역적 특성, 시간적 특성 등의 여러 가지 변수를 고려한다.

(2) 실험 역학 – 개발 및 분석

실험 역학은 빈도와 분포를 결정하는 요인과 결과의 관계를 원인적 연관성에 근거하여 밝혀내는 다양한 역학적 연구방법론을 개발하고 분석한다.

(3) 의료 역학 – 근거 중심 의료

의료 역학은 개발된 인과적 연관성 또는 위험요인을 건강증진과 질병의 예방 및 관리에 이용한다.

3 역학의 특성

① 인구집단이 주요 연구대상이다.
② 집단성원들 중 발생하는 건강에서 사망에 이르기까지 모든 사건의 자연사와 이 사건이 변수별 분포를 분석하고 이들 분포를 결정하는 요인들을 밝혀낸다.
③ 궁극적인 목적은 인구집단의 건강증진을 위한 수단을 개발하는 것이다.

② 역학의 역할

1 기술적 역할

(1) 질병의 자연사와 예후요인 파악

① 질병의 발생 초기부터 끝까지 진행되는 과정, 즉 자연사를 파악할 수 있다.

② 잘 설계된 추적연구나 질병의 임상적 특징, 임상경과 등은 자연사에 관한 통계, 발생 가능한 질병의 예방, 질병의 진단 및 예후를 추정하는 데 유용하다. 여기서 기술이란 어떤 현상에 대하여 논리적으로 설명하는 것을 뜻한다.

(2) 건강수준 및 질병양상에 대한 기술

① 건강상태를 측정하는 여러 가지 보건지표(발생률, 유병률, 사망률 등)의 기술뿐만 아니라 보건지표의 결정요인들을 기술함으로써 질병 발생의 원인을 규명하기 위한 가설 설정의 실마리를 제공한다.

② 이들을 결정하는 요인인 지역사회를 둘러싼 정치사회적, 문화적 환경 등을 관련시켜 기술한다.

(3) 인구동태에 관한 기술

역학의 대상은 인구집단이므로 어떤 사건을 기술할 때는 그 분모가 되는 모집단에 해당하는 인구집단에 대하여 출생, 사망, 전입 및 전출, 혼인 등 질병 양상에 영향을 미칠 인구동태를 기술한다.

(4) 보건지수의 개발 및 계량치에 대한 정확도와 신뢰도의 검증

건강수준을 좀 더 정확하게 나타낼 수 있는 보건지수를 개발하며 측정의 정확도와 신뢰도를 검증하는 것이다.

2 질병발생의 원인 규명 역할

① 역학의 궁극적인 목표는 질병 발생을 예방하고 건강증진 수단을 개발하는 것이다. 이러한 역학의 목표를 달성하기 위해서는 질병의 원인과 감염경로를 찾아 질병 발생을 예방하고 백신을 개발하여 감염과 유행을 방지해야 한다.

② 질병 발생의 원인을 규명하면 질병으로 인한 이환율 및 사망률을 감소시킬 수 있다.

3 연구전략의 개발 역할

① 인간을 대상으로 실험 연구를 수행하는 의학, 간호학, 보건학 등은 조작에 많은 제약이 따른다. 따라서 인간의 건강에는 영향을 미치지 않으면서도 특정 요인의 존재 및 부재가 건강에 미치는 결과를 명백히 증명해 줄 수 있는 연구방법의 개발이 필요하다.

② 역학은 원인-결과의 관계를 허락하는 데 필요한 여러 가지 과학적인 방법을 개발하는 데 많은 공헌을 하고 있다.

③ 대표적인 연구방법으로는 이중맹검법, 단면조사 연구, 사례(환자)-대조군 연구, 코호트 연구 등이 있다.

4 질병 및 유행 발생의 감시 역할

① 감시는 공중보건을 계획, 수행, 평가하는 데 중요한 건강자료를 수집하여 분석 및 해석을 하고, 이러한 자료가 필요한 사람에게 적절히 보급하는 일련의 과정을 말한다. 유행성 질병의 발생을 사전에 예견하고 통제하려면 질병이나 이상상태의 발생 분포를 정밀히 감시해야 한다. 질병 발생 감시에 이용되는 자료는 법정감염병 신고자료, 국·공립보건역구소 검사 자료, 현지 조사 및 기타 연구자료, 특정 질병의 등록자료, 병원의 의무기록, 학교와 산업장의 건강관리기록, 출생 및 사망 증명서 등으로부터 얻을 수 있다.

② 감시는 현상을 일상적으로 측정하여 분석하는 모니터링 이상의 개념으로, 질병이나 이상 상태의 발생 분포를 지속적으로 파악함으로써 이들의 변화를 조기에 감지하여 적절한 조치를 취하여 발생을 예방하고 관리하기 위한 종합적이고 체계적인 과정이다.

③ 국내에서는 질병관리본부에서 「주간 감염병 발생 동향」을 매주 발간하여 감염병의 유행 발생을 사전에 예고하고 차단하는 데 활용하고 있다.

④ 감시체계의 미비로 인한 폭발적 유행을 비용으로 환산할 경우 감시체계 확립에 소요되는 비용보다 수십 배에 달하기 때문에 체계적인 질병감시체계의 구축이 필요하다.

5 보건사업의 평가 역할

① 보건사업의 계획·집행 및 보건사업의 효과를 평가하는 데 역학자들의 참여가 증가되었다.

② 기존 또는 새로운 질병 예방법과 치료법을 평가하고 지역사회에 새로 도입된 보건사업과 의료공급체계의 효과 및 효율성을 평가한다.

③ 역학은 실제에 적용하는 응용학문으로 개발된 방법에 따라 사업을 시행할 때에 그 사업의 필요성, 계획, 적용, 사업에 의한 효과 등을 각각 평가한다.

④ 옴란은 보건사업평가의 역할을 작전역학이라고 하였다.

〈옴란의 역할〉
- 보건사업의 필요도를 측정 평가
- 새로 도입될 사업계획 및 설계에 대한 평가
- 사업의 진행과정과 그 효율성에 대한 평가
- 실제 그 사업에 얻어진 효과에 대한 평가

이러한 보건사업의 평가는 공중보건 또는 건강에 영향을 미치는 환경문제를 다루기 위한 정책 수립에 필요한 과학적 근거를 제공하는 역할을 한다.

TIP) 역학의 활용
- 보건현황의 파악
- 보건계획 시 기본자료 제공
- 질병 및 유행 발생의 예방 및 관리방안 수립
- 지역사회 보건행정 뒷받침
- 보건분야 연구자에게 기초자료 제공
- 새로운 질병의 진단, 치료예후에 대한 정보 제공
- 보건의료인력 교육자료 제공

2 질병의 발생

① 질병의 자연사

1 질병 자연사의 개념

질병 자연사는 질병이 어떠한 처치도 가하지 않고 발생 초기부터 끝까지 어떠한 경과를 거치게 되는가를 말한다.

2 질병 자연사의 단계

(1) 1단계 비병원성기

① 1단계는 건강이 유지되고 있는 기간에 해당한다.
② 병인, 숙주, 환경이 상호작용함으로써 숙주의 저항력이나 환경요인이 숙주에게 유리하게 작용하여 병인의 자극을 숙주가 극복할 수 있는 상태이다.
③ 건강이 유지되고 있는 시기이다.
  예 환경위생 개선, 건강증진, 영양관리, 모자보건

(2) 2단계 초기병원성기

① 2단계는 병인의 자극이 시작되는 질병의 전기에 해당한다.
② 숙주의 면역강화로 인하여 질병에 대한 저항력이 요구되는 시기이다.
  예 특수예방, 예방접종

(3) 3단계 불현성 감염기(초기 병변단계, 조기질환기)

① 3단계는 병인의 자극에 대한 숙주의 반응이 시작되는 초기의 병적 변화기에 해당한다.

② 감염병의 경우는 잠복기이고, 비감염질환의 경우는 자각증상이 없는 초기 단계이다.

(4) 4단계 발현성 감염기(임상질환기)

① 4단계는 임상적인 증상이 나타나는 시기에 해당한다.

② 해부학적 변화 또는 기능적 변화가 나타나므로 적절한 치료가 필요한 시기이다.
  예 질병의 악화 및 불구 방지

(5) 5단계 회복기/사망

① 5단계는 재활의 시기에 해당한다.

② 회복기에 있는 환자에게 질병으로 인한 신체적·정신적 후유증이나 불구를 최소화시키고, 남아 있는 건강기능을 최대한으로 재생시켜서 활용하도록 도와주는 시기이다.
  예 잔존능력을 개발하여 사회 복귀

🔰 더 알아보자! / **질병의 자연사와 예방의 단계**

구분	제1단계	제2단계	제3단계	제4단계	제5단계
질병 자연사	비병원성기	초기병원성기	불현성 감염기	발현성 질환기	회복기 (사망)
옛날식 표현	무병기	전병기	증병기	진병기	정병기
질병의 과정	병인, 숙주, 환경 요인의 상호작용	병인, 자극의 형성	숙주의 반응	질병	회복/사망
예비적 조치	건강증진을 위한 예방접종, 보건교육, 영양섭취, 인성개발, 적절한 주거, 오락, 근로조건, 결혼상담 및 성교육	소극적 예방접종, 개인위생, 환경위생, 산업재해 예방, 사고예방, 영양제 섭취, 발암원 노출 예방, 알레르기원 격리	조기발견, 개인검진 및 집단검진	악화 방지를 위한 치료, 장애 및 사망률 감소를 위한 시설 제공	재활 및 잔여능력 최대화, 지역사회 시설 제공, 고용상태 유지, 근무지 선별
예방 차원	건강증진 (적극적 예방)	건강보호 (소극적 예방)	조기진단 및 치료	장애 감소	재활
	1차 예방		2차 예방		3차 예방

② 질병 발생의 3요인

일반적으로 질병 발생에 관여하는 요인에는 병인(원인 병원체), 숙주(인체 내부요인), 환경(인체 외부요인)의 3가지 요인이 있다. 이를 '질병 발생의 3요인'으로 한다.

1 병인 – 원인 병원체

(1) 병인의 개념

병인은 질병 발생에 영향을 미치는 요소를 말하는데, 다른 말로 원인 병원체라고도 한다.

(2) 병인의 특성

① 병인이 너무 많이 존재하거나 너무 적게 존재하는 경우에 질병을 일으키는 요인이 된다.
② 질병에 따라 병인이 잘 밝혀진 것이 있는 반면, 일부 질병은 구체적인 병인을 알 수 없는 경우도 있다.
③ 클라크는 병인을 크게 5가지 유형으로 구분하였다.

◐ 병인의 5가지 유형

물리적 요인	전리방사선, 화학물질, 냉·과열 등
화학적 요인	오염원, 약물 등
영양 요인	과잉 또는 결핍
심리적 요인	스트레스, 사회적 격리, 사회적 지지 등
생물학적 요인	세균, 바이러스, 곰팡이, 기생충 등

2 숙주 – 인체 내부요인

(1) 숙주의 개념

숙주는 개인의 병인에 대한 감수성과 면역기전에 좌우되는 것을 말한다. 또한 숙주는 질병 발생에 영향을 미치는 인체 내부요인이다.

(2) 숙주의 특성

① 숙주는 인체 내부요인과 인체 외부요인의 상호작용으로 결정된다.
② 동일한 조건의 병인과 환경이라도 숙주의 상태에 따라 질병 발생의 양상은 다르다.
③ 숙주의 속성은 생물학적 요인과 개체요인으로 나눌 수 있다.

○ 숙주의 속성요인

생물학적 요인	연령, 성, 인종, 특수면역, 감수성, 저항력에 관련된 속성
개체요인	습관 및 관습에 지배되는 속성

④ 숙주의 감수성과 저항력은 숙주의 생리적인 변화, 영양상태, 병발증 등 질환을 앓고 있는 경우에 다른 질병에 걸릴 확률이 증가되는 것을 말한다. 스트레스 정도 등을 통하여 많은 영향을 받는다.

〈숙주의 저항력에 영향을 미치는 요인〉
- 유전적 소인
- 생물학적 요인 : 성, 연령 등
- 체질적 요인 : 과거 노출경험, 영양상태, 성격 등
- 사회적 요인 : 사회·경제적 상태, 결혼, 가족형태, 직업 등

3 환경 – 인체 외부요인

(1) 환경의 개념

환경은 숙주를 둘러싸고 있는 모든 것을 말한다. 또한 환경은 질병 발생에 영향을 미치는 인체 외부요인이다.

(2) 환경의 특성

환경은 생물학적 환경, 물리적 환경, 사회적 환경의 3가지 유형으로 나눌 수 있다.

○ 환경의 3가지 유형

생물학적 환경	동식물, 미생물, 감염성질환의 매개체, 감염원 등
물리적 환경	고열, 한랭, 공기, 기압, 주택 시설, 음료수, 소음, 지리적 조건 등
사회적 환경	문화적·기술적·교육적·정치적·인구학적·사회학적(계급구조, 계급 간의 이동)·경제학적·법적 특성

③ 질병 발생의 위험도

1 비교 위험도

(1) 비교 위험도의 개념 및 특성

① 비교 위험도(RR, Relative Risk)는 코호트 연구에서 특정 노출과 특정 질병 발생 간의 연관성 크기는 요인에 노출된 집단과 비노출군의 질병 발생률 비로 산출하는 것

을 말한다.

② 비교 위험도는 질병요인과 발생 간의 연관성의 크기를 측정할 수 있는 지표로, 요인이 질병의 원인인지 또는 얼마나 중요한 원인인지를 판단하기 위하여 사용한다.

③ 비교 위험도는 노출과 질병의 인과관계를 밝히는 데 매우 중요한 역할을 한다.

● 비교 위험도의 측정값과 결과

비교 위험도가 1보다 큰 경우	• 해당 요인에 노출되면 질병의 위험도가 증가한다. • 위험요인 노출과 질병 발생 사이에 연관성이 있다. • 이 요인은 질병을 일으키는 원인일 수 있다.
비교위험도가 1보다 작은 경우	• 해당 요인에 노출되면 질병의 위험도가 오히려 감소한다. • 이 요인은 질병을 예방하는 효과가 있을 수 있다.

(2) 비교 위험도의 산출식

$$비교\ 위험도 = \frac{노출군(폭로군)에서의\ 질병발생률}{비노출군(비폭로군)에서의\ 질병\ 발생률} = \frac{a(c+d)}{c(a+b)}$$

위험요인 및 이황유무	질병자	비질병자	합계
노출군(폭로군)	a	b	a+b
비노출군(비폭로군)	c	d	c+d
합계	a+c	b+d	a+b+c+d

2 귀속 위험도

(1) 귀속 위험도의 개념 및 특성

① 귀속 위험도(AR, Atributable Risk)는 기여위험도는 노출군의 질병발생률에서 비노출군의 질병발생률을 뺀 차이를 말한다.

② 귀속 위험도는 특정 요인에 노출된 군에서 질병 또는 건강관련 사건 발생 위험이 그렇지 않은 군에 비해 얼마나 더 높은가를 나타낸다.

(2) 귀속 위험도의 산출식

$$귀속\ 위험도\ 백분율 = \frac{노출군(폭로군)의\ 질병발생률 - 비노출군(비폭로군)\ 질병발생률}{노출군(폭로군)에서의\ 질병\ 발생률} \times 100$$

3 교차비

(1) 교차비의 개념 및 특성

① 교차비(OR, Odds Ratio)는 환자─대조군 연구에서 특정 질환이 있는 환자군에서 위험요인에 노출된 사람과 그렇지 않은 사람의 비(환자군의 비), 특정 질환이 없는 대조군에서 위험요인에 노출된 사람과 그렇지 않은 사람의 비(대조군의 비)를 구하고 이들 두 비 간의 비를 구한 것을 말한다.

② 계산공식이 대각선에 있는 값을 서로 교차하여 곱하기 때문에 교차비라고 한다.

③ 환자─대조군 연구에서 해당 질병발생률이나 유병률이 0.03% 이하로 드문 질병일 경우 교차비로 비교 위험도 추정이 가능하다.

(2) 교차비의 산출식

$$교차비 = \frac{환자군에서 \left(\dfrac{폭로(노출)된 \ 사람}{비폭로(비노출)된 \ 사람} \right)}{대조군에서 \left(\dfrac{폭로(노출)된 \ 사람}{비폭로(비노출)된 \ 사람} \right)} = \frac{a \times d}{b \times c}$$

위험요인 및 이황유무	질병자	비질병자	합계
노출군(폭로군)	a	b	a+b
비노출군(비폭로군)	c	d	c+d
합계	a+c	b+d	a+b+c+d

④ 질병 발생의 모형

질병 발생 3요인과의 관계를 이해하기 위한 대표적인 질병 발생의 모형에는 생태학적 모형, 수레바퀴 모형, 거미줄(원인망) 모형의 3가지 유형이 있다.

1 생태학적 모형

(1) 생태학적 모형의 개념

생태학적 모형은 질병의 발생기전을 저울의 받침대 양쪽 끝에 병인과 숙주라는 2개의 추가 놓인 환경이라는 저울대에 비유하여 설명하는 모형이다.

(2) 생태학적 모형의 특성

① 생태학적 모형은 사람들이 복잡하게 얽힌 여러 가지 환경에 둘러싸여 살아가는 상황에서 병인─숙주 간의 상호작용으로 발생하는 질병의 발생기전을 개념적으로 쉽게

표현하였다.

② 개인 또는 지역사회의 건강상태는 질병 발생의 3요인(원인 병원체, 숙주, 환경)이 평형을 이루어 어느 쪽으로도 기울지 않는 상태이다.

③ 질병 발생의 3요인 중에서 2가지 요인에 변동이 없다는 가정 하에 나머지 1가지 요인이 변동을 일으킨 경우는 평형이 깨져서 질병이 발생한다.

2 수레바퀴 모형

(1) 수레바퀴 모형의 개념

수레바퀴 모형은 인간이 속한 생태계를 하나의 큰 동심원으로 표시하는 모형이다. 병인을 환경의 일부로 간주하여 숙주와 환경 사이의 관계를 설명하는 모형이다.

(2) 수레바퀴 모형의 특성

① 수레바퀴의 중심에는 유전적 소인을 가진 숙주가 있고, 그 숙주를 둘러싸고 있는 환경은 생물학적·물리적·화학적·사회적 환경으로 구분된다.

② 수레바퀴 모형은 질병의 종류에 따라 바퀴를 구성하는 각 부분의 기여도 크기에 따라 면적의 크기가 달라진다.

③ 유전성 질환에서는 유전적 소인이 비교적 많이 관여하고, 감염성질환에서는 숙주의 면역상태와 생물학적 환경이 많이 관여한다.

④ 수레바퀴 모형은 질병 발생에 대한 원인요소들의 기여 정도에 중점을 두어 표현하므로 역학적 분석에 도움이 된다.

3 거미줄 모형

(1) 거미줄 모형의 개념

맥마흔이 제시한 거미줄 모형은 질병 발생에 관여하는 여러 직·간접적 요인들이 거미줄처럼 서로 얽힌 복잡한 경로가 있다는 모형이다. 다른 말로 원인망 모형이라고도 한다.

(2) 거미줄 모형의 특성

① 거미줄 모형에서는 질병 발생의 3요인(원인 병원체, 숙주, 환경)을 구분하지 않고 3요인 모두 질병 발생에 영향을 주는 요인으로 파악한다.

② 거미줄 모형은 많은 원인요소들 중에서 질병 발생 경로상의 몇 가지 요인만 제거하면 질병을 예방할 수 있음을 보여 준다.

⑤ 원인적 연관성

1 원인적 연관성의 개념

원인은 독립된 단일 개념이기보다는 결과라는 개념과 짝지어 정의할 수 있다. 원인과 결과라는 2개의 사상 간에는 시간적 선후관계가 존재한다. 즉 시간적으로 앞선 사상은 뒤이어 발생한 사상(결과)의 원인이 된다. 2개의 사상 간의 관계를 쉽게 확정할 수는 없지만, 우연히 시간적으로 연결되어 발생하는 경우도 있다.

2 원인적 연관성의 특성

① 우연의 발생과 실재하는 인과관계를 구별하기 위해서는 확률에 근거를 두고 여러 번 반복된 관찰을 통하여 동일한 관계가 성립되어야 한다. 이것을 통계적 연관성이라고 한다. 이 중의 일부만이 원인적 연관성을 가질 수 있다.
② 위험요인에 대한 노출과 질병 발생 간의 연관성을 판단하는 것은 역학의 중요한 목적이다.
③ 위험요인에 대한 노출과 질병 간에 관찰된 연관성에 항상 원인적 연관성 또는 인과관계가 있는 것은 아니다.
④ 다른 과학 분야와 마찬가지로, 역학에서도 인과관계에 대한 개념은 항상 논란의 대상이며, 인과관계의 추론은 일반적 과학추론의 특별한 예로 볼 수 있다.

3 원인적 연관성의 판별조건

원인적 연관성과 비원인적 연관성을 판별하기 위해서는 8가지 조건이 필요하다.

(1) 시간적 선후관계

요인에 대한 노출과 질병 발생의 시간적 선후관계, 즉 시간적 속발성은 원인으로 간주되는 사상이 결과로 간주되는 사상보다 시간적으로 선행된다.

(2) 통계적 연관성의 강도

통계적 연관성의 강도가 클수록 인과관계의 가능성이 높아진다. 2가지 요인 간에 우연히 일어날 수 있는 확률(p-value)이 적을수록 통계적 연관성의 강도는 강하기 때문에 통계적으로 의미가 있다.

(3) 기존 지식과의 일치성

이미 확인된 기존의 소견 또는 기존 지식과의 일치성이 존재한다면 원인적 연관성의 강도는 커진다.

(4) 생물학적 발생빈도

생물학적 발생 빈도에서 질병의 발생률은 요인에 대한 폭로의 양이나 기간에 따라 상관성이 있다. 상관성의 양 반응관계는 통계학적 상관관계로 확인할 수 있다.

(5) 특이성

특이성은 어떠한 요인이 특정 질병에는 관련성을 보이지만 다른 질병에는 관련성을 보이지 않는 경우에 특정 질병과의 인과관계의 가능성이 높아지는 것을 말한다. 특이성이 다른 질병과도 관련성을 보인다면 인과관계의 가능성은 낮아진다.

(6) 생물학적 설명 가능성

생물학적 설명 가능성은 역학적으로 관찰된 두 변수 사이의 연관성을 분자생물학적인 기전으로 설명한 것을 말한다. 생물학적 설명 가능성이 있다면 인과관계의 가능성이 높다고 할 수 있다.

> 📖 19세기 중반까지만 하더라도 수술 전에 손을 씻는 것이 산욕열을 감소시킬 수 있다는 역학적 관찰은 생물학적으로 설명할 수 없었다.

(7) 일관성

일관성은 폭로요인과 질병의 관계가 반복적으로 동일한 결과를 나타내는 경우를 말한다. 다른 말로 신뢰성이라고도 한다. 일관성이 있다는 것은 다른 연구, 다른 지역, 다른 집단에서도 동일한 결과가 입증되어야 한다는 의미이다.

(8) 실험적 증거

실험적 증거는 요인에 대한 인위적인 조작 또는 실험적인 연구를 통하여 연관성의 변동을 관찰함으로써 인과성에 대한 증거를 제시하는 것을 말한다. 실험을 통하여 요인에 노출시켰을 경우에 질병 발생이 확인되거나, 요인의 제거를 통하여 질병 발생이 감소한다면 원인일 가능성이 높다.

3 감염성질환

① 감염성질환의 개요

1 감염과 감염성질환의 정의

(1) 감염의 정의

감염은 원인 병원체가 숙주에 침입한 뒤 증식하여 세포와 조직에 병리변화를 일으켜 증상과 증후를 나타내거나 면역반응을 야기하는 상태를 말한다.

⊙ 감염과정과 감염 여부

감염과정	감염성 원인 병원체, 감수성 있는 숙주, 환경 간의 상호작용을 통하여 이루어진다.
감염 여부	임상증상과 증후, 혈청학적 검사, 원인 병원체의 분리 등에 따라 이루어진다.

(2) 감염성질환의 정의

감염성질환은 감염된 사람 또는 동물들의 병원소로부터 새로운 숙주로 원인 병원체 또는 원인 병원체의 산물이 전파되어 발생하는 병을 말한다.

TIP) 감염병

- 감염병은 감염이라는 과정을 통하여 새로운 숙주에 질병을 발현시키는 것으로, 감염성질환이라는 용어와 함께 사용된다.
- 감염과 관련된 용어로 오염과 집락 형성 등이 있다.

2 감염성질환의 유형

(1) 풍토병

풍토병은 원인 병원체가 지역사회 또는 집단에 지속적으로 존재하여 일정 수준의 감염을 유지하는 감염병을 말하며, 한 지역에서 장티푸스가 과거와 큰 차이 없이 지속적으로 발생한다면 장티푸스를 이 지역사회에서의 풍토병이라고 할 수 있다.

(2) 유행병

유행병은 한 지역사회나 집단에 평소에 나타나던 수준 이상으로 많이 발생하는 상태의 질병을 말하며, 질병의 유행 여부를 판단하려면 반드시 과거의 질병 발생 횟수와 비교하여 결정한다.

(3) 세계 대유행

세계 대유행(pandemic)은 아시아 지역 또는 전 세계 등과 같이 넓은 지역에서 발생하는 감염병을 말한다.

Ⓟ 콜레라, 페스트, 인플루엔자 등

② 감염성질환의 발현

숙주가 감염으로 손상을 입음에 따라 질병의 증상 및 증후가 있는 경우에 감염성질환이 발현되었다고 판단한다.

1 감염과정

감염과정은 감염성 원인 병원체, 감수성 있는 숙주, 환경 간의 상호작용으로 이루어진다.

(1) 증상 유무에 따른 감염의 분류

불현성 감염	감염이 되었지만 증상이 나타나지 않는 감염을 말한다.
현성 감염	감염이 되어 증상이 나타나는 감염을 말한다.

(2) 잠재감염의 개념 및 특성

1) 잠재감염의 개념

잠재감염은 원인 병원체가 숙주에 증상을 일으키지 않으면서 숙주 내에 지속적으로 존재하는 상태로서, 원인 병원체와 숙주가 평형을 이루는 상태를 말한다.

Ⓟ 결핵 , B형 바이러스 감염, 단순포진 등

2) 잠재감염의 특성

① 원인 병원체는 혈액이나 조직 분비물의 형태로 발견될 수도 있고 발견되지 않을 수도 있다.
② 면역억제제의 투여 또는 면역결핍증, 영양불량, 만성질환 등으로 저항력이 약해지면 증상과 증후가 나타난다.
③ 잠재감염을 일으키는 원인 병원체는 가장 진화가 잘된 원인 병원체로 평가된다.

2 원인 병원체와 숙주 간의 상호작용 지표

감염은 원인 병원체와 숙주 간의 상호작용으로 일어나는 것으로, 역학뿐만 아니라 미생물학 분야나 면역학 분야에서도 중요한 관심 분야이다.

(1) 감염력

① 감염력은 병원체가 숙주 또는 숙주의 표적 장기에 침입하여 증식할 수 있도록 하는 능력으로 ID 50 또는 2차 발병률 등으로 표현한다.

② 감염력은 병원체가 숙주 내에 침입·증식하여 숙주에 면역반응을 일으키게 하는 능력을 말한다. 즉, 감염력은 감염을 성공시키는 데 필요한 최저병원체의 수를 말한다.
　⑩ 콜레라 > 장티푸스

③ 역학적 방법으로 감염력을 평가할 경우는 지역사회 또는 집단에서 역학조사를 시행하여 각 구성요소를 파악한 후에 공식을 적용하여 산출한다.

④ 직접 측정이 불가능한 경우에는 현성감염(증상이 나타나고 항체가 형성되는 감염)과 불현성 감염(증상이 나타나지 않고 항체형성만 되는 감염)을 포함하여야 하고, 항체형성 여부만으로 감염 여부를 판단해야 한다. → 2차 발병률을 통한 간접적 측정

〈감염력〉

$$감염력 = \frac{(불현성\ 감염자수\ +\ 현성\ 감염자수)}{감수성\ 총\ 수} \times 100$$

(2) 병원력

① 병원력은 원인 병원체가 질병을 일으키는 능력을 말한다.

② 병원체가 감염된 숙주에게 현성질환을 일으키는 능력으로, 감염된 모든 사람 가운데 현성 증상을 발현시키는 정도를 말한다.

③ De Rudder는 병원력을 %로 표시하였는데 두창과 홍역이 가장 높다고 보았다.

> 천연두(두창), 홍역 95% > 백일해 60% > 성홍열 40% > 디프테리아 10% > 소아마비(폴리오) 0.1%

④ 질병 보균자는 감염원으로서의 역할을 하지만 임상증상이 없기 때문에 보건학적으로 가장 문제가 된다.

〈병원력〉

$$병원력 = \frac{환자수(발병자수\ +\ 현성\ 감염자수)}{감염자수} \times 100$$

(3) 독력(병독성)

① 독력은 병원체에 감염된 환자 중 사망을 포함한 위중한 임상결과(심각한 임상증상이나 장애)를 나타내는 비율로 질병의 위중도와 관련된 개념이다.
　⑩ AIDS - 매우 높음

② 치명률은 어떤 질병이 생명에 영향을 주는 위험도를 보여주는 지표로 일정 기간 동안 특정 질병에 이환된 자 중에서 그 질병에 의하여 사망한 자를 비율로 나타낸 것이다.

〈독력 및 치명률〉

- 독력 = $\dfrac{(중환자수 + 사망자수)}{발병자수} \times 100$

- 치명률 = $\dfrac{사망자수}{발병자수} \times 100$ 혹은 $\dfrac{그 질병에 의한 사망자수}{특정 질병에 이환된 환자수} \times 100$

(4) 외계에서의 생존능력

숙주의 침입, 전파, 탈출과 숙주 체내에서의 증식 능력의 정도를 의미한다.

TIP 병원체와 숙주 간의 상호작용 지표

	감염(A+B+C+D+E)			
	현성감염(B+C+D+E)			
불현성 감염(A = 40)	경미한 증상 (B = 30)	중등도 증상 (C = 15)	심각한 증상 (D = 10)	사망 (E = 5)

- 병원력 = $\dfrac{B+C+D+E}{A+B+C+D+E} \times 100 = \dfrac{30+15+10+5}{40+30+15+10+5} \times 100 = 60\%$

- 독력 = $\dfrac{D+E}{A+B+C+D+E} \times 100 = \dfrac{10+5}{40+30+15+10+5} \times 100 = 20\%$

- 치명률 = $\dfrac{E}{B+C+D+E} \times 100 = \dfrac{5}{30+15+10+5} \times 100 = 8.3\%$

③ 감염성질환의 생성과정

감염성질환의 생성은 감염성 원인 병원체, 병원소, 원인 병원체의 탈출, 전파, 새로운 숙주로의 침입, 새로운 숙주에의 저항성의 6단계를 거쳐 이루어진다. 6가지 단계 중에서 1가지 단계라도 성공하지 못하면 감염사슬은 생성되지 못한다.

○ 감염성질환의 발생 및 발생과정의 요소

감염성질환 발생의 3대 요소	감염성질환 발생과정의 6대 요소
병인	병원체, 병원소
환경	병원소에서 병원체 탈출, 전파, 새로운 숙주로의 침입
숙주	숙주의 감수성

1 **1단계 감염성 원인 병원체**

(1) 병원체

감염성 원인 병원체는 감염이나 감염성질환을 일으킬 수 있는 유기체를 말한다.

1) 박테리아(세균)

박테리아(세균, bacteria)로 인한 질병은 다음과 같다.

예 장티푸스, 콜레라, 결핵, 디프테리아, 백일해, 파상풍, 한센병, 세균성 이질, 페스트, 파라티푸스, 성홍열, 성병(매독, 임질, 연성하감), 트라코마, 세균성 식중독 등

2) 바이러스

① 바이러스는 병원체 중 크기가 가장 작아 전자현미경으로만 볼 수 있는데, 세균 여과막을 통과하므로 여과성 병원체라고도 하며, 생체의 세포 내에서 번식하므로 세포 내 병원체라고도 한다.

② 바이러스는 항생물질과 설파제에 저항하며 이분열 증식을 하고 항생제 감수성이 없어 항생제로 치료가 가능하지 않다.

③ 바이러스는 여러 가지 크기와 형태를 가지고 있으며, 핵산의 특성에 따라 RNA 바이러스와 DNA 바이러스로 나누어진다.

예 홍역, 폴리오(소아마비), 인플루엔자, 유행성이하선염, 두창, 풍진, 수두, A형 간염(유행성 간염), B형 간염, C형 간염, 일본뇌염, 사람유두종바이러스 감염증, 첨규콘딜롬, 공수병(광견병), 황열, 신증후군출혈열(유행성출혈열),후천성면역결핍증, 노로바이러스 등

3) 리케차

① 리케차는 세균과 바이러스의 중간 크기로 일반 현미경으로 볼 수 있다는 점이 세균과 비슷하고, 조직세포에서 볼 수 있다는 점이 바이러스와 비슷하다.

② 리케차는 화학요법제에 반응하며, 대개 곤충류가 매개한다.

예 발진티푸스, 발진열, 양충병(쯔쯔가무시증), 록키산홍반열, Q열

4) 원생동물

원생동물(단세포, protozoa)는 단세포 동물이다. 예 말라리아, 아메바성 이질 등

5) 후생동물

후생동물(다세포, metazoa)는 다세포 동물이다. 예 회충, 십이지장충 등

6) 진균

진균(곰팡이균, fungus)는 곰팡이균이라고도 한다.

예 무좀, 각종 피부질환, 칸디다증, 백선 등

2 2단계 병원소

(1) 병원소의 개념

병원소는 원인 병원체가 생존하고 증식하면서 감수성 있는 숙주에 전파시킬 수 있는 생태학적 위치에 해당하는 인간, 동물, 곤충, 식물, 환경적 무생물(토양, 물) 등을 말한다.

(2) 병원소의 특성

① 병원소의 필수 조건은 원인 병원체가 생존 및 증식을 할 수 있는 장소와 영양소를 가지고 있어야 한다는 것이다.

② 감염자는 포도구균 감염, 연쇄구균 감염, 흔한 아동기 감염증 등의 인간에게 영향을 미치는 대부분의 세균성 감염과 바이러스성 감염에 대한 병원소이다.

③ 인간은 많은 감염성 원인 병원체의 숙주인 동시에 병원소이다.

> **TIP** 인수공통 감염증
>
> 인간은 감염된 동물로부터 감염되기 쉬운데, 이때 감염된 동물이 인간 감염의 병원소가 된다. 정상적인 상태에서 척추동물로부터 인간에게 전파된 감염을 인수 공통 감염증이라고 한다.

(3) 병원소의 종류

1) 인간 병원소

① 환자 : 병원체에 감여되어 뚜렷한 임상증상을 보이는 사람(현성감염)을 말한다.

② 무증상 감염자 : 임상증상이 가볍거나 미미해서 인지되지 않는 감염자나 불현성감염자를 말한다.

③ 보균자 : 자각적·타각적으로 인지할 만한 임상 증상은 없는데, 체내에 병원체를 보유하여 항시 또는 때때로 균을 배출하는 병원체 보유자를 말한다.

구분	개념	감염병
잠복기 보균자 (발병 전 보균자)	임상증상이 나타나기 전인 잠복기간 중에 병원체를 배출하는 자	디프테리아, 홍역, 백일해, 유행성이하선염, 성홍열, 인플루엔자, 폴리오
회복기 보균자 (병후 보균자)	질병에 이환되었다가 임상증상이 전부 소실되었는데도 불구하고 계속 병원체를 배출하는 자	장티푸스, 파라티푸스, 세균성 이질, 디프테리아 등
보균자 (불현성감염 보균자)	병원체의 감염을 받고도, 처음부터 끝까지 전혀 임상증상을 나타내지 않으며, 건강자와 다름 없지만 병원체를 지속적으로 배출하는 자	디프테리아,폴리오, 일본뇌염, B형 간염

2) 동물 병원소

동물이 감염된 질병 중에서 2차적으로 인간 숙주에게 감염되어 질병을 일으킬 수 있는 감염원으로 작용하는 경우를 동물 병원소라고 한다.

쥐	발진열, 페스트, 렙토스피라증(와일씨병), 살모넬라증, 서교증, 양충병
소	탄저, 우형결핵, 살모넬라증, 브루셀라증(파상열), 보툴리즘, 광우병, 무구조충
개	광견병, 톡소플라즈마증
돼지	일본뇌염, 탄저, 렙토스피라증, 살모넬라증, 브루셀라증, 선모충, 유구조충, 돈단독
양	큐열(Q fever), 탄저, 브루셀라증
새	조형결핵, 일본뇌염
말	일본뇌염, 탄저, 살모넬라증
고양이	살모넬라증, 톡소플라즈마증, 서교증

3) 무생물 병원소

흙, 먼지, 물 등이 있으며, 모양은 무생물이면서 병원소 역할을 한다.

📖 파상풍

3 3단계 병원소로부터 병원체의 탈출

병원소로부터 원인 병원체의 탈출로의 경로는 매우 다양하며 원인 병원체의 종류 및 숙주의 기생부위에 따라 탈출경로가 다르다.

(1) 호흡기계 탈출

비강, 기도, 기관지, 폐 등의 호흡기계에서 증식한 원인 병원체가 외호흡을 통하여 탈출한다. 주로 대화, 기침, 재채기를 통하여 전파된다.

📖 폐결핵, 폐렴, 백일해, 홍역, 수두, 천연두 등

(2) 소화기계 탈출

위장관 등의 소화기계를 통하여 탈출하며 소화기계 전염병이나 기생충 질환일 경우에는 분변이나 구토물의 형태로 체외 배출된다.

📖 이질, 콜레라, 장티푸스, 파라티푸스, 폴리오 등

(3) 비뇨생식기계 탈출

주로 소변이나 생식기 분비물의 형태로 탈출한다.

📖 임질, 성병

(4) 개방병소로 직접 탈출

원인 병원체가 신체 표면의 농양, 피부병 등의 상처 부위를 통하여 직접 탈출한다.
예 한센병 등

(5) 기계적 탈출

흡혈성 곤충을 통하여 탈출하거나 주사기 등을 통하여 탈출한다.
예 발진열, 발진티푸스, 말라리아 등

4 4단계 전파

(1) 전파의 개념

전파는 일단 배출된 원인 병원체가 새로운 숙주로 옮겨지는 과정을 말한다.

(2) 전파의 특성

① 감염병의 전파는 전파의 수단, 전파의 양식, 전파의 경로 3가지 분류기준에 따라 다양한 유형으로 나눌 수 있으며 전파의 유형들은 상호 배타적이지 않다.

○ 전파의 분류기준 및 유형

분류기준	유형		
전파의 수단	• 직접 전파	• 간접 전파	
전파의 양식	• 공동매개물에 의한 전파	• 사람 간 전파	• 기타 전파
전파의 경로	• 분변-구강 전파	• 접속 전파	

② 직접 전파는 감염성 원인 병원체가 병원소로부터 탈출하여 다른 감수성 숙주에 침입하여 들어올 때 접촉, 키스, 성교 또는 비말 등을 통하여 일어나는 전파를 말한다.
③ 간접 전파는 매개체(활성 매개체, 비활성 매개체)를 통하여 일어나는 전파를 말한다. 비활성 매개체에는 감염성 유기체에 오염된 물질이나 물체가 해당된다.
④ 접촉성 매개물은 오염된 물체를 말한다.
예 장난감, 행주, 그릇, 오염된 옷, 침구류, 수술기구 등
⑤ 원인 병원체는 다른 사람에게 전파되기 전에 매개체 내에서 증식이 될 수도 있고 되지 않을 수도 있다.

더 알아보자!

1. 직접전파와 간접전파

분류	중분류	세분류	감염병 예
직접전파	직접접촉	피부접촉	피부탄저, 단순포진
		점막접촉	임질, 매독
		수직감염	선천성 매독, 선천성 HIV 감염
		교상	공수병
	간접접촉	비말	인플루엔자, MERS
간접전파	무생물 매개전파	식품매개	콜레라, 장티푸스, A형간염
		수인성매	콜레라, 장티푸스, A형간염
		공기매개 : 비말핵	수두, 결핵, 홍역
		개달물	세균성 이질
	생물 매개전파	기계적 전파	세균성 이질, 살모넬라증
		생물학적 전파	말라리아, 황열, 일본뇌염

※ 비말(간접접촉)과 비말핵(공기매개)은 구분되는 개념이고, 비말핵에 해당되는 감염병이 수두, 결핵, 홍역 등이다. 가끔씩 비말핵을 비말에 포함시켜 분류하기도 하므로, 문제를 풀 때 주의하도록 한다.

2. 매개생물과 감염병의 예

매개생물	주요 감염병의 예
모기	말라리아, 사상충증, 일본뇌염, 황열, 뎅기열, 지카바이러스감염증, 웨스트나일열, 치쿤구니야열
파리	장티푸스, 파라티푸스, 이질, 콜레라, 결핵, 수면병(체체파리)
쥐	렙토스피라증, 신증후군출혈열, 살모넬라증, 라싸열, 페스트, 서교열
바퀴	장티푸스, 살모넬라증
쥐벼룩	페스트, 발진열
진드기류	쯔쯔가무시증, 재귀열, 록키산홍반열, 라임병, 신증후군출혈열, 중증열성혈소판감소증후군
이	발진티푸스, 재귀열, 참호열

5　5단계 새로운 숙주로의 침입

1단계부터 4단계까지의 과정을 거친 원인 병원체는 새로운 숙주로 침입하게 된다. 숙주의 침입경로에는 호흡기계, 소화기계, 비뇨기계, 피부 및 점막의 개방병소, 태반 등이 있는데, 병원소로부터 원인 병원체의 탈출경로와 동일한 경우가 많다.

1) 호흡기를 통한 원인 병원체의 침입

병원소로부터 배출되는 미세한 비말이나 비말핵을 흡입함으로써 이루어진다. 때로는 음식물과 함께 입으로 들어간 원인 병원체가 호흡기관으로 침입하기도 한다.

2) 위장관을 통한 원인 병원체의 침입

오염된 음식물을 섭취함으로써 이루어지는 것이 일반적이지만, 흡입된 원인 병원체가 위장관으로 들어오는 경우도 있다.

3) 점막을 통한 원인 병원체의 침입

생식기의 직접 접촉으로 이루어지는 성병이 대표적인 예이다. 그 외에 눈의 결막을 통하여 이루어질 수도 있다.

4) 피부를 통한 원인 병원체의 침입

피부에 병변이 있는 경우에 접촉을 통한 침입과 동물의 교상, 감염병 매개 곤충의 자상, 오염된 주사침, 오염된 혈액의 수혈, 구충의 감염기, 유충의 경피 침입이 있다.

6　6단계 새로운 숙주에의 저항성

숙주인 사람에게 균이 침입하였다고 하여 모두 질병에 걸리는 것은 아니다. 즉 사람이 높은 저항성 또는 면역성을 갖고 있다면 감염으로 인한 질병은 발생하지 않게 되며 인간은 생존을 위한 다양한 방어체계를 가지고 있다.

(1) 개인의 면역성

① 숙주는 오랜 세월동안 원인 병원체로부터 자신을 방어하기 위한 각종 방어체계를 발달시켜왔기 때문에 원인 병원체가 침입하였어도 모두 감염되는 것은 아니다.
② 숙주에는 물리적 방어체계(피부, 점막) 또는 화학적 방어체계(위산)와 같이 침입을 방지하는 체계가 있다. 또한 숙주에는 침입한 원인 병원체를 차단하기 위한 면역체계(선천면역, 후천면역)도 있다.

(2) 면역체계의 유형

1) 선천면역(종족 간 면역)

① 원인 병원체의 종(species) 특이성이 있는 경우는 이종 간에 감염이 전파되지 않는다. 같은 종이라도 원인 병원체와의 생태학적 균형 위치에 따라 감수성이 달라진다.

② 결핵균에 일찍부터 노출되었던 유럽인들에 비해 비교적 최근에 결핵균에 노출된 아프리카인들은 동일한 생활환경에서도 결핵에 대한 감수성과 치명률이 높다. 이것을 종족 간 면역이라고 하는데, 선천적으로 결정되기 때문에 선천면역이라고도 한다.

2) 후천면역

① 선천면역의 반대 개념인 후천면역은 항체나 항독소를 숙주 스스로 생성하는가의 여부에 따라 능동면역과 수동면역으로 나누어진다.

② 능동면역 중에서 인플루엔자, 두창 등의 일반 예방접종은 인공 능동면역에 해당된다.

능동면역의 유형

자연 능동면역	감염 후 자연적으로 생기는 면역이다.
인공 능동면역	예방접종을 얻어지는 면역으로, 생균 백신, 사균 백신, 순화독소 등에 의한 면역이 있다.

③ 수동면역은 감염자 자신이 아닌 다른 숙주나 생물이 만든 항체나 항독소를 이용하여 면역하는 경우를 말한다.

수동면역의 유형

자연 수동면역	태아가 모체로부터 태반이나 수유를 통해서 얻는 면역으로 4~6개월 정도 지속된다.
인공 수동면역	인공제재를 인체에 투여하여 잠정적으로 질병에 방어할 수 있도록 회복기 혈청, 면역 혈청, 감마글로불린, 항독소 등을 주사하여 항체를 주는 방법이다.

TIP) 백신의 종류

- 생균백신(약독화백신) : 체내 증식은 가능하지만 병을 일으키지 못하는 비병원성 또는 약독화 변이를 사용한다. 1회 접종으로 면역 형성이 잘 되고, 값이 저렴하며, 적은 양으로 면역력이 오래 지속되고 효과가 우수하다. 대신, 부작용이 생길 수 있고, 태아감염의 우려가 있다.
- 사균백신(불활성백신) : 세균이나 바이러스를 포르말린 등의 화학물질이나 열을 처리하여 사멸시킨 불활성 백신을 사용한다. 면역력이 지속되려면 여러 번 추가 접종을 해야 한다.
- 순화독소(변성독소) : 세균이 생산한 체외독소를 불활성화하여 사용한다.

(3) 면역 효과와 면역 지속시간

① 자연 면역과 인공 면역을 비교해 보면 자연 면역은 자연적인 과정을 거쳐야 하므로 인공 면역보다 면역에 시간도 많이 걸리고 효과도 늦게 나타나지만, 면역 지속시간

은 더 길다.

② 능동면역(병을 이겨낸 사람, 예방접종을 받은 사람)과 수동면역(어머니의 태반을 통해 항체를 받은 사람, 면역혈청을 받은 사람)을 비교해 보면 능동면역이 효과가 늦게 나타나지만 면역 지속시간은 더 길다. 반면, 수동면역은 항체를 바로 받으므로 효과는 빨리 나타나지만, 면역 지속시간은 짧다.

③ 인공 수동면역은 다른 사람이나 동물에서 만들어진 항체를 전해 받아 얻을 수 있는 면역을 말한다. 면역 효과는 빠르지만, 항체가 존재하는 동안만 면역 효과를 보는 일시적인 면역이다. 인공 수동면역은 특정 병원성 미생물에 노출된 것을 확실히 알지만 상황이 급박하여 백신주사로 획득되는 능동면역이 생기기까지 기다릴 시간적 여유가 없을 때 또는 백신에 의한 안정성을 확보하지 못한 경우 질병을 예방하거나 경감시키거나 치료하기 위하여 사용한다.

④ 인공 수동면역(면역혈청을 받은 사람)과 자연 수동면역(어머니의 태반을 통해 항체를 받은 사람)을 비교할 때는 인공 수동면역이 자연 수동면역보다 면역 효과는 빠르지만, 면역 지속시간은 짧다.

⑤ 인공 능동면역(예방접종을 받은 사람)과 자연 능동 면역(병을 이겨낸 사람)을 비교할 때는 인공 능동면역이 자연 능동면역보다 면역 효과는 빠르지만 지속시간은 짧다.

⑥ 자연 수동면역은 태아가 모체로부터 태반을 통하여 받거나 생후 모유 공급을 통하여 항체를 얻는 경우를 말한다.

TIP 면역 효과와 면역 지속시간

면역 효과가 빨리 나타나는 순서	인공 수동면역＞자연 수동면역＞인공 능동면역＞자연 능동면역
면역 지속시간이 긴 순서	자연 능동면역＞인공 능동면역＞자연 수동면역＞인공 수동면역

선천면역	태어날 때부터 가지고 있는 자연면역으로 종족 간, 개인 간에 차이가 있다.			
후천면역	능동면역	자연 능동 면역	영구(현성)	두창, 홍역, 수두, 유행성 이하선염, 백일해, 성홍열, 발진티푸스, 장티푸스, 황열, 콜레라
			영구(불현성)	일본뇌염, 폴리오 등
			약한 면역	폐렴, 인플루엔자, 세균성 이질, 수막구균성 수막염, 감기, 디프테리아 등
			무면역	매독, 임질, 말라리아, 트라코마 등
		인공 능동 면역	생균 백신	폴리오(Sabin, OPV), MMR(홍역, 유행성이하선염, 풍진), 황열, 수두, 두창, 인플루엔자(생백신), 광견병, 일본뇌염(생백신), 사람유두종바이러스 등
			사균 백신	폴리오(Salk, IPV), 인플루엔자(사백신), 일본뇌염(사백신), A형 간염, B형 간염, 콜레라, 장티푸스, 페스트, 파라티푸스, 백일해, 사람유두종바이러스 등
			순화독	디프테리아, 파상풍
	수동면역	자연 수동면역		태반면역(홍역, 디프테리아, 폴리오 등)
		인공 수동면역		B형간염글로불린, 디프테리아, 항독소, 파상풍 항독소 등

4 진단검사

① 타당도

1 타당도의 개념

타당도는 정확도라고도 하는데, 어떠한 측정치 또는 측정방법이 평가하고자 하는 내용을 얼마나 정확히 측정하였는지의 정도를 말한다. 즉, 실제 모수를 얼마나 정확하게 관찰하였는지의 정도를 의미한다.

2 타당도의 척도 유형

측정의 타당도는 민감도, 특이도, 예측도 3가지 척도로 검증한다. 여기에 가양성도, 가음성도 등이 추가된다.

구분		확진에 의한 실제 결과		계
		질병(+)	질병(−)	
검사 결과	양성(+)	a(진양성)	b(가양성)	a + b(총검사양성수)
	음성(−)	c(가음성)	d(진음성)	c + d(총검사음성수)
계		a + c(총환자수)	b + d(총비환자수)	a + b + c + d(총계)

※ 검사양성수와 진양성, 검사음성수와 진음성은 같은 개념이다.

(1) 민감도

① 민감도는 정확도의 한 측면으로서, 질병이 있는 환자의 진단검사 결과가 양성으로 나타날 확률을 말한다.

② 민감도는 질병이 있는 사람을 질병이 있다고 진단할 수 있는 확률을 말한다.

$$민감도 = \frac{검사양성수}{총환자수} \times 100 = \frac{a}{a+c} \times 100$$

(2) 특이도

① 특이도는 정확도의 또 다른 측면으로서, 질병이 없는 건강한 사람의 진단검사 결과가 음성으로 나타날 확률을 말한다.

② 특이도는 질병이 없는 사람을 질병이 없다고 진단할 수 있는 확률을 말한다.

$$특이도 = \frac{검사음성수}{총비환자수} \times 100 = \frac{d}{b+d} \times 100$$

(3) 예측도

1) 예측도의 개념

예측도는 민감도와 특이도, 그리고 해당 인구집단의 유병률로 결정되는 것을 말한다.

2) 예측도의 유형

예측도에는 양성 예측도와 음성 예측도의 2가지 유형이 있는데, 해당 질병의 유병률이 높은 집단에서 양성 예측도는 높아지고 음성 예측도는 낮아진다.

○ 예측도의 2가지 유형

양성 예측도	검사 결과가 음성인 사람이 질병자로 확진받을 확률 양성예측도 $= \dfrac{검사양성수}{총검사양성수} \times 100 = \dfrac{a}{a+b} \times 100$
음성 예측도	검사 결과가 음성인 사람이 비질병자로 확진받을 확률 음성예측도 $= \dfrac{검사음성수}{총검사음성수} \times 100 = \dfrac{d}{c+d} \times 100$

※ 검사양성수와 진양성, 검사음성수와 진음성은 같은 개념이다.

3) 예측도와 진단기준(한계치)의 변화문제

① 검사결과의 양성과 음성을 구분하는 진단기준을 한계치라고 한다. 한계치를 변화시키면 검사양성자와 검사음성자의 숫자라 함께 변하게 되고 이에 따라 민감도와 특이도도 변한다.

② 진단기준(한계치)을 높일 때 – 검사 양성자는 감소하고, 검사 음성자는 증가한다. 따라서 민감도는 감소하고, 특이도는 증가한다.

③ 진단기준을 낮추면 검사양성자는 증가하고, 검사음성자는 감소한다. 따라서 민감도는 증가하고 특이도는 감소한다.

4) 예측도와 유병률의 변화 문제

① 유병률이 높은 질환은 환자의 조기발견과 치료를 위해 민감도가 높은 검사방법을 사용하고, 유병률이 낮은 희귀질환은 조기발견과 치료보다는 비질병자를 양성으로 판정하는 오류를 줄이고 신중하고 정확한 진단을 위해 특이도가 높은 검사방법을 사용한다.

② 유병률이 높아지고 낮아지는 것은 민감도, 특이도, 위음성도, 위양성도에는 영향을 주지 않고 예측도에만 영향을 준다.

3 신뢰도

(1) 신뢰도의 개념

신뢰도는 동일 대상에 대해 동일한 방법으로 반복 측정할 때에 얼마나 일치된 결과를 나타내느냐를 말한다. 즉, 신뢰도는 반복 측정의 일정성을 뜻하는 척도이다. 동일한 측정도구를 반복적으로 사용하여 측정치가 동일한 것을 얻을 확률을 재는 것으로, 오차가 크면 신뢰도가 낮아진다.

(2) 신뢰도와 타당도(정확도)의 관계

① 신뢰도는 타당도의 필수조건인 동시에 필요조건이다.

② 타당도가 높으면 신뢰도도 높지만, 신뢰도가 높다고 해서 타당도가 높은 것은 아니다.

(3) 신뢰도를 높이는 방법

① 측정자의 숙련도와 측정기술을 높인다.

② 측정자 수를 줄인다.

③ 여러 가지 방법을 병행한 측정치로 종합적인 평가를 한다.

④ 표준화된 환경에서 측정한다.

⑤ 측정자와 측정도구를 주기적으로 관리한다.

(4) 신뢰도 저하를 일으키는 요인

1) 측정자 내 오차

동일인이 동일 대상을 여러 번 반복하여 측정했을 때 동일치를 얻는 확률을 보는 것이다. 측정도구 자체의 잘못이 있거나 측정자의 기술적인 오차가 있는 경우이다.

2) 측정자 간 오차

동일 대상을 동일한 측정도구로 여러 사람이 측정했을 때 동일치를 얻는 확률을 보는 것이다. 측정 도구의 문제가 있을 경우 또는 측정자 간의 기술적인 차이가 있을 경우 등에서 발생한다.

3) 생물학적 변동에 따른 오차

혈압은 피측정자의 시간, 자세 그리고 기분 등에 따라 달라질 수 있는 것이 생물학적 변동(변이)에 따른 오차이다.

② 바이어스

바이어스(bias, 비뚤림)는 참값과 일정한 방향으로 차이가 나는 현상을 말하며, 편견이라고도 한다.

1 선택 바이어스(선택 편견)

(1) 선택 바이어스의 개념

선택 바이어스는 연구대상을 선택하는 과정 또는 방법에서 각 개체가 동일한 확률로 연구대상으로 선택되지 않고, 어떤 특정 조건을 가진 사람들에게 뽑힐 기회가 편중됨으로써 오는 바이어스를 말한다.

(2) 선택 바이어스의 유형

1) 버크슨 바이어스

버크슨 바이어스는 병원 입원환자를 대상으로 한 환자-대조군 연구에서 생기는 선택 바이어스이다. 연구대상 입원환자들을 특정병원에서만 한정하여 뽑으면, 특정병원 입원환자들의 특성 때문에 선택 바이어스가 발생할 수 있다. 이를 예방하려면 여러 등급의 병원들을 포함하는 다기관 연구를 수행한다.

2) 자발적 참여자 바이어스

자발적 참여자 바이어스는 연구대상자에 비자발적 참여자보다 자발적 참여자가 더 많이 선택되는 현상을 말한다. 연구대상자를 지원자 위주로 받게 되면 생기는 바이어스로, 이를 자기선택 바이어스라고도 한다.

3) 선택적 생존 바이어스

선택적 생존 바이어스는 치명적 질병을 대상으로 하는 단면 연구와 후향적 코호트 연구에서 흔히 발견되는 것으로, 치명적 질병에 걸린 환자들은 대부분 사망하였을 것이고, 연구시점에 선택된 환자들은 질병의 요인보다는 생존의 요인 인자들을 가지고 있을 확률이 높다는 바이어스이다. 이를 나이만 오류라고도 한다.

4) 추적관찰 탈락 바이어스

추적관찰 탈락 바이어스는 장기간 추적관찰을 하는 전향적 코호트 연구에서 중도탈락하는 대상자들이 많기 때문에 생기는 바이어스이다.

5) 무응답 바이어스

무응답 바이어스는 연구 모집단으로부터 표집집단을 거쳐 적적 집단을 선별한 다음, 실제 대상자에게 접근하여 연구 참여를 독려한 경우, 일부 대상자는 참여를 거부하거나 참여는 하지만 중요한 조사항목에는 응답하지 않는 경우가 발생한다. 이 바이어스는 특히 개인적 문제에 대한 민감한 질문일 경우에 흔히 발생한다.

2 정보 바이어스(정보 편견)

(1) 정보 바이어스의 개념

정보 바이어스는 측정 자체가 부정확하거나 연구대상자에게서 얻은 정보가 부정확하여 분류 오류가 일어난 경우로 좁은 의미의 타당도(정확도)라고 할 수 있다.

(2) 정보 바이어스의 유형

1) 회상 바이어스

회상 바이어스는 환자-대조군 연구에서 환자군은 특정 질병과 관련된 요인인 경우 회상효과로 인해 그것을 더 잘 기억하게 되는데 이를 회상 바이어스라고 한다.

2) 호손 바이어스

호손 바이어스는 위험 요인에 대하여 반복측정하는 것만으로도 행동에 변화를 일으켜서 요인 자체의 변화를 가져와, 결과적으로 요인-결과 간 관련성에 영향을 줄 수 있다.

3) 기억소실 바이어스

기억소실 바이어스는 환자-대조군 연구에서 피조사자의 기억력에 의존하여 과거 요인 노출에 대한 정보를 수집하는 경우 정보의 정확성이 떨어질 수 있다.

4) 측정 바이어스

측정 바이어스는 설문 조사를 할 때 질문의 내용이 매우 민감한 개인생활을 언급하고 있거나 아주 중대한 문제를 다루고 있는 경우, 질문에 혼동하는 경우, 얼버무리는 태도나 거짓말 등에 의하여 발생할 수 있다.

5 역학적 지표

① 측정지표

1 측정지표의 개념

측정지표는 특정한 인구집단에서 발생한 사건을 나타내는 지표를 말한다.

2 측정지표의 유형

흔히 사용하는 측정지표에는 비, 분율, 율의 3가지 유형이 있다.

(1) 비

비(ratio)는 표와 y가 완전히 독립적인 경우에 어느 측정값을 다른 측정값으로 나눈 $\dfrac{x}{y}$ 또는 $\dfrac{y}{x}$ 의 형태로 나타내는 지표를 말한다.

⑩ 성비, 사산비, 상대위험비, 교차비 등

(2) 분율

분율(proportion)은 분자가 분모에 포함되는 $\dfrac{x}{x+y}$ 의 형태로 나타내는 지표를 말한다. 그 값은 0과 1 사이에 위치하며, 흔히 사용하는 분율은 백분율(%)이다.

⑩ 시점 유병률, 치명률, 이환율 등

(3) 율

율(rate)은 특정한 기간의 어느 인구집단에서 발생한 사건의 빈도를 나타내는 지표를 말한다. 율은 0부터 무한대까지의 값을 가질 수 있다.

⑩ 발생률, 발병률, 기간 유병률, 조사망률, 연령별 특수사망률 등

TIP 율을 계산할 때의 유의사항

- 분모(전체 모집단), 분자(모집단에서의 사건 수), 기본인구, 기간, 지역 등에 대한 정보가 필요하다.
- 분자와 분모는 동일 기간이어야 한다.
- 분자에 해당하는 인구는 분모에 포함되는 인구$\left(\frac{x}{x+y}\right)$이어야 한다.
- 분모는 어떠한 사건을 함께 경험하는 위험집단이어야 한다.

② 이환지표

1 이환지표의 개념

이환지표는 어느 인구집단에서 질병의 존재 여부 또는 사건의 위험 수준을 나타내는 지표를 말한다.

2 이환지표의 유형

흔히 사용하는 이환지표에는 발생률, 유병률(시점, 기간), 발병률 등이 있다.

(1) 발생률

1) 발생률의 개념

발생률은 급성질환이나 만성질환과는 관계없이 질병의 원인을 찾는 연구에서 가장 필요한 지표이다.

2) 발생률의 특성

① 일정기간 동안 어떤 질병의 위험요인에 노출된 대상자 중에서 새롭게 그 질병에 걸린 대상자 수를 단위인구당 계산한 것을 말한다.

② 건강한 전체 인구 수 중에서 관찰기간에 특정 질병이 새로 발생한 환자 수를 단위인구로 표시한다.

③ 감수성이 있는 인구집단에서 특정 질병이 새로 발생한 환자 수의 비율을 말한다.

　　예 2014년 1년 동안 서울시 전체 인구 중 홍역 신환자로 진단된 사람 수를 발생률로 표시한다.

④ 질병이 없는 인구집단에서 새로운 질병의 발생속도를 나타낸다.

⑤ 발생률의 분자는 신환자(새로 발생한 환자수)만을 대상으로 한다.

⑥ 분모의 관찰대상 인구집단에는 이미 그 질병에 걸려 있어서 특정 질병이 다시 발생할 가능성이 없는 인구와 예방접종 등으로 면역을 가진 인구는 제외된다.

⑦ 암, 우울, 기타 만성질환과 같이 특정 발생 시점을 파악하기가 어려운 경우에는 질병이나 사건이 확정되는 시점(진단일)을 발생시점으로 간주한다.

3) 발생률의 유형

① 누적 발생률

누적 발생률은 특정한 기간에 어느 개인이 질병에 걸릴 확률 또는 위험도를 측정하는 지표를 말한다.

〈누적 발생률의 특성〉

누적 발생률은 일정기간에 질병에 걸리는 사람들의 분율을 나타낸다.

> 예 10년 동안 1,000명의 인구에서 40명의 환자가 발생하였다면, 누적 발생률은 10년간 100명당 4명 또는 연간 1,000명당 4명이 된다.

② 발생 빈도(평균 발생률)

발생 빈도는 특정한 인구집단에서 질병의 순간 발생률을 측정하는 지표를 말하며 발생 빈도는 율에 해당하는 말로, 평균 발생률이라고도 한다.

4) 발생률의 필요성

① 발생률은 특정 질병에 걸릴 확률 또는 위험도는 직접 추정케 하며 발생원인을 규명하는 데 도움을 준다.

② 발생률은 보건정책을 수립하고, 계획을 작성할 때 도움을 준다.

③ 발생률은 급성질환과 만성질환에 관계없이 질병의 원인을 찾는 연구에서 가장 필요한 측정지표이다. 이유는 발생률은 어떠한 집단에서 질병이 발생하는 정도를 그대로 나타내고 있으므로 질병발생의 확률을 표현하는 기초가 되기 때문이다.

④ 어떤 특정한 요인을 지닌 집단의 발생률과 그러한 요인이 없는 집단의 발생률을 비교함으로써 그러한 요인이 질병발생에 미치는 영향 정도를 알 수 있다.

(2) 유병률

1) 유병률의 개념

유병률은 특정한 시점에 어느 인구집단에서 질병을 가진 사람들의 수를 측정하는 지표를 말한다.

2) 유병률의 특성

① 유병률은 특정한 시점 또는 기간에 어느 개인이 질병에 걸려 있을 확률의 추정치를 제공한다.

② 유병률은 발병 시점에 관계없이 일정한 조사 시점에 전체인구 중에서 특정 질병을 가지고 있는 사람의 수를 나타낸다.

③ 유병률의 분모는 전체인구 수에는 이미 질병에 이환된 사람도 포함된다.

④ 유병률의 분자는 신환자와 구환자를 합친 것이다.

3) 유병률의 유형

① 시점 유병률

시점 유병률은 어떤 주어진 시점에서 전체 인구 중 질병에 걸린 환자수를 인구 단위로 표시한 것을 말한다.

〈시점 유병률의 특성〉

- 시간의 경과에 따라 질병 양상이 어떻게 변화하는지를 파악할 수 있다.
- 질병이 아니더라도 고혈압의 인지율, 치료율 등과 같은 변화가 있는지를 파악할 수 있다.

② 기간 유병률

기간 유병률은 특정한 기간에 전체 인구 중 질병에 걸린 환자수를 단위 인구로 표시한 것을 말하며 분모에는 연앙인구 또는 평균인구의 개념이 사용된다.

4) 유병률의 필요성

① 유병률은 의료시설, 의료요원의 확보 등 질병의 관리대책을 세우는 데 중요한 자료가 된다. 그러나 질병의 원인 조사에는 별로 도움이 되지 않는다.

② 유병률은 질병관리에 필요한 인력 및 자원소요의 추정, 질병퇴치 프로그램의 수행평가, 주민의 치료에 대한 필요, 병상수, 보건기관 수 등의 계획을 수립하는 데 필요한 정보를 제공한다.

③ 유병률은 특히 만성질환에서 질병 관리에 필요한 인력 및 자원소요의 추정에 유용하다.

④ 유병률은 지역사회 내 총 질병부담을 측정하고 지역사회 의료 요구를 만족시키기 위한 서비스를 계획하는 데 유용하다.

TIP 발생률과 유병률의 비교

1. 발생률과 유병률의 차이점

구분	발생률	유병률
분자	새롭게 특정 건강문제가 발생한 사람수	현재 특정 건강문제를 지닌 사람수
분모	전체 인구수에서 특정 건강문제 이환자 제외한 수	전체 인구수

2. 발생률과 유병률의 관계

① 기간유병률에 영향을 줄 수 있는 요소는 발생률과 유병기간이다.

② 유병률은 발생률이 높을수록, 유병기간이 길수록 높아진다. 질병이 완치되지 않고 장기간 생존하는 경우에도 유병률이 높아진다.

③ 유병률은 발생률이 낮을수록, 유병기간이 짧을수록 낮아진다. 질병이 빠르게 완치되거나 치명률이 높아 짧은 시간 내에 사망하는 경우에도 유병률이 낮아진다.

④ 발생률은 동적(변화적 의미)이며, 유병률은 정적(상태적 의미)이라 볼 수 있다.
- 급성감염병의 역학적 특성 – 발생률은 높고, 유병률은 낮다.
- 만성감염병의 역학적 특성 – 발생률은 낮고, 유병률은 높다.
- 감염병의 유행기간이 짧을 때 – 발생률과 유병률이 거의 같다.

(3) 발병률과 2차 발병률

1) 발병률
① 발병률은 발생률과 비슷한 개념의 용어로 어떤 집단이 한정된 기간(유행기간)에 한해서만 어떤 질병에 걸릴 위험에 놓여 있을 때 전체 기간 중 주어진 집단 내에서 새로 발병한 총수의 비율을 말한다.
② 특정 기간 동안 일정한 인구집단에서 새로 발생한 환자의 크기로 급성질환의 발생 원인규명과 발생양상을 파악하는 데 사용되는 질병통계이다.
③ 감염질환의 유행과 같이 제한된 기간 동안 다수의 환자가 폭발적으로 발생하는 경우에 주로 사용된다.

$$발병률 = \frac{연간\ 발병자수}{인위적\ 위험에\ 노출된\ 인구수} \times 1,000$$

2) 2차 발병률
① 2차 발병률은 초발환자가 있는 가구에서 감수성 있는 가구원(이 병원체에 특이항체가 없는 사람, 면역력이 없는 사람) 중에서 이 병원체의 최장 잠복기간 내 발병하는 환자의 분율(%)을 말한다.
② 2차 발병률은 감수성자 중 이들이 감염원에 노출되었을 때 발병하는 확률을 나타내는 개념이다.
③ 2차 발병률은 병원력이 높아 감염되면 발병하는 질병의 경우에 해당하므로, 감염성 질병에서 그 병원체의 감염력 및 전염력을 간접적으로 측정하는 데 유용하다.

③ 출산지표

1 출산지표의 개념

출생지표는 모자보건, 가족계획 등과 관련하여 중요한 의미를 지니고 있으며, 인구 재생산의 수준을 측정하며 인구문제, 경제성장 문제, 생활수준 문제와 관련된 지표 등이 포함된다.

2 **출산지표의 유형**

(1) 조출생률

조출생률(CBR, Crude Birth Rate)은 어떤 연도에 발생한 총출생아수를 그 해의 중앙 인구에 대한 비율로 표시한 가족계획사업의 효과 판정에 좋은 자료로 보통 출생률이라 고도 한다. 여기에서의 출생은 정상출생을 말하고 사산을 포함하지 않으며, 사산아를 포함할 때는 출산이라고 한다.

$$조출생률 = \frac{연간\ 총\ 출생아수}{연중앙인구(그해\ 7월\ 1일\ 현재의\ 총\ 인구수)} \times 1,000$$

(2) 출산율

출산율은 여자가 일생동안 낳을 수 있는 자녀수를 추정·산출한 것으로 가임연령의 모 든 연령을 대상으로 한다.

1) 일반 출산율

일반출산율은 특정 1년 간의 총출생아수를 당해연도의 가임여성인구로 나눈 수치를 1,000분비로 나타낸 것이다.

2) 연령별 특수출산율

연령별 특수출산율은 특정 연도의 15~49세의 어머니의 연령별 당해연도의 출생아수 를 당해연령의 여자인구로 나눈 비율을 1000분비로 나타낸 것으로 출산력 수준을 파악 하는 가장 대표적인 지표이다.

(3) 재생산율

재생산율은 현재 인구의 출산력과 사망현상이 그대로 지속된다고 가정할 때 다음 세대 에 인구가 증가하는지 감소하는지를 비교하는 인구의 세대교체를 의미하는 통계로, 인 구가 다음 세대에 증감하는 실제 모습을 측정하는 것이 아닌 인구의 잠재력을 나타낸다.

1) 합계 출산율

합계 출산율은 한 여자가 평생 동안 평균 몇 명의 자녀를 낳는지를 나타내며 특히 국가 별 출산력 수준 비교를 위해 대표적으로 활용하는 지표이다. 일반적으로 연령별 출산율 을 산출한 다음, 이를 더하여 계산한다.

2) 총 재생산율

① 총 재생산율은 합계 출산율에서 여아의 출산율만 구하는 것으로, 한 여자가 다음 세 대에 평균적으로 남겨줄 수 있는 여자아이의 수를 나타낸다.

② 한 명의 여자가 현재의 출산력이 계속된다는 가정 하에 가임기간에 몇 명의 여자아 이를 낳는가를 나타내는 지수로, 여성인구의 여아 출생률이라고도 한다.

3) 순 재생산율

① 순 재생산율은 각 연령에서의 사망률을 고려하여 계산된 재생산율을 말한다.

② 순 재생산율이 1.0이면 인구의 증감이 없는데 1.0 이하이면 인구가 감소하고 1.0 이상이면 인구가 증가한다.

④ 사망지표

1 사망지표의 개념

사망지표는 특정한 기간에 한정된 어느 인구집단에서 발생하는 사망의 빈도를 측정하는 지표를 말한다. 일반적으로 사망지표를 계산할 때 사용하는 분모는 일정 기간의 중앙에 해당하는 인구이다.

2 사망지표의 유형

흔히 사용되는 사망지표에는 조사망률, 신생아 사망률, 영아사망률, 주산기사망률, 모성 사망률, 비례 사망률, 표준화 사망률 등이 있다.

(1) 조사망률

조사망률은 주어진 기간에 어느 인구집단에서 모든 사망원인에 의한 사망률을 말한다. 중앙 인구 1,000명(또는 10만 명)당 발생한 사망자 수로 표시한다.

(2) 신생아 사망률

신생아는 생후 28일 미만의 아이를 말하며, 주로 내재적·유전적·선천적 소인에 기인하는 경우가 많다. 초생아 사망률, 신생아 사망률, 신생아 후기 사망률로 나뉜다.

1) 초생아 사망률

$$초생아\ 사망률 = \frac{그\ 연도의\ 생후\ 7일\ 이내에\ 사망한\ 신생아수}{어떤\ 연도의\ 출생아수} \times 1,000$$

2) 신생아 사망률

$$신생아\ 사망률 = \frac{그\ 연도의\ 생후\ 28일\ 미만의\ 신생아수}{어떤\ 연도의\ 출생아수} \times 1,000$$

3) 신생아 후기사망률(영아 후기사망률)

$$신생아\ 후기사망률 = \frac{그\ 연도의\ 생후\ 28일부터\ 1년\ 미만의\ 사망자수}{어떤\ 연도의\ 출생아수} \times 1,000$$

(3) 영아 사망률

영아 사망률은 국가나 지역사회의 건강상태 및 보건 수준을 평가하기 위한 가장 대표적인 지표이다. 생후 1세 미만을 영아라고 하며 영아사망률은 그해 같은 지역 내에 출생한 아기 1000명당 몇 명의 아기가 사망하는지를 나타낸 것이다.

〈영아 사망률이 보건학적으로 중요한 이유〉

① 조사망률은 연령구성비에 따라 크게 영향을 받지만 영아 사망률은 12개월 미만의 일정 연령군을 대상으로 하기 때문에 통계적 유의성이 높다.

② 영아기는 성인에 비해 환경악화에 예민한 1년이므로 보건상태를 평가하는 지표로서 중요하다. 따라서 환경위생 불량, 질병관리 및 모자보건 수준을 반영하는 지표로 볼 수 있다.

③ 영아 사망률은 국가별·지역별로 변동범위가 조사망률에 비해서 훨씬 크기 때문에 비교 시 편의성이 높다.

> **TIP) 알파인덱스**
>
> ● 지역사회의 건강수준을 나타내는 대표적인 지표로 영아사망률이 있으나 더욱 세밀한 평가를 위하여 알파인덱스(영아사망률 ÷ 신생아사망률)를 계산하여 그 값이 1.0에 가장 가까울 때 보건 수준이 가장 높고, 선진국일수록 그 값이 1에 가깝다.
> ● 알파인덱스의 값이 1이라면 영아 사망의 전부가 신생아 사망이라는 것이다. 이는 영아기간 중의 사망이 신생아 고유질환에 의한 사망뿐이라는 뜻을 해석한다. 또한 예방 가능한 후기 사망이 거의 없으므로 모자보건 수준이 높음을 의미한다.
> ● 선진국의 경우 영아 사망의 $\frac{2}{3}$ 정도가 신생아기에 발생하며, 개발도상국에서는 신생아기 이후에 더욱 발생한다. 신생아 사망은 선천적 요인이고, 신생아 후기 사망은 후천적 요인으로 보기 때문에 보건 수준이 낮은 개발도상국들은 신생아 후기 사망이 선진국의 경우보다 더 많이 발생한다.

(4) 주산기사망률(출산전후기사망률)

주산기사망률은 임신 28주 이후의 사산과 출생 1주 이내의 사망을 가리킨다. 주산기사망률은 산모의 건강상태뿐만 아니라 태아의 건강상태를 파악할 수 있는 모자보건 분야의 대표적인 지표이다.

$$주산기사망률 = \frac{\text{그 해의 임신 28주 이후 사산아수} + \text{생후 1주 이내의 신생아 사망수}}{\text{어떤 연도의 출산아수}} \times 1{,}000$$

(5) 모성 사망률

① 모성 사망은 임신 중 또는 출산 후 42일 이내에 임신이 직접적 원인(출혈, 감염, 자간증 등)이 되거나 임신이 기존 질병(빈혈, 당뇨, 신장질환 등)을 악화시킨 간접적 원인이 되어 산모가 사망한 경우를 말한다.

② 모성 사망률은 임신, 분만, 산욕의 합병증으로 발생한 모성의 사망률을 말하며, 임신 중 다른 요인에 의한 감염병, 교통사고 등에 의한 사망은 포함되지 않는다.

$$모성 사망률 = \frac{그\ 해의\ 임신,\ 분만,\ 산욕으로\ 인한\ 연간\ 모성사망수}{일정\ 지역\ 내\ 연간\ 출생아수} \times 1K$$

＊K는 경우에 따라 1,000 또는 10,000 또는 100,000을 사용할 수 있다.

〈모성 사망비〉
① 모성 사망비는 모성의 사망 측정을 위하여 개발된 지표 중에서 가장 많이 사용되는 지표를 말한다.
② 모성 사망비는 출생아 10만 명당 모성 사망수로 표시된다.
③ 모성 사망은 산전관리, 분만처치, 산후관리 정도, 분만 장소를 포함한 환경위생, 출산력, 조절과 밀접한 관계가 있으며, 사회경제적인 수준을 반영한다.

〈모성 사망의 원인〉
• 임신 중 또는 출산 후 42일 이내에 임신이 직접적인 원인이 된 경우
• 임신이 기존 질병을 악화시킨 간접적 원인이 되어 산모가 사망한 경우
  (단, 임신 중 감염된 감염병, 만성질병, 사고에 의한 사망은 제외됨)

(6) 비례 사망률

비례 사망률은 어떤 연도의 총사망자 중 특정 원인이나 질병으로 인한 사망자수의 분율을 말한다.

〈비례 사망지수〉
① 비례 사망지수는 사망률, 평균 수명과 함께 국가 간의 건강수준을 비교할 때 흔히 사용하는 대표적인 보건지표이다.
② 비례 사망지수는 특정한 연도의 사망자 중에서 50세 이상의 사망자 수의 비율을 말한다.
③ 비례 사망지수는 연령별 사망자 수만 파악할 수 있으면 산출할 수 있다.
④ 비례 사망지수가 낮다는 것은 전체 사망자 중 50세 미만 인구의 사망자가 많다는 것이므로 어린 연령층의 사망에 더욱 관심을 가져야 하며, 비례 사망지수가 높다는 것은 50세 이상의 사망수가 많다는 뜻이므로 노인인구에 관심을 많이 가져야 한다.

(7) 표준화 사망률

① 인구구조(인구구성비)가 서로 다른 두 인구집단의 사망률 수준을 비교하기 위해 인구구조의 차이가 사망률 수준에 미치는 영향을 제거한 객관화된 측정치를 산출하여 두 집단의 사망률 수준을 비교하는 방법이다.

② 성별, 도농별, 직업별, 소득별 차이에 따른 사망률의 차이를 제거하여 두 인구집단의
사망률을 비교한다.

6 역학적 연구방법

① 기술역학

1 기술역학의 특성

① 기술역학은 질병의 원인을 찾는 데 필요한 중요한 단서를 제공한다.
② 질병의 자연사나 규모를 모를 때 시행하는 첫 번째 연구로서 유용하다.
③ 기술역학은 변수(사람, 시간, 장소)를 통하여 질병빈도의 차이를 일으키는 요인이 인적
변수의 차이인지, 시간적 변수의 차이인지, 지역적 변수의 차이인지를 관찰한다.
④ 기술역학은 질병빈도의 차이를 일으키는 요인이 무엇인가에 대한 가설을 제기하는데,
기술역학 연구를 통하여 제기된 가설은 분석역학 연구를 통하여 규명된다.

2 기술역학의 변수

(1) 인적 변수

연령, 성, 직업, 종교, 사회·경제적 상태, 결혼상태, 교육수준 등으로 조사하여 유행의
원인 파악에 도움을 준다.

1) 연령

① 연령과 질병발생 간의 연관성이 매우 강하기 때문에 다른 변수와 질병 간의 연관성
유무를 볼 때는 연령에 의한 간접적 영향을 감안하여 연령과 함께 고려한다.
② 홍역은 연령이 증가할수록 질병발생이 오히려 감소한다. 즉, 소아기에 면역이 획득
된 질병은 연령 증가에 따라 질병 발생이 감소한다.
③ 암, 고혈압 등 만성퇴행성 질환은 연령 증가에 따라 질병발생이 꾸준히 증가한다.

2) 성별

① 선진국의 경우 여성에게 빈번한 질병은 갑상선 질환, 당뇨병, 비만증, 관절염, 담낭
염, 정신신경성 질환이고, 남성에게 빈번한 질병은 폐암, 동맥경화성 심장병, 탈장,
사고 등이다.

② 세계적으로 사망률은 남성이 더 높고, 상병률은 여성이 더 높다.

3) 직업

광부는 규폐증, 염료공장 근로자는 방광암, 방사능 취급자는 백혈병이 다른 직종에 근무하는 사람들보다 발생률이 현저하게 높다.

4) 사회·경제적 상태

① 사회·경제적 상태 또는 사회·경제적 지위는 수입, 교육, 직업에 기초하여 개인의 업무 경험과 개인 또는 가족과 타인 간의 관련된 사회·경제적 위치를 나타낸 사회경제학이며 혼합적인 총 척도이다.

② 사회·경제 상태가 낮은 집단은 잘 사는 집단에 비하여 사망률, 특히 영아사망률이 높고, 상병률도 높다.

③ 특히 예방 가능한 질병에 대한 조기 사망과 발병문제가 심각하다.

5) 결혼상태

유배우자보다도 독신자에게 사망률이 높은 질병은 폐결핵, 매독, 인플루엔자, 사고와 자살 등이다.

(2) 시간적 변수

시간 경과에 따른 질병양상 변화에 대한 관찰을 통하여 해당 질병 발생과 관련된 요인, 조기 발견, 치료 효과의 영향이 어떠한지를 종합적으로 평가할 수 있다.

1) 추세 변동(장기 변화)

추세 변동은 장기 변화에 해당하는 것으로 어떠한 질병을 수년 또는 수십 년간 관찰하였을 때 증가 또는 감소의 경향을 보이는 것을 말한다.

⑩ 장티푸스(30~40년), 디프테리아(10~24년), 인플루엔자(약 30년) 등

2) 주기 변동(순환 변화)

주기 변동은 순환 변화에 해당하는 것으로 어떠한 질병의 발생률이 몇 년을 주기로 간격을 가지고 집단발생이 재현되거나 발생률이 높아지는 경향을 보이는 것을 말한다.

⑩ 유행성 독감(3~6년 주기), 백일해(2~4년 주기), 홍역(2~3년 주기)

3) 계절 변동(규칙 변화)

계절 변동은 규칙 변화에 해당하는 것으로 계절에 따른 질병률 및 사망률의 변화가 매번 비슷한 경향을 보이는 것을 말한다. 넓은 의미로는 주기 변동에 속하지만 1년을 주기로 질병이 발생하는 점이 다르다.

⑩ 여름철의 소화기계 감염병 유행, 겨울철의 호흡기계 감염병 유행

4) 불시 유행(불규칙 변화)

불시 유행은 불규칙 변화에 해당하는 것으로 시간적 특성을 나타내지 않고 돌발적으로

질병이 발생하여 집중적으로 많은 환자가 발생하는 경우를 말한다.

예 외래 전염병의 국내 침입 시 돌발적으로 유행하는 경우, SAS, MERS, COVID 19

(3) 지역적 변수

지역적 변수에 따른 질병 발생의 차이는 인종 및 민족의 구성, 종교, 유전적 소인 등과 같은 주민의 특성에 따른 차이와 지역 간의 생물학적 환경의 차이, 화학적·물리적·사회경제적 환경의 차이에 따라 관찰되었을 가능성이 있기 때문에 결과를 해석할 때 고려한다.

1) 대유행성

대유행성(pandemic – 범발적, 범세계적)은 질병 발생이 특정한 지역에 국한되지 않고 최소 2개 국가 이상의 광범위한 지역에 동시에 발생하거나 유행하는 질병을 말한다.

예 에볼라, 사스, COVID 19 등

2) 유행성

유행성은 한 국가에 전반적으로 토착적 이상의 수준으로 발생하거나 유행하는 질환을 말하며 그 지역에 없던 질병이 외부로부터 유입된 경우는 외인성 유행이라고 한다.

예 콜레라, 장티푸스 등

3) 토착성

토착성(endemic – 풍토성)은 특정한 지역에 어떠한 형태로든 항상 존재하면서 시간적으로 비교적 장기간에 걸쳐 발생 수준이 일정한 질병을 말한다.

4) 산발성

산발성은 지역이나 시간에 따라 질병 발생의 응집성이 관찰되지 않으며 질병의 유행이 아니라, 지역이나 시간에 따라 경향성을 보이지 않는 질환을 말한다.

예 렙토스피라증, 사상충 등

② 생태학적 연구

1 생태학적 연구의 개념

생태학적 연구는 다른 목적을 위하여 생성된 기존자료 중에서 질병에 대한 인구집단 통계자료와 관련 요인에 대한 인구집단 통계자료를 이용하여 상관관계를 분석하는 것을 말한다. 따라서 생태학적 연구를 상관성 연구라고도 한다.

2 생태학적 연구의 특성

① 생태학적 연구는 주로 질병 발생의 원인에 대한 가설을 유도하기 위하여 수행한다.

② 생태학적 연구는 개인이 아닌 인구집단을 관찰단위로 하여 분석한다.

③ 가장 많이 수행하는 생태학적 연구의 유형은 한 시점에서 대상 질병의 집단별 발생률과 위험요인에의 노출률 간의 양적 관련성이 있는지를 분석하는 유형이다.

④ 국가 간에 1인당 평균 소금 섭취량과 해당 국가의 고혈압 발생률 간의 관련성을 연구한 결과, 소금 섭취량이 높은 국가에서 고혈압 발생률이 높은 경향을 보였다고 한다. 이와 같이 집단의 평균적인 속성 간의 상관성을 보이는 연구방법도 생태학적 연구의 예이다.

⑤ 생태학적 연구는 연구 결과를 인과성으로 해석하려고 할 때 오류가 발생할 수 있는데, 이를 생태학적 오류라고 한다.

③ 사례 연구 및 사례군 연구

1 사례 연구

(1) 사례 연구의 개념

사례 연구는 단일 환자에 관한 기술로서, 기존에 보고되지 않았던 특이한 질환양상이나 특이한 원인이 의심되는 경우에 원인적 노출요인과 발병에 관하여 임상적 특징을 기술하여 보고하는 연구방법을 말한다.

(2) 사례 연구의 특성

① 사례 연구의 대상은 새로운 질병뿐만 아니라 치료에 대한 예외적인 부작용, 특이한 치료 경과 및 예후, 기존에 잘 알려진 질병이라도 특이한 질병의 자연사나 질병이 발현되는 양상 등이다.

② 사례 연구는 기존의 지식에 부합되지 않는 예외적 사건들을 기술함으로써 새로운 가설, 인과성 등을 제안할 수 있다.

③ 음낭암이라는 매우 희귀한 암에 걸린 젊은 남자가 오랫동안 굴뚝 청소를 한 직업력이 있다거나, 피임약을 장기간 복용한 젊은 여성에서 정맥 혈전증이 발생하였다는 보고는 그 자체로서 인과성을 확립하지는 못했으나 향후 원인적 연구에 대한 가설을 제기할 수 있다.

2 사례군 연구

(1) 사례군 연구의 개념

사례군 연구는 사례 연구의 연장선으로, 사례 연구에서 나타난 공유하는 사례들을 통하여 이 사례들의 공통점을 기술하여 가설을 수립하는 연구방법을 말한다.

(2) 사례군 연구의 특성

① 연구대상들의 공통점이 명확할 때는 원인적 요인과 질병 간의 인과성에 대하여 사례 연구보다 강력한 가설을 제기할 수 있다. 그러나 비교군이 없기 때문에 노출요인과 질병 발생 간의 인과성을 밝힐 수는 없다.

② 충실히 기술된 사례군 연구는 새로운 원인 규명에서 결정적인 역할을 하는 경우가 많고 매우 중요한 연구이다.

④ 단면 연구

1 단면 연구의 개념

단면 연구는 일정한 인구집단을 대상으로 특정한 시점이나 일정한 기간 내에 질병을 조사하고, 각 질병과 그 인구집단의 관련성을 보는 연구방법을 말한다. 다른 말로 상호관계 연구라고도 하는데, 대상 집단의 특정 질병에 대한 유병률을 알아낼 수 있어서 유병률 조사라고도 한다.

2 단면 연구의 특성

단면 연구는 특정한 시점 또는 짧은 기간 내에 대상인구 각 개인의 유병 여부와 연구하고자 하는 속성의 유무를 동시에 조사한 후, 이들 간의 관계를 찾아내는 연구 설계를 갖는다.

3 단면 연구의 수행 목적

(1) 유병률 및 노출률의 파악

① 단면 연구는 질병의 유병률 또는 노출률을 파악하기 위해서 수행한다.

② 유병률 추정을 주된 목적으로 단면 연구를 수행하는 경우에 유병률 조사라고 한다.

(2) 질병 위험요인의 규명

① 단면 연구는 질병의 위험요인을 규명하기 위해서 수행한다. 그 이유는 단면 연구를 통하여 질병과 관련요인에 대한 노출 정보를 얻을 수 있기 때문이다.

② 단면 연구는 서서히 진행되어 질병발생 시점이 불분명하거나, 질병 발생 초기 증상이 미미하여 진단받기까지의 시간이 많이 필요한 질병인 경우 이들의 위험요인을 찾기 위한 연구에 유용하다.

③ 유병기간이 짧은 질병이거나 드문 질병인 경우는 단일 시점에 환자가 적기 때문에 단면 연구를 하기에는 부적절하다.

4 단면 연구의 장점 및 단점

(1) 단면 연구의 장점

① 다른 역학적 연구방법에 비해 비용이 상대적으로 적게 소요되어 비용, 노력, 시간에 경제적인 연구방법이다.
② 일반화가 쉽고 해당 질병의 유병률을 구할 수 있다.
③ 동시에 여러 종류의 질병과 발생요인의 관련성을 조사할 수 있다.
④ 단면 연구는 서서히 진행되어 질병발생 시점이 불분명하거나, 질병발생 초기 증상이 미미하여 진단받기까지의 시간이 많이 필요한 질병인 경우, 이들의 위험요인을 찾기 위한 연구에 유용하다.
⑤ 단면 연구에 적합한 질병으로는 만성기관지염, 퇴행성관절염, 각종 정신질환 등이 있다.

(2) 단면 연구의 단점

① 복합요인 중에서 원인요인만을 찾아내기 어렵다.
② 대상 인구집단이 비교적 커야 한다.
③ 질병발생과 질병의 원인으로 의심되는 요인이나 속성의 시간적인 전후관계를 규명하기 어렵다.
④ 유병기간이 아주 짧은 질병이거나 드문 질병인 경우는 단일 시점에 환자가 적기 때문에 단면 연구는 부적합하다.

⑤ 환자-대조군 연구

1 환자-대조군 연구의 개념

환자-대조군 연구는 연구하고자 하는 질병에 이환된 집단을 대상으로 한 환자군과 질병이 없는 대조군을 선정하여 질병 발생과 관련이 있다고 의심되는 위험요인과 질병 발생의 원인 관계를 규명하는 연구방법을 말한다. 다른 말로 후향성 연구라고도 하는데, 현재 질병이 있는 환자군이 과거에 어떠한 요인에 노출되었는가를 조사하기 때문이다.

2 환자-대조군 연구의 수행조건

환자-대조군 연구를 수행하기 위해서는 환자군과 대조군의 선정이 가장 중요하다.

(1) 환자군의 선정

① 환자군은 확실한 진단기준으로 선택되어야 한다.
② 환자군은 환자군의 정의에 따라 명백한 환자이어야 한다.

③ 환자군의 선정방법에는 새로 발생한 환자를 선정하는 방법과 이미 발생하여 처치 중인 환자를 선정하는 방법 2가지가 있다.

④ 환자군은 반드시 새로이 발생된 환자이어야 한다. 그 이유는 이미 발생하여 처치 중인 환자의 경우는 그 지역을 떠났거나 사망했거나 이미 회복한 환자들을 놓치게 되기 때문이다.

(2) 대조군의 선정

① 대조군은 연구시점에 관심 대상이 되는 질병을 가지고 있지 않아야 한다.

② 대조군은 대조군의 정의에 따라 포함 기준과 제외 기준 하에서 선별되어야 한다.

③ 대조군의 요인 노출정보는 환자군과 동일한 조건에서 측정되어야 한다. 즉 대조군은 연구하는 질병이 없음은 물론이고, 이상적으로는 연령, 성별, 인종, 경제상태 등의 여러 가지 측면의 특성이 환자군과 거의 비슷하여야 한다.

④ 대조군이 연구하고자 하는 요인의 환자-대조군 간의 자료수집방법 또는 기억하려는 노력 등에 차이가 있으면 정보 바이어스(정보 편견)가 발생하여 잘못된 상관관계를 얻을 우려가 있다.

TIP) 환자군과 대조군의 비교 선택

환자군과 대조군을 서로 비교하여 선택하는 사람의 편견을 줄이기 위하여 대조군의 선택에 표본 추출법과 짝 비교법을 이용하기도 한다.

3 환자-대조군 연구의 산출방법

환자-대조군 연구에서는 요인과 질병 간의 연관성 지표로서 교차비를 산출한다. 위험요인이든 질병이든 상관없이 두 대응비에 대한 비, 즉 교차비는 모두 $\dfrac{ad}{bc}$로 계산된다.

〈교차비의 산출방법〉

- $\dfrac{\text{환자군에서의 위험요인 노출}}{\text{비노출의 비}}$ 에 비해 $\dfrac{\text{대조군에서의 노출}}{\text{비노출의 비}} \times 100$

  $= \dfrac{a}{c} \Big/ \dfrac{b}{d}$

- $\dfrac{\text{위험요인 노출군에서의 질병 있음}}{\text{없음의 비}}$ 에 비해 $\dfrac{\text{위험요인 비노출군에서의 질병 있음}}{\text{없음의 비}} \times 100$

  $= \dfrac{a}{b} \Big/ \dfrac{c}{d}$

위험요인 및 이환유무	질병자	비질병자	합계
노출군(폭로군)	a	b	a+b
비노출군(비폭로군)	c	d	c+d
합계	a+c	b+d	a+b+c+d

4 환자-대조군 연구의 장점 및 단점

(1) 환자-대조군 연구의 장점

① 비용이 비교적 적게 든다.
② 연구대상자의 수가 적은 대상으로도 가능하다.
③ 빠른 시일에 결론을 얻을 수 있다.
④ 희귀한 질병 및 잠복기간이 매우 긴 질병조사에 적절하다.

(2) 환자-대조군 연구의 단점

① 정보 수집이 불확실하다.
② 기억력 또는 과거의 기록에 의존하므로 정보 바이어스(정보 편견)의 위험이 크다.
③ 대조군의 선정이 어렵고 문제의 소지가 항상 있다.

⑥ 코호트 연구

1 코호트 연구의 개념

코호트 연구는 연구하고자 하는 질병에 이환되지 않은 건강군을 대상으로 하여 그 질병 발생의 요인에 노출된 집단과 노출되지 않은 집단 간의 질병 발생률을 비교 분석하는 연구방법을 말한다. 다른 말로 전향성 연구라고도 하는데 현재 시점을 기준으로 앞으로의 결과를 검토하기 때문이다. 참고로 코호트는 로마의 병제에서 유래한 말로 어떠한 특성·속성·경험을 공유하는 집단이라는 뜻이다.

2 코호트 연구의 특성

① 코호트 연구는 연구하고자 하는 질병(또는 사건)이 발생하기 전에 연구대상에 대하여 원인(또는 위험요인)으로 의심되는 요인들을 조사해 놓고 장기간 관찰한 후에, 이들 중에서 발생한 질병의 크기와 의심되는 요인의 상관성을 비교 위험도로 제시하는 설계를 갖는다.

② 코호트 연구에서 계산하는 통계량은 위험요인의 유무, 질병 발생률, 비교 위험도(RR, Relative Risk), 귀속 위험도(AR, Attributable Risk)이다.

3 코호트 연구의 유형

(1) 전향적 코호트 연구

전향적 코호트 연구는 질병에 이환되지 않은 건강군을 대상으로 질병발생의 원인과 관련 있다고 생각되는 어떤 특성을 가진 인구집단(노출군)과 관련이 없는 인구집단(비노출군)을 장기간 관찰하여 서로 간의 질병발생률의 차이를 비교 분석하는 연구방법을 말하며 현재를 기준으로 장래를 향하여 실시하기 때문에 전향성이라고 한다.

(2) 후향적 코호트 연구

후향적 코호트 연구는 연구시작 시점에서 과거의 관찰시점으로 거슬러 가서(후향적 시점)연구시점까지의 기간 동안 조사하는 것이며 발생 원인과 관련이 있으리라고 의심되는 요소를 갖고 있는 사람들(노출군)과 갖고 있지 않은 사람들(비노출군)을 구분한 후 기록을 통하여 질병발생 여부를 찾아내는 방법을 말한다.

4 코호트 연구의 장점 및 단점

(1) 코호트 연구의 장점

① 위험요인 노출에서부터 질병발생의 전 과정을 관찰할 수 있다.
② 원인-결과 해석에 시간적 선후관계가 비교적 분명하다.
③ 부수적으로 다른 질환과의 관계를 알 수 있다.
④ 속성 또는 요인에 편견이 들어가는 일이 적다.

(2) 코호트 연구의 단점

① 오랜 기간 계속 관찰하여야 하므로 시간과 비용이 많이 든다.
② 많은 대상자를 필요로 하며 대상자가 중도에 탈락되기 쉽다.
③ 발생률이 비교적 높은 질환이어야 하며, 희귀질환에는 부적합하다.

Chapter 3

생애주기별 인구집단의 간호

1 인구현상의 이해

① 인구

세계 인구는 1804년에 10억 명에 불과하였지만, 1960년 30억 명, 2012년 70억 명, 2050년에는 100억 명에 도달할 것으로 보인다. 급속하게 팽창하는 인구로 인하여 식수 부족, 지구의 온난화와 같은 환경오염, 선진국과 후진국 간의 빈부격차 등의 문제가 발생하고 있다.

1 인구의 정의

인구(population)라는 단어는 to populate(거주하게 하다) 또는 to people(사람을 증식시킨다)이라는 뜻을 가진 라틴어 populatio(민중)에서 유래되었다. 즉, 인구는 일정기간 내에 일정 지역에 생존하는 인간의 집단으로 정의할 수 있다.

2 인구의 분류

(1) 이론적 인구

1) 폐쇄인구(봉쇄인구)

폐쇄인구는 인구의 유입과 유출이 없고, 증감요인 중에서 출생 및 사망을 통하여 수적인 변동이 있는 인구를 말한다. 참고로 인구의 유입과 유출이 있는 인구는 개방인구라고 한다.

2) 안정인구

안정인구는 인구이동이 없는 폐쇄인구에서 인구의 연령분포가 고정된 특수한 형태이다. 즉, 남녀의 연령별 출생률과 사망률이 일정한 폐쇄인구를 안정인구라고 한다. 안정인구는 인구규모는 변하나 인구구조는 변하지 않으며, 자연증가율은 일정하게 유지된다.

3) 정지인구

안정인구 중에서 출생률과 사망률이 동일하여 인구 자연증가율이 0이 되어 인구 규모가 일정하게 유지되는 인구를 말한다.

4) 준안정인구

준안정인구는 안정인구에 준하는 인구로, 연령별 출생률만 일정하게 유지된다는 조건하에 나타나는 이론적 인구이다.

5) 적정인구

적정인구는 플라톤이 처음 제시하였고 캐난이 처음 이론화하였다. 적정인구는 인구와 자원 간의 관련성에 근거한 이론으로, 인구과잉을 식량에만 국한하지 않고 생활수준에 근거하여 주어진 여건 속에서 최대의 생산성과 최고의 생활수준을 유지할 수 있는 인구를 말한다.

(2) 실제적 인구(귀속인구)

1) 현재인구

현재인구는 인구조사를 하는 시점에 해당 지역 내에 실제로 존재하고 있는 인구를 말한다.

2) 상주인구

상주인구는 인구조사를 하는 시점에 해당 지역 내에 통상적으로 주소를 둔 인구로서, 주민등록상에 등록된 인구를 말한다.

3) 법적 인구

법적 인구는 특정한 시점에 법적 관계에 입각하여 특정한 지역에 속한 인구를 말한다.
◉ 본적지 인구, 선거유권자 인구, 납세 인구 등

4) 종업지 인구

종업지 인구는 어떠한 산업에 종사하고 있는 장소에 따라 분류한 인구를 말한다. 종업지 인구를 통하여 지역사회 내의 산업별 구조와 사회경제적 특성을 파악할 수 있다.

② 인구이론

1 맬서스주의

(1) 맬서스주의의 배경

인구론을 학문으로 더욱 체계화시킨 사람은 영국의 고전경제학자인 맬서스이다. 그는 「인구원리에 관한 일론」에서 인간의 생식력과 부양하는 식물을 토지의 생산력에 대립시켰다.

(2) 맬서스주의의 개념

맬서스주의는 인구증가가 기하급수적으로 증가하고, 식물이 산술급수적으로 증가함에 따라 결국 식량 부족, 기근, 질병, 전쟁 등이 발생할 것이고, 이에 대한 대책으로 인구억제가 필요하다는 이론을 말한다.

(3) 맬서스주의의 원리

① 인구는 생존자료인 식량으로 규제(규제의 원리)를 받는다.

② 매우 강력하고 효과적인 저지방법이 없다면 식량증가에 따라 항상 인구도 증가(증식의 원리)한다.

③ 인구는 규제와 증식의 상호작용으로 인하여 균형에서 균형교란, 균형회복으로의 주기를 반복(인구파동의 원리)한다.

(4) 맬서스주의의 인구억제 방법

① 맬서스가 제시한 인구증가의 적극적 억제는 인구가 증가함에 따라서 제기되는 문제인 죄악, 빈곤, 조기사망, 전쟁 등에 의해 이루어진다.

② 인구증가의 예방적 억제는 인구증가를 미연에 방지하는 것으로서 우리 인간에서만 볼 수 있는 인위적인 현상으로 만혼, 결혼억제, 금욕 등 출산을 의식적으로 회피하여 인구의 증가를 규제한다는 것이다. 하지만 피임에는 반대하였다.

(5) 맬서스주의의 결합

① 인구이론을 인구와 식량에만 국한하여 고찰하였다.

② 만혼만으로 인구증가가 식량생산의 수준 이하로 떨어지리라는 보장은 없으며 모든 사람에게 만혼을 기대하기는 어렵다.

③ 인구억제의 가장 효과적인 수단인 피임에 반대하였다.

④ 인구문제를 인간과 식량과의 관계에 국한한다 하더라도 반드시 인구가 기하급수적으로 증가하는 것은 아니며, 식량도 산술급수적으로만 증가하는 것이 아니다.

2 신맬서스주의

(1) 신맬서스주의의 배경

① 영국에서는 19세기 전기에 플레이스와 밀이 산아제한 또는 수태조절의 인구억제책을 주장하였다.

② 브래들로와 베산트 등은 맬서스주의연맹을 결성하였다.

③ 미국의 간호사인 생거도 산아제한의 필요성을 보급하였다.

④ 20세기에 스토프 등은 산아제한 보급을 위하여 도서간행과 집회 등을 열었다.

⑤ 이러한 운동은 제2차 세계대전 이후 아시아, 아프리카, 중남미의 후진국에까지 영향을 미쳤다.

(2) 신맬서스주의의 특성

신맬더스주의는 맬더스주의와 마찬가지로 다산을 원하지는 않았지만, 맬서스주의와는 달리 만혼 대신에 피임을 주장하였다는 점에서 차이가 있다.

3 인구변천이론

(1) 인구의 변천

인구의 변천은 출생, 사망, 사회적 요인인 이동에 의해 결정되며 이들 3요소를 인구변수라고 한다. 출생과 사망이 자연증가 요인이고, 전입과 전출이 사회증가 요인이다.

1) 자연 증가 요인

자연 증가는 출생건수에서 사망건수를 뺀 것이다.

2) 사회 증가 요인

사회 증가는 전입인구(유입수)에서 전출인구(유출수)를 뺀 것이다.

3) 인구 증가율

인구 증가율은 자연 증가인구와 사회 증가인구를 합친 인구를 연앙인구로 나눈 수치를 말한다.

(2) 노테스타인과 톰슨의 분류

노테스타인과 톰슨은 출생과 사망의 추세에 따른 인구성장의 변동을 3단계로 분류하였다.

1) 제1단계 고잠재적 성장단계(다산다사형)

공업화되지 못한 국가에서 흔히 볼 수 있는 형으로 인구 증가가 예견된다. 출생률과 사망률이 모두 높으므로 인구 증가는 사실상 제한된 범위내에서만 일어난다. 가장 뚜렷한 특징은 높은 영아 사망률을 들 수 있으며, 현재 전 세계 인구의 약 5분의 1이 이 시기에 있다고 본다.

2) 제2단계 과도기적 성장단계(다산소사형)

높은 인구증가율을 보이는 주로 공업화된 국가에서 볼 수 있으며 과도기적으로 인구가 증가하지만 안정이 예견되며 출생과 사망 사이의 폭이 갑자기 확대되고, 인구폭증 현상이 일어난다. 제2단계의 사망률 하락 원인은 DDT와 같은 살충제의 대량 사용, 설파제 및 항생제의 출현, 보건행정의 발달, 식량수급의 원활 등을 들 수 있으며, 현재 전 세계 인구의 약 5분의 3이 이 시기에 있다고 본다.

3) 제3단계 인구감소 시작단계(소산소사형)

출생률과 사망률이 모두 낮아지는 단계이다. 앞으로 몇 십년 사이에 점진적으로 인구 감소가 예견되며, 현재 전 세계 인구의 약 5분의 1이 이 시기에 있다고 본다.

(3) 블래커의 분류

블래커는 인구성장의 단계는 3단계만으로 부족하다고 보고, 농경사회에서부터 기계문명이 고도로 발달된 현대사회로 변천하는 인구의 변천단계를 5단계로 분류하였다.

1) 제1단계 고위정지기(다산다사형)

인간이 수십만 년간 겪어 온 고출생률과 고사망률의 인구정지형이다. 중부아프리카 지역의 국가들과 같은 후진국형 인구형태이다. 현대의학으로 인해 사망률이 점차 낮아짐에 따라 급속한 인구증가가 예견되는 잠재력을 가지고 있는 형태이다. 그러나 정치적 불안이나 빈곤문제가 해결되지 않는 경우에는 높은 사망률로 인하여 인구가 증가하지 않을 수도 있다.

2) 제2단계 초기확장기(다산소사형, 다산감사형)

저사망률과 고출생률의 인구증가형으로 당분간 인구 증가가 계속되는 경제개발 초기국가들의 인구형태이다.

3) 제3단계 후기확장기(소산소사형)

저사망률에 저출생률의 경향을 나타내는 인구성장 둔화형으로 산업의 발달과 핵가족화 경향이 있는 국가들의 인구형태이다.

4) 제4단계 저위정지기(인구정지형)

4단계인 저위정지기는 인구의 출생률과 사망률이 최저 수준인 인구정지형이다. 저위정지기는 이탈리아, 중동 아시아, 러시아 등의 인구형태이다.

5) 제5단계 감퇴기(인구감소형)

5단계인 감퇴기는 인구의 출생률이 사망률보다 낮아지는 인구감소형이다. 감퇴기는 북유럽, 북아메리카, 일본, 뉴질랜드 등 선진국들의 인구형태이다.

③ 인구 통계조사

인구 통계는 출생, 사망, 유입 및 유출의 요소로 작성된다. 인구 통계에는 인구정태 통계와 인구동태 통계의 2가지 유형이 있으며, 이외에 정부 각 부처와 공공기관의 연감 및 간행물 등을 이용할 수 있다.

1 인구정태 통계

(1) 인구정태 통계의 개념

어떤 특정한 순간의 상태를 인구정태라고 한다. 인구정태 통계는 구체적으로 연령, 성별, 산업별, 직업·직종 및 농업과 도시별, 교육 정도 등을 조사한 것이다. 특히 인구의 규모, 구조, 분포 등은 사회의 보건상태를 알리는 지표로 이용되어 보건의료계획을 수립하는 중요한 자료가 된다.

(2) 인구정태 통계의 유형

1) 전수조사
① 전수조사는 정기적으로 어떠한 한 시점의 일정 지역에 있는 인구에 대한 개인단위의 정보를 수집하는 것에 대한 통계를 말한다.
② 전수조사는 보통 5년 또는 10년의 일정한 간격으로 실시한다.
③ 최초의 전수조사는 1749년에 스웨덴에서 실시되었으며, 영국과 프랑스 등의 유럽 국가들이 그 뒤를 이어 실시하였다.

TIP 우리나라의 전수조사
- 우리나라에서 근대적 의미 최초의 국세 조사는 1925년 10월 1일에 시행되었으며, 현재 매 5년마다 실시하고 있다.
- 1990년부터는 인구 총조사로 명명했으며 2010년에는 제18회 인구센서스를 실시하였다.
- 그 결과는 여러 정책입안을 위한 기초자료, 국민소득의 기본적 추계자료, 국민건강보험, 의무교육, 사회복지 및 가구와 관련된 여러 조사의 표본 기초자료로 활용되고 있다.

2) 표본조사
① 표본조사는 특수한 목적을 위하여 한정된 내용의 통계자료를 수집하는 경우에 사용하는 통계를 말한다.
② 표본을 추출하는 경우에는 표본의 대표성이 확보되어야 한다.
③ 전수조사를 실시하면서 1~5% 범위 내에서 표본을 선정하여 실시하기도 한다.

2 인구동태 통계

(1) 인구동태 통계의 개념
인구동태 통계는 일정지역 내의 인구가 어느 일정한 기간 동안 출생, 사망, 전입 및 전출 등으로 끊임없이 변화하는 것에 대한 통계를 말한다.

(2) 인구동태 통계의 특성
① 인구동태 통계는 주민등록 및 호적의 신고 등 법적인 의무신고에서 간접적으로 얻는 통계이다.
② 우리나라에서는 이 의무신고자료를 바탕으로 매년 통계청에서 인구동태 통계연보를 발행하고 있다.

③ 인구동태 통계는 선진국일수록 정확할 수 있지만, 후진국의 경우에는 제대로 신고가
되지 않고 있어서 부정확한 통계가 될 수 있다.

④ 인구구조의 분류

인구구조는 사회의 인구 구성을 성별, 연령, 직업, 교육, 사회계층 등의 요소로 분류한 것을
말하며 이 중 가장 많이 사용하는 요소는 성별과 연령이다.

1 성비구조

(1) 성비의 개념

성비는 남녀 인구의 균형을 표시하는 지수를 말한다. 여자 100명에 대한 남자의 수로
표시되며, 가장 이상적인 성비는 100이다.

(2) 시기별 성비

① 시기별 성비는 1차·2차·3차 성비 3가지로 분류한다.

○ 시기별 성비의 분류

1차 성비	2차 성비	3차 성비
태아의 성비	출생 시의 성비	현재 인구의 성비

② 일반적으로 정상 수준의 성비가 1차 110, 2차 105, 3차 101로 나타난 것은 태아 때
부터 전 생애 동안 여자가 남자보다 사망률이 낮음을 나타낸다.
③ 우리나라의 성비는 2000년 101.4에서 2010년 100.4로 성비의 불균형이 완화되었
다. 그러나 2020년에는 99.4로, 2050년에는 97.3으로 여자가 남자보다 많아질 전망
이다.

2 연령구조

(1) 연령구조의 개념

인구의 연령구조는 직접적으로 출생 및 사망, 인구 이동으로 결정된다. 어떠한 인구의
연령구조를 보는 데는 흔히 중위 연령을 사용한다.

(2) 중위연령

① 중위연령은 전체 인구가 연령별로 분포되어 있을 때 양분되는 점의 연령을 말하는
데, 어떤 인구의 연령구조를 보는 데 흔히 사용하는 지수이다.

② 선진국처럼 출생률과 사망률이 낮아지면 중위연령이 높아지고, 후진국처럼 출생률과 사망률이 높아지면 중위연령이 낮아진다.

(3) 연령 간격

① 일반적으로 5세 간격의 연령구분이 가장 보편적으로 사용된다.
② 연령 통계는 연령 분류가 좁은 간격으로 되어 있을 때 더 큰 오차를 보여 5세 간격의 연령 통계는 10세 간격의 연령 통계보다 정확성이 낮다.

(4) 경제활동 기준의 연령구조

경제활동을 기준으로 한 연령구조는 유년인구(비생산인구), 생산인구, 노년인구 3가지로 분류된다.

● 경제활동 기준의 연령구조

유년인구(비생산인구)	생산인구	노년인구
0~14세	15~64세	65세 이상

3 부양비

(1) 부양비의 개념

부양비는 경제활동 연령인구(생산가능인구, 15~64세)에 대한 비경제활동 연령인구(비생산인구, 0~14세와 65세 이상)의 비를 말한다. 부양비는 인구의 사회경제적 구성을 나타내는 지표로 널리 사용된다.

(2) 부양비의 특성

① 부양비는 경제활동 연령인구가 비경제활동 연령인구를 개인당 몇 명이나 부양해야 하는가를 나타내는 지수이다.
② 인구구조는 모든 사회에서 낮은 연령층이 많기 때문에 총 부양비는 대개 유년부양비에 따라 결정된다.
③ 총부양비는 개발도상국이 선진국에 비해 높으며 노년부양비는 선진국이, 유년부양비는 개발도상국이 높다.

(3) 부양비의 종류

유년부양비	$\dfrac{15세\ 미만\ 인구(0{\sim}14세\ 인구)수}{15{\sim}64세\ 인구} \times 100$
노년부양비	$\dfrac{65세\ 이상\ 인구수}{15{\sim}64세\ 인구수} \times 100$

총부양비	$\dfrac{15세미만\ 인구(0{\sim}14세\ 인구)수+65세\ 이상\ 인구수}{15{\sim}64세\ 인구}\times100$
노령화지수	$\dfrac{65세\ 이상\ 인구(노년인구)수}{0{\sim}14세\ 인구(유년인구)수}\times100$

⑤ 인구구조의 유형

1 인구구조 유형의 개념

인구구조의 유형은 인구의 연령과 성별 구성을 동시에 볼 수 있는 그림이다. 성별은 중앙의 수직 축을 중심으로 왼쪽에는 남성, 오른쪽에는 여성을 표시한다. 연령이 어릴수록 아래쪽에, 연령이 많을수록 위쪽에 사람들의 숫자를 표시한다.

2 인구구조 유형의 분류

(1) 정형화된 인구구조 유형

1) 피라미드형

① 피라미드형은 출생률과 사망률이 모두 높은 다산다사형이다.

② 피라미드형은 사망률보다 높은 출생률로 인하여 0~14세 인구가 50세 이상 인구의 2배가 넘으므로 인구가 증가한다.

③ 피라미드형은 전형적인 후진국형의 구조로, 17~18세기의 대부분의 국가들이 해당한다.

2) 종형

① 종형은 출생률과 사망률이 모두 낮은 소산소사형이다.

② 종형은 인구가 정지해 있는 구조로서, 0~14세 인구가 50세 이상 인구의 2배와 같아지는 선진국형이다.

③ 종형은 노인인구의 증가로 인한 대책이 요구되는 형태이다.

3) 항아리형

① 항아리형은 출생률이 사망률보다 더욱 낮아 결국에는 인구가 감퇴하는 형이다.

② 항아리형은 0~14세 인구가 50세 이상 인구의 2배가 되지 않는다.

(2) 지역 특성에 따른 인구구조 유형

1) 별형

① 별형은 생산인구가 도시로 들어오는 유입형 또는 도시형 인구구조이다.

② 별형은 15~49세 생산인구가 전체 도시인구의 50%를 차지함에 따라 출산율에도 영향을 미쳐 유년인구의 비율도 높다.

2) 호로병형

① 호로병형은 생산인구가 농촌에서 도시로 이동하여 생기는 유출형이다.

② 호로병형은 15~49세 인구가 전체 농촌 인구의 50%가 되지 않는다.

③ 호로병형은 청·장년층의 저하로 인하여 출산력이 저하되어 유년인구의 비율이 낮다.

④ 호로병형은 노동력, 시설, 자본의 부족현상을 가져올 수 있다.

⑥ 인구정책

1 인구정책의 개념

인구정책은 각 정부가 현재의 사회와 적합하지 못한 인구현상에 대한 대비책을 말한다. 각 나라는 그 나라에 적합한 인구정책을 실현함으로써 국민에게 자원개발(충분한 식량 등), 경제개발, 환경(사회복지정책 등), 의료시설의 제공, 고용수준의 향상, 충분한 교육제공, 균등한 인구분포 등을 유지할 수 있어야 한다.

2 인구정책의 유형

(1) 인구조정정책

인구조정정책은 국가가 인위적으로 개입하여 현재의 출생, 사망, 인구이동과 이상적인 인구상태를 바람직한 방향으로 유도하는 것이다.

❍ 인구조정 정책의 3가지 유형

출산조절정책	• 인구를 통제하고 제한하는 정책이다. • 개발도상국은 1960년대에 과잉인구 해결을 위하여 피임교육과 기구보급 등의 가족계획사업으로 인구증가 억제책을 많이 세웠다. • 최근에는 우리나라를 포함한 60여 개 국가들이 출산력 증대를 위하여 노력하고 있다.
인구자질향상정책	• 인구의 질적인 향상을 위하여 보건의료와 교육수준 등을 향상시키는 정책이다.
인구분산정책	• 지역 간의 균형적인 인구분포를 위하여 국내 또는 국외로 인구를 이동시키는 정책이다.

(2) 인구대응정책

인구대응정책은 인구변동에 따른 식량, 주택, 고용복지, 보건의료, 교육, 사회보장 등에 대한 사회경제시책을 말한다.

⑦ 저출산 및 고령화

1 저출산의 원인

다양한 사회·경제적 요인에 따라 결혼 및 출산을 연기하거나 중단하는 현상이 지속되고 있다.
① 20~30대 젊은 층의 결혼 및 출산에 대한 의향이 약화되는 추세이다.
② 결혼연령이 10년마다 2년씩 지속적으로 늘어지고 있다.
③ 결혼연령이 늦어짐에 따라 30대 여성들의 출산율은 다소 상승하였지만, 20대 여성들의 출산율은 감소폭이 커서 전체적으로는 출산력이 저하되고 있다.

〈결혼 및 출산을 기피하는 이유〉
• 고용과 소득의 불안정
• 가족친화적 사회환경이 조성되지 않아 일-가정의 양립이 어려운 환경
• 경제적 부담과 양육 인프라의 부족

2 고령화 사회·고령사회·초고령사회

유엔(UN)이 정하는 고령화사회는 65세 이상 인구가 전체 인구의 7% 이상일 때, 고령사회는 14% 이상일 때, 초고령사회는 20% 이상일 때를 말한다. 우리나라는 이미 2000년에 총인구 중 노인인구 구성비가 7%인 고령화 사회가 되었으며, 고령사회에 진입한 OECD 국가 중 고령화 사회에서 고령사회로의 진입속도(17년)가 너무 빠르다. 고령화 사회에서 고령사회로의 진입속도는 미국이 73년, 프랑스가 115년이 걸렸고 대표적인 노인국가인 일본이 24년 걸렸다.

3 저출산 및 고령화의 파급 영향

① 노동공급의 감소와 노동력의 질 저하, 저축·투자·소비의 위축 등에 따라 경제 전반의 활력이 저하되고 성장 잠재력 약화를 초래할 전망이다.
② 노인인구에 대한 부양 부담의 증가에 따라 재정의 지속 가능성이 저하되고 세대 간의 갈등이 야기될 우려가 있다.
③ 저출산 및 고령화는 교육, 주택, 금융 등의 여러 분야에 걸쳐 광범위한 사회·경제적 변화를 일으킬 것으로 전망된다.

2 모자 보건사업

최근의 모자 보건사업은 모성보건, 가족계획, 불임예방 및 치료, 인공임신중절의 예방 및 부작용의 치료, 성병 및 AIDS의 예방과 억제 등의 생식과 관련된 홍보교육과 양질의 서비스를 통합한 대상자 중심의 비용절감적인 생식보건이라는 새로운 접근방식을 활용한다.

① 모성과 영유아

1 모성의 개념

우리나라의 「모자 보건법」에 따라, 모성은 임산부와 가임기 여성을 말한다.

〈모성의 대상〉
- 좁은 의미 : 임신, 분만, 산욕기, 수유기의 여성
- 넓은 의미 : 임산부와 가임기 여성

2 영유아의 개념

우리나라 「모자 보건법」 따라, 영유아는 출생 후 6세 미만인 사람을 말한다.

② 모자 보건사업의 개념

1 세계보건기구(WHO)의 모성보건위원회

모자 보건사업은 여성의 건강유지 및 육아 기술을 터득하여 정상적인 분만과 정상적인 자녀를 갖도록 하여 예측 가능한 사고나 질환, 기형을 예방하는 사업이다.

2 우리나라의 「모자 보건법」

「모자 보건법」은 모성의 생명과 건강을 보호하고 건전한 자녀의 출산과 양육을 도모함으로써 국민보건향상의 이바지함을 목적으로 한다.

③ 모자 보건사업의 중요성

① 평생건강의 기틀이 되는 모자 보건사업은 건강한 출발의 보장을 통하여 개인의 삶의 질 향상은 물론, 국가 및 지역사회의 보건지표로 활용된다.
② 모자 보건사업은 여성의 경우에는 건강한 자녀를 낳게 하고 아동의 경우에는 성장과정부터 평생 동안 건강을 좌우한다.

③ 모자 보건의 대상 인구는 전체 인구의 60~70%를 차지하고 있다.

④ 제한된 자원 및 재원의 투입을 통하여 영구적이고 확실한 효과를 얻을 수 있어서 다른 사업에 비해 적은 비용으로 건강증진에 기여하는 정도가 크다.

⑤ 여성과 아동의 건강은 다음 세대의 인구 자질에 영향을 미친다.

⑥ 지속적인 건강관리 및 질병예방에 관한 예방사업에 효과가 크고 확실하다.

⑦ 임산부와 어린이는 쉽게 질병에 이환되기 쉽고, 질병에 걸리면 사망률도 높으며, 치료 이후에도 기형 및 불구의 후유증이 지속될 가능성이 높다.

④ 모자 보건관리의 유형

모자 보건관리는 결혼 전 관리에서부터 시작하여 임산부의 산전관리, 분만관리, 산후관리, 고위험임산부의 관리 등을 철저히 함으로써 건강한 아이를 출산하고 산후 합병증 없이 회복하도록 도와주어 모성 유병률 및 사망률을 감소시키는 것이 목적이다.

1 혼전관리

(1) 혼전관리의 개념

가임기 여성의 건강증진사업의 일환으로, 올바른 성문화를 정립하기 위하여 성교육 및 성상담사업을 실시하고 있다. 생식건강의 증진을 지원하기 위하여 여성생식 보건증진 프로그램을 개발하여 보급하고 있다.

(2) 혼전 건강관리

① 결혼은 남녀의 애정에 기초한 결합으로 건강한 자녀를 출산하고 행복한 부부생활을 영위하는 새로운 생활의 시작이므로 혼전 건강관리는 매우 중요하다.

② 자녀에게 건강상 현저한 장애를 줄 수 있는 유전성 질환이나 결혼 당사자 및 그 가족에게 영향을 미칠 수 있는 감염성질환에 대한 진단을 받는다.

〈혼전관리를 위한 건강진단 항목〉

• 흉부 X선 촬영 : 결핵
• 혈액검사 : 혈액형검사, 혈색소 측정, 기본 혈액검사 , B형간염 항원검사
• 성병검사 : 임질검사, 매독혈청 반응검사, AIDS
• 심전도검사
• 소변검사 : 단백뇨, 당뇨
• 신체계측 및 전신 소견
• 성기의 진단 및 정액검사 (남자)
• 월경력 및 기초체온 측정 (여자)

- 구강검사
- 시력검사 및 색맹검사
- 기타 유전질환

2 산전관리

(1) 산전관리의 개념

가장 중요한 산전관리는 임산부의 교육이다. 산전관리는 의학적 측면, 임산부의 일상생활 및 영양, 사회적 측면의 고려가 필요하다.

(2) 산전관리의 목적

① 임산부의 안전하고 건강한 분만을 유도한다.
② 모성과 태아의 건강증진을 도모한다.
③ 임산부가 최상의 건강상태에 도달하여 건강한 아이를 출산한다.
④ 임신합병증을 예방하고 조기발견하여 관리함으로써 안전한 분만 및 산욕기의 회복을 촉진한다.
⑤ 산전관리를 통하여 사산율, 주산기 사망률, 미숙아 출산율, 모성의 유병률 및 사망률 등을 감소시킬 수 있다.
⑥ 모자 간에 신체적·정신적으로 만족스러운 관계가 형성된다.

(3) 산전관리의 특성

① 정상 임신인 경우에는 임신의 경과를 정확히 알고 건강한 임신을 유지한다.
② 고위험임신인 경우에는 내용을 자세히 파악하여 계획적인 관리 및 치료를 한다.
③ 음식, 흡연, 음주 등에 대한 주의가 필요하고 위험한 증상의 인지를 강조한다.

(4) 산전관리의 내용

1) 임산부의 등록 및 산전관리

① 「모자 보건법」에 따라, 임산부의 건강관리를 위하여 보건소에 등록한 임산부에게 표준 모자보건수첩을 발급한다.
② 임산부에게 건강기록부를 작성하도록 하여, 분만 전까지 주기적으로 전화 상담을 하거나 보건소로 직접 방문을 유도하여 산전관리를 시행한다.

> **TIP** 표준 모자보건수첩 보급의 목적
> - 임신부터 영유아기까지의 각종 검사 및 건강관리를 안내한다.
> - 예방접종, 건강검진, 임상검사 등의 의무기록을 보관한다.
> - 양육에 대한 필수적·객관적인 정보를 제공하여 모성 및 영유아의 건강증진을 도모한다.

2) 임산부의 임상검사 및 건강진단

① 산전관리는 임신 후에 최대한 빨리 시작하는 것이 바람직하다. 임신 초기부터 출산 때까지 규칙적으로 건강진단을 받아야 위험요인 및 임신합병증을 조기에 발견할 수 있다.

② 산전관리를 위하여 병원을 방문하게 되면 일반 병력, 월경력, 임신력, 출산력, 현재 임신상태를 확인한다. 이때 임상검사와 건강진단이 이루어지며 산전관리 위험요인이 사정된다.

● 임산부의 임상검사 항목 및 건강진단 실시기준

임산부의 임상검사 항목 (초진 시)	• 혈압 측정 : 2회 이상 측정하며 수축기압 130~140mmHg, 이완기압 90mmHg 이상이면 주의가 필요하다. • 체중 측정 : 임신 30주 이전의 과중한 체중 증가는 주의가 필요하다. • 흉부 X선 촬영과 심전도 • 결핵 및 심장질환의 유무 확인 • 요 검사 : 단백뇨, 당뇨 • 임신 15~20주 시 태아기형 검사 • 그 외의 검사항목 : 자궁저높이, 혈액, 태아심음, 성병, AIDS, B형간염, 초음파 등
임산부의 건강진단 실시기준	• 임신 초기~7개월 : 4주마다 1회 • 임신 8개월~9개월 : 2주마다 1회 • 임신 10개월 이후 : 1주마다 1회

3) 고위험임산부의 관리

① 산모와 태아에 나쁜 영향을 미치는 요소를 임신 초기에 발견하고, 적절히 대처하여 고위험임신으로 인하여 장애가 되거나 사망하는 것을 미리 방지한다.

② 임신기간 중에 지속적인 산전관리를 통하여 환경적·사회적·경제적·의학적 고위험인자를 발견한다.

③ 일단 임산부가 고위험임신으로 선별되면 의료인을 비롯한 가족, 사회인 모두가 동참하여 고위험임산부로부터 위험요인을 제거한다.

〈고위험임산부에 해당하는 유형〉

• 20세 미만의 임산부
• 35세 이상의 임산부
• 저소득층 임산부
• 유전적 소인이 있는 임산부
• 다산 임산부(특히 5회 이상의 경산부)
• 산과적 합병증이 있는 임산부

- 심한 빈혈, 영양실조, 비만 증상이 있는 임산부
- 고혈압 등 순환기계 및 신진대사에 이상이 있는 임산부
- 정서적으로 문제가 있는 가족의 임산부
- 직장을 다니는 임산부
- 미혼의 임산부

4) 임산부의 산전 영양관리

① 임산부는 임신기간 동안에 태아에게 영양공급 및 자신의 신체변화를 위하여 최적의 영양을 섭취한다.

② 임신 초기부터 3개월까지의 기간에는 태아가 작고 분화하는 단계이므로 모체의 상대적인 영양 필요량은 정상 성인의 영양 필요량에서 서서히 증가하며 양질의 영양분 섭취가 필요하다.

③ 임신 중기부터 임신 말기까지의 기간에는 임신 초기보다 태아의 성장에 필요한 많은 양의 주요 영양분이 필요하다.

TIP 임산부의 하루 칼로리 섭취량

미국의 The Food and Nutrition Board of National Research Council에서 추천하는 임산부의 하루 칼로리 섭취량이다. 참고로 단백질의 하루 섭취량은 60g을 권장하고 있다.
- 임신 초기 : 2,000Cal
- 임신 중기와 임신 말기 : 2,500Cal

5) 임산부의 유방관리

① 임신 6~7개월부터 모유수유에 대하여 미리 결정하여 유방관리를 시작하면 출산 후 모유수유를 하는 데 많은 도움이 된다.

② 수유를 위한 유두 준비는 매우 중요하다. 유두를 튼튼하게 하기 위하여 목욕이나 샤워 후에 타월로 닦는 방법이 있는데, 자극을 주거나 짓무를 정도로 심하게 닦지 않는다.

③ 조기분만의 위험이 없다면 엄지와 검지 사이에 유두를 잡고 매일 부드럽게 굴려준다.

④ 가능하다면 매일 잠깐씩 유두를 공기 중에 노출시켜서 햇볕을 쪼여 주는 것이 좋다.

6) 임산부의 산전운동

① 임신 중에는 임산부의 신체 중심이 변화하고 골반 관절이 부드러워지고 이완된다. 그 결과, 척추의 만곡이 심해지고 등의 하부근육이 짧아져서 자주 요통을 호소한다.

② 요통을 예방하고 감소시키려면 골반 흔들기(pelvic tilt) 운동을 하거나 물건을 들어 올릴 때 허리를 이용하지 않고 무릎을 굽혀서 들어 올리는 등의 적절한 신체기전을 활용하도록 지도한다.

③ 케겔운동은 생식기 주위의 근육을 강화시키고 근력을 향상시키며 골반상의 근육이 분만 후에 즉시 정상적인 기능을 회복하도록 도와준다.

④ 오랫동안 규칙적인 운동을 하면 생의 후반기에 나타날 수 있는 자궁탈수나 긴장성 요실금의 예방에 도움이 된다.

7) 임산부의 철분제 복용 및 지원

① 임신 5개월부터는 태아로 유입되는 혈류량 상승으로 전체 혈액의 45% 정도가 증가되어 철분 보충이 필요하다.

② 철분은 정상적인 식사로는 필요량을 보충할 수 없으므로 임신기간 동안 지속적으로 일정량의 철분제를 복용한다.

③ 임산부의 철분 결핍성 빈혈은 조산, 유산, 태아 사망, 산모 사망을 유발할 수 있다.

④ 지방자치단체에서 자체 예산으로 추진해 온 철분제 지원사업과 연계하여 2008년 하반기부터 전국 시·군·구(보건소)에서 임신 5개월 이상 보건소에 등록한 임산부에게 분만 전까지 철분제(1인 1개월분 기준 5개월분)를 지원하고 있다. 빈혈, 다태아 임신 등으로 철분제의 추가 복용이 필요한 경우에는 본인이 부담한다.

8) 임산부의 위험요인

유산	• 임신 1기에는 다양한 이유로 유산이 될 수 있으므로 성생활, 여행 등의 여러 면에서 조심한다.
조산	• 임신 20주부터 37주 이전에 정상보다 더 빨리 경관이 개대되어 조산이 될 수도 있다. • 조산을 알리는 증후 및 증상에 대하여 즉시 파악하고 대처할 수 있는 방법을 지도한다.

〈조산의 경고 증후 및 증상〉
• 다른 증상 없이 또는 다른 증상과 함께 매 10분 또는 그 이상 발생되는 자궁 수축
• 지속적으로 또는 간헐적으로 하복부에 느껴지는 월경통과 비슷한 경련
• 지속적으로 또는 간헐적으로 허리 아랫부분에서 느껴지는 둔통
• 지속적으로 또는 간헐적으로 태아가 밀고 내려오는 것 같은 골반 압력
• 설사를 동반하거나 동반하지 않은 복부 경련
• 질 분비물의 농도 또는 색의 변화 및 증가

③ 임신중독증
• 임신중독증은 임신이 원인이 되어 모체에 여러 가지 변화가 일어나는 질환을 말한다.
• 임신중독증은 임신 2~4개월 이후에 증상이 나타나기 시작한다.

- 임신중독증의 증상은 얼굴·팔·다리의 부종, 단백뇨, 고혈압이다.
- 임신중독증은 주기적인 산전 진찰과 충분한 영양섭취 및 휴식을 통하여 예방할 수 있다.

④ 당뇨병
- 당뇨병을 앓고 있는 임산부는 태아로 인하여 혈당의 조절능력이 떨어지고 지방이 많아지는 등 신체의 대사 변화 때문에 당뇨병이 악화된다.
- 태아의 유산, 사산, 선천성 기형을 초래할 뿐만 아니라 대부분 4kg 이상의 거대아를 분만하게 된다.
- 신생아는 미숙아의 경우와 유사하여 생체 내 기능이 약하고 호흡장애를 일으키며 저혈당증을 보인다.
- 중증의 당뇨병 임산부는 혈액순환의 장애 때문에 정상적인 태반 순환이 불량하여 임신 월수에 비해 성장발달이 늦은 미숙아를 출산하기도 한다.
- 당뇨병은 주기적인 산전 진찰을 통하여 이상을 조기에 발견하여 적절하게 치료한다.

⑤ 흡연
- 모체가 흡연을 하면 담배의 니코틴이 말초혈관을 수축시켜 혈압이 상승하고, 모체의 심장 박동수와 혈액배출량이 변화되어 태아의 성장 및 건강에 유해한 영향을 미친다.
- 흡연은 각종 비타민과 미네랄의 대사를 방해하고 태반기능의 장애, 수유 시 유즙 분비의 감소, 저체중아, 사산, 영아 돌연사, 선천성 기형 등을 초래할 수 있다.
- 임산부가 흡연을 한다면 최대한 빨리 담배의 양을 줄이거나 끊을 수 있도록 지도한다.

⑥ 알코올
- 알코올이 모체에 미치는 영향은 알코올 중독을 비롯하여 탄수화물·단백질·지방의 대사를 방해하여 영양장애를 일으킨다.
- 자연유산을 초래할 수 있고, 태반의 기능부전으로 인하여 저체중, 태반 조기박리, 전치태반 등도 초래할 수 있다.
- 저체중아, 기형아를 유발하기도 하고, 태아 알코올증후군을 초래하기도 한다.
- 임산부에게 어머니로서의 새로운 역할에 대한 책임감을 부여하여 강력한 동기유발을 자극시켜서 음주를 중단하도록 돕는다.

3 분만관리

(1) 분만의 개념

분만은 자궁 내에 있던 태아와 그 부속물이 만출기전에 따라 산도를 지나 모체 밖으로 배출되는 현상을 말한다. 분만은 짧은 시간 내에 위험한 과정이 진행되므로 각별한 준비와 관리가 필수적이다.

(2) 분만관리의 특성

1) 분만 전의 관리

① 산전관리를 통하여 안전 분만을 유도한다.
② 산모와 가족을 대상으로 분만과정 및 준비물품에 대한 교육을 한다.
③ 분만장소를 결정하도록 한다.

2) 분만 관리

① 분만시작을 아는 방법(양수막 파수, 이슬, 진통 등)에 대한 교육을 한다.
② 병원에 가야 하는 시간에 대한 교육을 한다.
③ 의사와 조산사를 호출해야 하는 상황에 대한 교육을 한다.

3) 분만 후의 관리

① 산후 출혈, 제대 처리, 아기의 상태 등을 포함한 산모와 아기의 증상 및 대처법에 대한 교육을 한다.
② 산모의 충분한 영양섭취와 휴식, 산모와 태아의 위생관리 등에 대한 교육을 한다.
③ 신생아에 대한 선천성 대사이상 검사에 대한 안내 교육을 한다.

4 산욕기 관리

(1) 산욕기의 개념

산욕기는 출산 후 6~8주까지에 해당하는 기간으로, 분만으로 인하여 생긴 성기의 상처가 완전히 회복되어 모체가 임신 전의 상태로 회복되는 기간을 말한다.

(2) 산욕기 관리의 방법

산욕기에는 가족 중에서 간호할 사람을 선정하여 산모 및 신생아 간호법을 시범으로 보여 주면서 지도하고 감독한다.

1) 식사관리

① 산후에는 출혈이나 오로로 인하여 단백질 및 철분의 손실이 크다.
② 충분한 수분공급과 함께 생선, 육류, 간, 우유, 계란, 콩, 녹황색 채소 등을 많이 섭취한다.

③ 모유분비가 잘 되도록 양질의 식품을 충분히 섭취하고 균형 잡힌 식사관리로 산후 비만을 예방한다.

2) 휴식

① 휴식은 출산으로 인하여 생긴 피로의 회복과 조직의 치유를 위한 에너지 보충을 위하여 필요하다.

② 아기와 관련하여 늘어난 활동으로 인하여 이전보다 더 많은 휴식이 필요하다.

3) 위생관리

① 분만으로 인하여 자궁, 질, 외음 등에 상처가 생겨서 세균감염의 위험이 있으므로 외음을 청결하게 관리한다.

② 산후의 목욕은 세균감염의 위험이 있으므로 샤워는 출산 24시간 이후부터 하는 것이 좋고, 통목욕은 출산 최소 4주 이후부터 하는 것이 좋다.

4) 부부 성생활 및 피임

① 부부 성생활은 출산 6~8주 이후에 시작하는 것이 좋다.

② 분만 후 첫 부부 성생활을 시작할 때부터 가족계획을 고려하여 필요에 따라 피임을 시작한다.

③ 분만 후 퇴원하기 전에 미리 피임을 어떻게 할 것인지에 대한 논의를 한다.

④ 특히 분유를 먹이는 경우에는 빠르면 출산 1개월 후에 바로 배란이 되기 때문에 월경이 시작되기 전의 산후 첫 배란으로 임신이 될 수도 있다.

TIP) 피임에 관한 간호사의 역할

- 간호사는 피임에 대한 산모와 남편의 지식 정도 및 태도, 그리고 부부 성생활에 대하여 사정할 수 있다.
- 간호사는 일시적·반영구적·영구적 피임방법의 장·단점에 대한 정보를 제공할 수 있다.
- 간호사는 대상자 부부가 충분한 정보를 가진 상태에서 적절한 피임방법을 결정할 수 있도록 도울 수 있다.

5) 산후운동

① 산후운동은 임신에서 분만에 이르기까지 복부와 골반의 근육이 많이 늘어나 있는 상태를 임신 전의 원래 상태로 회복시키기 위하여 필요하다.

② 산후 회복이 좋은 경우에는 출산 후 24시간 정도가 지난 후에 간호사와 상의하여 산후운동을 시작한다.

③ 산후운동은 절대 무리하지 말고 심호흡과 가벼운 운동부터 시작하여 점차 운동의 강도와 운동량을 늘리는 것이 좋다.

④ 산후운동에는 심호흡, 질회음근육 운동, 산후체조가 있다.

〈산후운동의 효과〉

- 분만 시 늘어난 복벽, 골반, 근육 수축의 회복을 촉진시킨다.
- 혈액순환이 좋아진다.
- 소변의 배출을 쉽게 한다.
- 자궁의 수축을 도와준다.
- 산후 긴장을 풀어 주어 피로회복의 효과가 있다.
- 모유의 분비를 촉진시킨다.
- 변비 방지에 도움이 된다.
- 근육통을 해소시킨다.

6) 모유 수유

① 임신 7개월부터 유방에서 생산되는 초유는 진하고 끈끈하며 짙은 노란색을 띈다.
② 초유에는 비타민C와 비타민D를 제외한 단백질, 지방, 열량이 적당량 포함되어 있다.
③ 초유는 소화하기 편하고 아기의 태변이 잘 나오도록 도와준다.
④ 모유에 많이 함유된 A형 면역글로불린(IgA)은 호흡기계 및 소화기계에 대한 세균성 및 바이러스성 질환, 많은 알레르기로부터 신생아를 보호하는 역할을 한다.
⑤ 모유에 함유된 락토페린은 위장관에서의 세균 성장을 조절하는 역할을 한다.
⑥ 모유에 많이 함유된 방어물질(대식세포, 과립백혈구, T형 림프구, B형 림프구 등)은 생후 6개월 이내의 신생아 감염 및 질병을 예방시키는 역할을 한다.

〈모유 수유의 장점〉

- 모유 수유를 하는 어머니에게는 자궁을 수축시키는 옥시토신 호르몬의 분비로 산후 빠른 시일 내에 자궁이 임신 전의 상태로 돌아가는 것을 돕고, 체형을 원래의 상태로 돌아오게 한다.
- 모유 수유를 하는 시간이 길고 횟수가 많을수록 유방암의 발생빈도가 낮아진다.
- 모아 애착이 강해지고 모아가 심리적·정서적 안정을 얻는다.
- 모유는 신선하고 우유에 비해 소화가 쉬우며 우유 알레르기(구토, 설사, 장출혈, 습진 등)와 같은 수유 장애가 적다.
- 모유 수유에는 면역물질이 많이 함유되어 있어서 많은 질병과 감염으로부터 신생아를 보호하여 우유를 먹는 신생아보다 상기도염, 중이염, 설사, 위장질환 등이 걸릴 확률이 적다.
- 모유 수유아는 청소년기에 당뇨병에 걸릴 위험성, 성인기에 비만 및 고혈압이 될 가능성이 적다.

- 모유에서 비타민, 철분, 무기질 등이 효과적으로 흡수된다.
- 모유 수유를 하는 동안에 유방을 깨끗하게 관리하고 적절하게 지지함으로써 유방이 정상적으로 기능하도록 한다.
- 모유를 먹이기 전에는 반드시 손을 씻고, 모유를 먹일 시간을 놓친 경우에는 손이나 유축기를 사용하여 모유를 짜낸다.
- 브래지어의 크기를 조절하거나 유즙 흡수를 돕는 패드를 사용하는 등의 위생관리가 필요하다.

7) 산후 진찰

① 산후 진찰은 출산 6~8주 후에 의료기관을 방문하여 건강검진을 실시한다.
② 산후 진찰은 산후문제(출혈, 감염 등), 정신 장애(산후 우울증 등) 등을 조기에 발견하여 치료한다.

3 영유아 보건사업

「모자 보건법」에 따라, 영유아는 출생 후 6세 미만인 사람을 말하고, 신생아는 출생 후 28일 이내의 영유아를 말한다.

① 영유아 보건사업의 중요성

영유아기에는 신체적·정서적·인지적 요소들이 기본적으로 발달하는 단계이므로 성장과 발달의 과업 성취가 무엇보다도 중요하다.
① 영유아기에 수행하고 넘어가야 되는 발달과업을 적절하게 수행하지 못한 경우에는 다음 단계의 발달이 지연되거나 이루어지지 못하게 되어 학령기에 수행해야 할 발달은 물론 성인기에까지 부정적인 영향을 미친다.
② 영유아 시기에는 면역력이 낮기 때문에 감염성질환에 대한 예방접종 및 조기대처, 사고예방 등이 영유아들의 건강증진을 위한 필수요건이다.
③ 생애 초기인 태아기 및 영유아기의 건강 잠재력의 배양은 평생 건강을 확보하게 하여 생산성 높은 인적자원을 확보하는 기초가 된다. 따라서 평생 건강의 기틀이 되는 건강한 출발을 보장하려면 건강관리에 대한 사회적 책임이 강조된다.
④ 영유아의 건강한 발육을 위하여 영유아의 질병 및 사고의 예방, 질병의 조기발견 및 치료 등을 적절히 수행한다.

⑤ 건강한 유아 없이 건강한 국민이 있을 수 없으므로 영유아 보건사업은 개인의 건강에서 부터 국가의 발전에 이르기까지 영향을 미친다.

> **TIP) 영유아 보건사업의 지표**
> - 영유아 보건지표를 통하여 영유아 보건사업을 평가할 수 있다.
> - 영유아 보건지표에는 영아 사망률, 신생아 사망률, 영아 후기 사망률, 조생아 사망률, 주산기 사망률, 유아 사망률 및 알파인덱스 등이 있다.

② 신생아의 건강관리

1 신생아 건강관리의 내용

신생아는 출생 후 모체 내 생활로부터 외부생활로 적응하는 시기이다. 신생아 사망이 영아 사망의 55~60%(2016~2018년 기준)를 차지하므로 신생아의 사망 원인을 고려하여 관리 한다. 특히 선천성 이상아와 선천성 대사이상아의 조기발견에 따른 관리가 필요하다.

〈신생아 건강관리에 필요한 내용〉

- 체온 유지
- 감염예방을 위한 제대처리 및 관리
- 깨끗하고 따뜻한 환경 유지
- 호흡을 위한 기도 유지
- 위생적인 수유관리

2 선천성 이상아의 건강관리

(1) 선천성 이상아의 정의

선천성 이상아는 선천성 기형 또는 변형이 있거나 염색체에 이상이 있는 영유아를 말 한다.

(2) 선천성 이상아의 건강관리방법

① 시장·군수·구청장은 선천성 이상아에게 의료지원을 할 수 있는데, 지원이 가능한 질병은 출생 직후 또는 신생아기에 즉시 수술 또는 치료를 받지 못하면 사망하거나 장애가 발생하는 질환이다.

② 주로 치료비가 많이 필요한 다빈도 질환의 선천성 이상아로서 식도폐쇄증, 장폐색 증, 항문직장 기형, 선천성 횡격막 탈장, 제대기저부 탈장 및 그 외 신생아기(생후 28 일 이내)에 응급수술 또는 치료를 받아야 하는 질환 등 주요 다빈도 선천성 이상아 5대 질환이 포함된다.

3 **선천성 대사이상아의 건강관리**

(1) 선천성 대사이상아의 정의

선천성 대사이상아는 태어날 때부터 일부 단백질 효소의 결함이나 부재 등으로 우유나 음식의 대사산물이 뇌나 신체에 독작용을 일으켜 회복 불가능한 손상을 주는 질병을 말한다.

(2) 선천성 대상이상아의 건강관리방법

① 선천성 갑상선기능 저하증, 선천성 아미노산 대사이상증 등의 정신박약을 초래하는 질환은 300종류 이상이나 되는데, 이 중 70여종 이상이 선천성 대사이상에 기인한다.

② 선천성 대상이상 질환은 임상증상이 미약하여 신생아기에는 아무런 증상이 나타나지 않다가 생후 6개월 이후부터 여러 가지 증상이 나타난다.

③ 선천성 대사이상 질환은 대뇌, 간장, 신장, 안구, 기타 장기 등에 손상을 주기 전에 의료기관에서 조기 진단하여 치료를 시작하는 것이 중요하다.

④ 선천성 대사이상 검사는 생후 48시간 후 7일 이내에 젖을 충분히 섭취한 후 2시간 이내에, 모유나 우유섭취량이 적은 미숙아의 경우에는 생후 1주일 이후에 발뒤꿈치에서 채혈하여 검사한다.

⑤ 선천성 갑상선기능 저하증을 가진 아기를 생후 1개월 이내에 치료하면 정상아가 되고, 3개월 이내에 치료하면 85% 정도가 정상아가 된다.

⑥ 선천성 갑상선기능 저하증은 매일 아침 갑상선 호르몬제를 한 번씩 먹는 것으로 치료가 되며, 특수 분유나 식이요법으로도 예방할 수 있다.

③ 영유아의 건강관리

1 **영유아 건강관리의 목적**

영유아 건강관리의 목적은 성장단계별로 적정한 시기에 보건지도 및 의료서비스를 제공하여 차세대 건강한 국민을 확보하는 데 있다.

〈영유아 건강관리의 목적 달성을 위한 간호 내용〉
- 주기적인 건강검사 및 건강상담
- 감염병 예방을 위한 기본 예방접종 및 추가접종
- 균형 있는 식사와 영양분 섭취
- 유치 및 치아 건강관리에 대한 부모교육 및 시설 소개
- 사고예방 및 안전교육
- 정서지도

- 성장발육을 위한 신체적·정신적·사회적·환경적 요소에 대한 보건교육
- 시력관리
- 장애아 예방사업

2 영유아 건강관리의 내용

영유아는 신체적·정서적으로 뚜렷한 변화가 있는 시기이다. 영유아 시기에 감염병 및 사고에 노출될 기회가 현저히 증가한다. 지역사회의 영유아집단에서는 어린이집 아동의 건강관리, 유치원 아동과 학령전기 아동의 건강검사 실시 등을 고려한다.

⟨영유아 건강관리에 필요한 내용⟩

- 성장발육에 대한 지속적 관찰
- 영양 공급 : 이유식, 보충 식이
- 구강관리 및 예방접종
- 사고 예방
- 정서 지도

3 영유아의 건강평가

(1) 영유아 건강평가의 내용

① 건강력과 신체검사
② 가족상태
③ 어머니의 임신, 분만 및 산욕기상태
④ 신생아의 건강상태
⑤ 아기의 수유상태 및 반응
⑥ 일반적인 신체상태와 활동상태 관찰

(2) 영유아의 선별검사 시기

① 영유아의 기본 예방접종 시기 또는 건강진단 시기 : 동시 실시
  (생후 1, 2, 4, 6, 10, 12, 15, 18개월, 만 2세부터 매 1년에 달한 영유아)
② 미숙아의 경우 : 등록 관리 시, 가정방문 시
③ 영유아 보육시설 방문 시

더 알아보자! **임산부·영유아 및 미숙아 등의 정기 건강진단 실기 기준**

1. 임산부

임신 28주까지	4주마다 1회
임신 29주에서 36주까지	2주마다 1회
임신 37주 이후	1주마다 1회

2. 영유아

신생아	수시	
영유아	출생 후 1년 이내	1회
	출생 후 1년 초과 5년 이내	6개월마다 1회

3. 미숙아 등
- 분만의료기관 퇴원 후 7일 이내에 1회
- 1차 건강진단 시 건강문제가 있는 경우에는 최소 1주에 2회
- 발견된 건강문제가 없는 경우에는 제2호의 영유아 기준에 따라 건강진단을 실시한다.

4 영유아 건강관리의 유형

(1) 영유아의 영양관리

1) 식습관의 형성
① 부모는 영유아 식사에 대한 올바른 지식 및 태도, 음식물의 분량, 식품의 선택 및 조리법, 음식물을 먹이는 방법 등에 대하여 가족들에게 교육하고 상담한다.
② 영유아기는 신체적·정신적 발육이 왕성한 시기이면서 식생활의 기초가 형성되는 시기이므로 성장에 필요한 영양소의 섭취와 올바른 식생활의 기본 습관을 형성시킨다.

2) 이유식의 중요성
① 이유식은 액체형 식사(모유, 분유)에서 고형 식사로 바뀌어 가는 과정에 시도한다.
② 모유가 영아의 영양에는 가장 좋지만, 생후 4~6개월이 지나면 모유만으로 어린이의 신체발육 및 성장에 필요한 영양을 충족시킬 수는 없다.
③ 체내에 저장되었던 무기질(철분, 칼슘) 등이 소모되면서 영유아 빈혈이 생기거나 질병에 대한 저항력 및 면역력이 약해진다.
④ 모유나 우유 이외의 음식에 흥미가 생기는 시기이다.
⑤ 생후 7~8개월부터는 치아가 생기고, 위장 기능이 발달하여 소화 흡수율도 높아진다.

⑥ 숟가락을 사용하여 씹고 삼키는 능력을 발달시킨다.

〈이유식의 시작〉

• 이유식은 체중이 약 6~7kg(출생 시의 2배)정도가 되었을 때 조금씩 시작한다.
• 첫 이유식은 과즙이나 채소즙 등을 먹이면서 새로운 맛과 향기를 경험하게 하고, 곡류를 한 가지씩 먹이면서 변과 건강상태를 확인한다.

〈이유식의 진행〉

• 첫 이유식의 분량은 1~2숟갈(5~10cc)로 시작하며, 조금씩 여러 번에 나누어 준다.
• 소화기능이 활발한 오전 중(10시경)이나 수유와 수유 사이에 기분 좋을 때 준다.
• 같은 시간에 같은 장소에서 규칙적으로 주는 것이 좋다.
• 1일 2종류 이상의 새로운 음식을 주지 않도록 한다.
• 새로운 음식을 주는 경우에는 일주일의 간격을 둔다.
• 설탕이나 소금을 과다하게 넣지 않은 담백하고 자극 없는 부드러운 조리법을 이용한다.
• 삼키는 능력을 키우기 위하여 스푼이나 컵을 이용한다.
• 먹기 싫어하는 경우에는 강제로 먹이지 말고 먹고 싶어 할 때까지 기다린다.

(2) 영유아의 예방접종

1) 영유아의 면역성

영유아는 태어날 때부터 어떠한 질병에 대해서는 모체로부터 면역성을 받아서 태어난다. 그러나 모체로부터의 면역성도 생후 수개월부터는 점차 감소되어 없어지므로 중요한 감염성 질환에 대해서는 인공능동면역으로 예방할 필요가 있다.

2) 영유아의 예방접종사업

① 우리나라의 영유아 예방접종사업은 1960년대부터 시행해온 사업으로, 영유아기에 발생률이 높은 감염성 질환에 대한 방역사업과 모성보건사업의 일환으로 관리되고 있다.
② 국가 예방접종사업에는 어린이 국가예방접종 지원사업, 건강여성 첫걸음 클리닉 사업, b형간염 주산기감염 예방사업, 인플루엔자 국가예방접종 지원사업, 어르신 폐렴구균 예방접종사업, 초·중학교입학생 예방접종확인사업, 예방접종 등록사업, 필수 예방접종 사전알림 안내 등이 있다.

〈영유아 예방접종의 효과〉

• 전국 어느 보건소에서나 자녀의 예방접종 기록을 확인할 수 있다.
• 중복 예방접종과 예방접종 누락을 방지할 수 있다.
• 개인 및 지역사회의 면역상태 파악으로 예방접종 백신의 안전성을 확보할 수 있다.
• 효율적인 평가가 가능하여 감염병 예방에 크게 기여할 수 있다.

(3) 영유아의 구강관리

1) 영유아의 유치 및 영구치 관리
① 생후 5~6개월을 전후하여 발생하는 유치와 6세경을 전후하여 발생하는 유치탈락 및 영구치를 관리한다.
② 치아가 나오면서부터 충치균에 노출되므로 수유 후에는 보리차를 마시게 하거나 젖은 거즈를 손가락에 감아 부드럽게 치아를 닦아 준다.

○ 유치와 영구치

유치	모두 20개이며, 출생 후 2년 반이 되면 전부 나온다.
영구치	모두 32개이며, 6~8세부터 유치인 내절치가 빠지고 영구치가 나온다. 단, 저2대구치는 12~14세 때 나온다.

2) 영유아의 구강관리방법
① 구강의 기형, 치아 수, 위치 및 형태의 이상, 질환의 조기 발견을 위하여 관찰하고 치료한다.
② 생후 2년부터 위생적인 칫솔 사용법과 건강한 치아유지를 위한 식이 등의 구강위생 교육을 시작한다.
③ 치과 관련사고에 대한 예방과 이에 대한 교육을 한다.
④ 어린이집 등의 보육시설에서 불소용액 도포사업 및 구강보건교육을 실시한다.

(4) 영유아의 안전관리 및 안전사고

1) 영유아의 안전관리
① 영유아의 안전사고는 우리나라뿐만 아니라 전 세계 영유아의 사망원인 1위를 차지하고 있다.
② 사고는 예기치 못한 상황에서 갑자기 발생하는 것이지만, 부모의 따뜻한 보살핌과 주의 깊은 관찰, 지혜로운 대처로 어느 정도 예방이 가능하므로 영유아의 사고예방과 안전관리에 대한 내용을 부모에게 교육시키는 것이 중요하다.

2) 영아기의 안전사고
① 영아기의 특성
  • 영아기는 극적인 성장과 발달이 진행되는 시기이다.
  • 전적인 보호에 의존적이던 영아가 기고 앉고 서고 이동하는 능력을 갖게 되면서 다양한 사고가 발생할 수 있다.
② 영아기 안전사고의 종류
  • 장난감 및 고무제품에 의한 중금속 물질의 중독

- 기도 폐쇄, 피부 찰과상, 식중독
- 화상, 감전, 약물중독, 낙상 등 (움직이기 시작하면서 발생 가능성 높음)

3) 유아기의 안전사고

① 유아기의 특성

- 유아기에는 다리와 몸통 부분이 빠르게 발달하면서 활동범위가 넓어진다.
- 유아기는 공간개념이나 낯선 사람 및 환경에 대한 개념이 형성되지 않은 상태이다.
- 유아기는 위험상황에 대한 판단이나 자신을 보호하는 경험이나 능력이 없다.
- 유아기는 새로운 세계에 대한 충동심과 탐험에 대한 호기심이 많다.

② 유아기 안전사고의 종류

- 자동차사고, 익사사고, 놀이사고, 약물중독, 식중독
- 화재 및 재해 등 (주위 환경에서 발생하는 사고가 많음)

4) 가정 내 안전사고

어린이 사고는 가장 안전하다고 믿는 가정 내에서 가장 많이 발생하고 있다.

① 가정 내 안전사고의 특성

가정사고의 대부분은 부모와 어린아이의 부주의로 발생하므로 가족 구성원들이 함께 교육을 받을 수 있는 프로그램의 개발이 필요하다.

② 가정 내 안전사고의 예방대책

- 안전사고 방지를 위하여 어린이 눈높이에 맞춘 안전한 생활환경을 조성한다.
- 위험한 물건은 어린이 눈에 띄지 않거나 손이 닿지 않는 곳에 잘 보관한다.
- 부모는 영유아에 대하여 주의 깊게 관찰한다.
- 부모는 영유아에 대하여 적절한 감시와 과잉보호 사이의 균형을 유지한다.

④ 어린이집 아동의 건강관리

1 어린이집 아동의 건강관리방법

① 영유아의 질병 유무를 조기에 발견하여 대처한다.
② 심신의 발달상태나 신체의 특징에 대한 정보를 얻어서 아동의 학습 및 생활지도에 도움을 받는다.
③ 집단생활을 하는 곳이므로 철저한 예방접종 및 위생관리로 감염병의 전파를 방지한다.

2 어린이집 아동의 건강관찰

어린이집 아동은 자신의 건강에 대한 의식이 부족하므로 가정과 어린이집에서의 세심한 관찰이 필요하다.

◐ 아동의 건강관찰 항목(보육교직원)

눈	다래끼, 충혈, 사시, 반복적 두통, 튀어나온 눈, 가려움, 잦은 깜박임, 경련
귀	분비물, 이통, 소리를 잘 듣지 못함, 지나치게 큰 목소리
코와 목	입으로 숨쉬기, 잦은 인후염, 만성적인 코의 분비물, 빈번한 코피, 코로 말함, 잦은 편도선염
피부 및 두피	비듬, 창백함, 발진, 심한 가려움, 청결하지 못함
입과 치아	충치, 불규칙한 치열, 잇몸의 궤양, 호흡 시의 악취, 손가락 빨기
일반 상태	체중과다 및 체중과소, 안색이 나쁨, 잦은 피로감, 구역질, 구토, 어지러움
성장	3개월 동안 체중 변화가 없음, 지나친 체중의 증가 및 감소
행동	• 지나치게 온순하고 위축된 행동 • 지나치게 반항적이고 지배적인 행동 • 불행하고 우울해 보임 • 지나치게 흥분하고 통제하지 못하는 감정 • 환상적이거나 방어적인 거짓말 • 비정상적인 성적 표현 • 지나치게 흥분하고 감정조절 안 되는 행동 • 적대적이고 도전적인 행동 • 말을 더듬고 기타 구화의 결함 형태 • 자신감이 없는 태도와 자기비하, 사책 • 소유권에 대한 인식 부족(훔치기)

3 어린이집 아동의 건강상담

보육교직원과 부모 등 영유아 돌봄자는 아동의 건강관찰을 통하여 문제가 있다고 판단되면 건강상담을 받도록 지도한다. 매월 의사를 초청하기 어려운 경우는 보건소 간호사의 도움을 받거나 학부모가 개별적으로 병원에서 진찰을 받도록 지도한다.

〈반드시 건강상담이 필요한 아동〉
• 건강진단 결과, 지속적인 관찰 및 지도가 필요한 아동
• 일상의 건강관찰 결과, 지속적인 관찰 및 지도가 필요한 아동
• 결석이 잦은 아동
• 아동 스스로 심신의 이상을 느끼고 건강상담을 요청한 아동

4 어린이집 아동의 건강진단

(1) 건강진단의 실시

「영유아보육법 시행규칙」 건강진단 조항에 의하면, 어린이집의 원장은 보육하고 있는 영유아 및 보육교직원에 대하여 1년에 1회 이상 건강진단을 실시해야 한다고 명시되어 있다. 다만, 보호자가 별도로 건강검진을 실시하여 검사결과 통보서를 제출한 영유아에 대한 건강진단은 생략할 수 있다.

(2) 건강진단의 항목

① 아동의 건강진단 항목에는 신체계측, 시력검사, 구강검사 등의 영유아 발달단계에
따라 필요한 항목이 포함되어야 한다.
② 건강진단의 결과, 치료가 필요한 영유아는 보호자와 협의하여 필요한 조치를 한다.
③ 보육교직원의 건강진단 항목에는 결핵 등 감염성질환의 항목이 포함되어야 한다.

(3) 건강진단 결과의 조치

① 어린이집의 원장은 건강진단의 결과, 감염성질환에 감염된 것으로 밝혀지거나 의심
되는 아동은 보육시설로부터 격리시킨다.
② 감염성질환에 감염된 것으로 밝혀지거나 의심되는 보육교직원은 보육시설로부터 격
리시키거나 즉시 휴직시키거나 면직시키는 등의 조치를 한다.

⑤ 학령전기 아동의 건강관리

1 학령전기 아동의 건강검사

학령전기 건강관리는 집단 건강관리로서, 유치원의 건강관리가 대표적이다. 「학교 건강검
사 규칙」 규정에 따라, 유치원 원아에 대한 건강검사는 이 규칙의 검사 항목에 준하여 건강
검사를 실시할 수 있다.

〈학교 건강검사 규칙의 검사 항목〉

- 신장 및 체중
- 비만도를 측정하는 신체의 발달상황
- 건강검진 : 근골격 및 척추, 눈, 귀, 콧병, 목병, 피부병, 구강, 기관능력, 병리검사

2 학령전기 아동의 시력관리

아동은 모든 정보의 80%가 눈을 통하여 들어오고, 이에 따라 지능발달이 촉진되기 때문에
시력저하를 조기에 교정하지 못하면 학습 및 지능발달에 지장을 초래할 수 있다. 아동이
학교에 입학하게 되면 눈을 더욱 많이 사용하므로 취학 전의 시력관리가 더욱 필요하다. 특
별한 이상 소견이 없더라도 유치원에 들어가는 만 4세경에는 시력검사를 하고 굴절이상에
따라 적절한 치료를 받는 것이 좋다.

〈반드시 시력검사가 필요한 경우〉

- 유아기에 엄마와 눈을 잘 맞추지 못하는 경우
- TV를 너무 가까이에서 보는 경우
- 사물을 볼 때 눈을 가늘게 뜨는 경우

- 햇빛을 보면 한쪽 눈을 찡그리는 경우
- 눈을 자주 비비는 경우
- 사물을 볼 때 옆으로 흘겨보는 경우
- 가끔 눈이 아프다고 호소하는 경우

TIP) 장애아의 건강관리방법

- 지역사회 내 장애아에 대한 정확한 실태파악과 의료 및 사회시설에 대한 사용방법을 지도한다.
- 장애 정도가 그 이상 진행되거나 악화되지 않도록 육체적 건강을 도모하고 정신적 건강을 유지하며 정서적으로 원만한 성장발달을 하도록 도와준다.
- 장애아의 잠재능력을 최대한으로 개발시켜 건강한 생활인이 되도록 도와준다.
- 장애아를 가진 가족 간에 많은 접촉기회를 만들어 주어, 서로 이해하고 도울 수 있도록 교육과 기술을 제공한다.
- 장애아의 주변 환경의 개선을 통하여 생활개선을 도모한다.
- 장애아 출현빈도를 최대한 줄일 수 있는 예방사업에 적극 참여한다.

4 노인 보건사업

① 노인인구

1 노인의 정의

(1) 일반적 정의

노인은 생물학적·사회적·심리적 요인에 따라 변화하는 과정에 있는 사람을 말한다.

(2) 국제노년학회의 정의

① 노인은 환경변화에 적절히 적응할 수 있는 자체 조직에 결함을 가진 사람이다.
② 노인은 자신을 통합하는 능력이 감퇴상태에 있는 사람이다.
③ 노인은 인체의 기관, 조직, 기능상에 쇠퇴현상이 일어나는 시기에 있는 사람이다.
④ 노인은 생활에의 적응이 정신적으로 결손상태에 있는 사람이다.
⑤ 노인은 인체조직의 예비능력이 감퇴상태에 있는 사람이다.

2 노인인구의 분류

(1) 연령별 노인인구

1) 고령인구의 비율

총인구에서 65세 이상의 고령인구는 1970년 3.1%에서 지속적으로 증가하여 2020년에는 15.7%로 고령사회에 진입하였다. 2030년에는 24.3%로 후기 고령사회가 될 것으로 예측하고 있다. 특히 85세 이상의 고령인구 비중은 2012년 0.9%에서 2030년에는 2.5% , 2050년에는 7.7%로 크게 증가할 것으로 예측하고 있다.

2) 고령화 속도

고령화 속도에 있어서 노인인구의 비율이 7%에서 14%로 증가되는 기간이 우리나라는 18년이 걸릴 것으로 예측되는데, 이 기간은 미국의 72년, 영국의 46년, 프랑스의 115년과 비교하면 매우 빠른 속도임을 알 수 있다.

(2) 성별 노인인구

우리나라 65세 이상 노인인구의 성비는 1980년에는 59.7%이었으나 2012년에는 70.1%, 2030년에는 81.1%로 크게 높아질 것으로 예측하고 있다. 이는 의료기술의 발달 및 건강에 대한 관심 고조 등으로 인하여 남성 노인의 사망률이 점차 낮아지고 있기 때문이다.

> **TIP)** 노년부양비의 증가
>
> 노인인구는 지속적으로 증가하고 있는 반면에, 15~64세 생산인구는 2012년 73.1%에서 2030년에는 63.1%, 2050년에는 52.7%로 점차 감소할 것이라는 예측에 따라 노년부양비는 점점 증가할 것이다.

3 노인인구의 특성

(1) 거주형태

① 65세 이상 고령자가 홀로 사는 독거노인의 비율은 2000년에는 3.7%이었으나 2012년에는 2배의 수치인 6.6%가 되었다. 독거노인은 지속적인 증가 추세이므로 2035년에는 15.4%로 증가할 것이라는 예측을 하고 있다.

② 독거노인의 증가는 전통적인 노부모 동거 부양의 가치관이 사회적·시대적 변화에 따라 점차 퇴색되어 가는 결과이다.

③ 독립적인 경제활동이 어렵고, 기능쇠퇴와 더불어 만성퇴행성질환의 유병률이 높은 노인의 특성을 고려해 볼 때 다양한 사회적 대책이 필요한 시점이다.

(2) 경제상태

① 노인인구는 연령이 증가함에 따라 지적능력, 감각능력, 지각능력 등이 감소하면서 육체적인 능력이 감소된다. 그러나 일을 계속하고 싶어 하는 욕구는 가지고 있다.
② 일을 하고 싶다는 욕구는 수입을 얻기 위한 목적도 있지만 일을 통하여 성취감, 만족감, 자신감을 얻고 건강유지, 사교 등의 다양한 목적도 이룰 수 있기 때문이다.

② 노인의 보건의료

1 노인 보건의료의 필요성

(1) 노화현상의 이환

노년기가 되면 누구도 피할 수 없는 노화현상이 나타나며 만성퇴행성 질환에 이환되기 쉽다. 만성퇴행성 질환은 거의 완치가 불가능하므로 철저한 관리를 통하여 증상이 악화되는 것을 예방하는 것이 효과적이다. 따라서 체계적인 만성퇴행성질환의 관리는 노인의 건강을 보호하고 유지하며 증진시킨다.

(2) 국민 의료비의 절감

노인들이 적절한 질병관리를 하지 못하여 의료시설에 입원하게 되면, 이환 일수가 길어져서 노인 자신에게 고통을 줄 뿐만 아니라 막대한 의료비용 때문에 노인을 보호하는 가족이나 국민들에게도 부담을 준다. 따라서 적절한 질병관리를 통하여 의료시설에 조기입원하는 것을 예방하게 되면 국민 의료비를 절감할 수 있다.

(3) 장기화된 노년기

체계적이고 지속적인 건강관리를 통하여 예방 가능한 건강수준의 하락을 사전에 방지함으로써 장기화된 노년기를 긍정적으로 받아들일 수 있다.

(4) 삶의 질 향상

효율적인 노인 보건의료는 노인의 활동과 대인관계를 원만하게 하여 삶의 질을 향상시킨다.

2 노인 장기요양보험제도

(1) 노인 장기요양보험제도의 목적

고령이나 노인성 질병 등의 사유로 일상생활을 혼자서 수행하기 어려운 노인 등에게 신체활동 또는 가사활동 지원 등의 장기요양급여를 제공하여 노후의 건강증진 및 생활안정을 도모하고 그 가족의 부담을 덜어줌으로써 국민의 삶의 질을 향상시키기 위하여 시행하는 사회보험제도이다.

(2) 노인 장기요양보험제도의 특성

1) 국민건강보험제도의 별도 운영

① 노인 장기요양보험제도를 국민건강보험제도와 분리 운영하는 경우에 노인 등에 대한 요양 필요성 의 부각이 비교적 용이하여 새로운 제도 도입이 쉽고 장기요양급여를 운영할 수 있다.

② 노인 장기요양보험제도의 특성을 살릴 수 있도록 「국민건강보험법」과는 별도로 「노인장기요양보험법」이 제정되어 있다. 따라서 국민건강보험의 재정에 구속되지 않는다.

2) 사회보험방식을 근간으로 한 국고지원 부가방식

우리나라의 노인 장기요양보험제도는 사회보험방식을 근간으로 하는데, 일부는 국고지원 부가방식(공적 부조방식)을 가미한 형태로 설계·운영되고 있다.

3) 보험자 및 관리운영기관의 일원화

① 우리나라의 노인 장기요양보험제도는 관리·운영할 기관을 별도로 설치하지 않고 「국민건강보험법」의 규정에 따라 설립된 기존의 국민건강보험공단을 관리운영기관으로 지정하고 있다.

② 노인 장기요양보험제도의 도입과 정착을 원활히 하기 위하여 국민건강보험과는 다른 독립적인 형태로 설계하고, 노인 장기요양보험제도의 운영에 있어서는 효율성 제고를 위하여 별도의 관리운영기관을 설치하지 않고 국민건강보험공단이 수행하도록 하였다.

4) 노인 중심의 급여

① 우리나라의 노인 장기요양보험제도는 65세 이상의 노인 또는 65세 미만의 자로서, 치매·뇌혈관성 질환 등 노인성질병을 가진 자 중에서 6개월 이상 혼자서 일상생활을 수행하기 어렵다고 인정되는 자를 수급대상자로 규정하고 있다.

② 단, 65세 미만자이지만 노인성 질병이 없는 일반 장애인은 수급대상자에서 제외된다.

◯ 국민건강보험과 노인 장기요양보험

기존 국민건강보험	노인 장기요양보험
질환의 진단, 입원치료 및 외래 치료, 재활 등을 목적으로 주로 병·의원 및 약국에서 제공하는 서비스를 급여 대상으로 하였다.	고령 및 노인성질병 등으로 인하여 혼자 힘으로 일상생활이 어려운 대상자에게 요양시설이나 재가기관을 통하여 신체활동 또는 가사지원 등의 서비스를 제공한다.

③ 노인 보건의료의 유형

1 노인 장기요양보험

(1) 노인 장기요양보험의 적용 대상

① 국민건강보험 가입자는 노인 장기요양보험의 가입자가 된다. 이는 국민건강보험의 적용에서와 같이 법률상 가입이 강제되어 있다.

② 공공부조의 영역에 속하는 의료급여 수급권자의 경우 국민건강보험과 노인 장기요양보험의 가입자에서는 제외되지만, 국가 및 지방자치단체의 부담으로 노인 장기요양보험의 적용 대상으로 하고 있다.

(2) 노인 장기요양보험의 재원 구성

노인 장기요양보험에 소요되는 재원은 노인 장기요양보험료, 국가 지원금(국가 및 지방자치단체 부담), 본인 부담금(장기요양급여 이용자가 부담) 3가지로 구성되어 운영되고 있다.

1) 노인 장기요양보험료

① 노인 장기요양보험 가입자는 국민건강보험 가입자와 동일하다. 따라서 노인 장기요양보험료는 국민건강보험료에 장기요양 보험료율을 곱하여 산정한 금액을 부과 징수한다.

② 노인 장기요양보험제도를 관리·운영하는 주체인 국민건강보험공단은 국민건강보험료와 노인 장기요양보험료를 통합 징수하되, 고지는 구분하여 별도로 한다.

2) 국가 지원금

국가 및 지방자치단체가 지원하는 금액은 보험료 예상수입액의 20%와 의료급여 수급권자의 급여비용 등이다.

3) 본인 부담금

① 본인 부담금은 시설에 입소하여 요양을 받는 경우에는 요양비의 20%를 부담하고, 재가 급여를 받는 경우에는 요양비의 15%를 부담한다.

② 의료급여 수급권자, 저소득층, 경로연금 대상자는 본인 부담금을 일반인보다 50% 경감해 준다. 단, 국민기초생활수급 노인은 본인 부담금을 부과하지 않으므로 무료로 서비스를 받는다.

◎ 본인 부담금의 부과 원칙

• 65세 이상 일반 노인 • 65세 미만자 중에서 노인성 질환자	본인이 20%를 부담하고, 나머지 80%는 국민건강 보험공단이 부담한다.
• 「국민기초생활보장법」상의 수급권자 • 「의료급여법」상의 수급권자	무료 또는 본인이 10%를 부담하고, 나머지 90% 는 국가가 부담한다.

📋 더 알아보자! 「노인복지법」과 「노인장기요양보험법」상의 요양

「노인복지법」상의 노인 요양	「노인장기요양보험법」상의 서비스
주로 국민기초생활보장수급자 등 특정 저소득 층을 대상으로 국가나 지방자치단체가 공적 부조방식으로 제공하는 서비스 위주로 운영되 었다.	소득에 관계없이 심신 기능상태를 고려한 요양 필요도에 따라 장기요양 인정을 받은 자에게 서 비스가 제공되는 보다 보편적인 체계로 운영되고 있다.

2 장기요양급여

(1) 장기요양급여의 개념

장기요양급여는 대상자 개인의 삶을 존중하며 가능한 한 대상자의 자립적인 생활을 할
수 있도록 대상자의 능력을 최대한 활용하면서 서비스를 제공하는 것을 말한다.

(2) 장기요양급여의 종류

장기요양급여에는 재가급여, 시설급여, 특별 현금급여 3가지 종류가 있다.

1) 재가급여

재가급여에는 방문요양, 방문목욕, 방문간호, 주야간 보호, 단기보호 및 복지용구 대여
등이 있다.

방문요양	방문요양은 요양보호사가 집을 방문하여 목욕, 배설, 화장실 이용, 옷 갈아입히기, 세발, 취사, 생필품 구매, 청소 및 주변 정돈을 도와주는 서비스이다.
방문목욕	방문목욕은 2인 이상의 요원이 목욕설비를 갖춘 차량을 이용하여 장애나 거동 불편으로 타인의 도움 없이는 목욕이 불가능한 대상자에게 목욕서비스를 제공하는 것을 말한다.
방문간호	방문간호는 간호사 등이 의사, 한의사 또는 치과의사의 지시에 따라 가정 등을 방문하여 간호, 진료보조, 요양에 관한 상담 또는 구강위생을 제공하는 서비스이다.

2) 시설급여

시설급여는 요양시설에 입소한 대상자에게 제공하는 간병, 수발 등의 일상생활지원, 간

호, 기능훈련 등 전문요양서비스를 말한다.

〈시설급여를 제공하는 기관〉
- 「노인복지법」상의 노인전문요양원, 노인요양원, 노인요양 공동생활가정 등
- 이전의 무료요양원, 실비요양원, 유료 노인요양시설

3) 특별 현금급여
특별 현금급여는 간병비를 현금으로 지급하는 급여를 말한다.

〈특별 현금급여를 제공하는 경우〉
- 요양시설이 없어서 불가피하게 가족들이 요양 대상자를 요양하는 경우
- 요양 대상자가 노인전문병원 또는 요양병원에 입원한 경우

(3) 장기요양급여의 수급(장기요양 인정)

1) 장기요양급여의 수급(장기요양 인정)의 개념
장기요양 인정은 일정한 절차에 따라 장기요양급여를 받을 수 있는 권리(수급권)가 부여되는 것을 말한다. 일반적으로 장기요양급여의 수급을 장기요양 인정이라고 한다. 장기요양보험 가입자 및 피부양자, 의료급여수급권자가 장기요양급여를 받을 수 있는 것은 아니다.

2) 장기요양급여의 수급(장기요양 인정)의 신청자격
① 장기요양급여의 수급(장기요양 인정)을 위해서는 본인 신청의 절차를 밟는다.
② 장기요양급여의 수급(장기요양 인정) 신청자격은 노인 장기요양보험 가입자 및 그 피부양자 또는 의료급여수급권자 중 65세 이상 노인과 65세 미만자로서 치매, 뇌혈관성 질환 등 노인성 질병을 가진 자이다.
③ 장기요양서비스의 욕구가 있는 대상자는 누구든지 본인 또는 가족이 국민건강보험공단에 의사소견서를 첨부하여 장기요양인정 신청서를 제출할 수 있다.

3) 장기요양급여의 수급(장기요양 인정)의 판정 절차
① 장기요양급여의 수급(장기요양 인정) 신청서를 제출하면 국민건강보험공단으로부터 방문조사를 받게 된다.
② 국민건강보험공단의 장기요양 관리요원이 직접 방문하여 대상자의 기능상태와 요양 욕구 조사를 실시한다.

● 장기요양 인정을 위한 판정조사의 유형

기능상태 조사	신체기능, 인지기능, 문제행동, 간호욕구, 재활욕구
요양욕구 조사	일상생활 수행(ADL), 수단적 일상생활수행능력(IADL), 주거환경 조사

③ 조사가 끝나면 조사결과서와 의사소견서를 근거로 장기요양등급 판정위원회에서 등급의 판정기준에 따라 장기요양급여의 인정 여부 및 인정 등급을 부여한다. 장기요양 인정 등급은 대상자에게 요구되는 수발 시간이 어느 정도인가에 따라 결정된다.

④ 장기요양등급 판정위원회에서 장기요양 대상자로 인정이 되고 등급이 확정되면 '장기요양 인정서'와 요양등급, 장기요양급여의 종류, 이용 가능한 적절한 요양급여의 내용·횟수·비용을 적은 '표준 장기요양 이용계획서'를 신청자에게 발급한다.

⑤ 장기요양 인정서를 발급받은 요양 대상자는 본인의 선택에 의한 자율적 계약에 따라 장기요양급여를 즉시 제공받을 수 있다.

TIP》 장기요양등급 판정위원회

● 장기요양 인정 및 등급 판정을 위한 심의기구로, 시·군·구에 설치한다.
● 판정위원은 의료인, 사회복지사, 시·군·구 소속 공무원이 될 수 있다.
● 판정위원회의 구성은 시장, 군수, 구청장이 추천한 7인과 의사, 한의사 1인 이상이 포함된 총 15인이다.

(4) 장기요양급여의 인력

장기요양급여에 필요한 인력은 간호사, 사회복지사, 요양보호사, 간호조무사, 치과위생사, 물리치료사 등이 있다.

1) 간호사 및 사회복지사
① 장기요양관리요원으로 활동할 수 있다.
② 등급 판정을 위한 1차 조사를 실시하는 방문조사자이다.
③ 대상자의 등급 판정에 따라 대상자에게 적절한 요양서비스의 종류와 내용을 계획하는 케어매니저로서의 역할을 한다.

2) 요양보호사
「노인복지법」에 근거한 가정봉사원 파견기관, 재가복지기관, 주야간 보호시설, 단기 보호시설이 방문요양 또는 방문목욕을 제공하는 재가장기요양기관이 되기 위해서는 가정봉사원 대신 요양보호사 1급을 반드시 두어야 한다.

3) 간호조무사
방문간호를 제공하는 재가장기요양기관이 되기 위해서는 간호업무경력 2년 이상인 간호사 또는 간호보조 업무경력 3년 이상인 간호조무사로서 방문간호 간호조무사 교육(700시간)을 이수한 자이어야 한다.

(5) 장기요양급여의 제공기관

1) 장기요양기관

장기요양기관에는 시설급여 제공기관과 재가급여 제공기관 2가지 종류가 있다.

● 장기요양기관의 종류

시설급여 제공기관	「노인복지법」상 노인요양시설 및 노인요양 공동생활가정으로 시·군·구청장의 지정을 받은 장기요양기관
재가급여 제공기관	「노인 장기요양보험법」의 규정에 따라 재가 장기요양기관의 시설·인력기준을 갖추어 시·군·구청장의 지정을 받은 장기요양기관

2) 재가 장기요양기관

재가 장기요양기관은 「노인장기요양보험법」의 규정에 따라 재가 장기요양기관의 시설·인력기준을 갖추어 시·군·구청장에 설치 신고를 하고 재가급여를 제공하는 장기요양기관을 말한다. 재가 장기요양기관에서 제공하는 서비스를 재가급여라고 한다.

Chapter 4 · 건강문제별 인구집단의 간호

1 방문건강 관리사업

① 방문건강 관리사업의 개요

1 방문건강 관리사업의 정의

(1) 건강수준의 향상을 위한 보건의료서비스 제공사업

방문건강 관리사업은 보건의료 전문인력이 지역주민의 가정 또는 시설을 방문하거나 보건소 및 지역사회 제반시설 등을 이용하여 건강문제를 가진 가구 및 가구원을 발견하고 건강증진, 만성질환 등 질병의 예방 및 관리를 위한 적합한 보건의료서비스를 직접 제공하거나 지역사회 의료와의 연계를 강화하여 가족과 지역주민의 자가건강 관리능력을 개선하여 건강수준을 향상시켜 주는 보건의료서비스를 제공하는 포괄적인 사업이다.

(2) 취약계층의 건강증진 향상을 위한 실천 전략

방문건강 관리사업은 제3차 국민건강증진종합계획(2011~2020)의 종합적인 도달 목표인 건강형평성의 제고와 취약계층의 건강수명 연장을 위하여 취약계층의 건강문제를 포괄적·적극적으로 파악하여 건강관리서비스를 제공하고 다양한 맞춤형 서비스의 연계를 실시하여 취약계층의 건강증진을 향상시키기 위한 실천 전략이다.

2 방문건강 관리사업의 목적

방문건강 관리사업은 3가지 목적을 달성하기 위하여 운영된다.
① 취약계층의 건강인식 제고
② 자가건강 관리능력의 향상
③ 건강상태의 유지 및 개선

3 방문건강 관리사업의 특성

① 방문건강 관리사업은 가정 방문을 통하여 생애주기별 특성에 맞는 건강생활실천 및 질병예방 프로그램을 제공한다.
② 대상자 중심의 건강위험요인 및 건강문제를 파악하여 팀 접근방식의 건강관리서비스를 제공한다.
③ 보건소 내·외의 자원 연계를 통하여 다양하고 적절한 보건복지서비스를 제공한다.
④ 대상자들의 자가건강 관리능력의 향상을 돕는 포괄적인 형태의 사업이다.

② 방문건강관리사업의 내용

1 방문건강관리사업의 추진 배경

(1) 취약계층을 위한 건강 형평성의 제고

① 경제적 분배과정에서 소외된 빈곤가구를 사회공동체가 지지해 주지 못하면서 고통이 늘어나고 있다.
② 국민건강증진종합계획(Health Plan 2020)의 건강수명 연장 및 건강 형평성의 제고를 목표로 하여 취약계층에게 가정방문을 통한 건강관리서비스를 제공한다.

(2) 고령화사회 도래에 따른 대응

① 노인 장기요양보험이 2008년 7월 1일부터 시행됨에 따라 등급 외 판정을 받은 대상자를 포함한 허약노인이 건강상태 악화로 인하여 장기요양상태가 되지 않도록 조기에 방지하는 예방 프로그램이 필요하다.
② 65세 이상 저소득층 노인의 약 80% 이상이 각종 질환에 이환되고 있는 실정이므로 건강관리서비스가 절실히 필요하다.

(3) 만성질환 증가에 따른 예방 및 관리활동

① 고혈압, 당뇨, 고지혈증 등 만성질환자 증가에 대비하여 건강생활 실천의 확산을 위한 적극적인 중재가 필요하다.
② 가정 외에도 문화센터, 체육시설, 경로당, 주민자치센터 등 주민들의 일상생활 공간을 통한 적극적인 건강생활 실천의 유도가 필요하다.

(4) 국민의료비의 절감 유도

① 질병 예방 및 만성질환자에 대한 건강관리를 강화하여 2차 합병증을 예방한다.
② 대상자의 적정의료 이용의 유도가 필요하다.

2 방문건강관리사업의 대상 및 군 분류

(1) 방문건강관리사업의 대상

건강문제가 있는 취약계층에서 건강행태위험군, 건강위험군, 장기요양등급 판정자를 제외한 대상자가 방문건강관리사업의 대상이다. 적절한 건강관리서비스를 제공하기 위하여 우선순위 기준에 맞게 대상자의 범위를 설정한다.

(2) 방문건강관리사업의 군 분류

① 방문간호사가 대상자의 건강위험요인, 건강문제, 증상의 조절 여부 등을 조사하고 지역보건의료정보시스템(구 보건기관통합정보시스템)에 입력하여 3개의 군으로 분류한다.

② 집중관리군은 가정방문을 평균 8회, 2~4개월 동안 1회 이상 방문하도록 정해져 있고, 필요한 경우에는 3개의 군 모두 전화 방문도 가능하다.

③ 방문간호사는 대상자의 건강위험요인, 건강문제, 증상의 조절 여부 등에 따라 건강관리서비스를 계획하여 보건소 내·외의 자원을 연계하여 맞춤식 서비스를 제공한다.

> **TIP** 방문건강관리사업의 인력
> - 방문건강관리사업의 중심 인력은 담당부서의 간호인력이다.
> - 인력이 필요한 경우에는 의사, 사회복지사, 물리치료사, 영양사, 치과위생사, 운동사, 북한이탈주민 상담사, 작업치료사 등을 활용한다.
> - 전국 253개 보건소에서 전문 인력이 취약계층을 위한 포괄적인 방문건강관리서비스를 제공하고 있다.

3 방문건강관리사업의 전략

방문건강관리사업의 접근 전략은 취약계층의 건강문제를 포괄적·적극적으로 파악하여 건강관리서비스를 제공하고 연계를 실시하는 것으로, 생애주기별 건강관리, 맞춤형 서비스, 지역담당제 3가지로 구성된다.

(1) 생애주기별 건강관리

방문건강관리사업 대상자인 취약계층에게 생애주기별 특성에 맞는 건강생활 실천 및 질병예방프로그램을 제공한다.

○ 생애주기별 건강관리의 내용

신생아 영유아	• 성장단계 및 발달단계에 따른 건강문제 스크리닝 • 예방접종 관리 • 부모·자녀 간의 상호작용 강화를 위한 정보 제공 및 상담
임부	• 스크리닝을 통한 건강문제 발견(고위험임산부 등) • 건강행태와 지식 관련 교육 및 상담
산부	• 산욕기 평가에 따른 산후 건강관리 • 모유수유에 대한 정보 제공 및 상담
성인	• 건강생활 실천을 위한 동기부여 • 건강위험요인 및 건강문제별 건강관리서비스 제공 • 만성질환 관리 및 합병증 예방을 위한 프로그램 제공 및 연계
노인	• 허약 예방을 위한 프로그램 제공 및 연계

(2) 맞춤형 서비스

① 대상자 중심의 보건·복지서비스를 제공한다.

② 대상자의 건강위험요인 및 건강문제를 파악하여 팀 접근방식의 건강관리서비스를 제공한다.

③ 보건소 내·외의 자원 연계를 통하여 다양하고 적절한 보건·복지서비스를 제공한다.

(3) 지역 담당제

① 지역사회 보건의료서비스의 접점을 명료화한다.

② 담당 지역의 주민에게 건강관리서비스를 제공하는 접점의 역할을 한다.

③ 지역사회 주민의 보건소 접근 제한을 찾아가는 건강관리서비스로 대체한다.

③ 방문건강관리사업의 건강관리서비스

방문건강관리사업의 건강관리서비스는 대상자에게 보건소 내의 간호사, 물리치료사, 치과위생사 등의 전문인력이 가정을 방문하여 대상자의 건강문제 스크리닝, 보건소 내·외의 자원 연계를 실시하여 각 대상자별로 건강관리서비스를 제공한다.

1 건강행태의 개선

(1) 목적

건강행태의 개선은 금연, 금주, 규칙적 신체활동 및 균형 있는 영양섭취 등의 건강생활 실천을 통한 질환 발생을 사전에 예방하는 데 있다.

(2) 대상

- 일반검진 및 생애전환기검진 결과, 건강위험요인이 있는 대상자
- 건강위험요인 및 건강문제가 있는 대상자

(3) 건강관리서비스 내용

① 건강위험요인 및 건강문제 스크리닝

② 일반검진 및 생애전환기검진의 결과 확인 및 직접 방문상담 실시

③ 건강생활 실천을 위한 동기부여 및 합병증 예방교육

(4) 연계서비스 내용

보건소 내	• 금연사업팀 또는 금연클리닉 연계 • 질주사업팀 또는 알코올 상담센터 연계 • 신체활동사업팀(건강생활실천사업, 건강증진보건소) 연계 • 영양사업팀 연계 • 비만사업팀 연계 • 구강사업팀 연계 • 한의약 건강증진사업팀 연계
보건소 외	• 통합사례 관리사업(희망복지지원단) 의뢰 및 연계

2 만성질환 관리 및 합병증 예방

(1) 목적

만성질환 관리 및 합병증 예방은 체계적인 건강관리를 통하여 고혈압, 당뇨병, 암 등의 주요 만성질환의 유병률을 감소시키고 만성질환으로 인한 장애 및 사망을 최소화하는 데 있다.

(2) 대상

- 일반검진 및 생애전환기검진 결과, 건강문제(질환 의심, 유질환자)가 있는 대상자
- 건강위험요인 및 건강문제가 있는 대상자
- 보건소 내 진료실, 만성질환관리팀 등 타 부서로부터 의뢰된 만성질환자
- 지역사회기관으로부터 의뢰된 만성질환자

(3) 건강관리서비스 내용

- 건강위험요인 및 건강문제 스크리닝
- 일반검진 및 생애전환기검진 결과의 확인 및 직접 방문상담 실시
- 만성질환자의 건강생활 실천의 동기부여 및 합병증 예방교육
- 암으로 인한 증상 및 통증 조절을 위한 정보 제공

(4) 연계서비스 내용

보건소 내	• 심뇌혈관질환 예방관리사업팀 연계 • 한의약 건강증진사업팀 연계
보건소 외	• 통합사례관리사업(희망복지지원단) 의뢰 및 연계 • 지역사회 보건의료전문기관 의뢰 및 연계 • 의료급여 사례관리사업 연계

3 임산부·신생아 및 영유아 관리

(1) 목적

임산부·신생아 및 영유아 관리는 임산부와 신생아의 잠재적인 건강문제를 조기 발견하여 체계적으로 관리하고 건강위험군인 영유아에게 건강관리서비스를 제공하는 데 있다.

(2) 대상

- 모자보건팀에 산모·신생아 도우미 지원사업 신청자
- 방문건강관리가 필요한 산모와 영유아, 특히 다문화가족의 여성 및 자녀
- 임부 또는 분만 8주 이내 산욕기에 있는 산부
- 출생 4주 이내의 신생아 및 영유아

(3) 건강관리서비스 내용

① 고위험 임부 및 정상 임부의 건강문제 스크리닝
② 산욕기 평가에 따른 산후 건강관리
③ 모유수유의 정보 제공 및 상담
④ 신생아·영유아의 발달단계에 따른 건강문제 스크리닝 및 예방접종 관리
⑤ 부모·자녀 간의 상호작용 강화를 위한 정보제공 및 상담

(4) 연계서비스 내용

보건소 내	• 아토피 및 천식 예방관리사업팀 연계 • 모자보건사업팀(철분제·엽산제 지원, 모유수유클리닉 운영 등) 연계 • 영양플러스사업팀 연계 • 미숙아·선천성 이상아의 의료비지원사업 연계
보건소 외	• 통합사례관리사업(희망복지지원단) 의뢰 및 연계 • 지역사회 보건의료전문기관 의뢰 및 연계

4 노인의 허약 예방

(1) 목적

노인의 허약 예방은 노인의 신체적·인지적·정신적·사회적 기능의 회복, 유지, 증진을 통하여 건강한 노후생활 영위를 도모하고 장기요양상태가 되는 것을 사전에 예방하는 데 있다.

(2) 대상

만 65세 이상 노인의 허약노인 판정평가(만 65세 이상 건강면접조사표-기초측정표) 결과, 4~12점으로 고위험 허약노인에 해당되는 대상자

(3) 건강관리서비스 내용

① 장기요양등급 외 판정자에 대하여 허약노인 판정평가 실시
② 치매 조기선별검사의 시행
③ 운동·영양·구강관리·요실금 및 우울 예방·인지 강화·낙상 예방을 위한 허약노인 중재프로그램 제공
④ 구강기능(저작, 연하, 발음, 타액분비 등)의 향상을 위한 입체조 실시
⑤ 폭염, 한파 등 계절별 건강관리교육 실시

(4) 연계서비스 내용

보건소 내	• 심뇌혈관질환 예방관리사업팀 연계 • 치매관리사업팀 또는 치매상담센터 연계 • 노인 의치·보철사업·불소도포·스케일링 지원사업 연계 • 노인의 안검진 및 개안수술 지원
보건소 외	• 통합사례관리사업(희망복지지원단) 의뢰 및 연계 • 지역사회 보건의료전문기관 의뢰 및 연계

5 다문화가족 및 북한이탈주민 관리

(1) 목적

다문화가족 및 북한이탈주민 관리는 다양한 건강위험요인 및 건강문제를 가진 다문화
가족의 관리와 감염성 및 정신건강문제를 가진 북한이탈주민을 관리하는 데 있다.

(2) 대상

- 다문화가족
- 북한이탈주민

(3) 건강관리서비스 내용

① 다문화가족 지지체계의 확인 및 가족 내 의사소통 장애요인 파악
② 다문화가족의 문제해결능력 강화를 위한 중재 및 상담
③ 북한이탈주민 중 감염성질환(결핵, B형간염 등)을 가진 건강위험군 발굴 및 등록
④ 북한이탈주민의 정신적 건강문제(우울 등) 스크리닝
⑤ 하나센터에 방문하여 건강상담 및 교육

6 장애인의 재활 관리

(1) 목적

장애인의 재활 관리는 장애의 조기발견, 2차 장애의 예방, 재활치료 등 지속적인 관리
로 장애의 최소화 및 일상생활 자립능력을 증진시키는 데 있다.

(2) 대상

대상은 만 7세 이상 기초 재활서비스가 필요한 재가 장애인이다.

(3) 건강관리서비스 내용

① 기능증진을 위한 일상생활수행능력(ADL), 관절구축 예방운동 및 교육
② 기본 건강관리 : 위생, 영양, 피부관리(욕창, 체위관리), 구강 위생관리 등

③ 연하장애·호흡장애 관리, 배변·배뇨관리 교육 및 훈련, 저작능력 향상을 위한 운동 교육

④ 장애심화 위험요인을 가진 만성질환자를 위한 자가 건강관리교육

⑤ 2차 장애의 예방을 위한 낙상 및 안전관리 교육

(4) 연계서비스 내용

보건소 내	• 지역사회 중심 재활사업팀 연계 등
보건소 외	• 통합사례관리사업(희망복지지원단) 의뢰 및 연계 • 지역사회 보건의료전문기관 의뢰 및 연계

TIP 지역사회 중심 재활사업(CBR) 거점 보건소

재가 장애인 중에서 건강관리서비스가 필요한 대상자를 방문건강관리사업팀에 의뢰하여 등록·관리한 후에 재활서비스를 제공하는 보건소를 말한다.

7 보건소 내·외의 자원 연계

(1) 목적

보건소 내·외의 자원 연계를 통한 적절한 보건복지서비스의 제공 및 서비스 중복과 사각지대 요소를 해소하는 데 있다.

(2) 연계 내용

① 연계 주기 : 필요 시

② 연계 항목

보건 서비스	보건소 내	금연, 절주, 신체활동, 영양, 비만, 구강, 심뇌혈관질환예방, 한의약 건강증진, 아토피·천식 예방관리, 여성·어린이 특화(모성보건), 치매관리, 지역사회 중심의 재활
	보건소 외	• 의료급여사례관리사업 • 노인 장기요양보험(장기요양등급 외 판정자) • 보건의료전문기관 • 무료수술 및 의료비 지원
복지 서비스	통합사례관리사업(희망복지지원단) 등	

(3) 실적의 인정 기준

① 보건소 내의 자원 연계

• 실적은 의뢰·회신서가 있는 경우만 인정한다.

- 보건소 내의 타 부서 연계는 연계된 프로그램의 실인원수 만큼 인정한다.

② 보건소 외의 자원 연계
- 실적은 의뢰·회신서가 있는 경우만 인정한다.
- 병·의원 연계는 실제 진료를 확인할 수 있는 처방전, 진료비 영수증 등 인정한다.
- 보건서비스는 연계한 보건의료기관 진료과 수를 인정한다.
- 복지서비스는 제공된 서비스 수를 실적으로 인정한다.

③ 의료급여 사례관리 대상자, 장기요양등급 외 판정자에 대한 연계
건강관리서비스를 제공하고, 결과통보서를 회신한 실인원수 기준으로 인정한다.

④ 실적으로 인정되지 않는 경우
- 방문건강 관리사업팀 내에서 연계한 경우
- 경로당 등 집단시설에서 건강검진 등을 제공한 경우
- 방문건강 관리사업팀이 주관하는 사업이 아닌 보건소 및 지자체의 사업에 참여한 경우

더 알아보자! │ **방문건강관리사업 간의 연계 예시**

1. 의료급여의 사례관리 대상자 연계

대상자	• 의료급여사례관리 대상자 중 지속적 건강관리가 필요한 대상자
주기	• 월 1회
양식	• 대상자 명단 및 개인별 기초조사서(사본) • 의료급여사례관리팀 → 방문건강관리사업팀
의뢰된 대상자 정보	• 시·군·구 의료급여사례관리팀으로 통보 • 보고 주기 : 매월 1회 • 방문건강관리사업팀 → 의료급여사례관리팀

2. 노인 장기요양보험의 등급 외 판정자 연계

대상자	• 장기요양등급 외 A, B, C 등급 ※ 장기요양등급(1, 2, 3등급) 판정자는 퇴록
주기	• 월 1회
양식	• 국민건강보험공단 → 방문건강관리사업팀 • 방문건강관리사업팀 → 국민건강보험공단

2 법정감염병 관리사업

① 법정감염병의 개요

1 법정감염병의 분류체계 개편

질환별 특성(물/식품매개, 예방접종대상 등)에 따른 군(群)별 분류에서 심각도·전파력·격리수준을 고려한 급별 분류로 개편하였다.

◎ 법정감염병의 분류체계 개편과정

개편 전	개편 후
• 제1군~제5군 감염병 • 지정 감염병 총 80종	• 제1급~제4급 감염병 • 지정 감염병 총 86종

2 법정감염병의 분류체계 변경사항

① 바이러스성 출혈열(1종)을 개별 감염병(에볼라바이러스병, 마버그열, 라싸열, 크리미안콩고출혈열, 남아메리카출혈열, 리프트밸리열)으로 분리·열거하였다.
② 인플루엔자 및 매독을 제4급 감염병(표본감시대상)으로 변경하였다.
③ 사람유두종바이러스감염증을 제4급 감염병에 신규 추가하였다.

3 법정감염병의 분류

법정감염병에는 제1급 감염병, 제2급 감염병, 제3급 감염병, 제4급 감염병, 기생충 감염병, 세계보건기구 감시대상 감염병, 생물테러 감염병, 성매개 감염병, 인수공통 감염병 및 의료관련 감염병이 있다.

구분	예
제1급 감염병 (17종)	에볼라바이러스병, 마버그열, 라싸열, 크리미안콩고출혈열, 남아메리카출혈열, 리프트밸리열, 두창, 페스트, 탄저, 보툴리눔독소증, 야토병, 신종감염병증후군, 중증급성호흡기증후군(SARS), 중동호흡기증후군(MERS), 동물인플루엔자인체감염증, 신종인플루엔자, 디프테리아
제2급 감염병 (20종)	결핵, 수두, 홍역, 콜레라, 장티푸스, 파라티푸스, 세균성이질, 장출혈성대장균감염증, A형간염, 백일해, 유행성이하선염, 풍진, 폴리오, 수막구균감염증, b형헤모필루스인플루엔자, 폐렴구균감염증, 한센병, 성홍열, 반코마이신내성황색포도알균(VRSA)감염증, 카바페넴내성장내세균속균종(CRE)감염증

제3급 감염병 (26종)	파상풍, B형간염, 일본뇌염, C형간염, 말라리아, 레지오넬라증, 비브리오패혈증, 발진티 푸스, 발진열, 쯔쯔가무시증, 렙토스피라증, 브루셀라증, 공수병, 신증후군출혈열, 후천성 면역결핍증(AIDS), 크로이츠펠트-야콥병(CJD), 변종크로이츠펠트-야콥병(vCJD), 황열, 뎅기열, 큐열, 웨스트나일열, 라임병, 진드기매개뇌염, 유비저, 치쿤구니야열, 중증열성혈 소판감소증후군(SFTS), 지카바이러스감염증
제4급 감염병 (23종)	인플루엔자, 매독, 회충증, 편충증, 요충증, 간흡충증, 폐흡충증, 장흡충증, 수족구병, 임 질, 클라미디아감염증, 연성하감, 성기단순포진, 첨규콘딜롬, 반코마이신내성장알균 (VRE)감염증, 메티실린내성황색포도말균(MRSA)감염증, 다제내성녹농균(MRPA)감염증, 다제내성아시네토박터바우마니균(MRPA)감염증, 장관감염증, 급성호흡기감염증, 해외 유입기생충감염증, 엔테로바이러스감염증, 사람유두종바이러스감염증

4 법정감염병의 신고

(1) 법정감염병의 신고기간

목표	신고기간	신고대상
제1급 감염병	즉시	발생, 사망, 병원체 검사결과
제2급/제3급 감염병	24시간 이내	
제4급 감염병	7일 이내	발생, 사망
예방접종 후 이상 반응	즉시	이상 반응 발생

(2) 법정감염병의 신고방법

심각도·전파력이 높은 제1급 감염병의 신고방법이 아래와 같이 변경되었다.

개정 전	개정 후
질병관리본부장 또는 감염병환자 등의 소재지를 관할하는 보건소장에게 정보시스템을 이용하여 제출해야 한다.	질병관리본부장 또는 관할지역 보건소장에게 구두·전화 등의 방법으로 신고서 제출 전에 알려야 한다.

(3) 법정감염병의 신고의무 위반자 벌칙

감염병 신고의무자의 보고·신고 의무 위반, 거짓 보고·신고 및 보고·신고 방해자에 대한 벌칙

개정 전	개정 후
벌금 200만원 이하	• 제1·2급감염병 - 벌금 500만원 이하 • 제3·4급감염병 - 벌금 300만원 이하

(4) 법정감염병의 신고의무자 확대

치과 진료 시에도 법정감염병 발생 여부를 알 수 있으므로, 치과의사에게도 감염병 진단 시 신고 의무를 부여한다.

개정 전	개정 후
의사, 한의사	의사, 치과의사, 한의사

② 제1급 감염병

제1급 감염병은 생물테러감염병 또는 치명률이 높거나 집단발생의 우려가 커서 발생 또는 유행 즉시 신고해야 하고, 음압격리와 같은 높은 수준의 격리가 필요한 감염병을 말한다. 다만, 갑작스러운 국내 유입 또는 유행이 예견되어 긴급한 예방 및 관리가 필요하여 보건복지부장관이 지정하는 감염병도 포함한다.

1 에볼라 바이러스병

(1) 정의

에볼라바이러스 감염에 의한 급성 열성 출혈성 질환으로 인체 감염은 드물게 발생하나, 발생 시 중증 이환, 치명적인 질환이 된다.

(2) 발생동향

아프리카 토착지역 중심으로 산발적으로 또는 대유행이 된다.

1) 최초 보고
1976년 콩고민주공화국 에볼라강 인근마을 및 남수단 유행으로 최초 확인되었다.

2) 발생이력
가봉, 기니, 나이지리아, 남아프리카, 라이베리아, 말리, 세네갈, 수단, 시에라리온, 우간다, 코트티부아르, 콩고, 콩고민주공화국

(3) 원인 병원체

원인 병원체는 필로바이러스과 에볼라바이러스 속 에볼라 바이러스이다.

(4) 자연계 병원소

자연계 병원소는 과일박쥐이다.

(5) 감염경로

동물 → 사람	에볼라 바이러스에 감염된 숙주동물과 접촉, 취급, 섭취 등을 통한 인체 감염 예 과일박쥐, 비인간 영장류: 원숭이, 고릴라, 침팬지, 영양 등
사람 →사람	주로 에볼라바이러스병 환자 또는 사망자의 혈액·체액 접촉/노출, 상처 피부·점막을 통한 접촉/노출

(6) 잠복기

잠복기는 2일~21일이다.

(7) 임상증상

1) 감염 초기의 증상
발열, 식욕부진, 무력감, 허약감, 전신쇠약감, 근육통, 두통 등 비특이증상

2) 감염 수일 후의 증상
오심, 구토, 설사, 복통 등 위장관 증상, 출혈(점상출혈, 반상출혈, 점막출혈 등), 백혈구 감소증, 혈소판 감소증, 간효소 수치 증가 등

(8) 치료

전 세계적으로 상용화된 특이치료제는 없으며 대증치료로 한다.

2 크리미안콩고출혈열

(1) 정의

크리미안콩고출혈열 바이러스 감염에 의한 급성 열성 출혈성 질환이다.

(2) 발생현황

1) 국내 발생현황
국내에는 발생 보고가 없으며 국내 매개 진드기 1종(뿔참진드기)이 발견되었으나, 인체 감염 사례의 발생 보고는 없었다.

2) 국외 발생현황
주로 소비에트연방, 불가리아, 남아프리카지역에서 발생하였으며 2000년도부터 터키, 이란, 인도, 그리스, 발칸반도 국가로 발생지역이 확대되었다. 진드기 서식환경의 적합성 농지 재개발 등으로 인한 진드기 노출 가능성이 높아져 인체 감염사례 발생 보고가 많아진 것으로 판단되고 있다.

◎ 크리미안콩코출혈열 의료기관 내 감염 발생 보고

발생국	의료기관 내 감염 발생 보고
독일	• 2009년 중환자 치료 시 혈액·조직직접 접촉으로 의료인 감염 2명 발생 보고
러시아	• 2011년 중환자 에어로졸 발생 시술 시 부적절한 개인보호구 착용 등으로 인해 의료진 감염 8명 발생 보고 − 중환자 에어로졸 발생 시술 시 공기매개감염 예방수칙 추가 적용 필요 제안
터키	• 2002년~2014년, 노출 의료진 51명 중 25명(49%) 감염, 4명 사망(치명률 16%) 보고 − 주사 바늘에 찔려서 감염된 경우가 다수(32명, 62.7%)

(3) 역학적 특성

1) 원인 병원체

원인 병원체는 분야바이러스과 나이로바이러스 속 크리미안콩고출혈열 바이러스이다.

2) 매개체

주요 인체감염 매개 진드기는 Hyaloma 속 참진드기로 알려져 있다.

> **TIP) 매개 진드기**
> ● 전 세계적으로 매개 진드기 9종에서 크리미안콩고 출혈열 바이러스 유전자 검출
> ● 매개진드기 6종은 주로 아프리카 대륙에 널리 분포
> ● 매개진드기 1종(뿔참진드기)은 국내 서식 보고

(4) 전파경로

• 주로 감염된 진드기에 물리거나 감염된 동물의 혈액, 조직 접촉으로 전파
• 진드기−동물−진드기 순환으로 소, 양, 염소, 조류 등 다양한 동물 감염
• 감염된 동물의 경우, 증상이 없거나 가벼운 증상

◎ 구체적인 전파경로

인체 감염	• 야외활동 시 진드기에 물림 • 도살 후 감염된 동물의 혈액·조직 접촉을 통하여 감염됨
고위험군	• 진드기 토착지역에서의 야외활동 • 의료기관 종사자
사람 간 전파	• 침습적 의료행위를 통하여 병원 내 전파 가능 • 감염된 사람의 혈액·체액과 직접 접촉 • 의료기구·주사기의 재사용 등

(5) 잠복기

- 잠복기는 1일~13일이다.
- 진드기 물린 후 : 1일~9일(보통 5일~6일)
- 환자의 혈액·조직 접촉 후 : 1일~13일(보통 5일~6일)

(6) 임상증상

- 발열, 피로감, 어지러움, 목통증 및 뼈근함, 두통, 눈부심, 구토, 설사 등
- 심한 경우에는 출혈을 동반함
- 증상 발생 2주째 : 사망하는 경우가 많음
- 생존하는 경우 : 9일~10일 경부터 회복세

(7) 치명률

치명률은 10~40%이다.

TIP) 여행 시 예방대책

- 일반적인 감염병 예방수칙 준수
- 진드기 서식 가능한 환경 노출 시, 긴 옷 착용 등 진드기 물림 주의
- 철저한 개인 위생관리 : 오염된 손으로 눈, 코, 입 등 점막 부위 접촉 삼가

---

3 탄저

(1) 정의

탄저균 감염에 의한 인수공통 질환이다.

(2) 발생현황

1) 국내 발생현황

1952~1968년에 4회의 집단발생에서 환자 85명 발생하였으며 이후 환자 보고 없었지만, 1992년 산발적 발생하였다. 2000년 7월 경남 창녕군에서는 원인불명 폐사 소를 다루거나 섭취한 사람 중 5명의 피부탄저가 발생(사망 2명)하였고 2000년 8월 법정감염병으로 지정된 이후에 발생 보고 없다.

2) 국외 발생현황

주로 아프리카, 중앙아시아, 남부아시아, 중동부 아시아에서 다양한 동물들에서의 탄저 감염이 발생하며 탄저가 풍토병인 지역에서는 어느 곳에서나 인체 감염도 발생 가능하지만, 경제적 수준 및 감시 등에 따라 발생 정도의 차이가 있다.

(3) 원인 병원체

원인 병원체는 탄저균으로 체인을 형성하는 그람 양성 간균이다.

〈아포의 특성〉
- 환경에 매우 강하여 고온이나 건조한 조건에서도 생존한다.
- 자외선, 감마선, 기타 소독제에 대한 저항력이 있어서 장기간 생존할 수 있다.

(4) 감염경로

- 다양한 경로를 통하여 발생하고 예후도 다름
- 감염된 동물 또는 동물제품(양모, 가죽, 털 등)을 다루면서 노출됨
- 작업 도중 공기에 있는 탄저균 아포를 흡입하여 흡입 탄저가 발생하기도 함
- 작업자의 피부 상처 또는 찰과상에 아포가 들어가 피부 탄저가 발생하기도 함

◐ 구체적인 감염경로

감염된 동물의 육류를 부적절 조리 후의 섭취	• 감염 육류를 익히지 않거나 덜 익힌 상태에서 섭취한 후 발생 • 상부 위장(목구멍, 식도), 위, 장에 영향을 줌
헤로인 주입	• 북부 유럽의 헤로인 마약 투여자 사이에서 발생 • 약물 주입한 피부 또는 근육 깊숙한 부위에 감염 가능
생물작용제 흡입	• 흡입 탄저의 형태로 가공된 생물작용제 흡입 후 발생함 • 주로 가슴 쪽 림프에서 시작하여 전신으로 확산됨 • 심한 호흡곤란과 쇼크 유발함 (가장 치명적인 감염) • 노출 후 1주일 내에 증상이 나타나지만, 2개월까지 지연되어 증상이 나타나기도 함

(5) 잠복기

- 잠복기는 1일~8일(보통 5일)이며, 노출량과 노출경로에 따라 다르다.
- 피부 노출 시 : 1일 ~12일(보통 5일~7일)
- 섭취 시 : 1일~6일
- 흡입 시 : 1일~43일(최대 60일까지 가능)

(6) 임상증상

1) 피부 탄저
① 작은 물집 또는 발진으로 인한 가려움
② 피부 상처 주위의 부종과 종기 형성 (종기는 가운데가 검은 색이고 아프지 않음)

2) 위장관 탄저
① 전신증상 : 발열, 오한, 두통, 홍조 등

② 위장관 증상 : 메스꺼움, 구토, 복통, 복부팽창, 설사, 혈변

③ 목이 부풀어 오름, 목쓰림, 삼키기 곤란함, 목이 쉼 등

3) 흡입 탄저

① 전신증상 : 발열, 오한, 땀, 극도의 피로감, 현기증, 몸살

② 호흡기 증상 : 가슴불편, 호흡곤란, 기침, 종격동 확장, 흉수 확인

③ 위장관 증상 : 메스꺼움, 구토, 복통

4) 주사 탄저

① 발열, 오한

② 약물 주입 주변의 작은 물집 또는 발진으로 인한 가려움

③ 주사 주변의 농양

(7) 합병증

합병증으로는 수막염(흡입 탄저 환자의 50%가 발생함)이 있다.

(8) 진단

검체(피부병변, 혈액, 대변, 뇌척수액, 수포액, 비강도찰물, 병변도찰물 등에서 Bacilus anthracis 분리 동정)

(9) 치료

탄저에 대한 국내 유효 백신은 없다.

환자	치료적 항생제 투여, 특히 흡입 탄저는 실험실적 확진검사 결과 전이라도 의심환자에게 조기에 항생제 투여를 한다.
노출자	예방적으로 항생제를 투여한다.

(10) 예방수칙

① 「가축전염병 예방법」에 따라 사육동물 예방접종을 실시한다.

② 탄저균 오염 가능 작업장을 철저히 관리한다.

　　예 배출기 설치, 작업복 착용 등

4 중증급성호흡기증후군

(1) 정의

중증급성호흡기증후군(SARS, Severe Acute Respiratory Syndrom)는 2002년 겨울 중국에서 발생이 시작된 이래, 수개월 만에 홍콩, 싱가포르, 캐나다 등 전 세계적으로 확산되었던 신종전염병이다.

(2) 원인 병원체

원인 병원체는 사스코로나바이러스(SARS-associated coronavirus)이다.

(3) 잠복기

잠복기는 평균 4일~6일(2일~10일도 가능)이다.

(4) 역학적 특징

① 유행의 특징 : 병원 감염
② 환자 대부분은 성인이지만, 소아에서도 드물게 발병함
③ 발병 이전의 전파 사례 : 보고된 적 없음

(5) 임상증상

1) 발병 첫째 주

- 처음에는 인플루엔자 의사 증상이 발생한다.
- 주요증상은 발열, 권태감, 근육통, 두통, 오한 등이며, 특이적인 증상이나 증후는 없다.
- 발열이 가장 흔한 증상이지만, 초기에 발열이 없을 수도 있다.

2) 발병 둘째 주

- 기침(초기에는 객담없는 마른 기침), 호흡곤란, 설사가 발병 첫 주에도 나타날 수도 있지만, 발병 2주째에 호흡곤란이 나타난다. 콧물이나 인후통 등의 상기도 증상은 흔하지 않다.
- 중증 환자는 급속히 호흡부전이 진행되어 약 20%에서는 집중(에크모)치료가 필요할 정도로 산소부족을 겪게된다.
- 많은 환자들이 혈액 또는 점액이 없는 대량 수양성 설사 증상을 호소하였다.
- 전염은 주로 두 번째 주에 발생한다.

(6) 예방수칙

백신이나 예방약이 개발되어 있지 않다.
① 감염위험지역으로의 여행을 제한한다.
② 손씻기를 철저히 하며 직접접촉으로 인한 감염을 예방한다.
③ 사스의심 또는 추정환자는 보건당국에 의하여 격리지정병원에 입원치료를 받게 되며, 전염을 차단하기 위하여 엄격한 격리와 관리가 필요하다.

5　중동호흡기증후군

(1) 정의

메르스 코로나 바이러스에 의한 감염증이다.

(2) 원인 병원체

원인 병원체는 MERS −CoV이다.

(3) 감염경로

- 대부분의 감염경로 : 병원 내 감염 및 가족 간 감염
- 사람 간 감염 : 밀접 접촉에 의한 전파
- 자연계에서 사람으로의 감염경로는 명확하게 밝혀지지 않았으나 사우디아라비아에서 매 단봉낙타 접촉에 의한 감염 전파가 보고됨

(4) 임상증상

① 주요 임상 증상으로는 발열, 기침, 호흡곤란 등이며 그 외에도 두통, 오한, 인후통, 콧물, 근육통, 식욕부진, 오심, 구토, 복통, 설사 등이 있다.
② 대부분 환자가 중증급성하기도질환(폐렴)이지만 일부 경한 급성상기도질환을 나타내거나 무증상인 경우도 있다.
③ 특히, 기저질환(당뇨, 신부전, 만성 폐질환, 면역결핍질환)을 가진 사람에서 감염률이 높고 예후도 불량하다.
④ 합병증 : 호흡부전, 패혈성 쇼크, 다발성 장기 부전 등
⑤ 일반적 검사소견 : 백혈구감소증, 림프구감소증, 혈소판감소증, LDH 상승
⑥ 치명률 : 20~46%

(5) 진단검사

1) 유전자 검사

- 메르스 코로나바이러스의 활동(최근)감염을 진단
- Real − time PCR 이용
- 최소 2개 이상 특이 유전자 PCR 양성 또는 1개 특이 유전자 PCR 양성과 다른 유전자 염기서열 확보

2) 혈청 검사

- 메르스 코로나바이러스의 과거 감염(항체)을 조사
- ELISA, IFA, 중화항체검사법

(6) 치료

현재까지 메르스 치료를 위한 항바이러스제가 개발되지 않았으며 대증요법으로는 중증인 경우 인공호흡기, 체외막산소화장치, 투석 등이 있다.

(7) 예방

예방백신은 아직 없다.

(8) 예방수칙

1) 중동지역 여행 시 예방수칙

- 손 씻기 등 개인위생 수칙 준수
- 비누로 충분히 손을 씻고 비누가 없으면 알코올 손소독제를 사용
- 씻지 않은 손으로 눈, 코, 입을 만지지 말기
- 기침, 재채기 시 옷 소매로 입과 코를 가리기
- 여행 중 농장방문자제 및 생낙타유 섭취하지 않기
- 사람이 붐비는 장소 방문 가급적 자제
- 발열이나 호흡기 증상이 있는 사람과의 접촉 피하기
- 귀국 후 14일 이내 발열, 호흡기 증상이 있을 경우 의료기관 방문하지 말고 보건소로 신고

2) 의료인 감염 예방수칙

- 환자 진료 전·후 반드시 손위생(손씻기 또는 손소독) 시행 – 비누로 충분히 손을 씻고 비누가 없으면 알콜 손소독제를 사용한다.
- 환자를 진료 또는 간호하는 의료진은 반드시 적절한 개인보호구를 착용한다.
- 체온계, 청진기 등 환자 진료도구는 매회 사용 후 소독한다.
- 병실에서 발생한 폐기물은 병원 내 감염관리수칙에 따라 처리한다.
- 환자에게 에어로졸 발생 시술은 음압 병실에서 실시한다.
- 환자 입원 치료는 음압격리병상 시설을 갖춘 의료기관에서 수행한다.

6 신종 인플루엔자

(1) 정의

신종 인플루엔자는 인플루엔자 바이러스가 변이를 일으켜 생긴 새로운 바이러스로 2009년 전 세계적으로 사람에게 감염을 일으키고 있는 호흡기 질환이다.

(2) 원인 병원체

원인 병원체는 돼지독감 바이러스의 유전자가 재조합된 인플루엔자A 바이러스이다.

〈인플루엔자 바이러스의 특성〉

- 감염된 환자의 호흡기로부터 기침, 재채기 등을 통하여 외부로 방출된 바이러스 입자가 분무 또는 도말 형태로 감수성이 있는 타인의 호흡기를 통하여 전파된다.
- 호흡기 분비물 외에 설사 등의 다른 체액에 의한 전파도 감염을 일으킬 수 있다.

(3) 임상적 특징

- 신종 인플루엔자는 계절 인플루엔자와 비슷한 임상증상을 보인다.

- 이번에 유행한 신종 인플루엔자A는 특징적으로 구토나 설사도 흔한 증상이다.
- 발열, 콧물 또는 코막힘, 기침, 인후통과 같은 증상이 경미하게 있고 호전되기도 하나, 일부의 환자에서는 악화되어 사망에 이르기도 한다.
- 계절 인플루엔자에서 만성질환자 및 임산부의 사망률이 높은 것처럼 신종 인플루엔자에서도 만성질환자 및 임산부가 위험하다.

○ 전형적인 임상증상

전신 증상	갑작스런 고열(38~40℃), 근육통, 두통, 오한 등
호흡기 증상	마른 기침, 인후통 등
기타 증상	근육통, 관절통 등

(4) 진단 기준

1) 확진 환자

실시간 역전사효소 중합효소연쇄반응(Real-time RT-PCR)이나 바이러스 배양 중 1가지 이상의 방법을 통하여 바이러스 원인 병원체 감염을 확인한 급성 열성 호흡기 질환자

2) 추정 환자

급성 열성 호흡기 질환이 있으면서 인플루엔자A는 확인이 되었으나, 기존 사람 인플루엔자 H1과 H3 음성

3) 의심 환자

- 급성 열성 호흡기 질환이 있으면서, 증상 발현 7일 이내에 추정 환자 또는 확진 환자와의 접촉자
- 급성 열성 호흡기 질환이 있으면서, 증상 발현 7일 이내에 확진 환자 발생지역에 체류 또는 방문 후 귀국한 사람

TIP) 급성 열성 호흡기 질환의 증상

- 7일 이내 37.8℃ 이상의 발열과 더불어 콧물 또는 코막힘, 인후통, 기침의 증상 중 1가지 이상의 증상이 있는 경우이다.
- 단, 최근 12시간 이내에 해열제 또는 감기약(해열성분 포함)을 복용한 경우에는 발열증상으로 인정한다.

(5) 진단검사

비인후 도말 또는 비인후 흡인액에 대하여 중합효소연쇄반응(Real-time RT-PCR)이나 바이러스 배양검사를 한다.

<진단검사 기준>

- 검체(비인두도찰물, 비인두흡인물, 객담, 기관흡인물, 폐포세척액)에서 바이러스 분리 및 바이러스 특이 유전자 검출
- 검체(혈액)에서 특이항체 검출
- 회복기 혈청의 항체가 급성기에 비하여 4배 이상 증가

(6) 치료

- 확진 환자, 추정 환자, 의심 환자 : 항바이러스제 치료 추천
- 치료약 : 타미플루라는 상품명으로 알려진 오셀타미버로 치료
  (임산부의 경우 오셀타미버가 태아에 영향을 미칠 수 있으나 부작용은 밝혀진 바 없음)

(7) 잠복기

잠복기는 정확히 알려져 있지 않지만, 1일~7일 정도로 예상된다.

(8) 예방수칙

- 손 씻기 : 손으로 눈, 코, 입의 접촉 피하기
- 재채기 : 화장지로 입과 코를 가리고 하고, 화장지를 버린 후 손 씻기
- 신종 인플루엔자A 환자가 발생한 국가를 방문 후, 급성 열성 호흡기 증상이 있으면 검역소 또는 보건소에 신고

7 보툴리눔독소증

(1) 정의

보툴리누스균이 생산하는 독소(A, B, E, F)에 의한 급성, 대칭성, 진행성의 신경마비 질환이다.

(2) 발생현황

국내 발생현황	• 2003년 3건, 2004년 4건 • 2014년도에 식품매개 보툴리눔독소증 1회 발생
국외 발생현황	• 식품매개 등으로 전 세계 어디에서나 발생 가능

(3) 감염경로

감염경로로 사람 간 전파는 보고되지 않았다.

1) 식품매개 보툴리눔독소증

보툴리눔독소에 오염된 식품의 섭취로 발생하며 식품 내의 보툴리눔독소는 일반적

으로 부적절한 보존, 염장처리, 캔 처리된 음식에서 생성된다.

2) 외상성 보툴리눔독소증

보툴리누스균의 아포가 상처로 들어간 뒤 독소를 생성하면서 발생하며 마약 투여자, 외상 환자 또는 수술 환자에게서 주로 발생한다.

3) 장내정착성 보툴리눔독소증

생후 12개월 이하의 영유아가 균의 아포에 오염된 음식의 섭취 후, 이 아포가 장내에서 발아하고 정착하여 독소를 생산하면서 발생하며 특히 꿀을 섭취하여 발생하는 해외 사례가 있다.

4) 흡입형 보툴리눔독소증

생물테러를 목적으로 에어로졸 형태로 살포하는 경우에 호흡기를 통하여 흡수되어 발생한다.

(4) 잠복기

잠복기는 노출된 독소의 양 및 노출경로에 따라 다르다.

식품에 의한 보툴리눔독소증	12시간~36시간(빠른 경우 2시간~8시간)
흡입에 의한 보툴리눔독소증	12시간~72시간(노출 후 1시간 이내도 증상 발생 가능)
상처에 의한 보툴리눔독소증	평균 7.5일(보통 4~14일)

(5) 임상증상

- 대칭적이며, 신체의 하부로 진행하는 이완성 신경마비가 특징임
- 복시, 시야흐림, 안검하수, 발음장애, 연하곤란, 골격근 마비 등
- 호흡근의 마비로 호흡부전에 이름
- 경우에 따라 복통, 오심, 구토, 설사 동반
- 열이 없고 의식이 명료하며 지남력이 뚜렷함
- 감각 이상은 잘 나타나지 않음
- 소아의 경우는 무기력, 젖을 잘 빨지 못하거나 변비, 얕은 울음소리, 목에 힘이 없이 축 늘어짐

(6) 치명률

- 약 5% 정도
- C. botulinum 독소의 치사량은 독소형과 체내유입경로에 따라 성인에서 $1\mu g$ 이하일 수 있음
- 중증도 환자에게 치료를 시행하지 않으면 치명률이 100%에 이를 수 있지만, 대증요

법과 항독소를 사용하면 치명률을 대폭 감소시킬 수 있음

(7) 진단검사

검체(혈액, 대변, 구토물, 위흡인액)에서 C. botulinum 분리 동정 또는 독소 검출

(8) 치료

- 상용화된 예방 백신은 없음
- 가능한 빨리 항독소제 투여
- 대부분 호흡부전으로 사망하므로, 호흡이 돌아올 때까지 인공호흡 등의 치료 필요
- 외상성 보툴리눔독소증 환자 : 항독소 투여, 상처의 괴사조직 제거, 항생제 치료

(9) 예방수칙

- 1세 이하 영유아에게 꿀 섭취 금지
- 보툴리누스균은 자연계에 어디에나 흔히 존재하는 균으로, 감염 예방을 위하여 안전하고 위생적인 식품관리가 필요함

  〈위생적인 식품관리방법〉
  - 조리과정 손 씻기
  - 저온 저장
  - 저장식품 10분 이상 끓이기
  - 캔의 경우 용기가 부푼 경우 열지 말고 버리기 등

더 알아보자! **제1급 감염병(17종)**

제1급 감염병 (17종)	• 에볼라바이러스병	• 마버그열	• 라싸열	• 크리미안콩고출혈열
	• 남아메리카출혈열	• 리프트밸리열	• 두창	• 페스트
	• 탄저	• 보툴리눔독소증	• 야토병	• 신종감염병증후군
	• 중증급성호흡기증후군(SARS)		• 중동호흡기증후군(MERS)	
	• 동물인플루엔자 인체감염증		• 신종인플루엔자	
	• 디프테리아			

---

③ 제2급 감염병

제2급 감염병은 전파 가능성을 고려하여 발생 또는 유행 시 24시간 이내에 신고하고 격리가 필요한 감염병을 말한다.

1 결핵

(1) 정의
인형 결핵균인 Mycobacterium tuberculosis에 의한 만성 감염증이다.

(2) 역학적 특징
① 도말 양성 폐결핵 환자로부터 객담 비말로 직접 감염됨. 소아 결핵은 주로 초감염 결핵이지만 성인의 경우는 과거 감염이 재활성되어 발생한다.

② 결핵에 감염 후 발병한 결핵 환자의 50%는 감염 후 1~2년 만에 발병을 하고 나머지 50%는 그 후 평생에 아무 때나 즉, 면역력이 감소하는 때에 발병하게 된다.

> 예 예를 들면 100명이 결핵균에 감염되면 그 중 90명은 평생 건강하게 살고, 5명은 1~2년 안에 발병하며 나머지 5명은 10년, 20년 또는 50년 이후에도 발병할 수 있다.

(3) 진단 기준
- 객담도말 또는 배양검사나 기타 검사에서 결핵균이 발견된 경우
- 균이 검출되지 않아도 흉부 방사선 소견이 현재 진행되고 있는 활동성 결핵에 합당한 경우

(4) 신고 기준
- 폐결핵만 신고 대상이다.
- 월 1회 이상 새로 진단한 환자를 신고서식에 따라 보고한다.

(5) 임상증상

1) 기침
폐결핵 초기에는 가래가 없는 마른 기침을 하다가 점차 진행하면서 가래가 섞인 기침이 나오며 2주 이상 계속되는 기침은 반드시 결핵을 의심한다.

2) 객혈
객혈이란 폐에서 피가 나는 것을 뜻하는 말이다. 폐결핵 환자에서 육아종 내부의 고름이 가래와 함께 섞여 나올 때 빨간 피가 묻어나올 수 있다.

3) 무력감, 식욕부진, 체중감소
결핵균은 매우 천천히 증식하면서 우리 몸의 영양분을 소모시키고, 조직과 장기를 파괴한다. 결핵을 앓고 있는 환자의 상당수는 기운이 없고 입맛이 없어지며 체중이 감소하는 증상이 나타난다.

4) 발열감
결핵은 일반 감기 몸살과 달리 39도, 40도에 이르는 고열은 잘 나타나지 않는다. 대신 오후가 되면서 약간 몸이 좋지 않다 싶을 정도의 미열이 발생하였다가 식은 땀이 나면

서 열이 떨어지는 증상이 반복된다. 전형적인 결핵 환자는 잠을 잘 때 식은 땀을 많이 흘려 베개가 젖을 정도가 되기도 한다.

5) 호흡곤란

초기에 폐결핵을 치료하지 않으면 폐 여기저기에 육아종과 공동이 생기면서 폐조직이 망가진다. 폐기능이 점점 나빠져서 결국에는 조금만 움직여도 숨이 찬 호흡곤란 증상이 발생한다.

(6) 검사

1) 투베르쿨린 피부반응 검사

① 결핵균의 감염 여부를 조사하기 위해서는 투베르쿨린 용액(RT-23 2TU)을 좌측 팔의 안쪽 피부 내에 주사 후 48~72시간에 주사 부위의 피부 결합조직이 단단해지는 경결 반응을 측정한다. 이때 반응 부위가 10㎜ 이상이면 양성으로 판정한다.

② 우리나라에서는 BCG 접종에 따른 위양성(실제로는 음성인데 결과로는 양성이 나오는 것) 문제로 인하여 결핵균 감염의 해석에서 맹점을 가지고 있는 검사법이다.

2) 인터페론감마 분비검사

① 인터페론감마 분비검사(IGRA, Interferon-Gamma Release Assay)는 최근 도입된 새로운 검사법으로, 결핵균에 감작된 T-세포만을 자극하는 특이항원을 사용하여 효소면역법(ELISA, Enzyme-Linked Immuno Sorbant Assay)으로 인터페론감마의 농도를 측정하여 결핵의 감염 여부를 판단한다.

② 과거 투베르쿨린 피부반응 검사로 인한 위양성 문제를 보완한 검사법이다.

③ 현재 국내에서도 결핵균 감염 여부 조사를 위하여 투베르쿨린 피부반응 검사와 함께 또는 단독으로 널리 사용되고 있다.

(7) 진단

1) 흉부 X선 촬영

- 흉부 X선 검사방법에는 실제 크기로 촬영하는 직접 촬영과 70㎜, 100㎜ 크기의 축소된 사진으로 찍는 간접 촬영이 있다.
- 여러 사람을 집단으로 검사할 경우에는 간접촬영을 많이 이용한다.

〈소견에 따른 결핵의 분류〉
- 초감염 결핵(소아 결핵) : 인체면역결핍바이러스(HIV) 감염자
- 재활성화 결핵(성인 결핵)

2) 결핵균 검사

- 결핵균의 검출은 결핵을 진단할 수 있는 가장 확실한 방법이다.
- 객담을 최소한 3번 이상 뱉어 시행해야 정확도를 높일 수 있다.

- 최근에는 핵산증폭검사(PCR)을 통하여 객담 내 결핵균에 존재하는 DNA를 검출하여 결핵을 진단하는 방법이 사용되고 있다.

◯ 전통적인 결핵균 검사의 유형

항산균 도말검사	• 가래를 슬라이드에 얇게 발라 결핵균만을 선택적으로 염색하여 현미경으로 관찰하는 방법이다. • 결핵균은 일반적인 폐렴에서 세균검사 때 쓰이는 그람 염색액으로 염색되지 않고 붉은 색을 띄는 푸크신(fuchsin)으로 염색되고 나면 강산으로도 탈색되지 않는다는 의미에서 '항산균(acid-fast bacilli)'이라고 부르는데, 결핵균 외에도 항산성을 보이는 균들이 있어 주의가 필요하다. • 도말검사에는 전통적인 '질 넬슨법'과 보다 빨리 판독할 수 있는 '형광 염색법'이 있다.
배양검사	• 가래뿐만 아니라 뇌척수액이나 흉수, 농양, 조직 등에서 얻은 검체로도 시행할 수 있다. • 배양을 위한 배지로는 고체 배지와 액체 배지가 있다. • 결핵균은 그 특성상 배양에 오랜 시간이 걸리므로 대개 8주까지 배양 결과를 확인해야 하나 배양 양성은 3-4주 정도에 가장 많이 나온다. • 배양검사에서 균이 자라면 항산균 염색을 통하여 결핵균의 여부를 확인한다. • 최근에는 결핵균의 확인을 위하여 핵산증폭검사 등의 분자생물학적 방법을 많이 사용 고 있다. • 최종적으로는 감별된 결핵균에 대한 약제 감수성 검사가 시행된다.

3) 흉부 전산화 단층촬영(CT)

① 임상적으로 의심은 되지만, 흉부 X선검사만으로 결핵의 진단이 힘든 경우에는 전산화 단층촬영(CT)이 유용하다.

② CT는 오래된 섬유화 병변과 새로운 활동성 병변을 구분하는 데 도움을 준다. 특히 소세기관지나 소세기관지 주위의 병변은 결핵이 시작됨을 특징적으로 보여준다.

③ CT는 공동, 흉곽 내 림프절 병증, 좁쌀 결핵(결핵균이 피를 타고 전신으로 퍼져나가 여러 장기에 염증을 일으킨 상태로, 마치 좁쌀처럼 미세한 병변이 전신에 나타나는 것), 기관지 확장증, 기관지 협착, 흉막질환을 진단하는 데 민감도가 높고 결핵종 내의 석회침착 여부의 판정에 특히 유용하다.

4) 기관지 내시경검사

① 임상적으로 기관지 결핵이 의심되는 경우, 객담검사에서 결핵균이 검출되지 않은 경우, 악성종양과의 감별진단이 필요한 경우에 기관지 내시경검사를 할 수 있다.

② 기관지 결핵의 경우는 기관지 내시경검사의 소견을 보고 바로 의심할 수도 있다.

② 결핵의 확진은 기관지 내시경검사를 시행하여 얻은 검체를 이용하여 항산균 도말검사 및 배양검사, 핵산증폭검사를 통한 결핵균 DNA의 검출로 이루어진다.

(8) 치료

① 결핵균은 산소분압이 높은 환경에서 잘 증식하지만, 증식속도는 일반 세균에 비해

느리고, 대식세포 내에서도 생존하면서 돌연변이로 약제 내성을 획득하는 비율이 높은 것이 특징이다.

② 결핵을 치료할 수 있는 효과적인 약물이 없던 1950년대까지만 하더라도 결핵 환자들은 깨끗한 공기가 있는 시골에서 요양을 하거나 감염된 폐를 강제로 허탈시켜서 폐 속에 있는 결핵균이 공기와 접촉하지 못하게 폐쇄시키는 방법을 사용했던 적도 있었다.

③ 항결핵제가 개발된 이후부터는 일부 특수한 경우를 제외하면 항결핵제를 꾸준히 복용하는 것만으로도 대부분의 결핵은 완치가 가능하다.

④ 결핵치료에 사용할 수 있는 항결핵제는 전부 9~10종 정도가 있는데, 이 중 효과가 좋고 부작용이 적어서 우선적으로 사용하는 항결핵제를 '1차 약제'라고 한다.

⑤ 1차 약제보다 효능은 떨어지면서 부작용은 더욱 심해져서 부득이하거나 꼭 필요한 경우에만 사용하는 항결핵제를 '2차 약제'라고 한다.

TIP 결핵 치료의 가장 큰 원칙

● 결핵 치료는 감수성 있는 살균 제제를 선택하여 약제 내성을 방지하기 위하여 다제병용요법으로 장기간 치료를 한다.
● 결핵 치료에는 최고 혈중농도를 위하여 1회 전량 투여요법을 권장하고 있다.

2 장티푸스

(1) 정의

Salmonella typhi균에 의한 급성 전신 열성 질환으로 장티푸스의 유일한 병원소이면서 자연 숙주인 것은 인간이다.

(2) 역학적 특징

① 오염된 식수와 음식물, 어패류를 통하여 감염된다.
② 만성 보균자가 주요 오염원이며, 우리나라에서는 연중 발생한다.

(3) 잠복기

잠복기는 3일~60일까지 다양하다.

(4) 임상 증상

지속적인 고열, 상대적인 서맥, 백혈구감소증, 장천공, 장출혈, 독성 뇌병증, 뇌혈전증 등의 합병증이 가능하다.

(5) 진단 기준

1) 전형적 증상이나 Widal test로 추정진단 가능

- O항체기가 1:160 이상일 때
- O항체기가 2회 이상 측정해서 4배 이상 증가할 때

2) 확진은 Salmonella typhi균의 배양

- 발병 1주 이내 : 혈액배양
- 발병 2주 이후 : 혈액, 소변, 대변 배양
- 의사가 환자의 대변이나 직장 채변(rectal swab)한 검체를 수송배지에 넣어 보건소로 배양검사를 의뢰한다.

(6) 신고 기준

전형적인 임상증상이나 Widal test 결과가 의심되면 신고한다.

(7) 치료

시프로플록사신 500mg	1일 2회, 7일 경구투여(소아는 금기)
아목시실린	성인 1g 1일 4회, 소아 100 mg/kg/일 14일 경구 투여
박트림(TMP/SMX)	성인 160/800 mg, 소아 TMP(10 mg)·SMX(50 mg)/kg 1일 2회
14일 투여 세프트리악손	1~2g을 1일 1회, 10~14일 정주
담도 내 만성보균자	시프로플록사신 750mg 1일 2회, 4주 경구투여

3 파라티푸스

(1) 정의

Salmonella typhi균 이외의 Salmonella균에 의한 장염이다.

(2) 분류

Salmonella paratyphi A, B(Salmonella schuttemuelleri) C(Salmonella hirschfeldii) 등으로 구분한다.

(3) 역학적 특징

- 매년 수십 명의 환자가 산발적으로 발생함
- 장티푸스와 유사하지만, 경미하고 치명률도 낮음
- 오염된 음식물, 어패류를 통하여 감염된다.

(4) 임상적 특징

지속적인 고열, 두통, 비장 증대, 발진, 설사 등 장티푸스와 유사하다.

(5) 진단 기준

- 임상증세로 추정 진단하고, Salmonella paratyphi균을 분리 배양으로 확진한다.
- 의사 환자의 대변이나 직장채변(rectal swab)한 검체를 수송배지에 넣어 보건소로 배양검사를 의뢰한다.

(6) 신고 기준

임상적으로 의심되면 24시간 이내에 신고한다.

(7) 치료

① 적절한 수액, 영양공급, 휴식이 중요하다.
② 고열, 설사 등의 증상에 대한 치료가 필요하다.
③ 증상이 심할 때는 시프로플록사신, 아목시실린, 박트림, 세프트리악손 등의 항생제를 투여한다.

4 세균성 이질

(1) 정의

Shigella 세균균에 의한 급성 염증성 결장염이다.

(2) 분류

S. dysenteriae(A군), S. flexneri(B군), S. boydill(C군) S. sonnei(D군)

(3) 역학적 특징

산발적인 환자 발생이 계속되므로 대변-구강 경로(fecal-oral route)를 통한 직접적인 대인감염이 이루어진다.

(4) 임상증상

① 고열과 구역질, 구토, 경련성 복통, 후증기(tenemus)를 동반한 설사가 증상이다.
② 전형적인 경우에는 대변에 혈액이나 고름이 섞여 나온다.

(5) 진단 기준

- 특징적인 임상증상으로 추정 진단한다.
- 대변 배양검사 후에 A, B, C, D 혈청군 원인 병원체를 확인하여 확진한다.
- 의사 환자의 대변 및 직장 채변(rectal swab)한 검체를 수송배지에 넣어 보건소에 배양 검사를 의뢰한다.

(6) 치료

- 대증치료 : 경구 또는 정맥으로 수분 및 전해질을 신속히 보충
- 항생제 치료 : 항생제 내성을 고려한 약제 선택

(7) 예방수칙

- 올바른 손 씻기의 생활화 : 흐르는 물에 비누로 30초 이상 손 씻기
- 안전한 음식 섭취 : 음식 익혀 먹기, 물 끓여 마시기
- 위생적인 조리하기

(8) 신고 기준

임상적으로 의심되면 24시간 이내에 신고한다.

5 장출혈성대장균 감염증

(1) 정의

Shiga-like toxin을 생성하는 E. coli에 의한 급성 염증성 설사 질환이다.

(2) 역학적 특징

① 가장 흔한 감염 혈청형은 O15 : H7로서, EHEC의 70~90%를 차지한다.
② 이 외에 vero-toxin을 생성하여 출혈성 장염을 일으키는 혈청형은 매우 다양하다.
③ 발생빈도는 소아에서 주로 발생하며, 미국에서는 매년 1~2만 명의 환자가 발생하여 세균성 설사의 2~3번째로 흔한 원인균이다. 혈액성 설사의 40% 정도가 이 세균에 의한 감염이다.
④ 우리나라의 경우는 일본에서 집단발생이 큰 사회문제로 대두됨에 따라 보건복지부를 중심으로 E. coli O157 감염증에 대비하기 위한 신고체계가 수립되었다.
⑤ 2000년 1월 12일에 공포된 제9차 개정 「감염병의 예방 및 관리에 관한 법률」에서는 O157 : H7 E. coli가 발생 즉시 환자 격리가 필요한 제1군에 포함되었다.

(3) 임상증상

① EHEC는 무증상 보균자, 단순 설사, 출혈성 장염, Hemolytic Uremic Syndrome (HUS)의 다양한 임상증상을 나타낸다.
② HUS는 급성 신부전, 혈소판 감소증, 미세혈관병성 용혈성 빈혈이 특징인 증후군으로서, 혈변 또는 설사 후 1주일경에 특징적인 증상이 나타난다.
③ 소아 급성 신부전의 흔한 원인으로서, 사망률이 매우 높다.
④ 출혈성 장염은 복통과 물설사 후에 하부 위장관의 출혈과 유사한 혈변이 발생하는 질환으로서, 발열이 거의 없고 대변 내의 백혈구수 증가가 없는 것이 다른 염증성 장염과의 차이점이다.

(4) 진단 기준

선별 검사	verotoxin 검출은 세포배양을 해야 하므로 세균검사실에서는 배양법으로 진단한다.
확진	verocytotoxin의 검출로 가능하다.

6 A형간염

(1) 정의

A형간염 바이러스(HAV, Hepatits A Virus)의 감염에 의한 급성 간염 질환이다.

(2) 감염경로

- 물이나 식품의 매개
- 분변-구강 경로
- 혈액 : 주사기 공동 사용, 수혈 등

(3) 임상적 특징

① 발열, 식욕감퇴, 구역, 구토, 쇠약감, 복통, 설사 등 다른 바이러스 간염과 유사한 증상을 보인다.

② 소아는 거의가 증상이 없는 불현성 감염(6세 이하에서 약 50%가 무증상)을 보인다.

③ 감염자의 연령이 높아질수록 황달 등 바이러스 간염의 임상 증상 발현율이 높아지고 심해지는 경향이 있다.

(4) 진단 및 치료

① A형간염은 다른 급성간염과 증상으로는 구분되지 않는다. 따라서 혈액검사에서 A형간염바이러스 항체나 배설물에서 바이러스가 검출되어야 확실한 진단을 내릴 수 있다.

② A형간염에 대한 효과적인 항바이러스 치료는 없고 증상에 따른 치료를 하게 된다. 전격성 간부전으로 진행 시 간이식해야 한다.

(5) 예방수칙

1) 공중 보건위생
손씻기, 상하수도 정비, 식수원 오염방지, 식품 및 식품 취급자 위생관리 등이 중요하다.

2) A형간염 백신의 접종
1회 접종 후 6~12개월이 지나면 1회 더 접종하며 면역은 20년 이상 지속된다.

TIP 고위험군 대상자

- 유행지역 여행자 및 장기 체류자
- 주기적으로 A형 간염이 집단 발생하는 A형 간염 유행지역의 소아
- 남성 동성연애자
- 불법 약물 남용자
- 직업적으로 A형 간염에 노출될 위험이 있는 자
- 만성 간질환 환자
- 혈우병 환자

7 백일해

(1) 정의

Bordetella pertussis균에 의한 급성 감염증이다.

(2) 역학적 특징

직접 접촉이나 기침할 때 튀어나온 비말을 통하여 호흡기 전파한다.

(3) 잠복기

6일~20일(평균 7일)의 잠복기가 지나면 6~8주에 걸쳐 3단계의 임상경과를 밟는다.

◯ 임상경과의 3단계

카타르기	• 1~2주 지속되며, 콧물, 결막염, 눈물, 경미한 기침, 낮은 발열의 가벼운 상기도염 증세가 있다. • 가장 감염력이 강한 시기이다.
발작기	• 발작적으로 짧은 호기성 기침이 연발되다가 끝에 길게 숨을 들이쉴 때 '흡'하는 소리가 나는 발작성 기침이 나타난다. • 2~4주 동안 지속된다. • 기침 끝에 구토가 동반되고 끈끈한 점액성 가래가 나오기도 한다.
회복기	• 기침의 정도 및 횟수, 구토가 점차 감소하여 약 1~2주 지속된다.

(4) 진단 기준

- 환자와 접촉한 병력과 특징적인 기침 양상으로 추정 진단한다.
- 확진은 발작성 기침을 할 때 비인두에서 얻은 가검물 배양으로 하며, 배양에서 Bordetella pertussis가 분리되는 경우이다.

(5) 신고 기준

임상적으로 의심되면 24시간 이내 신고한다.

8 홍역

(1) 정의

홍역은 Paramyxovirdae과에 속하는 Measles virus에 의한 소아 급성 감염병이다.

(2) 역학적 특징

① 호흡기 분비물 등의 비말이나 오염된 물건을 통하여 간접적으로 기도 점막을 통하여 호흡기로 감염된다.

② 감염성이 있는 시기는 발진이 나타나기 전 6~7일부터 발진 후 2~3일까지이다.

(3) 잠복기

잠복기는 10~12일이고, 면역글로불린을 투여받은 경우에는 21일까지 가능하다.

⊙ 전형적인 임상양상 3단계

전구기	• 구강 점막에 충혈된 작은 점막으로 둘러싸여 있는 회백색의 모래알 크기의 작은 Koplik 반점들의 출현으로 진단이 가능하다.
발진기	• 홍반성 구진이 앞머리에서부터 생긴 후 24시간 내에 얼굴·목·팔·몸통, 2일째부터는 대퇴부, 3일째부터는 발에까지 퍼진다. • 발진이 나타났던 순서대로 소멸된다. • 발진 출현 후 2~3일간은 40℃ 이상의 고열이 나는 등 임상 증상이 가장 심하다.
회복기	• 발진이 소멸되면서 색소 침착을 남긴 후, 피부가 작은 겨 껍질 모양으로 벗겨지면서 7~10일 내에 소멸된다. • 회복기에 합병증이 잘 생긴다.

(4) 진단 기준

Koplik's spot 등 특징적인 증상으로 임상적 진단이 가능하다.

(5) 신고 기준

임상적으로 의심되면 24시간 이내에 신고한다.

9 유행성이하선염

(1) 정의

Paramyxoviridae과에 속하는 Mumps virus에 의한 소아의 급성 감염병이다.

(2) 역학적 특징

① 타액의 비말 감염을 통하여 전파된다.

② 감염성이 있는 시기는 타액선 종창 1~2일 전부터 종상이 사라진 후 3일까지이다.

(3) 잠복기

약 2~3주간의 잠복기를 거친 후 발열, 두통, 근육통, 식욕부진, 구토 등의 전구 증상이 1~2일간 나타난다.

(4) 임상증상

① 침선(주로 귀밑샘)이 단단하게 부어올라 동통과 압통을 느끼게 된다.
② 붓기 시작한 후 1~3일째 최고조에 도달해서 3~7일 이내에 차차 가라앉는다.
③ 감염자의 약 75%는 무증상으로 경과된다.
④ 합병증 : 뇌수막염, 고환염, 부고환염, 난소염, 췌장염 등이 발생한다.

(5) 진단 기준

특징적인 증상으로 임상적 진단이 가능하다.

10 성홍열

(1) 정의

Pyogenic 독소를 분비하는 A형 연쇄상구균에 의한 급성 열성 감염증이다.

(2) 역학적 특징

- 성홍열은 흔히 5~15세에 발생한다.
- 보균자나 환자의 비말을 통한 직접 접촉을 통하여 전파된다.
- 드물게는 손이나 물건을 통한 간접 접촉을 통하여 전파되기도 한다.

(3) 잠복기

잠복기는 1일~7일(평균 3일)이다.

(4) 임상증상

① 갑자기 시작하는 발열, 두통, 복통, 오한, 인후염이 특징이다.
② 혀는 처음에는 회백색으로 덮이고, 며칠 후에는 혀에 덮인 것이 벗겨져 붉은 고기 색깔을 띤다.
③ 유두는 현저하게 두드러지며, 유두가 부어올라 붉은 딸기모양이 된다.
④ 발진은 발열, 인후통, 구토의 3가지 증상이 있은 후, 12~48시간 후에 미만성의 선홍색 작은 구진이 목, 겨드랑이, 사타구니에 생기기 시작하여 몸통이나 사지로 퍼져 나간다. 이마와 뺨은 홍조를 띠며 입 주위가 창백해 보인다.

(5) 합병증

화농성 합병증	중이염, 경부 림프절염, 부비동염, 기관지 폐렴 등
비화농성 합병증	급성 사구체 신염, 류머티즘열 등

(6) 진단 기준

성홍열 환자에게 노출된 병력이나 전형적인 임상증상을 보이는 경우 진단할 수 있으며 인후 배양검사나 항원검출법을 통하여 확진을 한다.

(7) 신고 기준

임상적으로 의심되면 24시간 이내에 신고한다.

11 수막구균감염증

(1) 정의

Neisseria meningitidis균에 의한 급성 감염증이다.

(2) 역학적 특징

① 옛날과 같은 대유행은 없어지고 산발적으로 발생되고 있다.
② 환자나 보균자의 코나 목에서 나온 분비물이나 비말을 통하여 호흡기로 전파된다.

(3) 잠복기

잠복기는 보통 2~10일이고, 여러 가지 형태의 증상이 발생한다.

(4) 임상증상

① 일반적으로 수막구균 감염은 단순히 급성 비인두염을 일으키거나 불현성 점막감염으로 그치는 경우가 많다.
② 급성수막구균혈증이 생기면 발열, 근육통, 관절통 등이 나타나고, 두통, 위장관 증상이 동반될 수 있음.
③ 몇 시간 또는 며칠 이내에 발진과 점상출혈이 나타나서 저혈압, 범발성 혈관내응고(DIC), 핍뇨, 혼수로 진행되는 전격형(fulminant)의 경과를 밟을 수도 있다.
④ 뇌수막염, 심내막염, 심근염, 심외막염, 관절염, 안구염 등 여러 부위의 국소 감염증을 일으키는 경우가 있다.
⑤ 뇌수막염이 발생하면 발열, 두통, 구토, 의식혼탁 등의 증상을 일으킴.
⑥ 뇌수막구균은 6~12개월 된 소아 뇌수막염의 주요 원인균 중의 하나이다.

(5) 진단 기준

미생물학적으로 수막구균이 분리될 때 진단이 가능하다.

(6) 신고 기준

임상적으로 의심되면 24시간 내에 신고해야 한다.

12 한센병

(1) 정의

한센병은 Mycobacterium leprae균의 감염에 의한 만성 감염성 질환이다.

(2) 분류

피부에 나타나는 병적인 변화의 종류에 따라 크게 나종 한센병과 결핵 한센병의 2가지 형태로 나눌 수 있다. 2가지 형태의 중간 단계에 해당하는 다양한 양상이 관찰되고 있다.

(3) 역학적 특징

① 나균을 통하여 감염되는 만성감염성질환으로 지역·기후·인종·성별과는 특별한 관계가 없다.
② 전염에서 오는 발병은 나균에 대한 노출기회의 기간과 양이 관계되고 특히 개체의 면역이 약한 사람만이 이환된다.
③ 상기도, 피부, 말초신경계를 침범하여 조직을 변형시킨다.

(4) 잠복기

잠복기는 9개월~20년으로 다양하다.

(5) 임상증상

나종 한센병의 경우	• 전신의 피부에 양쪽 대칭적으로 결절(지름 5mm 이상 발진)이나 구진 등의 병적인 변화가 넓게 나타난다. • 나균이 코점막에 침범하면 딱지가 생기고, 코막힘, 출혈 등을 일으킨다. • 나균이 눈에 침범하면 홍채염, 각막염을 일으킨다.
결핵 한센병의 경우	• 1가지 이상의 경계가 뚜렷한 피부염이 신체에 비대칭적으로 광범위하게 나타난다.

TIP 피부 변화에 따른 개념

● 증상이 나타난 피부 부위는 무감각 또는 과다감각 상태가 된다.
● 특히 말초신경으로의 나균 침범이 심하다.
● 지각신경이상에 의한 수지 및 사지 상실, 운동신경장애에 의한 마비 등의 휴유증을 동반한다.

(6) 진단 기준

나병 특유의 피부병변 및 지각이상이 나타날 때 나병을 의심하며 피부조직 검사나 피부병소의 도말 표본에서 항산성균을 발견하면 확진이 가능하다.

13 반코마이신내성황색포도알균(VRSA) 감염증

(1) 정의

반코마이신에 내성이 있는 황색포도알균이다.

(2) 발생현황

① 국내 반코마이신내성황색포도알균 보고는 없다.
② 2000년 표본감시감염병으로 지정된 이후, 2006년 진단기준이 개정되면서 중등도내성반코마이신황색포도알균(VISA) 감염증 신고가 증가되었다.
③ 2010년 12월 법정감염병(지정 감염병)으로 지정되어 운영되었다.
④ 2017년 6월 3일부터 3군 감염병(전수감시체계)으로 전환되어 운영되었다.
⑤ 2020년부터 2급 감염병으로 전환되었다.

(3) 원인 병원체

원인 병원체는 반코마이신내성황색포도알균이다.

(4) 감염경로

직·간접 접촉 및 오염된 의료기구, 환경 등이다.

(5) 감염 위험요인

① 당뇨나 신장병 등의 기저질환이 있는 자
② 이전에 메티실린내성황색포도알균에 감염된 환자
③ 침습적기구(중심정맥관 등) 사용 환자
④ 최근 반코마이신, 테이코플라닌 등 글리코펩티드계열 항생제를 투여 받은 환자

(6) 임상증상

균혈증, 피부 및 연조직 감염, 수술 부위 감염 등 다양한 감염증을 유발한다.

(7) 치료

항생제 감수성시험에 근거하여 치료한다.

(8) 예방수칙

① 원내 감염관리 전담팀 구성 및 표준화된 감염관리 지침을 마련한다.
② 환자와의 접촉을 통한 감염전파 예방을 위한 손 씻기 등의 표준주의 및 접촉주의를 준수한다.

③ 의료기구의 소독/멸균을 철저히 시행하며 침습적 시술시 무균술을 준수한다.

④ 의료기관에서는 환자 격리, 접촉주의, 철저한 개인보호구 사용, 접촉자 검사 등 감염 관리를 통하여 확산을 방지한다.

(9) 진단 검사 기준

- 임상검체에서 반코마이신내성황색포도알균을 분리 동정
- 분리된 황색포도알균에서 반코마이신 항생제 내성(16 μg/mL 이상) 확인

14 카바페넴내성장내세균속균종(CRE) 감염증

(1) 정의

카바페넴계 항생제에 내성인 장내세균속균종에 의한 감염 질환이다.

(2) 발생현황

국내 발생현황	2010년 12월 지정감염병 지정 이후 2012년까지 총 59건의 카바페넴계열 항생제 분해 효소 생성 장내세균(CPE, Carbapenemase Producing Enterobacteriaceae)가 보고되었다.
국외 발생현황	NDM-1(New Delhi Metallo beta lactamase)을 생산하는 카바페넴내성 장내세균속균종은 2009년 처음 보고되었고 인도, 파키스탄, 방글라데시, 영국, 미국, 캐나다, 호주 등에서 발생되며, 주로 유행지역(인도, 파키스탄 등)의 여행자와 유행지역에서 의료서비스를 받은 사람들이 감염된 것으로 보고 되었다.

(3) 감염경로

- CRE 감염증 환자 또는 원인 병원체보유자의 접촉
- 오염된 기구나 물품 및 환경표면 등을 통하여 전파 가능

(4) 감염 위험요인

① 장내세균속균종은 장관 내에 정상적으로 존재한다.

② 인공호흡장치, 중심정맥관, 도뇨관을 사용하고 있는 환자는 감염 위험이 높다.

③ 외과적 상처가 있는 중환자는 감염 위험이 높다.

(5) 임상증상

① 주로 요로 감염을 일으키며 위장관염, 폐렴 및 폐혈증 등 다양한 감염증을 유발한다.

② 카파페넴 내성을 나타내는 경우 여러 계열 항생제에 내성을 나타내는 경우가 많아 치료가 어렵다.

(6) 치료

감염증 치료 시 항생제 감수성 시험에 근거하여 감수성 있는 항생제 치료를 한다.

(7) 예방수칙

① 병원 내부에 감염관리전담팀의 구성 및 표준화된 감염관리지침을 마련한다.
② 환자와의 접촉을 통한 감염전파 예방을 위한 손씻기 등의 표준주의 및 접촉주의를 준수한다.
③ 의료기구의 소독/멸균을 철저히 시행하며 침습적 시술 시 무균술을 준수한다.
④ 의료기관에서는 카바페넴 내성 장내 세균이 분리되는지 감시한다.
⑤ 장내 세균이 분리되는 경우에는 환자격리, 접촉주의, 철저한 개인보호구 사용, 접촉자 검사 등의 감염관리를 통하여 확산을 방지한다.

> **더 알아보자!** / **제2급 감염병(20종)**
>
> | 제2급 감염병 (20종) | | |
> |---|---|---|
> | • 결핵 | • 수두 | • 홍역 |
> | • 콜레라 | • 장티푸스 | • 파라티푸스 |
> | • 세균성이질 | • 장출혈성대장균감염증 | • A형간염 |
> | • 백일해 | • 성홍열 | • 풍진 |
> | • 폴리오 | • 수막구균 감염증 | • 한센병 |
> | • b형헤모필루스인플루엔자 | • 폐렴구균 감염증 | |
> | • 유행성이하선염 | | |
> | • 반코마이신내성황색포도알균(VRSA) 감염증 | | |
> | • 카바페넴내성장내세균속균종(CRE) 감염증 | | |

---

④ 제3급 감염병

제3급 감염병은 발생을 계속 감시할 필요가 있어서 발생 또는 유행 시 24시간 이내에 신고해야 하는 감염병을 말한다. 다만, 갑작스러운 국내 유입 또는 유행이 예견되어 긴급한 예방·관리가 필요하여 보건복지부장관이 지정하는 감염병을 포함한다.

1 파상풍

(1) 정의

Clostridium tetani균의 신경독소에 의한 근육강직 등의 신경학적 이상 증후군이다.

(2) 역학적 특징

① 전 세계적으로 흙에서 파상풍균의 발견된다.

② 동물이나 사람의 대변에서도 균이 발견된다.

③ 피부나 점막의 상처를 통하여 균이 침입한다.

④ 녹슨 못에 의한 특히 깊은 관통상이나 조직 괴사를 일으킨 상처에서 흔히 발생한다.

⑤ 신생아 파상풍은 출생 시 소독하지 않은 기구로 탯줄을 절단하거나 배꼽의 처치를 비위생적으로 한 경우 발생한다.

(3) 잠복기

잠복기는 3일~13일(평균 8일)이다.

(4) 임상증상

① 증상은 서서히 발생하는데, 처음엔 목과 턱의 근육이 경직되며 차츰 심해져서 입을 열지 못하고, 삼키지 못하게 된다.

② 이때 나타나는 전신 증세에는 과민, 두통 미열, 오한 전신성 통증 등이 있다.

③ 더 진행되면 경련성의 근육 수축이 일어나고 안면경련이 나타나게 되어 입이 바깥쪽으로 끌려서 비웃는 듯한 표정이 나타난다.

④ 사소한 자극에도 경련이 일어나며, 전신 경련 시 환자의 목과 등이 경직되어 활 모양으로 휘어서 이른바 후궁반장이 나타난다.

(5) 진단 기준

특징적인 임상증상과 상처의 병력으로 진단한다.

(6) 신고 기준

임상적으로 의심되면 24시간 이내에 신고한다.

2 B형 간염

(1) 정의

B형 간염(Hepatitis B) 바이러스 감염에 의한 급성질환이다.

(2) 역학적 특징

① 우리나라에서 보균자율이 7~10%로 추정되고 있다.

② 주된 사망 원인인 간경변, 간암의 원인이 되는 등 가장 큰 보건문제의 하나이다.

(3) 전파경로

• 모자감염, 성접촉, 수혈인데, 우리나라에서 문제가 되는 것은 모자감염이다.

• 타액에 의한 감염 위험은 실제로 없다.

• 술잔을 통한 전파나 일상생활을 통한 B형간염의 전파 위험은 없다.

(4) 진단 기준

B형간염 표면항원(HBsAg)이 양성이고, 간기능 검사상 효소치(AST, ALT) 또는 혈청 빌리루빈치의 이상으로 뒷받침되는 간염의 소견이 6개월 이상 지속되는 경우 및 지속기간이 6개월 이상으로 확인되지 않는 경우에는 일상적 추정 진단을 한다.

(5) 보고 기준

① 진단기준에 해당되는 환자 중 처음으로 진단하는 경우만 보고 대상이다. 타 의료기관에서 이미 진단받은 경우와 임상적 추정 진단의 경우는 보고대상이 아니다.

② 만성 B형간염의 진단이 채용과 같은 의학적 영역 외에서의 이해관계와 관련될 수 있으므로 진단에 신중을 가해야 하며, 진단기준은 용도에 관계없이 일정하게 적용하여야 한다.

③ 진단 시 HBsAg이 양성이지만 여타 소견이 정상이면 바이러스 건강 보유자로 진단하며 이 진단을 위하여 간조직검사를 따로 할 필요는 없다.

④ 보고 시 지속성 간염과 활동성 간염을 구분할 필요는 없으며, e항원(HBeAg) 또는 e항체의 양성여부는 만성간염 여부의 기준이 아니며 감염 전파력의 지표로 일반화하여 적용할 수 없다.

3 일본뇌염

(1) 정의

Flaviviridae과의 Arbovirus Brnsdp 속하는 일본뇌염 바이러스에 의한 급성 감염증이다.

(2) 역학적 특징

① 바이러스의 자연계 보유 숙주는 조류이고, 돼지, 닭 등의 가축은 증폭성 중간 숙주이다.

② 사람에게 전파하는 매개체는 뇌염모기이다.

③ 계절적으로 8~9월에 유행한다.

④ 전 연령층에서 발생하나 15세 미만이나 고령층에 많다.

⑤ 95%는 무증상이나 일단 뇌염이 발병하게 되면 사망률이 높으며, 회복되어도 후유증이 심각하다.

(3) 잠복기

① 4일~14일의 잠복기를 지나 전구기(2일~3일), 금성기(3일~4일), 아급성기(7일~10일), 회복기(4일~7주) 등 4기에 걸친 전형적인 임상경과를 밟는다.

② 발병은 급성으로 진행되며 고열, 두통, 현기증, 구토, 무욕상태 또는 흥분상태 등이 나타난다.

③ 병이 진행되면 의식장애, 경련, 혼수, 사망에 이르게 됨. 근육강직, 진전 등도 나타날 수 있다.

(4) 진단 기준

- 발생계절, 나이, 임상소견 등으로 추정 진단이 가능하다.
- 혈청학적 검사 및 바이러스 배양으로 확진한다.

(5) 신고 기준

임상적으로 의심되면 24시간 이내에 신고한다.

4 말라리아

(1) 정의

Plasmodium 원충에 의한 급성 열성 전신 감염증이다.

(2) 역학적 특징

① 질병의 전파 매개체는 학질모기이다.
② 열대열 원충, 삼일열 원충, 사일열 원충, 난형열, 원숭이열의 5종류가 있다.
③ 우리나라에서는 삼일열 원충이 주로 발견되었으나 국제 교류의 증가로 해외에서 열대열 원충에 걸려서 들어오는 사례가 늘어나고 있다. 전 세계적으로 발생이 증가하는 추세에 있다.

(3) 임상증상

① 초기 증상 : 막연한 불편감, 두통, 피로, 근육통, 발열 등 비특이적이다.
② 증상 : 발열 후에 따르는 오한과 발한
③ 최근에 열대 지역을 여행한 경력이 있으면 말라리아를 의심할 필요가 있다.

(4) 진단 기준

말초혈액도말검사에서 말라리아 원충을 발견한 경우이다.

(5) 신고 기준

임상적으로 의심되면 24시간 이내에 신고한다.

5 발진티푸스

(1) 정의

Rickettsia prowazekii에 의한 급성 열성 감염병이다.

(2) 역학적 특징

① 우리나라는 1976년 이후 환자보고가 없다.

② 가려워서 긁는 경우에 피부에 상처가 나면 이(louse)의 대변 속에 원인 병원체가 몸 속으로 침투해서 발병함. 이(louse)가 광범위하게 기생하지 않으면 산발적 발생에 그친다.

(3) 잠복기

잠복기는 1주~2주이다.

(4) 임상증상

① 40℃ 이상의 고열과 두통, 오한, 전신적인 통증이 심하다.

② 발병 4일~6일경에 발진이 생긴다.

③ 발진은 몸통에서 시작하여 사지에 퍼지며, 얼굴, 손바닥, 발바닥에는 잘 번지지 않는다.

(5) 진단 기준

• 병력과 임상증세로 추정하여 진단한다.

• 다른 리케차 질환과 구분하기 위한 혈청학적 검사가 필요하다.

(6) 신고 기준

임상적으로 의심되면 24시간 이내에 신고한다.

6 발진열

(1) 정의

Rickettsia typhi(R. mooseri)에 의한 급성 감염병이다.

(2) 역학적 특징

① 가려워서 긁는 등의 이유로 피부에 상처가 나면 몸속으로 감염된 쥐벼룩의 대변에 있는 리케차가 침투해서 발병한다.

② 동물계의 숙주는 쥐이며, 서식이 많은 지역(농촌, 곡물창고 등)에서 발병이 잘된다.

(3) 임상증상

① 발진티푸스와 유사하나 훨씬 경미하다.

② 갑자기 또는 서서히 시작되는 두통, 근육통, 발열이 나타난다.

③ 초기에는 기침을 하는 환자가 많지만 객담은 없다.

④ 3~5일이 되면 반점상 구진이 복부, 흉부에 나타나며, 이어서 상지로 퍼진다.

(4) 진단 기준

- 병력과 임상증세로 추정하여 진단한다.
- 다른 Rickettsia 질환과 구분하기 위한 혈청학적 검사가 필요하다.

(5) 신고 기준

임상적으로 의심되면 24시간 이내에 신고한다.

7 쯔쯔가무시증

(1) 정의

Rickettsia tsutsugamudhi에 의한 열성 감염병이다.

(2) 역학적 특징

① 쥐 등에 기생하는 진드기에 물려서 감염된다.
② 진드기에 유충이 피부에 붙어 흡혈하여 그 부위에 기피가 동반된 궤양이 나타나는 것이 특징이다.

(3) 잠복기

잠복기는 1주~2주이다.

(4) 임상증상

① 고열, 오한, 두통, 피부발진 및 림프절 비대가 나타난다.
② 진드기가 문 곳에서 피부 궤양이나 가피 형성을 볼 수 있다.

(5) 진단 기준

병력과 임상 증세로 추정 진단, 다른 리케차 질환, 유행성 출혈열, 렙토스피라증과 구분하기 위해서는 혈청학적 검사가 필요하다.

(6) 신고 기준

임상적으로 의심되면 24시간 이내에 신고한다.

8 렙토스피라증

(1) 정의

스피로헤타균인 Leptospira interrogans를 통하여 발생하는 급성 전신 감염증이다.

(2) 역학적 특징

① 감염된 동물(주로 쥐)의 오줌에 오염된 젖은 풀, 흙, 물 등과 점막이나 상처난 피부의 접촉을 통하여 감염된다.

② 농부, 하수 청소부, 광부, 수의사, 축산업자, 군인 등이 고위험군이다.

③ 특히 농촌에서 홍수로 인하여 쓰러진 벼를 세우는 작업을 할 때 집단발생된 경우가 많다.

④ 7월~11월 사이, 특히 9월과 10월에 자주 발생한다.

(3) 잠복기

잠복기는 7일~12일로 대부분의 경우 불현성 경과를 취한다.

(4) 임상증상

광범위한 혈관염에 의한 것으로 급성 열성질환, 폐출혈, 뇌막염, 간-신장 기능장애 등으로 나타난다.

1기 패혈증기	갑작스런 고열, 두통, 근육통, 결막부종, 오심 및 구토 등이 4~7일간 지속된다.
2기 면역기	1일~3일간의 무증상기 후에 고열과 뇌막 자극 증상, 발진, 포도막염, 근육통, 중증감염인 weil씨병에서는 간, 신부전증과 전신의 출혈소견, 범발성 응고 부전증과 심장염으로 진행한다. 우리나라에서는 기침, 각혈 등 중증의 폐출혈형도 나타난다.

(5) 진단 기준

- 병력과 임상증세로 추정 진단 가능하며 환자의 가검물(혈액, 뇌척수액, 뇨 등)에서 렙토스피라균이 분리될 때 확진 가능하다.
- 유행성 출혈열, 쯔쯔가무시증 등과 구분하기 위하여 혈청학적 검사가 필요하다.
- 현미경 응집법으로 1주 간격으로 2회 이상 검사하여, 항체역가가 4배 이상 증가할 때 혈청학적으로 진단 가능하다.

(6) 신고 기준

임상적으로 의심되면 24시간 이내에 신고한다.

9 공수병

(1) 정의

Rhabdviridae과에 속하는 Rabies 바이러스에 의한 중추신경계의 감염성 질환이다.

(2) 역학적 특징

① 광견병에 걸린 동물에게 물렸을 때, 동물의 타액 속에 있는 바이러스가 상처를 통하여 전파된다.

② 광견병에 걸린 모든 동물의 타액에 전파되지 않고, 존재하더라도 일정하지 않은 양을 가지고 있기 때문에 발병률은 높지 않다.

(3) 잠복기

- 대개 20일~180일이며, 30일~60일이 가장 많다.
- 짧을 때는 9일, 길게는 1년 또는 7년의 보고 사례도 있다.

(4) 임상증상

① 전구증상이 지난 후 처음 1~2일간 침범 부위의 피부가 저리고 쑤시는 수가 있다. 그 후에는 보채고, 흥분하거나 또는 불안해하거나 우울해진다.

② 발병이 진행함에 따라 단지 음식이나 물을 보기만 해도 근육(특히 목의 근육)에 경련이 일어나며, 침을 많이 흘리고, 얼굴에 바람이 스치기만 해도 인후 및 경부 근육에 경련을 일으키기도 한다.

③ 결국에는 경련, 마비, 혼수상태에 이르며, 호흡근 마비로 사망하게 된다.

(5) 진단 기준

- 동물에 물린 병력과 특징적 임상증세로 진단이 가능하다.
- 혈청학적 진단과 바이러스 배양을 통하여 확진한다.

〈검사실의 진단 기준〉
- 뇌 조직의 직접면역형광법으로 바이러스 검출
- 뇌척수액의 세포배양에서 바이러스 분리
- 백신을 접종받지 않은 사람의 혈청이나 뇌척수액에서 중화항체가 완전 중화를 보이는 경우

(6) 신고 기준

임상적으로 의심되면 24시간 이내에 신고한다.

10 신증후군출혈열

(1) 정의

Bunyavividae과에 속하는 Hantaan, virus, Seoul virus 등에 의한 급성 열성 감염증(유행성출혈열)이다.

(2) 역학적 특징

① 들쥐의 72~90%를 차지하는 등줄쥐의 배설물이 건조되면서 호흡기를 통하여 전파된다고 추정된다.

② 도시의 시궁쥐, 실험실의 쥐도 바이러스를 매개한다.

③ 늦가을(10~11월), 늦봄(5~6월) 등 건조기에 많이 발생한다.

(3) 임상증상

발열, 출혈, 신장 병변이 특징이며, 임상경과는 5기로 나눌 수 있다.

1기 발열기 (3일~5일)	• 갑자기 시작하는 발열, 권태감, 심한 두통, 얼굴과 몸통의 발적, 결막충혈, 출혈반, 혈소판 감소, 단백뇨 등이 나타난다.
2기 저혈압기 (1일~3일)	• 전신 증상이 나타나고, 불안해 보이며, 심하면 착란, 섬망, 혼수 등의 쇼크증 상을 보인다. • 심한 단백뇨 또는 빈뇨가 나타나고, 혈소판 감소, 백혈구 증가, 혈뇨, 토혈, hematocrit 상승 등을 볼 수 있다.
3기 핍뇨기 (3일~5일)	• 오심, 구토, 핍뇨, 질소혈증, 전해질 이상(K 증가), 고혈압, 때로는 뇌부종, 폐 수종도 볼 수 있다. • 반상출혈, 자반, 위장관 출혈이 현저해진다.
4기 이뇨기 (7일~14일)	• 신기능이 회복되는 시기로, 다량의 배뇨가 있다. • 심한 탈수, 쇼크, 폐합병증으로 사망할 수 있다.
5기 회복기 (1개월~2개월)	• 가끔 다뇨가 지속되는 시기이다. • 야뇨, 빈혈증상이 있다.

(4) 진단 기준

- 병력, 임상증상, 검사소견, 병의 경과로 추정 진단이 가능하다.
- 간접면역형광항체법으로 1주 간격으로 검사하여 항체역가가 4배 이상 증가하거나,
ELISA법으로 IgM항체 측정, 또는 혈청학적 검사로 진단 진단 가능하다.

(5) 신고 기준

임상적으로 의심되면 24시간 이내에 신고한다.

11 후천성면역결핍증

(1) 정의

후천성면역결핍증(AIDS)는 Retrovirus과에 속하는 인면역결핍바이러스 감염에 의한
면역 결핍증후군이다.

(2) 역학적 특징

혈액 및 체액을 통하여 전파된다.
예 성 접촉, 수혈, 주사기 공동 사용, 모자감염 등

(3) 진단 기준

1) 감염자 기준

ELISA 또는 PA 검사에 양성 반응이 나오면, 국립보건원에 의뢰하여 Western-bolt 검

사로 확진을 받는다.

2) 환자 기준
WHO/CDC의 최신 진단기준 사용하여 진단한다. 단, 임상증상이 없어 CD4 수만 200/L 미만인 경우는 제외한다.

(4) 신고 기준
- 감염이 확진되면 24시간 이내에 신고한다.
- 감염자로 관리 중 환자 진단기준에 부합되면 AIDS환자로 변경 신고한다.

(5) 감염 경로

1) 성 접촉을 통한 감염
① 전파경로
- HIV는 성행위 중 감염된 사람에게서 감염되지 않은 사람 몸 안으로 정액 또는 질 분비물 그리고 혈액 등이 들어감으로써 감염된다.
- HIV는 정액과 자궁경부, 질 내에서 발견되며 성병에 의한 염증 소견이나 생식기 점막의 궤양, 그리고 성기에 상처가 있을 때 더욱 잘 전파된다.
- 이성 또는 동성 관계없이 항문성교, 질성교, 구강성교 등의 행위를 통하여 감염될 수 있다.

② 감염 확률
감염인과 한 번의 성 접촉으로 HIV에 감염될 확률(미국 CDC)은 0.04%(남성 성기를 질에 삽입하는 방식으로 성교한 여성)~1.38%(남성 성기를 항문에 삽입하는 방식으로 성교한 사람)이다.

③ 감염 분포
- 전 세계적으로 가장 큰 비중을 차지하는 전파경로이다.
- 우리나라의 경우에 전체 HIV 감염인의 98% 정도가 성관계를 통하여 감염된 것으로 나타나, 성 접촉이 HIV 확산에 큰 비중을 차지한다.

④ 특징
유럽, 미국 등지에서 남성 동성 간의 성 접촉에 의한 경우가 상당 부분을 차지한다.

2) 감염된 혈액의 수혈을 통한 감염
① 전파경로
- HIV에 감염된 혈액을 직접 수혈을 받거나 감염인의 혈액에서 생산된 혈청을 투여 받는 경우에 감염된다.
- 전혈, 농축 적혈구, 혈소판, 백혈구, 혈장 등의 혈액 제제를 수혈할 때 역시 HIV의 전파 가능성이 높다.

② 감염 확률

감염된 혈액 수혈 시 감염될 확률은 95~100%이다.

③ 감염 분포

근래에는 수혈에 사용되는 혈액에 대하여 철저한 감염여부 검사를 실시하고 있어서 수혈로 인한 감염은 거의 없다.

④ 특징

감마글로불린, B형간염 면역글로불린, 혈장추출 B형간염 백신을 통하여 감염되지는 않는다.

3) 오염된 주사바늘 사용을 통한 감염

① 전파경로

정맥주사 방법으로 마약을 남용하는 마약 사용자가 자신이 사용한 주사기를 타인과 공동으로 사용할 경우에는 오염된 바늘을 통하여 HIV가 전파될 수 있다.

② 감염 확률

감염인과 주사바늘 공동 사용 시 감염될 확률은 0.5~1%이다.

③ 감염 분포

국내는 5건의 사례가 보고되었다.

④ 특징

- 우리나라는 의사의 처방 없이도 주사기의 구입이 가능하다.
- 마약주사기 사용자가 적어 주사기의 공동사용으로 인한 전파는 외국에 비해 현저히 낮게 보고된다.

4) 수직감염

① 전파경로

- 임신 중 태반을 통하여 감염되거나, 분만과정에서 감염이 일어날 수 있다.
- 수유와 모유를 통한 감염도 가능하므로 감염된 산모는 수유를 금지한다.

② 감염분포

감염된 산모로부터 아기에게 전파되는 경우에는 세계적으로 신생아 및 소아에서의 HIV 감염 중 90%가 수직감염이다.

③ 특징

- 에이즈 증상이 있는 모체 또는 혈중 바이러스 농도가 높은 산모에게서 전파가 잘 된다.
- 임신 중 HIV에 감염된 산모는 감염 초기에는 바이러스의 양이 상대적으로 많기 때문에 태아 감염이 쉽다.
- 현재 시행 중인 화학적 예방요법을 잘 따르기만 한다면 건강한 아기를 출산할 수 있다.

● 2018년 현재 HIV/AIDS 내국인 성별, 연령별 현황

구분		전체	남자	여자
계		12,991	12,106	885
연령	0 ~ 4세	0	0	0
	5 ~ 9세	1	1	0
	10 ~ 14세	2	1	1
	15 ~ 19세	41	34	7
	20 ~ 24세	574	562	12
	25 ~ 29세	1,529	1,495	34
	30 ~ 34세	1,474	1,398	76
	35 ~ 39세	1,389	1,298	91
	40 ~ 44세	1,686	1,587	99
	45 ~ 49세	1,602	1,501	101
	50 ~ 54세	1,558	1,452	106
	55 ~ 59세	1,213	1,109	104

 더 알아보자! **제3급 감염병(26종)**

제3급 감염병 (26종)	• 파상풍 • C형간염 • 비브리오패혈증 • 쯔쯔가무시증 • 후천성면역결핍증(AIDS) • 뎅기열 • 웨스트나일열 • 유비저 • 치쿤구니야열	• B형간염 • 말라리아 • 발진티푸스 • 렙토스피라증 • 공수병 • 황열 • 라임병 • 중증열성혈소판감소증후군(SFTS) • 지카바이러스 감염증	• 일본뇌염 • 레지오넬라증 • 발진열 • 브루셀라증 • 신증후군출혈열 • 큐열 • 진드기매개뇌염
	• 크로이츠펠트-야콥병(CJD) 및 변종크로이츠펠트-야콥병(vCJD)		

⑤ 법정감염병의 관리방법

1 감염병의 감시

(1) 질병 감시의 정의

① 세계보건기구(WHO)는 질병 감시를 질병관리의 계획, 집행, 평가를 위한 역학적 정보의 체계적 수집과 사용, 즉 조치를 위한 정보라고 정의하였다.

② 미국 질병통제예방센터(CDCP)는 1988년에 공공보건정책을 기획, 실행, 평가하기 위하여 기본적인 자료들을 지속적·체계적으로 수집·분석하여 필요로 하는 사람들에게 적시에 배포하고, 이를 질병의 예방과 방역에 사용하는 것이라고 정의하였다.

(2) 감염병의 감시체계

① 감염병 감시자료 수집을 위한 감염병 감시체계는 감염병의 지역별·계절별 발생양상을 신속·정확히 파악하고 분석하여 질병의 발생 및 유행을 조기 감지함으로써 감염병 발생에 신속히 대응하고 유행 확산을 방지하는 데 필수적인 역할을 한다.

② 우리나라는 최근 10년간 홍역, 중증급성호흡기증후군(SARS), 조류인플루엔자, 신종인플루엔자 등 감염병 유행을 경험하며 질병관리본부를 중심으로 한 감염병 감시체계를 확립하였다. 또한 감염병 자료를 수집·분석하여 신속한 전략 및 효과적 대응전략을 수립하며, 인적·물적 자원의 피해를 최소화하는 기틀을 마련하였다.

2 감염병 환자의 관리

① 감염병 중 특히 전파 위험이 높은 감염병으로서 보건복지부장관이 고시한 감염병에 걸린 감염병 환자 등은 감염병관리기관에서 입원치료를 받는다.

② 보건복지부장관, 시도지사, 시장·군수·구청장은 감염병 관리기관의 병상이 포화상태에 이르러 감염병 환자 등을 수용하기 어려운 경우에는 감염병 관리기관이 아닌 다른 의료기관에서 입원치료를 받도록 할 수 있다.

③ 보건복지부장관, 시도지사, 시장·군수·구청장은 기술한 내용에 따른 입원치료 대상자가 아닌 사람과 감염병 관리시설에서 치료받게 할 수 있다.

④ 보건복지부장관, 시도지사, 시장·군수·구청장은 감염병에 관한 강제처분권을 가지고 있다.

⑤ 진찰 결과를 통하여 감염병 환자로 인정되는 경우에는 동행 하에 치료받게 하거나 입원시킬 수 있다.

3 예방접종의 실시

(1) 정기 예방접종

특별자치도지사 또는 시장·군수·구청장은 「감염병의 예방 및 관리에 관한 법률」 필수

예방접종에 규정된 디프테리아, 폴리오, 백일해, 홍역, 파상풍, 결핵, B형간염, 유행성
이하선염, 풍진, 수두, 일본뇌염, 그 밖에 보건복지부장관이 감염병의 예방을 위하여 필
요하다고 인정하여 지정한 감염병에 대하여 관할 보건소를 통하여 필수예방접종을 실
시해야 한다.

(2) 임시 예방접종

「감염병의 예방 및 관리에 관한 법률」에 따라 보건복지부장관이 감염병 예방을 위하여
특별자치도지사 또는 시장·군수·구청장에게 예방접종을 실시할 것을 요청한 경우와
특별자치도지사 또는 시장·군수·구청장이 감염병 예방을 위하여 예방접종이 필요하
다고 인정하는 경우에 관할 보건소를 통하여 임시 예방접종을 실시한다.

4 감염 전파의 차단

보건복지부장관은 감염병의 확산으로 인한 재난상황에 대처하기 위하여 위원회의 심의를
거쳐 감염병 위기관리대책을 수립하고 시행한다. 시·도지사 또한 보건복지부장관으로부
터 통보받은 감염병 위기관리대책에 따라 특별시·광역시·도·특별자치도별 감염병 위기
관리대책을 수립하고 시행한다.

〈감염 전파의 차단을 위한 대책〉
- 감염병 관리기관의 지정
- 감염병 위기 시, 감염병 관리기관의 설치
- 생물테러 감염병 등에 대비한 의약품 및 장비의 비축
- 감염병 환자 등의 관리
- 감염병에 관한 강제처분
- 감염병 환자 등의 입원 통지
- 수감 중인 환자의 관리
- 감염병 유행에 대한 방역 조치
- 오염장소 등의 소독 조치 등

5 감염병의 예방 조치

시·도지사 또는 시장·군수·구청장은 감염병을 예방하기 위하여 「감염병의 예방 및 관리
에 관한 법률」 명시된 다음과 같은 모든 조치를 하거나 그에 필요한 일부 조치를 시행한다.
① 관할 지역에 대한 교통의 전부 또는 일부를 차단하는 것
② 흥행, 집회, 제례 또는 그 밖의 여러 사람의 집합을 제한하거나 금지하는 것
③ 건강진단, 시체 검안 또는 해부를 실시하는 것
④ 감염병 전파의 위험성이 있는 음식물을 판매·수령을 금지하거나 그 음식물의 폐기나
   그 밖에 필요한 처분을 허락하는 것

⑤ 인수공통감염병 예방을 위하여 살처분에 참여한 사람 또는 인수공통감염병에 드러난 사람 등에 대한 예방조치를 허락하는 것

⑥ 감염병 전파의 매개가 되는 물건의 소지·이동을 제한·금지하거나 그 물건에 대하여, 폐기, 소각 또는 그 밖에 필요한 처분을 허락하는 것

⑦ 선박·항공기·열차 등 운송수단, 사업장 또는 그 밖에 여러 사람이 모이는 장소에 의사를 배치하거나 감염병 예방에 필요한 시설의 설치를 허락하는 것

⑧ 공중위생에 관계있는 시설 또는 장소에 대한 소독이나 그 밖에 필요한 조치를 명하거나 상수도·하수도·우물·쓰레기장·화장실의 신설·개조·변경·폐지 또는 사용을 금지하는 것

⑨ 쥐, 위생해충, 그 밖의 감염병 매개동물의 구제 또는 구제시설의 설치를 허락하는 것

⑩ 일정한 장소에서의 어로·수영 또는 일정한 우물의 사용을 제한하거나 금지하는 것

⑪ 감염병 매개의 중간 숙주가 되는 동물류의 포획 또는 생식을 금지하는 것

⑫ 감염병 유행기간 중 의료업자나 그 밖에 필요한 의료관계요원을 동원하는 것

⑬ 감염병병원체에 오염된 건물의 소독 또는 필요한 조치를 허락하는 것

⑭ 감염병의심자를 적당한 장소에 일정한 기간 입원 또는 격리시키는 것

3 만성질환 관리사업

① 만성질환의 개요

1 만성질환의 정의

(1) 일반적 정의

만성질환은 최소 3개월 이상 지속되는 병적 상태이다.

(2) 미국 만성질병위원회의 정의

① 만성질환은 영구적인 질병이다.
② 만성질환은 기능장애가 남는 질병이다.
③ 만성질환은 비가역성 질병이다.
④ 만성질환은 환자의 재활에 특별한 치료방법이 요구되는 질병이다.
⑤ 만성질환은 장기간의 환자 진료와 간호가 필요한 질병이다.

2 만성질환의 분류

미국 만성질병위원회에서는 만성질환을 3가지 유형으로 분류하였다.

◐ 만성질환의 분류형태

조절 가능한 만성질환	당뇨병, 성병 등
부분적으로 조절 가능한 만성질환	류마티스열, 기관지천식, 간질 등
조절이 거의 불가능한 만성질환	선천성기형, 신경질환, 정신병, 종양 등

3 만성질환의 특성

(1) 발병 원인

감염병은 발병 원인이 되는 원인 병원체가 반드시 존재하기 때문에 원인 병원체가 없으면 감염병은 발병하지 않는다. 그러나 만성질환은 원인 병원체가 없어도 발병하는 질병이다.

(2) 잠복기

대부분의 감염병은 뚜렷한 잠복기가 알려져 있다. 그러나 만성질환은 잠복기가 명확하게 알려져 있지 않다.

(3) 원인 규명

감염병의 원인은 임상검사를 통하여 병원균을 확인함으로써 규명할 수 있다. 그러나 만성질환의 원인은 역학조사를 통하여 규명할 수 있다.

② 만성질환의 유전적 요인

1 유전적 요인의 분류

(1) 고혈압의 유전적 요인

기존 연구에 의하면 고혈압이 있어서 양친이 뇌졸중으로 사망한 경우, 그 자손에게서 76.9%가 고혈압이 발생되고, 대조군에서는 29.3%가 고혈압이 발생된다고 발표하였다. 또한 양친이 고혈압인 경우 그 자녀에게서 46~49%가 고혈압이고 정상 양친의 자녀에게서는 3% 이내에서 고혈압이 발생된다고 하였다.

(2) 당뇨병의 유전적 요인

당뇨병에서는 여러 가지 요인이 관계되지만, 그중 췌장의 동맥경화가 관련되는 점으로 보아 사실상 유전성이 인정되고 있으며, 당뇨병 임산부가 임신 중 적절한 질병 관리를 받지 않았을 경우에는 출생아의 대부분이 당뇨병에 걸릴 경향이 매우 높다.

2 유전적 요인의 유형

(1) 습관성 요인

일상생활 습관이 비전염 질환의 발생에 크게 관여한다. 즉 과식, 과음, 과다 지방식, 식염과다 섭취, 자극성이 있는 음식 등의 식습관과 규칙적인 운동 여부는 중요한 관련 요인이다.

1) 과식 및 과다한 지방식
비만을 야기시키고 고혈압, 당뇨병 등의 유발에 관련이 있는 것으로 알려져 있다.

2) 뜨거운 음식의 섭취
식도암, 후두암과 연관성이 있는 것으로 알려져 있다.

3) 규칙적인 운동
비만 예방은 물론 당뇨병, 심장 질환 등의 예방에도 효과가 있는 것으로 알려져 있다.

(2) 기호성 요인

개인의 기호품으로 대표적인 것이 흡연과 음주이다.

1) 흡연
① 폐암을 비롯하여 체내 여러 기관의 암 발생률을 높인다.
② 만성 기관지염, 폐기종, 폐렴 등의 호흡기 질환뿐만 아니라 관상동맥경화증을 비롯한 순환기 계통의 질환을 유발시키는 중요 요소이다.

2) 음주
① 만성 알코올 중독자의 경우는 간경화증, 간암 등의 발생률이 높다.
② 동맥경화증, 뇌 장애, 비타민결핍증 등의 발병과도 관련이 많다.
③ 마약 및 약물의 중독도 관련 요인으로 조사되었다.

(3) 사회경제적 요인

① 부유층 및 상류사회 계층에서는 당뇨병, 심장병, 유방암이 많다.
② 빈곤층 및 하급사회 계층에서는 결핵, 장티푸스, 위암, 자궁암이 많다.
③ 미혼 여성에게는 유방암의 발생률이 높다.
④ 조혼, 다산, 비위생적인 생식기 관리의 여성에게는 자궁암의 발생률이 높다.

(4) 정서적 요인

① 불안, 긴장, 초조, 걱정, 공포 등은 만성질환을 유발하거나 발생을 촉진시키고 악화

시킨다.

② 소화성 궤양이나 고혈압은 정신적·신경적 요인의 영향을 많이 받는다.

③ 도시인에게 고혈압 환자가 많은 이유는 정신적 긴장감이 중요 원인이다.

(5) 직업적 요인

① 금속공, 광부, 매연공에게는 폐암이 많이 발생한다.

② 화학물질 취급공에게는 방광암의 발생률이 높다.

③ 방사선기계 취급공에게는 피부암과 백혈병의 발생률이 높다.

④ 육체 노동자에게는 고혈압이 많이 발생한다.

⑤ 정신 근로자에게는 당뇨병이 많이 발생한다.

⑥ 중식 광부에게는 폐섬유화증, 규폐증이 많이 발생한다.

(6) 환경적 요인

각종 공해가 인류의 건강에 악영향을 미치고 있는데, 만성질환과 밀접한 관련이 있는 환경적 요인은 대기오염이다.

아황산가스	만성기관지염, 기관지천식, 폐기종을 유발한다.
탄화수소	폐암을 유발한다. (자동차 배기가스에 함유된 탄화수소는 광화학반응을 통하여 폐암을 일으키는 벤조피렌(benzo-pyrene)을 형성함)

(7) 영양적 요인

영양부족 또는 영양과다는 만성질환과 밀접한 관계가 있는 것으로 알려져 있다.

요오드 결핍	점액수종 및 갑상선 중독증을 일으켜 심장병을 초래할 수 있다.
비전염 질환	영양부족보다 영양과다가 문제가 되고 있다.

③ 만성질환의 발생 요인

1 흡연

① 심혈관계 질환의 발생은 흡연량과 정비례한다. 그러므로 하루에 담배 두 갑을 피우는 사람은 한 갑을 피우는 사람보다 심혈관계 질환의 위험도가 훨씬 높다.

② 흡연량이 많아질수록 심장마비나 뇌졸중이 발생할 가능성이 높아진다.

③ 금연자에 비하여 흡연자가 심장질환으로 사망할 확률이 20% 높다.

2 고혈압

① 고혈압은 동맥경화증 등 심장에 부담을 주는 질병의 악화를 가져온다.

② 주기적으로 혈압을 측정하는 것은 건강관리를 위하여 매우 중요하다.

③ 고혈압 환자는 권장사항들만 제대로 지키면 고혈압을 갖고도 평생 건강하게 생활할 수 있다.

〈고혈압 환자를 위한 권장사항〉
- 처방된 약을 철저히 복용한다.
- 염분 식이를 제한한다.
- 체중관리를 철저히 한다.

3 고지방 식이

우리나라 사람들의 식이가 서구화됨에 따라 전체 식이 중 고지방 식이의 비율이 높아지고 있다. 미국의 영양조사에 의하면, 전체 칼로리 섭취량 중에서 40~45%가 지방 섭취로 인한 칼로리라고 한다면, 이것은 지방 섭취 권장량보다 10~20% 과잉된 것이다. 또한 포화지방 섭취량이 적은 인구집단일수록 심혈관계 질환의 발생률이 낮다는 연구 결과가 있다. 포화 지방 섭취로 인하여 신체 내에 콜레스테롤과 트리글리세라이드의 수치가 높아지면 비만을 일으킨다. 비만은 심장에 직접적인 영향을 미치지는 않지만, 혈압을 상승시키고 혈당과 혈 중 콜레스테롤 수치를 상승시킨다.

TIP 혈중 콜레스테롤의 수치
- 혈중 콜레스테롤은 혈관 내에 찌꺼기를 만들어내어 혈관 벽을 두꺼워지게 하는 요인이다.
- 혈중 콜레스테롤 수치가 2.5mg/dl 이상인 사람은 정상 범위의 사람보다 심장마비가 올 확률이 3배 이상 높다고 한다.

4 스트레스

(1) 스트레스와 성격

프리드먼은 성격을 스트레스와 관련지어 A유형과 B유형의 행동양식으로 분류하였다.
① 심혈관계 질환의 발생률은 사람들의 행동양식에 따라 다르다.
② A유형 성격인 사람이 B유형 성격인 사람보다 심혈관계 질환이 발생할 위험이 높다.

(2) A유형 성격인 사람의 특성

① A유형 성격인 사람은 대부분 남성이다.
② 매우 경쟁적이고 야망이 많은 사람이고, 한번 일에 착수하면 끝까지 밀고 나가는 성격을 가진 사람들이다.
③ 성별에 관계없이 자신들 스스로가 스트레스를 갖고 있다고 여긴다.

④ 다른 유형의 성격을 가진 사람들보다 혈중 콜레스테롤 수치가 높고 혈액이 응고되는 시간이 짧기 때문에 심장병에 걸릴 위험이 높다.

(3) A유형 성격인 사람의 스트레스 해소방안

① 자신의 일상생활 속에서 여유를 찾으려는 노력을 한다.
② 적당량의 운동을 통하여 스트레스를 감소시킨다.
③ 운동을 규칙적으로 할 수 있도록 계획한다.

5 운동 부족

운동 부족은 직접적으로 심혈관계 질환을 일으키는 요인은 아니지만, 간접적으로 심혈관계 질환의 발생에 영향을 미친다. 과식을 하는 사람이 운동 부족인 상황이라면 심혈관계 질환을 일으키는 비만이 된다. 미국 심장협회 보고서에 의하면, 규칙적인 중간 강도의 운동은 심장질환을 예방하고 심장마비로 인한 사망을 감소시킨다고 한다.

TIP 규칙적인 운동의 효과
- 심장근육이 튼튼해진다.
- 튼튼한 심장근육은 신체에 원활한 혈액을 공급하도록 수축과 이완을 활발히 한다.
- 운동은 금연, 고혈압, 당뇨병, 비만을 비롯하여 스트레스 해소에도 도움이 된다.

④ 만성질환의 유형

1 만성 간염

만성 간염은 간의 염증이 3개월에서 6개월 이상 지속된 질환을 말한다.

(1) 만성 간염의 원인

만성 간염의 원인은 대사질환이다. 대사질환에는 바이러스(B형, C형, D형), 알코올, 자가면역, 간독성 약물(Isoniazid, Aspirin, Methydopa), 윌슨씨병 등이 있다.

(2) 만성 간염의 특성

① 만성 간염이 진행되면 간은 섬유화되고 결절 이형성이 특징인 간경화가 발생한다.
② 간경화는 만성 간염으로 인한 괴사, 알코올, 담즙성, 울혈성, 윌슨씨병, 혈색소증 등이 원인이 될 수 있다.

(3) 만성 간염의 예방

① 만성 간염의 예방은 예방접종을 통하여 효과적으로 이루어질 수 있다.

② 간염표면항원이 양성인 산모로부터 태어난 신생아에게 수동면역 및 능동면역을 실시하여 수직감염을 막는다.

③ 모든 신생아와 의료관계 종사자, 간염환자 및 보균자의 가족, 지속적인 수혈을 받아야 하는 사람 등 고위험군 환자에게 우선적으로 예방접종을 실시한다.

④ 예방접종은 점차 범위를 확대하여 궁극적으로는 전 국민이 예방접종을 받을 수 있도록 한다.

⑤ 1회용 주사기의 사용, 건전한 성생활, 개인위생 및 환경위생의 개선도 중요하다.

(4) 만성 간염의 관리

① 만성 간염으로 진단받은 환자에 대해서는 주기적으로 진찰을 받도록 하고 혈액검사를 실시하며 상담을 한다.

② 40대 이후에는 향후 발생할 위험이 많은 간염을 조기 발견하기 위하여 4~6개월 간격의 초음파 검사가 필요하다.

2 소화성 궤양

소화성 궤양은 위장관의 염증과 궤양을 가진 질환을 말한다.

(1) 소화성 궤양의 원인

소화성 궤양은 헬리코박터 파이로리균의 감염, 비스테로이드성 소염제 및 부신피질호르몬제 투약, 흡연, 음주, 유전적 요인, 다른 질환(만성신부전, 알코올성 간경화증, 신장이식, 부갑상선기능향진증, 만성폐색성 폐질환), 만성적인 불안과 정신적인 스트레스가 영향을 미치는 것으로 보고되었다.

(2) 소화성 궤양의 예방

① 소화성 궤양은 치명률은 낮으나 빈도가 높아서 실제로 받는 고통과 경제적인 손실이 발생한다.

② 환경요인과 연관성이 큰 만큼 궤양의 예방을 위하여 우선 흡연 및 비스테로이드성 소염제를 남용하지 않는다.

③ 상복부 증상이 있는 경우에는 상복부의 위장관 촬영 또는 위내시경 검사를 실시하여 궤양의 조기발견 및 이에 따른 적절한 치료를 받는다.

(3) 소화성 궤양의 관리

① 소화성 궤양은 치료가 끝난 후 1년 이내에 70% 내지 80%의 재발률을 나타낸다.

② 소화성 궤양의 위험요인을 피하고, 처방된 약물을 계속 복용하여 재발 가능성을 줄인다.

3 만성 관절염

(1) 만성 관절염의 유형

만성 관절염의 흔한 유형으로 골관절염과 류마티스성 관절염이 있다. 골관절염은 연골의 마모와 관절의 손상, 이로 인한 염증반응이 특징이다.

(2) 만성 관절염의 원인

1) 골관절염의 원인

골관절염은 주로 연령(65세 이상), 성별(여성), 체중 부하가 원인이 되어 발생한다.

2) 류마티스성 관절염의 원인

류마티스성 관절염은 자가항체인 류마티스 인자(RF, Rheumatoid Factor)로 인하여 염증반응이 일어나면서 대칭적인 관절침범, 관절파괴, 기형 등이 나타난다.

(3) 만성 관절염의 예방 및 관리

1) 골관절염의 예방 및 관리

① 골관절염은 체중부하, 과체중 등으로 인하여 발생할 위험이 높기 때문에 적정 체중을 유지한다.
② 과체중 대상자는 낮은 강도의 유산소운동을 통한 체중감소와 근력강화가 필요하다.
③ 운동 도중에 통증이 있는 경우에는 운동을 중단하고 휴식을 취한다.
④ 냉·온요법 및 약물요법이 사용되기도 한다.

2) 류마티스성 관절염의 예방 및 관리

① 류마티스성 관절염의 2차 예방 차원에서 치료 또는 집단검진을 통한 색출이 어렵기 때문에 통증이나 뻣뻣함과 같은 초기 증상을 약물치료나 물리치료 등을 통하여 조절하는 것에 목표를 둔다.
② 류마티스 관절염에 대한 환자교육과 안전사고를 예방할 수 있는 주위 환경 개선 및 심리적 지지도 매우 중요하다.

TIP 류마티스성 관절염의 통증·염증을 감소시키는 방법
- 충분한 휴식을 취한다.
- 부목을 대거나 적당한 운동을 하여 관절을 보호하고 기능을 유지한다.
- 면역기능 조절을 위한 각종 약물 및 치료적 혈구성분 채집술(apherisis)을 시행한다.

4 고혈압

고혈압은 수축기압 140mmHg 이상, 이완기압 90mmHg 이상인 혈압을 말한다.

(1) 고혈압의 유형

고혈압에는 1차성 고혈압과 2차성 고혈압이 있다. 1차성 고혈압은 원인불명으로 본태성 고혈압이라고 하며 2차성 고혈압은 심장, 혈관, 내분비, 신경 등의 직·간접적 영향으로 발생하는 고혈압이다.

(2) 고혈압의 원인

고혈압의 원인에는 과체중, 흡연, 운동 부족, 동물성지방 과다섭취, 가족력, 당뇨, 스트레스 등이 있다.

(3) 고혈압의 예방내용

① 과체중 및 비만인 경우 : 체중 감량
② DASH(Dietary Approach to Shop Hypertension)식이 - 칼륨과 칼슘이 풍부한 식생활
③ 염분 섭취의 감소
④ 신체활동의 증가
⑤ 알코올 섭취의 감소
⑥ 금연

(4) 고혈압의 치료

고혈압을 치료하려면 항고혈압제를 투약하면서 정상 범위로 혈압을 조절한다.

(5) 고혈압의 관리

1) 고혈압의 1차 예방을 위한 업무

주민에 대한 보건교육에는 개인교육, 집단교육, 대중매체를 통한 교육 등이 있다.

〈개인교육의 방법〉
- 다른 건강문제로 보건의료기관을 방문하는 환자를 대상으로 하는 개별 상담
- 사전에 제작된 보건교육자료를 배부하는 방법

2) 고혈압관리사업 대상자의 파악

① 고혈압 관리사업의 대상자는 30세 이상의 성인 전체이다.
② 대상자의 파악은 각 보건기관에서 행정기관의 협조를 얻어 행정전산망에 입력된 주민등록자료를 바탕으로 작성한다. 이 과정에서 주민 개인의 사생활 비밀이 유지되도록 한다.

3) 고혈압 환자의 조기 발견

① 환자의 발견을 위해서는 대상자 전원의 혈압을 측정한다.
② 대상자로 파악된 전 국민이 최소한 2년에 한 번씩은 혈압을 측정한다.

③ 혈압의 측정은 훈련을 받았다면 의사, 간호사 외에 진료보조원, 마을건강원도 가능하다.

4) 추후관리 대상자의 선별

① 여러 가지 방법으로 관리대상자 전체의 혈압을 측정한 후, 다음 단계의 과제는 추후 관리 대상자를 선별하는 일이다.

② 고혈압은 한 번 측정한 혈압이 기준 이상으로 나왔다고 진단을 내릴 수 있는 것이 아니기 때문에 주기적인 혈압 재측정을 통한 확인이 필수적이다.

5) 기초검사의 실시

① 확정 고혈압 환자에 대해서는 상세한 병력 조사 및 이학적 검사, 임상검사를 통하여 2차성 고혈압을 발견한다.

② 치료 시작 전의 기준선 설정, 말초장기의 손상 유무, 동맥경화성 심혈관질환의 다른 위험요인들을 파악한다.

○ 기초검사의 유형

상세한 병력 조사 및 이학적 검사	보건의료기관에서 직접 실시한다.
임상검사	보건의료원(보건소) 또는 지역 내에 임상검사시설이 갖추어져 있는 병원에 의뢰하여 실시한다.

6) 고혈압 환자의 치료

① 기초검사가 끝난 확정된 고혈압 환자는 정해진 원칙에 따라 치료를 시작한다.

② 고혈압 치료의 목적은 고혈압 관련의 합병증 및 사망을 예방하고, 가능하면 가장 고통이 적은 방법으로 혈압을 조절하는 것이다.

③ 혈압을 수축기 120mmHg, 확장기 80mmHg 이하로 낮추고 조절 가능한 심혈관계의 위험요인을 동시에 조절함으로써 목적을 달성할 수 있다.

④ 흡연, 고지혈(고콜레스테롤)증, 당뇨병 등 동반된 심혈관계의 위험요인을 그대로 두고 혈압만 조절한다면 목적을 달성할 수 없다. 동반된 심혈관계 위험 요인에 대해서도 고혈압과 똑같은 관심과 노력을 기울인다.

5 당뇨병

당뇨병은 고혈당으로 인해서 소변에서 많은 양의 당이 배설되는 질환을 말한다.

(1) 당뇨병의 유형

당뇨병에는 1형 당뇨병과 2형 당뇨병 외에 임신성 당뇨병, 기타 당뇨병이 있다.

1형 당뇨병	인슐린이 절대적으로 부족한 당뇨병
2형 당뇨병	인슐린 분비장애와 인슐린 저항성이 문제인 당뇨병

(2) 당뇨병의 특성

당뇨병은 눈, 심장, 말초혈관, 신장, 신경계 등과 관련된 급성·만성 합병증을 일으켜 질병 악화 또는 사망에 이르게 하는 중요한 보건문제이다.

① 당뇨병은 성인 실명의 주요 원인이다.
② 당뇨병은 외상이 원인이 아닌 하지 절단의 50%를 차지한다.
③ 당뇨병은 새롭게 진단된 말기 신부전증의 35%를 차지한다.
④ 당뇨병은 심혈관계 질환의 발생위험을 2~4배 증가시킨다.

(3) 당뇨병의 원인

① 인슐린의 저항성 증가
② 인슐린의 분비 장애 – 인슐린 분비의 감소
③ 유전적 요인
④ 비만
⑤ 식생활의 서구화
⑥ 신체활동의 감소 – 근육량 감소

(4) 당뇨병의 치료내용

① 혈당 조절 – 식후 고혈당 조절이 목표
② 혈당 조절을 위한 경구 혈당 강화제 또는 인슐린 선택
③ 식이요법 – 식이 내 탄수화물량의 일정 유지, 당화지수가 낮은 탄수화물 선택
④ 운동요법 – 최소 주 3회 이상 (중간 강도의 유산소운동이 바람직함)
⑤ 체중 감량
⑥ 알코올 제한 및 염분 제한
⑦ 눈 관리 및 발 관리
⑧ 절대 금연
⑨ 일부 대상자에게 시행되는 췌장 이식수술

4 재활간호사업

① 재활 및 재활간호

1 재활의 개념

재활(rehabilitation)은 '다시(re)'와 '적합하게 하다(habilitate)'가 합쳐진 용어로, 파괴 또는 파산 상태에서 다시 복구한다는 의미이다. 재활은 질병이나 외상으로 장애를 입은 사람을 최대의 자급자족과 정상에 가까운 기능을 되찾을 수 있도록 회복시키는 과정을 말한다. 또한 재활은 신체적·정신적 질환을 의학적으로 치료함은 물론, 기능적인 회복과 심리적·사회적·직업적인 측면까지의 회복을 포함하여 사회인으로서의 인간 또는 전체 인간으로의 복귀를 말한다.

2 재활간호의 개념

재활간호는 간호사와 대상자가 역동적·치료적·지지적 관계 내에서 서로 영향을 주고받으면서 변화하고 발전하는 간호 실무를 말한다.

3 재활간호의 특성

① 재활간호는 다양한 건강간호와 지역사회구조 안에서 이루어진다.
② 재활간호는 광범위한 지식 기반이 필요하다.
③ 재활간호표준에 따른 재활간호는 대상자의 개별화된 질적 성과를 얻기 위하여 간호과정을 이용한다.
④ 재활의 목적을 종합적으로 성취하기 위하여 여러 전문 분야로 구성된 재활간호팀 요원과 함께 협력관계 내에서 재활실무를 수행한다.

② 재활간호사업

1 재활간호사업의 목적

① 잠재적 기능을 극대화하여 자급자족의 성취감을 갖도록 돕는다.
② 수용할 만한 삶의 질을 성취도록 돕는다.
③ 변화된 삶에 적응할 수 있도록 돕는다.
④ 최적의 안녕상태를 유지할 수 있도록 돕는다.
⑤ 가정과 지역사회에 복귀할 수 있도록 돕는다.

⑥ 환자와 가족을 교육하고 상담하여, 상황에 대한 이해와 폭을 넓혀 준다.

2 재활간호사업의 필요성

① 노인인구의 증가에 따라 장애를 가진 인구가 늘어나고 있다.
② 기계문명의 발달로 산업재해 및 교통사고의 증가에 따라 신체 불구자가 늘어나고 있다.
③ 대부분의 재활간호사업은 장애의 원인인 절단, 척수손상, 정신질환, 노인질환 등이 차지하고 있다.
④ 의료기술의 발전으로 난치병인 뇌성마비아 및 선천성 기형아가 생명을 구할 수 있게 되면서 재활간호의 대상자가 증가하고 있다.
⑤ 의료민영화, 지구온난화, 정보기술 혁명 등의 많은 변화가 진행됨에 따라 재활간호에 대한 요구도 증가되고 있다. 재활병원의 퇴원을 앞둔 환자를 대상으로 실시한 요구도 조사에서 재활교육에 대한 요구가 높게 나타났는데, 그 중에서도 지지간호 및 건강관리교육에 대한 요구도가 가장 높게 나타났다.
⑥ 실제로 지역에 살고 있는 장애인들이 가지고 있는 재활욕구는 장애의 조기발견, 재활에 대한 인식고취, 욕창관리, 대소변관리, 가옥구조의 변경, 간단한 재활치료 등이다. 이는 대부분 1차 보건의료수준에서 해결할 수 있는 문제들이다.
⑦ 지역사회에서 재활의 영역을 해결할 수 있도록 제반 여건을 조성하는 것이 재활간호의 가장 시급한 과제이다.

3 재활간호사업의 인력 구성

(1) 재활간호사

① 모든 재활과정을 통하여 사정, 계획, 수행, 평가에 의한 재활간호를 실시한다.
② 재활대상자 및 가족의 교육을 담당하고, 장애가 발생할 수 있는 고위험군 대상자에 대한 예방교육을 실시한다.
③ 선천성 대사이상 검사 등 장애의 원인이 되는 상병의 조기발견 및 조기치료를 추진한다.
④ 혈압·혈당 관리, 배변·배뇨 관리, 욕창 간호, 상담을 실시한다.
⑤ 장애별 보건교육프로그램을 수행한다.
⑥ 지역사회의 재활에 대한 인식을 개선하고, 지역주민의 참여를 촉진시킬 수 있는 홍보 및 교육을 담당한다.

(2) 재활의학과 전문의

진단과 평가를 통하여 재활과정을 계획하고, 약제 및 치료제를 처방하는 등의 신체적·정신적 치료를 수행한다.

(3) 물리치료사

물리치료를 이용하여 재활대상자의 순환 촉진, 동통 감소, 근육긴장을 완화시킨다.

(4) 작업치료사

작업을 통하여 환자의 신체적, 정신적 에너지를 사용하여 독립적 일상생활에 필수적인 신체적, 정신적 기능을 얻게 되도록 돕는다.

(5) 언어치료사

말하기, 쓰기, 듣기, 이해하기, 읽기 등을 위한 방법을 지도한다.

(6) 보조기 · 의수족 제작사

상지 · 하지 보조기, 의수족, 몸통 지지대 등을 제조 · 제작하여 공급한다.

(7) 사회사업가

환자의 가정환경 및 사회적 상태를 평가하여 문제를 해결할 수 있도록 상담을 하거나 정보를 제공한다.

(8) 심리학자

환자의 심리상태를 파악하여 장애를 가려내고 적응할 수 있도록 돕는다.

(9) 정신과 의사

뇌의 기질적 손상, 신경성 및 성기능장애, 자살 등의 문제를 다룬다. 또한 약물중독, 알코올중독 등에 대한 치료를 하여 정신적인 건강을 유지하도록 돕는다.

(10) 직업상담자

재활대상자의 기능 상태에 맞는 적절한 직업을 소개하고 상담한다.

(11) 직업평가사, 직업훈련사, 오락치료사, 특수교사 등

서로 정보를 교환하고 협조하여, 재활대상자의 성공적인 재활에 도움을 준다.

4 지역 중심의 재활간호사업

(1) 지역 중심 재활간호사업의 기본 방향

① 지역을 중심으로 한 장애의 예방 및 조기발견, 재활치료, 장애인의 건강증진, 가족의 지지, 지속적인 관리체계 개발 등을 통하여 장애를 최소화하고 일상생활에의 자립능력을 증진한다.
② 지역주민들의 재활의식을 개선하고 관련기관과의 연계관계를 구축함으로써 지역 내의 재활서비스 제공 역량을 강화한다.

③ 지역 여건에 맞는 재활사업의 전략 및 프로그램을 개발·시행·평가하여 지역 유형별 사업 모형을 보급하고 확산한다.

④ 지역사회의 자발적인 참여와 유기적인 연계를 위한 지역사회 재활합의체를 운영하여 다양한 자원을 통한 포괄적인 재활서비스를 제공한다.

(2) 지역 중심 재활간호사업의 특성

① 지역 중심 재활간호사업은 지역주민들에게 장애인 및 재활에 대한 올바른 이해를 증대시키고, 재활대상자의 자조자립의 의지와 능력을 강화한다.

② 지역 중심 재활간호사업은 지역 수준에서 쉽게 받아들일 수 있을 만큼 쉬우면서도 효과를 기대할 수 있는 재활 관련 기술 및 방법을 활용하도록 유도하여, 재활대상자 스스로가 문제를 해결할 수 있는 기회를 제공한다.

③ 지역 중심 재활간호사업은 재활대상자 본인뿐만 아니라 가족 및 지역주민을 포함한 다양한 지역의 인적자원을 최대로 가동시켜 지역사회 전체가 재활사업에 능동적 역할을 담당하도록 돕는다.

(3) 지역 중심 재활간호사업의 주요 내용

① 재활대상자의 선정기준 마련 및 등록, 의뢰, 퇴록의 원칙 구축

② 중증 재가장애인 및 이동가능 장애인을 대상으로 하는 보건의료 재활서비스의 제공
    예 장애인 건강증진프로그램, 장애인 가족지지프로그램, 장애인 지역사회 참여프로그램 등

③ 지역사회 기관 및 자원과의 연계체계 구축

④ 재활요원, 관련기관, 지역주민을 대상으로 CBR 관련 교육 및 홍보

⑤ 지역자원 파악 및 장애인 요구도 조사

⑥ 사업의 평가 및 평가프로그램의 개발 연구

⑦ 지역별 특성화된 재활프로그램의 개발
    예 주간 재활프로그램, 움직이는 병원, 뇌졸중 환자의 기능훈련교실 등

(4) 지역 중심 재활간호사업 프로그램

1) 지역 중심 재활간호사업 프로그램의 목적

① 장애인의 지역사회 참여를 유도한다.

② 장애에 대한 인식을 개선한다.

③ 지역주민의 장애에 대한 편견을 해소한다.

④ 장기적인 지역사회 전체의 변화를 도모한다.

2) 지역 중심 재활간호사업 프로그램의 종류

① 재활의료서비스

재활의료서비스는 장애인의 건강검진 및 만성질환과 관련된 위험요인을 조기에 발

견하여 질환관리를 하기 위한 서비스이다.

② 장애인 건강증진프로그램

장애인 건강증진프로그램에는 뇌졸중 기능 향상을 위한 언어치료, 수중치료, 심리재활, 직업재활, 감각통합치료, 운동시설을 활용하는 프로그램, 금연, 영양상담, 예방접종, 스트레스 관리프로그램 등이 있다.

③ 장애인가족지지 프로그램

장애인가족지지 프로그램에는 형제 및 자매가 함께 하는 집단 미술치료, 장애아부모 심리교실, 가족상담, 가족캠프 등이 있다.

④ 지역사회 통합프로그램

지역사회 통합프로그램에는 장애에 대한 인식 개선을 위한 지역주민교육, 장애 예방교육, 낙상예방 프로그램, 재활수기 공모, 재활전시회, 재활공학적 프로그램 등이 있다.

TIP) 보건소 중심의 지역사회 재활간호사업

● 재활에 대한 패러다임이 변화하면서 치료 중심의 재활에서 장애인뿐만 아니라 지역사회 전체가 참여하는 재활로 확대되고 있다.

● 보건소 중심의 지역사회 재활간호사업은 장애인의 건강수준 및 삶의 질을 향상시키는 것은 물론, 지역사회 통합에 기여하는 중요한 역할을 담당하고 있다.

memo

PART III

지역사회의 간호와 보건

1 가족의 이해

① 가족의 개념 및 특성

1 1차적 집단

가족은 구성원들 간의 상호작용이 그 어느 집단보다도 빈번하고 긴밀하며, 집단에 대한 소속감과 일체감을 강하게 나타낸다. 가족이 다른 1차집단과 다른 점은 가족구성원으로서 선택이나 소속이 자유롭지 못하다는 점이다. 가족구성원들은 운명적으로 한 가족의 일원으로 출생하여 소속된 가족이 갖는 고유한 문화에서 하나의 인격체로서 성장하며, 가족구성원 개인의 행복과 불행을 가족과 함께 한다.

2 공동사회 집단

공동사회에서의 구성원들은 서로 애정과 상호이해로 결합되어 외부의 간섭이나 장애에도 분열되지 않은 강력한 결합관계를 지니며 가족관계는 매우 밀접한 관계라서 한 사람의 행동이나 생각의 변화는 다른 가족구성원과 가족 전체에 영향을 미친다.

〈공동사회〉
- 공동사회는 이익사회와 대립되는 개념이다.
- 공동사회에는 가족, 국가의 민족 등이 해당된다.

3 폐쇄 집단

가족은 폐쇄 집단으로서 집단구성원의 자격을 획득하거나 포기하기가 쉽지 않은 집단으로 자신이 가족구성원으로 태어난 것은 자신의 의지나 선택과는 상관없이 법률적, 자연적, 운명적으로 결정된 결과이기 때문이다.

〈개방집단〉
- 개방 집단은 폐쇄집단의 반대 개념이다.
- 개인의 의사에 따라 집단 구성원의 자격을 획득하거나 포기할 수 있는 집단을 말한다.

4 형식 집단

형식 집단은 객관적 조직과 특정한 관습적 절차체계를 지니며 이것에 의해 구성원의 행동이 통제되는 집단을 말하며 가족은 결혼식과 혼인신고라는 사회적·법적 절차에 따라 부부

관계가 성립되므로 형식적이고 제도적인 집단이다. 가족이라는 집단 내에서 어떤 지위에 있느냐에 따라 개인의 특성과는 관계없이 그 지위에 대한 의무와 권리를 부여받게 되고, 그러한 기대에 대한 역할을 수행해야 한다는 당위성을 갖는다.

5 혈연 집단

가족은 부부라는 두 사람의 비혈연적인 존재가 성관계와 출산을 통하여 혈연 집단을 형성하는 특성을 갖고 있다. 부부관계가 소멸되어도 부모 자식 간의 혈연관계는 본질적으로 영구히 지속되며 가족 외에는 혈연을 기반으로 하는 집단은 존재하지 않는다.

② 가족의 형태

1 핵가족

핵가족은 부부와 그 자녀로 이루어진 가족 형태를 말하며 대사회에서 가장 보편적인 가족 형태이다. 자녀 없이 부부로만 구성된 2인 핵가족의 형태도 존재한다.

2 확대가족

확대가족은 결혼한 자녀가 부모와 동거하는 가족 형태를 말하며 전통적인 농업사회에서의 구조이다. 확대가족은 매우 효율적인 가족 형태이며 가족구성원들이 자원을 공유하고 상호 밀접한 유대감을 가진다.
예 부모가 일을 하는 동안 조부모가 육아와 가사를 도와준다.

○ 확대가족의 구분

직계가족	아들(보통 장남) 가족만이 부모와 동거하는 가족이다.
방계가족	부부와 결혼한 자녀 모두가 동거하는 횡적 확대가족이다.

3 혼합가족

혼합가족은 부부와 자녀로 구성되나, 재혼한 부부와 함께 전남편과 전처의 자녀로 구성된 가족형태를 말하며 오늘날 이혼을 허용하는 사회적 분위기로 인해 한부모 가족의 수가 점차 증가하고 있다. 혼합가족의 구성원들은 새 가족들과 유대관계를 확립하고 유지함과 동시에 이전의 가족관계에서 맺어진 친척들과 어떠한 관계를 유지해야 하는지에 대한 갈등이 생길 수 있다.

4 **그 외의 가족형태**

① 동성애자들이 함께 사는 동성애가족
② 미혼의 남녀가 공동 거주하는 동거가족
③ 독신 성인이 혼자 사는 독신가족
④ 공동 주거에서 개방 결혼에 이르기까지 집단이 한 장소에 모여서 함께 사는 공동체가족

③ 가족의 기능

1 **애정 및 성기능**

애정은 가족생활에서 중요한 요소이다. 과거 전통적인 가족과는 다르게 현대사회에서 남녀의 결혼은 애정기능을 중요시한다. 애정을 바탕으로 성기능이 작용하며, 이러한 성기능은 가족 내적으로 부부 사이의 성생활을 통하여 성적 욕구를 충족시키고, 가족 외적으로는 성적 무질서를 방지하고 통제한다.

2 **생식기능**

자녀는 부부 간 애정표현의 소산이고, 성기능을 거친 출산은 사회를 유지하고 존속시키는 중요한 방식이다. 생식기능은 가족 고유의 기능으로 내적으로는 가문의 전통을 잇고, 외적으로는 종족을 유지하는 것으로 자녀를 출산하는 생식기능은 가족만이 갖는 유일한 기능으로, 사회의 무질서를 통제하는 기능도 함께 한다.

3 **경제적 기능**

가족은 경제단위의 기본이며 재산을 공동으로 소유하는 집단이다. 우리나라는 전통적으로 가족이 생산에서부터 소비에 이르기까지 자급자족하는 경제단위였으며, 그 활동을 위하여 모든 가족구성원이 함께 동일한 일에 종사함으로써 동일한 가치척도를 가지고 살았다. 현대사회에서의 가족구성원들은 사회에 노동력을 제공하고 그 대가로 임금을 받으며, 받은 임금으로 필요한 물품을 구입한다. 따라서 생산과 소비가 분리된 현대사회에서의 가족은 생산보다는 소비의 기초단위가 되고 있고, 가족구성원 중의 여러 명이 수입원이 되면서 가부장의 경제권이 약화되고 있다.

4 **교육과 사회화기능**

자녀는 출산 또는 입양과 동시에 부모가 지닌 가족의 지위, 즉 사회계층에 속하게 되며, 개인이 평생 지니는 행동, 가치관, 목표의식 등은 부모의 자녀양육 특성과 어릴 때의 가족생활방식과 긴밀한 관계가 있다. 가족 안에서 자녀는 부모를 통하여 사회생활에 필요한 규칙,

권리, 의무, 책임감을 학습하며, 이를 통하여 한 사회의 시민으로 성장하게 되며 가정교육은 자녀에게 사회가 요구하는 문화유형과 사회생활을 하는 데 필요한 기본적인 지식, 기술, 도덕을 학습시킨다.

5 정서적 안정 및 휴식 제공 기능

가족은 가족구성원에게 정서적 안정과 휴식을 제공하고 사회생활로 인한 여러 가지 스트레스와 긴장감을 해소하는 안식처로서의 기능을 하여, 가족구성원의 정신적 건강을 유지시킨다. 가족이 정서적 안정의 기능을 제공하면 가족구성원들은 애정적 결속이 높아지고 소속감을 갖고 신뢰감을 구축한다.

④ 가족발달주기와 건강문제

1 가족발달주기

듀발은 1977년에 핵가족을 중심으로 결혼, 첫 자녀의 나이 및 취학을 가족생활주기를 기준으로 하여 가족발달주기를 8단계로 제시하였다. 가족발달주기는 과거·현재·미래 측면에서 가족을 조망할 수 있는 가족발달 연구의 기본 개념이며 가족발달주기를 파악함으로써 경제적 수준, 소비형태, 부부의 결혼만족도, 가정 내 갈등 정도, 부모-자녀 간의 특성 등을 예상할 수 있다.

◐ 듀발의 가족발달주기 8단계

1단계 신혼기 가족	첫 자녀가 생기기 이전인 가족
2단계 양육기 가족	첫 자녀 출산~30개월인 가족
3단계 학령전기 가족	첫 자녀가 30개월~6세인 가족
4단계 학령기 가족	첫 자녀가 6~13세인 가족
5단계 청소년기 가족	첫 자녀가 13~20세인 가족
6단계 진수기 가족	첫 자녀부터 마지막 자녀까지 독립한 가족
7단계 중년기 가족	부부만 남았을 때부터 은퇴시기까지의 가족
8단계 노년기 가족	은퇴시기부터 부부가 사망할 때까지의 가족

2 가족발달주기별 건강문제

(1) 신혼기 가족

① 이 단계에서의 우선적인 관심영역은 성과 결혼에 대한 적응, 가족계획에 관한 교육

및 상담, 산전교육 및 상담, 의사소통이다. 이러한 내용이 결혼 전부터 시작되면 더욱 좋다.

② 정보의 부족은 성문제나 정서문제, 두려움, 죄의식, 원치 않는 임신 등을 일으킬 수 있다.

③ 전통적인 결혼관이 흔들리는 요즈음 세태에서 젊은이들이 가족에 대한 올바른 가치관을 가질 수 있도록 도와주는 것이 가족간호사의 주요 역할 중의 하나이다.

(2) 양육기 가족

① 이 단계의 가족에서 건강에 관한 주요 관심은 산모교육, 육아, 신체건강 문제의 조기 발견 및 처치, 예방접종, 가족계획, 가족 상호작용, 일반 건강 증진 활동 등이다.

② 직장에 다니는 엄마의 경우에는 보육시설과의 접근성, 부모-아이 관계, 아동학대 가능성, 부모 역할을 받아들이는 것이 더욱 중요하다.

(3) 학령전기 가족

① 이 단계의 가족에게는 특히 많은 건강문제가 나타나며 신체적 건강문제(전염병, 감기, 화상, 중독, 사고 등) 외에 심리적 건강문제(부부관계)도 나타난다.

② 대부분의 부부가 이 시기에 결혼만족도가 감소하고 경제활동을 하고 싶은 욕구를 느낀다.

③ 형제자매 간의 질투, 가족계획, 성장발달에 대한 욕구, 아이 훈련에 대한 부모의 문제, 아동학대, 가정 내 사고, 의사소통 문제 등이 발생할 수 있다.

④ 가족간호사는 주요 가족 건강문제를 예방할 수 있는 방향으로 보건교육을 구체적으로 실시한다.

> **예** 흡연, 알코올 및 약물 남용, 성생활, 안전, 식이, 영양, 운동, 사회적 지지, 스트레스 등

(4) 학령기 가족

① 이 단계에서의 가족구성원의 신체 건강상태는 일반적으로 양호하지만, 건강문제는 잠재적으로 도사리고 있다.

② 남성의 연령 35세부터는 심장질환이 나타나기 시작하고, 남녀 모두 질병발생에 취약해지기 시작하는 연령대에 속하게 된다.

③ 이 단계는 부모의 성인병 예방 등에 관심을 쏟기 시작해야 할 시기이다.

(5) 청소년기 가족

① 청소년기의 자녀는 자동차나 오토바이 등으로 인한 사고 위험이 높다.

② 특히 약물이나 알코올에 대한 대책, 원치 않는 임신, 성에 대한 관심 고조에 유의한다.

③ 부모는 결혼관계를 돈독히 하고, 부모-자녀관계에도 유념한다.

④ 직접상담 또는 상담의뢰 등이 필요하고, 건강증진을 위한 구체적 방안도 모색한다.

(6) 진수기 가족

① 이 단계에서의 1차적 관심은 부모와 자녀 간의 의사소통문제이다.

② 남편과 아내의 역할 전이, 고콜레스테롤이나 고혈압 등의 만성질환의 출현, 갱년기 문제 등이 나타나기 시작한다.

③ 건전한 생활양식에 따라 생활하는 것이 이 시기의 부모가 준비해야 할 과업이다.

(7) 중년기 가족

① 이 단계는 건강증진에 관한 요구가 채워져야 하는 시기이다.

② 적절한 휴식, 여가활동, 수면, 충분한 영양, 규칙적 운동, 금연, 절주, 체중조절, 건강검진 등은 건강한 생활양식의 이행을 통하여 얻을 수 있다.

③ 자녀, 손자, 부부 간의 원만한 의사소통을 유지한다.

④ 노후생활을 대비하는 대책을 마련한다.

(8) 노년기 가족

① 노년기의 최대 관심은 건강하게 오래 사는 것이다. 그러나 노인의 80% 이상은 한 가지 이상의 만성질환을 가지고 있거나 여러 증상을 동시에 가지고 있는 것이 보편적이다.

② 노인인구가 계속 증가하고 있어서 노인의료비의 비중이 크게 증가하고 있고, 의료서비스 이용률도 급격히 상승하고 있다.

③ 퇴행성 질환으로 인한 건강의 악화는 피할 수 없지만, 예방 가능한 질환은 사전에 예방함으로써 전체 의료비나 국민의 건강수준 향상에 기여할 수 있다.

④ 노인은 신체활력과 기능의 저하, 사회적 고립, 우울, 고독감, 인지장애, 심리적 허약감 등이 빈발하며 영양부족도 흔히 발생한다.

⑤ 적절한 여가 수단 및 보건의료시설의 부족 등이 노인에게 어려움을 준다.

> **TIP** 노년기 가족을 위한 간호사의 역할
>
> • 간호사는 급성질환에서부터 만성질환, 재활에 이르기까지의 간호제공과 의료시설 이용 의뢰 및 안내 등 여러 상황에서 많은 도움을 줄 수 있다.
> • 간호사는 건강증진과 질병 및 사고 예방을 위한 구체적 전략을 제공함으로써 노년기 가족에게 기여할 수 있다.

2 가족간호

① 가족간호의 개요

1 가족간호의 특성

① 가족은 사회의 기본단위일 뿐만 아니라 개인의 건강신념 및 가치 등을 형성하는 데 가장 중요한 영향을 미치는 집단이다.
② 가족은 환자간호에 깊이 관여하는 특성이 있으며 환자의 간호제공자 또는 대변인이자 환자가 받는 간호에 대한 만족도를 평가하는 자원으로서 가능하므로 책임감과 더불어 많은 부담감을 경험한다.
③ 가족의 역할은 가족문제에 대한 의사결정을 하는 것인데, 가족구성원 모두가 환자와 관련된 간호 또는 치료계획의 수립과 결정에 중요한 영향을 미친다.

2 가족간호의 필요요소

① 효과적인 가족간호를 위해서는 가족의 문화, 종교적 관습, 사회경제적 상태, 가족 내에서의 비공식적인 역할 등에 대한 인식이 중요하다.
② 이러한 다양한 요소들에 대한 인식은 가족간호에서 질병과 상해에 대한 관리능력에 영향을 미친다.
③ 가족 전체를 포함하여 가족의 현재와 미래의 건강상태에 영향을 미칠 수 있는 다양한 요소들을 자료 수집을 통하여 확인한다.
④ 수입과 관련된 가족의 사회경제적 상태는 건강증진 및 질병치료에 큰 영향을 미친다.

> **TIP** 가족간호를 위한 간호사의 역할
> - 간호사는 개별 간호 대상자들의 건강을 유지·증진시키기 위하여 노력하면서 가족간호의 중요성을 인식한다.
> - 간호사는 여러 형태의 보건의료현장에서 다양한 간호 대상자에게 간호를 제공한다.
> - 간호 대상자는 개인 및 가족을 비롯하여 지역사회 내의 집단일 수 있으며, 지역사회 자체가 대상이 될 수도 있다.

② 가족간호의 관점

1 배경으로서의 가족

배경으로서의 가족이라는 관점에서는 가족구성원 개인이 중요하고 가족은 배경이며 개인이 건강과 질병에 대하여 스트레스원으로 적용하거나 건강 자원을 제공한다.

2 대상자로서의 가족

대상자로서의 가족이라는 관점에서는 가족은 개별 가족구성원의 합이다. 각 구성원은 가족에게 영향을 주며 가족이 더 중요하고 가족구성원 개인은 그 다음으로 여긴다.

3 체계로서의 가족

체계로서의 가족이라는 관점에서는 가족구성원 개인과 가족 전체 모두가 중요하다. 체계로서의 가족은 부분의 합 이상으로서 가족 간의 상호작용체계에 초점을 둔다. 간호사는 가족구성원들 간의 상호작용에 초점을 맞추어, 가족구성원 개인에게 어떠한 일이 일어나면 가족체계의 다른 구성원이 관계변화와 영향을 받게 됨을 가정한다.

4 사회구성원으로서의 가족

사회구성원으로서의 가족이라는 관점에서는 가족은 사회의 1차적 조직이다. 가족이 보다 큰 체계의 부분이 되며, 가족을 사회의 많은 조직 가운데 하나로 본다. 가족은 다른 사회조직들과 상호작용하기 때문에 간호사는 가족과 지역사회 기관들의 상호작용에 초점을 맞춘다.

③ 취약가족

1 취약가족의 개념

취약가족은 특별한 요인 때문에 생활 속에서 바람직하지 않은 결과를 좀 더 많이 경험하는 가족의 형태를 말한다. 가족의 구조, 기능, 상호작용, 발달단계에서 다른 가족형태에 비해 좀 더 큰 위험에 노출되어 있는 가족형태로서의 가족간호 대상이다.

2 취약가족의 유형

취약가족의 유형은 가족을 어떠한 시각에서 바라보느냐에 따라 달라질 수 있지만, 일반적으로 4가지 유형으로 분류할 수 있다.

● 취약가족의 4가지 유형

구조적 취약가족	한부모가족, 조손가족 등의 결손가족
기능적 취약가족	저소득가족, 만성질환 및 말기질환자가족, 취업모가족 등
가족 상호작용 취약가족	폭력가족, 비행청소년가족, 알코올중독가족 등
발달단계 취약가족	미혼모가족, 미숙아가족 등

3 취약가족의 문제점

① 대부분의 가족은 한 명 이상 가족구성원이 없거나 분리되어 있다.
② 취약 상황에 있는 가족구성원에만 관심이 집중되어 다른 구성원들의 신체적·정서적 욕구가 무시되는 경우가 많다.
   예 장애아 출생의 경우 어머니의 신체적 피로, 정서적 죄의식, 슬픔, 낮은 자존감 등 다른 가족구성원의 요구를 충족시켜주지 못하여 발생하는 문제 등으로 갈등을 겪기도 한다.
③ 취약 상황은 빈번하게 가족 내 역할 변화를 초래한다.
   예 가족구성원의 죽음이나 질병 등으로 가족구성원의 상실을 극복하기 위하여 역할 변화를 경험한다.
④ 아이 훈육에 어려움을 겪는다. 아이의 요구를 무조건 들어주고 행동에 제한을 두지 않는 경우가 흔하고, 아동을 학대하는 경우도 있다.
   예 문제아에게만 관심이 집중되므로 다른 자녀들은 소외당한다고 생각하여, 부모의 관심을 끌기 위한 과장된 행동을 하는 경향이 있다.
⑤ 재정적으로 어려움을 겪는다. 외부의 도움이 없거나 불충분한 재정적 지원을 받을 경우에 가족이 해체될 수도 있다.

3 가족간호과정

① 사정 단계

사정 단계는 가족의 건강문제를 파악하기 위하여 기초 자료를 수집하는 단계이다. 이 단계에서는 가족의 건강, 기능, 과업수준, 가족구성원의 상호작용 유형 등을 파악하여 체계로서의 가족을 사정한다.

1 가족 사정의 기본 원칙

① 가구구성원 개인보다는 가족 전체에 초점을 맞춘다.
② 정상가족이라는 일반적인 고정관념을 버리고, 가족의 다양함과 변화성에 대한 인식을 가지고 접근한다.
③ 가족이 함께 사정 단계에서부터 모든 간호과정에 참여함으로써 간호진단을 함께 내리고 중재방법을 결정하는 데 참여한다.
④ 가족의 문제뿐만 아니라 가족의 장점도 사정한다.
⑤ 가족구성원 개인에게 의존하지 않고 가족구성원 전체, 친척, 이웃, 의료기관, 통·반장 등의 지역자원 및 기존자료의 활용 등 다양한 곳에서 자료를 수집한다.
⑥ 가족정보 중에는 이중적 의미를 가진 정보가 있을 수 있으므로 단편적인 정보에 의존하기보다는 복합적인 정보를 수집하여 정확히 해석하고 판단한다.
⑦ 대부분의 가족사정 자료들은 질적으로 높은 자료가 필요하므로 충분한 시간을 할애하여 자료를 수집한다.
⑧ 수집된 자료 중에서 의미 있는 자료를 적절히 선택하여 기록한다.
⑨ 사정된 자료 자체는 가족의 원인도 아니고 문제점도 아니다. 즉 사정된 자료는 진단이 아니다.

2 가족 사정의 자료수집

가족간호를 위한 자료는 다양한 자료원을 통하여 수집할 수 있으며 자료수집은 자료원의 출처에 따라 1차 자료와 2차 자료로 구분한다.

(1) 1차 자료

1차 자료는 간호사가 직접 가족 및 가족환경과 접촉하여 얻은 자료를 말한다.
① 간호사는 가족이 구두로 제공한 정보뿐 아니라 관찰 내용도 주의 깊게 기록한다.
② 가족의 기능 수준을 파악하기 위한 중요한 실마리는 가족이 환경과 어떻게 상호작용하는지를 관찰함으로써 얻을 수 있다.
③ 1차 자료의 자료수집방법에는 면담, 관찰, 신체사정, 환경조사 등이 있다.

(2) 2차 자료

2차 자료는 가족과 관련 있는 타인, 기관, 건강기록지 등 다양한 자료원에서 얻은 자료를 말한다.
① 2차 자료에는 가족의 구두 동의 또는 서면 동의를 받아야 한다. 이는 대상자의 정보에 대한 비밀보장 및 준수에 대한 사항으로, 치료적인 관계에서 신뢰감을 증진하는 방법이기도 하다.

② 가족과 관련된 타인을 통하여 얻은 2차 자료는 타인이 가족을 보는 지각 정도를 말하며 대상자에게서 직접 얻은 정보에 비해 정확성이 떨어질 수 있으므로 신중하게 사용한다.

③ 실제 간호사가 가족과 접촉하는 방법으로 가정방문, 집단모임, 전화, 편지, 인터넷 등을 활용할 수 있다. 가족 사정을 할 때의 가정방문은 기본적인 수단이 된다.

3 가족 사정의 도구

(1) 가계도

1) 가계도의 개념
가계도는 3세대 이상에 걸친 가족구성원에 관한 중요한 정보와 그들 간의 관계를 도표로 나타내는 방법으로, 가족구조도라고도 한다. 가계도는 가족관계를 이해하기 위하여 가족 전체의 구성과 구조를 포함한 가족관계를 가시화한 것이다.

2) 가계도의 특성
① 가계도에는 혈족관계와 중요한 가족사건, 직업, 가족의 질병력, 가족 이동, 역할 분담, 의사소통에 관한 정보 등이 포함된다.

② 가계도에는 가족에 관한 중요한 정보가 도식화되어 있기 때문에 특정 기간 동안 가족의 역사와 주요한 사건을 한눈에 파악할 수 있다.

③ 가족 면접 초기에는 수차례의 면접을 통하여 정보를 수집하는 것보다 가계도를 그리고 해석하는 것이 가족의 장점, 스트레스, 불안, 문제점 등을 파악하는 데 도움이 된다.

④ 현재 관계를 묘사하기 위하여 수평적으로 확대된 가계도는 가족을 이해하는 데 매우 유용한 자료이다.

⑤ 가족구성원의 현재 문제는 전 세대에 의해 영향을 받은 것이므로 전 세대의 문제행동 양상과 그것에 의한 영향을 확인할 필요가 있다. 그러므로 확대가족에서는 특히 이전 세대로부터 단서를 찾아야 한다. 이때 핵가족을 출발점으로 하여 과거 세대를 거슬러 올라간다.

(2) 가족밀착도

1) 가족밀착도의 개념
가족밀착도는 가족의 구조를 구성하고 있는 가족구성원 간의 상호관계와 밀착 정도를 도식화하여 나타내는 방법이다.

2) 가족밀착도의 특성
① 가족밀착도를 통하여 평소에 인지하지 못하던 가족관계를 확인하거나 새롭게 조명할 수 있기 때문에 가족관계의 본질을 파악할 수 있다.

② 가족밀착도를 통하여 가족의 전체적인 상호작용과 정서적지지 정도를 파악할 수

있다.

③ 가족밀착도를 활용한 과정을 통하여 어디에 문제가 있는지를 확인하고, 상호작용의 원인과 이를 해결하기 위한 중재방법을 결정하기 위하여 요구되는 심층적인 자료를 사정하도록 유도한다.

(3) 외부체계도

1) 외부체계도의 개념
외부체계도는 가족을 둘러싼 다양한 외부체계와 가족구성원 사이의 상호작용을 그림으로 나타낸 것으로, 생태도라고도 한다.

2) 외부체계도의 특성
① 외부체계도는 유용한 자원과 스트레스 자원, 부족한 자원 등을 확인할 수 있는 좋은 도구이다.

② 외부체계도를 통하여 가족체계와 외부체계 간의 상호작용의 성격, 질, 지지와 자원의 흐름을 명료하게 파악할 수 있다.

③ 외부체계도는 가족에게 유용한 체계와 스트레스나 갈등을 유발하는 체계를 파악할 수 있지만, 관계가 불분명하거나 표현이 어려운 경우는 사용하기 쉽지 않다.

④ 외부체계도를 작성 시 가족구성원이 함께 참여하면 자신에 대하여 보다 객관적인 관점을 가지고 이해하게 되어 미래에 대한 새로운 인식을 유도할 수 있다.

(4) 사회지지도

1) 사회지지도의 개념
사회지지도는 가족 내 가장 취약한 가구원을 중심으로 가족 내부뿐 아니라 외부와의 상호작용을 확인할 수 있는 도구이다. 참고로 가계도나 외부체계도는 가족 전체의 양상을 보여 준다.

2) 사회지지도의 특성
① 사회지지도는 가족지지체계의 양상을 전반적으로 이해할 수 있도록 도와준다.

② 사회지지도는 가족의 문제를 해결할 때 누구를 중심으로 시작할 것인지, 어떻게 지지체계를 활용할 수 있을 것인지를 알려준다.

(5) 가족연대기

1) 가족연대기의 개념
가족연대기는 가족의 역사 중에서 영향이 있었다고 생각되는 중요한 사건들을 순서대로 열거하여 나타내는 방법이다.

2) 가족연대기의 특성
① 가족연대기는 해당 사건들이 가족구성원들에게 어떤 영향을 주었는지, 특히 가족구

성원의 건강문제 발생과 사건의 관련성을 파악하고자 할 때 사용한다.

② 가족연대기는 가족에게 필요한 건강행위나 건강에 대해 집중적인 관심을 쏟지 못하는 가족관계의 문제를 취급하는 경우에 도움이 된다.

③ 가족연대기와 개인연대기를 연결하여 분석해 보면 가족구성원과 가족의 관계를 분석할 수 있다.

4 가족 사정의 수집자료 분석

① 선정된 사정도구를 이용하여 수집한 자료는 영역별 또는 주제별로 정리한 후 요약, 분석한다.

② 가족 사정자료에는 여러 개인이 포함되어 있으므로 가족 내 개인과 한 단위로서의 가족을 모두 분석해야 하기 때문에 일반적인 개인자료 분석보다 어려울 수 있다.

③ 가족 사정을 통하여 얻은 자료는 개인 사정자료에 비하여 분량이 많기 때문에 계속적인 분석과 정리를 진행한다.

④ 추가로 필요한 자료를 확인하여 재수집하면서 각 자료들 간의 차이와 1차성 정도 등의 문제를 분석한다.

TIP) 지역사회 간호과정에서의 가족 사정

● 실제적으로 지역사회 간호과정에서 가족 사정을 할 경우에는 대인관계 사정과 환경 사정도 포함하는 것이 바람직하다.

● 가족구성원의 개인 사정, 대인관계 사정, 가족 사정, 환경 사정을 모두 포함할 수 있다.

② 진단 단계

진단 단계에서는 가족간호 사정을 통하여 수집한 자료로부터 가족의 건강문제를 도출하여 가족간호 진단을 설정한 후에 가족간호 진단의 우선순위를 설정하는 단계이다.

1 가족간호 문제의 도출

가족사정 도구를 통하여 수집된 가족구조, 가족체계, 가족구성원의 특성 및 상호작용, 유용 가능한 자원, 장애가 되는 자원 등을 확인한 후에 가족의 간호문제를 도출한다. 간호문제를 도출하는 경우에는 가족구성원 개인의 간호요구와 간호문제뿐 아니라 가족 전체의 간호요구와 간호문제를 포함하며 설정된 건강문제에 대한 간호표준과 기준을 적용하여 문제를 도출한다. 이 과정에서 간호사와 가족이 함께 참여하는 것이 바람직하다.

2 가족간호 진단의 수립

가족간호 진단은 가족간호 문제와 문제를 초래한 원인으로 구성된다. 먼저 각 문제에 대한 원인들로 나열하고 간호중재를 통하여 그러한 원인들이 해소될 수 있는가를 판단한다. 동일한 원인 때문에 파생된 문제가 여러 가지인 경우에는, 그러한 원인에 의하여 생겨나는 간호문제들 간에 서로 관련성이 있는지를 검토하고 더 큰 문제로 통합할 수 있는지를 검토한다.

예 가족구성원이 결핵관리에 대한 지식 부족이 원인이 되어 간호대상자의 결핵관리가 제대로 이루어지지 못한 경우, 결핵관리에 대한 지식 부족은 원인이 되고 부적절한 결핵관리는 간호문제와 간호진단이 된다.

> **TIP) 가족간호 진단의 활용목록**
> - 북미간호진단협회(NANDA)의 Nursing Diagnosis Texanomy
> - OMAHA 문제분류체계
> - 가정간호 분류체계(HHCCS)
> - 국제간호 실무분류체계(ICNP) 등

3 우선순위의 설정

(1) 대상에 따른 우선순위 설정의 고려사항

우선순위를 설정할 경우에는 간호대상자인 가족과 간호제공자의 측면을 함께 고려한다.

간호대상자(가족) 측면에서의 고려사항	간호문제의 특성, 가족의 생각 및 변화 의지, 문제해결 능력 등
간호제공자 측면에서의 고려사항	시간, 비용, 유용한 자원, 접근성 등

(2) 우선순위를 설정할 때 고려해야 하는 가족 문제

① 도미노현상을 야기할 수 있는 근본적인 문제
② 가족의 관심이 많은 문제
③ 가족의 수행이 용이한 문제
④ 실천 후 결과에 대한 효과를 느낄 수 있는 문제
⑤ 긴급한 응급처치가 필요한 문제
⑥ 가족 전체에 영향을 미치는 문제

③ 계획 단계

계획 단계는 우선순위가 결정된 가족간호 문제를 해결하기 위하여 목표를 설정하고, 그 목표를 달성하기 위하여 간호방법 및 간호수단을 선택하고, 실제로 수행하기 위한 수행계획 및 평가계획을 수립하는 단계이다.

1 가족간호 목표의 설정

가족간호의 목표를 설정할 경우에는 반드시 가족을 포함시켜야 하는데, 대개 가족이 수용한 내용일수록 목표 달성의 가능성이 높아진다. 명확한 목표의 설정은 수행계획의 지침이 될 뿐만 아니라 사업의 평가기준이 되므로 매우 중요하다.

〈가족간호 목표의 설정 기준〉
- 가족이 해결해야 할 문제와 관련이 있어야 한다.
- 실현 가능성이 있어야 한다.
- 관찰이 가능한 것이어야 한다.
- 측정이 가능한 것이어야 한다.

2 간호방법 및 간호수단의 선택

일반적으로 가족중재를 위한 직접 간호기술은 병원 임상기술과 같지만, 병원 내에서 이루어지는 집중적이고 의료인 중심의 중재가 불가능한 가정에서는 가족구성원의 참여를 이끌어내는 접근방법이 효과적이다.

간호방법	직접 간호제공, 보건교육, 관리 등
간호수단	가정방문, 클리닉 활동, 보건교육, 상담, 의뢰 등

3 수행계획

수행계획은 간호방법 및 간호수단을 실제로 수행하기 위한 계획을 말하며 수행계획에서는 간호업무활동을 언제, 누가, 어디서, 무엇을 할 것인가를 결정한다.

○ 수행계획의 요소

언제	각 업무가 언제 시작해서 언제 끝나는지 단계마다 기간 및 시간을 작성한다.
누가	어떤 지식과 기술을 갖춘 요원이 사업에 참여하는가를 계획한다.
어디서	사업을 제공하는 장소를 결정한다.
무엇	업무활동에 필요한 도구와 예산을 계획한다.

4 평가계획

평가계획은 이미 설정된 목표가 얼마나 성취되었는지를 측정하는 계획을 말한다.

● 평가계획의 4요소

평가자	누가	평가도구	무엇을 가지고
평가시기	언제	평가범위	어떤 범위로 평가할 것인가

④ 수행 단계

수행 단계는 설정된 목표를 달성하기 위한 활동을 하는 단계를 말하며 수행 단계에서는 간호사와 가족이 협력하는 것이 바람직하다.

1 수행 단계의 진행

일단 가족문제의 우선순위가 확인되고 목적이 설정되어 간호중재방법이 결정되면, 가족구성원 개인뿐만 아니라 가족 전체와 협력하여 간호계획을 수행한다. 간호사는 가족의 문제 해결능력을 발달시키고, 가족구성원들 스스로가 간호에 대한 책임을 맡도록 도와준다.

2 간호계획에 따른 수행 전략

① 문제 하나하나보다는 가족 전체의 취약점에 초점을 맞춘다.
② 표면화된 구체적 문제 안에 더 큰 문제가 내재되어 있음을 기억하고 문제들과의 연계, 자료들과의 상호 관련성을 검토한다.
③ 가족의 문제들은 도미노현상을 가지고 있으며 중재계획 시 도미노현상의 첫 단계가 무엇이 될 수 있는지를 파악하여 중재를 시작한다.
④ 간호계획 시에는 가족들이 참여하여 가능한 한 간호대상자 스스로 문제를 해결하도록 한다. 가족 참여를 유도하는 과정이 가족간호 전략의 핵심이다.
⑤ 가족간호는 많은 경우 사정, 자료 분석, 진단, 수행, 평가의 연속선상에서 계속되는 과정이므로 각 단계의 순서나 구분이 모호하다.
⑥ 가족의 강점을 확인하여 이를 활용한다.

⑤ 평가 단계

평가 단계는 간호계획에 명시된 목표가 얼마나 성취되었는가를 측정하는 단계를 말한다.

1 평가 단계의 진행

평가 단계에서는 간호수행의 효과를 파악할 수 있다. 간호사는 수행 전략의 성공 여부와 제공된 간호가 가족의 기존 건강상태나 상황으로부터 바람직한 상태가 되도록 가족을 돕고 있는지의 여부를 판단한다.

2 평가 단계의 유형

(1) 구조 평가

① 구조 평가는 가족간호가 제공된 환경에 초점을 맞추고 간호사업의 철학 및 목적에 비추어 간호내용과 기준의 적절성을 확인하는 평가를 말한다.

② 구조 평가에서는 간호사업에 투입되는 인력, 시간, 물품 및 장비, 가족간호사업의 조직체계 등의 구조적인 요소들이 적절하였는가를 평가한다.

(2) 과정 평가

① 과정 평가는 가족간호가 실행되는 중간에 실시하는 평가를 말한다.

② 과정 평가에서는 가족간호에 투입된 인적자원과 물적자원이 계획대로 실행되고 있는지, 일정대로 진행되고 있는지를 파악한다.

③ 과정 평가에서는 간호사업이 목표를 향해 가고 있는지를 기술한다.

④ 과정 평가에서는 목표 달성에 장애가 되는 요소를 제거하고 개선방안을 마련한다.

(3) 결과 평가

① 결과 평가는 가족간호가 종료된 상태에서 계획된 목표가 얼마나 달성되었는가를 효과성 측면과 효율성 측면에서 측정하는 평가를 말한다.

② 효과성 측면에서는 가족건강관리에 대한 지식, 태도, 행위의 변화를 고려한다.

③ 효율성 측면에서는 가족간호의 비용효과적인 측면을 고려한다.

④ 결과 평가의 기록은 간호중재가 어느 정도 성공적이었는지를 증명함으로써 질적 간호에 영향을 미치며 간호사업 감사 시의 중요 자료가 된다.

⑤ 결과 평가의 기록은 법적인 근거가 되므로 반드시 간호사가 기술한다.

1 학교보건의 이해

① 학교보건의 개요

1 학교보건의 목적

① 학교보건은 학생과 교직원의 건강을 보호하고 유지하며 증진시키는 것이 궁극적인 목적이다.
② 학교보건은 학생, 가족, 교직원 및 보건의료 전문가가 참여하여 보건관리와 환경관리 및 체계적인 보건교육을 제공한다.
③ 학교보건은 개인의 건강문제를 해결할 수 있는 신체적·정신적·사회적 기능 수준을 향상시켜 안녕상태에 이르도록 한다.

2 학교보건의 중요성

① 학교보건 대상자인 학생과 교직원은 전체 인구의 1/4에 달하므로 전 국민의 건강수준을 향상시키기 위해서는 학교 인구의 건강부터 고려해야 한다.
② 학교보건 대상자는 학교라는 생활터에 밀집되어 있고 조직화되어 있어 보건교육을 추진하는 데 유리한 여건을 가지고 있다.
③ 학령기 및 청소년기는 행동변화가 용이한 시기로 이때 학교에서 습득하여 형성된 건강행위는 건강한 일생을 보낼 수 있는 밑거름이 된다.
④ 학교에서 집단생활을 하는 학생들은 질병에 대한 감수성이 높은 취약집단이다.
⑤ 학생은 배우려는 의욕이 강하기 때문에 보건교육의 효과가 빨리 나타나고, 건강에 관한 지식의 생활화가 용이하다.
⑥ 학교는 지역사회의 중심적인 조직으로 학교에서 실시한 보건사업은 학생과 교직원을 통하여 가족과 지역사회로 건강지식이나 정보가 파급될 수 있다.

TIP 학교간호

- 학교간호는 학교보건의 여러 영역 중 대부분을 차지하는 동시에 지역사회간호의 한 분야이므로 지역사회간호와 학교보건의 원리와 방법이 적용된다.
- 학교간호는 학생과 교직원에게 간호활동을 제공하여 그들의 적정기능수준을 향상시키는 것이다.
- 보건교사는 간호과정을 적용하여 학생과 교직원에게 보건교사의 전문적 지식과 기술로 이루어지는 간호제공, 보건교육, 보건관리를 포함한 간호활동을 제공한다.
- 이러한 간호활동은 보건실 활동, 학교보건조직 운영 등의 다양한 수단을 통하여 전달되어 적정기능수준 향상이라는 간호목표를 달성하도록 하며, 대상자가 어느 정도의 간호목표를 달성하였는지는 기능연속지표로 측정할 수 있다.

② 학교보건의 인력

1 학교보건 인력의 개요

학교보건을 관리하는 최고 책임자는 학교의 장이지만 학생의 보건관리를 직접 담당하는 것은 담임교사와 보건교사이다.

학교보건 전담 상근인력	학교관리자, 보건교사, 상담교사, 영양교사
학교보건 촉탁 전문인력	학교의사, 학교약사

2 학교보건 인력의 유형

(1) 보건교사

1) 보건교사의 자격 규정
1953년 「교육공무원법」의 규정에 따라 학교 간호사에게 '양호교사'라는 교사의 자격이 부여되었다. 이후 2002년에 「초·중등교육법」개정으로 양호교사가 보건교사(1급·2급)으로 개칭되었다.

2) 보건교사의 배치기준
모든 학교에 보건교육과 학생들이 건강관리를 담당하는 보건교사를 배치한다. 다만, 대통령령으로 규정하는 일정 규모 이하의 학교에는 순회 보건교사를 배치할 수 있다.

3) 보건교사의 직무
① 학교보건계획의 수립
② 학교 환경위생의 유지·관리 및 개선에 관한 사항
③ 학생 및 교직원에 대한 건강진단 실시의 준비와 실시에 관한 협조
④ 각종 질병의 예방조치 및 보건지도

⑤ 학생 및 교직원의 건강관찰과 학교의사의 건강상담, 건강평가 등의 실시에 대한 협조
⑥ 신체허약 학생에 대한 보건 지도
⑦ 보건 지도를 위한 학생의 가정 방문
⑧ 교사의 보건교육에 관한 협조와 필요 시의 보건교육
⑨ 보건실의 시설, 설비, 약품 등의 관리
⑩ 보건교육자료의 수집 및 관리
⑪ 학생건강기록부의 관리
⑫ 다음의 의료행위(간호사 면허를 가진 사람만 해당)

- 외상 등 흔히 볼 수 있는 환자의 치료
- 응급을 요하는 자에 대한 응급처치
- 상병의 악화 방지를 위한 처치
- 건강진단 결과로 발견된 질병자의 요양지도 및 관리
- 상기의 의료행위에 따르는 의약품의 투여

⑬ 기타 학교의 보건관리

(2) 학교의사와 학교약사

학교의사와 학교약사는 촉탁 보건전문인력으로 학교의 장이 위촉하며, 학교보건에 대한 협력관계는 학교마다 다르다.

1) 학교의사의 직무
① 학교보건계획 수립에 관한 자문
② 학교 환경위생의 유지·관리 및 개선에 관한 자문
③ 각종 질병의 예방처치 및 보건지도
④ 학생 및 교직원의 건강 상담
⑤ 기타 학교보건 관리에 관한 지도

2) 학교약사의 직무
① 학교보건계획의 수립에 관한 자문
② 학교 환경위생의 유지·관리 및 개선에 관한 자문
③ 학교에서 사용하는 의약품 및 독극물의 관리에 관한 자문
④ 학교에서 사용하는 의약품 및 독극물의 실험 및 검사
⑤ 기타 학교보건 관리에 관한 지도

- 「학교보건법 시행령」에 따라 학교에서는 학교의사(치과의사, 한의사 포함), 학교약사, 보건교사를 배치한다.
- 18학급 이상의 초등학교에는 학교의사 1인, 학교약사 1인 및 보건교사 1인을 두고, 18학급 미만의 초등학교에는 학교의사 또는 학교약사 중 1인과 보건교사 1인을 둘 수 있다.
- 9학급 이상인 중학교와 고등학교에는 학교의사 1인, 학교약사 1인 및 보건교사 1인을 두고, 9학급 미만의 경우에는 학교의사 또는 학교약사 중 1인과 보건교사 1인을 둔다
- 대학(3개 이상의 단과대학을 두는 대학에 있어서는 단과대학), 사범대학, 교육대학, 전문대학에는 학교의사 1인 및 학교약사 1인을 둔다.

2 학생의 건강관리

① 건강검사

1 건강검사의 개념

건강검사는 초·중·고등학교에서 「학교보건법」 및 「학교건강검사규칙」의 규정에 따라 신체의 발달상황 및 발달능력, 생활습관, 질병의 유무 등에 대하여 조사하거나 검사하는 것을 말하며 학교의 장은 학생과 교직원에 대하여 건강검사를 실시해야 한다.

2 건강검사의 유형

(1) 신체발달상황

신체발달상황은 교직원이 학생의 정확한 키와 몸무게를 측정하는 것이고 신체발달상황 검사를 시작하기 전에 기구 검진을 실시하여 노후된 기구는 보수 교체한다.

(2) 건강조사

건강조사는 예방접종 및 병력, 식생활, 및 비만, 위생관리, 신체활동, 학교생활 및 가정생활, 텔레비전·인터넷 및 음란물의 이용, 안전의식, 학교폭력, 흡연·음주 및 약물의 사용, 성 의식, 사회성, 정신건강, 건강상담 등에 대하여 실시한다.

(3) 건강검진

건강검진은 초등학교 1학년과 4학년, 중학교 1학년, 고등학교 1학년을 대상으로 건강

검진기관에서 실시한다. 학교의 장은 대상 학생들이 이용 가능한 2개 이상의 검진기관을 학교운영위원회의 심의 또는 자문을 받아 선정한다. 단, 지역 여건상 2개 이상의 검진기관을 선정할 수 없는 경우에는 교육감의 승인을 얻어 1개의 검진기관만 선정하여 실시할 수도 있다.

〈건강검진의 항목〉

• 근·골격 및 척추	• 눈	• 귀	• 코	• 목
• 피부	• 구강	• 기관능력	• 병리검사	

(4) 구강검진

학교보건에서는 치아검진 결과를 구강 보건교육에 통합시키는 기회로 활용할 수 있다.

1) 구강검진의 실시

건강검진 대상 학년이 아닌 초등학교 2학년, 3학년, 5학년, 6학년의 경우에는 집단 방문 검진이 아닌 검진기관을 개별 방문하여 구강검진을 실시한다. 단, 중학교 2학년과 3학년, 고등학교 2학년과 3학년은 구강검진을 실시하지 않는다.

2) 구강검진의 방법

① 검진기관에 비치된 문진표를 학생 및 보호자가 작성한다.

② 검진자는 작성된 문진표를 검토한 후 해당 문항에 대하여 보다 더 자세한 검진을 실시한다.

③ 우식치아, 우식발생 위험치아, 결손치아 등 치아상태 파악, 구내염 및 연조직 질환, 부정교합, 구강 위생상태 등의 검사를 통하여 구강상태를 평가한다.

(5) 신체능력검사

신체능력검사는 학생들의 체력상태를 평가하기 위한 검사로, 교직원이 초등학교 5학년과 6학년, 중·고등학생을 대상으로 신체능력을 검사한다.

〈신체능력검사의 항목〉

• 달리기	• 오래달리기–걷기
• 제자리멀리뛰기	• 팔굽혀펴기(중·고등학교 남학생에 한함)
• 윗몸일으키기	• 팔굽혀매달리기(중·고등학교 여학생에 한함)
• 앉아서 윗몸 앞으로 굽히기 등	

(6) 별도 검사

건강검진을 받지 않은 학생을 대상으로 소변검사, 결핵검사, 시력검사를 실시한다.

1) 소변검사

① 소변검사는 초등학교 1학년과 4학년, 중학교 1학년, 고등학교 1학년을 대상으로 건강검진기관에서 실시하는 건강검사에 포함되어 있다. 그리고 건강검진 대상이 아닌 학년의 학생들도 전원 소변검사를 실시한다.

② 소변검사 항목에는 당, 단백, 잠혈, 유로빌리노겐, 빌리루빈이 포함된다.

2) 결핵검사(흉부 방사선선 촬영)

① 결핵은 신체 거의 모든 부분에 침범할 수 있는 감염병으로 특히 폐에 많이 감염되는 세균성 만성 감염병이다.

② 결핵균에 의한 1차 감염은 대부분의 경우 증상이 나타나지 않고 흉부 방사선 촬영에서도 정상 소견을 보이는 경우가 많기 때문에 결핵검사에 신중을 기해야 한다.

③ 결핵검사는 중학교 1학년과 고등학교 1학년 학생에 한하여 건강검진 시 함께 실시하는데, 고등학교 2학년과 3학년은 별도 검사로 실시한다.

3) 시력검사

① 최근 다양한 시청각자료와 TV, 컴퓨터 등을 장기간 사용하면서 시력장애가 있는 학생들이 증가하고 있어 시력장애의 조기 발견이 무엇보다 중요하다.

② 초등학교 입학 전에 시력의 이상 유무를 검사하여 약시를 조기 발견하는 것이 매우 중요하다.

3 건강검사의 사후관리

학교의 장은 건강검사의 실시 결과를 교육인적자원부령이 규정하는 기준에 따라 작성하고 관리한다.

(1) 건강검사의 결과 관리

① 건강검사의 결과는 2006학년도부터 교무업무시스템(NEIS)을 활용하여 전산처리하도록 되어 있다.

② 교무업무시스템(NEIS)의 건강기록부는 담임교사가 입력하고 보건교사가 관리한다.

③ 학생이 타 학교로 전출할 경우에는 교무업무시스템(NEIS) 건강기록부를 전송한다.

④ 학교의 장은 소속학교 학생이 전출하거나 고등학교까지의 상급학교에 진학할 경우에는 해당 학교의 장에게 자료를 이관한다.

⑤ 고등학교의 장은 당해 학생이 고등학교를 졸업할 때 학생건강기록부를 교부한다.

⑥ 중학교에서는 고등학교에 진학하지 않거나 휴학 또는 퇴학 등으로 졸업하지 못하는 경우에는 해당 학생이 최종적으로 소속된 학교에서 5년간 보존한다.

- 「국민건강보험법」의 규정에 따라 2년마다 교직원 건강검진을 실시한다.
- 교직원 건강검진표에 결과를 기록·관리하여 본인 또는 보호자가 열람할 수 있도록 한다.
- 건강검사 및 별도검사의 결과는 질병 및 신체 이상이 발견된 교직원에 대한 건강지도 및 건강상담의 자료로 활용한다.

(2) 검사 결과에 대한 조치

① 발견된 감염병 환자의 등교 정지, 건강한 학생에 대한 예방접종을 실시하여 감염병 예방조치를 한다.
② 필요한 경우 전문의에 의한 정밀검사와 검진을 받도록 한다.
③ 학교의 장은 건강검사 실시 결과로 수업 면제, 휴학, 치료, 보호, 교정 등이 필요한 학생에 대해 본인 또는 보호자에게 적정한 조치를 강구하도록 한다.
④ 운동경기, 학습의 경감, 학교행사 참가 등을 제한한다.
⑤ 책상 및 의자의 조정 및 학급 편제의 적정을 기한다.
⑥ 특수학교 편입이 필요한 경우에는 그에 대한 지도를 한다.
⑦ 검사 결과를 소정양식에 기록하여 재학 중 교육과 지도에 활용한다.
⑧ 교직원이 감염성 질환이나 신체 허약 등으로 복무에 지장이 있다고 인정되는 경우에는 휴직이나 기타 적절한 조치를 취하도록 임명권자에게 건의한다.
⑨ 검사 결과를 평가하여 이를 바탕으로 학생건강증진계획을 수립한다. 이때 학교의사나 학교약사의 자문을 참고할 수 있다.
⑩ 질병에 감염되었거나 감염이 의심스러운 교직원이나 학생에 대하여 등교 중지를 시킨다.
⑪ 질병에 감염되었거나 감염될 우려가 있는 학생에 대하여 질병치료 및 예방에 필요한 조치를 한다.
⑫ 교직원의 건강검진 결과, 필요한 경우에는 교직원의 질병치료 및 근무여건 개선 등의 필요한 조치를 한다.

② 학교 감염성질환

1 학교 감염성질환의 예방 관리

(1) 개인 건강관리 및 시설 관리

① 비누를 이용한 손 씻기 실천을 지속적으로 교육한다.

② 학교 신·개축 및 보수 시 손 씻는 시설(복도, 식당입구, 화장실 등)을 확충한다.

③ 동절기에도 충분한 손 씻기가 이루어지도록 온수를 공급한다.

④ 교실 환기를 자주 하여 집단 감염성질환이 생기지 않도록 교육한다.

⑤ 규칙적인 식사, 충분한 수면, 운동으로 건강하게 유지하도록 한다.

(2) 보건교육의 실시

① 교육과정을 통한 감염병 예방교육을 실시한다.

② 가정통신문, 학교 홈페이지를 통한 감염병 예방교육을 발송한다.

③ 인근학교 감염병 발생 시에 긴급 방송교육을 통하여 예방교육을 실시한다.

④ 나이에 맞게 정확한 용량과 방법으로 예방접종을 실시한다.

(3) 예방접종의 실시

1) 예방접종의 특성

① 보건소 및 병의원을 방문하여 개별적으로 받는다. 학교에서의 단체 예방접종은 일절 금하고 있다.

② 학생에게 실시하는 예방접종은 학생에게 감염병에 대한 저항력을 갖게 하여 우리나라 국민의 감염병 예방에도 크게 기여하기 때문에 중요하다.

2) 예방접종의 진행과정

① 가정통신문 발송

예방접종에 대한 필요성, 효과, 접종 후 부작용, 금기사항 등에 대한 설명을 가정통신문으로 발송하여 적기에 예방접종을 받을 수 있도록 안내한다.

② 건강 사정

예방접종을 희망한 학생에 대하여 신체검사 자료를 바탕으로 병력조사와 검진을 실시하여 금기사항 유무를 확인한다.

③ 예방접종의 시행

- 건강 사정의 결과, 예방접종 시행에 이상이 없는 자에게 실시한다.
- 접종 전에 실시한 예방접종과 접종 후의 주의사항에 대하여 교육한다.
- 접종 주사약의 유효기간이 지났거나 육안으로 이상이 있는 약은 사용하지 않는다.
- 접종 주사약은 충분히 흔들어 사용한다.
- 나이에 맞게 정확한 용량과 방법으로 예방접종을 실시한다.

④ 예방접종의 결과 처리

예방접종증명서를 학교에 제출하도록 하며, 그 결과를 건강기록부에 입력한다.

3) 예방접종의 이상 반응

국소반응	• 접종부위의 농양 • (화농성) 림프선염 : 거의 대부분 BCG 접종에 의해 발생할 수 있으며, 접종 후 2~6개월 사이에 접종부위와 같은 쪽(대부분 액와)에 나타날 수 있다. • 접종부위의 발적, 부종 : 접종부위에서 가장 가까운 관절부위 너머까지 부종이 나타날 수 있으며 통증, 발적, 부종 등이 3일 이상 지속될 수 있다.
중추신경계 이상 반응	• 급성 마비　　• 뇌증　　• 뇌염　　• 수막염　　• 발작
기타 이상 반응	• 알레르기 반응 : 피부 병변(두드러기, 습진), 안면부종 또는 전신부종 • 아나필락시스성 쇼크 • 관절염 • 발열 • 골염 혹은 골수염 • 독소 쇼크 증후군 • 패혈증 • 저혈압-저반응 증후군

TIP 예방접종을 시행하지 않는 경우

- 열이 있는 급성 질환자
- 현재 질병을 앓고 있거나 병후 쇠약자 및 영양장애자
- 홍역, 볼거리, 수두 환자로 병후 1개월이 경과하지 않은 자
- 알레르기성 체질자 및 과민성 환자
- 스테로이드 계통의 면역억제 치료약품을 현재 복용 중이거나 최근에 복용했던 자

2　학교 감염성질환 발생 시의 관리

(1) 신고 및 보고

1) 신고
문서나 유선으로 보건소에 환자의 인적사항, 주요 증상, 발병 연·월·일 등을 신고한다.

2) 보고
학교는 학교 감염성질환 발생 즉시 관할 보건소에 신고한 후에, 교육청에 즉시 유선 보고를 하고 교무업무시스템(NIES)으로 보고한다.

보고 형태	• 법정감염병 : 인원수 관계없이 보고한다. • 비법정감염병 : 동일 원인으로 추정되는 동일 증상의 환자가 10인 이상 발병 시에 보고한다.
보고 내용	• 병명　　　　　　• 최초 발생한 일시 및 장소　　• 이환자 수 • 치료 중인 환자 수　• 학교에서의 조치 상황　　　• 참고사항 등

(2) 역학조사

① 역학조사로 감염 원인을 규명하고 감염원을 파악하며 감염경로를 추적한다.

② 최근에는 학교급식을 통한 감염병, 식중독, A형 간염 등의 발생이 증가하고 있다.

③ 음식물로 인한 감염성질환은 음식물, 조리과정, 조리자로부터 전파된다.

④ 외부에서 감염된 환자 1명이 학교의 집단생활을 통하여 단기간 내 접촉 전파를 일으
킨 후 짧은 잠복기를 거쳐 상당수의 환자 발생을 일으키는 경우도 있다.

⑤ 반드시 설사 등의 질병증상 시작시간 등을 고려하여 면밀하게 역학조사를 실시한다.

⑥ 음식물에 의한 집단환자 발생이 확인된 경우에는 부식 제공업체에 대한 추적조사를
실시한다.

(3) 환자 조치

① 균이 검출된 환자는 의료기관에서 치료를 받도록 한다.

② 재학생들에게 감염성질환이 확산되는 것을 방지하기 위하여 학교의 장은 학생 및 교
직원 중 「감염병의 예방 및 관리에 관한 법률」에 규정된 감염성질환 환자에게 등교
중지를 명할 수 있다.

③ 등교 중지를 명할 때에는 그 사유와 기간을 반드시 명시한다.

④ 질병의 증상이나 질병 유행의 양상에 따라 필요한 경우에는 등교 중지의 기간을 단
축하거나 연장할 수 있다.

(4) 방역 조치

① 재학생과 환자 가족 및 환자와의 접촉자에 대한 보균 검사를 한다.

② 학교 내·외부에 살균소독 및 학교 주변 일대에 방역소독을 실시한다.

③ 가정통신문을 배부하고 인근 학교에 대한 홍보전단을 배부한다.

④ 학생들에게 개인위생과 공중위생에 대한 교육을 실시한다.

⑤ 조리환경에 대한 철저한 위생관리를 한다.

⑥ 조리종사자에 대한 건강진단과 보건교육을 실시한다.

⑦ 소화기계 감염성질환인 경우에는 학교급식의 중단, 음료수의 철저한 소독, 환자의 배
설물 및 토사물에 대한 철저한 소독 등을 실시하여 감염성질환의 확산을 방지한다.

⑧ 설사환자 신고센터를 통한 설사환자 모니터링 운영을 한다.

(5) 휴업 및 휴교 조치

① 감독청의 장은 감염성질환의 예방과 학교보건에 필요한 경우에는 당해 학교에 휴업
을 명할 수 있다.

② 학교의 장은 명확한 이유가 있는 경우에는 휴교 조치를 명할 수 있다.

〈휴교 조치를 할 수 있는 상황〉

• 계속적인 교내 접촉이 감염원이 될 우려가 있는 경우
• 각종 조치에도 불구하고 환자가 계속 발생하는 경우
• 휴교를 하면 환자가 감소할 것이라는 충분한 이유가 있는 경우

3 학교의 환경관리

① 학교 내부의 환경관리

1 학교 건물 내의 공기 질

① 학교 건물 내의 공기 질 오염은 대기 중 먼지의 유입, 분필의 사용, 실내에서의 각종 활동, 화학처리된 건축자재 및 난방기구의 사용으로 인한 불완전 연소 등에 기인한다.
② 최근 신축된 학교의 경우 건축자재와 새 교구에서 나오는 각종 휘발성 유기화합물질과 포름알데히드 등의 인체 유해물질이 학교의 공기 질을 오염시키고 있다.
③ 학교 건물 내의 다양한 오염원 및 오염물질들을 주기적으로 관리하여 교실 내의 공기 질을 알맞게 유지하는 것이 학생 및 교직원의 건강보호에 필수적이다.

2 교실 내부의 환기

① 교실 내부의 공기 오염은 사람의 호흡 시 배출되는 탄산가스, 인체에서 나는 냄새, 온도, 습도, 먼지에 의한 것이다.
② 공기의 불쾌감을 해소하려면 환기용 창 등을 수시로 개방하거나 송풍시설이나 공조시설에 의한 기계식 환기설비를 수시로 가동하여 1인당 환기량이 시간당 21.6m³ 이상이 되도록 유지한다.
③ 환기 설비를 하는 경우에는 학교 건물 안의 공기 질의 유지기준을 충족할 수 있도록 충분한 외부 공기를 유입하고 내부 공기를 배출할 수 있는 용량으로 설치한다.
④ 학교 건물 안으로 들어오는 공기의 분포를 균등하게 하여 실내 공기의 순환이 골고루 이루어지도록 한다.
⑤ 중앙관리방식의 환기 설비를 계획할 경우, 환기닥트는 공기를 오염시키지 않는 재료를 사용한다.

TIP 환기의 유형

자연환기	창의 개방에 의해 교실 내 이산화탄소 농도가 1,000ppm을 유지해야 한다.
기계 환기	연 1회 이상의 정기점검을 통하여 교실 내 이산화탄소의 유지 기준인 1,500ppm을 충족하는지 여부를 학교전문기관에서 검사받는다.

3 화장실

① 화장실에는 환기시설과 방충망 및 방서망을 설치하여 철저한 위생관리를 함으로써 소화기계 질병의 감염원을 차단한다.

② 화장실은 남자용과 여자용으로 구분하여 설치하되, 학생 및 교직원이 쉽고 편리하게 이용할 수 있도록 필요한 면적과 변기수를 확보한다.

③ 상하수도 시설의 미비나 수질오염 등으로 인하여 수세식 화장실의 설치가 어려운 경우를 제외하고는 전부 수세식 화장실로 설치한다.

④ 화장실의 출입구는 남자용과 여자용이 구분되도록 따로 설치한다.

⑤ 대변기 칸막이 안에는 소지품을 두거나 옷을 걸 수 있는 설비를 한다.

⑥ 화장실 안에는 손 씻는 시설과 소독시설 등을 갖추고, 위생적으로 관리한다.

⑦ 악취와 해충의 발생과 번식을 방지하기 위한 화장실 내외 소독은 4월부터 9월까지는 주 3회 이상, 10월부터 다음 해 3월까지는 주 1회 이상 실시한다.

4 실내온도

① 학습활동에 가장 적정한 실내온도는 학습능률을 높여 주지만, 너무 덥거나 추우면 신체적 기능, 생리적 기능, 정신적 안정감을 해친다.

② 실내온도는 18~28℃, 난방온도는 18~20℃, 냉방온도는 26~28℃의 범위로 설정한다.

③ 정기점검은 계절별 1회 이상 실시하며, 맨 위층 교실과 맨 아래층 교실 중에서 각 1개소, 특별실 1개소를 선택한다.

④ 특별한 경우 이외에는 수업 중인 교실의 적당한 지점 1곳 이상에서 온도를 측정하여 그 평균치를 산정한다.

⑤ 냉방 시 실내외의 온도 차이는 5~7℃ 이내가 적당하며, 온도 차이가 10℃ 이상이 되거나 냉방에 노출되는 시간이 길 경우에는 냉방병에 걸릴 수 있으므로 주의한다.

5 채광 및 조도

① 채광과 조도가 불량한 상태에서 학생들이 생활하게 되면 학습에 대한 관심보다도 불안감과 학습기피증을 유발하여 학습능률이 떨어진다.

② 시력건강에도 악영향을 끼치므로 적절한 조도조건을 측정하여 지속적으로 관리한다.

③ 빛이 나오는 위치는 학생의 왼쪽과 뒤쪽에 설치하는 것이 좋다.

④ 남향 건물인 경우에는 남쪽 창 가까이는 너무 밝으며, 특히 직사광선이 책상 위를 비추면 학습능률은 물론 눈에 피해를 입히기도 하므로 햇빛이 비치는 면의 창을 불투명하게 조명 처리한다.

⑤ 창문은 학생의 왼쪽에 위치하는 것이 좋으며, 교실 면적의 1/5~1/4의 크기가 적절하다.

⑥ 교실 내의 책상과 의자 등은 밝은 색깔로 하고 무광택자료를 사용하여 눈부심을 줄이도록 한다. 특히 학생의 의자는 창문 빛을 바라보지 않도록 배치한다.

⑦ 조도와 눈부심에 대한 정기점검은 연 1회 이상 실시한다.

⑧ 교실의 조도는 책상 면을 기준으로 300럭스(Lux) 이상이 되도록 설정하여 인공조명에 의한 눈부심이 발생하지 않도록 한다.

⑨ 컴퓨터 교실 등 디스플레이 장치를 사용하는 책상의 조도는 500~1,000럭스 정도가 좋고, 모니터 화면에 그림자 또는 반사체가 보이지 않아야 한다.

6 소음

① 교실 내·외부에서 발생하는 지나친 소음은 학교 구성원의 청력문제를 야기하고, 흥분, 청신 및 정서적 긴장, 정신집중 방해와 비능률 등을 초래하여 학습능률을 저하시킨다.

② 교실 내부의 소음원은 과다 학생 수, 학생이 떠드는 소리에 의한 것이고, 교실 외부의 소음원은 산업, 상업, 공공시설, 교통수단(도로, 철도, 공항 등)에 의한 것이다.

③ 교실 내부의 소음을 낮추는 근본적인 방법은 학급당 학생 수를 조절하는 것이다.

④ 교실 외부의 소음이 들어오지 않도록 교실의 배치에 유의하고, 방음벽이나 이중창 등을 설치하면 도움이 된다. 학교 부지를 선정할 때 주위 소음을 충분히 고려하여야 한다.

⑤ 학교 근처에 고속도로 등 대형 소음을 유발하는 시설을 설비할 경우에는 학교에 대한 소음 영향평가를 실시하여 적절한 대책을 수립한 후에 건설한다.

⑥ 차단시설에 의한 소음 감소는 차단물질의 밀도에 의하기 때문에 최근에는 학교 주변에 나무를 심어 소음을 감소시키는 추세이다.

⑦ 학교 건물 내부의 소음은 55dB 이하로 규정하고 있다.

⑧ 정기점검을 위한 소음 측정방법은 요일별로 소음 변동이 적은 평일에 학생 등이 없는 교실 창으로부터 1m, 복도로부터 1m 떨어진 지점 2곳을 측정하여 평균값을 구한다.

7 학습도구

① 책상과 의자는 학생들이 수업하는 동안 항상 사용하는 것이므로 각급 학교 또는 학년별로 건강검사 결과에 따라 앉은키, 상퇴장, 하퇴장의 평균치를 통한 학생들의 신체지수에 근거하여 인간공학적 측면이 고려된 책상 및 의자를 사용한다.

② 책상, 의자, 컴퓨터 등 학교의 비품은 포름알데히드 방출량이 적은 것을 사용한다.

8 폐기물 처리

① 교지 및 교사는 청결히 유지하고, 폐기물의 재활용 조치 등 폐기물의 발생을 예방하거나 감량하는 것에 노력한다.
② 학교 내에는 폐기물 소각시설을 설치·운영하지 않도록 하고, 폐기물을 배출할 때에는 그 종류 및 성상에 따라 분리하여 배출한다.
③ 학생들에게 교실 내외와 학교 주위를 청소하게 함으로써 깨끗한 환경을 유지하는 습관을 기르도록 한다.
④ 환경정화활동을 통하여 학생들이 쓰레기나 휴지 등을 아무데나 버리지 않는 것이 생활화되도록 교육을 실시한다.

4 학교 보건실의 운영

① 보건실의 개요

1 보건실의 개념

보건실은 학생 및 교직원의 응급처치와 간호 제공의 장이고, 각종 보건자료의 관리부서인 동시에 학교보건에 관계되는 학교의사, 교사, 학부모와 연계되는 보건센터의 장이며, 보건교사가 활동하는 업무현장인 동시에 학교보건 운영센터이기도 하다.

2 보건실의 설치 기준

(1) 보건실의 위치

학생과 교직원의 응급처치 등이 신속히 이루어질 수 있도록 이용하기 쉽고 통풍과 채광이 잘 되는 장소이어야 한다.

(2) 보건실의 면적

① 66제곱미터 이상. 다만, 교육부장관(「대학설립·운영 규정」 제1조에 따른 대학만 해당된다) 또는 특별시·광역시·특별자치시·도 또는 특별자치도(이하 '시·도'라 한다)의 교육감(「고등학교 이하 각급 학교 설립·운영 규정」 제2조에 따른 각급 학교만

해당된다)은 학생수 등을 고려하여 학생과 교직원의 건강관리에 지장이 없는 범위에서 그 면적을 완화할 수 있다.

② 제1항에 따른 보건실에는 학교보건에 필요한 다음 각 호의 시설과 기구 및 용품을 갖추어야 한다.

　　1. 학생과 교직원의 건강관리와 응급처치 등에 필요한 시설과 기구 및 용품

　　2. 학교환경위생 및 식품위생검사에 필요한 기구

③ 제2항에 따라 보건실에 갖추어야 하는 시설과 기구 및 용품의 구체적인 기준은 「초·중등교육법」제3조에 따른 국립학교와 「고등교육법」제2조 각 호에 따른 학교의 경우에는 교육부령으로 정하고, 「초·중등교육법」제3조에 따른 공립학교 및 사립학교의 경우에는 시·도 교육규칙으로 정한다.

② 보건실의 관리

1 비품 관리

보건실 비품의 청구, 반납, 수리, 보관 등의 업무는 학교직원의 협조를 받아 보건교사가 담당한다.

(1) 비품의 종류

① 일반 비품
② 구급조치 및 질병예방 처치용 비품
③ 건강진단 및 건강상담용 비품
④ 환경위생 검사용 비품 등

(2) 비품의 관리방법

① 구입하고자 하는 비품은 그 용도와 성능에 유의한다.
② 비품의 구입 및 출고의 기록 관리를 철저히 한다.
③ 주기적으로 재고 확인을 하여 비품의 수급에 지장이 없도록 한다.
④ 비품에 결함이 있는 경우에는 즉시 처리하여 사용에 지장이 없도록 한다.
⑤ 비품의 보관은 안전하고 효율적으로 한다.

2 약품 관리

(1) 약품의 종류

1) 내과용 약품

해열제, 진통제, 진정제, 진해제, 건위제, 소화제, 지사제, 항히스타민제, 감기약 등을

준비한다.

〈내과용 약품의 준비〉

- 사용하기 편리한 알약이 가루약보다 좋다.
- 알약은 낱개 포장되고 상품명이 표시된 것이 좋다.
- 약품은 일시에 다량 구입하는 것보다 학생 수와 전년도 소요 정도를 파악하여 최저 필요량을 준비한다.

2) 외과용 약품 및 소독액

과산화수소수, 베타딘 소독액, 소독용 알코올, 붕산수, 암모니아수, 바셀린 거즈, 물파스, 각종 연고 등을 준비하며 상처 세척에 필요한 생리식염수 등도 준비한다.

3) 위생재료

붕대, 거즈, 반창고, 탈지면, 안대, 얼음주머니, 더운물주머니, 생리대 등을 준비한다.

〈위생재료의 준비〉

반창고는 단순한 보호 반창고 외에 흉터가 남지 않도록 하는 상처 치료 성분이 함유된 반창고 형태도 함께 준비한다.

(2) 약품의 관리방법

① 보건실의 모든 약품은 보건교사가 책임지고 관리한다.
② 내과용품과 외과용품은 따로 정리해 놓는 것이 좋다.
③ 약품의 보관장소는 직사광선에 노출되지 않는 건조하고 시원한 장소를 선택한다.
④ 약품의 보관용기에는 약품명을 정확히 기록해 놓는다.
⑤ 특히 불소 같은 위험한 약은 이중 잠금장치를 사용하여 보관에 주의한다.
⑥ 체육대회나 수학여행 등을 위한 휴대용 약품도 별도로 준비한다.

3 문서 관리

(1) 학생건강기록부

① 보건실에서 사용하는 학생건강기록부는 학생 및 교직원의 건강상태 파악 및 건강관리에 도움을 주며 건강교육의 자료로 활용하기 때문에 매우 중요하다.
② 학생건강기록부는 전산화되어 있으므로 학교의 장은 「학교보건법」 규정에 따라 교무업무시스템(NIES)을 이용하여 처리한다.
③ 학생건강기록부는 소속 학교의 학생이 전출하거나 고등학교까지의 상급학교에 진학할 경우에는 해당 학교의 장에게 자료를 이관한다.

(2) 가정통신문

① 가정통신문은 학생의 건강관리를 위하여 학부모나 관련자들의 의견을 문의하거나 학교의 보건행사 및 학생의 건강관리상태를 알려주거나 학부모 교육을 위하여 사용한다.
② 가정통신문은 간단하면서도 의도한 내용이 모두 포함되도록 작성한다.

(3) 건강검사

① 학교의 장은 학생과 교직원에 대하여 건강검사를 하여야 한다. 다만, 교직원에 대한 건강검사는 「국민건강보험법」에 따른 건강검진으로 갈음할 수 있다.
② 학교의 장은 건강검사를 할 때에 질병의 유무 등을 조사하거나 검사하기 위하여 다음 각 호의 어느 하나에 해당하는 학생에 대하여는 「국민건강보험법」에 따른 건강검진 실시 기관에 의뢰하여 교육부령으로 정하는 사항에 대한 건강검사를 한다.
　　1. 「초·중등교육법」에 따라 학교와 이에 준하는 특수학교·각종학교의 1학년 및 4학년 학생. 다만, 구강검진은 전 학년에 대하여 실시하되, 그 방법과 비용 등에 관한 사항은 지역실정에 따라 교육감이 정한다.
　　2. 「초·중등교육법」에 따라 학교와 이에 준하는 특수학교·각종학교의 1학년 학생
　　3. 그 밖에 건강을 보호·증진하기 위하여 교육부령으로 정하는 학생
③ 학교의 장은 건강검사 외에 학생의 건강을 보호·증진하기 위하여 필요하다고 인정하면 교육부령으로 정하는 바에 따라 그 학생을 별도로 검사할 수 있다.
④ 학교의 장은 천재지변 등 부득이한 사유로 관할 교육감 또는 교육장의 승인을 받은 경우에는 교육부령으로 정하는 바에 따라 건강검사를 연기하거나 건강검사의 전부 또는 일부를 생략할 수 있다.
⑤ 건강검사를 한 검진기관은 교육부령으로 정하는 바에 따라 그 검사결과를 해당 학생 또는 학부모와 해당 학교의 장에게 알려야 한다.
⑥ 학교의 장은 제2조제1호의 정신건강 상태 검사를 실시함에 있어 필요한 경우에는 학부모의 동의 없이 실시할 수 있다. 이 경우 학교의 장은 지체 없이 해당 학부모에게 검사 사실을 통보하여야 한다.
⑦ 제1항과 제2항에 따른 건강검사의 시기, 방법, 검사항목 및 절차 등에 관하여 필요한 사항은 교육부령으로 정한다.

Chapter 3 산업간호

1 산업간호의 이해

① 산업간호의 개요

1 산업간호의 개념

산업간호는 산업보건의 한 분야인 동시에 지역사회간호학의 한 분야이기도 하다. 따라서 산업간호는 산업보건과 지역사회간호학의 철학, 목적, 내용, 수단을 토대로 하여 산업간호학이 갖는 고유한 지식 및 실제를 개발하고 연구해 나가는 분야이다.

2 산업간호의 목표

① 근로자들의 신체적·정신적·사회적인 안녕상태를 최고조로 증진한다.
② 산업체의 작업조건에 의하여 근로자들이 건강을 해치지 않도록 예방한다.
③ 취업으로 인하여 근로자들이 건강을 해치지 않도록 예방한다.
④ 취업으로 인하여 근로자들이 건강을 해치는 유해인자에 노출되지 않도록 보호한다.
⑤ 신체적·심리적 적성에 맞는 직장에서 근무하도록 함으로써 작업능률을 충분히 발휘하고 나아가 노동의 재생산성을 확보한다.

② 산업간호사

1 산업간호사의 변천

① 1987년 산업보건간호사회가 발족되었다.
② 1991년 대한간호협회의 산하 조직으로 가입하면서 산업간호사회로 명칭을 변경하였다.
③ 2006년부터 산업전문간호사제도가 신설되어 첫 해 73명을 시작으로 매년 산업전문간호사가 배출되고 있다.
④ 2012년 한국산업간호학회는 한국직업건강간호학회로 명칭을 변경하였다.

2 산업간호사의 역할

(1) 직접 간호제공자

① 응급처치 및 간호를 제공한다.

② 1차 보건의료를 제공한다.

③ 2차 보건의료에 의한 의사의 처방에 따른 처치 및 간호를 제공한다.

④ 취업 신체검사, 정기 신체검사, 특수 신체검사를 운영·실시한다.

⑤ 근로자의 상변 및 결근에 대한 감독 및 가정간호를 제공한다.

⑥ 유해 작업환경 및 환경위생에 대한 1차적 조치를 실시한다.

(2) 교육자

① 산업체 보건교육사업의 중요성을 고용주에게 설명하여 보건교육사업이 개발되도록 한다.

② 근로자들의 건강습관을 개발하기 위한 교육을 실시한다.

③ 안전 및 건강보호기구의 사용을 장려하고, 보호기구의 성능 유지를 위한 교육을 실시한다.

④ 근로자 개인 및 집단을 대상으로 하는 일반 보건교육을 실시한다.

⑤ 산업간호 인력 및 보건인력을 대상으로 한 교육을 실시한다.

(3) 상담자

① 산업체 근로자의 신체적·정신적·정서적 문제에 대한 상담을 실시한다.

② 근로자들이 모인 집단 내에서 사회적 건강문제에 대한 상담을 실시한다.

(4) 대변자

① 근로자를 대신하여 산업체의 책임자 및 인사 담당자에게 근로자의 건강상태를 설명한다.

② 근로자의 건강관리를 지속적으로 관리하는 사람에게 근로자를 대신하여 설명하거나 의뢰한다.

(5) 관리자

1) 산업간호사업의 관리

① 산업간호사업과 관련된 근로자의 건강상태 및 작업환경상태에 대한 지속적이고 체계적인 정보를 수집하고, 이를 위한 감시 및 정보체계망을 구축한다.

② 산업체에 1차 보건의료를 포괄적으로 제공하기 위하여 각종 지침서 개발, 의뢰체계 구축, 사업에 대한 지도·감독을 한다.

③ 상해 및 질병 예방활동을 위한 보호구, 안전수칙, 건강문제별 사업을 개발한다.

④ 산업위생관리의 1차적 조치 및 의뢰에 대한 지침을 개발하고 지도·감독한다.

⑤ 산업체 보건교육사업을 지도·감독하고 교육재료 및 교육매체를 개발한다.

⑥ 건강관리실 운영을 위한 지침을 마련한다.

⑦ 각종 기록을 유지·보관한다.

⑧ 근로자의 재활사업 및 복지사업을 개발한다.

⑨ 산업간호사업을 평가한다.

2) 산업간호인력의 관리

① 산업간호인력의 확보 및 활성화를 위한 각종 방안을 개발한다.

② 산업간호인력의 지도체계 및 감독체계를 구축한다.

③ 산업간호인력에 대한 보수교육의 기회를 확대하고 지속적으로 운영하여 지도·감독한다.

④ 근로자 및 관계요원을 산업간호사업에 맞도록 조정한다.

⑤ 보조원, 자료봉사원, 응급처치요원 등의 각종 의료요원을 훈련하고 지도·감독한다.

⑥ 산업안전보건위원회를 조직하고 활성화한다.

⑦ 인력관리에 대한 정보를 수집하고, 이를 토대로 하여 평가한다.

(6) 의뢰자/알선자

① 산업체의 건강 및 복지를 담당하는 기관과 유대를 강화한다.

② 근로자들의 건강과 복지를 위하여 근로자들을 적합한 기관으로 알선한다.

③ 산업재해 및 작업병 보상보험 관련기관에 근로자들을 의뢰한다.

(7) 연구자

산업보건사업 및 산업체 근로자에 대한 제반 연구자로서의 역할을 한다.

(8) 변화촉진자

① 근로자 자신이 건강문제를 해결하기 위한 능력을 키울 수 있는 동기를 조성시킨다.

② 근로자 자신이 근로환경을 능동적으로 개선시킬 수 있도록 근로자를 촉진한다.

(9) 협력자

① 안전대책에 관한 위원회의 일원이 되어, 근로자가 다른 요원들과 하나의 팀을 이룰 수 있도록 협력한다.

② 근로자의 직업병 진료를 위한 보건의료전문가의 일원으로 일한다.

(10) 정보수집자/정보보존자

직업병, 산업재해, 산업보건사업에 대한 정보를 수집하고 보존하는 역할을 한다.

(11) 평가자

산업체 간호사업에 대한 평가자로서의 역할을 한다.

3 산업간호사의 직무

보건관리자로서의 산업간호사의 역할은 아래와 같다.

① 산업안전보건위원회 또는 노사협의체에서 심의·의결한 업무와 안전보건관리규정 및 취업규칙에서 정한 업무
② 안전인증대상기계등과 자율안전확인대상기계등 중 보건과 관련된 보호구(保護具) 구입 시 적격품 선정에 관한 보좌 및 지도·조언
③ 위험성평가에 관한 보좌 및 지도·조언
④ 작성된 물질안전보건자료의 게시 또는 비치에 관한 보좌 및 지도·조언
⑤ 산업보건의의 직무
⑥ 해당 사업장 보건교육계획의 수립 및 보건교육 실시에 관한 보좌 및 지도·조언
⑦ 해당 사업장의 근로자를 보호하기 위한 다음 각 목의 조치에 해당하는 의료행위
    1. 자주 발생하는 가벼운 부상에 대한 치료
    2. 응급처치가 필요한 사람에 대한 처치
    3. 부상·질병의 악화를 방지하기 위한 처치
    4. 건강진단 결과 발견된 질병자의 요양 지도 및 관리
    5. 가목부터 라목까지의 의료행위에 따르는 의약품의 투여
⑧ 작업장 내에서 사용되는 전체 환기장치 및 국소 배기장치 등에 관한 설비의 점검과 작업방법의 공학적 개선에 관한 보좌 및 지도·조언
⑨ 사업장 순회점검, 지도 및 조치 건의
⑩ 산업재해 발생의 원인 조사·분석 및 재발 방지를 위한 기술적 보좌 및 지도·조언
⑪ 산업재해에 관한 통계의 유지·관리·분석을 위한 보좌 및 지도·조언
⑫ 법 또는 법에 따른 명령으로 정한 보건에 관한 사항의 이행에 관한 보좌 및 지도·조언
⑬ 업무 수행 내용의 기록·유지
⑭ 그 밖에 보건과 관련된 작업관리 및 작업환경관리에 관한 사항으로서 고용노동부장관이 정하는 사항

2 작업환경의 관리

① 작업환경의 유해요인

작업환경은 각종 직업성질환과 재해의 원인이 되므로 작업환경의 조사는 작업환경의 조건이나 유해요인을 측정함으로써 근로자의 건강장해를 예방하는 데 목적이 있다.

1 **화학적 유해요인**

(1) 물리적 성상에 따른 분류

가스와 증기	• 가스 : 25℃ 760mmHg에서 기체 상태로 있는 물질이다. 📄 일산화탄소, 청산가스, 질소화합물, 오존 • 증기 : 25℃ 760mmHg에서 액체 또는 고체 상태로 있는 물질이다.
입상물질	• 입상물질에는 연무질, 먼지, 안개, 흄, 미스트, 스모그, 연기 등이 있다.

(2) 생리적 작용에 따른 분류

1) 자극제

자극제는 피부 및 점막에 작용하여 부식 또는 수포를 형성하고, 단시간 고농도에 노출된 경우에는 호흡정지를 일으킨다. 구강에는 치아우식증, 눈에는 결막염, 각막염, 안구부식을 일으킨다.

① 상기도 점막 자극제

　수용성이 높으면 상기도 점막을 자극한다.

　　📄 알데히드, 알카리성 먼지와 미스트, 암모니아, 크롬산, 산화에틸렌, 염화수소, 불화수소, 아황산가스 등

② 상기도 점막과 폐조직 자극제

　중정도 수용성이면 상기도 점막 및 폐조직을 자극한다.

　　📄 염소, 브롬, 불소, 요오드, 염소산화물, 염화시안, 브롬화시안, 디에틸 및 디메틸황산염, 황염화물, 3염화인, 5염화인, 오존 등

③ 종말기도 및 폐포 침범

　수용성이 낮으면 종말 기관지 및 폐포점막을 자극한다.

　　📄 이산화질소(폐수종), 3염화 비소, 포스켄, 아질산가스, 4산화질소 등

2) 질식제

질식제는 혈액 및 조직 중 산소결핍을 일으키고 탄산가스의 분압을 증가시키는 물질이다.

🔘 질식제의 유형

단순 질식제	• 조직 내 산화작용을 방해한다. 📄 헬륨, 탄산가스, 에탄, 메탄, 수소, 질소, 아산화질소 등

화학적 질식제	• 혈액 내 적혈구 중에 혈색소의 산소운반 능력을 완전히 또는 부분적으로 방해한다.
	  📄 비소, 일산화탄소, 니트로벤젠, 아닐린 톨루엔
	• 조직에서의 산화대사작용에 필요한 세포 내 촉매제의 작용을 저해하거나 완전히 차단하여 세포 내에서의 산소 이용이 이루어지지 않게 한다.
	  📄 황화수소, 청산 등

3) 마취제/진통제

마취제는 단순 마취작용은 일으키지만 전신 중독을 일으키지는 않는다. 뇌순환혈액 중의 마취제 농도에 따라 중추신경작용을 억제하기도 한다.

4) 전신 중독제

전신 중독제는 흡입 또는 피부를 통하여 흡수되어 전신중독을 일으킨다.

○ 전신 중독제의 물질별 중독증상

유해물질	중독증상
할로겐화 탄화수소	간 장애, 신장 장애
4염화탄소, 4염화에탄, 니트로사민	심한 간 장애
벤젠	조혈기능의 장해
망간, 수은 등의 금속, 메틸수은, 4에틸연 등의 유기 금속화합물, 이황화탄소, 메틸알코올, 디오펜, 살충제 등	신경독
유독성 금속(납, 수은, 카드뮴, 안티몬, 망간, 베릴륨 등)	금속열 (흄의 상태로)
유리규산, 석면, 산화 베릴륨, 흑연, 활석 등	진폐증
유기성 분진(꽃가루, 포자, 나무가루, 솜, 털 등)	알레르기성 천식

2 물리적 유해요인

물리적 유해요인들은 특히 사람에게 치명적인 건강장해를 일으킨다.

○ 물리적 유해요인에 의한 건강장해

물리적 유해요인	건강장해
고온	열중증, 열사병, 열피비 등
저온	동상, 참호족, 참수족, 레이노이드 현상
유해광선	각막염, 결막염, 백내장, 피부암, 홍채염 등
전리방사선	빈혈, 백혈병, 피부암, 골육증, 폐암, 불임 등
소음	난청
진동	레이노이드 현상, 관절염, 신경염
기압	감압병, 이압성 골괴사, 산소중독증, 저산소증, 폐부종 등

3 생물학적 유해요인

생물학적 유해요인에는 세균 바이러스, 진균, 리케치아, 기생충, 곤충 등의 병원성 미생물이 포함된다. 건강장해는 병원체 오염에 의한 A형간염·B형간염 등의 감염병과 동식물 취급으로 인한 탄저병, 파상풍, 피부질환 등이 발생한다.

4 인간공학적 유해요인

인간공학적 유해요인에는 작업자세, 작업방법, 작업강도, 작업시간, 휴식시간, 교대체, 작업대, 작업의자, 사용공구 등이 있다. 건강장해는 척추측만증, 디스크 등이 발생한다.

5 사회적 유해요인

사회적 유해요인에는 임금, 교통수단, 사업장 소재지, 인간관계, 가정생활 등이 있다. 건강장해는 정신피로, 정서불안증, 심인성 질병, 불면증 등이 발생한다.

② 작업환경의 관리원칙

작업환경 관리를 위한 기본원칙은 대치, 격리, 환기, 교육, 개인용 보호구 지급 등이다. 물론 이 원칙들이 모든 형태의 위험에 항상 적용될 수 있는 것은 아니지만, 원칙 중에서 어느 한 가지만 적용하더라도 어느 정도의 효과를 볼 수 있다.

1 작업환경 및 노출관리의 3대 원칙

(1) 오염원(발생원) 관리

유해인자가 오염원(발생원)에서 발생되지 않도록 차단하는 관리원칙이다.
> 예 제거, 대책, 격리, 국소배기 등

(2) 실내공기 관리

유해인자가 근로자에게 미치지 않도록 차단하는 관리원칙이다.
> 예 거리 증가, 전체 환기

(3) 노출근로자 관리

유해인자가 근로자에게 흡수되지 않도록 차단하는 관리원칙이다.
> 예 교육, 훈련, 보호구 착용

2 작업환경 관리의 기본원칙

(1) 대치

1) 대치의 개념
대치는 공정, 시설, 물질을 변경하는 방법을 말한다. 대치는 환경개선의 근본적인 방법이지만 기술적인 어려움이 동반되는 경우가 많다.

2) 대치의 종류

① 공정의 변경
- 페인트를 공산품에 분무하여 도장하던 공정을 페인트에 담그거나 전기흡착식 방법으로 변경한다.
- 자동차산업에서 납을 고속회전 그라인더로 깎아내던 공정을 저속진동형 분무기로 변경한다.
- 금속을 두들겨 절단하던 공정을 소음 감소를 위하여 톱을 사용한 절단으로 변경한다.

② 시설의 변경
- 화재 예방을 위하여 유리병에 저장하던 가연성 물질을 철제통으로 변경하여 보관한다.
- 흄을 배출하기 위한 통풍장치의 창을 안전유리로 변경한다.

③ 물질의 변경
- 성냥을 제조할 경우에 황인을 적인으로 변경하여 제조한다.
- 화재 예방을 위하여 드라이클리닝을 하는 경우에 석유 대신에 퍼클로로에틸렌을 사용한다.
- 세탁하는 경우에 사염화탄소를 염화 탄화수소나 불화 탄화수소로 변경한다.
- 벤젠을 톨루엔으로 석면을 섬유유리나 식물성 섬유로 변경하여 독성이 적은 물질을 사용한다.

(2) 격리

1) 격리의 개념
격리는 작업장과 유해인자 사이를 물체, 거리, 시간 등으로 차단하는 방법이다.

2) 격리의 특성
① 흡인 독성이 매우 강하거나 인화성이 높은 물질 등은 격리하여 저장한다.
② 고압에서 가동하는 기계나 고속회전이 필요한 시설도 격리하는 것이 안전하다.
③ 공정의 격리는 비용이 가장 많이 들지만 최근 자동화 및 원격조정 기술 등의 발달로 쓸모 있는 원칙으로 인식되고 있다.
  - 예 방사선 동위원소 취급 시 격리, 밀폐, 원격장치를 사용한다.
④ 정유공장을 비롯한 많은 화학공장에서 자동화 장치를 설치하여 각종 유해인자를 근로자와 격리시키는 효과를 거두고 있다.

(3) 환기

1) 환기의 개념
환기는 유해증기를 포착하여 배출시키기 위하여 또는 쾌적한 온열상태를 유지하기 위하여 사용하는 방법이다.

2) 환기의 종류
환기에는 국소 환기와 전체 환기가 있는데, 주기적인 작업장의 청소와 정리정돈을 하여 유해인자의 인체 침입을 줄이는 것 등도 있다.

국소 환기	• 국소 환기는 유해물질 발생원 가까이에서 외부로 배출시키는 장치를 사용하여 유해물질을 빨아들이는 환기방법이다. • 국소 환기는 근로자가 유해물질을 흡입하지 않도록 하기 위한 환기방법이다.
전체 환기	• 전체 환기는 작업환경의 유해물질을 희석하는 환기방법으로, 희석 환기라고도 한다. • 전체 환기는 주로 고온다습한 환경에 사용하거나 분진, 냄새, 유해증기를 희석하는 데 사용한다. • 전체 환기는 발생원에 대한 대책으로는 적절한 환기방법이 아니다.

(4) 교육

① 교육은 작업환경 관리를 위하여 정기적으로 실시하는 것이 바람직하다.

② 관리자는 교육을 통하여 작업환경 관리의 필요성을 인식한다.

③ 기술자는 교육을 통하여 안전보건문제에 대한 계획과 처리를 한다.

④ 감독자는 교육을 통하여 작업감독뿐만 아니라 환경 및 공정도 감독한다.

⑤ 작업자는 교육을 통하여 자신이 다루고 있는 시설, 기구, 물질에 대하여 이해하고 대처 가능한 상태를 유지한다.

(5) 개인용 보호구

① 보호구는 근로자를 유해환경으로부터 격리시키기 위하여 착용하는 도구이다.

② 보호구는 각 작업장에서 위험방지 및 질병예방에 필요하기 때문에 회사가 구입하여 근로자들에게 지급한다.

③ 보호구는 신체 각 부위별로 착용할 수 있다.

> 예 안전모, 안전대, 호흡용 보호구, 안면 보호구, 눈 보호구, 귀 보호구, 손 보호구, 발 보호구, 신체 보호구, 기타 작업에 필요한 보호구 등

3 근로자의 건강관리

① 근로자의 건강진단

1 근로자 건강진단의 유형

(1) 채용 시 건강진단

채용 시 건강진단은 신규로 채용되는 근로자를 대상으로 실시하는 건강진단이다. 채용 시 건강진단을 받은 근로자는 그해 일반 건강진단을 받지 않아도 된다.

1) 채용 시 건강진단의 시기
사업장에 신규로 채용되는 근로자를 대상으로 작업에 배치하기 전에 실시한다.

2) 채용 시 건강진단의 목적
① 근로자의 건강상태를 판단하여 근로자의 신체 특성에 적합한 작업을 부과한다.
② 건강진단을 통하여 건강상태가 양호하지 않은 작업 부적격자를 가려낸다.
③ 앞으로의 작업 원인에 의한 직업병 여부를 판정하는 기초자료로 사용한다.

3) 채용 시 건강진단의 검진항목

• 과거병력	• 작업경력	• 자각증상	• 총 콜레스테롤
• 신장, 체중	• 시력, 청력	• 색신, 혈액형	• 혈압
• 빈혈검사	• 요당, 요단백	• 흉부 X-선	• SGOT, SGPT
• 타각증상(시진, 촉진, 청진, 문진)		• 치과검사(결손치, 치주질환, 치아우식증)	

(2) 일반 건강진단

일반 건강진단은 상시 근무하는 근로자에게 정기적으로 실시하는 건강진단이다. 사무직 종사자는 2년에 1회 이상, 비사무직 근로자는 1년에 1회 이상 일반 건강진단을 받아야 한다.

1) 일반 건강진단의 시기
전년도 건강진단 실시일로부터 1년 이내에 실시하는데, 지방노동관서에서 별도로 시기를 조정한 경우에는 그에 따른다.

2) 일반 건강진단의 목적
① 정기적인 일반 건강진단은 작업 배치 이후에 근로자의 건강상태를 정기적으로 파악함으로써 신체 손상을 최소화하기 위한 것이다.
② 근로자의 직업성질환, 전염병, 일반 질병을 조기에 발견하고 치료하여 궁극적으로는

생산성을 향상시키기 위한 것이다.

3) 일반 건강진단의 유형

① 1차 건강진단

1차 건강진단은 진찰 및 상담, 흉부방사선검사 등의 총 21개 항목이고, 진단비용은 공단이 전액 부담한다.

〈1차 건강진단의 21개 항목〉

- 진찰, 상담, 신장, 체중, 허리둘레, 체질량지수, 시력, 청력, 혈압
- 총 콜레스테롤, HDL 콜레스테롤, LDL 콜레스테롤, 트리글리세라이드
- AST(SGOT), ALT(SGPT), 감마지티피
- 공복 혈당
- 요단백, 혈청 크라에티닌, 혈색소
- 구강검진

② 2차 건강진단

2차 건강진단은 채용 시 건강진단과 1차 일반 건강진단의 결과로 질환의심자(R)로 판정된 근로자를 대상으로 질환의 심사 판정을 통보받은 날로부터 10일 이내에 실시한다. 2차 건강진단은 고혈압 및 당뇨병 질환의심자에 대한 추가검사 및 상담으로, 비용은 공단이 전액 부담한다.

(3) 특수 건강진단

특수 건강진단은 유해한 작업환경에 종사하는 근로자의 건강을 유지할 목적으로 사업주가 실시하는 건강진단이다. 특수 건강진단의 대상 유해인자를 6군으로 구별하여 배치 후, 첫 번째 특수 건강진단 실시주기 및 기본주기를 규정하고 있다.

〈특수 건강진단이 필요한 업무 종사자〉
- 소음이 발생하는 장소에서의 업무 종사자
- 분진작업 또는 특정 분진작업을 취급하는 업무 종사자
- 연 및 4알킬연 등을 취급하는 업무 종사자
- 유기용제 및 특정 화학물질을 취급하는 업무 종사자
- 고압 실내작업, 잠수작업 등의 이상기압 하에서의 업무 종사자
- 유해광선이 발생되는 장소에서의 업무 종사자
- 강렬한 진동이 발생하는 장소에서의 업무 종사자

(4) 배치 전 건강진단

배치 전 건강진단은 근로자의 신규채용 시 또는 작업부서의 전환 시, 직업성질환의 예

방을 위하여 유해인자에 노출될 우려가 있는 근로자의 건강평가에 필요한 건강기초자료를 확보하고, 배치하고자 하는 부서 업무에 적합한지를 판단하기 위하여 실시하는 건강진단이다. 진단비용은 전액 사업주가 부담한다.

(5) 수시 건강진단

1) 수시 건강진단의 개념
수시 건강진단은 직업 관련성이 의심되는 증상이나 소견을 보이면 사업주에 의해 수시로 실시하는 건강진단이다.

2) 수시 건강진단의 목적
급성으로 발병하거나 정기 건강진단으로는 발견하기 어려운 직업성질환을 조기에 발견하여 진단하고 치료하기 위하여 실시한다.

3) 수시 건강진단의 대상자
① 모든 법적 유해인자(특수 건강진단 항목에 준함)에 노출되는 업무에 종사하는 근로자
② 특수 건강진단 대상자 중에서 직업성 천식을 유발하는 업무에 종사하는 근로자
③ 특수 건강진단 대상자 중에서 직업성 피부질환을 일으키는 업무에 종사하는 근로자

(6) 임시 건강진단

1) 임시 건강진단의 개념
임시 건강진단은 근로자의 건강을 보호하기 위하여 필요하다고 인정될 때, 직업성질환을 예방하기 위한 적절한 조치를 강구해야 할 필요가 있을 때 정기 건강진단을 받을 때까지 기다리지 않고 즉시 실시하는 건강진단이다.

2) 임시 건강진단의 목적
임시 건강진단은 특수 건강진단 대상의 유해인자, 기타 유해인자에 의한 중독 여부, 질병의 이환 여부, 질병의 발생원인 등을 확인하기 위하여 실시한다.

3) 임시 건강진단의 실시 조건
① 동일 부서에 근무하는 근로자 또는 동일한 유해인자에 노출되는 근로자에게 유사한 질병의 자각증상 및 타각증상이 발생한 경우
② 직업병 유소견자가 발생하거나 다수 발생할 우려가 있는 경우
③ 기타 지방노동관서의 장이 필요하다고 판단하는 경우

2 근로자 건강진단의 사후관리

① 근로자 건강진단의 사후관리는 사업주의 책임 하에 보건관리자와의 협의를 통하여 이루어진다.
② 근로자에게 실시하는 모든 건강진단은 근로자의 건강을 보호하기 위한 조치이므로, 건

강진단 결과 근로자의 건강을 보호하기 위하여 필요하다고 인정할 때에는 해당 근로자의 설정을 고려하여 작업 장소의 변경, 작업의 변환, 근로시간 단축, 요양, 보상 등의 제반조치를 강구해야 한다.

③ 건강진단 사후관리의 실시는 건강에 이상이 있을 경우가 아니라, 건강을 유지·보호하기 위하여 필요하다고 인정할 경우에 필요하므로 적극적인 예방의 자세를 갖춘다.

④ 작업내용, 작업공정, 작업방법 등을 파악하고 검토하여 작업환경 측정의 실시, 시설 또는 설비의 개선·보완·정비 등의 사후조치를 강구함으로써 근로조건의 개선을 도모함과 동시에 근로자와 작업의 조화를 이룰 수 있도록 노력한다.

⑤ 건강진단에 관한 서류인 개인별 결과통보서, 일반 건강진단 개인표, 질병 유소견자 사후관리 소견서는 5년간 보관한다. 다만, 발암성물질 취급자에 대한 건강진단 서류는 30년간 보관한다.

② 직업성질환

1 직업성질환의 개념

직업성질환은 작업활동에 의하여 신체적 이상 또는 정신적 이상이 있는 질병을 말한다. 근로자들이 그 직업에 종사함으로써 발생하는 상병, 즉 업무와 상당한 인과관계가 있는 질병을 말한다.

2 직업성질환의 발생 원인

질병의 발생 원인이 직업과 밀접한 인과관계가 인정되어야 직업성질환으로 진단할 수 있다. 질병의 발생시기, 장애부위, 현재 증상 및 소견, 작업상황 등이 총체적으로 검토되어 직업성질환으로 진단된다.

(1) 불량한 환경조건

불량한 환경조건에는 이상기온, 이상기압, 방사성 장애, 소음, 이상 진동, 공기오염, 각종 유해가스 등이 있다.

(2) 부적절한 작업조건

부적절한 작업조건에는 작업의 과중, 운동 부족, 불량한 작업자세 등이 있다.

3 직업성질환의 특성

① 직업성질환은 만성적 경과를 거치므로 조기 발견이 어렵고 환경개선에 의한 예방 효과도 기한 경과 후에 나타난다.

② 직업성질환은 특수 건강검진으로 판명된다.

③ 직업성질환은 예방이 가능하지만, 적시에 효과적으로 이루어지기 어렵다.

④ 직업성질환은 유기물질의 채취방법과 분석법이 다르고 값비싼 장비나 기계에 의한 정량분석이 필요하다.

4 직업성질환의 분류

직업성질환은 재해성 질병과 직업병 2가지로 분류할 수 있다.

(1) 재해성 질병

재해성 질병은 업무상의 부상과 재해에 의해 발생한 질병을 말한다.

(2) 직업병

직업병은 업무로 인한 장기간의 유해 작업 또는 유해 작업조건에 의해 발생한 질병을 말한다.

1) 작업환경의 유해요인에 의한 직업병

물리적 원인	작업환경의 온도, 복사열, 소음과 진동, 유해광선, 전리방사선, 이상기압, 기계적 손상 등에 의해 생기는 질병, 무기분진, 유기분진 및 금속분진에 의한 폐질환 등
화학적 원인	유해가스, 중금속, 유기용제, 살충제 등에 의해 생기는 중독증
생물학적 원인	세균, 곰팡이 등 병원성 미생물에 의한 것과 취급하는 동물 또는 식물에 의한 질병

2) 유해인자에 의한 직업병

① 유기용제 중독으로 인한 건강장해

② 물리적 인자에 의한 건강장해

③ 중금속 중독에 의한 건강장해

④ 분진에 의한 건강장해

⑤ 직업성 피부장해

⑥ 직업성 암

③ 유해인자로 인한 건강장해

1 유기용제로 인한 건강장해

(1) 유기용제의 개념

유기용제는 탄소를 함유하고 있는 유기화합물로서 피용해물질의 성질을 변화시키지 않고 다른 물질을 용해시킬 수 있는 물질로 매우 폭넓게 사용되고 있으며, 사용 목적에 따라 단독 또는 혼합하여 사용한다.

〈산업체에서 유기용제를 취급하는 업종〉

염료, 합성세제, 유기 안료, 의약품, 농약, 향료, 조미료, 사진약품, 폭약제조, 금속코팅, 착색, 세척, 고무공장 및 가죽공장 등

(2) 유기용제의 특성

① 유기용제는 그 용도가 광범위하기 때문에 종류가 많으나 용제로서의 공통된 성질로 물질을 녹이는 성질과 실온에서는 액체이며 휘발하기 쉬운 성질을 가지고 있다.

② 유기용제는 휘발성이 크기 때문에 작업장 공기 중에 가스로서 포함되는 양이 많으므로 호흡기로 흡입하게 된다.

③ 유기용제는 유지류를 녹이고 또 그것에 스며드는 성질이 있기 때문에 피부로 흡수되기 쉽고, 체내에 흡수된 이후에도 중추신경 등의 중요 기관을 침범하기 쉽다.

(3) 유기용제의 중독증상

유기용제는 노출량, 노출형태, 환경조건, 근로자의 건강상태에 따라 다양한 건강장해가 발생하며 유기용제의 중독증상은 두통, 흥분, 피로, 마취작용과 같은 신경계 증상을 비롯하여 폐점막 자극 시 폐수종 및 기관지염이 발생한다. 또한 안점막 자극 시에는 각막 혼탁, 흡수 후 대사과정에서 간손상을 초래한다.

(4) 유기용제 중독 시의 응급처치

유기용제 중독 시의 응급처치는 용제가 있는 작업장소로부터 격리시키고 용제가 묻은 의복을 벗기며 호흡이 멎었을 때는 인공호흡을 실시한다. 의식장애가 있을 경우 산소를 공급하고 의식이 있는 경우 따뜻한 물이나 커피를 마시게 하며 보온과 휴식을 취하도록 한다.

2 물리적 인자로 인한 건강장해

(1) 이상 기온

1) 고온으로 인한 건강장해 – 열중증

① 열중증의 개념
- 열중증은 고열환경에 노출되어 체온조절기능의 생리적 장애가 일어나서 자각적 증상이나 임상적 증상을 나타내는 장해를 말하며 고열 장해라고도 한다.
- 열중증은 높은 기온과 낮은 기온의 환경에서 심한 노동이나 강한 복사열이 인체에 작용할 경우 또는 열 방출이 적은 조건에서 심한 근육노동을 할 경우에 발생하는 급격한 신체적 장해를 총칭한다.

② 열중증의 특성
- 열중증은 기온이 30℃ 이상이면 33~40℃에서 잘 발생한다.

- 열중증은 임상적 증상에 따라 열 쇠약, 열상 발진, 열 피로, 열 경련, 열사병으로 분류하지만, 실제로는 이들 증상이 중복될 수도 있다.

〈열중증에 대한 예방대책〉
- 작업 시 고온작업의 허용기준인 직장온도가 38.3℃, 심박수가 125회/분을 넘지 않도록 하며, 단시간 노출 시에는 직장온도가 38.9℃, 심박수가 160~170회/분을 넘지 않도록 한다.
- 복사열 절연을 위하여 보온제를 사용하거나 차단을 위한 차단판을 사용하여 발생원에서의 열을 제어한다.
- 국소환기의 전체환기를 배려한다. 특히 급기식 환기가 유효하다.
- 직업의 자동화와 기계화로 근육 작업을 경감시킨다.
- 근무시간의 단축, 잔업 제한, 휴식시간의 적정화, 교대제 등의 대책으로 근무제도를 합리화시킨다.
- 고혈압증, 소화성 궤양, 심장질환, 내분비질환, 신염 등 금기질환의 취업을 제한한다.

2) 저온으로 인한 건강장해

① 국소 작용
- 찬 공기가 혈류분포가 적은 피부에 작용하면 국소의 발적에 이어 빈혈이 오며 격심한 동통이 수반된다. 이러한 질환을 국소 작용이라고 한다.
- 피부는 감각을 잃게 되고, 계속되면 궤양이 발생하는 손상을 입는다. 특히 사지, 귀뿌리, 코끝 등 노출된 부위에 많이 발생한다.

② 급성 일과성 염증 반응
- 인체의 사지 피부에 찬 기온이 작용하면 피부 표피의 모세혈관이 수축되고 간헐적으로 반응성 혈관 이완이 일어난다. 이러한 질환을 급성 일과성 염증 반응이라고 한다.
- 혈관 이완으로 인하여 피부 국소에 발적이 일어나고 냉감각에 의한 냉통증을 느끼며 감각마비 현상이 나타난다.

③ 참호족 / 참수족
- 사지가 심하게 습하고 차게 되면 사지에 심한 장애가 온다. 이러한 질환을 참호족 또는 참수족이라고 한다.
- 초기 증상으로 말초 소동맥의 경련을 동반한 급성 일과성 반응이 일어나고, 이어서 모세혈관의 확장, 부종 등이 일어나며 조직과 신경의 퇴화가 계속 발생한다.

④ 동상
동상은 강렬한 한랭으로 인해 손발과 얼굴의 조직에 장애가 오거나 심부 혈관의 변화 및 조직 동결이 오는 질환이다.

〈동상의 분류 및 증상〉

1도 동상	피부가 창백해지고 감각이 둔해지며 따끔따끔하고 통증이 나타난다.
2도 동상	동결이 계속되어 수포를 가진 광범위한 삼출성 염증이 나타난다.
3도 동상	조직의 깊은 부위까지 동결되어 조직의 괴사가 나타난다.

⑤ 전신작용
- 한랭의 전신작용은 반사적으로 신경계에 미치는 작용이다.
- 한랭에 대처하기 위하여 말초모세혈관의 축소가 일어나고 맥박이 증가하며 내부 장기, 특히 복부장기의 혈관이 수축된다.

⑥ 동사
- 한랭에 대항하기 위한 생리적 반응도 한계가 있어 한계를 넘으면 자기 방어기전이 점차적으로 약화되어 각 기관의 기능이 상실된다. 즉, 체온이 하강하고 생체기능이 저하되면서 생명을 유지하기가 어려워져 사망하게 되며 이러한 질병을 동사라고 한다.
- 저온장해에 대한 적절한 응급처치는 보온, 산소공급, 충분한 영양공급 등이다.

(2) 이상 기압

① 정상 대기압은 기온 0℃에서 760mmHg의 압력을 1기압이라고 하며, 이는 해발 0m를 기준으로 하고 있다.
② 물속이나 갱내처럼 평상시의 압력(대기압)보다 높은 압력 환경에 인체가 노출되면 고기압 상태가 된다. 다시 정상기압으로 복귀하는 과정에서 감압상태가 되며, 고공지대 및 고산지대에서는 저기압 상태가 된다.

〈이상 기압으로 인한 건강장해 – 감압병〉
- 고압환경에서 작업한 후 급히 정상기압으로 돌아오면 압력이 감소하므로 잠수병 또는 감압병이 발생한다.
- 급격한 감압으로 혈관 내 또는 조직 내에 녹아 있던 질소가 기포화되어 색전을 형성함으로써 상·하지의 근육통, 관절통, 흉통이 일어나며 마비를 동반하는 척수증상도 나타난다.
- 감압병은 7,500m 이상의 고도로 급격히 이동하는 경우에 발생한다.
- 감압병을 예방하려면 잠수작업의 경우 단계적 감압절차(1기압에서 20분 이상)가 필요하며 감압 후에는 인공적인 산소공급이 필요하다.

(3) 소음

① 소음의 청력에 대한 작용으로는 강력한 소음에 노출되면 일과성, 영구성, 일과성과 영구성을 겸한 청력 손실이 일어난다.

② 청력 손실을 일으키지 않을 정도의 소음이라고 하더라도 언어소통이나 원하는 소리를 듣지 못하게 되는 대화 방해, 급작스런 소음에 대한 생리반응인 경악반응, 필요 이상의 노력을 해야 하는 작업방해가 일어난다.

③ 소음의 기타 생체반응으로는 혈압 상승, 맥박수 증가, 호흡억제, 근육 긴장도의 증가 등 자율신경계와 관련된 증상이 나타난다.

④ 소음성 난청은 오랜 기간 강력한 소음에 노출되어 발생한 일시적 혹은 영구적 청력 손실을 의미한다. 4,000Hz에서 가장 빈번하고 점차적으로 고주파로 청력저하가 나타난다.

〈산업체의 소음에 대한 예방대책〉
- 생산공정, 작업공정, 사용기계 등의 변경으로 소음원을 제거하거나 감약시킨다.
- 기계에 소음기 부착이나 공명 부분의 차단 등 기계의 부분적 계량을 실시한다.
- 차음조치 및 흡음조치를 한다.
- 소음원의 거리적 격리를 한다.
- 귀마개, 귀덮개 등 보호구를 착용한다.
- 소음의 허용한계를 초과하지 않도록 한다.

(4) 진동

① 진동은 어떤 물체가 외력에 의해 평형상태의 위치에서 전후좌우로 흔들리는 것을 말한다.

② 진동은 소음과 함께 발생하므로 소음 작업장에서는 진동에 노출되는 일이 많고, 생체에 작용하는 방식에 따라 전신진동과 국소진동으로 구분된다.

⭕ 진동의 유형

전신진동	• 시력저하를 초래한다. • 피부로부터 열 발산을 촉진한다. • 혈액순환을 촉진 또는 억제한다. • 장기에 진동을 주어 위장장애를 일으킨다.
국소진동	• 작업자의 손가락에 있는 말초혈관의 폐색·순환장애로 수지가 창백하고, 통증을 느끼는 raynaud 현상(white finger, dead finger)이 나타난다. • 한랭에 노출 시 더욱 악화되므로 보온과 금연을 한다. • 무릎 등 관절에 비특이성 관절염을 유발하기도 한다.

〈진동에 대한 예방대책〉
- 진동의 원인을 제거하고 진동을 감소시킨다.
- 전파경로를 차단한다.
- 내진성을 높일 수 있는 작업자세로 교정한다.

- 작업시간을 단축시킨다.
- 국소진동 작업 시, 한랭의 영향을 고려하여 장갑을 착용한다.

(5) 전리방사선

① 방사선은 파동 또는 입자의 형태로 방출, 전파, 흡수되는 에너지이다. 전자파는 전기력과 자기력으로 이루어지는 것인데, 이들이 간섭을 받을 때에 전자파 방사선이 발생한다.

② 전리방사선의 공통된 특징은 물질을 이온화시키는 성질이며, 전리방사선의 종류에는 X선, α선, β선, γ선, 중성자, 우주선 등이 있다.

③ 전리방사선은 생체에 대해 전적으로 파괴적 작용을 하며, 염색체, 세포, 조직의 파괴와 사멸을 초래한다. 이것은 전리방사선의 물리적 에너지가 생체 내에서 전리작용을 하기 때문이다.

④ 전리방사선은 인체에 미치는 영향은 전리방사선의 투과력 전리작용, 피폭방법, 피폭선량, 조직의 감수성 등에 따라 다르다. 방사선장애를 입는 부위는 전리방사선의 종류와 체위와 체내 조사의 차이에 따라 달라진다.

〈전리방사선의 예방대책〉
- 직업상 노출되는 성인의 안전 허용기준을 채택한다.
- 시설과 작업방법의 관리로서 차폐물의 설치, 원격조작, 조사시간의 단축, 피부의 노출을 피한다.
- 직업적으로 방사선 장해를 입을 위험이 있는 작업자에 대해서는 정기 건강진단을 실시한다.

(6) 비전리방사선

비전리방사선은 흔히 유해광선으로 알려져 있으며, 그 에너지 범위는 자외선 영역을 포함하여 이보다 에너지가 낮은 전자파를 총칭한다. 비전리방사선은 파장에 따라 자외선(100~400mm), 가시광선(400~760mm), 적외선(760~6000mm)으로 구분한다.

1) 자외선

① 자외선(UV)은 피부에 반응을 일으키며, 조사 후 2~3시간이면 홍반이 생기고 색소가 참착되고 비타민 D 형성과 살균작용을 한다.

② 과다한 조사는 모세혈관의 투과성이 증가하고 조직의 부종을 일으키며 수포가 형성된다.

③ 인공적인 자외선 취급 근로자인 전기 용접공이나 자외선 살균 취급자는 급성각막염을 일으킨다.

④ 자외선의 눈에 대한 증상은 눈물이 나고 결막이 충혈되어, 눈이 아프고 수 시간 후

각막과 결막에 염증이 생긴다. 심하면 각막 표면의 궤양, 수포 형성, 혼탁, 각막 및 안검부종이 생기고 안검 경련도 일어난다.

⑤ 나이가 들수록 자외선의 흡수량이 많아져 백내장을 일으킨다.

〈자외선의 차단 대책〉
- 검은색 보호안경, 차광안경을 착용한다.
- 보호의복을 입고 보호용 크림을 바른다.

2) 적외선

① 적외선은 피부에 혈관확장, 혈액순환 촉진, 진통작용을 하지만, 과다한 경우에는 열 중증, 피부 화상을 일으킨다. 다만, 눈에서는 느끼지 못한다.

② 유리공, 용광로의 화부에게 안구 부위의 온도상승 결과로 후극성 백내장이 발생하는데, 이 질병은 초자공 백내장이라고도 한다.

〈적외선의 차단 대책〉
- 방열판, 방열장치 설치
- 방열복, 방열판, 보호안경 착용

3) 가시광선

① 가시광선은 일반적으로는 무해하지만 과다하면 망막 장해를 가져온다.

② 가시광선은 시세포를 자극하여 광각과 색각을 일으킨다.

③ 가시광선의 장해는 조명 불량 시, 정신적인 불쾌감, 근육긴장, 눈의 피로, 시력감퇴 등이 나타나고, 이것으로 작업능률과 생산량이 감소된다. 광부에게는 안구의 주기적인 불수의 운동으로 안구진탕증을 유발한다.

④ 가시광선의 장해는 조명과잉 시, 눈부심이 망막을 자극하여 잔상을 동반한 시력장애, 시야협착, 망막변성을 일으킨다. 결막이 자극되면 광선공포증과 두통이 일어난다.

⑤ 장시간에 걸쳐 강렬한 가시광선에 노출되면 암 순응의 저하, 광시가 일어날 수 있다.

〈가시광선의 차단 대책〉
- 그림자가 없고 과도한 휘도가 없이 균등하고 쾌적한 조을 유지

4) 레이저광선

① 레이저광선은 방사선 유도 방출에 의한 광선 증폭이라는 뜻으로 단일 파장이고 강력하고 예민한 지향성을 가지며, 작은 단면에 대량의 에너지를 집중시키도록 설계되었다.

② 레이저광선은 주로 눈과 피부의 장애를 일으키는데 증상으로 각막염, 상피장애, 궤

양, 천공, 백내장, 피부화상 등이 있다.

〈레이저광선의 차단 대책〉

- 경보장치
- 경적
- 보호안경
- 점멸등 장치
- 작업력 기록 및 취업 시 매 6개월
- 이직 시 건강진단 실시 등

③ 양안 시력 0.5 이하는 레이저 작업의 부적격자이다.

5) 마이크로파

① 마이크로파는 10~300,000MHz의 전자파를 총칭한다.

② 마이크로파는 TV, 라디오, 일반 및 군용 레이더, 산업용 플라스틱 열접착, 전자레인지, 의학용 투열요법에 사용된다.

③ 문제가 되는 산업체에는 자동차공업 종사자, 식료품 제조, 가죽 제조, 목공, 플라스틱 열접착, 고무제품 제조, 석유제품 제조, 다리오파/마이크로파 응용장치 조작자 등이 있다.

④ 생체작용으로 열작용이 있으며, 울림, 간지럼, 두드림, 두통, 피로감, 지적능력의 저하, 둔감, 기억력 감퇴, 성적 흥분 감퇴, 수면장애, 정서 불안정, 발한, 저혈압, 호흡곤란, 흉통, 서맥, 지각둔마, 조건반사 둔화 등의 반응을 나타내는 중추신경 작용이 있다. 또한 백내장, 백혈구의 증가, 망상적혈구 출현, 혈색소 감소, 생식기능 장애의 가능성 등도 있다.

〈마이크로파의 차단 대책〉

- 방위 제한
- 레이더 안테나 높이기
- 마이크로파를 발생시키는 진공판은 완전히 둘러싸기 등
- 안경, 보호복, 그물 등의 개인 보호구 착용
- 발생원에서 멀리 떨어지도록 발생원에 위험 표시 등

3 중금속으로 인한 건강장해

중금속은 호흡이나 음식물 섭취를 통하여 호흡기 및 소화기에서 흡수된 후 혈액으로 들어와 인체에 들어온다. 혈액 내에서 인체의 혈장단백질이나 칼슘 등 인체 구성성분과 결합하여 배설되지 않고 인체에 축적되고 건강장해를 일으킨다.

(1) 연 중독

① 연(Pb) 중독은 연 또는 그 화합물인 흄이나 먼지가 체내에서 흡수되어 장기간 축적되면서 일어나는 중독증상이다. 연 중독은 보통 납 중독이라고 한다.

② 연 중독은 조혈제, 신경계, 소화기계, 신장에 장해를 일으킨다.

③ 연 중독에 의한 초기 증상으로는 일반적인 건강상태가 나빠지고 피로, 수면장애, 두통, 관절통, 근육통, 변비, 위통, 식욕감퇴 등의 소화기 증상이 있다.

④ 특히 무기 연에 의한 건강장해는 조혈기능 장해를 일으켜서 빈혈, 신장기능 장해, 기타 자각증상으로 나타난다.

〈연 중독에 대한 예방대책〉

- 호흡기를 통한 호흡 및 소화기를 통한 연 섭취를 방지함으로써 이루어진다.
- 연 화합물보다 독성이 적은 물질로 대치하는 것이 가장 효과적이다.
- 연을 사용해야 할 경우에는 분진 발생을 최대한 억제하기 위하여 물을 뿌린다.
- 연의 혼합, 분쇄 등의 공정에서는 작업공정을 밀폐하거나 배기장치를 별도로 설치한다.
- 연 작업장은 습식방법 또는 진공청소기 등으로 청결을 유지한다.

(2) 수은 중독

① 수은(Hg)은 다른 금속과 달리 상온에서 은백색의 액체상태로 존재하는 유일한 금속이다.

② 수은 화합물에는 여러 종류가 있는데, 무기수은 화합물과 유기수은 화합물로 나뉜다.

③ 금속수은이나 그 화합물의 용도는 수은 온도계, 체온계, 알칼리 망간, 건전지, 수은 아말감, 버튼형 수은전지, 화학실험용 기타 화학공업 등으로 그 용도가 다양하므로 수은 중독이 상당히 많이 발생할 우려가 있다.

④ 수은 중독의 초기 증상으로는 안색이 누렇게 되고, 두통, 구토, 복통, 설사 등 소화불량 증상이 있다.

⑤ 수은 중독의 특징적인 주요 3대 증상은 구내염, 근육진전, 정신증상이다. 이 3가지 증상은 함께 나타나기도 하지만, 때로는 증상이 1가지 또는 2가지로 나타나기도 한다.

⑥ 수은 중독의 주요 3대 증상 외의 전신증상으로는 중추신경계, 특히 뇌조직 침범이 있다. 뇌조직 침범이 심해지면 불가역적 뇌손상을 입어 정신기능이 소실될 수 있다.

〈수은 중독에 대한 예방대책〉

- 급성 수은 중독인 경우에는, 우유와 계란의 흰자위를 섭취하여 수은과 단백질을 결합시켜 침전시킨 후에 위장관에 머물러 있지 않도록 위세척을 한다. 이때 위점막이 손상되지 않도록 주의한다.
- 만성 수은 중독인 경우에는, 작업장의 환경관리와 독성이 적은 대체물질을 연구한다.

(3) 크롬 중독

① 크롬(Cr)은 물보다 무거운 은백색의 단단한 금속으로, 사업장에서는 주로 3가 크롬과 6가 크롬 화합물이 사용되고 있다.

② 인체에 유해한 크롬은 6가 크롬 화합물로서, 부식작용과 산화작용이 매우 강한 특성이 있다.

③ 크롬은 사업장에서 안료, 내화제, 인쇄잉크, 착색제, 유리나 도자기의 유약 등의 성분으로 사용되고 있다.

④ 크롬은 특히 도금 합금, 용접의 작업과정에서 널리 사용되고 있다.

⑤ 크롬 중독에 의한 건강장해 증상으로는 코 점막에 자극과 부식작용으로 인한 염증증상이 있다. 염증이 심해지면 비중격 천공을 일으킨다.

⑥ 크롬에 다량 노출되면 급성 화학성 폐렴을 일으켜 기관지 및 폐 장해가 발생한다.

⑦ 만성적으로는 소량의 크롬이라도 알레르기성 기관지 천식과 기관지염을 일으킨다. 심하면 폐암을 유발하기도 한다.

⑧ 크롬이 피부에 닿으면 자극성 피부염과 알레르기성 피부염을 일으킬 수 있다.

⑨ 크롬은 눈의 경우에 1차적인 자극을 주어 결막 염증, 안검 및 결막의 궤양이 생길 수 있다.

〈크롬 중독에 대한 예방대책〉
- 발생원의 밀폐 또는 국소 배기장치, 공정의 자동화, 유기용제용 호흡 보호구, 보호장갑 등 의 개인 보호구를 착용한다.
- 정기적인 작업환경을 특정하고, 건강진단과 근로자 보건교육을 실시한다.

(4) 카드뮴 중독

① 카드뮴(Cd)은 청백색의 광택이 있는 육각형 결정체의 금속으로, 단단하지 않아서 칼로 쉽게 잘리고 물에는 녹지 않으나 산성용액에는 용해된다.

② 카드뮴은 공기 중에서 가열하면 쉽게 증기가 되어 밝은 불꽃을 내며 타오르고, 카드뮴이 산소와 결합하면 산화카드뮴 흄을 생성한다.

③ 카드뮴은 주로 금속을 제련할 때 부산물로 얻어지며, 특히 아연을 제련할 때 나타난다.

④ 카드뮴에 의한 건강장해 증상으로는 오염된 음식이나 음료의 섭취로 인한 경구적 침입으로 발생하는 급성 중독이 있다.

⑤ 카드뮴 급성중독의 증상으로는 구토, 설사, 급성 위장염이 있다. 또한 두통, 금속성 맛, 근육통, 복통, 체중 감소, 착색뇨가 나타나고 간 및 간장의 기능장애도 있다.

⑥ 카드뮴 만성중독의 증상으로는 신장장해, 만성폐쇄성 호흡기질환, 폐기종이 있고, 골격계 장해와 심혈관 장해도 있다.

〈카드뮴 중독에 대한 예방대책〉
• 개인 위생을 철저히 하도록 한다.
• 작업장 내에서의 음식물 섭취와 흡연을 절대로 하지 않는다.
• 작업복을 자주 갈아입고 목욕을 자주 하도록 한다.
• 반드시 필요한 경우에 적절한 보호구를 착용한다.

4 분진으로 인한 건강장해

(1) 호흡성 분진으로 인한 진폐증

① 진폐증은 분진을 오래 흡입하여 폐에 섬유증식증이 발생하는 질환이다.
② 주로 지름이 5㎛ 이하인 호흡성 분진이 기도를 통하여 폐포에 침착되고, 폐조직을 자극하여 주변의 섬유세포를 증가시킴으로써 섬유증식증을 일으킨다.
③ 흉부사진 상으로 결절을 일으키며, 폐기종과 폐순환 장애를 초래하기도 한다.
④ 진폐증을 유발하는 분진에는 규산, 규산화합물, 철화합물, 탄소, 유기물, 기타 다양한 물질이 있다.

(2) 유기규산 분진으로 인한 규폐증

① 규폐증은 폐실질 조직에 섬유증식증이 일어나는 질환이다.
② 심해지면 폐결핵이 발생되고, 더 심해지면 우심장과 폐동맥 확대 및 폐기종이 만들어지기도 한다.

(3) 석면분진으로 인한 석면폐증

① 석면폐증은 폐포와 폐실질 조직에 섬유화가 일어나는 질환이다.
② 기침, 호흡곤란, 청색증, 청진 상 폐하부에 미세한 나음과 타진 상 둔통이 있다.
③ 질병의 말기에 폐암이 폐 하부에 잘 발생한다. 특히 흡연자에게 많이 발생한다.

〈분진에 대한 예방대책〉
• 작업환경 관리로 분진의 농도를 측정하고 발생원을 차단하며 발생 분진의 전파를 억제시킨다.
• 근로자의 작업관리에는 적절한 작업시간, 작업 강도, 작업공정의 표준화, 작업자세의 배려가 있다.
• 근로자의 건강관리에는 방진마스크의 착용 및 건강진단 사후관리 등의 일반적인 건강관리가 필요하다.

5 **직업성 암의 발병**

(1) 직업성 암의 개념

유해물질에 의한 암의 발생은 만성적 자극에 의한 결과라는 학설과 암의 발생 원인을 유해물질이 활성화시켜 암이 발생한다는 학설의 2가지가 있다. 어느 학설이든 유해물질은 직접적 또는 간접적으로 작용하여 암의 발생을 돕는다.

(2) 직업성 암의 특성

① 암의 질병과정은 장기간이므로 암의 발생 시 직업과의 관련성 유무를 밝히는 과정 역시 어렵기 때문에 이를 확인하기 위해서는 역학조사와 동물실험을 반복한다.
② 역학조사가 원활히 진행되려면 산업체의 노출 및 질병의 발생자료가 명확해야 원인적 연관성을 규명할 수 있다.

4 산업재해의 관리

① 산업재해의 개요

1 **산업재해의 개념**

산업재해는 흔히 근로자가 산업현장에서 돌발적인 안전사고로 인해 갑자기 사망하거나 부상을 입거나 질병에 이환되는 것을 말한다. 「산업안전보건법」에서는 산업재해를 근로자가 업무에 관계되는 건물, 설비, 원재료, 가스, 증기, 분진 등에 의하거나, 작업 기타의 업무에 기인하여 사망 또는 부상을 입거나 질병에 이환되는 것으로 규정하고 있기 때문에, 산업재해는 급성 또는 만성의 모든 직업성질환에 이환되는 것을 말한다.

2 **산업재해의 원인**

(1) 직접 원인

직접 원인은 재해를 일으키는 물체 또는 행위 그 자체인 재해의 1차적 원인을 말한다. 직접 원인이 되는 요인으로는 운전 중의 기계, 동력 전도장치, 각종 공구, 고열물, 미끄러짐, 넘어짐이다.

(2) 간접 원인

간접 원인은 물적 요인과 인적 요인으로 인하여 재해의 원인이 되는 2차적 원인을 말한다.

● 간접원인이 되는 요인

물적 요인		불안전한 시설물, 부적절한 공구, 불량한 작업환경 등
인적 요인	관리요인	작업자의 작업에 관한 지식 부족, 작업 미숙, 작업 정원의 부족 또는 과잉, 부적절한 작업방법 등
	심신요인	근로자의 체력, 정신상의 결함, 피로, 부주의, 수면 부족, 음주, 질병 등

② 산업재해의 지표

1 산업재해의 발생지표

산업재해의 발생지표는 산업재해의 발생상황과 정도를 나타내는 지표로 재해율, 도수율, 강도율, 건수율, 평균 작업손실일수, 사망만인률이 있다.

(1) 재해율

재해율(천인율)은 근로자 100(1,000)명당 발생하는 재해자수의 비율을 말한다.

$$재해율 = \frac{재해 \ 지수}{임금 \ 근로자수} \times 100(1,000)$$

(2) 도수율

도수율(빈도율)은 위험에 노출된 단위시간당 재해가 얼마나 발생하였는가를 보는 재해 발생 상황을 파악하기 위한 표준 지표이다.

$$도수율 = \frac{재해 \ 건수}{연 \ 근로시간 \ 수} \times 1,000,000$$

〈도수율의 특성〉
- 도수율의 단위시간은 연간 100만 시간을 사용한다.
- 도수율은 분모의 밀도만을 고려한 발생 밀도이다.
- 근로자의 근로시간은 재해의 입장에서 보면 재해 발생의 위험에 노출되는 시간이다.

(3) 강도율

강도율은 1,000시간을 단위시간으로 연 근로시간당 작업손실일수로서 재해에 의한 손상의 정도를 나타낸다.

$$강도율 = \frac{작업 \ 손실일수}{연 \ 근로시간 \ 수} \times 1,000$$

〈강도율의 특성〉

- 강도율은 분모와 분자의 강도를 모두 고려한 발생 밀도이다.
- 근로시간이 커지면 커질수록 재해의 확률이 커진다.
- 재해에 의한 손상 정도에 따라 근로자의 건강문제의 심각성이 달라진다.

(4) 건수율

건수율(발생률)은 조사기간 중의 산업체 근로자 1,000명당 재해발생 건수를 표시하는 것을 말한다.

$$건수율 = \frac{재해\ 건수}{근로자수} \times 1,000$$

〈건수율의 특성〉

- 건수율은 산업재해의 발생상황을 총괄적으로 파악할 수 있지만, 작업시간이 고려되지 않는다.
- 건수율은 위험노출시간인 근로시간을 구하지 못하는 경우에 이용한다.
- 근로자수를 분모로 하고, 재해건수를 분자로 하여 산정한다.

(5) 평균 작업손실일수

평균 작업손실일수는 재해건수 당 평균 작업손실의 규모가 어느 정도인가를 나타내는 지표이다.

$$평균\ 작업\ 손실일수 = \frac{작업\ 손실일수}{재해\ 건수}$$

〈평균 작업손실일수의 특성〉

- 평균 작업손실일수는 총 작업손실일수를 재해건수로 나누어 산정한다.
- 도수율을 알면 강도율을 도수율로 나누어 구할 수 있다.
- 평균 작업손실일수는 재해의 평균 규모를 파악할 수 있는 측정방법이다.
- 작업장별 또는 산업체 간의 단순 비교가 가능하다.

(6) 사망만인율

사망만인율은 근로자수 10,000명당 발생하는 사망자수의 비율을 말한다.

$$사망만인율 = \frac{사망자수}{근로자수} \times 10,000$$

2 작업동태의 통계지표

작업동태의 통계지표는 재해와 직업병, 다른 질병, 기타 다른 사유로 근무를 하지 못하는 근로자의 규모를 파악하기 위한 측정방법이다. 산업체에서는 작업동태의 통계지표를 통하여 근로자로 인한 생산저해 규모를 파악할 수 있다.

(1) 결근 도수율

① 결근 도수율(결근 건수율)은 전체 근로자 중에서 결근이 몇 번 발생하는가를 알기 위한 측정방법이다.
② 분모인 전체 근로자수는 관찰기간 동안의 평균 근로자수이고, 해당 관찰기간 내에 발생한 결근 건수를 분자로 하여 산정한다.

(2) 결근 일수율

① 결근 일수율은 전체 근로자를 기준으로 할 때 결근으로 업무에 참여하지 못하는 일수의 비율이 얼마인가를 나타내는 측정방법이다.
② 결근 일수율을 결근 건수율로 나누면 결근 건수당 평균 결근일을 산정할 수 있다.

(3) 결근 손실률

① 결근 손실률(결근 인원율)은 전체 근로자 중 결근이 발생한 근로자 수가 몇 명인가를 나타내는 측정방법이다.
② 결근 건수율을 결근 인원율로 나누면 결근자 1인당 결근 건수를 구할 수 있다.
③ 결근 건수율을 결근 일수율로 나누면 결근자 1인당 결근일 수를 구할 수 있다.

(4) 질병 결근 발생률

① 질병 결근 발생률(질병별 결근 건수율)은 결근 건수율을 각 질병별로 구하는 측정방법이다.
② 분모는 전체 근로자 수이고, 분자는 각 질병으로 발생한 결근 건수이다.
③ 산업체에서는 질병 결근 발생률(질병별 결근 건수율)을 통하여 결근을 유발하는 질병의 종류와 순위를 파악할 수 있다.

(5) 결근 손실시간율(결근 강도율)

① 결근 손실시간율(결근 강도율)은 총노동시간 중 결근으로 손실되는 근로시간의 규모를 알기 위한 측정방법이다.
② 분모는 근로자의 총노동시간이고, 분자는 총결근시간이다.
③ 결근 손실시간율(결근 강도율)은 결근으로 인한 근로시간 손실을 나타낸다.
④ 필요에 따라 질병별 결근 강도율을 구하면 질병별 근로시간 손실을 파악할 수 있다.

③ 산업재해의 예방

1 재해예방활동의 원칙

(1) 재해요인의 발견

- 작업장의 현장순회를 통한 불안전 상태
- 불안전 행동파악
- 재해통계
- 재해사례를 통한 재해분석
- 작업방법의 분석
- 적성검사 및 건강진단, 체력 측정
- 근로자의 심신적 결함 파악

(2) 재해요인의 제거 및 사정

- 유해·위험작업에 대한 유자격자 이외의 취업 제한
- 생산기술 또는 작업방법 개선을 통한 유해·위험요인의 제거
- 유해·위험요인이 있는 시설의 방호
- 개선 및 격리
- 개인용 보호구 착용 철저
- 불안전 행동의 시정

(3) 재해요인 발생의 예방

- 안전성 평가의 활용
- 제도 및 기준의 이행과 검토
- 과거에 발생한 재해예방대책의 이행
- 원재료, 환경, 설비 등의 보전
- 안전보건교육
- 직장안전보건위원회 개최
- 근로자와 개별 접촉에 의한 동기부여로 안전보건의식 지속 유지

2 산업재해의 예방대책

한국산업안전보건공단에서는 어깨가 걸리거나 팔, 손목이 아프고 손가락이 붓는 증세나 전자파에 의한 장해를 예방하기 위한 교육자료를 제시하고 있다.

① 높낮이가 조절되는 의자를 사용하여 높이를 조절한다. 무릎의 각도를 90°로 유지한다.
② 의자에 깊숙이 앉아서 등을 지지한다.

③ 키보드나 마우스를 두는 곳은 높낮이가 조절되어야 한다. 키보드를 치는 팔꿈치의 각도를 90°이상 유지한다.

④ 모니터의 높이를 조절하여 시선을 모니터 상단에 수평으로 일치시킨다.

⑤ 모니터 화면과 눈의 거리는 40cm 이상을 유지한다.

⑥ 1회 연속 작업시간이 1시간을 넘지 않도록 하고, 시간당 10~15분의 휴식을 취한다.

⑦ 작업 전후 및 작업 도중에 스트레칭을 한다.

TIP 재해환자의 관리

- 모든 산업체에서는 두부와 척추의 손상에 대한 구급훈련이 보급되고, 응급 환자의 신속한 관리와 후송체계가 수립되어 있어야 한다.
- 재해 발생률이 높은 업종의 산업체에서는 훈련받은 응급처치 인력과 필요한 장비 및 후송체계를 자체적으로 갖추고 있어야 한다.
- 재해 환자의 적절한 응급처치와 신속한 관리는 손상의 치유와 직업 복귀를 촉진시킬 뿐 아니라 후유증을 최소화할 수 있다.

④ 산업재해의 보상

1 산업재해보상의 개념

산업재해보상은 「근로기준법」에 근거를 두고 업무상 부상과 업무상 질병을 함께 재해의 대상으로 하고 있다. 또한 산업재해나 직업병으로 인하여 야기될 수도 있는 근로자의 경제적 곤란과 작업능력의 영구적인 저하를 얼마만큼 회복시켜 주는 데 그 목적이 있다.

2 산업재해보상의 종류

(1) 요양급여

① 요양급여는 근로자가 업무상의 사유에 의해 부상을 당하거나 질병에 걸린 경우에 당해 근로자에게 지급한다.

② 부상 또는 질병이 3일 이내의 요양으로 치유될 수 있는 경우에는 요양급여를 지급하지 않는다.

〈요양급여의 범위〉

• 진찰	• 약재, 진찰재료, 기타 보철구의 지급
• 처치 및 수술, 기타 치료	• 의료시설으로의 수용
• 간병	• 이송
• 기타 노동부령의 규정사항	

(2) 휴업급여

① 휴업급여는 업무상 사유로 부상을 당하거나 질병에 걸린 근로자에게 요양으로 인해 취업하지 못한 기간에 대해 지급하는 급여이다.

② 휴업급여는 취업을 못한 기간 중에 가족의 생계유지와 자녀교육을 위하여 지급하는 것

③ 휴업급여는 1일에 대하여 평균 임금의 100분의 70에 해당하는 금액을 지급한다. 다만, 취업하지 못한 기간이 3일 이내인 경우에는 휴업급여를 지급하지 않는다.

(3) 장해급여

① 장해급여는 근로자가 업무상의 사유로 부상을 당하거나 질병에 걸려 치유 후 신체 등의 장해가 있는 경우에 해당 근로자에게 지급한다.

② 장해등급에 따라 장해보상연금 또는 장해보상일시금으로 하는데, 장해등급의 기준은 대통령령으로 정한다.

③ 장해보상연금 또는 장해보상일시금은 수급권자의 선택에 따라 지급한다. 다만, 대통령령이 규정하는 노동력을 완전히 상실한 장해등급의 근로자에게는 장해보상연금을 지급한다.

④ 이 규정에도 불구하고 장해급여를 연금의 형태로 지급하는 것이 곤란한 경우로서 대통령령이 규정하는 경우에는 장해보상일시금으로 지급한다.

⑤ 장해보상의 대상이 되는 신체장해의 종류는 「산업재보상보험법 시행령」 별표의 신체장해등급표에 규정되어 있는데, 그 내용은 「근로기준법 시행령」이 규정한 것과 동일하다.

〈신체장해등급표의 규정사항〉
정신건강, 흉복부장기, 체간, 상지, 하지의 기질장해와 기능장해를 망라한 25개의 장해 계열을 장해의 정도(서열)에 따라 14개 등급으로 구분하고 있다.

(4) 간병급여

간병급여는 요양급여를 받은 자가 치유 후 의학적으로 상시 또는 수시로 간병이 필요한 경우에 대통령령이 규정하는 지급기준과 지급방법에 따라 간병을 받는 자에게 지급된다.

(5) 유족급여

① 유족급여는 업무상 사망에 대하여 유족급여로서 유족보상연금을 지급하거나 평균 임금 1,300일분에 해당하는 유족보상일시금으로 지급한다.

② 유급보상일시금은 유족급여를 연금의 형태로 지급하는 것이 곤란한 경우로서 대통령령이 규정하는 경우에 한하여 지급한다.

(6) 상병보상연금

① 상병보상연금은 요양급여를 받는 근로자가 요양개시 후 2년이 경과된 날 이후에 규정된 조건에 해당하는 상태가 계속되는 경우에는 휴업급여 대신에 상병보상연금을 해당 근로자에게 지급한다.

② 장해보상연금을 받고 있던 자가 재요양하고 있는 경우에는 요양개시 후 2년이 경과된 것으로 산정한다.

〈상병보상연금의 지급조건〉
- 해당 보상 또는 질병이 치유되지 아니한 상태에 있을 것
- 해당 부상 또는 질병에 의한 폐질의 정도가 대통령령이 규정하는 폐질등급기준에 해당할 것
- 상병보상연금은 별도의 표에 의한 폐질등급에 따라 지급할 것

(7) 장의비

① 장의비는 업무상 사유에 의한 사망일 경우에 지급하는데, 장제를 행한 사람에게 평균 임금 120일분의 장의비가 지급된다.

② 대통령령이 규정하는 바에 따라 고용노동부장관이 고시하는 최고금액을 초과하거나 최저금액에 미달하는 경우에는 최고금액 또는 최저금액을 각각 장의비로 지급한다.

더 알아보자! **특별급여제도**

특별급여제도는 보험급여와는 다르나 「민법」에 의한 손해배상청구를 갈음하기 위하여 만든 제도로서, 장해 특별급여와 유족 특별급여 2가지 종류가 있다.

1. 장해 특별급여

사업주의 고의 또는 중대과실로 재해가 발생하여 대통령령이 규정하는 장해등급에 해당하는 장해가 남았을 경우에는 수급권자가 「민법」에 의한 손해배상 청구에 갈음하여 장해 특별급여를 청구한 때에는 장해급여 외에 대통령령이 규정하는 장해 특별급여를 지급할 수 있다.

2. 유족 특별급여

사업주의 고의 또는 중대과실로 재해가 발생하여 근로자가 사망하였을 경우에는 수급권자가 민법에 의한 손해배상 청구에 갈음하여 유족 특별급여를 청구한 때에는 유족급여 외에 대통령령이 규정하는 유족 특별급여를 지급할 수 있다. 유족 특별급여를 받으면 보험가입자(사업주)와 수급권자 사이에 화해가 성립된 것으로 간주되며, 그 화해는 문서로 하되 효력은 유족 전체에 발생한다.

Chapter 4 환경보건

1 환경보건의 이해

① 환경보건의 개요

1 환경보건의 정의

환경보건은 인간의 생존과 생활의 조화에 유해한 영향을 미치는 환경요인을 과학적으로 분석하고 검토하는 분야이다. 또한 환경보건은 환경오염으로부터 환경을 보존하고 오염된 환경을 개선함과 동시에 쾌적한 상태의 환경을 유지·조성하기 위한 행위를 의미한다.

2 환경보건의 과제

환경보건의 과제는 건강을 '인간이란 생물체가 유전적, 환경적으로 주어진 조건 하에서 적절한 생체기능을 나타내고 있는 상태'라고 한다면 인간과의 상호작용을 인간 중심으로 파악하여 생활환경의 제 조건을 생활능력의 향상과 증진에 기여할 수 있도록 하는 것이다.

TIP) 환경보건의 영역

환경보건의 영역에는 대기오염, 기후변화, 수질오염, 식품안전보건, 주거환경보건, 토양오염, 방사능오염 등이 포함된다.

② 환경오염

1 환경오염의 개요

18세기 산업혁명 이전까지는 인간과 자연환경은 서로 조화로운 관계에 있었으므로 인간이 환경에 미치는 영향이 지구의 자생능력에 부담되지 않았다. 그러나 산업혁명 이후, 자원의 대량소비와 도시화가 이루어지면서 인간의 활동결과가 환경을 파괴하기 시작했다. 환경오염에 대한 자각과 쾌적한 환경의 요구와 특수한 오염물질의 발생으로 관심이 집중되고 있다.

2 환경오염의 정의

환경오염이란 인간의 활동에 의하여 발생한 대기오염, 수질오염, 토양오염, 해양오염, 방사능오염, 소음, 진동, 식품 등을 말한다. 또한 환경오염은 사람의 건강이나 환경에 피해를 주는 상태로 인간의 활동에 의해서 발생한 오염물질로 인해 환경의 질이 저하되는 현상을 말한다.

3 환경오염의 특징

① 환경오염은 전체적 환경체제 안에서 각 구성인자가 동적으로 작용하여 발생하므로 그 인과관계를 시각적·공간적으로 명확히 제시하기가 곤란하다.

② 환경오염은 배출되는 오염물질을 소화·흡수할 수 있는 환경 용량을 초과할 때 누적효과가 나타나고, 각종 오염물질이 복합적으로 작용하면 상승작용에 의해 피해가 대형화·가속화된다.

③ 환경오염은 수량적 투자만으로는 제거하기가 힘들며 고도의 과학기술, 제도적 장치, 전국민의 참여 등이 환경보존의 필수적 요건이다.

4 환경오염의 발생 요인

(1) 경제개발

경제개발에 따라 소득수준이 높아지고, 이에 따라 자연자원의 개발과 원료 채취·가공·소비활동이 증가되면서 결국 환경자원의 파괴와 고갈을 초래한다.

(2) 인구 증가

인구 증가는 인간활동이 자연환경을 파괴시키는 요인이다. 인구 증가로 인하여 환경오염도 증가되어 생태계 파괴를 가속화시킨다.

〈인구와 환경오염과의 관계〉
하일브로너에 의하면 인구 증가는 인구밀도의 상승을 가져와 공해의 가속적인 악화를 초래한다고 했다.

> 환경오염 = 단위 면적당 공해량 × 인구

(3) 도시화

도시화는 인구의 집중, 생산시설의 집중 등을 통하여 특정한 지역에 환경오염을 가중시킴으로써 자연정화능력을 상실하도록 만든다.

(4) 과학기술의 발달

과학기술의 발달은 산업발전을 가속화시켜 인간생활에 편리성을 가져왔다.

〈과학기술 발달로 인한 위협요인〉
• 교통기관에서 내뿜는 질소산화물 등 대기오염 물질의 방출 및 소음

- 합성수지와 비닐 등 자연생태계로 환원 불가능한 각종 화학물질의 생산
- 방사능 오염으로 인한 대기와 강의 파괴 및 DDT

(5) 환경보전 인식의 부족

정부나 국민 각자의 환경보전에 대한 인식은 부족한 상황이다. 그러므로 환경보전을 위한 환경 관계당국의 정책 의지와 실천, 환경오염을 줄이려는 국민의 생활태도 등이 필요하다.

🔾 환경보전과 관련된 현상

님비현상	• not in my backyard에서 유래되었다. • '내 집 뜰에는 안 된다'는 의미를 가진 표현이다. • 쓰레기 매장, 분뇨처리장, 하수종말처리장 등 혐오시설들에 대한 주민들의 반대현상을 말한다.
바나나현상	• bulid absolutely nothing anywhere near anybody에서 유래되었다. • 어디에도(anywhere) 절대로 안 된다(absolutely nothing)라는 단어가 들어가, 님비현상보다 더 강력한 표현이다. • 각종 환경오염 시설을 자기 지역권 내에 설치하는 것을 반대하는 지역 이기주의 현상을 말한다.

5 환경오염의 문제점

① 시각적, 공간적으로 인과관계를 명확히 제시하기가 곤란하다.
② 누적효과를 비롯한 각종 오염물질의 복합적 작용에 의한 상승작용으로 인하여 피해가 대형화되고 가속화된다.
③ 지역적으로 확산되어 범세계적인 환경문제를 유발한다.
④ 신종 미량 유독물질이 출현하고 있다.

〈지구환경문제로 다루어지는 주요 과제〉

- 이산화탄소의 증가로 인한 지구 온난화
- 염화불화탄소로 인한 지구 오존층 파괴
- 삼림파괴로 인한 종(species)의 다양성 파괴
- 사막화 현상
- 해양 오염

③ 환경호르몬

1 환경호르몬의 개념

환경호르몬이란 환경으로 방출된 유해한 화학물질이 생체 내에 들어가서 호르몬 작용을 방해하거나 교란시키는 물질을 총칭하는 말이다. 환경호르몬은 호르몬은 아니지만 마치 생리작용을 일으키는 진짜 호르몬처럼 작용한다. 미국환경보호국(EPA)는 내분비교란물질을 '항상성의 유지와 발달과정의 조절을 담당하는 체내의 자연호르몬의 생산, 방출, 이동, 대사, 결합, 작용, 혹은 배설을 간섭하는 체외 물질'이라고 정의하였다.

2 환경호르몬의 종류

환경호르몬에는 각종 산업용 화학물질(원료물질), 살충제 및 제초제, 중금속류, 다이옥신류, 식물성 에스트로겐, 합성 에스트로겐, 식품 및 식품첨가물 등이 있다.

◎ 대표적인 환경호르몬 물질

환경호르몬 물질	사용 용도
유기주석(TBT)	선박용 방오도료의 살상제
폴리염화비페닐(PCB)	변압기의 전기 절연체
프탈레이트 에스테르	플라스틱 가소제
핵사클로로벤젠, 노닐페놀	공업용 세제
아트라진, 아미톨, 엔도설판, DDT	살충제 및 제초제 등의 농약
다이옥신	소각장 발생물질
비스페놀A	식품이나 음료수 캔의 코팅물질
스티렌다이머, 트리머	컵라면 용기 등의 스티로폼 성분

3 환경호르몬의 문제점

(1) 환경호르몬이 인체에 미치는 영향

① 호르몬 분비의 불균형
② 생식능력 저하 및 생식기관 기형
③ 성장 저해
④ 암 발병률 증가
⑤ 면역기능 저하

○ 성별에 따른 환경호르몬의 영향

여성	남성
• 유방 및 생식기관의 암 • 자궁 섬유종 • 유방의 섬유세포 질환 • 골반염증성 질환 • 자궁 기형 • 불임 • 면역기능 이상 등	• 정자 수 감소 • 정액 감소 • 정자의 운동성 감소 • 기형정자의 발생 증가 • 생식기 기형 • 고환암 • 전립샘 질환 등

(2) 환경호르몬이 수중 생태계에 미치는 영향

환경호르몬은 어패류, 파충류 및 양서류의 수중 생태계에 다음과 같은 영향을 미친다.

- 수컷의 암컷화
- 개체 수 감소
- 생식능력의 변화
- 정소발달 장애
- 생식기 퇴축
- 성숙 지연 등

④ 환경보건대책

1 국내 환경보건대책

(1) 국내 환경보건대책의 개요

대기오염, 수질오염, 토양오염, 소음, 진동 또는 식품 등으로 인한 보건위생상의 위해를 방지하고 환경을 적절하게 보전함으로써 국민보건 향상에 기여함을 목적으로 1977년 「환경보전법」이 제정되어 1978년부터 시행되어 왔다. 그 후 1990년에 제정되어 1991년 2월부터 시행하게 된 「환경정책기본법」에 의해서 대체되었으며, 「환경정책기본법」을 개정하는 시기에 맞추어 대기, 수질, 소음, 진동 등 각 분야별로 법을 제정하면서 이른바 개별법주의로 변화되었다.

(2) 국내 환경보건대책의 유형

1) 직접 규제

기업이나 개인이 지켜야 할 규칙을 법으로 제정해 놓고 이를 위반한 경우 행정상의 강제조치나 형법상의 제재를 가하는 방법으로, 비교적 단순하고 효과가 신속하게 나타나므로 환경목표 달성을 위한 가장 기본적인 정책수단이다.

〈직접 규제의 항목〉

- 배출업소 인·허가
- 지도·점검
- 각종 수질·대기·소음진동 토양보전 및 유독물 관리 등의 환경기준

2) 경제적 유인제도

① 환경개선 부담금

오염원인자 부담원칙에 따라 유통·소비과정의 오염원인자에게 오염물질 처리비용을 부담시키는 제도이다.

② 배출 부과금

대기 및 수질오염물질로 인한 환경상의 피해를 방지·감소시키기 위하여 오염물질을 배출하는 배출업소에 부과하는 제도이다.

③ 폐기물 예치금

다량으로 발생하는 제품·용기 중에서 사용 후 회수하여 재활용이 용이한 제품의 생산업자 및 수입업자에게 폐기물 회수비용 및 처리비용을 예치하도록 하고, 적정하게 회수·처리한 경우에는 회수·처리의 실적에 따라 예치비용을 반환해 줌으로써 폐기물의 재활용을 촉진시키는 제도이다.

④ 폐기물 부담금

제품에 유해물질을 함유하고 있거나, 회수·재활용이 곤란한 제품·재료·용기에 당해 폐기물의 처리비용에 상당하는 비용을 해당 제품의 생산업자·수입업자에게 부과하여 제품가격에 환경비용을 내재화시킴으로써 환경비용을 합리적으로 배분하고 제품의 환경친화성을 제고하기 위하여 도입한 제도이다.

⑤ 수질개선 부담금

공공의 지하수 자원을 보호하고 식수의 수질 개선을 위하여 샘물을 개발하고, 이를 원료로 사용하여 제품 판매업자와 먹는 샘물 수입 판매업자에게 부담금을 부과하는 제도이다.

2 국제 환경보건대책

(1) 국제 환경보건대책의 개요

환경보전에 대한 국제적 노력으로 환경오염문제를 더 이상 방치할 수 없다는 인식을 각 국가마다 실감하게 됨으로써 1972년 113개국 정상들이 스웨덴의 스톡홀름 회의에서 인간환경선언을 선포하였다.

(2) 국제 환경보건대책의 전개

스톡홀름 회의에서 단 하나뿐인 지구를 보전하자는 공동 인식을 가졌고, 1973년 UN 산하 국제환경전담기구인 유엔환경계획(UNEP)이 창설되어 환경문제에 대한 각종 협약, 회의 등의 구심적 역할을 하게 되었다.

그 후 스톡홀름 회의 10주년이 되는 1982년 유엔환경계획(UNEP)의 본부가 있는 케냐의 나이로비에서 100여 개국의 정상들이 모여 세계자연헌장을 채택하였고, 1983년 '환경과 개발에 관한 지구 생태계와 경제성장과의 조화 문제'를 다루고자 하였다.

〈인간환경선언의 4대 원칙〉
- 인간은 좋은 환경에서 쾌적한 생활을 영위할 기본적 권리가 있다.
- 현재·미래의 공기, 물 등의 자연생태계를 포함하여 지구의 천연자원을 적절히 계획하고 관리한다.
- 유해물질의 배출 등을 생태계가 회복될 수 없는 상태로 악화되지 않도록 한다.
- 경제개발, 사회개발, 도시화계획 등의 모든 계획은 환경의 보호와 향상을 고려하여 계획한다.

TIP) 2015년 파리협정
- 2015년 12월 12일 프랑스 파리에서 선진국과 개도국 모두 195개 협약 당사자들이 참여하여 책임을 분담하며 전 세계가 기후 재앙을 막는데 동참하기로 결의하였다.
- 선진국과 개도국 모두 의무를 지는 2020년 이후 신기후체제를 출범시키기로 결의하였다.
- 파리협정의 주된 목표는 21세기 동안 지구 온도 상승폭을 산업화(산업혁명)이전 수준과 비교하여 2℃보다 훨씬 낮게 유지하고 더 나아가 1.5℃까지 제한하는데 노력하기로 하는 것이다.

2 기후변화와 건강

① 기후변화의 개요

1 기후변화의 개념

기후변화는 전 지구의 기후 또는 지역적 기후의 시간에 따른 변화를 말하는데, 일반적으로는 10년에서부터 수백만 년의 기간 동안 대기의 평균적인 상태 변화를 의미한다. 또한 기후변화는 날씨 패턴의 중대한 변화로 인하여 현재의 기후계가 자연적인 요인과 인위적인 요인에 의해서 점차 변화하는 것을 의미하기도 한다.

2 기후변화의 특성

① 기후변화로 인한 건강위험은 매우 다양하고 전 지구에 나타나며 비가역적일 수도 있다. 이러한 위험성은 국가 간에 불평등하게 적용된다.
② 화석연료의 사용으로 기후변화에 보다 책임이 있는 선진국보다 기후변화를 초래하는

데 기여하지 않은 후진국일수록 위험성이 크다.

③ 같은 국가 내에서도 도시빈민, 해안지역, 노인과 어린이, 영세농가 등은 기후변화의 피해를 더 많이 받는다.

② 기후변화의 요인

1 자연적 요인

(1) 내적 요인

① 대기가 다른 기후시스템과의 상호작용이 있다.

② 기후시스템에서 서로 상호작용하는 요소들은 대기, 해양, 바다 얼음, 육지, 눈 덮인 정도, 육지 얼음, 물 수지 등이 있다.

(2) 외적 요인

① 화산 분화에 의한 성층권의 에어로졸 증가, 태양 활동의 변화, 태양과 지구의 천문학적인 상대위치 관계 등이 있다.

② 대기 상층에서 태양복사와 지구복사를 합한 순 복사량의 섭동은 기후시스템에 큰 영향을 준다.

③ 화산폭발 때 분출되는 화산재나 미세먼지 등이 오랫동안 대기 중에 떠 있으면 태양복사를 차단하게 되어 기온이 낮아진다.

2 인위적 요인

(1) 강화된 온실효과

대기 중 온실가스의 농도가 산업화 이후 현저하게 증가되었다.

> 예 화석연료(석탄, 석유, 가스 등의 에너지원)의 사용, 질소비료사용, 폐기물 소각, 냉매, 세척제 및 스프레이 사용 등

(2) 에어로졸의 효과

인간의 활동으로 인한 산업화가 대기 중 에어로졸의 양을 변화시킨다. 인간의 활동에 의해 만들어진 에어로졸은 며칠 동안만 대기 중에 남아 있기 때문에 산업지역과 같은 발원지역 부근에 집중되는 경향이 있다.

(3) 토지 피복의 변화

과잉 토지 이용이나 장작과 숯 채취 등에 의해 토지 이용도가 변화하고, 도시화, 산업화로 인한 고층 건물들이 등장하고 있다.

(4) 삼림 파괴

① 삼림은 종의 서식과 생물 다양성의 보존은 물론, 기후와 물의 순환, 영양분의 순환에 의해서 인류 생명 유지 시스템의 일부로서 역할을 하며 도로의 건설, 벌목, 농업의 확장, 땔감으로의 삼림 사용 등이 삼림 파괴의 주된 원인이다.

② 대규모의 산림 제거는 물 순환에 심각한 영향을 미치고, 강수량에도 영향을 미쳐서 산림의 성장이나 농업에 부정적인 영향을 미친다. 대규모의 산림제거는 불이나 분해에 의해서 대기 중으로 이산화탄소를 배출하는데 온실효과에 영향을 미쳐 지구 온난화를 더욱 강화시킨다.

③ 기후변화협약

1 기후변화협약의 개요

(1) IPCC의 출범

① 1979년 세계기상기구(WMO)의 주관으로 제1차 세계기후회의에서 기후변화 방지를 위한 국제적 조치 논의가 되었으며, 1988년 기후변화에 의한 지구온난화 방지를 위한 국제조직 기후변화에 관한 정부 간 패널(IPCC, Intergovernmental Panel in Climate Change)이 출범하였다.

② IPCC는 세계기상기구(WMO)와 유엔환경계획(UNEP)이 공동으로 기후변화 문제에 대처하고자 설립한 기구이다.

(2) UN기후변화협약(UNFCCC)의 채택

① 지구온난화에 대한 과학적 자료가 증가하여 범지구 차원의 노력이 필요하다는 인식이 확산되었고, 이에 UN주관으로 1992년 브라질 리우데자네이루에서 열린 환경회의에서 UN기후변화협약(UNFCCC)이 채택되어 1994년 3월에 발효되었다.

② 브라질 리우데자네이루에서 열린 환경회의에서 채택되었기 때문에 리우협약이라고도 한다. 우리나라는 1993년 12월에 47번째로 가입하였다.

③ 이 협약에서는 차별화된 공동부담 원칙에 따라 가입 당사국을 부속서 국가와 비부속서 국가로 구분하여 각기 다른 의무를 부담하기로 결정하였다.

2 기후변화협약의 목적 및 원칙

(1) 기후변화협약의 목적

기후변화협약의 궁극적 목적은 인류의 활동에 의해 발생되는 위험하고 인위적인 영향이 기후 시스템에 미치지 않도록 대기 중 온실가스의 농도를 안정화시키는 것이다.

(2) 기후변화협약의 원칙

기후변화협약의 기본 원칙은 기후변화의 예측·방지를 위한 예방적 조치의 시행, 모든 국가의 지속가능한 성장의 보장이다.

3 대기와 건강

① 대기의 구성

1 산소

(1) 산소의 개념

체내로 들어간 산소는 혈액 내의 혈색소와 결합하여 조직에 운반되어 체내 물질연소에 사용된다.

(2) 저산소증과 산소중독

대기 중의 산소(O_2)의 변동범위는 15~27%이며 일반적으로 약 21%인데, 사람이 산소의 감소 내지 증가에 대한 적응력이 커서 감당할 수 있는 산소의 허용범위는 15~50% 정도이다. 허용범위를 넘을 경우 저산소증이나 산소중독이 온다.

1) 저산소증

① 저산소증은 대기 중 산소농도가 15% 이하일 때 조직세포에 공급되는 산소의 양이 감소되어 나타난다.

② 산소량이 10% 정도가 되면 호흡곤란이 오고, 7% 이하가 되면 질식사하게 된다.

③ 일반적으로 4.5km 이상의 고도에서는 호흡곤란, 6~7km 이상에서는 의식상실이 오며, 7km 이상에서는 사망하게 된다. 그러므로 4.5km 이상에서는 인위적인 산소의 공급이 있어야 한다.

2) 산소중독

① 산소중독은 대기 중의 산소농도(21%)나 산소분압(160mmHg)보다 높은 산소를 장기간 흡입할 때 발생한다.

② 대체로 100% 산소를 8~12시간 이상 흡입할 경우 폐부종 및 충혈, 호흡억제, 서맥, 저혈압, 기침, 피로감 등의 증상이 나타나고, 심하면 사망하는 수도 있다.

2 질소

(1) 질소의 개념

질소는 공기 중에 약 78%를 차지하고 있으며, 호흡할 때 단순히 기도를 출입할 뿐이며 생리적인 작용을 하지 않는 불활성 기체이다. 그러나 이상 고기압이나 급격한 기압 강하 시에는 인체에 영향을 주게 된다.

(2) 잠함병(감압병)

질소는 고기압 상태에서 중추신경계 마취작용을 하게 되며 고기압에서 저기압으로 갑자기 복귀할 때에는 잠함병 또는 감압병이 발생한다.

① 잠함병(감압병)은 체액 및 지방조직에 발생되는 질소가스가 주원인이 되어 기포를 형성함으로써 모세혈관에 혈전현상을 일으킨다.

② 잠함병(감압병)의 증상으로는 동통성 관절장애를 수반한다.

③ 잠수작업, 잠함작업 등을 하는 사람은 신체검사, 적성검사 등을 받아 위험요소가 있는 사람은 작업을 하지 말아야 한다.

3 탄산가스

(1) 탄산가스의 개념

무색, 무취인 탄산가스는 공기 중에 0.03~0.04% 포함되어 있으며, 체내의 연소에 의해 산출되어 밖으로 배출되거나 물체가 연소, 발효, 부패할 때 발생된다.

(2) 탄산가스의 특성

① 성인은 안정 시에 내쉬는 호흡 중 약 4%의 탄산가스를 배출하므로 1시간에 약 20L(480L×4/100)의 탄산가스가 배출된다.

② 탄산가스는 노동이나 운동에 의해 체내 에너지 대사율이 향진되었을 때 더욱 증가하여 안정 시의 1.5~2.0배까지 달하게 된다.

③ 탄산가스는 환기로 희석되거나 식물의 탄소 동화적용에 의해 소비되기 때문에 밀폐된 장소에 많은 사람이 있을 때에도 탄산가스 농도가 다소 증가할 수는 있으나 탄산가스 중독은 거의 발생하지 않는다.

④ 탄산가스 농도는 실내공기 오염지표로 사용되며 0.1%(1,000ppm) 이상일 때는 그 방의 환기가 불량하다고 판단한다.

⑤ 실내 공기 중 탄산가스의 허용 농도는 0.07~0.1%이다.

② 기후의 요소

1 기후의 개요

(1) 기후의 정의

기후란 어떤 장소에서 매년 반복되는 대기현상의 종합된 평균상태로 지구를 둘러싼 대기의 종합적인 현상을 의미한다.

(2) 기후의 요소

기후를 구성하는 기온, 기습, 기류, 기압, 강우, 강설, 복사량, 일조량, 구름 등을 기후요소라고 한다. 특히 기온·기습·기류는 기후 3대 요소이다.

(3) 기후의 변화요인

기후의 분포와 기후의 변화를 일으키는 요인은 그 지역의 위도, 고도, 지형, 해류, 수륙분포 등인데, 이 변화요인을 기후인자라고 한다.

2 온열조건

(1) 온열조건의 개념

사람은 항상 온열조건에서 생활하고 있다. 사람은 항온동물로서 체내에서 열을 생산하며 체외로 열을 방산하여 체온을 조절한다. 체온조절에 영향을 미치는 외부 환경조건으로는 기온, 기습, 기류, 복사열이 있는데, 이 4가지 인자를 온열요소라고 하고, 이들에 의해서 형성된 종합적인 상태를 온열조건이라고 한다.

(2) 온열조건의 요소

1) 기온

① 기온 측정
- 일반적으로 실외의 기온이란 인간이 호흡하는 위치인 지상 1.5m에서 주위의 복사온도를 배제하여 백엽상 안에서 측정한 건구온도를 말한다.
- 풍속이나 습도에 영향을 받지 않지만, 습구온도는 온도, 습도, 기류의 종합작용에 의한 것으로 생물학적으로 의의가 있다.
- 쾌적상태에서는 건구온도보다 3℃ 정도가 낮다.
- 하루의 기온 측정은 6회(2시, 6시, 10시, 14시, 18시, 22시) 또는 3회(6시, 14시, 22시) 측정하여 평균을 낸다.

② 실내 적정온도
- 실내의 적정온도는 장소에 따라 다른데, 일반적으로 거실의 알맞은 온도는 18±2℃, 침실은 15±1℃, 병실은 21±2℃이다.

③ 일교차
- 하루 중 최저의 기온은 일출 30분 전이고 오후 2시경으로, 그 온도의 차를 일교차라고 한다.
- 일교차는 산악의 분지에서는 크고, 수목이 우거진 곳에서는 작으며, 내륙은 해안보다 일교차가 크다.

TIP 연교차
- 연중 최고와 최저의 기온차를 연교차라고 한다.
- 적도지방에서는 춘분과 추분 때 연교차가 최고이고, 동지와 하지 때는 최저이지만 연교차는 극히 적다.
- 한대지방의 온도는 7월이 최고이고, 1월이 최저로서 연교차가 가장 크다.
- 온대지방에서는 8월이 최고, 1월이 최저로서 연교차가 큰 편이다.

2) 기습
기습은 낮에는 태양열을 흡수하여 대지의 과열을 방지하며 밤에는 지열의 복사를 방지하고 기후를 완화시킨다. 수증기의 양은 위도와 고도가 높을수록 감소하여 2,000m의 높이에서는 지상의 약 1/2이 된다.

① 습도의 유형

절대습도	공기 중의 수증기량은 중량(g/m³)으로 또는 수증기압(mmHg 또는 milibar)으로 표시한 것이다. 즉, 현재 공기 1m³ 중에 함유된 수증기량을 말한다.
비교습도	현재 공기 1m³가 포화상태에서 함유할 수 있는 수증기량과 현재 그중에 함유하고 있는 수증기량과의 비를 %로 표시한 것이다.

② 습도의 특성
- 쾌적한 습도는 40~70%의 범위이다.
- 기온별 적절한 습도는 15℃에서는 70~80%, 18~20℃에서는 60~70%, 24℃ 이상에서는 40~60%이다.
- 실내의 습도가 너무 건조하면 호흡기계 질병이 발생하기 쉽고, 너무 습하면 피부 질환이 발생하기 쉽다.
- 건조한 시기나 겨울철 실내에서의 인공적인 가습이 필요하고, 우기에는 습기를 제거하는 것이 필요하다.

③ 습도의 변화곡선
- 하루 중 습도의 변화곡선은 대체로 기온과 역관계를 나타낸다.
- 정오에는 기온이 높아 증발이 왕성하므로 습도가 적고, 밤과 이른 아침에 습도는

가장 최대이다.

- 대체로 습도가 높을 때는 더우면 더 덥게, 추우면 더 춥게 느끼게 된다.

3) 기류

기류는 바람이라고도 하는데, 이것은 기압의 차에 의해서 생긴다. 기류의 강도를 풍속, 풍력이라고 하며 m/sec 또는 fect/sec로 표시한다.

① 기류의 유형

쾌적기류	• 실내 쾌적기류는 0.2~0.3m/sec 정도이다. • 실외 쾌적기류는 1.0m/sec 정도이다.
불감기류	• 우리가 느끼지 못하는 0.5m/sec 이하의 기류를 말한다. • 실내나 의복 안에 항상 존재하며 인체의 신진대사를 촉진시킨다.

② 기류의 역할

- 실외에는 0.5~3m/sec의 기류가 항상 있어서 인체의 방열작용을 촉진시키고 자연환기의 원동력이 된다.
- 기류는 자체 압력과 냉각력으로 피부에 적당한 자극을 주어 혈관운동 신경은 물론이고 신진대사에도 좋은 영향을 준다.

4) 복사열

복사열은 적외선에 의한 열을 말한다.

〈복사열의 특성〉

① 태양에너지의 약 50%가 적외선이다.

② 복사열은 흑구온도계로 측정한다.

③ 실내에서는 뜨거운 물체로부터 복사열에 의해 인체가 더워지며 인체로부터 차가운 물체로 복사를 통하여 방열된다.

④ 복사열의 영향은 거리의 제곱에 비례하여 온감이 감소한다.

3 온열지수

(1) 쾌감대

1) 쾌감대의 개념

쾌감대는 바람이 없는 상태 또는 의복을 입은 상태에서 쾌감을 느낄 수 있는 조건을 말하며 온도 17~18℃, 습도 60~65%일 경우가 쾌감대이다.

2) 쾌감대의 구성요소

힐-세프러드는 쾌감점, 쾌감선, 쾌감대를 제시하고 정의하였다.

쾌감점(P)	온도 및 습도가 작용할 때 가장 쾌감을 느끼는 점
쾌감선	쾌감점을 기온과 기습에 대해 구하여 얻은 하나의 곡선
쾌감대	쾌감선을 중심으로 하여 상하 2~3℃ 정도의 기후 범위

(2) 감각온도

1) 감각온도의 개념

감각온도는 기온, 기습, 기류 3인자가 종합작용을 하여 인체에 주는 온도 감각을 말하며, 체감온도라고도 한다. 감각온도는 포화습도(습도 100%), 정기공기(기류/ 0m/sec, 무풍) 상태에서 동일한 온감(등온감각)을 주는 기온(℉)을 말한다.

2) 감각온도의 특성

여름철 쾌감대는 18~26℃(64~79℉), 겨울철 쾌감대는 15.6~23.3℃(60~74℉)로 수정합니다.

(3) 최적온도

1) 최적온도의 개념

최적온도는 체온조절에 있어서 가장 적절한 온도, 즉 이상적 온열조건을 말한다. 최적온도는 작업의 강도, 계절, 성, 연령, 의복, 음식에 따라 달라진다.

2) 최적온도의 유형

주관적 최적온도(쾌적 감각온도)	감각적으로 가장 쾌적하게 느낄 수 있는 온도
생산적 최적온도(최고 생산온도)	생산능률을 가장 많이 올릴 수 있는 온도
생리적 최적온도(기능적 지적온도)	최소의 에너지 소모로 최대의 생리적 기능을 발휘할 수 있는 온도

(4) 냉각력

1) 냉각력의 개념

기온, 기습이 낮고, 기류가 클 때는 인체의 체열방산량이 증대하는데, 이때 열을 빼앗는 힘을 그 공기의 냉각력이라고 한다.

2) 냉각력의 특성

① 힐은 인간이 더위와 추위를 느끼는 것은 체열 방산량에 의해 결정된다는 가정 하에 인체를 모델로 하여, 알코올 온도계가 37.8℃(100℉)에서 35℃(90℉)까지 하강하는 시간을 측정하여 방산열량을 단위시간에 단위면적에서 손실되는 열량(cal/cm²/sec)으로 냉각력을 표시하였다.

② 냉각력을 측정하기 위해서는 카타온도계를 사용한다.

③ 불감기류와 같은 미풍을 정확히 측정할 수 있기 때문에 최근에는 기류측정의 미풍계

로도 사용한다.

(5) 습구흑구 온도지수

1) 습구흑구 온도지수의 개념
습구흑구 온도지수(WBGT index)는 제2차 세계대전 당시 열대지방에서 작전하는 미군 병사들의 고온장애를 방지하기 위하여 미나드에 의해 고안된 온열평가지수를 말한다.

2) 습구흑구 온도지수의 특성
① 간단하고 직접 수치를 읽을 수 있기 때문에 널리 이용되고 있다.
② 풍속이 고려되지 않는다는 단점이 있다.

(6) 불쾌지수

1) 불쾌지수의 개념
불쾌지수(DI, discomfort index)란 기온과 기습의 영향에 의해 인체가 느끼는 불쾌감을 표시한 지수를 말한다.

2) 불쾌지수의 특성
불쾌지수는 기류와 복사열 등의 실외 조건을 전혀 고려하지 않기 때문에 실외의 불쾌지수를 산출할 경우에는 적합하지 않다.

③ 실내 공기오염

1 군집독

(1) 군집독의 개념
군집독은 많은 사람이 환기가 불량한 실내에 장시간 있으면 불쾌하게 되고, 권태감, 두통, 구역, 구토, 현기증, 실신 등의 증상이 나타나는 현상을 말한다.

(2) 군집독의 특성
① 군집독은 실내온도 상승, 습도 증가, 기류 부족을 수반한 체열방산의 저해에 기인한다.
② 군집독의 예방으로 가장 중요하고 필요한 것은 적절한 환기이다.

2 일산화탄소 중독

(1) 일산화탄소의 발생원인
유기물이 완전 연소하면 이산화탄소(CO_2)가 생기지만 산소의 공급이 불충분하면 불완전연소가 되어 일산화탄소(CO)가 생긴다. 또한 이산화탄소는 작열한 탄소(C)와 접촉하면 일산화탄소(CO)가 생긴다.

(2) 일산화탄소의 특성

① 일산화탄소는 인체에 맹독성이 있지만, 냄새도 없고 색깔도 없다.

② 일산화탄소는 피부 점막에 대한 자극성이 없어서 그 존재를 알 수 없다.

③ 일산화탄소는 확산성과 침투성이 강하여 위험하다.

④ 일산화탄소의 발생량은 연소와 초기에 많고, 활활 탈 때는 초기의 1/4로 감소된다.

⑤ 일산화탄소의 위생학적 허용 농도는 0.01%(100ppm)이다.

(3) 일산화탄소 중독의 기전

① 일산화탄소가 흡입되어 혈액으로 가면 혈색소와 결합(CO + Hb)하여 혈색소의 산소 결합 능력을 빼앗게 되므로 혈중 산소 농도가 저하된다. 따라서 조직의 저산소증을 초래한다.

② 일산화탄소는 인체에 심한 독성 기체로 작용하므로 내질식 상태가 일어나 중추신경 계통의 장애를 초래한다.

③ 일산화탄소는 산소운반 장애와 산소해리 장애작용의 이중작용으로 생체조직의 산소 결핍증을 일으킨다.

④ 우리 일상생활에서 일산화탄소 중독의 대표적인 것은 연탄가스 중독이다.

(4) 일산화탄소 중독의 증상

급성 중독 증상으로는 중추신경계의 영향을 받아 두통, 현기증, 구역, 구토, 시·청각의 감퇴 등이 주로 나타난다. 중증일 경우는 의식혼탁 또는 혼수상태가 나타난다.

(5) 일산화탄소 중독의 예방 및 치료

① 일반 가정에서는 환기 설비와 가스누설방지 설비가 필요하다.

② 환자를 신선한 공기가 있는 곳으로 옮겨서 안정시키고 보온에 신경쓴다.

③ 중독 치료법에는 인공호흡과 산소흡입 또는 고압 산소요법을 사용한다.

④ 대기오염물질

1 1차 대기오염물질

(1) 입자상 물질

입자상 물질은 물질의 파쇄, 기계적 처리 또는 연소, 합성 분해 시 발생되는 고체 또는 액체상 물질을 말한다.

1) 매연

- 우리나라의 「대기환경보전법」에 따라 매연은 배출시설에서 나오는 검댕, 황산화

물 기타 연료의 연소 시에 발생하는 물질을 말한다.
- 매연은 연소 시 발생하는 탄소성분, 회성분, 먼지의 작은 입자(20μm 이하)가 혼탁된 것으로, 눈으로 볼 수 있는 형태의 대기오염물질이다.
- 매연은 가스와 마찬가지로 움직임이 있고 공중을 1~2일 부유하는데, 결국에는 지상으로 낙하하여 물건의 표면에 달라붙는다.
- 매연의 정도를 측정하는 방법에는 링겔만 차트를 이용하며 매연의 허용 농도는 2도(No. 2) 이하이다.

2) 분진(먼지)
- 분진은 지상의 물체가 외부의 힘에 의하여 파쇄되어 생긴 미립자를 말하며, 먼지를 의미한다.
- 분진 중에서 건강상의 문제가 되는 것은 극히 작은 분진이다.
- 10μm 이상의 분진(강하 분진)은 지표면에서 강하하고, 10μm 이하의 분진(부유 분진)은 호흡 시 상기도로 흡입되어 인체에 유해하다.
- 0.5μm 이하의 입자는 일단 폐포에 부착되었다가 호흡운동에 의해 밖으로 배출된다.
- 5.0μm 이상의 입자는 인후 또는 기관지 점막에 침착하여 혈관 또는 임파관에 침입한다.
- 실제로 입자가 폐에 침착하는 과정은 복잡하며, 0.5~5.0μm 크기의 입자가 가장 침착률이 높다.

분진의 유형

강하 분진	• 분진의 입자 크기가 10μm 이상이다. • 비교적 무거워서 가라앉기 쉽다.
부유 분진	• 분진의 입자 크기가 10μm 이하이다. • 가벼워서 가라앉지 않고 장시간 공기 중에 부유한다.

TIP 진폐증
- 분진(먼지)은 물체의 성질에 따라 인체의 미치는 영향이 다른데, 각종 분진을 흡입함으로써 발생하는 폐질환을 총칭하여 진폐증이라고 한다.
- 진폐증은 흡입한 분진의 주성분에 따라 규폐, 활석폐, 석면폐, 알루미늄폐, 흑연폐, 산화철폐, 면폐, 농부폐 등으로 분류한다.

3) 연무

- 연무는 가스나 증기의 응축에 의하여 생성된 대략 2~200 μm 크기의 입자상 물질 이다.
- 연무는 매연이나 가스상 물질보다 입자의 크기가 크다.

4) 훈연(흄)

- 훈연은 보통 광물질의 용해나 산화 등의 화학반응에서 증발한 가스가 대기 중에서 응축하여 생기는 0.001~1 μm의 고체 입자를 말하며, 흄이라고도 한다.
- 납, 산화아연, 산화우라늄 등이 전형적인 훈연을 생성한다.

(2) 가스상 물질

가스상 물질은 연소, 합성, 분해 시 발생하거나 물리적 성질에 의해서 발생되는 기체상 물질(황산화물, 질소산화물, 일산화탄소, 오존 등)을 말한다. 가스는 물리학적 개념으로 25℃, 760mmHg에서 형태가 없는 기체 상태를 말하는데, 압력을 가하거나 온도를 내리면 액체 또는 고체가 된다.

1) 황산화물

- 황산화물에는 아황산가스와 삼산화황이 있다. 대표적인 황산화물은 아황산가스 이다.
- 황산화물은 아황산가스로 배출된 후 대기 속의 오존 또는 활성기 산소의 작용에 의해 삼산화황이 되고 물에 흡수되어 황산으로 작용한다. 그린 월드에 의하면 황 산미스트는 아황산가스보다 100배 더 유해하다고 하였다.
- 황산화물은 인후통, 만성기관지염 등의 호흡기계 질환을 일으키며, 높은 농도에 장기간 노출되면 저항력 약화와 체내 항체생성을 억제할 수 있다.

〈아황산가스의 특성〉

- 아황산가스는 황 성분이 있는 원료인 석탄과 석유의 연소과정, 황산을 생산공정으로 사용하는 공장 및 제련공장 등에서 배출된다.
- 아황산가스는 공기보다 무겁기 때문에 공장지대나 대도시에서는 지표에 가까운 공기층에 체류하여 대기를 오염시키는 원인이 되는 가스이다.
- 아황산가스는 분진, 매연과 더불어 대기오염의 지표로 사용되고 있다.

2) 질소산화물

- 질소산화물은 유기질소 화합물이 연소할 때 발생한다.
- 질소산화물은 중유, 경유, 가솔린, 석탄 등의 연료가스에 존재한다.
- 질소산화물은 연료가스를 사용하는 공장, 발전소, 큰 건물, 자동차 등에서 배출된다.
- 질소산화물은 기관지염, 폐렴, 폐기종 등의 호흡기 질환을 일으킨다.

일산화질소	• 산화질소라고도 하며, 대기 중에서 급속하게 이산화질소로 변한다. • 일산화질소 가스는 자극성이 없는 무색무취의 기체이다. • 농도가 높으면 신경에 손상을 주어 마비나 경련을 일으킨다. • 특히 헤모글로빈과의 친화력이 일산화탄소보다 훨씬 강하기 때문에, 혈액 중의 헤모글로빈과 결합하여 매트 헤모글로빈 혈증을 유발한다.
이산화질소	• 이산화질소 가스는 적갈색이고 자극성 기체이다. • 일산화질소보다 독성이 7배 이상 강하다.

3) 일산화탄소

- 일산화탄소는 자동차에 사용하는 각종 연료(가솔린, 디젤) 등의 탄화수소류의 연료에서 발생한다.
- 가솔린을 사용하는 자동차에서 감속과 느린 속도의 경우에 다량의 일산화탄소 가스가 배출된다.
- 자동차가 잘 달리지 못하는 비포장도로에서는 고속도로에 비해 4배의 일산화탄소 가스가 배출된다.

4) 탄화수소

- 탄화수소는 연료의 연소과정 및 공업공정에서 주로 발생한다.
- 탄화수소는 경우에 따라 자연적으로 발생할 가능성도 있다.

◐ 탄화수소의 유형

지방족 탄화수소	• methane, ethane, propane, butan, ethylene, proylene, butene 등이 있다. • ethylene, propylene, butene는 광화학산화물의 중요한 생성원인이다.
방향족 탄화수소	• 석유나 석탄의 분해과정에서 발생하는 벤젠 및 toluene, xylen 등의 유도체로서, 방향성이 있다. • 자동차의 배기가스 중에는 32종류의 방향족 탄화수소가 있는데, 그 중의 9종이 발암성 물질이다. 특히 벤조피린(bezopyrene)은 폐암 유발물질이다.

5) 불화수소

- 불화수소는 제철, 인산비료 제조, 알루미늄 제련, 도자기 제도, 유리공업 등에서 발생한다.
- 불화수소는 인체의 피해보다는 낮은 농도에서 농작물 및 가축의 피해가 더 많다.

6) 황화수소 및 유기화합물

- 황화수소 및 유기화합물코크스 제조, 타르 종류, 석유 및 가스의 정제, 비스코스 레이온 제조, 펄프공장, 각종 화학공업 등에서 발생한다.
- 황화수소 및 유기화합물은 극소량에서도 나쁜 냄새가 난다.

PART III 지역사회의 간호와 보건 499

2 2차 대기오염물질

(1) 2차 대기오염물질의 개념

일단 대기의 배출된 오염물질은 물리적·화학적으로 불안정하기 때문에 물질의 종류, 농도, 광활성도, 기상학적 확산력, 지역의 형세, 습도 등 각종 요인에 의하여 물리적·화학적 반응을 일으키고, 그 결과 새로운 오염물질을 만들어낸다.

(2) 광화학 스모그

가장 대표적인 2차 오염물질이 광화학 반응에 의한 광화학 스모그이다. 스모그는 시야를 흐리게 하고 공기를 탁하게 한다.

① 스모그는 영어의 smoke와 fog를 합성한 말로, 지상에서 배출되는 연기, 먼지 등 불순물이 대기 속으로 사라지지 못하고 쌓인 채 지상 300m 안팎의 공중에 떠 있는 현상을 말한다.

② 스모그는 황산화물, 질소산화물 등이 산소와 강한 자외선에 반응하여 만들어진 새로운 복합물질이며 이 형성과정을 광화학 반응이라고 한다.

3 광화학 대기오염물질

(1) 오존

1) 오존의 개념

오존은 무색의 자극성 기체로, 대기 중의 오존은 국제적인 광화학 스모그로 생성된 옥시단트의 지표물질이며 오존은 햇빛이 강하고 맑은 여름철 오후 2~5시경에 많이 발생하며 바람이 불지 않을 때는 더욱 높게 나타난다.

2) 오존의 생성

① 오존은 태양빛, 자동차 배출물질인 질소산화물, 휘발성 유기화합물에 일어나는 복잡한 광화학 반응으로 생성된다.

② 오존은 자동차 배기가스 및 공장배출가스 등에 함유된 질소산화물, 탄화수소류 등이 바람이 없는 상태에서 강한 태양광선으로 인해 광화학 반응을 일으켜 생성된다.

3) 오존의 농도

① 오존의 농도는 일반 대기 중에서는 0.01~0.02ppm 정도로 존재한다.

② 오존은 낮은 농도에서도 눈, 목의 자극 증상이 있는 강력한 산화제이다.

③ 오존의 농도가 일정 기준 이상 높아지면 호흡기나 눈이 자극을 받아 기침이 나고 눈이 따끔거리는 증상을 일으킨다.

④ 증상이 심할 경우에는 폐기능의 저하를 가져오는 등 인체에 피해를 주기도 하고, 농작물의 수확량을 감소시키기도 한다.

4) 오존경보제

오존경보제는 오존을 수준별 3단계로 발령하는 제도이다. 우리나라는 서울, 부산, 대구 등 대도시와 경기도 지역의 도시를 비롯하여 전국 12개 시·도 36개 도시에서 오존경보제를 시행하고 있다.

○ 오존경보제의 발령 기준

오존주의보 발령	오존경보 발령	오존중대경보 발령
1시간 동안 대기 중의 오존 평균치가 0.12ppm 이상	1시간 동안 대기 중의 오존 평균치가 0.3ppm 이상	1시간 동안 대기 중의 오존 평균치가 0.5ppm 이상

(2) PAN류

PAN류는 무색의 자극성 액체이며 PAN류에는 다음과 같은 종류가 있다.

- PAN(peroxy acetyl nitrate)
- PPN(peroxy propionyl nitrate)
- PBN(peroxy benzoyl nitrate

(3) 알데히드

알데히드는 상온에서 강한 자극성이 있는 무색의 기체이며 광화학 반응에 의하여 생성되기도 한다.

〈알데히드가 인체에 미치는 영향〉

- 중추신경에 대한 마취작용
- 눈, 기도, 점막에 대한 자극이 있어서 조직에 염증 발생
- 기침, 흉부 압박감, 식욕상실, 불면 등

4 대기오염물질의 기준치

(1) 건강 기준치

① 건강 기준치는 보통 인체의 건강장애를 고려하여 만든 기준치를 말한다.
② 건강 기준치는 법적인 구속력이 없다.
③ 건강 기준치는 인체를 고려한 것이기 때문에 나라마다 기준치가 동일하다.

(2) 환경 기준치

① 환경 기준치는 그 나라의 정치, 경제, 사회 등을 고려하여 그 나라가 추구하려고 하

는 목표치를 말한다.

② 환경 기준치는 많은 과학적인 근거에 따라 그 나라 사정에 맞는 환경대책을 수립하고 추진하기 위한 행정 목표치이다.

(3) 배출허용 기준

① 배출허용 기준은 환경 기준치를 달성하기 위하여 법적인 구속력을 갖는 배출 규제를 말한다.

② 배출을 규제하려면 배출량, 배출조건(굴뚝, 배출시간 등), 배출지역, 배출농도(착지 농도가 어떤 환경수준을 달성하기 위한 지상농도) 4가지 항목을 규제한다.

⑤ 대기오염

1 대기오염의 개요

근대에 와서 인구의 증가, 산업의 발전에 따른 난방, 공장, 산업체, 자동차 등에서 배출하는 매연, 먼지, 악취, 가스에 의해서 대기는 오염되고 있다. 그러나 지역적 조건에 따라 오염 정도의 차이가 있다. 특히 인구밀도가 높은 도시에서는 교통기관의 배기가스 및 화석연료 인 석탄이나 가솔린 등의 연소로 인한 대기오염도가 높다.

2 대기오염의 판별조건

① 오염물질이 외부 공기에 존재하여야 한다.
  • 오염물질이 실내 공기에 존재할 경우에는 대기오염의 범주에 넣지 않는다.
  • 산업보건분야에서 다루며, 실내 공기오염으로 구분한다.
② 오염물질의 발생원이 인위적이어야 한다.
  • 자연적인 발생원은 화산 폭발, 산불, 산림, 모래바람, 해양 등이 있다.
  • 자연적인 발생원으로부터 많은 오염물질이 대기 중으로 들어오지만, 일반적으로 대기오염 분야에서 다루지 않는다.
③ 사람뿐만 아니라 동식물과 재산상에 해를 줄 수 있는 양 혹은 물질이어야 한다.
  • 이산화탄소는 그 자체가 동식물에 그다지 유해한 물질이 아니므로 일반적으로 대기 오염물질로 취급하지 않는다.
  • 이산화탄소의 양이 너무 많아서 지구의 온난화현상을 유발할 때는 대기오염으로 간주한다.
④ 감지할 수 있는 물질로서 존재해야 한다.
  • 소음과 같이 물질로 구성되어 있지 않으면 대기오염의 범주에 포함시키지 않는다.

3 대기오염이 건강에 미치는 영향

(1) 지구의 기상현상에 따른 영향

1) 지구온난화

① 지구온난화의 배경
- 대기오염에 의한 기상의 변화는 황산염, 질산염 및 입자상 물질에 의해 안개 생성 빈도를 증가시킨다.
- 입자상 대기오염물질이 많은 경우는 강수량을 증가시키며, 지구의 온도도 변화시킨다.
- 이산화탄소의 농도 증가는 지구의 온도를 상승시킬 수 있다.

② 온실효과
- 온실효과는 대기 중의 이산화탄소가 지표로부터 복사하는 적외선을 흡수하여 열의 방출을 막을 뿐만 아니라, 흡수한 열을 다시 지상에 복사하여 지구의 온도를 상승시키는 현상을 말한다.
- 이산화탄소 이외에도 메탄, 이산화질소, 염화불화탄소, 오존은 지구로부터 방출되는 열선 중 단파장 열선을 흡수하여 온실효과를 가중시킨다.

③ 엘니뇨 현상
- 온실효과에 의한 지구 온도의 상승은 해수면의 온도를 상승시켜 나타나는 엘니뇨 현상을 일으키는 것으로 알려져 있다.
- 기상학자들은 해수면의 온도가 5개월 이상 평균 수온보다 0.5도 이상 높을 때를 엘니뇨 현상이라고 정의한다.
- 엘니뇨 현상은 지구 열 심장부인 서부 태평양 적도 해수면의 온도가 평상시보다 2~3℃ 정도 높은 온도가 형성되어 이것이 남미의 페루 해안까지 미치기 때문에 기존의 기상 모형과는 근본적으로 다른 에너지 순환형태를 나타내는 것이다.
- 엘니뇨 현상으로 인하여 세계 각지에 홍수, 가뭄, 폭설 등을 몰고 오는 기상이변이 나타난다.
  - 예) 캐나다 북부의 이상난동, 맥시코만을 비롯한 남동부의 이상강우

④ 라니냐 현상
- 라니냐는 스페인어로 여자아이란 뜻인데, 기상학자들은 해수면의 온도가 5개월 이상 평균 수온보다 0.5℃ 이상 낮을 때를 라니냐 현상이라고 정의한다.
- 라니냐 현상은 적도 무역풍이 평년보다 강해지면서 태평양의 해수면과 수온이 평년보다 상승하게 되고 찬 해수의 용승(바닷물이 위로 솟구침) 현상 때문에 적도 동태평양에서 저수온 현상이 강화되어 엘니뇨의 반대현상이 나타난다.
- 라니냐 현상으로 인하여 인도네시아는 폭우로 인한 홍수, 페루는 서늘해지고 건조해져서 가뭄, 우리나라는 겨울철 저온현상이 나타나 이상추위가 나타나게 되었다.

2) 오존층의 파괴

① 오존층의 개념

지상으로부터 24~48km 올라간 공간에 오존층이 있어 지구를 감싸고 있다. 오존층은 태양에서 강하게 내리쬐는 자외선을 일정하게 막아 주고 있기 때문에 지구의 생물을 보호하고 있다.

② 오존의 특성

- 오존은 적은 양(1.0ppm)으로도 자극을 주어 기침과 권태를 일으킨다.
- 오존은 상기도에 손상을 주어 폐렴을 유발할 수 있다.
- 오존의 농도가 높으면 폐출혈 및 폐부종을 유발시켜서 사망할 수 있다.

3) 산성비

① 산성비의 개념

산성비는 공장, 교통기관 및 발전소 등에서 배출되는 황산화물, 질소산화물 및 탄소산화물이 황산, 질산, 탄산 등의 형태로 빗물에 섞여 내리는 것을 말한다.

② 산성비의 특성

- 산성비는 빗물의 pH가 5.6 이하인 경우를 말한다.
- 산성비는 호수나 하천을 산성화시키므로 생태계를 파괴한다.
- 산성비는 금속물이나 석조건물을 부식시켜 농작물 및 산림에 피해를 준다.

4) 열섬효과

① 열섬의 개념

열섬은 주변의 온도보다 높은 특별한 기온현상을 나타내는 지역을 말한다.

② 열섬의 특성

- 열섬은 인구가 밀집되어 있고 건물이 들어선 도심지에서 주로 나타나는데, 변두리 지역보다 온도가 상승되어 나타난다.
- 열섬은 지표를 덮고 있는 대기 성질과 상층의 오염층, 건물, 도로 등에서의 복사열, 난방 혹은 냉장장치의 열 등에 영향을 받는다.
- 구름의 양, 풍속과 도시의 크기도 열섬현상에 영향을 준다.

5) 황사

① 황사의 개념

황사는 사막과 바람이라는 자연환경에 의하여 발생하는 현상으로 중국과 몽골의 사막에서 발원하는 모래먼지가 강력한 편서풍에 의해서 우리나라와 일본, 심한 경우에는 북미 지역에까지 날아가는 현상이다.

② 황사의 특성

- 황사는 사막의 모래먼지가 건조해짐과 함께 부유성이 커지고, 이에 따라서 불어오

는 바람에 실려 멀리 날아갈 수 있는 상태가 되는 것이다.
- 우리나라에서 관측되는 황사는 내몽골 고원과 고비사막이 주 발원지로 황사는 사막이 건조해지는 3월에서 4월 사이에 주로 생긴다.

③ 황사의 원인
- 기후변화 등의 인위적 요인에 의하여 사막화가 진행됨에 따라 모래먼지를 만들어 내는 사막이 늘어나고 있다.
- 기후가 건조해지는 것과 더불어 모래폭풍이 심해지고 빈도도 증가하고 있다.

④ 황사의 문제점
- 황사는 모래바람이라는 자연현상이지만 중국의 산업화로 인하여 많은 양의 대기오염물질이 배출되고, 배출된 대기오염물질이 황사와 함께 우리나라로 이동하고 있다는 문제가 있다.
- 황사에 카드뮴, 납 같은 중금속 및 발암 물질 등의 유해 물질이 발견되기도 한다.
- 황사는 호흡기 질환, 안질환, 알레르기 등의 각종 질환을 유발하고 강우의 산성도를 증가시키며, 정밀 기계의 고장 원인이 되기도 한다.

○ 황사가 인체에 미치는 영향

비염	• 황사의 입자크기 2.5μm에서 심하다. • 감기와 유사한 증상으로 황사 바람의 영향으로 먼지가 많아지면서 악화되는 경우가 많다. • 재채기, 콧물, 코 막힘 등의 증상이 나타난다. • 눈이 가렵거나 천식이 있는 경우 호흡곤란 증세를 동반한다. • 연령별로는 5세 이하의 어린이에게 잘 나타나고, 10세~20세에 많이 나타난다.
결막염	• 비염과 동시에 나타나는 증상이다. • 눈이 가렵고 눈물이 많이 나며 충혈이 된다. • 눈에 뭔가 들어간 것 같은 이물감도 느낀다. • 눈을 비비면 끈끈한 분비물이 나오고, 심할 경우 흰자위가 부풀어 오르기도 한다.
천식	• 공기 중의 황사가 폐로 들어가면 기도 점막을 자극하여 정상적인 사람도 호흡이 곤란해지고 목이 아프다. • 기관지가 약한 천식환자나 폐결핵 환자가 황사에 노출되면 호흡 곤란이 되는 등 위험한 상태에 빠질 수도 있다.
시정 장애	• 황사는 크기가 10μm 이하인 입자들로서 햇빛을 산란 흡수하므로 하늘이 뿌옇게 보여 시정을 악화시킨다. • 특히 가시광선의 파장역인 1μm 이하인 경우에서 시정이 심해진다.
기타	• 2세 미만의 영유아에게서 발견되는 바이러스성 질환으로 고열을 동반하는 소아 장미진이 나타날 수 있다. • 아토피성 피부염 환자의 경우에는 가려움증을 동반한 발진이 전신에 퍼질 수 있다.

(2) 오염물질의 종류에 따른 영향

1) 황산화물
① 황산화물은 물에 쉽게 흡수되어 이황산 또는 황산이 된 후 조직에 부식작용을 하며 비강과 인후에 흡수되어 점막에 염증을 일으킨다.
② 만성적인 이산화황 노출은 기도를 반복적으로 자극하여 기도 벽의 비후나 상피 박리를 일으키고, 기도 협착이나 자극에 대한 과민성을 증가시켜서 호흡곤란, 심한 천식 발작을 수반하는 만성 기관지염을 유발한다.

2) 일산화탄소
① 일산화탄소는 호흡기에는 자극 증상이 없지만 조직의 호흡을 방해하여 내질식을 일으킨다.
② 고농도의 일산화탄소 가스에 노출되면 시야협착, 청력장애, 사고력 저하, 운동장애 등을 일으킨다.
③ 저농도의 일산화탄소 가스에 만성적으로 노출되면 협심증, 심근경색 등을 일으킬 수 있고, 중추신경계의 장애를 유발하기도 한다.

3) 질소산화물
질소산화물은 주로 기관지염, 세기관지염, 만성 폐섬유화, 폐기종, 폐렴을 일으키는데, 심한 경우에는 폐암을 유발할 수 있다.

4) 오존
낮은 농도의 오존가스라고 하더라도 눈과 코의 자극 증상이 강하고, 천식 등의 호흡기능 장애를 유발하기도 한다.

4 대기오염을 감소시키기 위한 대책

(1) 에너지 사용의 규제 및 대체
① 에너지 사용을 가능한 한 적게 사용하는 방안을 강구한다.
② 열효율을 높이는 방법 등을 모색하여 에너지를 적게 사용하고 같은 열에너지를 얻을 수 있는 방안을 강구한다.
③ 오염 발생이 적은 에너지원으로 대체하여 대기오염을 줄인다.
④ 가정연료를 석탄이나 석유에서 LNG로 교체한다.
⑤ 차량의 LNG 사용도 대기오염을 감소시키는 데 도움이 된다.

(2) 오염방지기술의 향상 및 보급
① 대기오염을 줄일 수 있는 오염방지 기술의 향상에 많은 노력과 투자가 있어야 한다.
② 방지기술뿐만 아니라 오염원을 대체할 수 있는 신물질을 개발하여 오염원의 대체를

이루어야 한다.

③ 이미 선진국들은 오염방지 기술과 대체물질을 개발하여 놓은 상태이므로, 방지기술과 오염원의 대체물질을 개발하지 못하면 환경오염의 방지라는 대 전제하에 선진국에 대한 산업의 예속화가 이루어질 수 있다.

(3) 산업구조의 고도화

① 산업의 제조방법, 처리가공의 방법 및 장치 등을 근본적으로 연구하여 오염물질을 발생하지 않는 새로운 공법을 기초로 하는 사업을 진행한다.

② 국내 연구와 병행하여 외국의 고도기술에 대한 정보를 수집하여 우리나라 실정에 맞는 대안을 모색한다.

③ 현 시점에서 장차 산업구조의 고도화에 대한 대책이 강구되지 않으면 산업 성장에 많은 문제점이 노출된다.

(4) 입지대책 등의 사전조사

① 공업개발을 위한 지역에 대해 환경오염 방지를 위한 사전조사를 한다.

② 해당 지역의 기상, 입지조건, 급수문제 등을 조사하여 그 지역의 특성에 맞는 산업의 종류, 굴뚝의 높이 등을 결정한다.

③ 전반적인 검토는 장기경제계획과 국토건설계획 등을 참작하여 행정 당국에서 신중히 연구해야 할 중요한 문제이다.

(5) 대기오염 방지에 대한 지도, 계몽, 법적 규제

① 대기오염 방지는 국민, 국가, 기업이 다함께 노력하지 않으면 달성할 수 없다.

② 국가의 확고한 의지와 국민과 기업에 대한 지도 및 계몽을 꾸준히 시행한다.

③ 대기오염 방지에 대한 기준을 법적 규제로 정하고, 지속적인 지도와 단속을 한다.

④ 기업 자체가 에너지 효율화나 오염방지기술에 대한 필요성을 인식한다.

(6) 오염자 비용부담원칙의 적용

① 오염자 비용부담원칙(PPP, Polluter's Pay Principle)은 대기오염은 물론 수질오염 등 환경오염에 있어서 오염물질을 발생시킨 사람이 오염의 정화에 필요한 재정을 부담하는 원칙을 말한다.

② 현재 배출허용 기준을 초과한 산업체 등에 대하여 배출부과 별과금을 징수한다.

③ 오염자 비용부담원칙은 배출허용 기준보다 더 발전된 의미로 적용하는 경우에 산업체에서 오염물질의 배출을 줄이려는 적극적인 자세가 갖추어질 수 있다.

4 물과 건강

① 물의 개요

1 물의 중요성

① 인체는 60~70%의 수분으로 되어 있기 때문에 항상 일정한 양의 물을 먹어야 하고 배설도 해야 한다.
② 인체가 함유하고 있는 수분의 10~15%를 상실하면 신체의 이상상태가 오고 20~22%를 상실하면 생명의 위험을 초래한다.
③ 인체가 매일 필요로 하는 물의 최소량은 1.5L이며, 보통 2~3L 필요하지만, 날씨가 덥거나 운동 후에는 2배 정도 더 필요하다.
④ 사람이 일상생활에 필요한 양은 최소한 1인당 50L이며, 수세시설이 있으면 10~20L가 가산된다.
⑤ 문화수준의 척도에 따라 더 많은 양의 물이 필요하다.

2 물의 자정작용

(1) 물 자정작용의 개념

물의 자정작용은 낙엽이나 쓰레기, 배설물 등에 오염된 물의 상태가 깨끗한 상태로 바뀌는 것을 말한다. 오염된 물은 방치할 경우 환경용량을 초과하지 않을 시 점차 침전 분해하여 자연히 안정화된 자연수로 환원된다.

(2) 물 자정작용의 유형

물리적 자정작용	• 폭기 • 희석 • 침전 • 여과 • 흡착 • 응집 • 자외선 살균		
화학적 자정작용	• 산화 • 환원		
생물학적 자정작용	• 미생물에 의한 유기물질 분해 • 수중생물에 의한 미생물 포식작용		

② 물의 정수방법

1 침전

(1) 침전의 개념

침전은 물속에 있는 비중이 무거운 부유물을 가라앉혀 색도, 탁도, 냄새, 세균 등을 감소시키는 정수방법이다.

(2) 침전의 종류

보통침전	보통침전은 침전지에서 천천히 물을 흐르게 하거나 정지시켜서 부유물을 침전시키는 방법이다.
약품침전	약품침전은 중력에 의한 보통침전으로는 잘 가라앉지 않는 작고 가벼운 물질에 대하여 황산알루미늄이라는 약품을 사용하여 응집시켜 침전시키는 방법이다.

TIP 황산알루미늄
- 일반적으로 황산알루미늄은 5~35ppm 사용한다.
- 황산알루미늄의 침전시간은 2~5시간이다.

2 여과

(1) 여과의 개념

여과는 약품을 사용하여 침전지에 가라앉은 찌꺼기 외에 가라앉지 않은 불순물은 모래로 된 여과지에서 걸러내는 방법이다.

(2) 여과의 종류

1) 완속여과
① 완속여과는 1829년 영국의 심슨이 최초로 런던 템스강물을 이 방법으로 처리하였기 때문에 '영구식 여과'라고도 한다.
② 완속여과는 보통침전으로 침전시킨 후 여과지로 보내는 방법이다.
③ 여과지의 상층은 작은 모래(지름 0.25~0.3mm)를 사용하고 아래층은 큰 돌을 사용하여 물을 통과시키면 불순물이 제거된다.
④ 여과과정에서 탁도, 세균 등은 완전히 걸러지고 철, 망간, 암모니아 등도 일부 걸러진다.

2) 급속여과
① 급속여과는 1872년 미국에서 사용되었기 때문에 '미국식 여과'라고도 한다.
② 급속여과는 약품을 사용하여 침전시킨 후 여과지로 보내는 방법이다.
③ 완속여과와는 달리, 여과과정에서 주로 식물성 플랑크톤, 세균 등은 완전히 걸러지지 않고 여과된 물에 포함되기도 한다.

3 소독

(1) 소독의 개념

소독은 물의 침전과 여과과정에서 물속의 세균은 99% 사멸되지만 절대 안전하다고 볼
수 없으므로 반드시 필요하다.

(2) 소독의 종류

1) 가열법

① 가열법은 가장 안전한 소독법으로 100℃의 끓는 물에서 15~20분간 가열하는 소독
방법(자비소독)이다.
② 75℃에서 15~30분간 가열하면 대부분의 병원균은 사멸된다.
③ 가열방법은 간단하고 가장 확실한 방법이지만 소량의 음료수에만 적용된다.

2) 자외선법

① 자외선법은 자외선 파장을 이용한 소독방법이다.
② 파장 2,000~2,800 Å의 것이 가장 살균력이 크지만 투과력이 약하다.
③ 물이 혼탁하거나 색이 있을 때는 물의 표면밖에 소독하지 못하고 가격도 비싸므로
사용 가치가 적다.

3) 화학적 소독법

① 화학적 소독법는 염소를 이용한 소독방법이다.
② 염소는 0℃, 4기압에서 액화시킨 액체 염소를 사용한다.
③ 염소는 강한 산화력이 있어 유기물질이나 환원성 물질과 접촉하면 살균력이 감소되
므로 잔류염소가 필요하다.

4) 오존 소독법

① 오존 소독은 염소소독에 비해 소독력이 강하고 정수력이 뛰어나다.

② 오존 소독법은 철, 망간 등 일부 중금속을 제거할 수 있고 THM을 생성하지 않는다는 장점이 있지만, 잔류성이 없어 효과의 지속성이 없다.

> **더 알아보자!** **우리나라의 수질검사**
>
> 우리나라는 상수도 수질기준에 대하여 「환경정책기본법」에 의거하여 「수도법」의 영향을 받는다. 광역상수도 및 지방상수도의 경우에는 다음 기준에 의한 검사를 실시해야 한다.
>
> ● 수질검사의 기준 및 항목
>
> | 매일 1회 이상 | 냄새, 맛, 색도, 탁도, 수소이온, 농도, 잔류염소 (6개 항목) |
> |---|---|
> | 매주 1회 이상 | 대장균수, 일반세균, 암모니아성 질소, 질산성 질소, 과망간산칼륨, 증발잔류물 (6개 항목) |
> | 매월 1회 이상 | 수질기준 전 항목 |

③ 수질오염

1 수질오염의 개념

수질오염이란 생활하수, 산업폐수 및 축산폐수 등이 정화되지 않고 하천으로 유입되어 폐기물의 양이 증가한 결과, 수중생물의 서식을 위협하고 각종 용수로의 사용이 어려워 물의 자정능력을 상실한 상태를 말한다.

2 수질오염의 발생원

(1) 점 오염원

점오염원은 생활하수, 산업폐수 및 축산폐수 등의 오염원을 자체 정화시설이나 적정한 관리를 통하여 통제할 수 있는 오염원을 말한다.

1) 생활하수

① 생활하수는 가정에서 배출되는 가정 오수와 상업시설 및 각종 공공기관에서 배출되는 폐수를 말한다.

② 세제류를 제외하면 대부분이 천연 유기성 물질이다.

2) 산업폐수

① 산업폐수는 산업의 다양화 및 대규모화 등으로 인해 배출되는 각종 중금속을 비롯하여 생활하수보다 영향력이 큰 고농도 유기성 물질, 고도의 처리를 요하는 난분해성 물질 등의 폐수를 말한다.

② 주로 문제가 되고 있는 산업폐수는 피혁폐수, 금속폐수, 펄프폐수, 채광폐수, 채석폐수 등이다.

3) 축산폐수

① 축산폐수는 도시하수의 분뇨와 같이 유기물질 함량이 매우 높은 폐수로, 처리에 어려움이 있다.

② 우리나라의 경우 최근 대규모의 사육이 늘고 있고, 대부분의 축산 시설물들이 상수원 근처에 위치하고 있어 문제의 심각성이 크다.

(2) 비점 오염원

비점 오염원은 오염원의 확인이 어렵고 규제관리가 용이하지 않는 오염원을 말한다.

1) 비점 오염원의 특성

① 비점 오염원은 점오염원에 대한 상대적 개념으로 사용한다.

② 비점 오염원은 넓은 지역에 산재하여 오염물질이 배출된다.

③ 비점 오염원은 비가 올 때 지표수가 땅으로 스며들어 발생한다.

2) 비점 오염원의 형태

① 잔류성이 문제되는 농약류

② 주로 질소와 인이 문제되는 경작지, 화학비료

③ 과다거품이 발생되는 합성세제

④ 공사장 및 주차장

3 수질오염의 원인

우리나라의 수질오염의 주요 원인은 발생량으로 기준하여 볼 때 생활하수, 산업폐수, 축산폐수 순이며, 생물학적 산소요구량 기준으로 볼 는 산업폐수, 생활하수, 축산폐수 순이다.

(1) 부영양화

① 질소나 인을 함유한 도시하수나 농업폐수가 다량으로 흘러 들어오면 과다한 영양분을 갖게 되는데, 영향염류의 유입으로 과도하게 수중생물이 번식하는 현상을 부영양화라고 한다.

② 부영양화 현상은 자연적이거나 인위적 활동에 의하여 발생하는 것이다.

(2) 적조현상

① 적조는 부영양화로 인해 부유생활을 하고 있는 미소생물군(주로 식물성 플랑크톤)이 단시간 내에 급격히 증식하여 물의 색을 붉게 만드는 것을 말한다.

② 적조현상으로 인하여 물의 색깔이 변하고 투명도가 저하되며 수질이 악화된다. 또한 물에서 고약한 냄새가 나고, 결국 산소 부족으로 수중 생물 및 물고기가 죽는다.

③ 우리나라에서 부영양화에 의한 수질오염이 가장 극심한 곳은 낙동강 하류지역이다. 그 이유는 하구의 건설공사로 호수화되어 다량의 영양염이 유입되었기 때문이다.

4 수질오염의 지표

하천 등 수질오염은 수질의 물리적·화학적·생물학적 작용의 복합으로서 하나의 단일한 항목으로 표현하기가 어려우므로 물리적·화학적·생물학적 요소들을 종합하여 판단한다.

(1) 용존산소

① 용존산소(DO, Dissolved Oxygen)는 물에 녹아 있는 유리산소의 양을 말하는 것으로 물의 오염도를 나타내는 지표이다.

② 하천수가 심하게 오염될 경우 용존산소의 과다소비로 인해 산소가 결핍되어 혐기성 상태가 된다.

③ 환원이 일어나 독성을 가진 심각한 냄새의 황화수소, 암모니아, 메탄가스를 발생시킨다. 이로 인해 물고기의 서식이 어려우며 악취가 나게 된다.

④ 일반적으로 온도가 하강하면 용존산소는 증가한다. 그러나 수중의 생물화학적 산소요구량(BOD)의 농도가 높으면 용존산소(DO)의 농도는 감소되어 오염이 되었음을 나타낸다.

(2) 생물화학적 산소요구량

① 생물화학적 산소요구량(BOD, Biochemical Oxygen Demand)는 원래 수중의 산소부족 상태를 나타내는 지표였으나, 일반적으로 세균이 호기성 상태에서 유기물질을 20℃에서 5일간 안정화시키는 데 소비한 산소량을 말한다.

② 생물화학적 산소요구량은 수중에 함유되어 있는 분해 가능한 유기물질의 함유량 정도를 간접적으로 측정하는 지표이다.

③ 생물학적 산소요구량이 높으면 유기물질이 다량 함유되어 세균이 이것을 분해 안정화하는 데 많은 양의 유리산소를 소모했음을 알 수 있다.

④ 수질오염이 되어 있다고 판단되면 생물학적 산소요구량으로 수질오염의 강도와 자정작용의 정도를 예측할 수 있다.

(3) 화학적 산소요구량

① 화학적 산소요구량(COD, Chemical Oxygen Demand))은 수중에 함유되어 있는 유기물질을 강력한 산화제에 의하여 화학적으로 산화시킬 때 소모되는 산화제의 양에 상당하는 산소량을 말한다.

② 화학적 산소요구량은 생물학적 산소요구량(BOD)과 함께 수중의 유기물질을 간접적으로 측정하는 지표이다.

③ 산화반응을 촉진하기 위하여 사용되는 산화제는 과망간산칼륨과 중크롬산칼륨이 사용되는데, 우리나라에서는 환경오염공사시험법에서 과망간산칼륨을 사용하도록 규정하고 있다.

④ 일반적으로 폐수의 화학적 산소요구량 값은 생물학적 산소요구량 값보다 높다. 그 이유는 산소요구량(BOD)가 생물학적인 처리가 가능한 유기물질의 강도를 나타내는 것에 비하여 미생물에 의해서 분해되지 않는 유기물을 산화제에 의해서 산화되기 때문이다.

⑤ 미생물과 산화제에 의하여 완전 분해되면 화학적 산소요구량과 생물학적 산소요구량은 같게 된다.

(4) 부유물질

① 부유물질(SS, Suspended Solids)은 유기물질과 무기물질을 함유한 고형물로 2mm 이하의 작은 입자이다.

② 수중의 부유물질이 유기물질인 경우는 용존산소를 소모시키고, 대부분의 경우는 어류의 아가미에 부착되어 어류를 폐사시킨다.

③ 빛의 수중 전달을 방해하거나 수중식물의 광합성에 장해를 일으킨다.

(5) 수소이온농도

① 수소이온농도(pH)는 물의 산성과 알칼리성을 표기하여 판정하는 지표를 말한다.

② 모든 물질은 pH에 따라 용해도의 변화가 생기는데, 이로 인해 외부물질의 유입 여부를 확인할 수 있다.

③ 지하수는 CO_2함유량이 많아 약산성이며 어류생존에 적합한 농도는 pH 6.0~8.0이다.

5 수질오염의 판별

(1) 암모니아성 질소의 검출

암모니아성 질소의 검출은 유기물질에 오염된 지 얼마 되지 않았다는 것, 또는 분변에 의한 오염 가능성을 의미한다.

〈유기질소 화합물의 분해과정〉

단백질 → 아미노산 → 암모니아성 질소 → 아질산성 질소 → 질산성 질소

(2) 과망간산칼륨의 과다 검출

과망간산칼륨은 수중의 유기물을 산화하는 데 소비되고, 산화의 정도에 따라 과망간산칼륨이 소비됨으로써 그 소비량에 따라 수중의 유기물을 간접적으로 추정할 수 있다.

(3) 대장균군의 검출

대장균군은 일반적으로 그 자체가 직접 유해하지는 않으나 대장균의 검출은 다른 미생물이나 분변의 오염을 추측할 수 있으며, 검출방법이 간단하고 정확하기 때문에 수질오염의 지표로서 중요하다.

> **TIP** 우리나라의 대장균군 검출기준
> - 우리나라는 일반적으로 음용수에서는 검수 100mL당 대장균이 검출되지 않아야 하고, 먹는 샘물의 경우는 250mL에서 대장균이 검출되지 않아야 한다.
> - 현재 우리나라는 검수 10mL씩 5개가 전부 음성이어야 한다고 규정하고 있으며, 최적확수(MPN, Most Probable Number)가 사용된다.
> - 대장균지수가 사용되는데, 이는 대장균을 검출한 최소 검수량의 역수로 나타내는 것이다.

(4) 생물학적 오염도

생물학적 오염도(BIP)는 단세포생물 중에서 엽록체가 없는 생물군의 백분율을 말하는데, 깨끗한 물일수록 BIP가 낮다.

(5) 반수치사농도

특정한 물질이 24시간 경과 후 반 정도의 수가 살아남는 독성가스 허용농도를 반수치사농도(LC 50, lethal concentration)라고 하는데, 주로 수중생물의 급성중독의 측정에 사용되는 지표이다.

6 수질오염이 인체에 미치는 영향

(1) 수인성 질병의 전염원

① 수인성 질병은 대부분 소화기계 전염병으로 장티푸스, 파라티푸스, 세균성 이질, 콜레라, 유행성 간염 등이 있다.
② 물에 오염된 세균들이 생존 가능한 음식물을 통하여 인체에 감염되므로 물이 전염원으로 작용한다.
③ 수인성 질병의 병원체는 물속에서 그 수가 증가하는 것이 아니라 영양원의 부족, 잡균과의 생존경쟁, 일광의 살균작용, 부적합한 온도 등에 의해 그 수가 감소한다.

(2) 기생충질환의 전염원

물과 관련되는 기생충질환의 감염원으로는 간디스토마, 폐디스토마, 주혈흡충 등과 회충, 편충 등이 있다.

(3) 화학물질에 의한 중독 초래

① 산업체에서 배출되는 유해물질의 오염에 의해 각종 중독성 질환 등 건강장해를 초래한다.

　　예 유기인, 페놀, 납, 수은, 카드뮴, 구리, 비소 6가 크롬 등

② 불소 함량이 과량일 경우는 반상치를 발생시키고, 부족할 경우는 충치를 발생시킨다.

(4) 기타 요인

생활환경의 악화, 음용수 및 공업용수로서의 활용 영향, 악취 및 가스의 발생, 해충의 서식 및 질병 발생원으로 작용한다. 또한 수도열의 원인이 되기도 한다.

7 수질오염으로 인한 중독사건

산업체에 유출되는 유독물질에는 수은, 질산은, 카드뮴, 6가 크롬, 유기인, 아연, 페놀 등이 있는데, 이들이 수질을 오염시켜 각종 중독성 질환의 원인이 된다.

(1) 미나마타병

① 미나마타병은 일본 구마모토 현 미나마타만 주변 일대에서 발생한 사건으로, 1952년경부터 환자가 나타나기 시작하여 계속 발생하였다.

② 공장의 알데히드초산 제조설비 내에서 생긴 메틸수은 화합물이 유출되어 어패류에 오염을 일으키고, 그 오염된 어패류를 주민이 먹고 발생하였다.

③ 메틸수은이 주요 발병 원인물질로, 환자의 태반을 통하여 메틸수은이 태아에게도 전달되어 뇌성마비 증상의 미나마타병을 발생시켰다.

④ 대부분의 환자에게서 사지마비, 청력장애, 시야협착, 언어장애, 선천적 신경장애 등이 발현되었다.

⑤ 장기간에 걸쳐 발생 환자가 약 1,600명 정도였고, 약 300명이 사망하였다.

(2) 이타이이타이병

① 이타이이타이병은 1945년 일본 도야마 현 간쓰천 유역에서 발생한 사건을 말한다.

② 이 지역의 상류에 위치한 광업소에서 아연의 선광, 정련과정에서 배출된 카드뮴이 농작물일 오염시키고, 이를 섭취한 주민들에게 만성중독이 초래되고, 신세뇨관에 병변이 생겨 칼슘의 상실과 칼슘의 불균형이 발생하면서 골연화증이 발생하였다. 임상증상으로는 골연화증, 보행장애, 심한 요통과 대퇴관절통, 신장 기능장애를 들 수 있다.

(3) 가네미 사건

① 가네미 사건은 1968년 일본 기타큐슈 시에 있는 가네미 회사에서 미강유의 탈취공
정 중에 열매체로 사용된 PCB(Poly Chlorinated Biphenyl)가 미강유에 혼입되어
중독 증상을 일으킨 사건을 말한다.

② PCB는 전기제품에 합성접착제로, 보호피막을 만드는 데 사용되는 열전도체로서 오
염의 가능성이 크다.

③ 식욕부진, 구토, 안질 등을 일으켰으며, 1,788명이 발병했고 112명이 사망했다.

(4) 제임스강 오염사건

① 제임스강 오염사건은 1975년 미국 버지니아주에서 살충제 생산공장의 직원에 의해
유독성 살충제가 하수에 버려져 발생한 오염사건을 말한다.

② 물고기 폐사, 굴 오염 등 피해가 심각하였다.

> **TIP** 우리나라의 수질오염 사건
>
> 1989년 수돗물 중금속 사건, 1990년 트리할로메탄(THM) 사건, 1991년 페놀사건, 1993년 낙동강
> 오염물 유출 사건 등이 있다.

8 수질오염의 방지대책

하천이나 호수 등 공공수역의 수질오염을 방지하기 위해서는 개인, 가정, 기업, 국가 모두
가 참여하여 대책계획을 수립하고 실천하여야 한다.

1) 수질 및 배출허용 기준의 제정 및 지도

신물질의 동향 등을 참조하여 수질의 기준 및 배출허용기준을 설정하는 데 미비한 점이
없도록 한다. 제정한 기준이 반드시 지켜지도록 계속적인 지도와 단속을 한다.

2) 오염물질의 관측

계절별·지역별·지점별로 각종 오염물질의 오염도 및 피해를 계속 측정하며 측정 결과
로부터 오염의 원인, 오염정도 및 피해를 조사하고 방지대책을 마련한다.

3) 하수·폐수 처리 시설

배출원은 의무적으로 하수·폐수 처리시설을 설치하여, 반드시 처리시설을 거친 하수가
배출되도록 한다.

4) 배출원의 이전 또는 분산

오염방지 시설을 설치해도 수질오염이 유발되고 그 피해가 극심해지는 경우에는 배출
사업장을 타 지역으로 이전 또는 분산시킨다.

5) 환경영향평가제도의 실시

공업단지를 조성할 때는 사전에 수질오염에 대한 영향이 있을 것인지 판단하여 있다고 판단되면 단지 조성을 하지 않도록 한다.

6) 총량규제제도의 도입

총량규제제도는 가장 이상적인 방법으로 하천에 유입될 수 있는 양을 먼저 정한 후에 그에 따른 배출허용량을 정하는 제도를 말한다.

7) 국민계몽 및 보건교육

모든 국민들은 수질오염의 피해를 인식하고, 스스로 수질오염 행위를 자제하도록 계몽 및 수질보전 운동을 전개한다.

5 식품과 건강

① 식품의 관리

1 식품안전성 관리

(1) 식품안전성 관리의 개념

식품안전성 관리는 식품에 대한 기준 및 규격의 설정, 식품 제조업체에 대한 지도 및 감시 등을 통하여 이루어진다.

(2) 식품안전성의 위협요소

1) 식품재배 및 사육 등의 생산환경 변화

식량자원의 증산을 위한 농약·항생물질·비료 등 인체에 위해한 영향을 일으킬 수 있는 물질 사용량이 지속적으로 증가하고 있다. 산업의 발달에 따라 중금속 등 산업 오염물질의 식품오염 기회가 증가하고 있다.

2) 환경변화에 따른 위해가능성의 증대

식생활과 소비형태의 변화에 따른 외식 및 단체급식의 기회가 증가함으로써 위해 가능성이 증대되어 식품의 안전관리가 요구되고 있다.

3) 위해발생요인에 따른 가능성의 증대

위해발생요인에는 식품 자체의 유해인자가 있어 발생하는 내인성, 식품 외적원인(생산, 제조, 유통, 소비과정)으로 인한 외인성, 식품이나 생체 내의 유해물질 생성으로 인한 유기성의 3가지가 있다. 최근에는 수입식품의 지속적인 증가에 따른 위해식품 수입의 가능성과 수입과정의 유통관리상 어려움이 크게 부각되고 있다.

4) 산소재식품의 개발 및 분석기술 발달에 따른 신종 위해가능물질 지속 규명

과학기술의 발달로 내분비 장애물질, PCB, 다이옥신 등 신종 위해물질에 대한 규명이 필요하게 되었다. 유전자 재조합식품 등 산소재식품의 생산 증가 및 소비자의 절대적인 안전식품에 대한 요구가 증가하게 되었다.

5) 식품안전관리 업무영역의 증대 및 국제적 조화 요구

국내외 식품환경 변화에 따른 안전관리대책 수입·시행 및 소비자 안전욕구 충족을 위한 업무영역이 증대되었다. 세계화 추세에 따라 식품안전 관련 규정의 국가 간 조화 및 과학화·투명화가 요구되고 있고, 특히 경제수준의 향상으로 건강 및 식품안전에 대한 소비자욕구 증대로 식품안전에 대한 기대욕구 및 건강욕구 충족을 위한 건강기능식품의 수요 및 공급이 증대되고 있다. 식품의 안전성을 위하여 식품 위해요인을 제거하는 것도 중요하지만, 먼저 식품의 안전성 여부를 확인하는 것이 선행되어야 한다.

더 알아보자! **식품위해요소 중점관리기준(HACCP)**

- HACCP(Hazard Analysis Critical Control Point)은 '해썹'으로 읽는다.
- 식품의 원료에서부터 제조·가공·조리·유통과정을 거쳐 소비에 이르기까지 모든 단계에서 인체에 위해를 가할 수 있는 요소를 공정별로 분석하고 이를 체계적으로 관리하는 과학적 위생관리시스템으로 식품의 안전성을 최대한 확보할 수 있는 제도이다.
- 제조공정별로 위해요인을 관리·기록하도록 제도화되어 있기 때문에 위해발생요인과 책임소재를 명확히 파악할 수 있는 선진화된 사전위생관리제도이다.

---

2 식품표시 관리

(1) 식품표시 관리의 개념

식품표시 관리는 식품에 관한 각종 정보, 즉 식품의 가격, 품질 및 성분, 제조일자 및 유효기간, 사용방법, 영양가치 등에 관한 정보를 제품의 포장이나 용기에 표기하도록 함으로써 소비자가 쉽게 제품을 비교하여 합리적으로 선택할 수 있도록 돕는 제도이다.

(2) 식품표시 관리의 특성

① 식품 표시는 제품의 안전성과 건전성을 확인할 수 있는 1차적 사후관리 체제를 말한다.
② 식품에 대한 표시가 소비자를 오도하지 않도록 표시기준을 설정하고 이를 지키도록 관리하고 있다.

② 식중독

1 식중독의 개념

식중독은 대표적인 식품에 의한 건강장해이다. 식중독은 일반적으로 병원미생물이나 유해한 화학물질로 오염된 식품을 경구적으로 섭취함으로써 단시간 내에 급작스럽게 생리적 이상이 발생되는 질환을 총칭한 것이다. 식중독은 집단적으로 단시간에 발생하고 환자에 의한 2차 감염은 드물다.

2 식중독의 발생

(1) 식중독의 발생 현황

① 식중독의 발생시기는 전체 식중독의 절반 이상이 여름철(5~8월)에 집중 발생했으며, 2005년 이후에는 노로바이러스에 의한 식중독이 급격히 증가하면서 겨울철에도 식중독이 지속적으로 발생하고 있다.

② 식중독의 발생원인 시설별로 볼 때 음식점에서 식중독 발생건수가 가장 높은 것으로 나타났다.

③ 식중독의 발생 환자수는 학교가 집단급식을 시작하면서 가장 높은 것으로 나타났다.

(2) 식중독의 발생 전망

앞으로의 식중독 발생 전망은 학교급식과 외식시설의 이용 증가로 인한 대규모의 환자 발생 가능성과 노로바이러스 식중독이 지속적으로 확산될 가능성이 있어 사회문제로 대두될 우려가 증가하고 있다.

(3) 식중독의 발생 보고

1) 식중독 신속보고체계

① 식중독 발생시설 운영자, 이용자, 의사 또는 한의사가 식중독 발생신고를 보건소장에게 한다.

② 식중독 발생신고를 받은 보건소는 식약처에 보고하고 시·군·구, 시·도, 식약처, 보건복지부 등에 보고한다.

③ 보고와 동시에 유관기관에 발생시설이 신속하게 전파된다.

2) 역학조사의 실시

① 보건소는 역학조사를 구성하여 현장 출동, 역학조사를 실시한다.

② 환자 등을 대상으로 증상, 섭취 음식물, 장소, 가검물 채취, 설문조사 등을 실시하고 영업장·시설의 식재료, 칼·도마·음용수·종사자 가검물 등을 수지하여 검사 의뢰한다.

3) 식중독 확산의 차단

① 검사 및 역학조사 결과에 따라 발생 원인과 경로 판정, 처분·회수·폐기 등 오염원 제거 조치를 실시한다.

② 식중독 의심환자가 50명 이상 발생하거나, 학교에서 의심환자가 발생하면 지방청 원인 식품조사반이 현장에 급파되어 원인식품 추적조사를 통한 식중독 확산을 차단 한다.

3 식중독의 유형

(1) 세균성 식중독

세균성 식중독은 발병 증상에 따라 감염형·독소형·감염독소형 식중독으로 구분한다.

1) 감염형 식중독

감염형 식중독은 침투성 병원균이 장관 점막충의 상피세포를 침투하여 다양한 증상을 일으키는 식중독을 말한다.

🔵 살모넬라 식중독, 장염 비브리오(호염균 식중독), 병원성 대장균 식중독(O-157)

① 살모넬라 식중독
- 원인균은 salmonella typeymurium, salmonella enteritidis가 가장 흔하다.
- 살모넬라균은 저온 및 냉동상태에서뿐 아니라 건조상태에도 생존 가능하며, 토양 이나 물에서도 장기간 생존 가능하다.
- 살모넬라 식중독은 원인균을 보유한 각종 육류, 유루, 두부 등의 음식물 섭취 또는 대소변에 오염된 음식 섭취로 발병한다.
- 발병률은 75% 이상으로 다른 식중독에 비해 높고, 6~9월에 가장 많이 발생한다.
- 개, 고양이 등 애완동물이 살모넬라균의 중요한 오염원이 될 수 있다.
- 잠복기는 6~48시간(평균 24시간)으로, 감염 후 1~3일 후 두통, 복통, 설사, 구역, 발열 등의 증상이 나타나며 발열(38~40℃)이 특징적인 소견이다.
- 일반적으로 증상은 2~5일 후에 없어진다.
- 예방을 위하여 계란, 생육은 5℃ 이하 저온보관하며 육류의 생식을 자제한다.
- 60℃에서 20분 이상 가열하면 균이 사멸되므로 섭취하기 전에 끓인다.
- 전파 방지를 위하여 손 씻기를 잘하고, 조리에 사용한 기구 등은 세척, 소독하여 2 차오염을 방지한다.

② 장염 비브리오(호염균 식중독)
- 원인균인 vibrio parahemolyticus는 그람음성 단간균이다.
- 호염균(2~5% NaCl에서 잘 자라며 8% NaCl 농도에서도 생장 가능)으로 해수온 도 15℃ 이상에서 증식한다.

- fresh water에서는 거의 즉시 용해된다.
- 바닷물(3.3% NaCI) 또는 덜 조리된 수산물(어패류, 굴, 오징어, 바닷고기)을 통하여 주로 감염되며, 주로 늦여름과 가을에 집중 발생한다.
- 장독소를 생성하여 다량의 수양성 설사를 유발하며, 미열이 동반될 수 있지만 고열을 보이는 경우는 드물다.
- 대장염이 생기면 이질과 비슷하게 변에 혈액과 점액이 나오기도 한다.
- 잠복기는 2~48시간 정도이다.
- 장염 비브리오균은 겨울철에는 해수바닥에 있다가 여름이 되면 위로 떠올라서 어패류를 오염시키기 때문에 특히 여름철에 어패류의 생식을 피하는 것이 가장 좋은 예방책이다.
- 어패류는 수돗물로 잘 씻어야 하며 60℃에서 15분 이상, 80℃에서 7~8분 이상 익히면 장염 비브리오균을 없앨 수 있다.
- 손과 조리기구의 청결을 유지한다. (횟감용 칼과 도마의 사용 구분)
- 오염된 조리기구는 10분간 세척, 소독하여 2차오염을 방지한다.

③ 병원성 대장균 식중독(O-157)
- 장내세균, E. coli 등이 원인균이며 소량의 그람음성 간균으로도 식중독이 유발된다.
- 환자나 동물의 분변에 직·간접으로 오염된 칼이나 도마 등을 사용하여 조리된 음식물에 의해 감염된다.
- 잠복기는 12~72시간으로 균종에 따라 다양하다.
- 점액 또는 농 섞인 설사, 복통, 구토 등의 급성장염 증세를 나타내며, 심한 경우에는 용혈성 요독증으로 사망할 수 있다.
- 예방을 위하여 칼, 도마 등 조리기구는 구분하여 사용하여 2차오염을 방지한다.
- 생육과 조리된 음식은 구분하여 보관한다.
- 다진 고기는 중심부까지 74℃에서 1분 이상 가열할 후에 섭취한다.

2) 독소형 식중독

독소형 식중독은 비침투성 병원균이 장 내에서 독소를 생산하여 다양한 증상을 일으키는 식중독을 말하며 포도상구균 식중독, 보툴리누스 식중독, 웰치균 식중독이 있다.

① 포도상구균 식중독
- 포도상구균은 식중독뿐만 아니라 화농성질환을 일으키는 원인균이다.
- 포도상구균은 우리나라에서 살모넬라 식중독 및 장염 비브리오 식중독 다음으로 많이 일어나는 식중독의 원인균이다.
- 비교적 열에 강하여 80℃에서 3분 가열하면 사멸되지만, 황색 포도상구균에 의해 생산된 장독소는 100℃에서 30분간 가열해도 파괴되지 않는다.

- 감염은 손이나 코의 점막, 상처에 있던 세균에 의해 음식물이 오염되고, 적절한 기온과 습도에서 세균이 자라나 감염을 일으킬 정도로 그 수가 늘어나 식중독을 일으키게 된다.
- 크림빵, 도시락, 김밥 등 복합조리식품이 주원인식품으로 음식물 관리에 소홀한 봄과 가을철에 많이 발생한다.
- 잠복기는 0.5~6시간(평균 3시간)으로 오염된 음식물을 섭취하고 2~4시간 후에 증상이 급격히 나타났다가 2~3일 내에 회복되는 특징이 있다.
- 주된 증상은 급성위장염 증상(N/V, 복통, 설사, 발열)이다.
- 예방을 위하여 화농성질환이나 편도선염을 가진 사람의 음식 취급을 금지한다.
- 식품은 5℃ 이하로 보관하고, 조리 후에는 2시간 이내에 섭취한다.

② 보톨리누스 식중독
- 보톨리누스 식중독은 원인균인 clostridium botulism이 내는 신경독소에 의해 증상을 일으키는 신경마비성 식중독이다.
- 보톨리누스균은 장시간 가열해도 사멸되지 않는 열과 소독약에 저항성이 강한 아포를 생산하는 혐기성의 독소형 중독균이다.
- 농산물, 어패류 등 원료식품에 오염된 경우 감염될 수 있다.
- 보관상태가 나쁜 소시지, 육류, 통조림, 어패류 등의 섭취 후에 발생한다.
- 잠복기는 18~98시간이다.
- 증상은 신경증상이 나타나기 전에 구토, 설사 같은 장염 증상이 종종 나타날 수 있다.
- 증상이 발견되면 의식은 명료하나 신경마비성 증상으로 약시, 복시, 안검하수, 동공확대 등의 증상이 나타난다.
- 연하곤란, 언어장애, 호흡곤란을 수반하여 사망하기도 한다. 치명률은 67%까지 보고되고 있다.

③ 웰치균 식중독
- 웰치균 식중독은 원인균인 clostridium welchii의 균주가 분비하는 외독소에 의하여 발생하는 식중독이다.
- 웰치균은 열에 강하여 100℃에서 4시간 가열해도 사멸되지 않는다.
- 웰치균은 혐기성 균이어서 대량의 식사를 한꺼번에 만들기 위하여 가열 조리할 때 잘 발생하며 집단식중독을 유발한다.
- 오염원은 가축과 가금류(오리, 닭)로 도살장에서 도축되는 과정에서 오염되어 발생한다.
- 잠복기는 12~18시간(평균 12시간)이다.
- 특징적 증상은 복통과 설사로, 2~3일 내에 회복하는 것이 일반적이다.

- 예방을 위하여 각종 식품의 오염을 방지하고 식품가열 후 즉시 섭취 또는 급냉시켜 증식을 억제한다.

3) 감염독소형 식중독
감염독소형 식중독은 식품 중에 증식한 균이 장관 내에 정착하여 독소를 산출하며, 그 독소에 의해 설사증상을 일으키는 식중독을 말한다.
> 예 독소원성대장균 식중독, 가스괴저균 식중독, 세레우스균 식중독

(2) 화학적 식중독

1) 화학적 식중독의 개념
화학적 식중독은 식품의 정상성분 이외에 농약, 유해약품 등이 잘못하여 식품에 들어가게 되거나 음식물의 조리나 보존에 사용되는 기구, 용기 등이 불량하여 식품 중에 독성물질이 혼입하게 되어 발생하는 식중독을 말한다.

2) 화학적 식중독의 유형
① 각종 유독 화학물질이 고의, 우연 혹은 잘못에 의해 들어감으로써 일어나는 식중독
② 기구, 용기, 포장에 의한 식중독
③ 식품의 제조와 가공을 용이하게 하고 보존성을 높이며 상품의 가치와 영양적 가치를 증강시키는 데 사용되는 감미료, 조미료, 착색료, 향료, 방부제, 산화방지제 등에 의한 식중독

(3) 자연 독성물질로 인한 식중독

동식물의 일부 기관 내에는 사람에게 유해한 독성물질이 함유되어 있는데 이러한 식품을 오용함으로써 자연독 식중독이 발생된다. 동식물 독성물질의 생성은 계절적 영향을 받으며 개인의 감수성 차이에 따라서도 좌우되므로 일정하지 않다.

1) 동물성 독성물질로 인한 식중독
① 복어의 난소, 간, 고환, 위장, 피부에 함유된 salmonella typhimurium에 의한 복어 중독
② 홍합의 간 등에 있는 vibrio papahaemolyticus에 의한 패류 중독
③ 굴과 모시조개에 생성된 O157: H7에 의한 식중독

2) 식물성 독성물질로 인한 식중독
① 독버섯 중독은 muscarine에 의한 중독이 가장 흔하다.
② 중독증상은 출혈성위염, 급성신부전 및 간부전을 초래하며 심하면 사망하기도 한다. 사망률은 70%에 이를 정도로 높다.
③ 독초로는 원추리와 비슷한 여로 산마늘과 비슷한 박새, 곰취와 비슷한 동의나물, 우산나물과 비슷한 삿갓나물이 있다. 흔히 식용으로 잘못 알고 먹어서 발생한다.

④ 독버섯을 섭취한 경우에는 보통 30분에서 12시간 이내에 두통, 구토, 발진, 오심 등의 중독증상이 나타난다.

⑤ 맥각 중독, 감자 싹에 있는 solanin에 의한 솔라닌 중독, 덜 익은 매실이 있는 독소에 의한 청매중독, 독미나리의 cicutoxin에 의한 독미나리 중독, ricin에 의한 피마자씨 중독 등이 있다.

(4) 곰팡이독소로 인한 식중독

곰팡이독소는 곰팡이가 생산하는 2차 대사산물로 식품위생상 문제가 되는 것은 발암물질로 알려진 alfatoxin이며 땅콩, 옥수수, 콩, 보리 등에 오염되어 나타난다.

4 최근 문제가 되고 있는 식중독

(1) 장출혈성대장균 감염증

1) 발생원인

① 장출혈성대장균 감염에 의한 출혈성 장염을 일으키는 질환으로 1982년 미국에서 처음 보고된 설사 질환이다.

② 대표적인 원인균으로 O15:H7이 있고, O17:H18, O26;H11 등이 있다.

③ 특징적인 장점막 부착성을 가지며, 내산성으로 pH 2~4에서 생존 가능하다.

④ 균 자체는 70℃에서 2분이면 사멸한다.

2) 임상증상

① 발열을 동반하지 않는 급성 혈성 설사와 경련성 복통이 특징이다.

② 설사는 경증으로 혈액을 포함하지 않는 것에서부터 대부분 혈액만 나오는 상태까지 다양하다.

③ 발열이 없고 설사변에 백혈구가 없는 것이 다른 질환과 감별할 수 있는 특징이다.

④ 장출혈성대장균의 가장 심한 임상증상은 용혈성 요독증후군으로, 감염 환자의 2~7%에서 발병한다.

3) 감염원

① 장출혈성대장균은 매우 다양한 식품 및 식재료에서 발견되고 있는데, 주요 감염원에는 지하수, 우육, 육회, 건조소시지, 무순, 양배추, 야채절임, 메밀국수, 멜론 등이 있다.

② 우리나라에서는 소간에서 0-157 균을 분리하였고 1997년에는 미국 네브라스카산 쇠고기에서 장출혈성대장균에 분리되어 사회적인 문제가 된 바 있다.

③ 일본에서 유통되고 있는 식품의 장출혈성대장균 오염의 실태를 조사한 결과, 우육, 내장육 및 과자에서 균이 검출되었다고 보고하고 있다.

4) 전파경로

① 감염은 축산물, 사람 간 전파 및 수인성전파로부터 이루어진다.

② 주된 전파경로는 오염된 소고기를 충분히 가열하지 않고 섭취한 경우이며 멸균되지 않은 우유가 유아에서 출혈성 대장염을 일으켰다는 보고도 있다.

③ 오염된 호수, 풀장에서의 수영이나 염소 소독이 충분하지 않은 물을 마셔 수인성 전파가 일어날 수 있다.

④ 사람 간 전파로 감염된 사람으로부터 다른 사람에게 전염되는 경우이다. 주로 면역력이 약한 어린이나 노인이 밀집되어 생활하고 있는 양로원이나 소아 집단 시설 등 밀집된 환경에서 2차 감염이 잘 일어난다.

5) 예방

① 개인위생, 식품의 세척과 가열 등 위생적인 취급이 가장 중요하다.

② 주된 감염원인 소를 비롯한 가축 사육 목장에 대한 종합적 감시와 도축장 및 육류 가공처리 과정에 대한 오염방지책을 수립하고 위험 식품에 대해 지속적으로 감시한다.

③ 육류 제품은 충분히 익혀 섭취하고, 날것으로 섭취하는 야채류는 염소 처리한 청결한 물로 잘 씻어 섭취하도록 교육하며 손 씻기 등 철저한 개인위생을 생활화하도록 교육한다.

6) 환자 및 접촉자 관리

① 환자는 격리치료해야 하며, 설사로 인한 탈수를 보충하기 위하여 적절한 수액요법을 실시한다.

② 전파를 막기 위하여 환자는 항생제 치료 종료 48시간 후부터 24시간 간격으로 2회 대변배양검사가 음성일 때까지 격리한다.

③ 환자와 음식, 식수를 같이 섭취한 접촉자는 마지막 노출가능 시점부터 2일 내지 8일간 발병 여부를 감시한다.

④ 고위험군(식품업종사자, 수용시절 종사자 등)은 검사 결과가 나올 때까지는 음식취급, 탁아, 환자간호 등을 금지한다.

⑤ 설사증상이 발생한 경우에는 즉시 의료기관을 방문하도록 지도한다.

7) 감염병 신고

환자, 의사환자, 병원체 보유자는 발생 즉시 보건소장에게 신고한다.

(2) 노로바이러스 감염증

1) 발생원인

① 노로바이러스는 급성 위장염관을 유발하는 원인 바이러스이다.

② 비교적 최근에 알려진 신종 병원체로 최근 식품매개 집단 식중독의 가장 주요한 원인으로 보고되고 있다.

③ 노로바이러스의 입자는 산이나 적당한 가열, 에테르에 저항성이 있어 실온에서 pH 2.7에 3시간 동안 노출시키거나, 20% 에테르로 4℃에서 18시간 처리하거나, 60℃에서 30분간 배양시킨 후에도 감염력이 유지된다.

④ 아직까지 노로바이러스에 대한 면역학적인 정보가 매우 부족하여 대처에 큰 장애가 되고 있다.

2) 임상증상

① 오심, 구토, 설사, 복통을 주 증상으로 대부분의 경우 증상은 경미하고 1~2일 지나면 자연 회복되며 만성 보균자는 없다.

② 잠복기는 24~48시간이다. 연중 발생이 가능하나 10월~11월에 증가하고 다음 해 1월에 최고 정점에 이르며 5월과 6월에는 발생이 감소한다.

③ 5세 이하의 영유아뿐 아니라 성인에게서도 감염되어 설사, 복통, 구토 등 위장관염 증세를 유발한다.

④ 면역력이 떨어지고 영양결핍 상태에 있는 유아 등 고위험군에게 반복적인 설사를 유발할 수 있다.

3) 전파경로

① 노로바이러스의 전파는 경구적인 경로, 즉 분변-구강 혹은 구토에 의한 비말형성 경로로 일어나며 소량의 바이러스만 있어도 쉽게 감염될 수 있을 정도로 전파력이 매우 높다.

② 감염성은 증상의 발현기에 가장 심하며 회복 후 3일에서 최장 2주일까지 가능하다.

③ 주요 전파양식은 식품매개, 감염자와의 접촉(경구적인 경로), 수인성 순으로 높으며 사람에서 사람으로의 감염, 즉 2차 감염도 흔히 일어난다.

④ 전파 매개식품으로는 굴 등 해산물, 과일, 야채, 냉동 빵 제품, 샐러드, 샌드위치, 상품화된 얼음, 물 등이 있다.

⑤ 음식물 조리자가 감염되어 있는 경우나 과일 및 야채의 세척과정에서 노로바이러스에 오염될 경우에는 집단감염을 일으킬 수 있다.

⑥ 우물이나 지하수, 광범위한 상수도가 오염된 경우에 폭발적인 유행이 발생할 수 있다.

4) 예방

① 과일과 채소는 철저히 씻어야 하며, 굴은 익혀서 먹어야 한다.

② 음식 조리자의 경우 회복 후 최소 3일 이후에 업무에 복귀 가능하다.

③ 감염자의 분변은 신체물질 격리에 준한다.

(3) 캠필로박터 제주니 식중독

1) 발생원인

① 캠필로박터 제주니가 오염되어 있는 식품을 섭취하여 발생하는 감염성 식중독이다.

② 캠필로박터는 미국에서 가장 빈도가 높은 식중독 원인균 중 하나로 1978~1986년 동안 미국 내의 캠필로박터 감염증 발생건수 중 79%가 식품이 원인이었고, 분리된 균의 90%가 캠필로박터 제주니였다.

③ 캠필로박터 제주니 식중독의 사례 중 가장 많은 비중을 차지하는 것은 가열이 불완전하거나 재오염된 닭고기를 섭취한 경우로 전체의 약 50%를 차지하고 있다.

④ 매년 2백만 명이 감염되며, 주로 유아, 어린이 및 면역이 저하된 사람들에게 감염률이 높다.

⑤ 5월에서 7월 사이의 발병 건수와 환자수가 연간 과반수를 차지하고 있다.

2) 임상증상

① 주된 증상은 설사가 가장 보편적이거나 열, 매스꺼움, 복통 및 구토 등도 나타난다.

② 아주 드문 경우지만 신경계 질환인 Guilliain Barre Syndrome(GBS)을 일으킬 수 있으며, 아주 심한 경우 사망할 수 있다.

3) 감염원

① 소, 염소, 돼지, 개, 닭, 고양이 등이 보균하고 있다.

② 대부분 처리하지 않은 우유나 오염된 음용수가 감염원이다.

③ 또한 가금류를 비위생적으로 처리하여 요리한 음식이 원인이다.

④ 캠필로박터의 감염량은 낮아서, 약 500균체만으로도 질병을 일으킬 수 있다.

4) 잠복기

잠복기는 약 2일~7일이며, 다른 식중독보다 잠복기가 긴 것이 특징이다.

5) 예방

① 열에 의하여 쉽게 파괴되므로 가열이 예방을 위한 최우선 원칙이다.

② 살모넬라와는 달리 상온에서는 다른 세균들과 경쟁하여 잘 자라지 못하여 며칠밖에 생존하지 못하며, 냉장온도에서는 성장은 못 하지만 생존할 수는 있다.

③ 오염된 식품에서 캠필로박터의 수준은 초기 오염 정도에 의해서만 영향을 받고 상온에서의 방치 등에 의해서는 큰 영향을 받지 않는다.

(4) 리스테리아증

1) 발생원인

① 사람에게서의 리스테리아증은 1923년 미국에서 처음 보고되었다.

② 불결한 도축환경과 비위생적인 원료식육 취급으로 인해 리스테리아증이 식육에 오염될 수 있는 위험이 크다.

③ 리스테리아증는 pH 5.0~9.0에서 증식이 가능하고 4℃의 냉장온도에서도 오랫동안 생존, 증식할 수 있으므로 가공 시의 부적절한 살균처리로 본 균이 식육가공품에 생

존했을 때 조리하지 않고 그대로 먹는 제품을 섭취하거나 덜 익힌 상태로 섭취 시 대규모의 리스테리아 식중독이 발생할 수 있다.

④ 리스테리아증은 신생아·당뇨병 환자 등 면역체계 처치를 받고 있거나 면역결핍 환자에게 특히 위험하지만, 리스테리아증에 오염된 음식물을 섭취함으로써 건강한 사람도 이 균에 감염되어 발병할 수 있다.

⑤ 일단 감염증이 발생한 환자는 30% 정도의 높은 치사율을 보인다.

2) 임상증상

① 초기에는 감기증상과 비슷하지만, 중증으로 진행하면 임산부의 유산을 유발하고 전신적 감염상태인 패혈증을 일으킨다.

② 뇌에 침투하여 뇌수막염을 일으켜 지각장애, 보행이상 등의 신경증상이 나타난다.

③ 심장, 간 등 실질 장기의 병변으로 인한 2차적 기능장애의 예가 보고되어 있다.

3) 감염원

① 식품을 통한 유행이 주된 경로이며, 식육 및 식육가공품, 야채, 유가공품 등이 사람의 리스테리아증 발생에 깊이 관계하는 것으로 알려져 있다.

② 북미주의 폭발적이며 높은 치사율을 보였던 4대 리스테리아증의 발생도 유제품과 생야채의 섭취에 기인한 것이었다. 식육제품은 주로 가열 조리하는 반면 유제품은 가열하지 않고 그대로 섭취하기 때문인 것으로 여겨진다.

③ 대다수의 유제품을 냉장 보관하도록 권장하고 있지만, 일단 유제품이 본 균에 오염되었다면 냉장보존이 본 균에 대한 안전성을 보장하지 못한다는 것이 더욱 큰 문제이다.

4) 예방

① 냉동만두, 피자, 식육 가공품 등은 관리를 철저히 하여 다른 식품과 접촉하여 교차오염이 되지 않도록 조심한다.

② 음식 섭취 시에는 철저히 가열 조리하는 것이 중요하다.

(5) 여시니아 식중독

1) 발생원인

① 여시니아균은 자연계에 널리 분포하고 있는 세균으로 수십 종이 있다.

② 병원성을 나타내는 세균은 3종인데, 이 중에서 식품오염을 통하여 식중독을 일으키는 균은 여시니아균이다.

③ 여시니아균은 가축이나 야생동물의 장내 세균으로, 동물의 배설물에서 검출되며 정상적인 사람의 대장에서 서식하는 균은 아니다.

④ 우리나라에서 공식적으로 보고된 환자는 없으나, 식육으로부터 균은 검출되고 있으며 미국에서는 매년 200만 명 이상이 감염된 것으로 추정하고 있다.

2) 감염원

① 주요 감염원은 불완전하게 요리된 닭고기, 돼지고기, 소고기 등이다.

② 축산폐수에 오염된 지하수를 음용하는 것이다.

3) 임상증상

① 맹장염과 유사한 복통과 고열을 일으킨다.

② 설사, 구토, 메스꺼움이 동반되기도 하지만, 대개 1~2주 내에 회복된다.

4) 잠복기

보통 1일~7일(길게는 10일 미만)의 잠복기를 거친다.

5) 예방

① 여시니아균은 22~29℃의 실온에서 가장 잘 자라지만 산소 유무에 상관없이 저온의 냉장·진공 포장된 식품에서도 발육하는 특성이 있다.

② 여시니아균은 열에는 비교적 약하여 적절한 가열·조리(70℃, 3분)에 의해서도 사멸되어 예방이 가능하다.

5 식중독의 예방관리

(1) 일반 위생관리

1) 청결

청결한 손, 깨끗한 복장, 청결한 조리기구와 조리환경 등의 청결이 가장 중요하다.

① 손 씻기

올바른 손 씻기 방법으로 비누를 사용하여 흐르는 물로 20초 이상 씻었을 때 99.8%의 세균 제거 효과가 있다.

〈올바른 손 씻기 방법〉
- 비누거품을 충분히 내어 손과 팔을 꼼꼼히 문질러 닦는다.
- 미지근하고 깨끗한 물로 헹군다.
- 손가락 끝, 손가락 사이, 손톱용 브러시를 사용하여 손톱 밑도 깨끗이 씻는다.
- 씻은 후, 일회용 종이타월이나 손 건조기를 이용하여 물기를 건조시킨다.

② 조리실 및 조리설비의 청결

〈올바른 조리실 및 조리설비 관리방법〉
- 식품과 식기류의 보관설비는 모두 바닥에서 50cm 이상의 위치에 설치한다.
- 조리대의 조리시설은 부식성이 없는 스테인리스 스틸이 좋다.
- 세척시설과 종업원 개인위생을 위한 수세시설을 별도로 설치한다.
- 조리실에서 흡연이나 음식 섭취를 하지 않는다.

2) 온도와 시간관리

온도와 시간관리는 식품 위생관리의 중점 관리사항이다.

⟨올바른 온도와 시간관리 방법⟩

- 식중독을 예방하기 위해서는 원료(재료)를 구입하여 신속히 조리하거나 식품을 조리하였을 때 장시간 방치하지 말고 신속히 섭취한다.
- 가열 조리식품은 중심부가 74℃ 이상으로 1분 이상 가열한다.
- 식품용 온도계를 사용하여 온도와 시간을 기록하고, 가열 조리 시 온도 확인을 한다.
- 뜨거운 음식은 60℃ 이상으로 보온하며, 찬 음식은 4℃ 이하로 냉장 관리하여 제공한다.
- 4℃~60℃의 온도는 식중독균 성장 가능성이 높은 위험온도 구간이므로 음식물 보관 시에 특히 주의한다.
- 냉장고는 정기적인 온도 관리를 통하여 올바른 냉장상태를 확인한다.
- 의심 식재료나 계절별 식중독 우려식품의 사용은 자제한다.

(2) 안전한 식품 섭취방법

1) 청결 유지
① 식품을 다르기 전과 조리하는 중간에 자주 손을 씻는다.
② 화장실에 다녀온 후에는 반드시 손을 씻는다.
③ 식품 조리에 사용하는 모든 기구 및 표면을 깨끗이 세척하고 소독한다.
④ 조리장소와 식품을 곤충, 해충 및 기타 동물로부터 보호한다.

2) 익히지 않은 음식과 익힌 음식의 분리
① 익히지 않은 육류, 가금류 및 해산물을 다른 식품과 분리한다.
② 칼이나 도마 등의 조리기구는 가열한 식품과 비가열 식품용으로 구분하여 사용한다.
③ 익히지 않은 음식과 익힌 음식 간의 접촉을 피하기 위하여 식품은 별도의 용기에 담아 보관한다.

3) 완전히 익히기
① 식품, 특히 육류, 가금류, 계란 및 해산물은 완전히 익한다.
② 수프 및 스튜와 같은 식품은 반드시 70℃까지 가열한다.
③ 조리되었던 식품은 완전하게 재가열한다.

4) 안전한 온도에서 보관하기
① 조리한 식품은 실온에 2시간 이상 방치하지 않는다.
② 조리한 식품 및 부패하기 쉬운 식품은 즉시 냉장고(5℃ 이하)에 보관한다.
③ 조리한 식품은 먹기 전에 뜨거운 상태(60℃ 이상)로 유지한다.
④ 냉장고 안이라도 식품을 장기간 보관하지 않는다.

⑤ 냉동식품을 실온에서 해동하지 않는다.

5) 안전한 물과 원재료 사용하기

① 안전한 물을 사용한다.

② 신선하고 질 좋은 식품을 선택한다.

③ 살균 우유와 같이 안전하게 가공된 식품을 선택한다.

④ 과일이나 채소는 가열조리 없이 그대로 먹을 경우 잘 씻어서 먹는다.

⑤ 유통기한이 지난 식품은 사용하지 않는다.

6 주거환경과 건강

① 주거환경의 조건

1 주변 환경

① 주변이 시끄럽지 않고 교통이 편리한 곳이 좋다.

② 공기가 깨끗하며 주위에 공기를 오염시킬 공장이 없는 곳이 좋다.

③ 일광이 잘 통과되어 인공 채광이 필요 없는 곳이 좋다.

2 토지

① 언덕의 중턱에 위치하고 넓은 것이 좋다.

② 방향은 동남향 또는 동향이 좋다.

③ 토지의 지질은 침투성이 강하고 건조한 것이 좋다.

④ 토지의 지반이 견고하고, 청량한 음용수를 얻을 수 있는 곳이 좋다.

⑤ 지하수위는 최고 1.5m 이상이어야 하고 3m 정도인 것이 좋다.

⑥ 매립지의 경우 매립 후 10년 이상 경과되어야 한다.

⑦ 건물을 지은 후 빈 땅의 면적과 전체 대지와의 비율은 단층은 3:10, 이층집은 5:10, 3층 집은 7:10 정도가 적당하다.

3 조명

조명은 주거공간의 중요한 요소이며 조명의 좋고 나쁨에 따라 정신상태와 작업 능률에 큰 영향을 미친다.

(1) 자연조명

1) 자연조명의 개념

자연조명은 태양광선, 수증기, 먼지 등의 입자에 직사광선이 확산, 반사, 투과하여 생기는 조명을 말한다.

2) 자연조명의 특성

① 자연채광의 소요량은 100~1,000lux이다.

② 자연채광은 연소산물이 없고 조도의 평등으로 눈의 피로가 적을 뿐 아니라 식욕을 촉진시킨다.

③ 자연채광은 적혈구 및 헤모글로빈의 증가로 산소흡수능력을 증가시킨다.

④ 자연채광은 구루병을 예방하고, 실내공기나 피부의 세균을 살균한다.

3) 자연조명의 조건

실내에 들어오는 광선의 양은 창의 면적, 창의 방향, 개각과 입사각, 차단물, 벽의 색과 관계가 있다.

① 창의 면적
- 창의 면적은 방의 바닥 면적의 1/5 정도가 적당하다. 단, 창이 높을 때는 1/7 정도가 적당하다.
- 창의 면적이 최하 1/12 이하가 되면 안 된다.
- 창은 면적이 같을 경우, 가로를 넓히는 것보다 세로를 늘리는 것이 조도를 균등히 할 수 있어서 유리하다.
- 이중 창의 내외창 간격은 5cm 이내가 되어야 한다.

② 창의 방향
- 주택의 일조량은 하루 최소 4시간 이상이어야 한다.
- 창의 방향은 남향이 가장 적절하다.
- 남향 창은 여름에 일조량이 최저가 되고 겨울에는 방 안쪽까지 입사되어 일조량이 최대가 된다.

③ 개각과 입사각
- 개각이란 실내의 한 지점 A와 창의 윗단 B 및 창 외부의 차광물의 윗단 D와 연결하는 BAD를 말한다.
- 개각은 보통 4~5도 이상이 좋고, 개각이 클수록 실내가 밝아진다.
- 입사각이란 AB와 점 A를 통과하는 수평선 AC와 연결하는 선을 이루는 각 BAC를 말한다.
- 입사각은 28도 이상이 좋고, 입사각이 클수록 실내가 밝아진다.

④ 차광
- 창을 통하여 들어오는 빛이 너무 많아서 지나치게 밝으면 시력에 장애가 올 수 있다.
- 광선의 양을 감소시키기 위하여 창 옆에 광선을 차단시키는 물건을 부착한다.
- 일반적으로 보통 유리의 광선 통과량을 100으로 한다면, 새로 바른 창호지는 50, 맑은 창호지는 30, 흰 커튼은 20, 회색커튼은 10의 비율이다. (※ 대략의 비율임)

(2) 인공조명

1) 인공조명의 개념
인공조명은 고체, 액체, 가스 등의 연소산물을 이용하거나 전기를 이용하는 조명을 말한다.

2) 인공조명의 특성
① 대부분 전기에너지를 이용한 인공조명 방법을 사용하며 보건위생상 가장 바람직한 조명방법이다.
② 전기를 이용한 전등에는 백열등, 아크릴등, 수은등, 형광등이 있다.
③ 형광등은 백열등에 비해 2.2~2.4배의 효율을 얻을 수 있고 전력소모도 1/2~1/3에 지나지 않고 수명도 길기 때문에 사무실, 거실 등에서 광범위하게 사용된다.

3) 인공조명의 유형

직접조명	• 직접조명은 조명 효율이 크고 경제적이다. • 눈부심을 불러일으키고 강한 음영으로 불쾌감을 준다.
간접조명	• 간접조명은 반사에 의한 산광상태이다. • 조명이 온화하며 음영이나 현휘도 생기지 않으므로 이상적이다. • 조명 효율이 낮고 설비유지비가 다소 비싸다.
반간접조명	• 반간접조명은 직접조명과 간접조명의 절충식이다. • 반투명의 역반사각에 의해 작업면에 오는 광선의 1/2 이상을 간접 광, 나머지를 직접 광에 의존하는 방법으로 가장 위생적이다. • 부적당한 조명에 의하여 근시, 만성피로, 정신적 불안감, 피로감, 작업능률의 감퇴 등이 나타난다.

4 환기

실내의 공기는 호흡, 난방, 취사, 작업 등에 의하여 산소가 감소하고 탄산가스, 일산화탄소, 먼지, 세균 등이 증가하기 때문에 실내의 오염된 공기를 환기시켜야 한다.

(1) 자연환기

1) 자연환기의 개념
자연환기는 중력환기라고도 한다.

2) 자연환기의 특성

① 자연환기는 실내외의 온도 차이, 기압 차이, 기체의 확산성 등이 원동력이 된다.

② 실내외의 온도 차이는 공기의 밀도 차이를 만들어 압력 차이를 발생시켜 환기가 된다.

③ 실내 환기를 위한 창의 면적은 바닥 면적의 1/20 이상이 좋다.

(2) 환기량

환기량은 1시간 내에 환기에 의해 출입하는 공기의 양을 말한다. 어떤 실내 공기의 질을 규정된 상태로 유지하기 위하여 공급하게 되는 공기의 양을 필요환기량이라고 한다.

TIP) 필요환기량
- 이산화탄소를 기준으로 성인 1인 1시간당의 필요환기량은 약 30m³이다.
- 면적 10m³의 거실이라면 30.10=3회의 환기가 필요하고, 15m³의 거실이라면 30/15=2회의 환기가 필요하다.

5 난방과 냉방

실내온도가 10℃ 이하인 경우에는 난방이 필요하고, 26℃ 이상인 경우에는 냉방이 필요하다.

(1) 난방

① 난방은 일반적으로 기온을 기준으로 하고, 열에너지에 의한 인공적 난방을 말한다.

② 난방을 하는 경우에는 기온, 기습, 기류, 복사열 등의 온열조건을 고려한다.

③ 난방의 종류에는 국소난방, 중앙난방, 지역난방 등이 있다.

(2) 냉방

① 냉방을 하는 경우의 실내외의 온도 차이는 5~7℃ 이내가 적당하며 10℃ 이상이 되면 건강에 해롭다.

② 냉방에 노출되는 시간이 너무 많거나 실내외의 온도 차이가 너무 심할 경우에는 냉방병에 걸릴 수 있다.

③ 냉방병의 증상에는 감기증상, 두통, 요통, 신경통이 있는데, 심한 경우에는 생리불순, 위장장애 등이 발생한다.

④ 냉방의 유형에는 국소냉방(선풍기, 에어컨 등)과 중앙냉방(반송방식)이 있다.

② 주거환경이 인체에 미치는 영향

1 빌딩증후군

(1) 빌딩증후군의 개념

빌딩증후군은 실내공기가 오염되어 건물 안에서는 머리가 아프고, 어지러우며, 쉽게 피로하고, 나른하며, 눈이나 목이 따갑고, 소화가 잘 안 되고, 메스꺼운 증상을 보이다가 건물 밖으로 나가면 증상이 없어지는 현상을 말한다.

(2) 빌딩증후군의 특성

① 과거에는 실내 공기의 오염물질로 알레르기를 일으키는 곰팡이, 먼지, 담배연기에서 나오는 일산화탄소 등이 주목받았다.
② 최근에는 건축자재에서 나오는 벤젠, 솔벤트 등의 화학물질, 냉방병을 일으키는 레지오넬라균 등의 미생물에 관심이 더 크다.

2 새집 증후군

(1) 새집증후군의 개념

새집증후군은 새로 지은 아파트나 주택 혹은 신축 건물 등에서 인체에 해로운 화학물질이 발생하여 입주자가 피부염, 두통, 신경성 질병 등 각종 질환에 시달리는 현상을 말한다.

(2) 새집증후군의 특성

① 새집증후군은 건물을 중심으로 건물증후군이라고 부르기도 한다.
② 새 집, 새 건물뿐 아니라 리모델링이나 도배를 했을 때, 가구, 카펫 등을 교체했을 때도 새집증후군의 증상이 나타날 수 있다.

(3) 새집증후군의 원인

① 자극적인 냄새가 나면서 인체에 대한 독성이 매우 강한 프롬알데히드를 사용한 벽지, 장판 등
② 휘발성 유기화합물 페인트 및 유기용 접착제를 사용한 도배 장판
③ 가구류 등에서 발생하는 유해물질인 톨루엔과 벤젠
④ 방향제에 주로 사용되어 두통, 어지럼증 등을 유발하는 메탈알코올과 이소프로판올
⑤ 가죽 소파의 염료로 사용되는 염화메틸렌
⑥ 살충제, 곰팡이제거제, 아크릴접착제, 공업용 수지접착제로 사용되는 클로로포름 등

3 헌집증후군

(1) 헌집증후군의 개념

헌집증후군은 오래된 집안 곳곳에 숨어 있는 곰팡이, 세균, 집먼지 진드기 등의 오염물질이 건강에 나쁜 영향을 주는 현상을 말한다.

(2) 헌집증후군의 원인

① 현집증후군의 원인은 습기 찬 벽지와 벽 안에 피는 곰팡이, 배수관에서 새어 나오는 각종 유해가스, 인테리어 공사 뒤 발생할 수 있는 휘발성 유기화합물 등이다.
② 특히 오래된 집일수록 장마철 때에는 고온 다습해진 실내 환경으로 인해 세균이나 곰팡이가 생기기 쉬울 뿐만 아니라 집먼지진드기의 대량 서식이 용이하게 된다.

(3) 헌집증후군의 증상

① 곰팡이는 기관지염이나 천식, 알레르기 등을 유발하며 오래된 배수관이나 가스관에서 새어 나오는 메탄가스와 암모니아, 일산화탄소, 이산화탄소, 이산화항 등은 두통 또는 현기증을 유발할 수 있다.
② 벽지와 장판, 가구 등을 새것으로 바꿀 경우 새집증후군에서처럼 아세톤, 벤젠, 포름알데히드 등 각종 유기화합물이 발생하여 두통이나 알레르기와 같은 만성질환을 일으킬 가능성이 크다.

7 의복과 건강

① 의복의 개요

1 의복의 개념

의복은 신체 표면, 의복 내외 표면, 한정된 공기 전체를 말한다. 의복은 외부의 기온에 대응하기 위하여 착용하는 것이다. 의복의 위생은 복장을 구성하는 피복 재료가 함유한 공기는 물론 피복과 피복 간의 공기층까지도 포함하는 개념이다.

2 의복의 목적

① 신체의 청결 기능
② 체온조절의 기능

③ 신체의 안전보호

④ 사회생활에서의 품격 및 예의 표시

⑤ 개인의 취향에 의한 미와 개성 표현

⑥ 사람의 신분이나 직업표현의 기능

② 의복의 조건 및 요소

1 의복의 조건

의복은 늘 쾌적해야 하며, 혈액순환과 호흡의 방해 없이 신체적 활동이 자유로워야 하며, 온도, 습도, 기류 등의 기후 조절력이 좋아야 한다. 또한, 의복은 피부에 피해를 주지 않으며 피부 보호력이 커야 하고 체온을 잘 조절할 수 있어야 한다.

2 의복의 요소

① 성별, 연령별로 신체활동에 불편하지 않은 것으로, 총중량 5kg 이내의 가벼운 것이 좋다.

② 두꺼운 옷은 체열 발산을 방해하고 신진대사를 더디게 하며 피부저항력에 장애를 일으킨다.

③ 여성의 경우는 코르셋이나 치마끈, 남성의 경우는 넥타이나 구두끈 등에 의해 지나친 압박을 받지 않아야 한다.

④ 침상 내의 기온은 33~34℃, 습도는 40~50%가 적당하지만, 잠옷을 입으면 2~3℃ 낮은 편이 좋다.

⑤ 모자는 방한, 방서의 역할에 적합하고 가벼운 것이 좋다.

⑥ 양말은 여름에는 견직이나 목면이 좋고 통기성이 있어야 한다.

⑦ 방한화는 총중량 1kg 이하의 것으로, 2.5 CLO가 적당하다.

③ 의복기후

1 의복기후의 개요

(1) 의복기후의 개념

의복기후는 의복 외부의 층과 신체의 피부 표면과의 사이에 형성되는 것을 말한다.

(2) 의복기후의 특성

① 계절에 맞는 의복 착용 시에는 32±1℃의 기온, 50±10%의 기습, 10cm/sec 이하의 기류일 때 쾌적함을 느낀다.

② 의복 착용 시, 기온이 30℃ 이하일 때 춥게 느껴지고 34℃ 이상에서는 덥게 느껴진다.

③ 보행 시에는 30±1℃ 기온, 45±10%의 기습, 40cm/sec 이하의 기류일 때 쾌적함을 느낀다.

2 의복기후의 열전도율 및 방한력 단위

(1) 의복기후의 열전도율

의복의 열전도율은 피복의 함기성과 반비례한다. 공기의 열전도율을 100으로 하였을 때, 동물 털의 열전도율은 6.1, 견직물은 19.2, 마직은 29.5이며 함기량은 모피 98%, 모직 90%, 무명 70~80%, 마직 50%이다.

(2) 의복기후의 방한력 단위

1) 방한력 단위의 개념

방한력 단위는 1940년 버튼과 바젯 등이 의복의 보온력을 과학적으로 입증하기 위하여 의복기후온도를 나타낸 단위이다.

2) 방한력 단위의 특성

① 방한력 단위는 CLO를 사용한다.

② 1CLO는 기온 79°F(21.1℃), 습도 50% 이하, 기류 10cm/sec에서 피부온도가 92°F(33.3℃)로 유지되어 쾌적함을 느끼는 데 필요한 의복의 방한력을 의미한다.

③ 옷을 입지 않은 상태(0 CLO)의 쾌적한 온도는 27~30℃이므로, 1CLO의 보온력은 약 9℃ 해당된다.

④ 기온이 매 9℃ 강하할 때마다 CLO의 보온력을 가산할 필요가 있으므로, 기온이 12℃일 때는 CLO의 의복 착용이 적당하다. 단, 기류나 기습에 따라 차이가 있다.

⑤ 방한복은 약 4CLO, 방한화는 2.5CLO, 방한장갑은 2CLO, 보통 작업복은 1CLO의 보온력이 있다.

8 토양과 건강

① 토양오염

1 토양오염의 개념

(1) 넓은 의미의 토양오염

토양오염은 일종의 공해로서, 토양을 둘러싸고 있는 물질순환계, 즉 토양 환경이 자연적 요인 또는 인위적 요인에 의해 그 균형이 파괴되어 토양의 재순환 능력이 저하된 상태를 말한다.

(2) 좁은 의미의 토양오염

토양오염은 인위적인 오염물질이 토양에 유입 흡착되어 토양의 조성을 변화시키고, 이를 이용하는 동식물의 생육을 저해하는 등 통상적인 자연상태로서 기대되는 수준을 떠난 비정상적인 악화를 말한다.

2 토양오염의 특성

① 토양오염은 대기 및 수질오염에 비하여 지역적으로 나타난다.
② 토양의 생물 및 식물에는 직접적인 해를 미치지만, 인간에게는 물, 공기, 식물을 통한 간접적인 해를 미친다.
③ 농작물의 생육을 저해하고 사람의 건강을 해칠 가능성이 있는 농축산물을 생산시킨다.
④ 대기오염이나 수질오염은 오염원의 제거에 따라 단기간에 해결이 가능하지만, 토양오염은 유해물질의 토양으로의 부하가 개선되어도 오염상태가 장기간에 걸쳐 지속될 수 있다.
⑤ 대기오염이나 수질오염은 배출규제에 의한 오염방지와 상태개선이 가능하지만, 토양오염은 오염상태 개선을 위한 오염물질의 제거 및 무해화 등의 방안이 필요하다.

3 토양오염의 원인

(1) 대기오염물질

① 산업발전으로 인하여 산업체나 가정에서 내뿜는 매연과 자동차 배기가스 등으로 인해 질소산화물이나 황산화물과 같은 대기오염물질이 발생한다.
② 대기오염물질은 강우나 분진 등으로 식물에 직접 피해를 주거나 토양으로 유입되어 농작물에 피해를 준다.

(2) 수질오염물질

① 사람에 의해 발생되는 수질오염물질에는 유기 및 유기질 공장폐수, 탄광, 석유, 천연 가스광 폐수, 광산폐수 등이 있다.

② 수질오염물질이 농업용수로 혼입되어 사용될 때 토양 및 농작물이 오염된다.

(3) 고형 폐기물

① 고형 폐기물 처리 시 소각, 퇴비화할 수도 있으나 가장 쉽고 경제적인 처리방법인 매립이 많이 사용된다.

② 매립 시에 생물학적으로 분해 가능한 오염물은 토양오염의 면에서는 유리하나 난분해성 유해 화학물질 등의 폐기물은 분해하여 안정화하는 데 상당한 시간이 소요된다.

③ 매립 시에는 지하수를 통하여 인근 토양을 오염시키지 않도록 기술적인 대책을 세운다.

④ 토양에 대한 부하를 고려하여 자연의 충분한 분해 정화능력의 한계를 고려한다.

(4) 농약

① 농작물의 병충해 방지를 위하여 우리나라는 500여 품목의 농약을 사용하고 있다.

② 농작물의 병충해 및 예방구제에 쓰이는 농약에는 살균제, 살충제, 제초제 등이 있다.

③ 농약의 양이 매년 증가하여 생태계의 파괴와 먹이사슬을 통한 인류의 건강장해를 유발하고 있다.

④ 농약의 오염으로 문제가 되는 것은 환경 중에 오랜 시간 잔류하는 DDT, BHC 등의 유기염소계 농약과 유기수은제, 비산연과 같은 중금속을 포함한 농약 등이다.

⑤ 유기염소계 농약은 다른 농약에 비해 사람과 가축에 대한 급성중독은 비교적 적었지만 살충력이 강하고 잔류효과가 크며 제조비용이 저렴한 장점이 있다. 단, 환경 중에서 분해되지 않고 오래 잔류하는 것이 단점이다.

(5) 중금속 물질

① 광공업의 폐기물인 중금속류에 의한 토양작물계의 오염은 식물의 생육이나 인축에 미치는 새로운 면에서 그 영향이 크다.

② 토양을 오염시키는 오염원에는 카드뮴, 납, 수은, 구리, 아연, 비소 등을 들 수 있다.

③ 작물, 인간, 가축 등에 여러 가지 영향을 미치는 유해 중금속의 발생원으로는 우선 지각 중에 있던 것이 용출되어 나오는 것이 있다.

④ 공장폐수, 산업폐기물, 쓰레기 매립장에서 용출되는 침출수 등도 농경지에 유입되어 토양의 오염원이 되고 있다.

⑤ 금속광산에서 대량 발생하는 광재의 비산유실과 금속제련소에서 발생하는 중금속분진 등은 대기오염 및 수질오염의 원인이 된다. 이것들이 토양의 표면에 이르게 되면 중요한 토양 오염원으로 작용한다.

(6) 방사성 물질

① 방사성 물질은 매우 극소량이라도 원자력 가동이나 핵연료 재처리과정, 원자력 시설의 운용, 핵폭탄 실험, 원자력 시설사고 등을 통하여 환경으로 방출될 수 있다.

② 먹이사슬을 통하여 인간에서 축적될 수도 있다.

③ 인체 노출경로는 물 중의 라돈이 공기로 방출되어 호흡기로 흡입되거나 음용수 섭취 시 소화기관을 통하여 흡수된다.

④ 환경으로 방출된 방사성 물질에 의한 식품의 오염과 유통을 방지하기 위하여 세계 많은 나라에서는 규제치를 규정하여 감시하고 있다.

(7) 각종 쓰레기(플라스틱, 비닐, 음식물 등)

① 공원 및 아파트 인근 쓰레기와 생활하수에 의한 오염, 세균, 바이러스 등 각종 병원균이 식물성장에 피해를 준다.

② 특히 비닐(플라스틱)은 수분의 토양 내 이동과 작물뿌리가 자라면서 비닐에 의한 방해로 성장 방해를 유발한다. 비닐은 오래도록 썩지 않는다.

4 토양오염이 인체에 미치는 영향

① 토양오염은 식품의 생육을 저해하거나 유독한 식물을 길러 모든 생물의 생존을 위협한다.

② 대량으로 사용된 합성농약의 잔류와 거기서 자라난 식물이 인체에 영향을 준다.

③ DDT는 만성적으로는 간이나 뇌의 장애를, 급성으로는 떨림이나 마비를 일으키고, DDE나 DDD도 장애, 마비 등의 증상을 나타낸다.

④ 수은은 유기, 무기를 불문하고 모든 식물에 흡수되고 어느 것이나 독성을 나타내며 이것은 분해되거나 소실되지 않는다.

⑤ 대부분의 농약은 이로운 벌레와 균을 함께 죽이기 때문에 해충의 친척들까지 피해를 입게 되어 해충들이 오히려 더욱 번성하여 농작물에 피해를 준다.

⑥ 오염된 토양에서 자란 농작물에는 유해한 중금속, 화학물질 등이 포함되며 이러한 토양의 사료를 먹은 소, 돼지 등의 가축에게도 오염이 퍼진다.

⑦ 결국 자연의 법칙을 무시하고 마구잡이식으로 사용된 농약으로 인해 동식물은 물론 인간에게까지 큰 피해를 준다.

5 토양오염의 방지대책

① 토양오염은 수질오염이나 대기오염을 통하여 생기는 경우가 대부분이므로 오염원의 배출을 규제한다.

② 폐기물 매립 시 발생하는 침출수와 유해폐기물의 침투 등으로 토양오염이 증가될 수 있

으므로 폐기물 처리 및 처분을 위한 대책을 수립한다.

③ 수은, 카드뮴, 건전지, 형광등 등의 유해물질은 일상의 폐기물과는 분리하여 토양에 매립되지 않도록 한다.

④ 중금속을 함유한 농약, 잔류 독성이 큰 농약 등은 그 사용을 제한하거나 금지한다. 그 대신 저독성 생물 농약으로 대체시킨다.

② 오염된 토양을 위한 대책

1 오염된 토양의 개선방안

① 전국 오염토양의 실태 파악을 위하여 토양 측정망을 지속적으로 운영한다.
② 유류저장시설 등의 토양오염 유발시설에 대한 관리체계를 확립한다.
③ 폐금속 광산지역의 오염실태 정밀조사 및 오염방지사업을 추진한다.
④ 폐기물매립지 등 토양오염 우려지역에 대한 조사를 강화하여 오염토양의 효율적인 색출과 오염토양의 개선대책을 적극 추진하고 있다.
⑤ 토양오염 원인자에 대한 책임 소재를 명확히 하고 사전오염 예방체계를 확립하기 위하여 「토양환경보전법」을 개정하였다.

2 오염된 토양의 처리방법

오염된 토양에 함유된 오염물질을 제거하는 방법에는 5가지 종류가 있다.

(1) 추출

추출은 토양 중에 있는 오염물질을 일정한 용액으로 씻어내는 방법을 말한다. 추출을 통하여 씻어낸 폐액은 다시 회수되어 재차 처리된다.

(2) 불활성화

불활성화는 오염토양 내에서 유해물질의 활동을 억제하여 지하수, 표면으로 이동 또는 대기에의 노출을 감소시키는 방법이며 불활성화에는 흡착, 이온 교환, 침전 등이 있다.

(3) 분해

분해는 유해한 물질을 무독성화하거나 저독성화하는 방법이다. 분해는 유기물질 처리에 이용하는데, 특별한 경우에는 무기물질 처리에도 이용한다.

(4) 희석

희석은 토양 내 오염물질의 함량을 적절한 수준까지 감소시키기 위하여 신선한 토양 또는 유사물질을 사용하는 방법이다. 희석은 섭취 또는 직접적인 접촉 가능성을 감소시키는 데 이용된다.

(5) 휘발성 감축

휘발성 감축은 휘발성 유기물질들의 공기 중 휘발을 억제하는 방법이다. 토양 내 휘발성 오염물질의 확산을 억제하거나 휘발성이 될 수 있는 조건을 제거한다.
토양 표면으로의 확산은 토양 증기압을 낮추어 줌으로써 억제시킬 수 있고, 오염물질의 휘발성은 토양층을 냉각시켜 증기압을 낮추어 줌으로써 감소시킬 수 있다.

3 농경지 개량법

농경지 토양에 유입된 유기물의 대부분은 토양 자체의 희석, 확산, 분해작용 등에 의해 자정된다. 단, 중금속에 의한 오염일 때는 자연에 의한 정화작용을 기대할 수 없을 뿐 아니라 한번 토양에 축적된 중금속을 선택적으로 제거하기란 거의 불가능하다.

4 보전농업

(1) 보전농업의 개념

보전농업은 미래의 농업기술 개발과 보급이 단순한 작물생산의 증대를 위한 농업의 환경개선 차원이 아니라 환경과의 조화 속에서 토양의 생산성을 지속적으로 유지함과 동시에 환경정화기능을 높여가는 농업을 말한다.

(2) 보전농업의 특성

① 토양오염관리를 위하여 토양환경 기능 및 조성을 생태계와 연결시켜 생각한다.
② 토양관리 기준에 대한 과학적 지식을 계속 집적함으로써 환경기준을 설정함은 물론, 이의 유지 달성을 위한 오염방지 또는 오염제거 기술의 시급성을 인식한다.
③ 오염된 환경을 되돌리기 위하여 보이지 않는 창조자로서의 미생물 이용이 앞으로 토양환경보전기술의 발전방향이 된다.

9 소음과 건강

① 소음의 발생

1 소음의 발생원

소음은 일반적으로 원치 않는 소리라고 할 수 있으며, 같은 음이라 하더라도 개인에 따라 많은 차이가 있다.

(1) 자연소음

자연소음은 폭풍, 천둥, 호우 등으로 문제가 되는 소음을 말하며 일시적으로 발생한다.

(2) 인공소음

인공소음은 교통 소음(자동차, 기차 등), 항공기 소음, 기계 소음 등으로 문제가 되는 소음을 말한다.

2 소음의 측정단위

(1) dB

① dB(데시벨)는 음의 강도(음압)를 나타내는 단위이다.
② dB(데시벨)는 인간이 들을 수 있는 음압의 범위가 음 강도의 범위를 상용대수를 사용하여 만든 단위이다.
③ dB(데시벨)는 음파의 방향에 수직한 단위면적을 단위시간에 통과하는 음의 에너지양을 말한다.

(2) Phon

① Phon(폰)은 음의 크기를 나타내는 단위이다.
② Phon(폰)은 주파수 1,000Hz를 기준으로 하여 나타난 dB를 말한다.
③ Phon(폰)은 1,000Hz의 순음 크기와 평균적으로 같은 크기로 느끼는 음의 크기를 말한다.

(3) Sone

① Sone(손)은 음의 크기를 감각 기준으로 하여 나타내는 단위이다.
② Sone(손)은 음의 크기가 2배가 되면 귀로 듣는 크기도 2배가 되도록 만든 척도이다.
③ Sone(손)은 1,000Hz의 순음이 40dB일 때 1Sone이 된다.

TIP 소음의 환경기준

- 소음의 환경기준은 건강을 보호하고, 쾌적한 생활을 유지할 수 있는 수준으로 유지되도록 규정되어야 한다.
- 우리나라는 국제표준화기구(ISO)의 권고 기준을 근거로 하여 1990년에 「소음·진동관리법」을 제정하여 공포하였다.

② 소음의 방지

1 소음원의 방지

① 소음원에는 공장 소음, 건설현장 소음, 교통 소음 등이 있다.
② 공장 소음은 소음 발생이 적은 기계 사용 및 소음기 부착 등이 필요하다.
③ 건설현장 소음은 무음해머의 사용, 방음시설 등이 필요하다.
④ 교통 소음은 소음기의 부착, 경적사용의 제한, 속도 제한 등이 필요하다.

2 소음 확산의 방지

① 공장단지의 입지선택에 있어서 주거지역과의 단절, 차음벽의 설치, 소음 발생시설의 이전 등의 조치가 필요하다.
② 도시계획의 정비로서 주거지의 안락한 생활을 영위할 수 있어야 한다.
③ 소음에 대한 법적 기준의 제정 및 철저한 이행이 필요하다.

③ 소음이 인체에 미치는 영향

1 생리적 영향

① 교감신경과 내분비계를 흥분시켜 근육이 긴장된다.
② 타액 및 위액분비가 억제된다.
③ 위장기능이 감퇴된다.
④ 맥박 및 호흡수가 증가한다.
⑤ 혈액성분이나 소변이 변화한다.
⑥ 부신호르몬의 이상분비가 일어난다.

2 심리적 영향

① 불쾌감 및 불안감을 느낀다.
② 수면방해 및 대화방해가 일어난다.
③ 사고 및 집중력이 감소한다.

3 청력에 미치는 영향

① 일상생활에서 발생하는 환경소음에 의한 청력의 악영향은 극히 드물다.
② 소음에 의한 청력 손실은 주로 소음이 심하게 발생하는 작업장에서 발생한다.
③ 강력한 소음에 노출되면 일시적 청력손실(일시적 난청) 및 영구적 청력손실(영구적 난청) 등이 올 수 있다.

국민건강증진(2030)

1 장기 비전과 목표

(1) 비전 : "모든 사람이 평생 건강을 누리는 사회"
① 모든 사람 : 성, 계층, 지역 간 건강 형평성을 확보, 적용대상을 모든 사람으로 확대한다.
② 평생 건강을 누리는 사회 : 출생부터 노년까지 전 생애주기에 걸친 건강권 보장, 정부를 포함한 사회 전체를 포괄하고 있다.

(2) 총괄목표 : 건강수명 연장, 건강형평성 제고
① 건강수명 : '30년까지 건강수명 73.3세 달성('18. 70.4세 → '30. 추계치73.3세)
② 건강 형평성 : 건강수명의 소득 간, 지역 간 형평성 확보

2 기본 원칙

(1) 국가와 지역사회의 모든 정책 수립에 건강을 우선적으로 반영
① 건강의 사회적 결정요인(Social Determinants of Health)을 확인하고, 건강증진과 지속가능한 발전을 도모하기 위한 다부처·다분야 참여를 추진한다.
② 모든 정책에서 건강을 우선적으로 고려(Health in All Policies)하는 제도 도입을 지향한다.

(2) 보편적인 건강수준 향상과 건강형평성 제고를 함께 추진
① 중점과제별로 특히 취약한 집단·계층을 확인하고, 이들에게 편익이 돌아갈 수 있도록 정책목표와 우선순위 설정한다.
② 세부사업 및 성과지표 선정 시 기본적으로 성별 분리지표를 설정하고, 소득·지역 등 건강의 사회적 결정요인에 따른 격차 감소를 고려한다.

(3) 모든 생애과정과 생활터에 적용
영유아·아동·청소년·성인·노인 등 생애주기별 단계와 학교·군대·직장 등 생활터 내에서 적절한 건강정책이 투입될 수 있도록 정책을 설계한다.

(4) 건강친화적인 환경 구축
모든 사람이 자신의 건강과 안녕(Well-being)을 위한 잠재력을 최대한 발휘할 수 있는 사회적·물리적·경제적 환경을 조성한다.

(5) 누구나 참여하여 함께 만들고 누릴 기회 보장
전문가·공무원뿐만 아니라 일반 국민의 건강정책 의견 수렴 및 주도적 역할을 부여한다.

(6) 관련된 모든 부문 연계하고 협력
SDGs 등 국제 동향과 국내 분야별/지역별 건강정책과의 연계성 확보, 향후 분야별·지역별 신규 계획 수립 시 지침으로 기능한다.

memo

memo

memo

memo

memo

간호직공무원
지역사회 간호

서울시·지방직 시험 대비

★★★
알아두면 유용한 키워드 10
모의고사 5회분

다락원

알아두면 유용한
키워드 10

1 건강보험 연혁 요약

우리나라 국민건강보험 제도의 연혁을 요약하면 다음과 같다.

1. 1963. 12 의료보험법 제정(300인 이상 사업장 조합 임의설립)
2. 1976. 12 의료보험법 전문개정
3. 제4차 경제개발 5개년 계획으로 의료보호 실시
   (생활보호대상자 등에 대해 의료보호 실시, 국민부담능력을 고려하여 실시 가능한 임금소득계층부터 점진적으로 의료보험 적용 확대)
   · 1977. 7 500인 이상 사업장 근로자 의료보험 실시
   · 1979. 1 공무원 및 사립학교 교직원 의료보험 실시
   · 1979. 7 300인 이상 사업장까지 의료보험 확대
4. 1980년 이후 전국민의료보험 확대 실시를 위한 기반조성
   · 1981. 7 지역의료보험 1차 시범사업실시(홍천, 옥구, 군위)
   · 1982. 7 5인 이상 사업장까지 의료보험 당연적용 확대
5. 한방의료보험 실시
   · 1984. 12 의료보험 시범사업(청주, 청원)
   · 1987. 2 한방의료보험 전국실시
6. 지역의료보험 실시
   · 1988. 1 농, 어촌 지역의료보험 실시
   · 1989. 7 도시지역의료보험 실시(제도 도입 후 12년 만에 전 국민의료보험 실시)
   · 1989. 10 약국의료보험 실시(1982.8~1984. 12 의약분업실시운영 목표시)
7. 의료보험조직 통합
   · 1998. 10 1차 조직 통합(공무원, 사립학교 교직원 의료보험 및 227개 지역 의료보험조합통합)
     → 국민건강보험공단 및 건강보험심사평가원 업무개시
8. 2000. 3 보험자직영병원 개설(국민건강보험공단 일산병원)
9. 2002. 1 국민건강보험재정건전화특별법 제정, 공포(건강보험정책심의위원회 설치, 보험재정에 대한 정부지원율 명시)
10. 2003. 7 직장, 지역가입자 재정통합 운영
11. 2007. 1 '국민건강보험재정건전화특별법' 만료(2006. 12.31)에 따른 해당 법령 근거 국민건강보험법에 삽입 시행
12. 2011. 장애인 장기요양제도 실시

2 「암관리법」시행령

암의 종류별 검진주기와 연령 기준은 다음과 같다.

암의 종류	검진주기	연령 기준 등
위암	2년	40세 이상의 남·여
간암	6개월	40세 이상의 남·여 중 간암 발생 고위험군
대장암	1년	50세 이상의 남·여
유방암	2년	40세 이상의 여성
자궁경부암	2년	20세 이상의 여성
폐암	2년	54세 이상 74세 이하의 남·여 중 폐암 발생 고위험군

비고
1. "간암 발생 고위험군"이란 간경변증, B형간염 항원 양성, C형간염 항체 양성, B형 또는 C형 간염 바이러스에 의한 만성 간질환 환자를 말한다.
2. "폐암 발생 고위험군"이란 30갑년[하루 평균 담배소비량(갑) × 흡연기간(년)] 이상의 흡연력을 가진 현재 흡연자와 폐암 검진의 필요성이 높아 보건복지부장관이 정하여 고시하는 사람을 말한다.

3 법정급여·임의급여(부가급여)·재량급여

1. **법정급여** : 법률에 의해서 급여의 지급이 의무화되어 있는 급여를 말한다.
2. **임의급여(부가급여)** : 법률에 정한 급여 이외의 급여를 말하며 공단은 대통령이 정하는 바에 의하여 지급한다.
3. **재량급여** : 법률에 열거되어 있지만 그것을 지급할 필요성이 있는가에 대한 판단은 보험자의 재량에 맡겨져 있는 급여를 말하며, 등록한 장애인 가입자 및 피부양자에게 지급되는 보장급여가 이에 해당된다.

TIP 법정급여와 임의급여(부가급여) 비교

구분	종류	급여방법	수급권자
법정급여	요양급여	현물급여	가입자 및 피부양자
	건강진단	현물급여	가입자 및 40세 이상 피부양자
	요양비	현금급여	가입자 및 피부양자
	장애인 보장구 급여비	현금급여	등록장애인
	본인부담환급금	현금급여	가입자 및 피부양자
	본인부담보상금	현금급여	가입자 및 피부양자
임의급여(부가급여)	임신·출산진료비	이용권	가입자 및 피부양자

4   요양기관

간호, 이송을 제외한 요양급여는 다음의 요양기관에서 실시한다.

1. 「의료법」에 따라 개설된 의료기관
2. 「약사법」에 따라 등록된 약국
3. 「약사법」에 따라 설립된 한국희귀의약품센터
4. 「지역보건법 」에 따른 보건소, 보건의료원, 보건지소
5. 「농어촌 등 보건의료를 위한 특별조치법」에 따라 설립된 보건진료소

5   요양기관에서 제외되는 의료기관

요양기관에서 제외되는 의료기관은 아래와 같다.

1. 「의료법」에 따라 개설된 부속 의료기관
2. 「사회복지사업법」에 따른 사회복지시설에 수용된 사람의 진료를 주된 목적으로 개설된 의료기관
3. 본인일부부담금을 받지 아니하거나 경감하여 받는 등의 방법으로 가입자나 피부양자를 유인하는 행위 또는 이와 관련하여 과잉 진료행위를 하거나 부당하게 많은 진료비를 요구하는 행위를 하여 다음 각 목의 어느 하나에 해당하는 업무정지 처분 등을 받은 의료기관
   • 업무정지 또는 과징금 처분을 5년 동안 2회 이상 받은 의료기관
   • 면허자격정지 처분을 5년 동안 2회 이상 받은 의료인이 개설·운영하는 의료기관
4. 업무정지 처분 절차가 진행 중이거나 업무정지 처분을 받은 요양기관의 개설자가 개설한 의료기관 또는 약국

6   건강보험심사평가원

1. 심사기능 분류

본원	싱급종합병원, 종합병원, 치과대학부속 치과병원 및 한방병원의 요양급여 비용 심사를 담당
지원	병의원, 치과병원, 치과의원, 한방의원, 약국 및 보건기관의 요양급여비용 심사를 담당

2. 진료심사평가위원회

위원장을 포함하여 50명 이내의 상근심사위원과 1,000명 이내의 비상근심사위원으로 구성되어 있다.

3. 건강보험심사평가원의 업무

1. 요양급여비용의 심사
2. 요양급여의 적정성 평가

3. 심사기준 및 평가기준의 개발

4. 제1호에서 제3호까지의 규정에 따른 조사연구 및 국제협력

5. 다른 법률에 따라 지급되는 급여비용의 심사 또는 의료의 적정성 평가에 관하여 위탁받은 업무

6. 건강보험과 관련하여 보건복지부장관이 필요하다고 인정한 업무

7. 그 밖에 보험급여비용의 심사와 보험급여의 적정성 평가와 관련하여 대통령령으로 정하는 업무

7 보건소의 연혁

우리나라 보건소의 연혁을 요약하면 다음과 같다.

연도	중요사항
1945. 9	미 군정청 군정법 제1호, 보건행정개혁 – 예방보건사업의 적극 추진
1946. 10	모범보건소(서울) 설치
1948.	국립중앙보건소로 승격
1951. 9	국민의료법 제정
1953.	15개의 보건소와 471개의 보건지소 설치
1955.	16개의 보건소와 515개의 보건지소
1956. 12	보건소법 제정 – 시·도립 보건소 직제 완성
1958. 6	보건소법 시행령 공포
1962. 9	구보건소법 전면 개정 – 시·군 보건소로 이관과 보건소 업무 13가지 규정 실질적인 의미의 보건소 설치라 할 수 있으며, 이때부터 시·군에 보건소를 두도록 하였다.
1976.	보건소법 시행령 공포 – 보건소설치기준마련(시·군·구)
1980. 12	농어촌보건의료를 위한 특별조치법
1988 ~1989	의료취약지역 군보건소의 병원화 사업 추진(15개 보건의료원 설립)
1991. 3	보건소법 개정 – 보건지소 설치근거 마련 및 보건소 업무 보완
1992. 7	보건소 및 보건지소 보건의료전문인력 배치기준(보사부훈령 제639호)
1994. 12	「농어촌 특별세법」
1995.	「보건소의 지역보건법」으로 전환

8 가족과 관련된 이론들

1. 가족체계 이론

① 가족을 하나의 개방체계로 이해하며, 체계는 상호작용하는 여러 요소들의 복합체라고 정의하는 이론이다.

② 체계 이론은 가족건강을 내부 상호작용의 결과와 외부체계의 관련에 중점을 두는 접근법으로 가족 구성원들 간의 상호작용, 가족 내 하부체계 간의 관계, 외부 환경체계와의 교류에 의한 균형에 초점을 둔다.

③ 가족은 일종의 개방체계로 항상성을 유지하며, 항상성은 생존을 위한 안정성과 일관성을 제공하는 균형 상태이다.

〈항상성의 구성요소〉
항상성의 구성요소들로는 힘(에너지), 상호균형, 반복적이고 상호적인 행동유형, 역할, 규율, 의사소통과 경계선이 있다.

④ 가족을 하나의 상위체계로 볼 때 가족 구성원 하나하나와 가족 구성원 간 상호작용은 가족 내 하부체계로 본다.

2. 상징적 상호작용 이론

① 개인의 행위는 상호작용을 통하여 형성된다. 개인이 다른 사람의 관점을 취함으로써 자신의 행위를 평가하고 대인적 행위를 선택하게 된다.

② 상징적 상호작용 이론에서 가족건강은 역할, 역할갈등, 위치, 의사소통, 스트레스에 대한 반응, 의사결정, 사회화 등 가족 내적인 과정에 영향을 받는다.

③ 가족의 변화는 가족 외부의 힘보다는 가족 구성원 행동의 산물이라고 보는 입장으로 상징적 상호작용에 대한 개인의 중요성을 강조하는 이론이다.

④ 가족의 역할, 갈등, 의사소통, 의사결정 등 가족 내적인 과정에 초점을 둔 가족이론으로 각 개인은 맡은 바 역할이 있고, 가족 구성원은 그 역할에 대한 기대가 있다. 가족 단위의 변화가 가족 구성원들 행동의 산물이며 개인의 행위는 가족 구성원들의 상호작용을 통하여 형성된다.

3. 구조-기능주의 이론

① 구조-기능주의적 관점은 가족이 사회구조의 하나로서 사회 전체의 요구에 가족의 기능이 어느 정도 맞는지에 중점을 두고 있다.

② 구조-기능주의적 관점은 상호작용 과정보다 구조 자체와 상호작용의 결과에 중점을 둔다. 즉 가족 구성원 간의 다양한 내적인 관계뿐 아니라 가족과 더 큰 사회의 관계를 강조하고, 특히 거시적 차원에서는 가족이 사회통합에 어떻게 기여하는가에 초점을 맞춘다.

③ 가족은 사회체계의 단위로 지위-역할의 복합체이며, 가족은 부여되는 지위에 따른 역할을 수행한다.

④ 가족건강은 구조적 형태들이 사회에서 요구하는 가족의 기본 기능인 애정기능, 생식기능, 경제적 기능, 사회화기능, 보호기능을 제대로 수행하도록 조직되었는가에 연관되어 판단된다.

⑤ 가족의 사회체계와 상호작용하는 체계로 보면 사회, 사회체계, 사회구조가 개인의 행위를 결정하고 만든다고 본다.

⑥ 구조-기능주의는 내용이 구체적인 것이 특징이며, 사정도구로는 가계도와 사회지지도가 있다.

4. 가족발달 이론

① 이 이론은 가족체계 이론, 상징적 상호작용 이론, 구조-기능주의 이론 등으로 부터 도출

되었다.

② 개인의 건강을 성장발달 정도에 따라 평가하듯이 가족도 성장발달기가 있으며 그 시기에 따라 역할 및 목표가 다르므로 각 발달기의 과업을 어느 정도 성취하였는가를 중심으로 가족건강을 평가하는 방법이다.

③ 이 접근법에서는 가족 형태에 따라 발달 단계를 먼저 사정한 후 그 시기의 발달과업을 어느 정도 수행하고 있는가를 사정하게 된다.

5. 위기 이론

① 카플랜은 위기에 대한 정의를 한 인간이 자신의 대처능력을 사용하여 탈출하지 못하거나 해결될 수 없는 상황에 처해 있는 것으로, 일시적인 심한 불균형을 말한다라고 하였다.

② 위기의 특성과 관련된 속성은 시간적으로 일시적인 상황(4~6주간 지속)이며, 위기는 불확실성을 인지하는 것을 포함한다. 즉, 많은 스트레스는 상황을 이해하지 못해서 또는 그 결과를 알지 못하는 것 때문에 온다.

③ 위기 상황은 위험하며 정신적인 증상을 유발하기도 하고 위기 상황에서 쉽게 빠져나올 수 없고 부적절한 대처기술을 사용하게 되어 무력감을 느끼며 과도한 방어기전을 사용하기도 한다.

④ 각각의 위기는 고유한 문제가 있으며 전환점이 있기 때문에 위기가 또 다른 기회의 시작이 되기도 한다. 즉 위기 결과가 에너지를 활성화하거나 잘못된 문제해결이나 부적응 문제를 교정할 수 있는 제2의 기회를 마련해 줄 수도 있다는 의미이다.

⑤ 위기는 정신건강 수준을 상승시키는 강력한 잠재기능이 있다고 할 수 있다.

TIP) 위기의 개요

1. 위기의 종류

성숙위기	성장발달 과정 중에 있는 사람들이 경험하고 예견할 수 있는 위기로서 발달에 따른 신체변화, 결혼, 출산 등과 관련된 위기이며, 위기의 출현은 점진적이다.
상황위기	우발적이므로 발생을 예견할 수 없는 위기, 즉 기형아 출생·이혼·실직·질병·사고 등과 관련된 위기이며 흔히 사고라고 부른다.

2. 위기의 단계

충격 단계	최고의 스트레스를 느끼고 불안, 무력감, 혼돈, 공황이 따르고 이인화의 감정을 느낌
현실화 단계	충격에서 벗어나 현실감을 느끼는 단계
방어적 후퇴 단계	현실감에 의해 다시 손상, 현실부정, 도피
승인 단계	상황에 대해 객관적으로 현실인식, 문제해결 시도 및 위기해결을 위한 계획 수립
적응과 변화의 단계	재조직과 안정의 시기

3. 가족의 대처능력에 영향을 미치는 요인
① 효과적 의사소통 양상
② 가족의 통합이나 결손, 가족의 친밀감
③ 가족의 역할 재분배

4. 지역사회간호사의 역할
① 가족이 각자의 책임을 판별할 수 있도록 도와줌
② 건강문제 해결을 위한 자원을 알선함
③ 자극이나 위기에 대처하는 잠재력을 인식시키도록 도움
④ 환자가 현실을 직면하여 발견하도록 도움
⑤ 스스로 위기를 관리할 수 있도록 하며 도움이 필요할 경우 도움을 받아들일 수 있도록 지지함

9 우리나라 가족의 변화

1. 가족의 변화 요인

우리나라 가족의 변화 요인은 사회적 요인, 인구학적 요인, 가치관적 요인 등의 차원에서 접근할 수 있다.

(1) 사회적 요인
① 우리나라 가족의 변화를 사회적 차원에서 접근하면 세계화, 정보화, 도시화, 산업화 등이 주요 요인이라고 할 수 있다.
② 1990년대 이후 금융의 세계화는 외환위기를 초래하여 IMF의 지배 관리체계에 들어가게 되고, 자본시장을 개방시켜 자유무역협정(FTA)을 통하여 빈부 간의 격차를 강화시켜 불평등 현상이 매우 심각해졌다.
③ 우리나라는 엄청난 경제위기를 맞이하면서 구조조정을 통한 퇴출과 저임금 현상이 일어나 가정경제가 위축되었다. 이러한 사회적 여파로 대량 실업과 고용 불안정이 발생하였으며, 이것은 가족의 해체와 위기로 이어졌고 이혼이 증가하게 되었다. 이는 곧 한부모 가족과 가출하는 아동, 버려지는 아동의 증가로 이어졌다.
④ 경제의 세계화에 있어서 가족변화와 관련해서 주목되는 현상은 국제적인 이주이다. 현재 우리나라도 외국인 노동자들의 이주와 더불어 국제결혼으로 인한 다문화가정 증가 추세에 있다.
⑤ 국내 총인구 대비 결혼이민 인구의 비중은 2009년 기준 0.56%에서 2050년 5.11%로 증가할 것이라고 전망되어, 향후 40년 후에는 전체 인구 100명 중 5명이 다문화가족 구성원일 것으로 추정된다. 또한 같은 기간 내 다문화가족의 아동인구는 1.13%에서 16.53%로 높아질 것으로 전망하고 있다.

(2) 인구학적 요인
① 인구학적 요인에는 초혼연령 상승, 혼인감소, 소자녀 선호, 평균수명 연장 등을 들 수

있다. 먼저 여성의 초혼연령 상승은 교육에 대한 열망 및 미혼 여성의 취업 기회 확대, 자아성취 욕구의 증대 등에 기인한다고 할 수 있다.

② 독신자의 증가로 미혼 인구가 증가하고 있으며, 특히 남성보다 결혼에 소극적인 여성에게서 매우 현저하다.

③ 평균 수명의 연장은 노인 단독가구가 증가할 수 있음을 시사한다. 남녀 결혼연령 차이와 평균 수명의 차이를 감안할 경우, 남편이 사망하고 여자 노인 혼자서 사는 기간이 9년~10년 정도이다. 그러므로 여자노인 독신가구가 더욱 급증할 것으로 전망된다.

(3) 가치관적 요인

가족의 변화 요인을 가치관적 차원에서 접근하면 혼인 가치관, 자녀 가치관, 부부관계 가치관, 가족 부양 가치관, 양성 평등화, 여성 자아욕구 상승 등으로 요약할 수 있다.

2. 우리나라 가족의 변화양상

(1) 가족 구조의 변화

부부와 자녀로 구성된 전통적인 핵가족은 2000년 전체 가구의 48.2%를 차지했으나, 2011년 현재 전체 가구의 41.1%까지 감소하였다. 2030년 정도에는 전체 가구의 약 1/3 정도만이 전통적인 핵가족의 형태를 보일 것으로 예상된다.

(2) 가족기능의 변화

가족기능의 변화는 경제적 기능, 가족의 성적 및 재생산기능, 정서적 유래기능, 여가 및 휴가기능, 교육적 기능 및 가족의 복지기능 등에서 찾아볼 수 있다.

경제적 기능	• 생산과 소비의 주체에 있어 남녀 간의 경계가 완화되어 과거 주로 여성이 주요 소비자였던 가사용품이나 자녀 양육 및 교육관련 상품의 소비자로 남성이 등장 • 정보화 기술의 발달로 원격근무나 온라인 영업확대 등으로 인한 산업화 과정에서 분리되었던 생산 공간과 가족이라는 사적 생활공간의 경계가 불분명해짐
성적 및 재생산기능	• 출산이라는 수동적인 측면에서 이제는 출산 외에도 본능 및 결혼생활의 만족 요인이라는 능동적 측면으로 급격하게 변화하는 추세임 • 결혼한 부부에게 출산이 과거에는 의무였다면 현재는 선택임
정서적 유대기능과 여가 및 휴가기능	• 사회 자체의 복합성, 급변하는 사회 적응에서 오는 갈등, 각종 스트레스 유발요인 등에 따라 가족 구성원 간의 이질적 문화 차이를 최소화할 수 있는 가족 간의 교제와 여가생활의 기술 및 프로그램 개발이 부족하여 제대로 기능을 발휘하지 못하고 있음 • 정보화가 진전될수록 가족 구성원 개인의 정보 선택 및 활용 능력이 가족 관계에 영향을 미치는 요인이 됨 • 다양한 정보기기를 이용하는 방법과 정도의 격차가 가족 내에서 세대 간 대화의 단절이나 소외감 등을 야기하기도 하고, 긍정적인 가족관계의 새로운 유형을 만들어가는 현상도 나타남

교육적 기능	• 산업화 과정에서 가족의 교육기능이 축소되어 왔으나 가족이 가지고 있는 기본적인 교육기능은 매우 중요하게 남아 있으며 최근 더욱 부각되고 있음 • 단순히 지식습득만이 아니라 한 개인이 사회 구성원으로서 사회화되는 전 과정에 대해 개입하는 것으로 본다면 가족이 1차적인 사회화 기관으로서 매우 중요함 • 학교 교육과 가족 안에서의 교육이 일관되고 지속적일 때 교육의 효과가 매우 높음을 알 수 있듯이 학교와 함께 가족의 교육기능도 절대 축소되어서는 안됨
복지기능	• 가족은 개인들을 보호하고 그들의 복지에 기여하는 중요한 역할을 하며, 아동을 양육하고 노인을 부양하며 장애인 가족 구성원을 돌보는 기본단위로서 이들에 대한 사회적 부담을 경감해주는 기능 • 최근 노인인구가 증가하면서 사회적으로 노인 부양부담이 늘어났고, 개별 가족의 입장에서도 평균수명의 증가로 인해 노인 부양기간은 과거에 비해 늘어나 노인 돌봄 부담이 커지고 있음

10 학교보건

1. 「학교보건법」

(1) 학교의사, 학교약사 및 보건교사 배치

① 「학교보건법」에 의해 학교에는 학생과 교직원의 건강관리를 지원하는 학교의사(치과의사와 한의사 포함)와 학교약사를 둘 수 있다.

② 모든 학교에는 보건교육과 학생들이 건강관리를 담당하는 보건교사를 둔다. 다만, 대통령령으로 정하는 일정 규모 이하의 학교에는 순회 보건교사를 둘 수 있다.

③ 「학교보건법 시행령」에 학교보건인력의 배치기준과 직무내용에 관하여 제시되어 있다.

(2) 학교환경위생 정화구역

「학교보건법」에 의해 학교의 보건·위생 및 학습 환경을 보호하기 위하여 교육감은 대통령령으로 정하는 바에 따라 학교환경위생 정화구역을 설정·고시해야 한다. 이 경우 학교환경위생 정화구역은 학교 경계선이나 학교설립예정지 경계선으로 200미터를 넘을 수 없다.

2. 건강 증진프로그램 운영

(1) 비만관리

비만이란 체온을 유지하고 외부로부터의 충격을 막아 주며 영양분의 저장창고로서 사람의 건강을 유지하는 데 꼭 필요한 피하지방이 비정상적으로 많아진 상태를 의미하며 연령, 같은 성, 같은 신장을 가진 아동의 표준체중보다 20% 이상 초과할 때를 말한다. 이러한 비만을 측정하는 척도로는 체질량지수(BMI, Body Mass Index)와 소아과학회에서 제시한 비만 판정 척도 등이 있다.

체질량지수	• BMI는 신장(m)의 제곱값에 대한 체중(kg)의 비를 계산한 것이다. • $BMI = \dfrac{체중(kg)}{신장(m^2)}$
판정	• 성인은 25 이상, 초등학생은 22 이상을 비만으로 판정을 내린다.
비만도	• 학교건강검사에서는 체질량지수로 산출된 비만도를 표준성장곡선에 대비하여 판정한다. • 비만위험군 : 나이별 성장기준과 비교하여 85~95백분위수 미만 • 비만 : 나이별 성장기준과 비교하여 95백분위수 이상

(2) 한국소아과학회 비만도 판정

신장과 성별에 따른 표준체중 고려 후 비만도를 계산하는 방법으로 현재 학교에서는 이 방법과 체질량지수(BMI)를 함께 사용하여 비만도를 판정하고 있다.

저체중	−10%이하
정상 체중	−10 ～ +10%
과체중	+10 ～ +20%
경도 비만	+20 ～ +30%
중등도 비만	+30 ～ +50%
고도 비만	+50% 이상

3. 학교 환경위생정화구역의 설정

(1) 학교 환경위생정화구역 설정

① 「학교보건법」에 의하면 학교의 보건·위생 및 학습 환경을 보호하기 위하여 교육감은 대통령령으로 정하는 바에 따라 학교환경위생정화구역을 설정·고시해야 한다. 이 경우 학교환경위생정화구역은 학교 경계선이나 학교설립예정지 경계선으로부터 200미터를 넘을 수 없다.

② 학교설립예정지를 결정·고시한 자나 학교설립을 인가한 자는 학교설립예정지가 확정되면 지체 없이 관할 교육감에게 그 사실을 통보해야 한다.

4. 유해물질 허용기준

(1) 시간가중 평균농도(TLA−TWA, Time Weighted Average)

① 1일 8시간, 1주 40시간의 정상 노동시간 중 평균농도로 나타내며 근로자가 이러한 조건에서 반복하여 노출되더라도 건강상의 장애를 일으키지 않는 농도이다.

② 대부분 유해물질은 시간 가중치 농도를 이용해 작업환경을 관리한다.

③ 개개의 근로자는 유해물질에 대한 감수성이 다르기 때문에 적은 양이라도 허용농도 이하 유해물질에 의해서도 불쾌감을 느끼거나 소수이기는 하지만 기존의 질병이 악화된다든지 암 발생의 원인이 될 수 있다.

(2) 단시간 노출기준(TLA-STEL, Short Time Exposure Level)

근로자가 1회에 15분간 유해요인에 노출되는 경우를 기준으로 기준 이하에서는 1회 노출 간격이 1시간 이상인 경우 1일 작업시간 동안 4회까지 노출이 허용될 수 있는 기준을 의미한다.

〈유해성이 큰 물질에 적용하는 기준〉
- 15분 이상 노출되는 것을 예방하기 위한 기준
- 15분 이하 단시간 연속적으로 노출되더라도 견딜 수 있는 정도의 자극
- 생체조직에 만성적 또는 비가역적인 질환 발생 유발
- 마취작용에 의해 사고가 일어나기 쉽거나, 자제심을 잃거나 작업의 능률이 뚜렷하게 저하되는 일이 없는 최고 농도

(3) 최고허용농도(TLV-C, TLV-ceiling)

잠시라도 이 농도 이상 노출 시 건강장해를 초래하는 유해요인에 적용되는 기준으로 순간적이라 하더라도 절대적으로 초과해서는 안 되는 농도를 말한다. 이 허용기준은 모두 근로자 주변환경 및 작업환경을 측정하여 간접적으로 근로자가 유해물질에 노출된 수준을 평가하는 방법이다.

5. 유해성 영향요소

(1) 농도

농도가 짙고 노출시간이 길수록 유해성이 크다. 단순한 비례관계가 아니고 농도 상승률보다 유해도의 증대율이 훨씬 크고 두 가지 이상 유해물질이 섞여 있는 경우 유해도는 가산적이 아니고 상승적으로 나타난다.

(2) 노출시간

일정기간 계속적으로 노출되는 경우보다 단속적으로 노출되는 것이 신체에 대한 피해가 적다. 하버의 법칙에 의하면 K(유해지수)=C(농도)×T(시간)이며 비교적 짧은 기간 노출되어 중독이 일어나는 경우에 적용한다.

(3) 개인의 감수성

인종, 연령, 성별, 관습, 질병의 유무, 선천적 체질에 따라 유해 정도가 달라진다.

(4) 작업의 정도

육체적 작업이 심할수록 체내 산소 요구량이 많아져 호흡량이 증가하고 호흡기 계통으로의 침입이 용이해지며 땀을 많이 흘리게 됨에 따라 수용성 유해물질의 피부침입도 용이해진다.

(5) 기상조건

고온 다습, 무풍, 기상역적 등의 기상조건에 따라 유해 정도가 달라진다.

지역사회간호
모의고사

※ 최근 출제경향 분석에 따라 각 회 일부 문제는 이론서에 수록되어 있지 않은
내용으로 구성되어 있습니다.

01 우리나라의 보건소는 어떤 지역사회 유형에 근거하여 설치되는가?

① 소속 공동체   ② 대면 공동체

③ 자원 공동체   ④ 지정학적 공동체

02 듀발(Duvall)은 가족발달주기를 8단계로 제시하였다. 다음과 같은 발달과업의 성취가 요구되는 가족발달주기는?

> • 건설적인 방식으로의 공동생활 참여
> • 자녀의 교육적 성취 격려
> • 가정의 전통 및 관습의 전승

① 양육기 가족   ② 학령전기 가족

③ 학령기 가족   ④ 청소년기 가족

03 2000년 9월, UN 새천년 정상회의에서 국제협력활동을 통합적으로 진행하기 위하여 채택된 UN의 '새천년 개발목표(Millennium Development Goals)'에 해당하는 것은?

① 암 발생률 감소   ② 노인보건의 향상

③ 대기오염의 감소   ④ 모성보건의 개선

04 다음은 제3차 국민건강증진종합계획 중 만성퇴행성 질환관리사업의 중점과제이다. 옳지 않은 것은?

① 관절염   ② 골다공증

③ 건강검진   ④ 구강보건

05 흡연에 의한 폐암 환자의 상대위험비/비교위험도(RRR, Relative Risk Ratio)로 옳은 것은?

	폐암 있음	폐암 없음	총합
흡연함	100	50	150
흡연하지 않음	50	100	150
총합	150	150	300

① 1   ② 2
③ 3   ④ 4

06 다음 표를 통하여 예측 가능한 올바른 내용은?

지역명	a – index
㉠	1.03
㉡	1.12
㉢	1.3

① ㉠지역의 보건의료수준이 가장 높을 것이다.
② ㉠지역의 영아 사망률이 ㉡지역보다 높을 것이다.
③ ㉡지역의 영아 후기 사망률이 ㉢지역보다 높을 것이다.
④ ㉢지역의 합계 출산율이 가장 낮을 것이다.

07 다음과 같은 인구구조를 가진 지역사회의 노년부양비(%)는?

연령(세)	인원(명)
0~14	200
15~44	600
45~64	400
65~74	80
75세 이상	30

① 2.3   ② 5.6
③ 6.1   ④ 11.0

08 지역의 어린이집에 근무하는 건강관리 실무자 15명을 대상으로 유아의 효율적인 위생관리방안을 모색하고자 한다. 가장 적절한 교육방법은?

① 상담   ② 강의

③ 세미나   ④ 공개토론회

09 그린(Green)의 PRECEDE-PROCEED 모형에 의하여 교육 및 생태학적 사정을 할 때 개인이나 조직의 건강행위 수행을 가능하도록 도와주는 것과 관련된 요인은?

① 성향요인   ② 촉진요인

③ 강화요인   ④ 행위요인

10 학교환경위생정화구역에 대한 설명으로 옳은 것은?

① 정화구역 관리는 보건교사가 담당한다.

② 절대정화구역은 학교 경계선에서 직선거리로 50m까지의 지역이다.

③ 상·하급학교 간 정화구역이 중복될 경우, 상급학교장이 정화구역을 관리한다.

④ 상대정화구역은 절대정화구역을 제외한 학교 경계선에서 직선거리로 200m까지의 지역이다.

11 산업재해를 나타내는 도수율과 강도율의 분모로 맞는 것은?

① 재해 건수   ② 실 근로자 수

③ 평균 근로자 수   ④ 연 근로시간 수

12 서울시는 지역진단을 통하여 비만과 성인병 관리에 대한 요구를 파악한 후에 대사증후군 관리사업을 계획, 시행, 평가하였다. 사업의 적절성 평가를 위하여 비교분석 할 내용은?

① 투입된 인력, 비용 및 시간 간의 관계

② 수립된 지역보건의료계획과 진행 수준의 비교

③ 지역진단 결과와 사업목표 달성 수준 간의 비교

④ 투입된 인력, 비용, 시간과 성취한 결과 간의 비교

13 **다음은 어떤 학습이론에 대한 설명인가?**

> • 학습이란 자기실현을 할 수 있도록 개인의 잠재력을 발달시키는 것이다.
> • 스스로 학습하며 학습이 유용했는지를 스스로 평가하도록 한다.
> • 학습자가 자발적인 사람이기 때문에 교육자의 역할은 학습자의 조력자이
>   며 촉진자이다.

① 사회–학습이론   ② 계획된 행위이론
③ 인지주의 학습이론   ④ 인본주의 학습이론

14 **생후 6개월 아기가 예방접종을 위하여 보건소를 방문하였다. 이 아기가 제 시기에 예방접종을 받았다면 지금까지 접종하였을 내용에 포함되지 않는 것은?**

① 결핵   ② 홍역
③ 폴리오   ④ 백일해

15 **다음 설명에 적합한 인구 측정지표는 무엇인가?**

> • 한 세대의 여자들이 15세~49세 사이에 출산한 여아의 수를 나타내는 지표
> • 각 연령별 여아 출산율의 합계

① 총 출산율   ② 순 재생산율
③ 일반 출산율   ④ 총 재생산율

16 **다음의 가족구조도에서 확인할 수 있는 것은?**

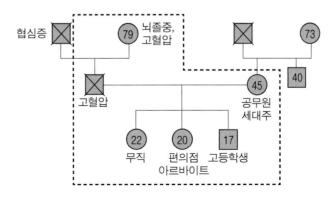

① 취약가족 간호대상자   ② 세대주 중심의 재혼가족
③ 6인 동거의 대가족 형태   ④ 사회·경제적 어려움이 있음

17 1992년 브라질 리우데자네이루에서 체결한 UN환경개발회의의 주요 기후협약의 내용은?

① 국제보건 협력 강화

② 지구 온난화의 방지

③ 수질오염물질의 관리 강화

④ 건강유해인자의 건강피해 예방

18 수돗물의 수질검사를 시행한 후, 다음과 같은 결과를 얻었다. 다음 중 「먹는 물의 수질기준 및 검사 등에 관한 규칙」에 명시된 기준과 비교 시, 문제가 되는 검사 결과는?

① 암모니아성 질소 : 0.7mg/L

② 유리잔류염소 : 2.0mg/L

③ 일반세균 : 50CFU/mL

④ 수소이온 농도 : pH 8.4

19 어느 마을의 한 화학공장에서 원인불명의 가스가 누출되었다. 오마하(OMAHA) 시스템의 지역사회 간호진단에 따를 시, 가스누출의 문제는 무엇에 해당하는가?

① 수입   ② 위생

③ 주거   ④ 이웃/직장의 안전

20 신증후군출혈열의 발생 시, 효과적인 보건교육방법은?

① 방송   ② 벽보

③ 상담   ④ 편지

01 지역사회간호사가 결핵환자의 가정을 방문하여 간호를 수행하고자 한다. 간호사의 방문 중 활동으로 옳은 것은?

① 간호계획에 필요한 기구, 약품, 검사 및 측정도구 등을 준비한다.

② 가족의 지원을 최대한으로 활용하여 가족들과 함께 적절한 계획을 세운다.

③ 방문활동의 진행과정, 간호수행의 적합성, 목표달성 정도를 평가하고 기록한다.

④ 상사에게 보고한 후, 의뢰서를 작성하고 필요한 의뢰기관에 의뢰활동을 한다.

02 지역사회 간호진단분류체계 중 하나인 오마하 시스템에 대한 설명으로 옳은 것은?

① 제1수준은 실무자의 우선순위 영역으로, 환경·사회·심리·생리·건강관련행위의 5개 영역으로 구성된다.

② 제2수준은 간호 대상자의 문제와 관련된 결과로 구성된다.

③ 제3수준은 3개의 수정인자로 구성된다.

④ 제4수준은 문제별 증상과 징후로 구성된다.

03 클레츠코프스키(Klezkowski, 1984) 등이 제시한 국가보건의료체계의 하부구조 구성요소를 모두 고르면?

가. 보건의료자원 개발
나. 경제적 지원
다. 자원의 조직적 배치
라. 보건의료 제공

① 가, 나, 다 　　　　② 가, 다
③ 나, 라 　　　　④ 가, 나, 다, 라

04 가족이 다른 사회집단과 구별되는 집단적 특징이 아닌 것은?

① 가족은 개방적 집단이다.

② 가족은 공동사회 집단이다

③ 가족은 일차적 집단이다.

④ 가족은 형식적 집단이다.

05 가족 내 가장 취약한 구성원을 중심으로 가족관계를 나타내고, 자원 활용과 개발 가능한 것을 확인하여 가족 내외의 상호작용을 파악할 수 있도록 하는 가족사정도 구는?

① 가족구조도 ② 가족연대기
③ 사회지지도 ④ 가족밀착도

06 다음 법률들의 제정연도를 순서대로 바르게 나열한 것은?

> 가. 보건소법
> 나. 학교보건법
> 다. 산업안전보건법
> 라. 국민건강증진법
> 마. 농어촌 등 보건의료를 위한 특별조치법

① 가 – 나 – 마 – 다 – 라 ② 가 – 마 – 라 – 나 – 다
③ 가 – 마 – 다 – 라 – 나 ④ 가 – 마 – 라 – 다 – 나

07 재활간호의 궁극적인 목적으로 가장 적합한 것은?

① 장애인의 활동지원제도 추진
② 가정과 지역사회의 복귀 도움
③ 장애인의 기능적 회복과 최대의 독립성으로의 장애인 사회 통합
④ 변화된 삶에의 적응과 최적의 안녕상태 유지 도움

08 Health Plan 2020의 사업분야에 포함된 내용이 아닌 것은?

① 건강형평성의 제고 ② 인구집단별 건강관리
③ 예방 중심의 상병 관리 ④ 건강생활의 실천 확산

09 보건교육 시, 학습원리를 적용하고자 한다. 행동주의 학습원리에 대한 설명으로 옳지 않은 것은?

① 반복은 학습을 증진시키고, 행동을 강화시킨다.
② 각성은 주의집중에 영향을 준다.
③ 새로운 자료는 간격을 두고 제시한다.
④ 사람마다의 인지 차이에 따라 다양한 학습유형을 가진다.

10 다음 설명에 해당하는 보건교육방법은?

> 동일한 주제에 대한 전문 지식을 가진 전문가 3~5명의 발표 내용을 중심으로 청중과 공개토론 형식으로 진행한다.

① 패널토의　　　　　　　　② 델파이법
③ 심포지엄　　　　　　　　④ 분임토의

11 $\dfrac{\text{재해건수}}{\text{연 근로시간}} \times 1{,}000{,}000$으로 구하는 것은?

① 도수율　　　　　　　　　② 강도율
③ 천인율　　　　　　　　　④ 건수율

12 방사선 공정에서 자동화 공정으로 공정과정을 바꾸는 것은 작업환경 관리방법 중 무엇에 해당하는가?

① 대치　　　　　　　　　　② 격리
③ 환기　　　　　　　　　　④ 청결

13 물리적 인자에 의한 직업병에 대한 설명으로 옳지 않은 것은?

① 고열을 취급하는 근로자가 땀을 흘리지 못하여 체온이 갑자기 상승하고, 두통과 이명을 호소한다면 열사병을 의심한다.
② 한랭조건에 장기간 노출됨과 동시에 지속적으로 습기나 물에 잠기면 레이노드 현상이 발생한다.
③ 전신 진동장애의 증상으로는 말초혈관의 수축, 혈압과 맥박의 상승, 위장장애 및 내장 하수증 등이 있다.
④ 저온환경에서 근무하는 근로자들의 건강관리를 위하여 고지방식 섭취를 장려하고, 혈액순환을 위하여 지속적으로 움직일 수 있도록 한다.

14 국가 간에 1인당 평균 소금 섭취량과 해당 국가의 고혈압 발생률 간의 관련성을 연구한 결과, 소금 섭취량이 높은 국가에서 고혈압 발생률이 높은 경향을 보였다고 한다. 이와 같이 집단의 평균적 속성 간의 상관성을 보는 연구방법을 무엇이라고 하는가?

① 코호트 연구　　　　　　　② 실험 연구
③ 사례 연구　　　　　　　　④ 생태학적 연구

15 식중독과 그 원인으로 옳은 것은?

① 버섯 중독 – 솔라닌(so1anine)

② 맥각 중독 – 베네루핀(venerupin)

③ 바지락 중독 – 테트로도톡신(tetrodotoxin)

④ 독소형 세균성 식중독 – 포도상구균

16 여러 가지 오염지표 중 수질평가에서 중요시되는 오염지표를 모두 고르면?

가. 탁도(turbidity)	다. 바이러스(virus)
나. 세균(bacteria)	라. 부유물질(SS)

① 가, 나, 다

② 나, 라

③ 가, 나, 다, 라

④ 가, 다

17 지역사회간호의 선구자인 윌리엄 라스본의 업적으로 옳지 않은 것은?

① 영국에서 비종교적인 바탕 위에 최초로 방문간호를 시작하였다.

② 영국 리버풀에서 간호사들을 훈련시켜 구역간호를 전개하여 담당구역 주민들의 건강요구에 대한 책임을 지도록 하였다.

③ 다른 사람들을 위한 간호 제공자의 역할뿐만 아니라 사회 개혁자로서의 역할을 수행하였다.

④ 지역에 구제사업소를 설치하여 간호의 접근성을 높였고 지불능력이 있는 가족에게는 간호비용을 받음으로써 간호비용지불제도를 시작하였다.

18 우리나라의 1980년 이후의 역사적 사실로 옳지 않은 것은?

①「농어촌 등 보건의료를 위한 특별조치법」의 제정

②「국민건강증진법」의 제정

③「의료보험법」의 제정

④「노인장기요양보험법」의 제정

19 보건소에서 실시한 당뇨관리프로그램에 대한 평가에서 이 프로그램에 참여한 대상자가 지역사회의 전체 당뇨병 환자 중 몇 %인가를 산출하였다면, 이것은 어느 유형의 평가인가?

① 사업의 적합성에 대한 평가

② 투입된 노력에 대한 평가

③ 목표달성 정도에 대한 평가

④ 사업진행과정에 대한 평가

20 방문보건사업팀의 팀원인 K간호사는 현재 결핵약을 복용하고 있는 지역주민들을 직접 방문하여 건강관리의 여부를 점검한다. 다음 중 K간호사의 방문 중 활동으로 옳은 것은?

① 건강상태가 악화된 대상자의 상태를 상사에게 보고한 후에 전문기관으로 의뢰한다.

② 간호계획을 수립한 후에 필요한 검사도구와 설문지 등을 준비한다.

③ 결핵약을 복용하고 있는 환자의 가족에게 체온측정법을 설명하여 가족들이 도울 수 있도록 교육한다.

④ 방문활동의 과정에서 제공된 간호수행의 적합성 및 목표달성 정도를 평가하고 기록한다.

지역사회간호 모의고사 3회

01 공공기관의 보고서를 통하여 자료를 수집하였다면 이 방법은?

① 참여 관찰
② 차창 밖 조사
③ 지역 지도자들과의 면담
④ 2차적인 분석

02 OMAHA간호진단체계에서 3단계에 해당하는 것은?

① 수정인자
② 간호문제
③ 증상 및 증후
④ 환경, 심리사회, 생리, 건강관련행위

03 뇌졸중으로 몸이 불편한 환자를 집에서 보호자가 간호하는 상황이다. 보호자가 우울해 하고 힘들어 할 때 간호중재로 옳지 않은 것은?

① 정기적으로 전화 상담을 한다.
② 가정을 방문하여 격려하고 도움을 준다.
③ 전문기관에 의뢰하여 상담을 받도록 한다.
④ 같은 문제를 가진 자조집단의 소모임에 참석하도록 한다.

04 보건소의 기능 중 보건기획 및 평가의 기능이 아닌 것은?

① 지역보건의료계획을 수립한다.
② 지역보건의료계획을 시행·평가한다.
③ 보건의료기관을 지도·감독·지원한다.
④ 해당 지역의 보건의료실태를 파악하고 문제를 진단하여 이를 해결한다.

05 노인장기요양보험에 대한 설명으로 맞는 것은?

① 1989년에 전국민 건강보험 실시와 함께 시작되었다.
② 요양등급은 1~3등급으로 되어 있으며, 요양보호사가 등급을 나눈다.
③ 장기요양보험 가입 대상자는 건강보험 가입 대상자와 동일하다.
④ 급여는 현금 급여와 병원 급여로 나뉜다.

06 제1차 건강증진 국제회의의 내용에 해당하지 않는 것은?

① 건강한 공공정책의 수립
② 개인 건강기술의 개발
③ 건강지향적 환경의 조성
④ 최고의 간호수준 제공

07 **인지학습이론의 인지과정에서 '평가'의 예에 해당하는 것은?**
① 대상자들은 자신들이 계획한 금연계획을 실현가능성에 따라 점수를 매긴다.
② 대상자들은 흡연의 피해를 열거할 수 있다.
③ 대상자들은 심장질환과 니코틴의 작용을 관련지어 말할 수 있다.
④ 대상자들은 금연방법을 참고하여 자신의 금연계획을 작성한다.

08 **보건소의 전문가와 보건소 담당간호사 약 10~20명 정도가 둘러앉아 지역사회의 고혈압 관리방안에 대하여 자유로운 입장에서 상호 의견을 교환하고 토의하였다면, 이와 관련된 토의기법은?**
① 세미나   ② 패널토의
③ 집단토론   ④ 심포지엄

09 **PRECEDE-PROCEED 모형 중 2단계에 포함되는 것은?**
① 지역사회의 문제점이 무엇인지 알아본다.
② 프로그램을 개발하고 시행방안을 마련한다.
③ 성향요인, 강화요인, 촉진요인을 평가한다.
④ 건강행위와 환경요인의 2가지를 알아본다.

10 **VDT증후군에 대한 설명으로 틀린 것은?**
① 증상으로는 시력저하, 안통, 두통 등이 있다.
② 키보드 작업 시, 1시간마다 휴식을 취한다.
③ 키보드의 조도는 300~500Lux를 유지하고 조명 빛이 화면에 직접 비치지 않도록 한다.
④ 견경완증후군과 요통이 주요 증상이고, 소화기계 및 순환기계 증상은 나타나지 않는다.

11 **어느 지역의 연령별 인구가 다음과 같을 때, 해당되는 노령화 단계는?**

> • 0~14세 : 300명   • 15~44세 : 700명
> • 45~64세 : 500명   • 65~74세 : 200명
> • 75세 이상 : 100명

① 초고령(후기고령)사회   ② 고령(노령)사회
③ 고령화(노령화) 사회   ④ 안정화 사회

12 인구의 출생률과 사망률이 모두 낮으나 출생률이 사망률보다 더 낮아서 인구가 감소하는 인구구조의 유형은?

① 피라미드형　　　　　　　　② 종형

③ 항아리형　　　　　　　　　④ 별형

13 2년 후에 임신하고자 하는 여성이 보건소에서 자궁내 장치를 시술하려고 한다. 간호사가 수집해야할 자료는 무엇이 있는가?

> 가. 마지막 월경일이 언제인지 확인한다.
>
> 나. 임신 경험이 있었는지 확인한다.
>
> 다. 자궁에 염증이 있는지 확인한다.
>
> 라. 월경과다가 있는지 확인한다.

① 가, 나, 다　　　　　　　　② 가, 다, 라

③ 나, 다, 라　　　　　　　　④ 가, 나, 다, 라

14 가임기 여성 인구가 분모로 산출되는 지표는?

① 조출생률　　　　　　　　　② 총 재생산율

③ 모성 사망률　　　　　　　　④ 일반 출산율

15 홍역과 백일해는 2년에서 4년 주기로 발생률이 증가 감소를 반복한다. 그 이유는?

① 자연 면역이라서

② 자연피동 면역이라서

③ 인공능동 면역이라서

④ 집단 면역이라서

16 측정검사의 정확도 평가 지표인 '특이도가 높다'의 의미는?

① 실제 질병이 없는 사람을 질병이 없다고 측정하는 비율이 높다.

② 실제 질병이 없는 사람을 질병이 있다고 측정하는 비율이 높다.

③ 실제 질병이 있는 사람을 질병이 없다고 측정하는 비율이 높다.

④ 실제 질병이 있는 사람을 질병이 있다고 측정하는 비율이 높다.

17 병원체가 병원소로부터 탈출하는 경로에 해당하지 않는 것은?

① 소화기계를 통하여 탈출이 이루어진다.
② 내분비계를 통하여 탈출이 이루어진다.
③ 개방병소를 통하여 탈출이 이루어진다.
④ 기계적 탈출방법에 의해 탈출이 이루어진다.

18 역학적 검사방법에 대한 설명으로 옳지 않은 것은?

① 민감도란 질병이 있을 때 특정 검사방법이 질병이 있는 것으로 확인된 사례의 비율을 말한다.
② 특이도란 질병이 없을 때 특정 검사방법이 질병이 없는 것으로 확인된 사례의 비율을 말한다.
③ 타당도란 동일 대상에 대하여 동일한 방법으로 반복 측정하여 일치된 결과를 나타낸다.
④ 양성예측도란 측정에 의해 질병이 있다고 판단한 사람들 중 실제로 그 질병을 가진 사람들의 비율을 말한다.

19 콜레라 유행조사의 역학적 과정에서 가장 먼저 실시해야 하는 것은?

① 유행병이 발생한 장소의 특성을 조사한다.
② 오염된 우물물의 공통 감염원을 파악한다.
③ 콜레라의 과거 발생률을 확인한다.
④ 재발을 예방하기 위하여 주민교육 프로그램을 즉시 실시한다.

20 유방암 자가검진 후에 조직검사를 실시한 결과이다. 유방암 자가검진의 민감도는?

조직검사 유방암 자가검진	양성	음성	계
양성	20(a)	40(b)	60
음성	10(c)	160(d)	170
계	30	200	230

① $\dfrac{20}{30} \times 100$

② $\dfrac{20}{60} \times 100$

③ $\dfrac{160}{170} \times 100$

④ $\dfrac{10}{170} \times 100$

01 목표가 갖추어야 할 기준 'SMART'에 해당되지 않는 것은?

① 구체성 　　　　　　　　　② 가치 추구성
③ 측정 가능성 　　　　　　　④ 성취 가능성

02 간호사가 어떤 가족을 사정할 때 그 가족의 발달단계와 발달과업에 관한 내용을 조사한다면, 이는 어떤 이론을 채택한 것인가?

① 가족발달이론 　　　　　　② 상징적 상호작용이론
③ 구조가능이론 　　　　　　④ 체계이론

03 청소년 약물중독이나 알코올중독의 치료, 아내나 아동학대의 행위를 이해하여 가족을 건강하게 하도록 접근하는 인간행위 탐구에 유용한 이론은?

① 체계이론 　　　　　　　　② 구조기능론
③ 발달이론 　　　　　　　　④ 상징적 상호작용이론

04 다음 중 가족간호의 평가는 누가 하는 것이 좋은가?

① 가족 　　　　　　　　　　② 보건소장
③ 지역사회 간호사 　　　　　④ 지역사회 간호사와 가족

05 다음 중 가족의 발달과업 중 진수기 가족의 발달과업은?

① 은퇴기의 적응 　　　　　　② 자녀양육 및 사회화 교육
③ 자녀를 성인으로의 독립 　　④ 부모·자녀의 개방된 의사소통

06 가계도에 대하여 옳게 설명한 것은?

① 가족의 밀착관계를 알 수 있다.
② 지역사회의 지지도를 알 수 있다.
③ 외부체계와 상호작용을 알 수 있다.
④ 가족의 구조를 알 수 있다.

07 53세인 박○○씨가 뇌졸중으로 가정간호를 받고 있다. 남편의 실직으로 부인 김○○씨가 취업을 하였다면, 이후 이 가족에서 가장 중요하게 변화시켜야 하는 기능은?
① 가족의 정서적 지지
② 박○○씨의 재활을 위한 자원 활용
③ 가족의 애정적 기능
④ 가족의 역할 배분과 조정

08 가족간호 사정의 보조적 도구로서, 가족 구성원 중 취약하거나 우선적으로 간호중재가 필요한 가족에 대한 지지 정도와 외부사회의 상호작용을 사정할 수 있는 것은?
① 가족밀착도   ② 사회지지도
③ 가족구조도   ④ 가계도

09 「노인장기요양보험법」에 대한 설명으로 옳지 않은 것은?
① 고령이나 노인성 질병 등의 사유로 일상생활을 혼자서 수행하기 어려운 노인 등이 대상자이다.
② 장기요양급여의 종류에는 재가급여, 시설급여, 특별현금급여가 있다.
③ 장기요양보험사업의 보험자는 국민건강보험공단이다.
④ 재가급여 이용 시의 본인부담률은 100분의 20이다.

10 우리나라의 가정간호사업에 대한 설명으로 옳은 것은?
① 한의원과 한방병원은 가정간호사업을 할 수 없다.
② 개별의료비, 교통비, 기본방문료로 측정된다.
③ 개별의료비와 교통비는 본인이 전액 부담하고, 기본방문료는 본인이 20% 부담한다.
④ 의사의 의뢰가 없이도 가정간호사는 대상자의 등록 여부를 판단할 수 있다.

11 「노인장기요양보험법」에 의한 재가급여에 해당하지 않는 것은?
① 방문요양   ② 방문치료
③ 방문간호   ④ 단기보호

12 A시 지역의 지역보건의료계획의 수립 및 제출 의무가 있는 자는?

① 보건소장 ② 시장·군수·구청장
③ 시·도지사 ④ 보건복지부 장관

13 노인복지시설 중 주간노인보호시설을 활용할 대상자로 가장 적합한 자는?

① ADL(일상생활능력)이 가능한 치매 초기환자
② 시력장애가 있는 당뇨병 환자
③ 휠체어에 의지하는 류마티스관절염 환자
④ 거동을 못하는 노인

14 학습자의 준비도를 알 수 있는 시험은?

① 형성평가 ② 종합평가
③ 상대평가 ④ 진단평가

15 지역사회간호사 10명이 관절염 환자 예방이라는 주제로 자유롭게 상호의견 교환을 하고자 할 때, 사용할 수 있는 교육방법은?

① 집단토론회 ② 심포지엄
③ 공개토론 ④ 분단토의

16 다음 중 보건교육 실시단계에서 우선적으로 고려할 요소는?

① 교육시간 ② 교육대상자의 이해 정도
③ 교육장소 ④ 교육방법

17 최근 보건의료계의 변화로 인하여 보건교육의 요구가 증가하는 이유를 가장 잘 설명한 것은?

① 국민들의 생활수준 향상에 따라 지적 요구가 높아져서
② 매스미디어의 발달로 매체를 통한 보건교육의 공급이 활발해져서
③ 보건교육 전문인력이 많이 배출되어서
④ 질병양상의 변화에 따른 의료기술의 제한성으로 예방의 중요성이 강조되어서

18 **운동 프로그램을 실시하려고 한다. 옳지 않은 것은?**

① 준비운동을 실시한다.

② 일주일에 3~4회 한다.

③ 처음부터 강한 강도로 한다.

④ 심혈관질환 대상자는 등장성 운동이 부적절하다.

19 **학교에서 학생이 염좌가 일어났다. 보건교사가 제공할 간호로 옳지 않은 것은?**

① 압박붕대를 감는다.

② 얼음찜질을 한다.

③ 염좌 부위를 딱딱한 막대로 고정시킨다.

④ 염좌 부위를 다리 밑으로 내려놓는다.

20 **성비에 대한 올바른 설명은?**

① 1차 성비는 출생 시 성비이다.

② 2차 성비는 청소년 성비이다.

③ 3차 성비는 현재 성비이다.

④ 성비는 남자 100명당 여자의 수이다.

01 「의료법」에 규정된 전문간호사가 아닌 것은?

① 상처 전문간호사　　　　　　② 응급 전문간호사

③ 마취 전문간호사　　　　　　④ 감염관리 전문간호사

02 지역사회 간호의 역사 중 시기가 가장 빠른 것은?

① 「보건소법」의 제정　　　　　② 「보건진료원제도」의 제정

③ 「국민건강증진법」의 제정　　④ 「학교보건법」의 제정

03 지역사회 간호사의 역할 중 촉진자의 역할은?

① 대상자의 건강상태를 파악하고 문제를 해결한다.

② 지역사회의 다른 팀들과 상호의존적인 관계를 갖는다.

③ 대상자가 스스로 문제를 해결할 수 있도록 역량을 높여준다.

④ 대상자의 의사결정과정에 개입하여 변화를 가져오도록 한다.

04 지역사회 간호사가 업무평가를 할 때, 인적 자원의 소비량과 물적 자원의 소비량을 산출하는 것은 어느 범주에 해당하는가?

① 투입된 노력에 대한 평가

② 사업효율에 대한 평가

③ 목표달성 정도에 대한 평가

④ 사업 적합성에 대한 평가

05 다음 중 지역사회 분류에서 이웃을 중심으로 하는 공동체는?

① 생태학적 공동체　　　　　　② 집합체

③ 대면공동체　　　　　　　　④ 문제해결 공동체

06 뉴만의 건강관리체계모형에서 1차 예방에 속하는 것은?

① 정상방어선　　　　　　　　② 유연방어선

③ 저항선　　　　　　　　　　④ 기본구조

07 보건의료서비스의 질적 수준이 가장 높은 것은?

① 사회보장형   ② 자유방임형

③ 사회주의형   ④ 개발도상국형

08 진료지불제도 중 포괄수가제의 장점은?

① 의료수준이 높다.   ② 과잉진료 서비스를 방지할 수 있다.

③ 의료인의 자율성이 높다.   ④ 서비스의 증가가 가능하다.

09 가족이 겪을 수 있는 성숙위기로 옳은 것은?

① 실직   ② 정년퇴직

③ 미숙아 출산   ④ 부모의 이혼

10 의료기관이 실시하는 가정간호의 업무범위에 해당하지 않는 것은?

① 독자적 투약 및 주사   ② 기관 교환 및 관리 등의 간호

③ 환자상태 파악을 위한 검사   ④ 상병상태 판정을 위한 진찰

11 지역보건의료계획서의 내용에 해당하지 않는 것은?

① 보건소의 업무추진 현황   ② 지역주민의 건강문제 현황

③ 지역사회진단에 대한 결과 분석   ④ 지역보건의료기관의 병원감염률

12 「노인장기요양보험법」상 재가급여에 해당하는 것은?

① 주·야간보호   ② 가족요양비

③ 특례요양비   ④ 요양병원간병비

13 재활간호의 궁극적 목적은?

① 장애인의 사회 통합   ② 장애인의 기능 회복

③ 재활에 대한 인식 고취   ④ 지역사회 재원의 효과 활용

14 「지역보건법」에 명시된 보건소의 관장업무가 아닌 것은?

① 건강상담 및 건강교실 운영   ② 영양지도의 계획 및 분석

③ 장애인의 검진 및 치료   ④ 노인에 대한 건강진단 및 보건교육

15 보건교육에 대한 토론방식 중 다음과 같은 토론 방식은?

> • 비판 능력이 생기고 미래를 전망할 수 있는 능력이 생긴다.
> • 비교적 높은 수준의 회의방법이다.

① 브레인스토밍　　　　　　　② 집단토의
③ 분단토의　　　　　　　　　④ 배심토의

16 초기 건강신념모델의 주요 개념에 해당하는 것은?

① 결과 기대　　　　　　　　　② 주관적 규범
③ 지각된 민감성　　　　　　　④ 자기효능감

17 Bradshaw에 따를 때, 지역사회 간호사에 의하여 정의된 학습요구의 유형은?

① 외면적 요구　　　　　　　　② 내면적 요구
③ 규범적 요구　　　　　　　　④ 상대적 요구

18 Health plan 2020에 대한 설명으로 옳지 않은 것은?

① 지역 간의 건강 격차를 해소한다.
② 평균수명의 연장을 목표로 한다.
③ 건강증진을 위한 구체적인 전략을 제시한다.
④ 건강증진을 위한 중요한 사업 중 하나로 환경을 조성하는 것이 필요하다.

19 다음 중 법정감염병의 분류가 다른 것은?

① 탄저　　　　　　　　　　　② 홍역
③ 장티푸스　　　　　　　　　④ 풍진

20 감마글로불린과 혈청제제 등의 접종으로 얻어지는 면역은?

① 인공 능동면역　　　　　　　② 인공 수동면역
③ 자연 능동면역　　　　　　　④ 자연 수동면역

지역사회간호 모의고사
정답 및 해설

정답

01	④	02	③	03	④	04	②	05	②	06	①	07	④	08	③	09	②	10	④
11	④	12	③	13	④	14	②	15	④	16	①	17	②	18	①	19	④	20	①

해설

01 지정학적 공동체

우리에게 가장 친숙한 지역사회로서 지리적·법적 경계로 정의되며 특별시, 광역시, 시, 구, 군, 면, 읍 등이 여기에 속한다. 우리나라의 보건소는 시·군·구별로 1개씩 설치하는 법적 기준으로 지정학적 공동체에 속한다.

02 학령기 가족

기간	첫 자녀 6세부터 12세까지
발달과업	자녀의 사회화와 학업 성취 격려, 만족스러운 부부관계의 유지, 가족 내의 규칙과 규범의 확립, 가정의 전통 및 관습의 전승, 건설적인 방식으로의 공동생활 참여 등

03 UN의 새천년 개발목표(Millennium Development Goals)

- 절대 빈곤과 기아 퇴치
- 보편적 초등교육
- 양성평등 및 여성능력 고양
- 모성보건의 개선
- 지속 가능한 환경 확보
- 아동 사망률의 감소
- 말라리아 및 에이즈 퇴치
- 개발을 위한 범지구적 파트너십

04 국민건강증진종합계획 중 만성퇴행성 질환관리사업의 중점과제

- 암, 관절염
- 건강검진, 심뇌혈관 질환
- 비만, 정신보건, 구강보건

05 상대위험비/비교위험도(RRR, Relative Risk Ratio)

상대위험비는 폭로군의 질병발생률을 비폭로군의 질병발생률로 나눈 것이므로 100을 50으로 나누면 2이다.

06 알파인덱스(α-index)

알파인덱스는 1에 가까울수록 영아 사망이 신생아 사망임을 나타내므로 보건수준이 높은 것

을 의미한다.

07 노년부양비

$$노년부양비 = \frac{65세\ 이상\ 인구\ 수}{15\sim64세\ 인구\ 수} \times 100 = \frac{80+30}{600+400} \times 100$$

08 세미나
- 세미나는 참가자들이 주제에 관한 전문적인 지식을 가지고 있고, 세미나를 주도해 갈 주제 발표자의 공식적인 발표에 대하여 사전에 준비된 의견을 개진하거나 질의하는 형태로 진행하는 방법이다.
- 참가자들은 보고서 형식의 간단한 자료들을 서로 교환하고, 토의 주제와 관련된 지식이나 정보를 사전에 철저하게 준비한다.
  - 예 지역의 어린이집에 근무하는 건강관리 실무자 15명을 대상으로 유아의 효율적인 위생 관리 방안을 모색하고자 한다면 지식이나 정보를 사전에 철저하게 준비한 세미나가 적절하다.

09 촉진요인

촉진요인은 행위가 실제로 나타나도록 하는 행위 이전의 요인으로 개인이나 조직으로 하여금 행동을 촉진하도록 하는 요인이며, 보건의료 및 지역사회 자원의 이용 가능성, 접근성, 시간적 여유, 개인의 기술, 개인 및 지역사회의 자원 등이 촉진요인에 해당된다.

10 학교환경위생정화구역
- 정화구역의 관리는 학교장이 한다.
- 절대정화구역은 학교 출입문으로부터 직선거리 50m까지의 지역을 말한다.
- 상·하급학교 간 정화구역이 중복될 경우 하급학교장이 정화구역을 관리한다.
- 학교 간 절대정화구역과 상대정화구역이 중복될 때에는 절대정화구역이 설정된 학교의 학교장이 정화구역을 관리한다.
- 상대정화구역은 절대정화구역을 제외한 학교 경계선에서 직선거리로 200m까지의 지역이다.

11 도수율과 강도율

$$• 도수율 = \frac{재해\ 건수}{연\ 근로시간\ 수} \times 1,000,000$$

$$• 강도율 = \frac{작업\ 손실일수}{연\ 근로시간\ 수} \times 100$$

12 사업의 적절성 평가

지역진단 결과와 사업목표 달성 수준 간을 비교하는 것이 사업의 적절성 평가이다.

13 인본주의 학습이론
- 학습이란 자기실현을 할 수 있도록 개인의 잠재력을 발달시키는 것이다.

- 스스로 학습하며 학습이 유용했는지를 스스로 평가하도록 한다.
- 학습자가 자발적인 사람이기 때문에 교육자의 역할은 학습자의 조력자이며 촉진자이다.

14 홍역

홍역은 생후 12개월에서 15개월 사이에 접종하는 백신이다.

15 총 재생산율

$$총\ 재생산율 = 합계\ 출산율 \times \frac{여아\ 출생수}{총\ 출생수}$$

16 가족구조도

- 가족구조도는 가계도라고도 하는데, 가족 전체의 구성과 구조를 한 눈에 볼 수 있도록 고안된 그림으로 3세대 이상에 걸친 가족 구성원에 관한 정보와 그들 간의 관계를 나타낸 것이다.
- 가족에 대한 정보가 도식화되어 있기 때문에 복잡한 가족의 정보를 한 눈에 볼 수 있으며 혈족 관계를 포함한 가족의 구조를 파악하고 가족의 질병력 및 직업, 가족사건, 가족이동, 역할 분담, 의사소통 등 가족 내의 상호관계를 파악할 수 있는 정보가 포함된다.

17 UN환경개발회의

1992년 브라질 리우데자네이루에서 체결한 UN환경개발회의의 주요 기후협약의 내용은 지구 온난화의 방지이다.

18 먹는 물의 수질기준

암모니아성 질소	0.5mg/L 이하
유리잔류염소	항상 0.1mg/L 이상
일반세균	1mL 중 100CFU/mL 이하
수소이온 농도	pH 5.8~8.5
질산성 질소	10mg/L 이하

19 오마하(OMAHA) 시스템

오마하 시스템의 지역사회 간호진단은 이웃/직장의 안전이다. 증상 및 증후는 불안전한 놀이 지역, 높은 병리율, 높은 오염수준, 방치된 동물들, 물리적인 위험 등이다.

20 방송

장점	• 감염병 등 긴급한 문제가 발생하여 신속하게 전국적 보도가 필요할 경우에 가장 적합하다. • 가장 빠르게 많은 대상자에게 전달 가능하다. • 친근감과 권위감 등을 느낄 수 있다.
단점	• 시간이 지나면서 기억이 희미해져 쉽게 잊혀질 수 있다. • 방송망의 활용이 번거롭다.

지역사회간호 모의고사 ❷ 정답 및 해설

정답

01	②	02	④	03	④	04	①	05	③	06	①	07	③	08	①	09	④	10	③
11	①	12	②	13	②	14	④	15	④	16	②	17	④	18	③	19	①	20	③

해설

01 지역사회간호사의 간호 수행

①은 방문 전 활동, ②는 방문 중 활동, ③과 ④는 방문 후 활동이다.

02 오마하 시스템의 4단계 수준

제1단계(제1수준)	영역 (4영역: 환경, 심리사회, 생리, 건강관련행위)
제2단계(제2수준)	문제 (42개)
제3단계(제3수준)	수정인자(2set)
제4단계(제4수준)	증상·증후 (378개)

03 클레츠코프스키(Klezkowski, 1984)의 5가지 하위 구성요소

- 보건의료자원 개발
- 자원의 조직적 배치
- 보건의료 제공
- 경제적 지원
- 관리

04 가족의 특징

가족의 특징은 폐쇄적 집단이다.

05 사회지지도

가족의 구성원 중 취약하거나 우선적인 간호중재가 필요한 가족에 대한 지지 정도와 외부사회의 상호작용을 사정할 수 있는 것은 사회지지도이다.

06 법률들의 제정연도

- 「보건소법」 – 1956. 12. 13
- 「학교보건법」 – 1967. 3. 30
- 「농어촌 등 보건의료를 위한 특별조치법」– 1980. 12. 31
- 「산업안전보건법」– 1981. 12. 31
- 「국민건강증진법」– 1995. 1. 5

07 재활간호의 궁극적인 목적

재활간호의 궁극적인 목적은 장애인의 기능적 회복과 최대의 독립성으로의 장애인 사회 통합이다.

08 건강형평의 제고

건강형평성의 제고는 사업 목표에 해당한다.

09 인지학습이론

사람마다의 인지 차이에 따라 다양한 학습유형을 가진 것은 인지학습이론이다.

10 심포지엄

심포지엄은 토의 주제에 대하여 권위 있는 다른 분야의 전문가 몇 명이 각기 다른 관점에서 공식적으로 발표한 내용을 중심으로 사회자가 토의를 진행하는 것으로, 동일한 주제에 대한 전문 지식을 가진 전문가 3~5명의 발표 내용을 중심으로 청중과 공개토론 형식으로 진행하는 보건교육방법이다.

11 도수율

$$도수율 = \frac{재해\ 건수}{연\ 근로시간수} \times 1,000,000$$

12 격리

방사선 공정에서 자동화 공정으로 공정과정을 바꾸는 것을 격리라고 한다.

13 참호족

한랭조건에 장기간 노출됨과 동시에 지속적으로 습기나 물에 잠기면 참호족이 발생한다.

14 생태학적 연구

집단의 평균적 속성 간의 상관성을 보는 연구방법을 생태학적 연구라고 한다.

15 식중독과 그 원인

감자 중독	솔라닌 (solanine)
모시조개, 굴, 바지락 중독	베네루핀 (venerupin)
복어 중독	테트로도톡신(tetrodotoxin)
독소형 세균성 식중독	보툴리누스(botulinus), 포도상구균

16 수질오염의 지표

수질오염의 지표에는 pH, DO, BOD, COD, SS, 세균 등이 속하지만, 탁도와 바이러스는 해당되지 않는다.

17 릴리안 왈드

릴리안 왈드는 지역에 구제사업소를 설치하여 간호의 접근성을 높였고 지불능력이 있는 가족에게는 간호비용을 받음으로써 간호비용지불제도를 시작하였다.

18 「의료보험법」의 제정 연도

「의료보험법」이 제정된 연도는 1977년도다.

19 사업의 적합성

투입된 노력에 대한 결과(당뇨병 교육의 결과)를 산출하여 지역사회 요구량과의 비율(지역 내 당뇨병 교육이 필요한 대상자의 10%)을 산출하는 것은 사업의 적합성에 대한 평가이다.

20 방문보건사업팀의 방문활동

①은 방문 후 활동, ②는 방문 전 활동, ③은 방문 중 활동, ④는 방문 후 활동이다.

정답

01	④	02	①	03	③	04	③	05	③	06	④	07	①	08	③	09	②	10	④
11	②	12	③	13	④	14	④	15	④	16	①	17	②	18	③	19	③	20	①

해설

01 공공기관의 보고서

공공기관의 보고서는 2차 자료에 해당한다.

02 OMAHA간호진단체계의 단계

OMAHA간호진단체계의 순서는 영역 → 문제 → 수정인자 → 증상 및 증후이다.

03 적절한 간호중재

심리적 지지, 상담, 자조모임 연계 등 다양한 방법을 통하여 가족의 자가간호능력을 함양하도록 하는 것이 가장 적절한 간호중재이다.

04 보건소의 3가지 기능

보건기획 및 평가	보건소는 해당 지역의 보건의료실태를 파악하고 문제를 진단하여 이를 해결하기 위한 지역보건의료계획을 수립, 시행, 평가한다.
행정규제 및 지원	병의원, 약국 등 관련 업소와 단체의 지도 및 감독과 지원기능을 맡고 있다.
지역보건사업의 전개	건강증진, 질병예방, 치료, 재활서비스 등 포괄적인 보건의료서비스를 제공하고 있다.

05 노인장기요양보험

- 노인장기요양보험은 2008년 7월 1일에 시행되었다.
- 국민건강보험공단의 등급판정위원회에서 등급을 판정한다.
- 건강보험 가입 대상자와 장기요양보험 가입 대상자는 동일하다.
- 노인장기요양보험 보험료는 건강보험료에 포함되어 함께 청구된다.
- 급여는 재가급여, 시설급여, 특별현금급여로 나뉜다.

06 제1차 건강증진 국제회의인 오타와 헌장의 내용

- 건강한 공공정책의 수립
- 건강지향적 환경의 조성
- 지역사회활동의 강화
- 개인 건강기술의 개발 – 자기건강 돌보기 육성
- 보건의료사업의 방향 재설정 – 보건서비스의 개혁

지식 (암기)	대상자들은 흡연의 피해를 열거할 수 있다.
이해	대상자들은 니코틴의 작용을 말할 수 있다.
적용(응용)	대상자들은 심장질환과 니코틴의 작용을 관련지어 말할 수 있다.
분석	대상자들은 흡연으로 인한 증상과 자신에게서 나타나는 증상을 비교한다.
평가	대상자들은 자신들이 계획한 금연계획을 실현가능성에 따라 평가한다.
종합(합성)	대상자들은 금연방법을 참고하여 자신의 금연계획을 작성한다.

08 집단토론

집단토론은 집단 내의 참가팀이 약 10~20명 정도가 둘러앉아 어떤 특정한 주제에 대해 목표를 정하고 자유로운 입장에서 상호의견을 교환하고 결론을 내리는 방식이다. 어떤 문제나 원리에 대한 개념을 명확히 하거나 깊이 사고하며, 추상적인 개념을 명확히 하고자 할 때 사용한다.

09 PRECEDE-PROCEED 모형 9단계

1단계 사회적 진단	지역사회 주민 또는 학습자의 참여를 통해 대상자 삶의 질에 영향을 미치는 사회적 요인을 사정한다.
2단계 역학적 진단	1단계에서 규명된 삶의 질에 영향을 미치는 구체적인 건강목표 또는 건강문제들을 규명하고 규명된 건강문제들에 순위를 매겨 부족한 지원을 사용할 가치가 가장 큰 건강문제를 규명하는 단계이다.
3단계 행동 및 환경적 진단	규명된 최우선의 건강문제와 원인적으로 연결된 건강관련 행위와 환경요인을 규명하여 개인·조직의 바람직한 행동목표를 수립한다.
4단계 교육 및 조직적 또는 생태학적 진단	보건교육의 내용설정을 위한 단계로서 3단계에서 규명된 특정 건강 행위에 영향을 주는 성향요인, 강화요인, 촉진요인을 사정한다.
5단계 행정·정책적 진단	PRECEDE에서 PROCEED로 진행되는 단계로 프로그램 및 시행과 관련되는 조직적·행정적 능력과 자원을 검토하고 평가 및 개선방안을 제시한다.
6단계 수행 단계	프로그램을 개발하고 시행방안을 마련한다.
7단계 과정평가	대상집단의 건강행위 변화를 가져오도록 계획된 프로그램의 실제 수행된 활동들을 평가한다.
8단계 영향평가	프로그램에 이용된 활동과 방법이 대상자들에게 단기적으로 나타난 바람직한 변화를 평가한다.
9단계 결과평가/성과평가	프로그램을 통하여 대상자들에게 나타난 바람직한 변화가 시간이 경과됨에 따라 나타난 효과를 평가한다.

10 VDT증후군

1. 증상

견경완증후군	목, 어깨, 팔, 손가락 등의 경견완장해, 요통

안정피로	작업 중 시력감퇴, 복시, 안통, 두통, 오심, 구토
정신신경장애	불안, 초조, 신경질, 낮시간 피로감, 기상 시 피로감, 두통 호소, 소화기계, 순환기계증상
기타	임신·출산 이상, 방전현상에 따른 불쾌감·소양감, 정전기로 인한 피부발진 등

2. 대책

화면	아른거림이 적고 무광택, 키보드 조도(300~500Lux), 서류에 보조조명 설치, 모니터 화면에 조명 빛이 직접 비치지 않도록 조명각도 조절, 회면상단과 작업자 눈높이가 일치되도록 함, 화면과 눈과의 거리는 약 50~70cm 정도, 반사광을 최소화 함
조명	일반서류작업일 때의 사무실 조명수준인 500~700Lux 유지
의자	높이 조절이 쉽고 등받이가 요·배부에 부담을 주지 않는 의자가 좋다. 또한 눈, 손가락 위치나 높이가 적절해야 함
작업시간	1회 연속작업은 1시간 이내, 10분 휴식, 1일 4시간 이내
건강관리	매년 1회 이상 건강진단 실시
건강교육	VDT의 특성과 장해 및 적절한 작업자세를 교육하고, 작업장과 작업 종류에 적절한 보건교육을 실시한다.

11 노령화 단계

- 고령화 사회(노령화 사회), 고령사회(노령사회), 초고령사회(후기 고령사회)의 기준은 각각 7%, 14%, 20%이다.
- 공식은 전체 인구 중 65세 이상 인구수의 백분율이다.
- 전체 인구＝300＋700＋500＋200＋100＝1,800명
- 65세 이상 인구＝200＋100＝300명
- 결과는 $\frac{300}{1,800}$×100＝16.7%이며 14%를 넘고 있으므로 고령사회(노령사회)에 해당한다.

12 항아리형

소산소사형이면서 출생률이 사망률보다 낮아 인구가 감소하는 인구구조의 유형은 항아리형이다.

13 자궁내 장치의 금기사항

- 자궁내 장치의 적절한 시술 시기는 분만 3~4일에서 6주 이내 또는 월경 중, 월경 시작 1주일 이내이다. 그 이유는 임신할 가능성이 없고 출혈, 동통을 감소시킬 수 있으며 자궁경관이 유연하고 개대되어 있기 때문이다.
- 활동성 골반장기의 감염은 자궁내 시술의 절대적인 금기사항이다.
- 평상 시 월경이 과다한 여성이나 임신 경험이 없는 여성도 자궁내 장치의 삽입을 금한다.
- 임신 중 또는 임신이라고 의심되는 경우나 자궁내강을 변형시키는 자궁근종, 종양, 자궁암 질환이 있거나 쌍각자궁 등 자궁의 기형이 있는 경우에도 자궁내 장치를 삽입할 수 없다.

14 지표

조출생률	$\dfrac{\text{특정 1년간의 총 출생아수}}{\text{연간 인구(그해 7월 1일 현재의 총 인구수)}} \times 1,000$
모성 사망률	$\dfrac{\text{연간 모성 사망수}}{\text{연간 출생아수}} \times 1,000$
총 재생산율	$\text{합계 출산율} \times \dfrac{\text{여아 출생수}}{\text{총 출생수}}$
일반 출산율	$\dfrac{\text{1년 동안의 출생아수}}{\text{15}\sim\text{49세의 가임여성수}} \times 1,000$

15 집단면역

- 지역사회 인구 중 면역을 획득한 비율이 어느 정도 되면, 해당 지역사회는 마치 해당 질병에 면역된 것처럼 유행이 발생하지 않는 것을 집단면역이라고 한다.
- 집단면역은 특정 감염병 전파에 대한 집단의 저항 수준을 나타내는 지표이다.
- 홍역, 풍진, 백일해 등의 질병은 3~4년마다 유행을 일으킨다. 어떤 지역사회 혹은 집단에 유행이 일어나면 집단면역이 높아져 그 후 몇 년간은 유행이 일어나지 않다가 그 사이에 면역이 없는 신생아가 계속해서 태어나면서 집단면역의 정도는 점차 감소하여 일정한 한도 이하로 떨어지면 유행이 일어나게 된다.

16 특이도

특이도란 실제 질병이 없는 사람을 질병이 없다고 측정하는 비율이 특이도이다.

17 병원소로부터 병원체의 탈출 경로

• 호흡기계	• 비뇨생식기계	• 소화기계
• 순환기계	• 기계적 탈출	• 개방병소

18 신뢰도

동일 대상에 대하여 동일한 방법으로 반복 측정할 시, 얼마나 일치된 결과를 나타내는 것은 신뢰도를 의미한다.

19 역학 조사과정

역학 조사과정에서 가장 먼저 할 일은 과거의 발생률 등을 확인하는 것이다.

20 민감도

$$\text{민감도} = \dfrac{\text{검사 양성수}}{\text{총 환자수}} \times 100 = \dfrac{a}{a+c} \times 100$$

지역사회간호 모의고사 ④ 정답 및 해설

정답

01	②	02	①	03	④	04	①	05	③	06	④	07	④	08	②	09	④	10	②
11	②	12	②	13	①	14	④	15	①	16	②	17	④	18	③	19	④	20	③

해설

01 목표가 갖추어야 할 기준 SMART

구체성(specific)	목표는 구체적으로 기술해야 한다.
측정 가능성(measurable)	목표는 측정이 가능해야 한다.
적극성(aggressive) 성취 가능성(achievable)	목표는 진취적이면서 성취 가능한 현실적인 것이어야 한다.
연관성(relevant)	사업 목적 및 문제해결과 직접 관련성이 있어야 한다. 즉 , 해당 건강 문제와 인과관계가 있어야 한다.
기한(time － limited)	목표 달성의 기한을 밝혀야 한다.

02 가족발달이론
- 가족발달이론은 가족형태에 따라 발단단계를 먼저 사정한 후, 그 시기의 발달과업을 어느 정도 수행하고 있는가를 사정한다.
- 핵가족을 중심으로 가족발달단계를 분류하며 성장발달과정에 따라 가족에 대한 예측이 가능하므로 짧은 시간에 사정이 요구되는 경우나 많은 가족을 관리해야 하는 보건간호사에게 유용한 접근법이다.

03 상징적 상호작용이론
- 상징적 상호작용이론은 인간의 행위를 이해하여 가족을 건강하게 하도록 접근하는 인간행위 탐구이론이다.
- 가족을 상호작용 존재의 단위로서 의사소통의 과정, 역할, 의사결정, 문제해결과 사회화 양상을 포함하는 내적인 가족 역동을 이해함으로 사정한다.

04 가족간호의 평가
가족간호의 평가는 가족 자체가 하는 것이 가장 적절하다.

05 진수기 가족의 발달과업
진수기 가족의 발달과업 중 하나는 자녀를 성인으로 독립시키는 것이다.

06 가계도
가계도를 통하여 가족의 구조, 질병력, 가족력 등을 알 수 있다.

07 가족의 역할 배분과 조정

가족의 역할 배분과 조정이 가장 중요하게 변화시켜야 하는 기능이다.

08 사회지지도

사회지지도는 가족 구성원 중 취약하거나 우선적으로 간호중재가 필요한 가족에 대한 지지 정도와 외부사회의 상호작용을 사정할 수 있다.

09 본인부담금

재가급여 이용 시, 본인부담률은 100분의 15이고 시설급여 이용 시의 본인부담률은 100분의 20이다.

10 우리나라의 가정간호사업

- 한의원 혹은 한방병원도 가정간호사업이 가능하다.
- 본인의 비용부담률은 기본방문료(20%), 개별행위료(20%), 교통비(100%)이다.
- 가정간호는 의사나 한의사가 의료기관 외의 장소에서 계속적인 치료와 관리가 필요하다고 판단하여 가정전문간호사에게 치료나 관리를 의뢰한 자에게만 실시해야 한다.
- 가정간호서비스는 간호 검체의 채취 및 운반, 투약, 주사, 응급처치 등의 교육 및 훈련, 상담, 의뢰가 있다.

11 재가급여 「노인장기요양보험법」

방문요양	장기요양요원이 수급자의 가정 등을 방문하여 신체활동 및 가사활동 등을 지원하는 장기요양급여
방문목욕	장기요양요원이 목욕설비를 갖춘 장비를 이용하여 수급자의 가정 등을 방문하여 목욕을 제공하는 장기요양급여
방문간호	장기요양요원인 간호사 등이 의사나 한의사 또는 치과의사의 방문간호지시서에 따라 수급자의 가정 등을 방문하여 간호, 진료 보조, 요양에 관한 상담 또는 구강위생 등을 제공하는 장기요양급여
주·야간보호	수급자를 하루 중 일정한 시간 동안 장기요양기관에 보호하여 신체활동 지원 및 심신기능의 유지·향상을 위한 교육·훈련 등을 제공하는 장기요양급여
단기보호	수급자를 보건복지부령으로 정하는 범위 안에서 일정 기간 동안 장기요양기관에 보호하여 신체활동 지원 및 심신기능의 유지·향상을 위한 교육·훈련 등을 제공하는 장기요양급여
기타 재가급여	수급자의 일상생활·신체활동 지원에 필요한 용구를 제공하거나 가정을 방문하여 재활에 관한 지원 등을 제공하는 장기요양급여로서 대통령령으로 정하는 것

12 지역보건의료계획의 수립 등(「지역보건법」)

시장·군수·구청장은 지역주민, 보건의료관련기관·단체 및 전문가의 의견을 들어 당해 시·군·구의 지역보건의료계획을 수립한 후, 당해 시·군·구의회의 의결을 거쳐 특별시장·광역시장·도지사에게 제출해야 한다.

13 주간노인보호시설을 활용할 대상자

주간노인보호시설을 활용할 대상자로 가장 적합한 자는 65세 이상의 노인으로 신체허약 등으로 신체적 기능훈련이 필요하거나 부득이한 사유로 낮 시간 동안 보호가 필요한 경우에 해당된다.

14 진단평가

진단평가는 교육에 들어가기 전에 학습장애의 원인을 분석·진단하고 학습에 필요한 선행지식을 확인하는 교육평가이다.

15 집단(그룹)토론회

집단 내의 참가자들이 둘러앉아 어떤 특정 주제에 대한 의문점, 개념, 문제점에 대하여 목표를 설정하고, 자유로운 입장에서 상호의견을 교환하고 결론을 내리는 회화식 방법으로 5~10명이 적절하다.

16 보건교육 실시단계에서 우선적으로 고려할 요소

교육대상자에 따라 내용과 접근방법이 달라지기 때문에 교육대상자의 이해 정도가 우선적으로 고려할 요소이다.

17 보건교육의 요구 증가

최근 만성퇴행성 질환 등 질병양상의 변화에 따른 의료기술의 제한성으로 예방의 중요성이 강조되어서 보건교육의 요구가 증가하고 있다.

18 운동 프로그램

운동은 매주 3~4일 매회 30분 정도가 적당하며, 처음부터 강한 강도는 피한다.

19 염좌 시의 간호방법

염좌 부위를 다리 밑으로 내려놓는 것이 아니라 심장보다 높게 올려야 한다.

20 성비

1차 성비는 태아, 2차 성비는 출생 시, 3차 성비는 현재 성비이다. 성비란 여자 100명당 남자의 수이다.

정답

01	①	02	①	03	④	04	①	05	③	06	②	07	②	08	②	09	②	10	①
11	④	12	①	13	①	14	③	15	④	16	③	17	③	18	②	19	①	20	②

해설

01 전문간호사

전문간호사의 자격 구분은 보건, 마취, 정신, 가정, 감염관리, 산업, 응급, 노인, 중환자, 호스피스, 종양, 임상, 아동 등의 13종이다.

02 지역사회 간호의 역사

- 「보건소법」 제정 : 1956년 12월 13일
- 「보건진료원제도」: 1981년
- 「국민건강증진법」 제정 :1995년
- 「학교보건법」 제정 : 1967년

03 촉진자의 역할

대상자의 의사결정과정에 개입하여 변화를 가져오도록 하는 역할이 촉진자의 역할이다.

04 투입된 노력에 대한 평가

사업에 투입된 노력은 재정적 예산보다 투입된 인력의 동원횟수 및 방문횟수를 의미하며, 인적 자원의 소비량과 물적 자원의 소비량을 산출하여 효율과 효과에 대한 평가를 한다.

05 대면공동체

대면공동체란 상호교류가 빈번하고 소식이 쉽게 전달되는 이웃, 가족, 교구 등으로 주로 농어촌지역에서 볼 수 있다.

06 유연방어선

유연방어선은 가장 바깥선에 있으며 1차 예방에 속한다.

07 자유방임형

자유방임형이 보건의료서비스의 질적 수준이 가장 높은 제도이다.

08 포괄수가제의 장점

- 경제적인 진료 수행을 유도한다.
- 병원업무(진료)를 표준화한다.
- 예산의 통제 가능성이 크다.
- 부분적으로 적용이 가능하다.
- 병원의 생산성이 증가하다.

09 성숙위기(발달위기)

성숙위기(발달위기)란 생의 발달과정 상 겪게 되는 위기로 초경, 첫 출근일, 결혼, 임신, 첫 아이의 학교 입학, 자녀의 출가, 폐경, 정년퇴직, 임종 등이다.

10 의료기관이 실시하는 가정간호의 범위 「의료법 시행규칙」

- 간호
- 검체의 채취(현장검사 포함) 및 운반
- 투약
- 주사
- 응급처치 등에 대한 교육 및 훈련
- 상담
- 다른 보건의료기관 등에 대한 건강관리에 관한 의뢰

※ 가정간호 중 검체의 채취 및 운반, 투약, 주사 또는 치료적 의료행위인 간호를 하는 경우에는 의사나 한의사의 진단과 처방에 따라야 한다.

11 시·군·구 지역보건의료계획 「지역보건법」

- 지역보건의료계획의 달성 목표
- 지역현황과 전망
- 지역보건의료기관과 민간의료기관 간의 기능분담 및 발전방향
- 법 제9조의 규정에 의한 보건소업무의 추진현황 및 추진계획
- 지역보건의료기관의 확충 및 정비계획
- 지역보건의료와 사회복지사업 간의 연계성 확보의 계획

12 특별현금급여

가족요양비, 특례요양비, 요양병원간병비는 특별현금급여에 해당한다.

13 재활간호의 궁극적 목적

재활간호의 궁극적 목적은 장애인의 사회 통합이다.

14 사회복지사업

보건복지부령이 정하는 사회복지사업에는 장애인의 파악, 관리, 검진, 재활 상담, 시설에의 입소이며 치료는 해당되지 않는다.

15 배심토의

- 몇 명의 전문가가 배심원으로 선정되어 청중들 앞에서 특정한 주제에 대하여 상반된 견해에 대한 토의를 하며, 사회자의 진행을 통하여 배심원들이 자유롭게 토의한다.
- 청중과 배심원 사이의 자발적인 의사교환이 가능하고, 잘 계획된 경우 발표내용의 질이 높고 다양하며 토의 진행이 흥미로울 수 있다.
- 발표자가 짧은 시간 안에 의견을 다양하게 발표하므로 토의방법이 비체계적이라는 인상을 줄 수 있다.
- 비판 능력이 생기고 미래를 전망할 수 있는 능력이 생긴다.
- 비교적 높은 수준의 회의방법이다.

16 건강신념모델의 주요 개념

건강신념모델의 주요 개념에는 지각된 민감성, 지각된 심각성, 지각된 유익성, 지각된 장애, 행위의 계기가 있다.

17 학습요구의 유형

규범적 요구	보건의료전문가에 의하여 정의되는 요구
내면적 요구	학습자가 바라는 대로 정의되는 요구로, 말이나 행동으로 나타나기 전 단계
외향적 요구	학습자가 바라는 대로 정의되는 요구로, 말이나 행동으로 나타난 상태
상대적 요구	상대 집단과의 차이에 따른 문제에 비롯되는 요구

18 Health plan 2020

②는 평균수명의 연장이 아니라 건강수명의 연장이다.

19 감염병

탄저는 제1급감염병이다.

20 인공 수동면역

인공 수동면역에는 회복기 혈청, 면역 혈청, 항독소, 감마글로블린 등이 있다.